판례형법각론

이재석 저

대구대학교출판부

[약력]

이재석

영남대학교 법학과 졸업
경북대학교 대학원(법학박사)
안동대학교 법학과 조교수
대구대학교 법과대학장
Ohio University Visiting Scholar
각종 국가고시 출제위원
현재 대구대학교 법과대학 교수

[주요저작물]

인과관계와 객관적 귀속(박사학위논문)
의료과오와 형사책임(2002)
형사법연구(2003)
형사소송법상의 인신구속제도(2006)
형법사례연구(2007)
형법총론(2009)
'형법의 중벌화 입법경향에 관한 비판적 고찰' 등 다수의 논문

발행일 | 2012년 2월 28일
지은이 | 이재석
펴낸이 | 홍덕률
펴낸곳 | 대구대학교출판부
경북 경산시 진량읍 대구대로 201
전화 053) 850-5661~3 | 팩스 053) 850-5669
http://press.daegu.ac.kr/
찍은곳 | 동아문화사
ISBN 978-89-7794-582-1-93360
정가 | 25,000원

| 서문 |

임진년 새해에는 법학전문대학원제도가 도입된 후 처음으로 이들 졸업생들이 변호사로 대거 법조직역에 진출하는 해이다. 개인적으로는 이를 계기로 우리 법조계가 한 단계 도약할 수 있는 기회가 되었으면 한다. 그러나 한편으로는 법학전문대학원제도의 도입이 상당시간 경과하였음에도 불구하고 사회 각 분야에 정통한 다양한 법률전문가의 양성이라는 당초의 기대와는 달리 제도의 당부에서부터 교육과정 운용전반에 대한 불신이 여전히 가시지 않고 있는 실정이다.

이런 와중에서 학부과정에서 법학과를 존치하고 있는 대학들에 있어서도 법학교육의 목표설정을 어떻게 할 것인가에 대해 과도기적 혼란이 지속되고 있다. 일상의 다양화와 함께 사회저변의 다양한 직역에서 변호사 이외에도 법학전공자의 인력수요가 다수 필요한 실정임을 감안할 때 학부법학교육의 수요와 필요성에 대해서는 많은 사람들이 공감하고 있는 것으로 보인다. 또한 사회의 양극화문제 해소와 함께 이들에게도 예비시험제도의 도입 등 법조인이 될 수 있는 기회균등의 시스템 마련의 통로가 필요하다는 주장도 함께 제기되고 있다.

본서는 형법을 공부하는 학생들에게 형법각칙 내용들에 대한 법이론 학습에 도움을 주기 위한 학습서로써 개별범죄의 구성요건과 관련한 해석, 적용에 있어 관련분야의 해당 판례이론을 소개하고 그것에 대한 간단한 평석을 부기하였다. 판례의 인용에 있어서는 기존 이론법학교재에서의 방식과 달리, 해당 판례를 통한 법률이론의 충실한 학습과정을 위해 '쟁점과 판시내용'에 대한 원문을 있는 그대로 충실하게 인용하였다. 이는 이러한 접근방법이 개별적, 구체적인 사례에 있어 지나치게 관념론적인 이론법학중심의 학습방법론보다 오히려 개별범죄의 쟁점법리에 대한 이해에 도움이 될 것으로 판단하였기 때문이다.

이제 우리에게 있어서도 근대적 사법제도가 도입된 이후 해당부분의 관련판례가 상당부분 집적됨과 함께 살아있는 법학교육을 위해서는 판례사안에 대한 비판적 분석의 중요성이 날로 증대되고 있다. 실제에 있어 대부분의 학습사례가 판례사안에 기초하여 만들어지고 있으며 최근의 각종 국가고시 시험에서도 판례가 차지하는 비중이 증가하고 있음이 이를 증명하고 있다.

한 가지 아쉬운 점은 우리의 경우에 있어 대법원 판례이외에 하급심의 판결문이 아직까지 전면 공개되지 않고 있는 일이다. 미국의 PACER(Public Access to Court Electronic Records)처럼 모든 판결문을 인터넷에 공개해 시민들의 사법정보에 대한 접근을 자유롭게 허용하는 일이 사법의 민주적 정당성 확보를 위한 불가결의 요소로 필요하다 하겠다. 판결문의 전면공개는 시중에서 회자되는 전관예우 등 사법 불신의 상당부분이 이것에 의해 해소될 수 있음은 물론 사법의 신뢰성 제고를 위해서도 그러하다. 판결문공개와 관련해 일부 실무가들이 말하는 프라이버시의 문제 등은 하나의 변명거리에 불과하며, 대학에서 법학을 공부하는 교수나 학생들의 입장에서도 살아있는 법의 발견을 위해서 빠른 시일 내에 법원의 입장변화를 기대해 본다.

끝으로 본서의 출간에 있어 편집 등에 있어 많은 도움을 준 DU 문화원 여러 선생님에게도 감사의 마음을 전한다.

2012년 2월 저 자

| 목차 |

제1편 인격적 법익에 대한 죄

제2편 재산적 법익에 대한 죄

제3편 사회적 법익에 대한 죄

제4편 국가적 법익에 대한 죄

제 1편

인격적 법익에 대한 죄

제1장 살인의 죄

Ⅰ. 살인죄

제250조(살인, 존속살해) ① 사람을 살해한 자는 사형, 무기 또는 5년 이상의 징역에 처한다.
제254조(미수범) 전4조의 미수범은 처벌한다.
제255조(예비, 음모) 제250조와 제253조의 죄를 범할 목적으로 예비 또는 음모한 자는 10년 이하의 징역에 처한다.

1. 객관적 구성요건

(1) 행위의 객체

살인죄의 행위의 객체인 사람의 시기와 종기가 문제되어진다.

1) 사람의 시기

태아가 사람으로 되는 시기에 관하여 진통설, 일부노출설, 전부노출설, 독립호흡설의 다툼이 있다.

■대법원 1982.10.12. 81도2621

분만 중인 태아를 조산원이 질식사에 이르게 한 경우 업무상 과실치사죄의 성부(적극)

「사람의 생명과 신체의 안전을 보호법익으로 하고 있는 형법상의 해석으로서는 사람의 시기는 규칙적인 진통을 동반하면서 태아가 태반으로부터 이탈하기 시작한 때 다시 말하여 분만이 개시된 때(소위 진통설 또는 분만개시설)라고 봄이 타당하며 이는 형법 제251조(영아살해)에서 분만 중의 태아도 살인죄의 객체가 된다고 규정하고 있는 점을 미루어 보아도 그 근거를 찾을 수 있는 바이니 조산원이 분만 중인 태아를 질식사에 이르게 한 경우에는 업무상 과실치사죄가 성립한다.」

*평석. 사람의 시기에 관해 대법원은 진통설을 지지하고 있다.

■대법원 2007.6.29. 2005도3832

제왕절개 수술의 경우 '의학적으로 제왕절개 수술이 가능하였고 규범적으로 수술이 필요하였던 시기(時期)'를 분만의 시기(始期)로 볼 수 있는지 여부(소극)

「제왕절개 수술의 경우 '의학적으로 제왕절개 수술이 가능하였고 규범적으로 수술이 필요하였던 시기'는 판단하는 사람 및 상황에 따라 다를 수 있어, 분만개시 시점 즉, 사람의 시기도 불명확하게 되므로 이 시점을 분만의 시기로 볼 수는 없다.」

*평석. 의학적으로 제왕절개 수술이 가능하였고 규범적으로 수술이 필요하였던 시기'를 분만의 시기로 보아 사람으로 볼 수 없다.

2) 사람의 종기

형법상 사람의 종기인 사망시기에 관한 법률규정은 없다. 학설에서는 심장사설(맥박종지설)과 뇌사설이 대립되고 있다. 다만 장기등이식에 관한 법률은 뇌사자의 사망원인 및 사망시각에 대해 다음과 같은 규정을 두고 있다. 즉, 뇌사자가 이 법에 따른 장기등의 적출로 사망한 경우에는 뇌사의 원인이 된 질병 또는 행위로 인하여 사망한 것으로 본다. 뇌사자의 사망시각은 뇌사판정위원회가 제18조 제2항에 따라 뇌사판정을 한 시각으로 한다(제21조 ①, ②)고 규정하고 있다.

(2) 실행행위

사람을 '살해'하는 것이다. 수단, 방법은 제한이 없으며 부작위에 의해서도 가능하다.

■대법원 1992.2.11. 91도2951

살해의 의사로 위험한 저수지로 유인한 조카(10세)가 물에 빠지자 구호하지 아니한 채 방치한 행위를 부작위에 의한 살인행위로 본 사례.

「피고인이 조카인 피해자(10세)를 살해할 것을 마음먹고 저수지로 데리고 가서 미끄러지기 쉬운 제방 쪽으로 유인하여 함께 걷다가 피해자가 물에 빠지자 그를 구호하지 아니하여 피해자를 익사하게 한 것이라면 피해자가 스스로 미끄러져서 물에 빠진 것이고, 그 당시는 피고인이 살인죄의 예비 단계에 있었을 뿐 아직 실행의 착수에는 이르지 아니하였다고 하더라도, 피해자의 숙부로서 익사의 위험에 대처할 보호능력이 없는 나이 어린 피해자를 익사의 위험이 있는 저수지로 데리고 갔던 피고인으로서는 피해자가 물에 빠져 익사할 위험을 방지하고 피해자가 물에 빠지는 경우 그를 구호하여 주어야 할 법적인 작위의무가 있다고 보아야 할 것이고, 피해자가 물에 빠진 후에 피고인이 살해의 범의를 가지고 그를 구호하지 아니한 채 그가 익사하는 것을 용인하고 방관한 행위(부작위)는 피고인이 그를 직접 물에 빠뜨려 익사시키는 행위와 다름없다고 형법상 평가될 만한 살인의 실행행위라고 보는 것이 상당하다.」

*평석. 부작위에 의한 살인죄의 성립이 인정된 경우이다. 형법이 금지하고 있는 법익침해의 결과발생을 방지할 법적인 작위의무를 지고 있는 자가 그 의무를 이행함으로써 결과발생을 쉽게 방지할 수 있었음에도 불구하고 그 결과의 발생을 용인하고 이를 방관한 채 그 의무를 이행하지 아니한 경우에, 그 부작위가 작위에 의한 법익침해와 동등한 형법적 가치가 있는 것이어서 그 범죄의 실행행위로 평가될 만한 것이라면, 작위에 의한 실행행위와 동일하게 부작위범으로 처벌할 수 있다(대법원 1992.2.11. 91도2951) .

◐참조조문

형법 제18조, 형법 제250조

●참조판례

대법원 1982.11.23. 82도2024

■대법원 1982.11.23. 82도2024

피감금자에 대한 위험발생을 방지함이 없이 방치한 경우 살인죄의 성부

「피고인이 미성년자를 유인하여 포박 감금한 후 단지 그 상태를 유지하였을 뿐인데도 피감금자가 사망에 이르게 된 것이라면 피고인의 죄책은 감금치 사죄에 해당한다 하겠으나, 나아가서 그 감금상태가 계속된 어느 시점에서 피고인에게 살해의 범의가 생계 피감금자에 대한 위험발생을 방지함이없이 포박감금상태에 있던 피감금자를 그대로 방치함으로써 사망케 하였다면 피고인의 부작위는 살인죄의 구성요건적 행위를 충족하는 것이라고 평가하기에 충분하므로 부작위에 의한 살인죄를 구성한다.」

*평석. 결과발생을 방지해야 할 보증인적 지위에 있는 자가 작위의무를 다하지 아니한 경우 부작위에 의한 살인죄가 성립한다.

■대법원 2004.6.24. 2002도995

보호자의 간청에 따라 치료를 요하는 환자에 대하여 치료중단 및 퇴원을 허용하는

조치를 취함으로써 환자를 사망에 이르게 한 담당 전문의와 주치의에게 살인방조죄가 성립한다고 한 사례.

「보호자가 의학적 권고에도 불구하고 치료를 요하는 환자의 퇴원을 간청하여 담당 전문의와 주치의가 치료중단 및 퇴원을 허용하는 조치를 취함으로써 환자를 사망에 이르게 한 행위에 대하여 보호자, 담당 전문의 및 주치의가 부작위에 의한 살인죄의 공동정범으로 기소된 사안에서, 담당 전문의와 주치의에게 환자의 사망이라는 결과 발생에 대한 정범의 고의는 인정되나 환자의 사망이라는 결과나 그에 이르는 사태의 핵심적 경과를 계획적으로 조종하거나 저지·촉진하는 등으로 지배하고 있었다고 보기는 어려워 공동정범의 객관적 요건인 이른바 기능적 행위지배가 흠결되어 있다는 이유로 작위에 의한 살인방조죄만 성립한다.」

*평석. 대법원은 "환자의 사망이라는 결과나 그에 이르는 사태의 핵심적 경과를 계획적으로 조종하거나 저지·촉진하는 등으로 지배하고 있었다고 보기는 어려워 공동정범의 객관적 요건인 이른바 기능적 행위지배가 흠결되어 있다"는 이유로 작위에 의한 살인방조죄만 성립한다.

◐참조조문

형법 제13조, 제250조 제1항, 형법 제30조

●참조판례

대법원 2000.8.18. 2000도2231; 대법원 2001.3.9. 2000도5590; 대법원 2001.9.28. 2001도3997; 대법원 2002.10.25. 2002도4089; 대법원 2003.4.25. 2003도949

▣쟁점 1. 무고나 위증에 의한 살인을 인정할 것인가.

2. 주관적 구성요건

살해의 고의를 요한다.

■대법원 2009.2.26. 2008도9867

살인죄에 있어서 범의의 인정 기준 및 피고인이 범행 당시 살인의 범의는 없었고 상해 또는 폭행의 범의만이 있었을 뿐이라고 다투는 경우, 살인의 범의에 대한 판단 기준.

「살인의 범의는 반드시 살해의 목적이나 계획적인 살해의 의도가 있어야 인정되는 것은 아니고, 자기의 행위로 인하여 타인의 사망의 결과를 발생시킬 만한 가능성 또는 위험이 있음을 인식하거나 예견하면 족한 것이고 그 인식이나 예견은 확정적인 것은 물론 불확정적인 것이라도 이른바 미필적 고의로 인정되는 것인바, 피고인이 범행 당시 살인의 범의는 없었고 단지 상해 또는 폭행의 범의만 있었을 뿐이라고 다투는 경우에 피고인에게 범행 당시 살인의 범의가 있었는지 여부는 피고인이 범행에 이르게 된 경위, 범행의 동기, 준비된 흉기의 유무·종류·용법, 공격의 부위와 반복성, 사망의 결과발생 가능성 정도 등 범행 전후의 객관적인 사정을 종합하여 판단할 수밖에 없는 것이다.」

*평석. 살인죄의 고의는 미필적 고의로 족하며 그것은 범행 전후의 객관적인 사정을 종합하여 판단한다.

◐참조조문

형법 제13조, 제250조 제1항.

●참조판례

대법원 2006.4.14. 2006도734

■대법원 1994.12.22. 94도2511.

피고인이 9세 여아를 목을 졸라 실신시킨 후 떠나버린 이상 살인의 범의가 있었다고 한 사례.

「피고인이 9세의 여자 어린이에 불과하여 항거를 쉽게 제압할 수 있는 피해자의 목을 감아서 졸라 실신시킨 후 그곳을 떠나버린 이상 그와 같은 자신의 가해행위로 인하여 피해자가 사망에 이를 수도 있다는 사실을 인식하지 못하였다고 볼 수 없으므로, 적어도 그 범행 당시에는 피고인에게 살인의 범의가 있었다.」

▣쟁점 1. 에이즈 감염행위에 대해 살인의 고의인정이 가능한가.

3. 위법성조각사유

■존엄사의 문제(무의미한연명치료장치제거등. 대법원 2009.5.21. 2009다17417)

【판시사항】

1) 의료계약에 따른 진료의무의 내용

2) 연명치료 중단의 허용 기준

3) 연명치료 중단의 요건으로서 환자가 회복불가능한 사망의 단계에 진입하였고 연명치료 중단을 구하는 환자의 의사를 추정할 수 있다고 한 사례

【판결요지】

1) 의료계약에 따른 진료의무의 내용

「환자가 의사 또는 의료기관(이하 '의료인'이라 한다)에게 진료를 의뢰하고 의료인이 그 요청에 응하여 치료행위를 개시하는 경우에 의료인과 환자 사이에는 의료계약이 성립된다. 의료계약에 따라 의료인은 질병의 치료 등을 위하여 모든 의료지식과 의료기술을 동원하여 환자를 진찰하고 치료할 의무를 부담하며 이에 대하여 환자 측은 보수를 지급할 의무를 부담한다. 질병의 진행과 환자 상태의 변화에 대응하여 이루어지는 가변적인 의료의 성질로 인하여, 계약 당시에는 진료의 내용 및 범위가 개괄적이고 추상적이지만, 이후 질병의 확인, 환자의 상태와 자연적 변화, 진료행위에 의한 생체반응 등에 따라 제공되는 진료의 내용이 구체화되므로, 의료인은 환자의 건강상태 등과 당시의 의료수준 그리고 자기의 지식경험에 따라 적절하다고 판단되는 진료방법을 선택할 수 있는 상당한 범위의 재량을 가진다. 그렇지만 환자의 수술과 같이 신체를 침해하는 진료행위를 하는 경우에는 질병의 증상, 치료방법의 내용 및 필요성, 발생이 예상되는 위험 등에 관하여 당시의 의료수준에 비추어 상당하다고 생각되는 사항을 설명하여, 당해 환자가 그 필요성이나 위험성을 충분히 비교해 보고 그 진료행위를 받을 것인지의 여부를 선택하도록 함으로써 그 진료행위에 대한 동의를 받아야 한다. 환자의 동의는 헌법 제10조에서 규정한 개인의 인격권과 행복추구권에 의하여 보호되는 자기결정권을 보장하기 위한 것으로서, 환자가 생명과 신체의 기능을 어떻게 유지할 것인지에 대하여 스스로 결정하고 진료행위를 선택하게 되므로, 의료계약에 의하여 제공되는 진료의 내용은 의료인의 설명과 환자의 동의에 의하여 구체화된다.」

2) 연명치료 중단의 허용 기준

(가) [다수의견] 의학적으로 환자가 의식의 회복가능성이 없고 생명과 관련된 중요한 생체기능의 상실을 회복할 수 없으며 환자의 신체상태에 비추어 짧은 시간 내에 사망에 이를 수 있음이 명백한 경우(이하 '회복불가능한 사망의 단계'라 한다)에 이루어지는 진료행위(이하 '연명치료'라 한다)는, 원인이 되는 질병의 호전을 목적으로 하는 것이 아니라 질병의 호전을 사실상 포기한 상태에서 오로지 현 상태를 유지하기 위하여 이루어지는 치료에 불과하므로, 그에 이르지 아니한 경우와는 다른 기준으로 진료중단 허용 가능성을 판단하여야 한다. 이미 의식의 회복가능성을 상실하여 더 이상 인격체로서의 활동을 기대할 수 없고 자연적으로는 이미 죽음의 과정이 시작되었다고 볼 수 있는 회복불가능한 사망의 단계에 이른 후에는, 의학적으로 무의미한 신체 침해 행위에 해당하는 연명치료를 환자에게 강요하는 것이 오히려 인간의 존엄과 가치를 해하게 되

므로, 이와 같은 예외적인 상황에서 죽음을 맞이하려는 환자의 의사결정을 존중하여 환자의 인간으로서의 존엄과 가치 및 행복추구권을 보호하는 것이 사회상규에 부합되고 헌법정신에도 어긋나지 아니한다. 그러므로 회복불가능한 사망의 단계에 이른 후에 환자가 인간으로서의 존엄과 가치 및 행복추구권에 기초하여 자기결정권을 행사하는 것으로 인정되는 경우에는 특별한 사정이 없는 한 연명치료의 중단이 허용될 수 있다. 한편, 환자가 회복불가능한 사망의 단계에 이르렀는지 여부는 주치의의 소견뿐 아니라 사실조회, 진료기록 감정 등에 나타난 다른 전문의사의 의학적 소견을 종합하여 신중하게 판단하여야 한다.

(나) 환자가 회복불가능한 사망의 단계에 이르렀을 경우에 대비하여 미리 의료인에게 자신의 연명치료 거부 내지 중단에 관한 의사를 밝힌 경우(이하 '사전의료지시'라 한다)에는, 비록 진료 중단 시점에서 자기결정권을 행사한 것은 아니지만 사전의료지시를 한 후 환자의 의사가 바뀌었다고 볼 만한 특별한 사정이 없는 한 사전의료지시에 의하여 자기결정권을 행사한 것으로 인정할 수 있다. 다만, 이러한 사전의료지시는 진정한 자기결정권 행사로 볼 수 있을 정도의 요건을 갖추어야 하므로 의사결정능력이 있는 환자가 의료인으로부터 직접 충분한 의학적 정보를 제공받은 후 그 의학적 정보를 바탕으로 자신의 고유한 가치관에 따라 진지하게 구체적인 진료행위에 관한 의사를 결정하여야 하며, 이와 같은 의사결정 과정이 환자 자신이 직접 의료인을 상대방으로 하여 작성한 서면이나 의료인이 환자를 진료하는 과정에서 위와 같은 의사결정 내용을 기재한 진료기록 등에 의하여 진료 중단 시점에서 명확하게 입증될 수 있어야 비로소 사전의료지시로서의 효력을 인정할 수 있다.

(다) 한편, 환자의 사전의료지시가 없는 상태에서 회복불가능한 사망의 단계에 진입한 경우에는 환자에게 의식의 회복가능성이 없으므로 더 이상 환자 자신이 자기결정권을 행사하여 진료행위의 내용 변경이나 중단을 요구하는 의사를 표시할 것을 기대할 수 없다. 그러나 환자의 평소 가치관이나 신념 등에 비추어 연명치료를 중단하는 것이 객관적으로 환자의 최선의 이익에 부합한다고 인정되어 환자에게 자기결정권을 행사할 수 있는 기회가 주어지더라도 연명치료의 중단을 선택하였을 것이라고 볼 수 있는 경우에는, 그 연명치료 중단에 관한 환자의 의사를 추정할 수 있다고 인정하는 것이 합리적이고 사회상규에 부합된다. 이러한 환자의 의사 추정은 객관적으로 이루어져야 한다. 따라서 환자의 의사를 확인할 수 있는 객관적인 자료가 있는 경우에는 반드시 이를 참고하여야 하고, 환자가 평소 일상생활을 통하여 가족, 친구 등에 대하여 한 의사표현, 타인에 대한 치료를 보고 환자가 보인 반응, 환자의 종교, 평소의 생활 태도 등을 환자

의 나이, 치료의 부작용, 환자가 고통을 겪을 가능성, 회복불가능한 사망의 단계에 이르기까지의 치료 과정, 질병의 정도, 현재의 환자 상태 등 객관적인 사정과 종합하여, 환자가 현재의 신체상태에서 의학적으로 충분한 정보를 제공받는 경우 연명치료 중단을 선택하였을 것이라고 인정되는 경우라야 그 의사를 추정할 수 있다.

(라) 환자 측이 직접 법원에 소를 제기한 경우가 아니라면, 환자가 회복불가능한 사망의 단계에 이르렀는지 여부에 관하여는 전문의사 등으로 구성된 위원회 등의 판단을 거치는 것이 바람직하다.

[대법관 이홍훈, 김능환의 반대의견] 생명에 직결되는 진료에서 환자의 자기결정권은 소극적으로 그 진료 내지 치료를 거부하는 방법으로는 행사될 수 있어도 이미 환자의 신체에 삽입, 장착되어 있는 인공호흡기 등의 생명유지장치를 제거하는 방법으로 치료를 중단하는 것과 같이 적극적인 방법으로 행사되는 것은 허용되지 아니한다. 환자가 인위적으로 생명을 유지, 연장하기 위한 생명유지장치의 삽입 또는 장착을 거부하는 경우, 특별한 사정이 없는 한, 비록 환자의 결정이 일반인의 관점에서는 비합리적인 것으로 보이더라도 의료인은 환자의 결정에 따라야 하고 일반적인 가치평가를 이유로 환자의 자기결정에 따른 명시적인 선택에 후견적으로 간섭하거나 개입하여서는 아니 된다. 그러나 이와는 달리, 이미 생명유지장치가 삽입 또는 장착되어 있는 환자로부터 생명유지장치를 제거하고 그 장치에 의한 치료를 중단하는 것은 환자의 현재 상태에 인위적인 변경을 가하여 사망을 초래하거나 사망시간을 앞당기는 것이므로, 이미 삽입 또는 장착되어 있는 생명유지장치를 제거하거나 그 장치에 의한 치료를 중단하라는 환자의 요구는 특별한 사정이 없는 한 자살로 평가되어야 하고, 이와 같은 환자의 요구에 응하여 생명유지장치를 제거하고 치료를 중단하는 것은 자살에 관여하는 것으로서 원칙적으로 허용되지 않는다. 다만, 생명유지장치가 삽입, 장착되어 있는 상태에서도 환자가 몇 시간 또는 며칠 내와 같이 비교적 아주 짧은 기간 내에 사망할 것으로 예측, 판단되는 경우에는, 환자가 이미 돌이킬 수 없는 사망의 과정에 진입하였고 생명유지장치에 의한 치료는 더 이상 의학적으로 의미가 없으며 생명의 유지, 보전에 아무런 도움도 주지 못하는 것이므로, 이 때에는 생명유지장치를 제거하고 치료를 중단하는 것이 허용된다.

[대법관 김지형, 박일환의 별개의견] 환자의 사전의료지시가 없는 상태에서 회복불가능한 사망의 단계에 진입한 경우, 이러한 상태에 있는 환자는 법적으로 심신상실의 상태에 있는 자로 보아야 한다. 민법상 심신상실의 상태에 있는 자에 대하여는 금치산을 선고할 수 있으며 금치산이 선고된 경우에는 후견인을 두게 되는데, 그 후견인은 금치산자의 법정대리인이 되며 금치산자의 재산관리에 관한 사무를 처리하는 외에 금치산

자의 요양, 감호에 관하여 일상의 주의를 기울여야 하는 의무를 부담한다. 따라서 후견인은 금치산자의 요양을 위하여 금치산자를 대리하여 의사와 의료계약을 체결할 수 있음은 당연하며, 그 의료계약 과정에서 이루어지는 수술 등 신체를 침해하는 행위에 관하여는 의사로부터 설명을 듣고 금치산자를 위한 동의 여부에 관한 의사를 표시할 수 있고, 마찬가지로 진료행위가 개시된 후라도 금치산자의 최선의 이익을 위하여 필요하다고 인정되는 범위 내에서는 그 진료행위의 중단 등 의료계약 내용의 변경을 요구하는 행위를 할 수 있다. 다만, 진료행위가 금치산자 본인의 생명과 직결되는 경우에는 그 중단에 관한 환자 본인의 자기결정권이 제한되는 것과 마찬가지로 후견인의 행위는 제한되어야 하고, 환자의 자기결정권에 의한 연명치료 중단이 허용될 수 있는 경우라고 하더라도 후견인이 금치산자의 생명에 관한 자기결정권 자체를 대리할 수는 없으므로 후견인의 의사만으로 그 연명치료의 중단이 허용된다고 할 수 없다. 그렇다면 회복불가능한 사망의 단계에 이른 경우에 이루어지는 연명치료의 계속이 금치산자인 환자 본인에게 무익하고 오히려 인간으로서의 존엄과 가치를 해칠 염려가 있어 이를 중단하는 것이 환자 본인의 이익을 보호하는 것이라고 하더라도, 이는 항상 금치산자인 환자 본인의 생명 보호에 관한 법익 제한의 문제를 낳을 우려가 있으므로, 민법 제947조 제2항을 유추적용하여 후견인은 의료인에게 연명치료의 중단을 요구하는 것이 금치산자의 자기결정권을 실질적으로 보장할 수 있는 최선의 판단인지 여부에 관하여 법원의 허가를 받아야 하고, 이에 관하여는 가사소송법, 가사소송규칙, 비송사건절차법 등의 규정에 따라 가사비송절차에 의하여 심리·판단을 받을 수 있다. 한편, 이와 같이 비송절차에 의하여 연명치료 중단에 관한 법원의 허가를 받는 것이 가능하다고 하더라도, 환자 측이 반드시 비송절차에 따른 허가를 받아야 하는 것은 아니고 소송절차에 의하여 기판력 있는 판결을 구하는 것도 가능하다.

3) 연명치료 중단의 요건으로서 환자가 회복불가능한 사망의 단계에 진입하였고 연명치료 중단을 구하는 환자의 의사를 추정할 수 있다고 한 사례

[다수의견] 담당 주치의, 진료기록 감정의, 신체 감정의 등의 견해에 따르면 환자는 현재 지속적 식물인간상태로서 자발호흡이 없어 인공호흡기에 의하여 생명이 유지되는 상태로서 회복불가능한 사망의 단계에 진입하였고, 환자의 일상생활에서의 대화 및 현 상태 등에 비추어 볼 때 환자가 현재의 상황에 관한 정보를 충분히 제공받았을 경우 현재 시행되고 있는 연명치료를 중단하고자 하는 의사를 추정할 수 있다.

[대법관 안대희, 양창수의 반대의견] 환자가 회복불가능한 사망의 단계에 이르렀는지를 판단할 때 환자를 계속적으로 진료하여 옴으로써 환자의 상태를 직접적으로 얻은

자료에 의하여 가장 잘 알고 있을 담당 주치의의 의견은 단지 의료기록만을 통하여 환자의 상태에 접근한 다른 전문가의 견해에 비교하여 그에 일정한 무게를 두지 않을 수 없는바, 담당 주치의의 의견에 의하면 환자가 회복불가능한 사망의 단계에 진입했다고 단정할 수 없고, 연명치료의 중단을 환자의 자기결정권에 의하여 정당화하는 한, 그 '추정적 의사'란 환자가 현실적으로 가지는 의사가 객관적인 정황으로부터 추단될 수 있는 경우에만 긍정될 수 있으며 다수의견이 말하는 바와 같은 '가정적 의사' 그 자체만으로 이를 인정할 수 없는바, 연명치료 중단에 관한 환자의 추정적 의사를 인정할 근거가 부족하다.

[대법관 이홍훈, 김능환의 반대의견] 환자가 생명유지장치인 인공호흡기가 이미 삽입, 장착되어 있는 상태에서 그 장치의 제거를 구하는 것이 정당하려면 생명유지장치가 삽입, 장착되어 있는 상태에서도 환자가 비교적 아주 짧은 기간 내에 사망할 것으로 예측, 판단되는 돌이킬 수 없는 사망의 과정에 진입하였다는 점이 전제되어야 하는데, 환자가 아직 뇌사 상태에는 이르지 아니한 지속적 식물인간 상태이고 기대여명이 적어도 4개월 이상이므로, 이러한 경우 환자가 돌이킬 수 없는 사망의 과정에 진입하였다고 할 수는 없다.

*평석. 대법원 판결은 법률규정이 없더라도 '자연스러운 죽음'의 과정에서 연명치료 중단은 '엄격한 일정 요건'을 충족시킬 때에 치료중단이 가능하다고 판시하였다. 이것은 기존의 존엄사의 개념적 논쟁에서 나아가 존엄사를 인정하기 위한 요건과 제도운용에 대한 절차마련의 공론화 요구를 의미한다. 그러나 연명치료의 중단에 대한 입법화는 그 요건과 절차의 수다한 영역에서 명암이 교차하는 신중을 요하는 문제로서 다양한 시각과 견해가 공존하고 있음을 부인할 수 없다. 입법의 가장 큰 단점은 남용의 위험성이다. 의료현장에서 발생하는 개별상황은 다양하여 이들 모두를 포섭하기 위해서는 규정이 어느 정도 개괄적일 수밖에 없는 한계가 있기 때문이다. 따라서 제도도입과 관련하여 제도마련의 가이드라인 설정, 특히 추정적 의사인정에 있어 가족이나 의료인 등 이해관계인의 불공정한 의사개입의 차단 등 의료관행 개선에 시간을 두고 치열한 논증을 거칠 필요가 있다. 이러한 과정이 전제되지 않은 졸속 모방 입법은 차라리 이에 관한 명시규정이 없는 것이 더 나은 입법일 수도 있기 때문이다. 이쯤에서 제도의 순기능에 우리 모두가 동의하면서도 시행과정의 난맥상으로 폐지된 사회보호법의 예를 다시금 냉정하게 되짚어 볼 필요가 있다.

◐참조조문

헌법 제10조; 민법 제680조, 제689조 제1항, 제947조; 장기등 이식에 관한 법률 제3조 제4호, 제39조; 응급의료에 관한 법률 제2조, 제3조, 제6조 제2항, 제9조 제2항; 응급의료에 관한 법률 시행규칙 제2조.

●참조판례

대법원 1992.5.12. 91다23707; 대법원 1994.4.15. 92다25885; 대법원 2002.10.25. 2002다48443; 대법원 2007.5.31. 2005다5867

▣쟁점 1. 뇌사자는 사망한 자인가

2. 안락사는 살인죄의 위법성이 조각될 수 있는가.

Ⅱ. 존속살해죄

> 제250조(살인, 존속살해)
> ②자기 또는 배우자의 직계존속을 살해한 자는 사형, 무기 또는 7년 이상의 징역에 처한다.

1. 존속살해죄의 가중처벌의 위헌성 여부

■헌법재판소 2002.3.28. 2000헌바53【형법제259조제2항위헌소원】

【판시사항】

1) 형법 제259조 제2항이 평등의 원칙에 위배되는지 여부(소극)

2) 형법 제259조 제2항이 사생활의 자유 등 다른 기본권을 침해하는지 여부(소극)

【결정요지】

1) 비속의 직계존속에 대한 존경과 사랑은 봉건적 가족제도의 유산이라기 보다는 우리 사회윤리의 본질적 구성부분을 이루고 있는 가치질서로서, 특히 유교적 사상을 기반으로 전통적 문화를 계승·발전시켜 온 우리나라의 경우는 더욱 그러한 것이 현실인 이상, '비속'이라는 지위에 의한 가중처벌의 이유와 그 정도의 타당성 등에 비추어 그 차별적 취급에는 합리적 근거가 있으므로, 이 사건 법률조항은 헌법 제11조 제1항의 평등원칙에 반한다고 할 수 없다.

2) 존속상해치사죄와 같은 범죄행위가 헌법상 보호되는 사생활의 영역에 속한다고

볼 수 없을 뿐만 아니라, 이 사건 법률조항의 입법목적이 정당하고 그 형의 가중에 합리적 이유가 있으며 직계존속이 아닌 통상인에 대한 상해치사죄도 형사상 처벌되고 있는 이상, 그 가중처벌에 의하여 가족관계상 비속의 사생활이 왜곡된다거나 존속에 대한 효의 강요나 개인 윤리문제에의 개입 등 외부로부터 부당한 간섭이 있는 것이라고는 말할 수 없으므로, 이 사건 법률조항은 헌법 제17조의 사생활의 자유를 침해하지 아니한다.

또한, 위 가중처벌에 의하여 가족 개개인의 존엄성 및 양성의 평등이 훼손되거나 인간다운 생활을 보장받지 못하게 되리라는 사정은 찾아볼 수 없고, 오히려 패륜적·반도덕적 행위의 가중처벌을 통하여 친족 내지 가족에 있어서의 자연적·보편적 윤리를 형법상 보호함으로써 개인의 존엄과 가치를 더욱 보장하고 이를 통하여 올바른 사회질서가 형성될 수 있다고 보아야 할 것이므로, 이 사건 법률조항은 혼인제도와 가족제도에 관한 헌법 제36조 제1항에 위배되거나 인간으로서의 존엄과 가치 또는 행복추구권도 침해하지 아니한다.

*평석. 헌법재판소의 위 결정은 존속상해치사죄의 위헌성여부에 관한 것으로 위헌이 아니라고 판시하고 있다. 그러나 존속살해죄의 가중처벌규정은 대부분의 입법례에서 폐지된 규정으로 헌법 제11조 제1항의 평등원칙에 반한다 하겠다.

●참조판례

헌법재판소 2008.10.30. 2007헌가17,21,2008헌가7,26,2008헌바21,47(병합).

2. 객관적 구성요건

(1) 행위의 객체

자기 또는 배우자의 직계존속이다.

■대법원 1980.9.9. 80도1731

혼인 외의 출생자가 생모를 살해한 경우

「혼인 외의 출생자와 생모간에는 생모의 인지나 출생신고를 기다리지 않고 자의 출생으로 당연히 법률상의 친족관계가 생기는 것이므로 혼인 외의 출생자가 생모를 살해한 경우에는 존속살해죄가 성립한다.」

*평석. 여기서의 직계존속은 법률상의 개념으로 민법에 의한 친족관계를 말하며 반드

시 가족관계등록부의 기재에 의하여 정해지는 것은 아니다.

■대법원 2007.11.29. 2007도8333, 2007감도22

피고인이 입양의 의사로 친생자 출생신고를 하고 자신을 계속 양육하여 온 사람을 살해한 경우, 위 출생신고는 입양신고의 효력이 있으므로 존속살해죄가 성립한다고 한 사례

「당사자가 입양의 의사로 친생자 출생신고를 하고 거기에 입양의 실질적 요건이 구비되어 있다면 그 형식에 다소 잘못이 있더라도 입양의 효력이 발생하고, 이 경우의 허위의 친생자 출생신고는 법률상의 친자관계인 양친자관계를 공시하는 입양신고의 기능을 하게 되는 것이다.」

*평석. 당사자가 입양의 의사로 친생자 출생신고를 하고 거기에 입양의 실질적 요건이 구비되어 있다면 그 형식에 다소 잘못이 있더라도 입양의 효력이 발생해 직계존속이 된다.

▣쟁점 1. 배우자가 사망한 후 사망한 배우자의 직계존속을 살해한 경우에 존속살해죄가 성립하는가.

2. 타가에 입양된 자가 친생부모를 살해한 경우에 존속살해죄가 성립하는가.

Ⅲ. 영아살해죄

第251조(영아살해) 직계존속이 치욕을 은폐하기 위하거나 양육할 수 없음을 예상하거나 특히 참작할 만한 동기로 인하여 분만 중 또는 분만직후의 영아를 살해한 때에는 10년 이하의 징역에 처한다. 第254조(미수범) 전 4조의 미수범은 처벌한다.

1. 행위의 주체

▣쟁점 1. 사실상 동거관계에 있는 갑(甲)남자와 을(乙)여자 사이에 영아가 분만되어 갑 남자가 영아를 살해한 경우에 영아살해죄가 성립하는가.

2. 행위의 객체

■대구고법 1968.3.26. 67노317

생후 2개월 된 아이가 영아살해죄의 영아인지 여부

「영아살해죄의 객체가 되는 것은 산모의 분만 중 또는 분만 직후의 생존아를 말하는 것이고 생후 2개월이 경과한 때에는 형법에 규정된 영아라 할 수 없다.」

*평석. 영아살해죄에 있어 영아란 분만 중 또는 분만직후의 영아를 말한다. 여기에서 분만직후란 분만완료후 출산으로 인한 비정상적인 심리상태가 계속되는 동안을 말하며, 사회통념에 의할 때 생후 2개월이 경과한 때에는 제251조(영아살해)의 영아라 할 수 없다.

Ⅳ. 촉탁 · 승낙에 의한 살인죄

제252조(촉탁, 승낙에 의한 살인등) ①사람의 촉탁 또는 승낙을 받어 그를 살해한 자는 1년 이상 10년 이하의 징역에 처한다. ②사람을 교사 또는 방조하여 자살하게 한 자도 전항의 형과 같다.

Ⅴ. 자살교사 · 방조죄

제252조(촉탁, 승낙에 의한 살인등) ②사람을 교사 또는 방조하여 자살하게 한 자도 전항의 형과 같다. 제254조(미수범) 전4조의 미수범은 처벌한다.

1. 행위의 객체

행위자 이외의 사람이다.

■대법원 1987.1.20. 86도2395

7세, 3세 남짓된 어린자식들에게 함께 죽자고 권유하여 익사하게 한 경우의 죄책

「피고인이 7세, 3세 남짓된 어린자식들에 대하여 함께 죽자고 권유하여 물속에 따라 들어오게 하여 결국 익사하게 하였다면 비록 피해자들을 물속에 직접 밀어서 빠뜨리지는 않았다고 하더라도 자살의 의미를 이해할 능력이 없고 피고인의 말이라면 무엇이나 복종하는 어린 자식들을 권유하여 익사하게 한 이상 살인죄의 범의는 있었음이 분명하다.」

*평석. 자살관여죄의 행위의 객체는 자살의 의미를 이해하고 그 결과를 판단할 능력이 있음을 요한다.

2. 실행행위

타인의 자살을 교사 또는 방조하는 것이다.

■대법원 2010.4.29. 2010도2328

【판시사항】

1) 형법 제252조 제2항의 자살방조죄의 성립 요건

2) 피해자가 피고인과 말다툼을 하다가 '죽고 싶다' 또는 '같이 죽자'고 하며 피고인에게 기름을 사오라고 하자 피고인이 휘발유 1병을 사다주었는데 피해자가 몸에 휘발유를 뿌리고 불을 붙여 자살한 사안에서, 자살방조죄를 인정한 원심판단을 수긍한 사례

【판결요지】

1) 형법 제252조 제2항의 자살방조죄는 자살하려는 사람의 자살행위를 도와주어 용이하게 실행하도록 함으로써 성립되는 것으로서, 이러한 자살방조죄가 성립하기 위해서는 그 방조 상대방의 구체적인 자살의 실행을 원조하여 이를 용이하게 하는 행위의 존재와 그 점에 대한 행위자의 인식이 요구된다.

2) 피해자가 이 사건 당일 새벽에 피고인과 말다툼을 하다가 죽고 싶다 또는 같이 죽자고 하며 피고인에게 기름을 사오라는 말을 하였고, 이에 따라 피고인이 피해자에게 휘발유 1병을 사다주었는데 그 직후에 피해자가 몸에 휘발유를 뿌리고 불을 붙여 자살한 사실을 인정한 후 위와 같은 피해자의 자살경위에 피해자의 자녀문제와 고부갈등, 경제적 어려움 등으로 인한 피고인과 피해자 사이의 가정불화 등을 보태어 보면, 피고

인이 이 사건 당시 피해자에게 휘발유를 사다주면 이를 이용하여 자살할 수도 있다는 것을 충분히 예상할 수 있었음에도 피해자에게 휘발유를 사다주어 피해자가 자살하도록 방조한 것이라고 판단하였는바, 원심이 판시한 제반 사정에 비추어 보면 원심판단은 위 법리에 따른 것으로서 정당하고, 거기에 자살방조죄의 범의에 관한 법리를 오해한 위법 등이 없다.

*평석. 자살방조란 이미 자살을 결의하고 있는 자의 자살행위를 용이하게 하는 것을 말한다. 자살방조의 방법으로는 물리적, 정신적, 유형적, 무형적 방조를 불문한다.

■대법원 1992.7.24. 92도1148

【판시사항】

1) 형법 제252조 제2항의 자살방조죄의 구성요건 및 그 방법

2) 분신자살한 경위, 증거물인 수첩, 업무일지, 메모지 등이 피고인에 의하여 사후에 조작되었다는 점, 분신자살 전후에 나타난 피고인의 행적 및 진술 등에 비추어 피고인은 망인이 자살하려는 정을 알고 그 유서를 대필해 주었으며 그 후 그 사실을 은폐하려 한 것이라고 보아 자살방조의 범죄사실을 인정한 사례

【판결요지】

1) 형법 제252조 제2항의 자살방조죄는 자살하려는 사람의 자살행위를 도와주어 용이하게 실행하도록 함으로써 성립되는 것으로서, 그 방법에는 자살도구인 총, 칼 등을 빌려주거나 독약을 만들어 주거나, 조언 또는 격려를 한다거나 기타 적극적, 소극적, 물질적, 정신적 방법이 모두 포함된다.

2) 망인의 분신자살경위, 증거물인 수첩, 업무일지, 메모지 등이 피고인에 의하여 사후에 조작되었다는 점, 망인의 분신자살 전후에 나타난 피고인의 행적 및 진술 등에 비추어 피고인은 망인이 자살하려는 정을 알고 그 유서를 대필해 주었으며 그 후 그 사실을 은폐하려 한 것이라고 보아 자살방조의 범죄사실을 인정한 사례.

*평석. 피고인은 망인이 자살하려는 정을 알고 그 유서를 대필해 주었으며 자살방조죄에 해당한다.

■대법원 2005.6.10.2005도1373

판매대금 편취의 목적으로 인터넷 자살사이트에 청산염 등 자살용 유독물 판매광고의 글을 게시한 행위가 자살방조에 해당하지 않는다고 한 사례

「피고인이 인터넷 사이트 내 자살 관련 카페 게시판에 청산염 등 자살용 유독물의 판매광고를 한 행위가 단지 금원 편취 목적의 사기행각의 일환으로 이루어졌고, 변사자들이 다른 경로로 입수한 청산염을 이용하여 자살한 사정 등에 비추어, 피고인의 행위는 자살방조에 해당하지 않는다.」

*평석. 판매대금 편취의 목적으로 인터넷 자살사이트에 청산염 등 자살용 유독물 판매광고의 글을 게시한 행위가 자살방조에 해당하지 않는다.

■춘천지법 원주지원 2009.7.16. 2009고합30

「일명 '인터넷 자살 카페'의 개설자가 가입초대장을 발송하는 등의 방법으로 약 30명을 카페 회원으로 가입시킨 후, 회원들이 서로 자살의 당위성 및 자살 방법 등에 관한 정보를 교류하고 동반 자살자를 물색하며 자살 의지를 강화하고 그 실행을 용이하게 함으로써, 일부 회원이 자살하거나 미수에 그친 사안에서, 카페 개설자에게 자살방조 및 자살방조미수의 죄책이 성립한다.」

*평석. 자살방조의 방법으로는 물리적, 정신적, 유형적, 무형적 방조를 불문한다.

▣쟁점 1. 자살의 교사·방조와 촉탁·승낙에 의한 살인과의 구별점은 무엇인가.

2. 자살을 교사·방조하였으나 피교사·방조자가 자살행위를 하지 않는 때에도 자살관여죄의 미수범이 성립하는가.

3. 갑(甲)남자와 을(乙)여자가 함께 자살하기로 합의하고 자살을 시도한 후 그 중 한명이 생존한 경우의 형사책임은.

Ⅵ. 위계·위력에 의한 살인죄

제253조(위계등에 의한 촉탁살인등) 전조의 경우에 위계 또는 위력으로써 촉탁 또는 승낙하게 하거나 자살을 결의하게 한 때에는 제250조의 예에 의한다.
제254조(미수범) 전4조의 미수범은 처벌한다.

▣쟁점 1. 7세, 3세 남짓된 어린자식들에게 함께 죽자고 권유하여 익사하게 한 경우의 죄책은(대법원 1987.1.20. 86도2395).

Ⅶ. 살인예비 · 음모죄

第255조(예비, 음모) 第250조와 第253조의 죄를 범할 목적으로 예비 또는 음모한 자는 10년 이하의 징역에 처한다.

1. 살인의 예비

■대법원 1986.2.25. 85도2773

살인의 실행행위에 착수하였다고 본 사례

「피고인이 격분하여 피해자를 살해할 것을 마음먹고 밖으로 나가 낫을 들고 피해자에게 다가서려고 하였으나 제3자 이를 제지하여 그틈을 타서 피해자가 도망함으로써 살인의 목적을 이루지 못한 경우, 피고인이 낫을 들고 피해자에게 접근함으로써 살인의 실행행위에 착수하였다고 할 것이므로 이는 살인미수에 해당한다.」

*평석. 살인의 예비란 살인의 범죄실행의 준비행위로서 아직 실행의 착수에 이르지 않은 경우를 말한다.

2. 살인예비의 중지

살인예비 또는 음모행위를 한 자가 실행에 착수하기 전에 이를 자의로 중지한 경우에 중지미수를 규정한 제26조를 준용할 수 있는지의 여부가 문제되어진다.

■대법원 1991.6.25. 91도436

예비음모의 행위를 처벌하는 경우에 있어서 중지범의 관념을 인정할 수 있는지 여부(소극)

「중지범은 범죄의 실행에 착수한 후 자의로 그 행위를 중지한 때를 말하는 것이고, 실행의 착수가 있기 전인 예비음모의 행위를 처벌하는 경우에 있어서는 중지범의 관념은 이를 인정할 수 없다.」

*평석. 대법원은 중지범은 범죄실행의 착수를 전제한 개념으로 실행의 착수가 있기 전인 예비음모의 행위를 처벌하는 경우에 있어서는 중지범의 관념은 이를 인정할 수

없다고 한다.

3. 살인예비죄의 공범

■대법원 1979.5.22. 79도552

예비죄의 종범이 처벌되는지 여부

「정범이 실행의 착수에 이르지 아니하고 예비단계에 그친 경우에는, 이에 가공한다 하더라도 예비의 공동정범이 되는 때를 제외하고는 종범으로 처벌할 수 없다.」

*평석. 기도된 교사와 달리 기도된 방조를 처벌하지 않는 형법의 취지에서 예비죄의 종범은 처벌되지 아니한다.

제2장 상해와 폭행의 죄

Ⅰ. 상해의 죄

1. 상해죄, 존속상해죄

제257조(상해, 존속상해) ①사람의 신체를 상해한 자는 7년 이하의 징역, 10년 이하의 자격정지 또는 1천만원 이하의 벌금에 처한다. ②자기 또는 배우자의 직계존속에 대하여 제1항의 죄를 범한 때에는 10년 이하의 징역 또는 1천500만원 이하의 벌금에 처한다. ③전2항의 미수범은 처벌한다.

(1) 객관적 구성요건

1) 행위의 객체

사람의 신체이다.

■2007.6.29. 선고 2005도3832

태아를 사망에 이르게 하는 행위가 임산부에 대한 상해에 해당하는지 여부(소극)

「현행 형법이 사람에 대한 상해 및 과실치사상의 죄에 관한 규정과는 별도로 태아를 독립된 행위객체로 하는 낙태죄, 부동의 낙태죄, 낙태치상 및 낙태치사의 죄 등에 관한 규정을 두어 포태한 부녀의 자기낙태행위 및 제3자의 부동의 낙태행위, 낙태로 인하여 위 부녀에게 상해 또는 사망에 이르게 한 행위 등에 대하여 처벌하도록 한 점, 과실낙태행위 및 낙태미수행위에 대하여 따로 처벌규정을 두지 아니한 점 등에 비추어 보면, <u>우리 형법은 태아를 임산부 신체의 일부로 보거나, 낙태행위가 임산부의 태아양육, 출</u>

산 기능의 침해라는 측면에서 낙태죄와는 별개로 임산부에 대한 상해죄를 구성하는 것으로 보지는 않는다고 해석된다. 따라서 태아를 사망에 이르게 하는 행위가 임산부 신체의 일부를 훼손하는 것이라거나 태아의 사망으로 인하여 그 태아를 양육, 출산하는 임산부의 생리적 기능이 침해되어 임산부에 대한 상해가 된다고 볼 수는 없다.」

*평석. 자기낙태죄를 벌하는 규정 등에서 태아를 임산부 신체의 일부로 볼 수 없다.

2) 실행행위

행위는 상해하는 것이다.

(가) 상해의 개념

■대법원 2000. 3. 23. 99도3099

【판시사항】

1) 강제추행치상죄에 있어서의 상해의 의미

2) 부녀의 음모를 1회용 면도기로 일부 깎은 것이 강제추행치상죄에 있어서의 상해에 해당하는지 여부(소극)

【판결요지】

1) 강제추행치상죄에 있어서의 상해는 피해자의 신체의 건강상태가 불량하게 변경되고 생활기능에 장애가 초래되는 것을 말하는 것으로서, 신체의 외모에 변화가 생겼다고 하더라도 신체의 생리적 기능에 장애를 초래하지 아니하는 이상 상해에 해당한다고 할 수 없다.

2) 음모는 성적 성숙함을 나타내거나 치부를 가려주는 등의 시각적·감각적인 기능 이외에 특별한 생리적 기능이 없는 것이므로, 피해자의 음모의 모근부분을 남기고 모간부분만을 일부 잘라냄으로써 음모의 전체적인 외관에 변형만이 생겼다면, 이로 인하여 피해자에게 수치심을 야기하기는 하겠지만, 병리적으로 보아 피해자의 신체의 건강상태가 불량하게 변경되거나 생활기능에 장애가 초래되었다고 할 수는 없을 것이므로, 그것이 폭행에 해당할 수 있음은 별론으로 하고 강제추행치상죄의 상해에 해당한다고 할 수는 없다.

*평석. 신체의 외모에 변화가 생겼다고 하더라도 신체의 생리적 기능에 장애를 초래하지 아니하는 이상 상해에 해당한다고 할 수 없다.

◐참조조문

형법 제298조, 제301조

■대법원 1995.7.25. 94도1351

성경험을 가진 여자의 특이체질로 인해 새로 형성된 처녀막의 파열이 강간치상죄를 구성하는 상처에 해당되는지 여부

「처녀막은 부녀자의 신체에 있어서 생리조직의 일부를 구성하는 것으로서, 그것이 파열되면 정도의 차이는 있어도 생활기능에 장애가 오는 것이라고 보아야 하고, 처녀막 파열이 그와 같은 성질의 것인 한 비록 피해자가 성경험을 가진 여자로서 특이체질로 인해 새로 형성된 처녀막이 파열되었다 하더라도 강간치상죄를 구성하는 상처에 해당된다.」

*평석. 처녀막의 파열은 신체의 생리적 기능을 훼손하는 것으로 상해에 해당한다.

▣쟁점 1. 부녀에 대한 임신은 생리적 기능을 훼손하는 것으로 상해라 할 수 있는가.

(나) 상해의 태양

유형적(폭행), 무형적(정신적 충격), 작위(동물을 이용하는 경우), 부작위(작위의무 있는 자가 어린아이를 방치해 상해를 입은 경우), 직접적이든 간접적(미끄러운 곳에서 주위를 딴곳으로 쏠리게 하여 다치게 한 경우)이든 불문한다.

(2) 주관적 구성요건

상해의 고의가 있어야 한다.

■대법원 2000.7.4. 99도4341

상해죄의 성립요건으로 상해의 원인인 폭행에 대한 인식 외에 상해를 가할 의사의 존재까지 필요한지 여부(소극)

「상해죄의 성립에는 상해의 원인인 폭행에 대한 인식이 있으면 충분하고 상해를 가할 의사의 존재까지는 필요하지 않다.」

*평석. 현행 형법은 상해죄는 상해의 고의가 있어야 한다. 문제가 있는 판례이다. 폭행의 고의로 상해의 결과 발생하면 폭행치상죄가 성립한다.

(3) 위법성

상해죄의 경우에 있어 명시적 규정은 존재하지 아니하나 사회상규나 공서양속에 반하지 아니하는 범위 내에서 위법성이 조각됨은 물론이다.

■대법원 1993.7.27. 92도2345

【판시사항】

1) 수술승낙이 의사의 부정확 또는 불충분한 설명에 의한 것인 경우의 효력

2) 난소의 제거로 임신불능인 상태에 있어서의 자궁적출행위가 업무상 과실치상죄 소정의 상해에 해당하는지 여부

【판결요지】

1) 산부인과 전문의 수련과정 2년차인 의사가 자신의 시진, 촉진결과 등을 과신한 나머지 초음파검사 등 피해자의 병증이 자궁외 임신인지, 자궁근종인지를 판별하기 위한 정밀한 진단방법을 실시하지 아니한 채 피해자의 병명을 자궁근종으로 오진하고 이에 근거하여 의학에 대한 전문지식이 없는 피해자에게 자궁적출술의 불가피성만을 강조하였을 뿐 위와 같은 <u>진단상의 과오가 없었으면 당연히 설명받았을 자궁외 임신에 관한 내용을 설명받지 못한 피해자로부터 수술승낙을 받았다면 위 승낙은 부정확 또는 불충분한 설명을 근거로 이루어진 것으로서 수술의 위법성을 조각할 유효한 승낙이라고 볼 수 없다.</u>

2) 난소의 제거로 이미 임신불능 상태에 있는 피해자의 자궁을 적출했다 하더라도 그 경우 자궁을 제거한 것이 신체의 완전성을 해한 것이 아니라거나 생활기능에 아무런 장애를 주는 것이 아니라거나 건강상태를 불량하게 변경한 것이 아니라고 할 수 없고 이는 업무상 과실치상죄에 있어서의 상해에 해당한다.

*평석. 판례는 의사의 치료행위에 대해 종래 정당행위설의 입장이었으나 근래 피해자의 승낙에 의해 위법성이 조각됨을 판시하고 있다.

◐참조조문

형법 제24조, 제268조

■징계행위

대법원 1991.5.14. 91도513

학생주임을 맡고 있는 교사가 훈계목적으로 몽둥이와 당구큐대로 학생의 둔부를 때

려 3주간의 치료를 요하는 상해를 입힌 경우 정당행위에 해당하는지 여부(소극)

「교사가 학생을 엎드러지게 한 후 몽둥이와 당구큐대로 그의 둔부를 때려 3주간의 치료를 요하는 우둔부심부혈종좌이부좌상을 입혔다면 비록 학생주임을 맡고 있는 교사로서 제자를 훈계하기 위한 것이었다 하더라도 이는 징계의 범위를 넘는 것으로서 형법 제20조의 정당행위에는 해당하지 아니한다.」

*평석. 징계권의 행사인 체벌이 신체상해에 이른 경우에는 징계권의 남용으로 위법성이 조각되지 아니한다.

◐참조조문

형법 제20조, 제257조

(4) 존속상해죄

■대법원 1983.6.28. 83도996

사실과 달리 호적상에 부로 등재되어 있는 자를 상해한 경우 존속상해죄의 성부(소극)

「친자관계라는 사실은 호적상의 기재여하에 의하여 좌우되는 것은 아니며 호적상 친권자라고 등재되어 있다 하더라도 사실에 있어서 그렇지 않은 경우에는 법률상 친자관계가 생길 수 없다 할 것인바, 피고인은 호적부상 피해자와 모 사이에 태어난 친생자로 등재되어 있으나 피해자가 집을 떠난 사이 모가 타인과 정교관계를 맺어 피고인을 출산하였다면 피고인과 피해자 사이에는 친자관계가 없으므로 존속상해죄는 성립될 수 없다.」

*평석. 존속상해죄에 있어 직계존속의 의미는 존속살해죄에 있어서와 동일한 의미이다.

2. 중상해죄 · 존속 중상해죄

第258조(중상해, 존속중상해) ①사람의 신체를 상해하여 생명에 대한 위험을 발생하게 한 자는 1년 이상 10년 이하의 징역에 처한다. ②신체의 상해로 인하여 불구 또는 불치나 난치의 질병에 이르게 한 자도 전항의 형과 같다. ③자기 또는 배우자의 직계존속에 대하여 전2항의 죄를 범한 때에는 2년 이상의 유기징역에 처한다.

(1) 의의 및 성격

중상해죄는 사람의 신체를 상해하여 특별히 중대한 결과를 발생시킨 경우에 단순 상해죄보다 결과반가치면에서 비난가능성이 높기 때문에 형을 가중하는 가중적 구성요건이다. 부진정결과적 가중범이다. 즉, 본 죄는 상해의 기본행위와 중한 결과를 과실에 의해 발생시킨 경우는 물론, 중상해의 고의가 있는 경우도 포함한다.

■중상해죄의 법적 성격

대전고법 1995.4.7. 94노738

상해의 고의만 있는 경우, 중상해죄의 성립 여부

「가해행위시에 중상해의 고의가 있는 경우는 물론이고 상해의 고의만 있었더라도 그 가해행위로 인하여 중상해의 결과가 발생하는 경우에는 중상해에 대한 예견가능성이 인정되는 한 중상해죄의 죄책을 진다.」

*평석. 중상해죄가 가해행위시에 중상해의 고의가 있는 경우도 포함한다.

(2) 중한 결과

■대법원 2005.12.9. 2005도7527

「형법 제258조 제1항, 제2항에서 정하는 중상해는 사람의 신체를 상해하여 생명에 대한 위험을 발생하게 하거나, 신체의 상해로 인하여 불구 또는 불치나 난치의 질병에 이르게 한 경우에 성립한다. 따라서 1~2개월간 입원할 정도로 다리가 부러진 상해 또는 3주간의 치료를 요하는 우측흉부자상이 중상해에 해당하지 않는다.」

*평석. 중상해죄에 있어 '생명에 대한 위험'이란 생명에 대한 구체적 위험을 말하며(치명상을 말함), 불구는 신체의 전체조직에서 중요부분이 지속적으로 상실된 경우를 말한다. 그리고 불치 또는 난치의 질병이란 의학적으로 치료의 가능성이 없거나 현저히 곤란한 경우가 이에 해당한다.

3. 상해치사죄 · 존속상해치사죄

제259조(상해치사) ①사람의 신체를 상해하여 사망에 이르게 한 자는 3년 이상의 유기징역에 처한다. ②자기 또는 배우자의 직계존속에 대하여 전항의 죄를 범한 때에는 무기 또는 5년 이상의 징역에 처한다.

(1) 의의 및 성격

상해치사죄는 사람의 신체를 상해하여 사망에 이르게 함으로써 성립한다. 진정결과적 가중범이다.

(2) 구성요건

1) 인과관계

■대법원 1996.5.10. 96도529

「상해행위를 피하려고 하다가 차량에 치어 사망한 경우 상해행위와 피해자의 사망 사이에 상당인과관계가 있다고 하여 상해치사죄로 처단한 원심판결을 수긍한 사례이다.」

*평석. 상해행위가 사망의 유일한 원인이 됨을 요하지 아니한다.

■대법원 1972.3.28. 72도296

「피고인이 강타로 인하여 임신 7개월의 피해자가 지상에 전도되어 낙태하고 위 낙태로 유발된 심근경색증으로 죽음에 이르게 된 경우 피고인의 구타행위와 피해자의 사망간에는 인과관계가 있다.」

*평석. 상해행위가 사망의 유일한 원인이 됨을 요하지 아니한다.

2) 예견가능성

행위자는 사망의 결과발생을 예견할 수 있어야 한다.

■대법원 1994.11.4. 94도2361

피고인의 구타행위로 상해를 입은 피해자가 정신을 잃고 빈사상태에 빠지자 사망한 것으로 오인하고, 자신의 행위를 은폐하고 피해자가 자살한 것처럼 가장하기 위하여 피해자를 베란다 아래의 바닥으로 떨어뜨려 사망케 하였다면, 피고인의 행위는 포괄하여 단일의 상해치사죄에 해당한다고 한 사례

「피고인이 피해자에게 우측 흉골골절 및 늑골골절상과 이로 인한 우측 심장벽좌상과 심낭내출혈 등의 상해를 가함으로써, 피해자가 바닥에 쓰러진 채 정신을 잃고 빈사상태에 빠지자, 피해자가 사망한 것으로 오인하고, 피고인의 행위를 은폐하고 피해자가 자살한 것처럼 가장하기 위하여 피해자를 베란다로 옮긴 후 베란다 밑 약 13m 아래의 바닥으로 떨어뜨려 피해자로 하여금 현장에서 좌측 측두부 분쇄함몰골절에 의한 뇌손상 및 뇌출혈 등으로 사망에 이르게 하였다면, 피고인의 행위는 포괄하여 단일의 상해치사죄에 해당한다.」

*평석. 대법원은 인과관계 그리고 예견가능성을 인정하여 피고인의 행위는 포괄하여 단일의 상해치사죄에 해당한다고 하고 있다.

(3) 상해치사죄의 공동정범

■공동정범

대법원 2000.5.12. 2000도745

결과적 가중범인 상해치사죄의 공동정범의 성립에 결과를 공동으로 할 의사가 필요한지 여부(소극) 및 수인이 상해의 범의로 범행 중 한 사람이 중한 상해를 가하여 피해자가 사망에 이르게 된 경우, 나머지 사람들도 상해치사의 죄책을 지는지 여부(한정 적극)

「결과적 가중범인 상해치사죄의 공동정범은 폭행 기타의 신체침해 행위를 공동으로 할 의사가 있으면 성립되고 결과를 공동으로 할 의사는 필요 없으며, 여러 사람이 상해의 범의로 범행 중 한 사람이 중한 상해를 가하여 피해자가 사망에 이르게 된 경우 나머지 사람들은 사망의 결과를 예견할 수 없는 때가 아닌 한 상해치사의 죄책을 면할 수 없다.」

*평석. 대법원은 결과적 가중범인 상해치사죄의 공동정범의 성립을 긍정하며, 그것은 여러 사람이 상해의 범의로 범행 중 한 사람이 중한 상해를 가하여 피해자가 사망에 이르게 된 경우 나머지 사람들은 사망의 결과를 예견할 수 없는 때가 아닌 한 상해치사의 죄책을 면할 수 없다고 하여 '예견가능성'을 요건으로 하고 있다.

◐참조조문

형법 제15조 제2항, 제30조, 제259조

■대법원 1993.8.24. 93도1674

상해치사에 있어서 공동정범의 주관적 성립요건

「결과적 가중범인 상해치사의 공동정범은 폭행 기타의 신체침해행위를 공동으로 할 의사가 있으면 성립되고, 결과를 공동으로 할 의사는 필요 없다.」

◐참조조문

형법 제15조 제2항, 제30조, 제259조

*평석. 위 요건 이외에도 사망의 결과를 예견할 수 있어야 한다.

■대법원 1991.10.11. 91도1755

상해의 공모자 중 일부가 피해자를 상해하여 사망케 한 경우, 실행행위에 관여하지

아니한 공모자가 상해치사범죄의 공동정범에 해당하는지 여부(적극)

「공동정범의 주관적 요건인 공모는 공범자 상호간에 범죄의 공동실행에 관한 의사의 결합만 있으면 족하고, 이와 같은 공모가 이루어진 이상 실행행위에 관여하지 않더라도 다른 공범자의 행위에 대하여 형사책임을 지는 것인바, 피고인이 여러 공범들과 피해자를 상해하기로 공모하고, 피고인 등은 상피고인의 사무실에서 대기하고, 실행행위를 분담한 공모자 일부가 사건현장에 가서 위 피해자를 상해하여 사망케 하였다면 피고인은 상해치사범죄의 공동정범에 해당한다.」

*평석. 이 경우에 있어서도 사망의 결과를 예견할 수 있음을 요한다.

◐참조조문

형법 제30조, 제259조

(4) 상해치사죄의 교사·방조범

■대법원 1997.6.24. 97도1075

상해를 교사하였으나 피교사자가 살인을 실행한 경우, 교사자의 죄책

「교사자가 피교사자에 대하여 상해를 교사하였는데 피교사자가 이를 넘어 살인을 실행한 경우, 일반적으로 교사자는 상해죄에 대한 교사범이 되는 것이고, 다만 이 경우 교사자에게 피해자의 사망이라는 결과에 대하여 과실 내지 예견가능성이 있는 때에는 상해치사죄의 교사범으로서의 죄책을 지울 수 있다.」

*평석. 교사자도 피해자의 사망이라는 결과에 대하여 예견가능성이 있는 때에는 상해치사죄의 교사범으로서의 죄책에 해당한다.

◐참조조문

형법 제31조, 제250조, 제257조

●참조판례

대법원 1993.10.8. 93도1873

4. 상해의 동시범의 특례

第263조(동시범) 독립행위가 경합하여 상해의 결과를 발생하게 한 경우에 있어서 원인된 행위가 판명되지 아니한 때에는 공동정범의 예에 의한다.

(1) 의의 및 성격

동시범이란 2인 이상이 의사의 연락없이 개별적으로 동시에 죄를 범한 경우를 말한다. 동시범은 단독정범의 병렬관계로서 범죄실행을 위한 의사연락이 없다는 점에서 공동정범과 구별되며, 따라서 동시범은 단독정범에 불과하며 자기책임원리에 따라 각자가 자기의 행위에 대해 발생한 결과에 대해 책임을 진다. 즉, 원인행위가 판명된 경우에는 개인책임원칙에 따라 각자의 형사책임이 문제되어진다.

문제는 결과발행의 원인행위가 판명되지 않은 경우에 형법은 제263조 상해죄의 동시범의 특례규정을 두고 있다(제19조의 유일한 예외규정임). 즉, 집단적 상해의 경우에 있어 입증의 곤란을 구제하기 위하여 제19조의 예외를 인정하고 있다. 제263조의 성격에 대하여 학설이 대립되고 있다(거증책임전환설, 책임추정설, 이분설).

▣쟁점 1. 상해죄의 동시범의 특례규정의 법적 성격

(2) 특례의 적용요건

1) 독립행위의 경합

■대법원 1981.3.10. 80도3321

이시의 독립행위가 경합하여 사망의 결과가 일어난 경우와 공동정범에 의한 처벌

「이시의 독립된 상해행위가 경합하여 사망의 결과가 일어난 경우에 그 원인된 행위가 판명되지 아니한 때에는 공동정범의 예에 의하여야 한다. 원심이 확정한 사실에 의하면 원심 공동피고인이었던 X는 술에 취해있던 피해자 Y의 어깨를 주먹으로 1회 때리고 쇠스랑 자루로 머리를 2회 강타하고 가슴을 1회 밀어 땅에 넘어뜨렸고, 그 후 3시간 가량 지나서 피고인이 위 피해자의 멱살을 잡아 평상에 앉혀놓고 피해자의 얼굴을 2회 때리고 손으로 2,3회 피해자의 가슴을 밀어 땅에 넘어뜨린 다음, 나일론 슬리퍼로 피해자의 얼굴을 수회 때렸는데 위와 같은 <u>두 사람의 이시적인 상해행위로 인하여 피해자가 그로부터 6일 후에 뇌출혈을 일으켜 사망하기에 이르렀다는 것인 바</u>, 원판결의 문언과 원심이 피고인의 소위에 대하여 형법 제263조를 적용한 취지에서 보면 원심은 위 피해자의 사인이 위 X의 행위와 피고인의 행위 중 누구의 행위에 기인한 것인지를 판별할 수 없는 경우에 해당한다고 하여 형법 제263조의 규정에 의한 공동정범의 예에 따라 피고인에게 책임을 지우고 있는 것이라고 할 것이다. 그런데 형법 제19조와 같은 법 제263조의 규정취지를 새겨 보면 본건의 경우와 같은 <u>이시의 상해의 독립행위가 경합하여 사망의 결과가 일어난 경우에도 그 원인된 행위가 판명되지 아니한 때에는 공동정범의 예에 의하여야 한다고 해석하여야 할 것이니</u> 이와 같은 견해에서 피고인의

소위에 대하여 형법 제263조의 동시범으로 의율처단한 원심의 조치는 정당하고 원판결에 형법 제19조와 동 제263조의 법리를 오해한 위법이나 소론 의률착오의 위법이 없다.」

*평석. 독립행위이 경합에 있어 “독립행위가 시간적 근접성을 가져야 하는가”에 대해 이시(異時)의 독립행위가 경합한 때에도 문제되지 아니하다고 판시하고 있다. 그러나 특례규정의 입법취지 등을 고려할 때 동시 또는 근접한 시간대에 행하여짐을 요한다고 하겠다.

■대법원 1984.5.15. 84도488

가해행위를 한 것 자체가 불분명한 자에 대한 상해죄의 동시범으로 의율가부

「상해죄에 있어서의 동시범은 두사람 이상이 가해행위를 하여 상해의 결과를 가져올 경우에 그 상해가 어느 사람의 가해행위로 인한 것인지가 분명치 않다면 가해자 모두를 공동정범으로 본다는 것이므로 가해행위를 한 것 자체가 분명치 않은 사람에 대하여는 동시범으로 다스릴 수 없다.」

*평석. 가해행위를 한 것 자체가 분명치 않은 경우에는 동시범 규정을 적용할 수 없다.

2) 상해의 결과발생 그리고 원인된 행위가 판명되지 아니할 것

(3) 동시범 특례규정의 적용범위

폭행치사죄와 상해치사죄에도 본조를 적용할 것인가하는 문제이다.

■대법원 1985.5.14. 84도2118

「동시범의 특례를 규정한 형법 제263조는 상해치사죄에도 적용된다.」

*평석. 대법원은 형법 제263조는 상해치사죄에도 적용된다고 하고 있다.

■대법원 2000.7. 28. 2000도2466

시간적 차이가 있는 독립된 상해행위나 폭행행위가 경합하여 사망의 결과가 일어나고 그 사망의 원인된 행위가 판명되지 않는 경우, 공동정범의 예에 의하여 처벌할 것인지 여부(적극)

「시간적 차이가 있는 독립된 상해행위나 폭행행위가 경합하여 사망의 결과가 일어나고 그 사망의 원인된 행위가 판명되지 않은 경우에는 공동정범의 예에 의하여 처벌할 것이다.」

*평석. 대법원은 시간적 차이가 있는 독립된 상해행위나 폭행행위가 경합하여 사망의

결과가 발행한 경우에도 적용된다고 하고 있다.

▣쟁점 1. 형법 제263조를 폭행치사죄와 상해치사죄에도 적용하는 판례의 견해를 비판하라.

■대법원 1984.4.24. 84도372

강간치상죄와 동시범 규정 적용 가부(소극)

「형법 제263조의 동시범은 상해와 폭행죄에 관한 특별규정으로서 동 규정은 그 보호법익을 달리하는 강간치상죄에는 적용할 수 없다.」

*평석. 형법 제263조의 동시범은 상해와 폭행죄에 관한 특례규정으로서 보호법익을 달리하는 강간치상죄에는 적용될 수 없다.

Ⅱ. 폭행의 죄

1. 폭행죄 · 존속폭행죄

제260조(폭행, 존속폭행) ①사람의 신체에 대하여 폭행을 가한 자는 2년 이하의 징역, 500만원 이하의 벌금, 구류 또는 과료에 처한다. ②자기 또는 배우자의 직계존속에 대하여 제1항의 죄를 범한 때에는 5년 이하의 징역 또는 700만원 이하의 벌금에 처한다. ③제1항 및 제2항의 죄는 피해자의 명시한 의사에 반하여 공소를 제기할 수 없다.

(1) 의의 및 보호법익

사람의 신체에 대하여 폭행을 가함으로써 성립하는 범죄이다. 형법상 폭행행위는 그 자체가 독립한 범죄(폭행죄)가 되지만 다른 범죄의 수단이 되는 경우도 있다. 보호법익은 신체의 완전성 내지 불가침성이다. 보호의 정도는 구체적 결과발생(침해)를 요하지 않는 추상적 위험범으로서의 형식범이다.

(2) 객관적 구성요건

1) 행위의 객체

사람의 신체이다.

2) 실행행위

폭행을 가하는 것이다.

■대법원 1991.1.29. 90도2153

피해자에게 욕설을 한 것이나 또는 피해자 집의 대문을 발로 찬 것만으로 당연히 폭행이 되는지 여부(소극)

「형법 제260조에서 말하는 폭행이란 사람의 신체에 대하여 유형력을 행사하는 것을 의미하는 것으로서 피고인이 피해자에게 욕설을 한 것만을 가지고 당연히 폭행을 한 것이라고 할 수는 없을 것이고, 피해자 집의 대문을 발로 찬 것이 막바로 또는 당연히 피해자의 신체에 대하여 유형력을 행사한 경우에 해당한다고 할 수도 없다.」

*평석. 폭행죄에 있어 폭행이란 사람의 신체에 대하여 유형력을 행사하는 것을 의미한다.

▣쟁점 1. 형법상 폭행의 개념

■대법원 2003.1.10. 2000도5716

【판시사항】

1) 폭행죄에 있어서 유형력의 행사에 신체의 청각기관을 자극하는 음향도 포함되는지 여부(한정적극)

2) 거리상 멀리 떨어져 있는 사람에게 전화기를 이용하여 전화하면서 고성을 내거나 그 전화 대화를 녹음 후 듣게 하는 경우, 폭행죄에 있어서의 신체에 대한 유형력의 행사를 한 것으로 볼 수 있는지 여부(한정 적극)

【판결요지】

1) 형법 제260조에 규정된 폭행죄는 사람의 신체에 대한 유형력의 행사를 가리키며, 그 유형력의 행사는 신체적 고통을 주는 물리력의 작용을 의미하므로 신체의 청각기관을 직접적으로 자극하는 음향도 경우에 따라서는 유형력에 포함될 수 있다.

2) 피해자의 신체에 공간적으로 근접하여 고성으로 폭언이나 욕설을 하거나 동시에 손발이나 물건을 휘두르거나 던지는 행위는 직접 피해자의 신체에 접촉하지 아니하였

다 하더라도 피해자에 대한 불법한 유형력의 행사로서 폭행에 해당될 수 있는 것이지만, 거리상 멀리 떨어져 있는 사람에게 전화기를 이용하여 전화하면서 고성을 내거나 그 전화 대화를 녹음 후 듣게 하는 경우에는 특수한 방법으로 수화자의 청각기관을 자극하여 그 수화자로 하여금 고통스럽게 느끼게 할 정도의 음향을 이용하였다는 등의 특별한 사정이 없는 한 신체에 대한 유형력의 행사를 한 것으로 보기 어렵다.

*평석. 거리상 멀리 떨어져 있는 사람에게 전화기를 이용하여 전화하면서 고성을 내거나 그 전화 대화를 녹음 후 듣게 하는 경우에는 특별한 사정이 없는 한 신체에 대한 유형력의 행사를 한 것으로 보기 어렵다.

◐참조조문

형법 제260조

●참조판례

대법원 1991.1.29. 90도2153; 대법원 1956.12.12. 4289형상297; 대법원 1990.2.13. 89도1406

■대법원 1972.11.28. 72도2201

「어린애를 업은 사람을 밀어 넘어뜨려 그 결과 어린애가 사망하였다면 폭행치사죄가 성립된다.」

*평석. 어린애를 업은 사람을 밀어 넘어뜨리는 것은 사람의 신체에 대한 유형력의 행사이다.

(3) 위법성

폭행죄가 구성요건에 해당하더라고 위법성조각사유에 의해 위법성이 조각될 수 있다.

■대법원 1983.5.24. 83도942

사회상규에 위배되지 않는 행위(폭행)라고 본 사례

「피해자가 피고인을 따라다니면서 귀찮게 싸움을 걸어오는 것을 막으려고 피고인이 피해자의 멱살을 잡고 밀어 넘어뜨렸다면 이는 사회통념상 용인되는 행위로서 위법성이 없다.」

*평석. 정당행위에 해당한다.

▣쟁점 1. 교사의 체벌에 대한 형법적 평가

■대법원 1985.10.8. 85도1915

피해자가 시비를 걸려고 양팔을 잡는 것을 피하고자 몸을 틀어 뿌리친 행위가 폭행에 해당하는지 여부(소극)

「피해자가 시비를 걸려고 양팔을 잡는 것을 피하고자 몸을 틀어 뿌리친 것 뿐인 행위는 이를 폭행에 해당한다고 할 수 없을 뿐만 아니라 설사 폭행에 해당한다고 하더라도 위 행위는 피해자의 불법한 공격으로부터 자신을 보호하고 이를 벗어나기 위하여 필요한 최소한도의 방어를 한 것으로서 사회상규에 어긋나지 아니하여 위법성이 없다.」

*평석. 소극적 방어수단으로서의 저항행위는 정당행위에 해당한다.

2. 특수폭행죄

第261조(특수폭행) 단체 또는 다중의 위력을 보이거나 위험한 물건을 휴대하여 제260조 제1항 또는 제2항의 죄를 범한 때에는 5년 이하의 징역 또는 1천만원 이하의 벌금에 처한다.

(1) 의의

단체 또는 다중의 위력을 보이거나 위험한 물건을 휴대하여 사람의 신체에 대하여 폭행함으로써 성립하는 범죄이다.

(2) 객관적 구성요건

1) 단체 또는 다중의 위력

■대법원 1971.12.21. 71도1930

'다중의 위력을 보이거나'의 뜻.

「본조 소정의 '다중'이라함은 단체를 이루지 못한 다수인의 중합을 지칭하는 것이므로 불과 3인의 경우에는 그것이 어떤 집단의 힘을 발판 또는 배경으로 한다는 것이 인정되지 않는한 "다중의 위력"을 보인 것이라고는 할 수 없다.」

*평석. '다중'이라함은 단체를 이루지 못한 다수인의 집합을 지칭한다.

2) 위험한 물건의 휴대

(가) 위험한 물건

■대법원 1990.1.25. 89도2245

곡괭이자루와 폭력행위등처벌에관한법률 제3조 제1항 소정의 위험한 물건

「피고인이 이 사건 범행에 사용한 곡괭이자루를 폭력행위등처벌에관한법률 제3조 제1항에서 규정한 위험한 물건이라고 본 원심의 조치에 법리오해의 위법이 없다.」

*평석. 위험한 물건인가의 여부는 구체적인 경우에 물건의 성질과 용법을 종합하여 판단한다.

■대법원 1997.5.30. 97도597

【판시사항】

1)폭력행위등처벌에관한법률 제3조 제1항의 '위험한 물건' 및 '휴대'의 의미

2)승용차가 위 1항의 '위험한 물건'에 해당한다고 본 사례

【판결요지】

1)폭력행위등처벌에관한법률 제3조 제1항에 있어서 '위험한 물건'이라 함은 흉기는 아니라고 하더라도 널리 사람의 생명, 신체에 해를 가하는 데 사용할 수 있는 일체의 물건을 포함한다고 풀이할 것이므로, 본래 살상용·파괴용으로 만들어진 것뿐만 아니라 다른 목적으로 만들어진 칼·가위·유리병·각종공구·자동차 등은 물론 화학약품 또는 사주된 동물 등도 그것이 사람의 생명·신체에 해를 가하는 데 사용되었다면 본조의 '위험한 물건'이라 할 것이며, 한편 이러한 물건을 '휴대하여'라는 말은 소지뿐만 아니라 널리 이용한다는 뜻도 포함하고 있다.

2) 견인료납부를 요구하는 교통관리직원을 승용차 앞범퍼 부분으로 들이받아 폭행한 사안에서, 승용차가 폭력행위등처벌에관한법률 제3조 제1항 소정의 '위험한 물건'에 해당한다고 본 사례.

*평석. '위험한 물건'이라 함은 제조목적을 불문하고(흉기는 아니라고 하더라도) 널리 사람의 생명, 신체에 해를 가하는 데 사용할 수 있는 일체의 물건을 포함한다. 대법원은 자동차도 위험함 물건에 해당한다고 하고 있다.

■대법원 2009.3.26. 2007도3520

【판시사항】

1)폭력행위 등 처벌에 관한 법률 제3조 제1항에 정한 '위험한 물건'의 판단 기준

2)자동차를 이용하여 다른 자동차를 충격한 사안에서, 위 자동차가 폭력행위 등 처벌

에 관한 법률 제3조 제1항에 정한 '위험한 물건'에 해당하지 않는다고 한 사례

【판결요지】

1)어떤 물건이 폭력행위 등 처벌에 관한 법률 제3조 제1항에 정한 '위험한 물건'에 해당하는지 여부는 구체적인 사안에서 사회통념에 비추어 그 물건을 사용하면 상대방이나 제3자가 생명 또는 신체에 위험을 느낄 수 있는지 여부에 따라 판단하여야 한다. 이러한 판단 기준은 자동차를 사용하여 사람의 생명 또는 신체에 위해를 가하거나 다른 사람의 재물을 손괴한 경우에도 마찬가지로 적용된다.

2)자동차를 이용하여 다른 자동차를 충격한 사안에서, 충격 당시 차량의 크기, 속도, 손괴 정도 등 제반 사정에 비추어 위 자동차가 폭력행위 등 처벌에 관한 법률 제3조 제1항에 정한 '위험한 물건'에 해당하지 않는다고 한 사례.

*평석. '위험한 물건'에 해당하는지 여부는 구체적인 사안에서 사회통념에 따라 결정되며, 자동차를 이용하여 다른 자동차를 충격한 사안에서는 '대법원 1997.5.30. 97도597'과 달리 위험한 물건에 해당하지 아니한다고 판시하고 있다.

(나) 휴대

■대법원 1984.1.31. 83도2959

'휴대' 의 의의

「위 법률 제3조 제1항의 휴대라 함은 소지와 같은 뜻으로 새겨지나 범행 이전부터 흉기를 몸에 지니고 있어야 할 필요는 없다.」

*평석. 휴대란 범행이전부터 몸에 지니고 있을 것을 요하지 아니한다. 현장에서 범행에 사용할 목적으로 위험한 물건을 집어 든 경우도 포함한다.

■대법원 1984.4.10. 84도353

폭력행위시 과도를 호주머니 속에 지니고 있던 경우와 위험한 물건의 휴대

「피고인이 이 사건 폭력행위당시 판시 과도를 범행현장에서 호주머니 속에 지니고 있었던 이상 이는 위험한 물건을 휴대한 경우로서 폭력행위등처벌에 관한 법률 제3조 제1항 소정의 죄에 해당한다.」

◐참조조문

폭력행위등처벌에관한법률 제3조 제1항

*평석. 범행과는 전혀 무관하게 우연히 소지한 경우는 여기에 해당하지 아니한다(대

법원 1990.4.24. 90도401).

▣쟁점 1. 특수폭행죄(제261조)의 '휴대'의 개념(참조판례. 대법원 1997.5.30. 97도597).

3. 폭행치사상죄

제262조(폭행치사상) 전2조의 죄를 범하여 사람을 사상에 이르게 한 때에는 제257조 내지 제259조의 예에 의한다.

(1) 의의, 성격

폭행죄, 존속폭행죄 또는 특수폭행죄를 범하여 사람을 사상에 이르게 함으로써 성립하는 진정결과적 가중범이다.

(2) 구성요건

■대법원 1994.8.23. 94도1484

안수기도에 수반한 신체적 행위를 폭행으로 인정한 사례

「안수기도는 환자의 환부나 머리에 손을 얹고 또는 약간 누르면서 환자를 위해 병을 낫게 하여 달라고 하나님께 간절히 기도함으로써 병의 치유함을 받는다는 일종의 종교적 행위이고 그 목적 또한 정당하겠으나, 기도행위에 수반하는 신체적 행위가 단순히 손을 얹거나 약간 누르는 정도가 아니라 그것이 지나쳐서 가슴과 배를 반복하여 누르거나 때려 그로 인하여 사망에 이른 것과 같은 정도의 것이라면 이는 사람의 신체에 대한 유형력의 행사로서 폭행의 개념에 속하는 행위이고, 비록 안수기도의 방법으로 행하여졌다고 하더라도 신체에 대하여 유형력을 행사한다는 인식과 의사가 있으면 폭행에 대한 인식과 의사 즉 고의가 있는 것이며, 이를 적법한 행위라고 오인했다고 하더라도 그 오인에 정당성을 발견할 수 없다.」

*평석. 안수기도에 수반한 신체적 행위가 사회상당성을 일탈하여 폭행의 고의를 인정한 사례이다.

◐참조조문

형법 제262조, 제260조 제1항 .

■대법원 1990.10.16. 90도1786

피고인들로부터 폭행을 당하고 당구장 3층 화장실에 숨어 있던 피해자가 다시 피고인들로부터 폭행당하지 않으려고 창문 밖으로 숨으려다가 실족하여 사망한 경우 폭행과 사망 사이의 인과관계를 인정한 사례

「피고인들이 공동하여 피해자를 폭행하여 당구장 3층에 있는 화장실에 숨어 있던 피해자를 다시 폭행하려고 피고인 갑은 화장실을 지키고, 피고인 을은 당구치는 기구로 문을 내려쳐 부수자 위협을 느낀 피해자가 화장실 창문 밖으로 숨으려다가 실족하여 떨어짐으로써 사망한 경우에는 피고인들의 위 폭행행위와 피해자의 사망 사이에는 인과관계가 있다고 할 것이므로 폭행치사죄의 공동정범이 성립된다.」

*평석. 폭행과 사상의 결과사이의 인과관계를 인정한 판례사안이다.

◐참조조문

형법 제17조, 제262조

■대법원 1984.6.26. 84도831, 84감도129

폭행치사사건에 있어서 피해자에 대한 의사의 수술지연과 인과관계

「피고인이 주먹으로 피해자의 복부를 1회 강타하여 장파열로 인한 복막염으로 사망케 하였다면, 비록 <u>의사의 수술지연 등 과실이 피해자의 사망의 공동원인이 되었다 하더라도 피고인의 행위가 사망의 결과에 대한 유력한 원인이 된 이상 그 폭력행위와 치사의 결과간에는 인과관계가 있다</u> 할 것이어서 피고인은 피해자의 사망의 결과에 대해 폭행치사의 죄책을 면할 수 없다.」

*평석. 의사의 수술지연 등 과실이 피해자의 사망의 공동원인이 된 경우에도 인과관계를 인정하고 있다.

◐참조조문

형법 제17조, 제262조

■대법원 1990.9.25. 90도1596

공장에서 동료 사이에 말다툼을 하던 중 피고인의 삿대질을 피하려고 뒷걸음치던 피해자가 장애물에 걸려 넘어져 두개골절로 사망한 경우 사망의 결과에 대한 예견가능성 유무(소극)

「폭행치사죄는 결과적 가중범으로서 폭행과 사망의 결과 사이에 인과관계가 있는 외에 사망의 결과에 대한 예견가능성 즉 과실이 있어야 하고 이러한 예견가능성의 유무

는 폭행의 정도와 피해자의 대응상태 등 구체적 상황을 살펴서 엄격하게 가려야 하는 것인바, 피고인이 피해자에게 상당한 힘을 가하여 넘어뜨린 것이 아니라 단지 공장에서 동료 사이에 말다툼을 하던 중 피고인이 삿대질하는 것을 피하고자 피해자 자신이 두어 걸음 뒷걸음치다가 회전 중이던 십자형 스빙기계 철받침대에 걸려 넘어진 정도라면, 당시 바닥에 위와 같은 장애물이 있어서 뒷걸음치면 장애물에 걸려 넘어질 수 있다는 것까지는 예견할 수 있었다고 하더라도 그 정도로 넘어지면서 머리를 바닥에 부딪쳐 두개골절로 사망한다는 것은 이례적인 일이어서 통상적으로 일반인이 예견하기 어려운 결과라고 하지 않을 수 없으므로 피고인에게 폭행치사죄의 책임을 물을 수 없다.」

*평석. 대법원은 피고인의 삿대질을 피하려고 뒷걸음치던 피해자가 장애물에 걸려 넘어져 두개골절로 사망한 경우, 사망의 결과에 대한 예견가능성이 없어 폭행치사죄의 성립을 부정하고 있다.

제3장 과실치사상의 죄

Ⅰ. 과실치상죄 · 과실치사죄

제266조(과실치상) ①과실로 인하여 사람의 신체를 상해에 이르게 한 자는 500만원 이하의 벌금, 구류 또는 과료에 처한다. ②제1항의 죄는 피해자의 명시한 의사에 반하여 공소를 제기할 수 없다. 제267조(과실치사) 과실로 인하여 사람을 사망에 이르게 한 자는 2년 이하의 금고 또는 700만원 이하의 벌금에 처한다.

1. 의의, 보호법익

과실치사상의 죄는 과실로 인하여 사람을 사망에 이르게 하거나, 사람의 신체를 상해에 이르게 함으로써 성립하는 범죄이다. 보호법익은 사람의 생명 신체의 안전이며, 보호의 정도는 침해범이다.

2. 구성요건

주의의무위반으로 인한 결과발생(상해나 사망)을 요한다.

■대법원 1985.3.26. 84도3085

임차인이 연탄가스 중독으로 인하여 사망하였으나 그 사망과 임대인의 과실간에 인과관계가 없다고 본 사례

「임대인이 연탄아궁이의 외부 굴뚝보수공사를 마친 뒤에도 임차인이 약 1개월 동안 아무런 이상없이 위 방실을 점유 사용해 오다가 사고당일에 부엌에서 출입문과 환기창을 모두 닫아놓고 연탄아궁이에 연탄불을 피워 놓은 채 목욕을 하다가 그 연탄아궁이

에서 새어나온 연탄가스의 일산화탄소에 중독되어 사망한 것이라면 비록 임대인이 위 외부 굴뚝보수공사를 함에 있어 연통이음새로 시멘트가 내부로 흘러 들어가게 하여 연통내부의 하단부분을 메우게 한 과실이 있었다 하더라도 임차인의 사망이 위와 같은 임대인의 과실에 기인된 것이라고 보기 어렵다.」

*평석. 임대인의 과실행위와 임차인의 사망 사이에 인과관계를 부정한 판례사안이다.

■대법원 1989.3.28. 89도108

학생이 교실 유리창을 닦다가 추락사한 경우 담임교사의 형사상 책임을 부정한 사례

「담임교사가 학교방침에 따라 학생들에게 교실청소를 시켜왔고 유리창을 청소할 때는 교실안쪽에서 닦을 수 있는 유리창만을 닦도록 지시하였는데도 유독 피해자만이 수업시간이 끝나자마자 베란다로 넘어 갔다가 밑으로 떨어져 사망하였다면 담임교사에게 그 사고에 대한 어떤 형사상의 과실책임을 물을 수 없다.」

*평석. 과실을 부정한 판례사안이다.

■대법원 1990.11.13. 90도2106

파도가 치는 바닷가 바위 위에서 곧 전역할 병사를 헹가래쳐서 장난삼아 바다에 빠뜨리려고 하다가 그가 발버둥치는 바람에 그의 발을 붙잡고 있던 피해자가 미끄러져 익사한 경우 헹가래치려 했던 동료 내무반원에게 과실치사책임을 인정한 사례.

「바다에 면한 수직경사가 암반 위로 이끼가 많이 끼어 매우 미끄러운 곳에서 당시 폭풍주의보가 발효 중이어서 평소보다 높은 파도가 치고 있던 상황하에 피해자와 같은 내무반원인 피고인 등 여러사람이 곧 전역할 병사 갑을 손발을 붙잡아 헹가래를 쳐서 장남삼아 바다에 빠뜨리려고 하다가 그가 발버둥치자 동인의 발을 붙잡고 있던 피해자가 몸의 중심을 잃고 미끄러지면서 바다에 빠져 사망한 경우 갑을 헹가래쳐서 바다에 빠뜨리려고 한 행위와 피해자가 바다에 빠져 사망한 결과와의 사이에는 인과관계가 있다고 할 것이고, 또 위와 같은 경우 결과발생에 관한 예견가능성도 있다고 할 것이므로 갑을 붙들고 헹가래치려고 한 피고인들로서는 비록 피해자가 위와 같이 헹가래치려고 한 일행 중의 한 사람이었다고 하여도 동인의 사망에 대하여 과실책임을 면할 수 없다.」

*평석. 사망에 대한 인과관계와 예견가능성을 인정한 판례사안이다.

■대법원 1990.5.22. 90도580

피해자가 피고인이 운전하던 오토바이에 충격되어 도로에 전도된 후 다른 차량에 치

어 사망한 경우 피고인의 과실과 피해자의 사망 사이의 인과관계 유무(적극)

「피고인이 야간에 오토바이를 운전하다가 도로를 무단횡단하던 피해자를 충격하여 피해자로 하여금 위 도로상에 전도케 하고, 그로부터 약 40초 내지 60초 후에 다른 사람이 운전하던 타이탄트럭이 도로위에 전도되어 있던 피해자를 역과하여 사망케 한 경우, 피고인이 전방좌우의 주시를 게을리 한 과실로 피해자를 충격하였고 나아가 이 사건 사고지점 부근 도로의 상황에 비추어 야간에 피해자를 충격하여 위 도로에 넘어지게 한 후 40초 내지 60초 동안 그대로 있게 한다면 후속차량의 운전사들이 조금만 전방주시를 태만히 하여도 피해자를 역과할 수 있음이 당연히 예상되었던 경우라면 피고인의 과실행위는 피해자의 사망에 대한 직접적 원인을 이루는 것이어서 양자간에는 상당인과관계가 있다.」

*평석. 이 경우 대법원은 피고인의 과실행위는 피해자의 사망에 대한 직접적 원인을 이루는 것으로서 인과관계를 인정하고 있다.

■대법원 1994.8.26. 94도1291

「함께 술을 마신 후 만취된 피해자를 촛불이 켜져 있는 방안에 혼자 눕혀 놓고 촛불을 끄지 않고 나오는 바람에 화재가 발생하여 피해자가 사망한 경우 과실치사책임을 인정한 사례」

*평석. 이 경우에 피해자가 사망한 결과에 대한 인과관계와 예견가능성을 긍정하고 있다.

3. 과실범의 공동정범

과실범의 공동정범이 가능한가.

■대법원 1997.11.28. 97도1740

【판시사항】

1) 성수대교 붕괴사고에서 교량 건설회사의 트러스 제작 책임자, 교량공사 현장감독, 발주 관청의 공사감독 공무원 등에게 업무상과실치사상, 업무상과실일반교통방해, 업무상과실자동차추락죄 등의 유죄를 인정한 사례

2) 교량붕괴에 있어서의 과실에 의한 공동정범 성립 여부(적극)

【판결요지】

1) 성수대교 붕괴사고에서 교량 건설회사의 트러스 제작 책임자, 교량공사 현장감독, 발주 관청의 공사감독 공무원 등에게 업무상과실치사상, 업무상과실일반교통방해, 업무상과실자동차추락죄 등의 유죄를 인정한 사례.

2) 성수대교와 같은 교량이 그 수명을 유지하기 위하여는 건설업자의 완벽한 시공, 감독공무원들의 철저한 제작시공상의 감독 및 유지·관리를 담당하고 있는 공무원들의 철저한 유지·관리라는 조건이 합치되어야 하는 것이므로, 위 각 단계에서의 과실 그것만으로 붕괴원인이 되지 못한다고 하더라도, 그것이 합쳐지면 교량이 붕괴될 수 있다는 점은 쉽게 예상할 수 있고, 따라서 위 각 단계에 관여한 자는 전혀 과실이 없다거나 과실이 있다고 하여도 교량붕괴의 원인이 되지 않았다는 등의 특별한 사정이 있는 경우를 제외하고는 붕괴에 대한 공동책임을 면할 수 없다.

*평석. 대법원은 과실의 공동정범의 성립을 긍정하고 있다.

Ⅱ. 업무상 과실 · 중과실치사상죄

第268조(업무상과실·중과실 치사상) 업무상 과실 또는 중대한 과실로 인하여 사람을 사상에 이르게 한 자는 5년 이하의 금고 또는 2천만원 이하의 벌금에 처한다.

1. 의의

업무상 과실 또는 중대한 과실로 인하여 사람을 사상에 이르게 함으로써 성립하는 범죄이다. 일정 업무에 종사하는 자라는 신분관계로 책임이 가중되는 부진정신분범이다.

▣쟁점 1. 업무자의 과실행위에 대해 형이 가중되는 가중의 근거는 무엇인가.

2. 업무

(1) 업무의 개념

■대법원 1961.3.22. 4294형상5

운전면허 없이 자동차를 운전한 자의 업무상 과실의 죄책

「업무상 과실치사상죄에 있어서의 업무라 함은 사람의 사회생활면에 있어서의 하나의 지위로서 계속적으로 종사하는 업무를 말하고 반복 계속의 의사 또는 사실이 있는 한 그 사무에 대한 각별한 경험이나 법규상의 면허를 필요로 하지 아니한다.」

◐참조조문

형법 제268조

【이 유】

「업무상 과실치사상죄에 있어서의 업무라고 함은 사람의 사회생활면에 있어서의 하나의 지위로서 계속적으로 종사하는 사무를 말하고 반복계속의 의사 우는 사실이 있는 한 그 사무에 대한 격별한 경험이나 법규상의 면허를 필요로하지 아니한다고 할 것인바 일건 기록에 의하면 피고인은 과거 자동차조수로 약 1년 6월간 근무하였고 한국운수주식회사 대전지점 자동차수리공장에서 수리공으로서 자동차수리 전후에 그 차륜을 수시 시운전을 하였으며 본건에 있어서 운전면허없이 본건 자동차 우 회사소유를 운전하였든 사실을 인정할 수 있으므로 피고인이 면허있는 자동차 운전수가 아니라 할지라도 피고인의 본건 자동차 운전사무는 업무상 과실치사죄에 있어서의 업무에 해당한다 할 것이다.」

*평석. 업무상 과실치사상죄에 있어서의 업무란 "사람의 사회생활상의 하나의 지위로서 계속적으로 행하는 사무"를 말한다. 반복 계속의 의사 또는 사실이 있는한 그 사무에 대한 각별한 경험이나 법규상의 면허를 필요로 하지 아니한다.

■대법원 1988.10.11. 88도1273

형법 제268조의 업무의 범위

「형법 제268조의 업무에는 사람의 생명 · 신체의 위험을 방지하는 것을 의무내용으로 하는 업무도 포함된다.」

*평석. 형법 제268조의 업무는 생명신체에 위험을 초래하는 업무를 말한다.

■대법원 1972.5.9. 72도701

피고인이 완구상 점원으로서 완구배달을 하기 위하여 자전거를 타고 소매상을 돌아다니는 일을 하고 있었다고 한다면 그는 자전거를 운전하는 업무에 종사하고 있다고 보아야 한다.」

*평석. 주된 직업의 부수적 업무도 업무에 해당한다.

3. 업무상 과실

주의의무의 범위 및 내용은 관계법령의 형식적 기준에 의하지 아니하고 구체적 사정을 고려하여 업무의 성질에 따라 결정되어진다(계약상, 관습상, 조리상 요구되는 일체의 주의의무).

(1) 의사의 주의의무

■대법원 2008.8.11. 2008도3090

【판시사항】

1) 의료과오사건에서 의사의 과실을 인정하기 위한 요건 및 그 판단 기준

2) 진료방법의 선택에서 의사가 가지는 재량의 범위 및 그에 관한 과실 유무의 판단 기준

3) 소아외과 의사가 5세의 급성 림프구성 백혈병 환자의 항암치료를 위하여 쇄골하 정맥에 중심정맥도관을 삽입하는 수술을 하는 과정에서 환자의 우측 쇄골하 부위를 주사바늘로 10여 차례 찔러 환자가 우측 쇄골하 혈관 및 흉막 관통상에 기인한 외상성 혈흉으로 인한 순환혈액량 감소성 쇼크로 사망한 사안에서, 담당 소아외과 의사에게 형법 제268조의 업무상 과실이 없다고 본 사례

【판결요지】

1) 의료과오사건에 있어서 의사의 과실을 인정하려면 결과 발생을 예견할 수 있고 또 회피할 수 있었음에도 이를 하지 못한 점을 인정할 수 있어야 하고, 위 과실의 유무를 판단함에는 같은 업무와 직무에 종사하는 일반적 보통인의 주의 정도를 표준으로 하여야 하며, 이때 사고 당시의 일반적인 의학의 수준과 의료환경 및 조건, 의료행위의 특수성 등을 고려하여야 한다.

2) 또한, 의사는 진료를 행함에 있어 환자의 상황과 당시의 의료수준 그리고 자기의 지식경험에 따라 적절하다고 판단되는 진료방법을 선택할 상당한 범위의 재량을 가진다고 할 것이고, 그것이 합리적인 범위를 벗어난 것이 아닌 한 진료의 결과를 놓고 그중 어느 하나만이 정당하고 이와 다른 조치를 취한 것은 과실이 있다고 말할 수는 없다.

*평석. 의료과오사건에서 의사의 과실을 인정하기 위한 요건 및 그 판단 기준, 그리고 진료방법의 선택에서 의사가 가지는 재량의 범위 및 그에 관한 과실 유무의 판단

기준에 관한 대법원의 논지로서 의사의 주의의무의 당부를 판단하기 위한 당부의 기준을 제시하고 있다.

●참조판례

1) 대법원 2006.10.26. 2004도486; 대법원 2006.12.7. 2006도1790; 대법원 2007.9.20. 2006도294. 2) 대법원 2007.5.31. 2005다5867; 대법원 2007.7.26. 2005다64774; 대법원 2008.3.27. 2007다16519

■대법원 1994.12.9. 93도2524

정신병(조증)으로 입원한 환자에게 투여한 조증치료제인 클로르포르마진의부작용으로 발생한 기립성저혈압을 치유하기 위하여 포도당액을 과다히 주사한 과실로, 환자가 전해질이상 등으로 인한 쇼크로 사망하였다고 하여 주치의사에 대한 업무상과실치사죄의 유죄를 인정한 사례.

「정신과질환인 조증으로 입원한 환자의 주치의사는 환자의 건강상태를 사전에 면밀히 살펴서 그 상태에 맞도록 조증치료제인 클로르포르마진을 가감하면서 투여하여야 하고, 클로르포르마진의 과다투여로 인하여 환자에게 기립성저혈압이 발생하게 되었고 당시 환자의 건강상태가 갑자기 나빠지기 시작하였다면 좀 더 정확한 진찰과 치료를 위하여 내과전문병원 등으로 전원조치를 하여야 할 것이고, 그러지 못하고 환자의 혈압상승을 위하여 포도당액을 주사하게 되었으면 그 과정에서 환자의 전해질이상 유무를 확인하고 투여하여야 함에도 의사에게 요구되는 이러한 일련의 조치를 취하지 아니한 과실이 있다면, 그러한 과실로 환자가 전해질이상 · 빈혈 · 저알부민증 등으로 인한 쇼크로 사망하였음을 인정할 수 있고, 그 치료 과정에서 야간당직의사의 과실이 일부 개입하였다고 하더라도 그의 주치의사 및 환자와의 관계에 비추어 볼 때 환자의 주치의사는 업무상과실치사죄의 책임을 면할 수는 없다.」

◐참조조문

형법 제17조, 제268조

*평석. 대법원은 진료방법의 선택은 합리적인 범위내에서 상당한 재량성을 가진다 하여도 그것이 당시의 의료수준에 부합하는 일반원칙에 부합하지 아니한 경우에는 업무상과실치사죄의 책임을 면할 수는 없다고 하고 있다.

■대법원 1994.12.22. 93도3030

「갑상선아전절제술 및 전경부임파절청소술을 받은 환자가 기도부종으로 인한호흡장애로 뇌기능 부분손상상태(식물인간상태)에 이르게 된 경우, 환자의 호흡 곤란을 알고도 00:30경부터 09:00경까지 환자의 상태를 확인하지 아니한 주치의 겸 당직의사와 그의 활력체크지시를 제대로 이행하지 아니하고 의사를 불러달라는 환자 보호자의 요청을 듣지 아니한 담당간호사들을 업무상과실치상죄로 처단한 사례.」

*평석. 간호사의 업무상 과실을 인정한 판례사안이다.

■대법원 1990.5.22. 90도579

정맥에 주사하다가 근육에 새면 조직괴사등의 부작용을 일으킬 수 있는 마취제 에폰톨을 주사함에 있어서의 의사의 주의의무

「주사약인 에폰톨을 3, 4분 정도의 단시간형 마취에 흔히 이용되는 마취제로서 점액성이 강한 유액성분이어서 반드시 정맥에 주사하여야 하며, 정맥에 투여하다가 근육에 새면 유액성분으로 인하여 조직괴사, 일시적인 혈관수축등의 부작용을 일으킬 수 있으므로 위와 같은 마취제를 정맥주사할 경우 의사로서는 스스로 주사를 놓든가 부득이 간호사나 간호조무사에게 주사케 하는 경우에도 주사할 위치와 방법 등에 관한 적절하고 상세한 지시를 함과 함께 스스로 그 장소에 입회하여 주사시행과정에서의 환자의 징후 등을 계속 주시하면서 주사가 잘못없이 끝나도록 조치하여야 할 주의의무가 있고, 또는 위와 같은 마취제의 정맥주사방법으로서는 수액세트에 주사침을 연결하여 정맥내에 위치하게 하고 수액을 공급하면서 주사제를 기존의 수액세트를 통하여 주사하는 이른바 사이드 인젝션(Side Injection)방법이 직접 주사방법 보다 안전하고 일반적인 것이라 할 것인 바, 산부인과 의사인 피고인이 피해자에 대한 임신중절수술을 시행하기 위하여 마취주사를 시주함에 있어 피고인이 직접 주사하지 아니하고, 만연히 간호조무사로 하여금 직접방법에 의하여 에폰톨 500밀리그램이 함유된 마취주사를 피해자의 우측팔에 놓게 하여 피해자에게 상해를 입혔다면 이에는 의사로서의 주의의무를 다하지 아니한 과실이 있다고 할 것이다.」

*평석. 수직적 의료분업의 경우인 의사와 간호사 사이에는 신뢰의 원칙의 적용이 제한적이며, 마취제를 정맥주사할 경우 의사로서는 스스로 주사하든가 아니면 입회하여 지도·감독할 주의의무가 있음을 판시하고 있다.

(2) 자동차운전자의 주의의무

■대법원 1982.4.13. 81도2720

고속도로상에서의 중앙선 침범과 신뢰의 원칙

「고속도로상에서 자동차는 원칙으로 우측차선으로 통행하여야 하므로 자동차운전자는 반대방향에서 운행하여 오는 차량이 앞지르기를 하거나 도로의 상황 기타 사정으로 부득이 중앙선을 침범하게 되는 경우를 제외하고는 그 차량이 중앙선을 침범하는 일은 없으리라고 믿고 운전하면 족한 것이므로 상대방 차량이 중앙선을 침범하여 진입할 것까지를 예견하고 감속하는 등 조치를 강구하여야 할 주의의무는 없다.」

*평석. 고속도로상에서의 중앙선 침범에 대한 신뢰의 원칙을 적용한 판례사안이다.

■대법원 1981.12.8. 81도1808

고속도로를 무단횡단하는 자와의 충돌사고의 운전자의 과실

「일반적으로 고속도로를 운전하는 자동차운전자에게 도로상에 장애물이 나타날 것을 예견하여 제한속도 이하로 감속 서행할 주의의무가 없다는 이유로 고속도로상에서 도로를 횡단하는 피해자(5세)를 피고인이 운전하는 화물자동차로 충격하여 사망케 한 공소사실에 대하여 무죄를 선고한 조처를 긍인한 예.」

*평석. 고속도로를 무단횡단하는 자와의 충돌사고의 운전자의 과실에 대하여 신뢰의 원칙을 적용한 판례사안이다.

■대법원 1990.1.23. 89도1395

자동차전용도로을 운행하는 자동차운전사의 횡단보행자를 예상한 전방주시의무를 부정한 사례

「자동차전용도로를 운행 중인 자동차운전사들에게 반대차선에서 진행차량 사이를 뚫고 횡단하는 보행자들이 있을 것까지 예상하여 전방주시를 할 의무가 있다고 보기는 어려운 것이므로, 피해자들이 반대차선을 횡단해온 거리가 14.9미터가 된다는 것만으로 피고인의 과실을 인정할 수는 없다.」

*평석. 자동차전용도로을 운행하는 자동차운전사와 횡단보행자 사이에 신뢰의 원칙을 적용한 판례사안이다.

■대법원 1985.9.10. 84도1572

육교가 설치되어 있는 차도를 주행하는 자동차운전자의 주의의무 정도

「각종 차량의 내왕이 번잡하고 보행자의 횡단이 금지되어 있는 육교 밑 차도를 주행하는 자동차운전자가 전방 보도위에 서있는 피해자를 발견했다 하더라도 육교를 눈앞에 둔 동인이 특히 차도로 뛰어들 거동이나 기색을 보이지 않는 한 일반적으로 동인이

차도로 뛰어 들어오리라고 예견하기 어려운 것이므로 이러한 경우 운전자로서는 일반 보행자들이 교통관계법규를 지켜 차도를 횡단하지 아니하고 육교를 이용하여 횡단할 것을 신뢰하여 운행하면 족하다 할 것이고 불의에 뛰어드는 보행자를 예상하여 이를 사전에 방지해야 할 조치를 취할 업무상 주의의무는 없다.」

*평석. 대법원은 자동차전용도로가 아닌 일반도로의 횡단보도가 아닌 곳에서의 자동자 대 보행자의 사고에 있어서도 운전자의 과실을 인정하고 있지만, "육교가 설치되어 있는 차도를 주행하는 자동차운전자와 보행자 사이"에는 신뢰의 원칙을 적용한 판례사안이다.

▣쟁점 1. 형법에 있어 신뢰의 원칙의 적용범위.

4. 중과실치사상죄

중과실이란 조금만 주의하였더라면 결과의 발생을 회피할 수 있었음에도 이를 태만히 한 경우를 말한다. 중과실여부는 사회통념에 의해 결정한다.

■대법원 1993.7.27. 93도135

「성냥불이 꺼진 것을 확인하지 아니한 채 플라스틱 휴지통에 던진 것이 중대한 과실에 해당한다.」

■대법원 1997.4. 22. 97도538

안수기도 중 피해자가 사망한 사안에서, 중과실치사죄로 처단한 사례

「피고인이 84세 여자 노인과 11세의 여자 아이를 상대로 안수기도를 함에 있어서 그들을 바닥에 반드시 눕혀 놓고 기도를 한 후 "마귀야 물러가라", "왜 안 나가느냐"는 등 큰 소리를 치면서 한 손 또는 두 손으로 그들의 배와 가슴 부분을 세게 때리고 누르는 등의 행위를 여자 노인에게는 약 20분간, 여자아이에게는 약 30분간 반복하여 그들을 사망케 한 사안에서, 고령의 여자 노인이나 나이 어린 연약한 여자아이들은 약간의 물리력을 가하더라도 골절이나 타박상을 당하기 쉽고, 더욱이 배나 가슴 등에 그와 같은 상처가 생기면 치명적 결과가 올 수 있다는 것은 피고인 정도의 연령이나 경험 지식을 가진 사람으로서는 약간의 주의만 하더라도 쉽게 예견할 수 있음에도 그러한 결과에 대하여 주의를 다하지 않아 사람을 죽음으로까지 이르게 한 행위는 중대한 과실이라고 보아, 피고인에 대하여 중과실치사죄로 처단한 원심판결을 수긍한 사례.」

*평석. 84세 여자 노인과 11세의 여자 아이를 상대로 안수기도를 함에 있어서 그들의 배와 가슴 부분을 세게 때리고 누르는 등의 행위를 하여 사망케 한 사안에서 중과실을 인정한 판례사안이다.

제4장 낙태의 죄

낙태란 태아를 자연의 분만기 이전에 인위적으로 모체 밖으로 배출하거나 모체내에서 살해하는 행위를 말한다.

■대법원 2005.4.15. 2003도2780

낙태시술 결과 태아의 사망 여부가 낙태죄의 성립에 영향이 있는지 여부(소극)

「낙태죄는 태아를 자연분만기에 앞서서 인위적으로 모체 밖으로 배출하거나 모체 안에서 살해함으로써 성립하고, 그 결과 태아가 사망하였는지 여부는 낙태죄의 성립에 영향이 없다.」

*평석. 태아를 자연분만기에 앞서서 인위적으로 모체 밖으로 배출하는 행위는 낙태시술 결과 태아의 사망 여부와 관계없이 낙태죄에 해당한다(위험범).

▣쟁점 1. 낙태의 자유화와 입법례(기간방식, 적응방식)

Ⅰ. 자기낙태죄

제269조(낙태) ①부녀가 약물 기타 방법으로 낙태한 때에는 1년 이하의 징역 또는 200만원 이하의 벌금에 처한다.

▣쟁점 1. 낙태의 허용범위와 관련하여 우리의 모자보건법을 고찰하라.

Ⅱ. 동의낙태죄

第269條(낙태) ②부녀의 촉탁 또는 승낙을 받어 낙태하게 한 자도 제1항의 형과 같다. ③제2항의 죄를 범하여 부녀를 상해에 이르게 한 때에는 3년 이하의 징역에 처한다. 사망에 이르게 한 때에는 7년 이하의 징역에 처한다.

Ⅲ. 업무상 낙태죄

第270條(의사 등의 낙태) ①의사, 한의사, 조산사, 약제사 또는 약종상이 부녀의 촉탁 또는 승낙을 받아 낙태하게 한 때에는 2년 이하의 징역에 처한다.

■대법원 1976.7.13. 75도1205

모체의 건강을 해칠 우려가 현저하고 기형아 내지 불구아를 출산할 가능성마저 있어 부득이 취한 낙태수술행위와 위법성의 유무

「임신의 지속이 모체의 건강을 해칠 우려가 현저할 뿐더러 기형아 내지 불구아를 출산할 가능성마저도 없지 않다는 판단하에 부득이 취하게 된 산부인과 의사의 낙태 수술행위는 정당행위 내지 긴급피난에 해당되어 위법성이 없는 경우에 해당된다.」

*평석. 임신의 지속이 모체의 건강을 해칠 우려가 현저한 경우에는 모자보건법상의 낙태의 개별적 적응요건에 해당할 수 있다. 대법원은 "인공임신중절수술이 허용되는 경우의 하나인 모자보건법 제14조 제1항 제5호 소정의 '임신의 지속이 보건의학적 이유로 모체의 건강을 심히 해하고 있거나 해할 우려가 있는 경우'라 함은 임신의 지속이 모체의 생명과 건강에 심각한 위험을 초래하게 되어 모체의 생명과 건강만이라도 구하기 위하여 인공임신중절수술이 부득이하다고 인정되는 경우를 말한다"고 하고 있다(대법원 2005.4.15. 2003도2780).

■대법원 2005.4.15. 2003도2780

산부인과 의사인 피고인이 약물에 의한 유도분만의 방법으로 낙태시술을 하였으나 태아가 살아서 미숙아 상태로 출생하자 그 미숙아에게 염화칼륨을 주입하여 사망하게

한 사안에서 피고인에게 살해의 범의가 인정된다고 한 원심의 판단을 수긍한 사례

「산부인과 의사인 피고인이 약물에 의한 유도분만의 방법으로 낙태시술을 하였으나 태아가 살아서 미숙아 상태로 출생하자 그 미숙아에게 염화칼륨을 주입하여 사망하게 한 사안에서, 염화칼륨 주입행위를 낙태를 완성하기 위한 행위에 불과한 것으로 볼 수 없고, 살아서 출생한 미숙아가 정상적으로 생존할 확률이 적다고 하더라도 그 상태에 대한 확인이나 최소한의 의료행위도 없이 적극적으로 염화칼륨을 주입하여 미숙아를 사망에 이르게 하였다면 피고인에게는 미숙아를 살해하려는 범의가 인정된다.」

*평석. 태아를 자연분만기에 앞서서 인위적으로 모체 밖으로 배출하는 행위는 낙태시술 결과 태아의 사망 여부와 관계없이 낙태죄에 해당하며 이를 살해하면 살인죄의 실체적 경합범이 성립한다.

Ⅳ. 낙태치사상죄

第269조(낙태) ③ 제2항의 죄를 범하여 부녀를 상해에 이르게 한 때에는 3년 이하의 징역에 처한다. 사망에 이르게 한 때에는 7년 이하의 징역에 처한다. 第270조(의사등의 낙태, 부동의낙태) ③ 제1항 또는 제2항의 죄를 범하여 부녀를 상해에 이르게 한 때에는 5년 이하의 징역에 처한다. 사망에 이르게 한 때에는 10년 이하의 징역에 처한다.

▣쟁점 1. 의사 갑(甲)은 임부 을(乙)의 낙태수술을 시도하다 실패하여 을의 신체만 상해하였다. 갑의 죄책은.

제5장 유기와 학대의 죄

Ⅰ. 유기죄

1. 단순유기죄

제271조(유기, 존속유기) ①노유, 질병 기타 사정으로 인하여 부조를 요하는 자를 보호할 법률상 또는 계약상 의무있는 자가 유기한 때에는 3년 이하의 징역 또는 500만원 이하의 벌금에 처한다.

(1) 의의 및 보호법익

노유, 질병 기타 사정으로 인하여 부조를 요하는 자를 보호할 법률상 또는 계약상 의무있는 자가 유기함으로써 성립하는 범죄이다. 진정신분범이다.

▣쟁점 1. 유기죄는 보호의 정도에 있어 구체적 위험범인가, 추상적 위험범인가.

(2) 객관적 구성요건

1) 주체

■대법원 1977.1.11. 76도3419

일정기간을 동행한 사실만으로 유기죄의 주체가 될 수 있는지 여부

「현행 형법은 유기죄에 있어서 구법과는 달리 보호법익의 범위를 넓힌 반면에 보호책임 없는 자의 유기죄는 없애고 법률상 또는 계약상의 의무있는 자만을 유기죄의 주체로 규정하고 있어 명문상 사회상규상의 보호책임을 관념할 수 없다고 하겠으니 유기죄의 죄책을 인정하려면 보호책임이 있게 된 경위 사정관계 등을 설시하여 구성요건이 요구하는 법률상 또는 계약상 보호의무를 밝혀야 하고 설혹 동행자가 구조를 요하게 되었다 하여도 일정거리를 동행한 사실만으로서는 피고인에게 법률상 계약상의 보호의

무가 있다고 할 수 없으니 유기죄의 주체가 될 수 없다.」

*평석. 형법은 보호의무의 근거에 관하여 법률상 또는 계약상 의무있는 자로 한정하고 있다.

◐참조조문

형법 제271조, 제275조

■대법원 1980.6.24. 80도726

실신한 강간치상죄의 피해자를 현장에 그대로 방치한 경우와 유기죄의 성부

「강간치상의 범행을 저지른 자가 그 범행으로 인하여 실신상태에 있는 피해자를 구호하지 아니하고 방치하였다고 하더라도 그 행위는 포괄적으로 단일의 강간치상죄만을 구성한다.」

*평석. 유기죄의 위험이 다른 범죄에 의해 이미 발생한 경우 포괄적으로 해당범죄만 성립한다.

▣쟁점 1. 착한 사마리아인의 법과 유기죄

2) 행위의 객체

노유, 질병 기타 사정으로 인하여 부조를 요하는 요부조자이다.

3) 실행행위

유기이다. 요부조자를 보호되지 않는 상태로 둠으로써 생명신체에 대해 위험을 가져오는 행위이다.

■대법원 1980.9.24. 79도1387

「생모가 사망의 위험이 예견되는 그 딸에 대하여는 수혈이 최선의 치료방법이라는 의사의 권유를 자신의 종교적 신념이나 후유증 발생의 염려만을 이유로 완강하게 거부하고 방해하였다면 이는 결과적으로 요부조자를 위험한 장소에 두고 떠난 경우나 다름이 없다고 할 것이고 그때 사리를 변식할 지능이 없다고 보아야 마땅한 11세 남짓의 환자본인 역시 수혈을 거부하였다고 하더라도 생모의 수혈거부 행위가 위법한 점에 영향을 미치는 것이 아니다(유기치사죄에 해당).」

*평석. 유기의 방법은 제한이 없으며 작위, 부작위를 불문한다. 따라서 요부조자를 장소적으로 이전하는 것 이외에 방치하는 것도 유기행위이다.

(3) 주관적 구성요건

■대법원 1988.8.9. 86도225

【판시사항】

유기죄의 주관적 요건

【판결요지】

유기죄에 있어서는 행위자가 요부조자에 대한 보호책임의 발행원인이 된 사실이 존재한다는 것을 인식하고 이에 기한 부조의무를 해태한다는 의식이 있음을 요한다.

◐참조조문

형법 제271조

【판결 이유】

「검사의 상고이유를 본다.

유기죄에 있어서는 행위자가 요부조자에 대한 보호책임의 발생원인이 된 사실이 존재한다는 것을 인식하고 이에 기한 부조의무를 해태한다는 의식이 있음을 요하는 것이다.

이 사건 공소사실의 요지는 피고인이 성류파크호텔 7층 1713호실에서 피해자에게 성관계를 요구하다가 같은 피해자가 그 순간을 모면하기 위하여 7층 창문으로 뛰어내린 것을 알았다면 즉시 적절한 구호조치를 하여 피해자를 보호해야 할 법률상 의무가 있음에도 불구하고 그 사실을 숨기고 그대로 방치하여 유기함으로써 그녀의 생명에 대한 위험을 발생케 한 것이라고 함에 있는바, 우선 위 피해자가 위 1713호실에서 뛰어내린 여부를 피고인이 전혀 알지 못하였다면 피고인의 범의를 인정 할 수 없음은 더 말할 필요도 없을 것이다. 그런데 기록에 의하여 원심이 취사한 증거내용을 살펴보면 위 피해자가 뛰어내린 여부를 피고인이 알았다고 인정할 만한 아무런 증거가 없으므로(위 피해자 자신도 1심에서 피고인은 위 피해자가 뛰어내린 사실을 알지 못했을 것이라고 증언하고 있다), 같은 취지로 판단하여 피고인에게 무죄를 선고한 원심판결은 정당하고, 그 증거취사과정에 논지가 주장하는 것과 같은 채증법칙위반의 위법이 없으므로 논지는 이유없다.」

*평석. 유기죄의 고의는 자기가 보호의무자이며 요부조자를 유기한다는 점에 대한 인식과 의사가 있어야 한다.

●참조판례

대법원 1972.6.27. 72도863

2. 영아유기죄

> 第272조(영아유기) 직계존속이 치욕을 은폐하기 위하거나 양육할 수 없음을 예상하거나 특히 참작할 만한 동기로 인하여 영아를 유기한 때에는 2년 이하의 징역 또는 300만원 이하의 벌금에 처한다.

▣쟁점 1. 영아유기죄에 있어 직계존속의 개념
2. 영아유기죄에 있어 영아의 개념

Ⅱ. 학대의 죄

1. 학대죄 · 존속학대죄

> 第273조(학대, 존속학대) ①자기의 보호 또는 감독을 받는 사람을 학대한 자는 2년 이하의 징역 또는 500만원 이하의 벌금에 처한다.
> ②자기 또는 배우자의 직계존속에 대하여 전항의 죄를 범한 때에는 5년 이하의 징역 또는 700만원 이하의 벌금에 처한다.

(1) 실행행위

실행행위는 학대하는 것이다.

■대법원 2000.4.25. 2000도223

형법 제273조 제1항에서 말하는 '학대'의 의미

「형법 제273조 제1항에서 말하는 '학대'라 함은 육체적으로 고통을 주거나 정신적으로 차별대우를 하는 행위를 가리키고, 이러한 학대행위는 형법의 규정체제상 학대와 유기의 죄가 같은 장에 위치하고 있는 점 등에 비추어 단순히 상대방의 인격에 대한 반인륜적 침해만으로는 부족하고 적어도 유기에 준할 정도에 이르러야 한다. 여기에서 피고인과 피해자가 성 관계를 맺게 된 전후의 경위 등이 원심이 적법하게 확정한 바와 같다면 피고인이 피해자와 성 관계를 가진 행위를 가리켜 위와 같은 의미의 학대행위에 해당한다고 보기는 어렵다.」

*평석. 형법 제273조 제1항에서 말하는 '학대'라 함은 정신적·육체적으로 가혹한 고통을 가하는 것을 말한다. 즉, 그 정도에 있어 생명, 신체에 대해 위험을 가져오는 행위이어야 한다.

제6장 협박의 죄

Ⅰ. 협박죄 · 존속협박죄

제283조(협박, 존속협박) ①사람을 협박한 자는 3년 이하의 징역, 500만원 이하의 벌금, 구류 또는 과료에 처한다. ②자기 또는 배우자의 직계존속에 대하여 제1항의 죄를 범한 때에는 5년 이하의 징역 또는 700만원 이하의 벌금에 처한다. ③제1항 및 제2항의 죄는 피해자의 명시한 의사에 반하여 공소를 제기할 수 없다.

1. 의의 및 보호법익

협박죄는 사람을 협박하여 의사결정의 자유를 침해함으로써 성립하는 범죄이다. 보호법익은 신체활동의 전제가 되는 개인의 의사결정의 자유이다. 반의사불벌죄이다.

■대법원 2007.9.28. 선고 2007도606

「협박죄는 사람의 의사결정의 자유를 보호법익으로 하는 위험범이라 봄이 상당하고, 협박죄의 미수범 처벌조항은 해악의 고지가 현실적으로 상대방에게 도달하지 아니한 경우나, 도달은 하였으나 상대방이 이를 지각하지 못하였거나 고지된 해악의 의미를 인식하지 못한 경우 등에 적용될 뿐이다.」

*평석. 통설인 침해범설과 달리 대법원은 위험범설의 입장에 있다.

2. 객관적 구성요건

(1) 행위의 객체

사람이다. 사람이란 자연인을 말하며(법인은 제외됨), 해악고지에 의한 공포심을 일으킬만한 능력이 있음을 요한다.

(2) 실행행위

행위는 협박하는 것이다.

1) 협박의 의의

협박이란 상대방에게 해악을 고지하여 공포심을 일으키게 하는 것을 말한다.

■대법원 2006.8.25. 2006도546

협박죄에 있어서 '협박'의 의미 및 협박행위 내지 협박의사의 유무에 대한 판단 방법, 그리고 피고인이 피해자에게 한 말이 감정적인 욕설 내지 일시적인 분노 표시에 불과하고 해악을 고지한다는 인식을 갖고 한 것이라고 보기 어렵다고 한 사례

「협박죄에 있어서의 협박이라 함은, 일반적으로 보아 사람으로 하여금 공포심을 일으킬 수 있는 정도의 해악을 고지하는 것을 의미하므로 그 주관적 구성요건으로서의 고의는 행위자가 그러한 정도의 해악을 고지한다는 것을 인식, 인용하는 것을 그 내용으로 하고 고지한 해악을 실제로 실현할 의도나 욕구는 필요로 하지 아니한다고 할 것이고, 다만 행위자의 언동이 단순한 감정적인 욕설 내지 일시적 분노의 표시에 불과하여 주위사정에 비추어 가해의 의사가 없음이 객관적으로 명백한 때에는 협박행위 내지 협박의 의사를 인정할 수 없다 할 것이나 위와 같은 의미의 협박행위 내지 협박의사가 있었는지의 여부는 행위의 외형뿐만 아니라 그러한 행위에 이르게 된 경위, 피해자와의 관계 등 주위상황을 종합적으로 고려하여 판단해야 할 것이다.」

*평석. 협박죄에 있어서의 협박이라 함은, 상대방으로 하여금 공포심을 일으킬 수 있는 정도의 해악을 고지하는 것을 의미한다. 감정적인 욕설은 협박이 될 수 없다.

2) 해악의 내용 및 고지방법

■대법원 1995.9.29. 94도2187

협박죄의 성립에 필요한 해악 고지의 정도, 그리고 "앞으로 수박이 없어지면 네 책임으로 한다"고 말한 것은 해악의 고지라고 보기 어렵고, 가사 다소간의 해악의 고지에 해당한다고 가정하더라도 위법성이 없다고 한 사례

「협박죄에 있어서 협박이라 함은 일반적으로 보아 사람으로 하여금 공포심을 일으킬 수 있을 정도의 해악을 고지하는 것을 의미하므로, 그러한 해악의 고지는 구체적이어서 해악의 발생이 일응 가능한 것으로 생각될 수 있을 정도일 것을 필요로 한다. (여기에서) "앞으로 수박이 없어지면 네 책임으로 한다"고 말하였다고 하더라도 그것만으로는

구체적으로 어떠한 법익에 어떠한 해악을 가하겠다는 것인지를 알 수 없어 이를 해악의 고지라고 보기 어렵고, 가사 위와 같이 말한 것이 다소간의 해악의 고지에 해당한다고 가정하더라도, 피고인이 전에도 여러 차례 수박을 절취당하여 그 범인을 붙잡기 위해 수박밭을 지키고 있던 중 마침 같은 마을에 거주하며 피고인과 먼 친척간이기도 한 피해자가 피고인의 수박밭에 들어와 두리번거리는 것을 발견하자 피해자가 수박을 훔치려던 것으로 믿은 나머지 피해자를 훈계하려고 위와 같이 말하였으며 그 과정에서 폭행을 가하거나 달리 유형력을 행사한 바는 없었다면, 가사 피고인이 위와 같이 말한 것으로 인하여 피해자가 어떤 공포심을 느꼈다고 하더라도 피고인이 위와 같은 말을 하게 된 경위, 피고인과 피해자의 나이 및 신분관계 등에 비추어 볼 때 이는 정당한 훈계의 범위를 벗어나는 것이 아니어서 사회상규에 위배되지 아니하므로 위법성이 없다고 봄이 상당하고, 그 후 피해자가 스스로 음독 자살하기에 이르렀다 하더라도 이는 피해자가 자신의 결백을 밝히려는 데 그 동기가 있었던 것으로 보일 뿐 그것이 피고인의 협박으로 인한 결과라고 보기도 어려우므로 그와 같은 결과의 발생만을 들어 이를 달리 볼 것은 아니라고 하겠다.」

*평석. 협박죄에 있어서 협박이라 함은 상대방으로 하여금 공포심을 일으킬 수 있을 정도의 해악을 고지하는 것을 의미하며, 해악의 고지 또한 구체적이어서 해악의 발생이 가능한 것으로 생각될 수 있을 정도일 것임을 요한다.

■대법원 1986.7.22. 86도1140

피해자에게 "입을 찢어 버릴라"라고 한 말이 단순한 욕설에 지나지 않아 협박에 해당하지 않는다고 본 사례

「피해자와 언쟁 중 "입을 찢어 버릴라"라고 한 말은 당시의 주위사정 등에 비추어 단순한 감정적인 욕설에 불과하고 피해자에게 해악을 가할 것을 고지한 행위라고 볼 수 없어 협박에 해당하지 않는다.」

*평석. 욕설이나 폭언은 협박이 될 수 없다.

◐참조조문

형법 제283조

▣쟁점 1.형법상 협박의 개념

3) 기수시기

■대법원 2007.9.28. 2007도606

【판시사항】

1) 협박죄의 기수에 이르기 위하여 상대방이 현실적으로 공포심을 일으킬 것을 요하는지 여부(소극)

2) 정보보안과 소속 경찰관이 자신의 지위를 내세우면서 타인의 민사분쟁에 개입하여 빨리 채무를 변제하지 않으면 상부에 보고하여 문제를 삼겠다고 말한 사안에서, 객관적으로 상대방이 공포심을 일으키기에 충분한 정도의 해악의 고지에 해당하므로 현실적으로 피해자가 공포심을 일으키지 않았다 하더라도 협박죄의 기수에 이르렀다고 본 사례

【판결요지】

1) (가) 협박죄가 성립하려면 고지된 해악의 내용이 행위자와 상대방의 성향, 고지 당시의 주변 상황, 행위자와 상대방 사이의 친숙의 정도 및 지위 등의 상호관계, 제3자에 의한 해악을 고지한 경우에는 그에 포함되거나 암시된 제3자와 행위자 사이의 관계 등 행위 전후의 여러 사정을 종합하여 볼 때에 일반적으로 사람으로 하여금 공포심을 일으키게 하기에 충분한 것이어야 하지만, 상대방이 그에 의하여 현실적으로 공포심을 일으킬 것까지 요구하는 것은 아니며, 그와 같은 정도의 해악을 고지함으로써 상대방이 그 의미를 인식한 이상, 상대방이 현실적으로 공포심을 일으켰는지 여부와 관계없이 그로써 구성요건은 충족되어 협박죄의 기수에 이르는 것으로 해석하여야 한다.

(나) 결국, 협박죄는 사람의 의사결정의 자유를 보호법익으로 하는 위험범이라 봄이 상당하고, 협박죄의 미수범 처벌조항은 해악의 고지가 현실적으로 상대방에게 도달하지 아니한 경우나, 도달은 하였으나 상대방이 이를 지각하지 못하였거나 고지된 해악의 의미를 인식하지 못한 경우 등에 적용될 뿐이다.

2) 정보보안과 소속 경찰관이 자신의 지위를 내세우면서 타인의 민사분쟁에 개입하여 빨리 채무를 변제하지 않으면 상부에 보고하여 문제를 삼겠다고 말한 사안에서, 객관적으로 상대방이 공포심을 일으키기에 충분한 정도의 해악의 고지에 해당하므로 현실적으로 피해자가 공포심을 일으키지 않았다 하더라도 협박죄의 기수에 이르렀다고 본 사례.

*평석. 협박죄를 침해범으로 해석하는 견해가 다수설이지만 대법원은 일반적으로 사람으로 하여금 해악을 고지하여 공포심을 일으키게 하기에 충분한 것이어야 하지만, 상

대방이 현실적으로 공포심을 일으킬 것까지 요구하는 것은 아니며, 그와 같은 정도의 해악을 고지함으로써 상대방이 그 의미를 인식한 이상, 상대방이 현실적으로 공포심을 일으켰는지 여부와 관계없이 그로써 구성요건은 충족되어 협박죄의 기수에 이르는 것으로 해석하여야 한다.

◐참조조문

형법 제283조 제1항, 제286조

3. 주관적 구성요건

■대법원 1991.5.10. 90도2102

【판시사항】

1) 협박죄에 있어서의 고의의 내용과 그 유무에 대한 판단기준

2) 피고인이 피해자인 누나의 집에서 온 몸에 연소성이 높은 고무놀을 바르고 라이타 불을 켜는 동작을 하면서 이를 말리려는 피해자 등에게 가위, 송곳을 휘두르면서 "방에 불을 지르겠다" "가족 전부를 죽여버리겠다"고 소리치고 이를 약 1시간 가량 말리던 피해자가 끝내 무섭고 두려워 신고를 하였다면, 피고인의 행위는 피해자로 하여금 공포심을 일으킬 수 있는 정도의 해악의 고지가 되고, 피고인에게 협박의 고의가 있었다고 본 사례

【판결요지】

1) 협박죄에 있어서의 협박이라 함은 일반적으로 보아 사람으로 하여금 공포심을 일으킬 수 있는 정도의 해악을 고지하는 것을 의미하므로 그 주관적 구성요건으로서의 고의는 행위자가 그러한 정도의 해악을 고지한다는 것을 인식, 인용하는 것을 그 내용으로 하고 고지한 해악을 실제로 실현할 의도나 욕구는 필요로 하지 아니하고, 다만 행위자의 언동이 단순한 감정적인 욕설 내지 일시적 분노의 표시에 불과하여 주위사정에 비추어 가해의 의사가 없음이 객관적으로 명백한 때에는 협박행위 내지 협박의 의사를 인정할 수 없으나 위와 같은 의미의 협박행위 내지 협박의사가 있었는지의 여부는 행위의 외형뿐만 아니라 그러한 행위에 이르게 된 경위, 피해자와의 관계 등 주위상황을 종합적으로 고려하여 판단해야 할 것이다.

2) 피고인이 피해자인 누나의 집에서 갑자기 온 몸에 연소성이 높은 고무놀을 바르

고 라이타 불을 켜는 동작을 하면서 이를 말리려는 피해자 등에게 가위, 송곳을 휘두르면서 "방에 불을 지르겠다" "가족 전부를 죽여버리겠다"고 소리쳤고 피해자가 피고인의 행위를 약 1시간 가량 말렸으나 듣지 아니하여 무섭고 두려워서 신고를 하였다면, 피고인의 행위는 피해자 등에게 공포심을 일으키기에 충분할 정도의 해악을 고지한 것이고, 나아가 피고인에게 실제로 피해자 등의 신체에 위해를 가할 의사나 불을 놓을 의사가 없었다고 할지라도 위와 같은 해악을 고지한다는 점에 대한 인식, 인용은 있었다고 봄이 상당하고, 피해자가 그 이상의 행동에 이르지 못하도록 막은 바 있다 해도 피고인의 행위가 단순한 감정적 언동에 불과하거나 가해의 의사가 없음이 객관적으로 명백한 경우에 해당한다고는 볼 수 없다.

*평석. 협박죄의 고의는 행위자가 상대방에게 해악을 고지하여 공포심을 일으킨다는 인식, 인용을 하는 것을 그 내용으로 하고 고지한 해악을 실제로 실현할 의도나 욕구는 필요로 하지 아니한다.

◐참조조문

형법 제13조, 제283조

4. 위법성

■대법원 1998.3.10. 98도70

해악의 고지는 있지만 사회통념에 비추어 용인할 수 있는 정도의 것이기 때문에 협박죄가 성립하지 아니한다고 본 사례

「협박죄에 대하여 유죄를 선고한 원심판결을 해악의 고지는 있지만 사회통념에 비추어 용인할 수 있는 정도의 것이기 때문에 협박죄가 성립하지 아니한다.」

*평석. 목적과 수단의 관계에 비추어 해악의 고지가 사회상규에 반하지 아니하는 경우에는 위법성이 조각되어진다.

◐참조조문

형법 제20조, 제283조

●참조판례

대법원 1991.5.10. 90도2102; 대법원 1995.9. 9. 94도2187

▣쟁점 1. 권리행사의 수단으로 협박을 행한 경우에 위법성이 조각되는가(예컨대 피해를 변상하지 아니하면 고소하겠다고 하는 경우)

■대법원 2002.2.8. 2001도6468

친권자가 자에게 야구방망이로 때릴 듯한 태도를 취하면서 "죽여 버린다"고 말한 경우, 협박죄를 구성하는지 여부(적극)

「친권자는 자를 보호하고 교양할 권리의무가 있고(민법 제913조) 그 자를 보호 또는 교양하기 위하여 필요한 징계를 할 수 있기는 하지만(민법 제915조) 인격의 건전한 육성을 위하여 필요한 범위 안에서 상당한 방법으로 행사되어야만 할 것인데, 스스로의 감정을 이기지 못하고 야구방망이로 때릴 듯이 피해자에게 "죽여 버린다"고 말하여 협박하는 것은 그 자체로 피해자의 인격 성장에 장해를 가져올 우려가 커서 이를 교양권의 행사라고 보기도 어렵다.」

*평석. 권리행사의 수단으로 해악의 고지가 사회상규에 반하는 경우이다.

◐참조조문

형법 제283조, 민법 제913조, 제915조

Ⅱ. 특수협박죄

제284조(특수협박) 단체 또는 다중의 위력을 보이거나 위험한 물건을 휴대하여 전조제1항, 제2항의 죄를 범한 때에는 7년 이하의 징역 또는 1천만원 이하의 벌금에 처한다.

■대법원 1990.4.24. 90도401

흉기의 우연한 소지가 폭행행위등처벌에관한법률 제3조 제1항 소정의 '휴대'에 해당하는지 여부(소극)

「폭력행위등처벌에관한법률의 목적과 그 제3조 제1항의 규정취지에 비추어 보면 같은 법 제3조 제1항 소정의 "흉기 기타 위험한 물건을 휴대하여 그 죄를 범한 자"란 범행현장에서 그 범행에 사용하려는 의도아래 흉기를 소지하거나 몸에 지니는 경우를 가리키는 것이지 그 범행과는 전혀 무관하게 우연히 이를 소지하게 된 경우까지를 포함하는 것은 아니다.」

*평석. 휴대는 그 범행에 사용하려는 의도아래 흉기를 소지하거나 몸에 지니는 경우를 가리키는 것이지 그 범행과는 전혀 무관하게 우연히 이를 소지하게 된 경우까지를 포함하는 것은 아니다.

제7장 강요의 죄

Ⅰ. 강요죄

제324조(강요) 폭행 또는 협박으로 사람의 권리행사를 방해하거나 의무없는 일을 하게 한 자는 5년 이하의 징역에 처한다. 제324조의5(미수범) 제324조 내지 제324조의4의 미수범은 처벌한다.

1. 의의, 보호법익

강요죄는 폭행 또는 협박으로 사람의 권리행사를 방해하거나 의무 없는 일을 하게 함으로써 성립하는 범죄이다. 침해범이며 미수범의 처벌규정이 있다.

2. 객관적 구성요건

(1) 실행행위

강요죄는 폭행 또는 협박으로 사람의 권리행사를 방해하거나 의무 없는 일을 하게 하는 것이다.

1) 강요의 수단

폭행 또는 협박이다.

■대법원 2003.9.26. 2003도763

【판시사항】

1) 강요죄에 있어서 협박의 의미

2) 골프시설의 운영자가 골프회원에게 불리하게 변경된 내용의 회칙에 대하여 동의

한다는 내용의 등록신청서를 제출하지 아니하면 회원으로 대우하지 아니하겠다고 통지한 것이 강요죄에 해당한다고 한 사례

【판결요지】

1) 강요죄라 함은 폭행 또는 협박으로 사람의 권리행사를 방해하거나 의무 없는 일을 하게 하는 것을 말하고, 여기에서의 협박은 객관적으로 사람의 의사결정의 자유를 제한하거나 의사실행의 자유를 방해할 정도로 겁을 먹게 할 만한 해악을 고지하는 것을 말한다.

2) 골프시설의 운영자가 골프회원에게 불리하게 변경된 내용의 회칙에 대하여 동의한다는 내용의 등록신청서를 제출하지 아니하면 회원으로 대우하지 아니하겠다고 통지한 것이 강요죄에 해당한다.

*평석. 강요죄에 있어서의 협박은 객관적으로 사람의 의사결정의 자유를 제한하거나 의사활동의 자유를 방해할 정도로 겁을 먹게 할 만한 해악을 고지하는 것을 말한다.

◐참조조문

형법 제324조

●참조판례

대법원 2002.2.8. 2000도3245, 대법원 2002.11.22. 2002도3501

2) 강요의 내용

권리행사방해와 의무 없는 일의 강요

■대법원 1993.7.27. 93도901

피해자를 협박하여 여권을 강제 회수한 경우 형법 제324조 소정의 폭력에 의한 권리행사방해죄의 성부

「형법 제324조 소정의 폭력에 의한 권리행사방해죄는 폭행 또는 협박에 의하여 권리행사가 현실적으로 방해되어야 할 것인바, 피해자의 해외도피를 방지하기 위하여 피해자를 협박하고 이에 피해자가 겁을 먹고 있는 상태를 이용하여 동인 소유의 여권을 교부하게 하여 피해자가 그의 여권을 강제 회수당하였다면 피해자가 해외여행을 할 권리는 사실상 침해되었다고 볼 것이므로 권리행사방해죄의 기수로 보아야 한다.」

*평석. 권리행사방해죄의 예에 해당한다.

■대법원 2006.4.27. 2003도4151

【판시사항】

1) 상사 계급의 피고인이 그의 잦은 폭력으로 신체에 위해를 느끼고 겁을 먹은 상태에 있던 부대원들에게 청소 불량 등을 이유로 40분 내지 50분간 머리박아(속칭 '원산폭격')를 시키거나 양손을 깍지 낀 상태에서 약 2시간 동안 팔굽혀펴기를 50-60회 정도 하게 한 행위가 형법 제324조에서 정한 강요죄에 해당한다고 한 사례.

2) 형법 제20조에 정한 '사회상규에 위배되지 아니하는 행위'의 의미 및 정당행위의 성립 요건

3) 상사 계급의 피고인이 부대원들에게 얼차려를 지시할 당시 얼차려의 결정권자도 아니었고 소속 부대의 얼차려 지침상 허용되는 얼차려도 아니라는 등의 이유로, 피고인의 얼차려 지시 행위를 형법 제20조의 정당행위로 볼 수 없다고 한 사례

【판결요지】

1) 강요죄에 해당한다.

2) 형법 제20조 소정의 '사회상규에 위배되지 아니하는 행위'라 함은 법질서 전체의 정신이나 그 배후에 놓여 있는 사회윤리 내지 사회통념에 비추어 용인될 수 있는 행위를 말하고, 어떠한 행위가 사회상규에 위배되지 아니하는 정당한 행위로서 위법성이 조각되는 것인지는 구체적인 사정 아래서 합목적적, 합리적으로 고찰하여 개별적으로 판단되어야 하므로, 이와 같은 정당행위를 인정하려면, 첫째 그 행위의 동기나 목적의 정당성, 둘째 행위의 수단이나 방법의 상당성, 셋째 보호이익과 침해이익과의 법익권형성, 넷째 긴급성, 다섯째 그 행위 외에 다른 수단이나 방법이 없다는 보충성 등의 요건을 갖추어야 한다.

3) 형법 제20조의 정당행위로 볼 수 없다.

*평석. 40분 내지 50분간 머리박아(속칭 '원산폭격')를 시키거나 양손을 깍지 낀 상태에서 약 2시간 동안 팔굽혀펴기를 50-60회 정도 하게 한 행위는 정당행위가 아니라 형법 제324조에서 정한 강요죄에 해당한다고 한 사례이다.

◐참조조문

형법 제324조, 형법 제20조

●참조판례

대법원 2002.12.26. 2002도5077; 대법원 2003.9.26. 2003도3000.

■대법원 2008.5.15. 2008도1097

【판시사항】

1) 강요죄에서 '의무 없는 일'의 의미 및 폭행 또는 협박으로 법률상 의무 있는 일을 하게 한 경우 강요죄가 성립하는지 여부(소극)

2) 피고인에게 강요죄의 고의가 있었다고 단정하기 어렵다고 한 원심을 수긍한 사례

【판결요지】

1) 강요죄는 폭행 또는 협박으로 사람의 권리행사를 방해하거나 의무 없는 일을 하게 하는 것을 말하고, 여기에서 '의무 없는 일'이란 법령, 계약 등에 기하여 발생하는 법률상 의무 없는 일을 말하므로, 폭행 또는 협박으로 법률상 의무 있는 일을 하게 한 경우에는 폭행 또는 협박죄만 성립할 뿐 강요죄는 성립하지 아니한다.

2) 폭력조직 전력이 있는 피고인이 특정 연예인에게 팬미팅 공연을 하도록 강요하면서 만날 것을 요구하고, 팬미팅 공연이 이행되지 않으면 안 좋은 일을 당할 것이라고 협박한 사안에서, 위 연예인에게 공연을 할 의무가 없다는 점에 대한 미필적 인식 즉, 강요죄의 고의가 피고인에게 있었다고 단정하기 어렵다.

*평석. 강요죄는 법률상 의무 없는 일의 강요을 말하므로, 폭행 또는 협박으로 법률상 의무 있는 일을 하게 한 경우에는 폭행 또는 협박죄만 성립할 뿐이다.

■대법원 1974.5.14. 73도2578

법률상 의무 없는 진술서를 작성케 한 행위의 형벌규정

「피고인이 피해자를 협박하여 동인으로 하여금 법률상 의무 없는 진술서를 작성케 한 행위는 사람의 자유권행사를 방해한 것이므로 형법 324조의 폭력에 의한 권리행사방해죄를 구성한다.」

*평석. 의무 없는 일의 강요란 자기에게 아무런 권리도 없고 상대방 또한 의무가 없음에도 일정한 작위 · 부작위 또는 수인을 강요하는 것을 말한다.

3. 죄수

■대법원 1985.6.25. 84도2083

폭력에 의한 권리행사방해를 하고 이를 근거로 계속하여 갈취행위를 한 경우의 죄수

「피고인이 투자금의 회수를 위해 피해자를 강요하여 물품대금을 횡령하였다는 자인서를 받아낸 뒤 이를 근거로 돈을 갈취한 경우, 피고인의 주된 범의가 피해자로부터 돈을 갈취하는 데에 있었던 것이라면 피고인은 단일한 공갈의 범의하에 갈취의 방법으로 일단 자인서를 작성케 한 후 이를 근거로 계속하여 갈취행위를 한 것으로 보아야 할 것이므로 위 행위는 포함하여 공갈죄 일죄만을 구성한다고 보아야 한다.」

*평석. 이 경우 강요죄와 공갈죄의 실체적 경합범이 아니라 포괄하여 공갈죄만 성립한다.

제8장 체포와 감금의 죄

Ⅰ. 체포 · 감금죄

제276조(체포, 감금, 존속체포, 존속감금) ①사람을 체포 또는 감금한 자는 5년 이하의 징역 또는 700만원 이하의 벌금에 처한다. 제280조(미수범) 전4조의 미수범은 처벌한다.

1. 의의 및 보호법익

불법하게 사람을 체포 · 감금함으로써 성립하는 범죄이다. 보호법익은 장소선택의 자유이다. 이는 일정한 장소에서 떠날 자유를 의미하는 것으로 여기서의 자유는 잠재적 신체활동의 이전의 자유이다. 따라서 피해자가 현실적으로 장소를 이전하려고 하였는가의 문제가 아니라 이전하려고 한 경우에 이전할 수 있었는가가 문제되어진다.

2. 객관적 구성요건

(1) 행위의 객체

■대법원 2002.10.11. 2002도4315

정신병자에 대한 감금죄의 성립 여부(적극)

「정신병자도 감금죄의 객체가 될 수 있다.」

*평석. 자연적 · 잠재적 의미에서 행동의 의사를 가질 수 있는 자연인이면 족하다. 따라서 활동의 자유가 일시 정지된 자도 포함되어진다. 정신병자, 명정자, 수면자, 장애인은 포함되어지나 유아는 본죄의 객체가 될 수 없다.

◐참조조문

형법 제276조 제1항

(2) 행위(체포 · 감금)

1) 체포 · 감금

■대법원 1998.5.26. 98도1036

【판시사항】

1) 감금죄의 수단과 방법 및 일정한 장소적 제약하에서 제한된 행동의 자유를 허용한 경우, 감금죄의 성립 여부(적극)

2) 미성년자를 유인한 자가 미성년자를 감금한 경우, 미성년자유인죄 외에 별도로 감금죄가 성립하는지 여부(적극)

【판결요지】

1) 감금죄는 사람의 행동의 자유를 그 보호법익으로 하여 사람이 특정한 구역에서 벗어나는 것을 불가능하게 하거나 또는 매우 곤란하게 하는 죄로서 그 본질은 사람의 행동의 자유를 구속하는 데에 있다. 이와 같이 행동의 자유를 구속하는 수단과 방법에는 아무런 제한이 없고, 사람이 특정한 구역에서 벗어나는 것을 불가능하게 하거나 매우 곤란하게 하는 장애는 물리적 · 유형적 장애뿐만 아니라 심리적 · 무형적 장애에 의하여서도 가능하므로 감금죄의 수단과 방법은 유형적인 것이거나 무형적인 것이거나를 가리지 아니한다. 또한 감금죄가 성립하기 위하여 반드시 사람의 행동의 자유를 전면적으로 박탈할 필요는 없고, 감금된 특정한 구역 범위 안에서 일정한 생활의 자유가 허용되어 있었다고 하더라도 유형적이거나 무형적인 수단과 방법에 의하여 사람이 특정한 구역에서 벗어나는 것을 불가능하게 하거나 매우 곤란하게 한 이상 감금죄의 성립에는 아무런 지장이 없다.

2) 미성년자를 유인한 자가 계속하여 미성년자를 불법하게 감금하였을 때에는 미성년자유인죄 이외에 감금죄가 별도로 성립한다.

*평석. 감금죄가 성립하기 위하여 반드시 사람의 행동의 자유를 전면적으로 박탈할 필요는 없고, 감금된 특정한 구역 범위 안에서 일정한 생활의 자유가 허용되어 있었다고 하더라도 감금죄가 성립한다.

◐참조조문

1) 형법 제276조 제1항, 2) 형법 제276조 제1항, 제287조

●참조판례

1) 대법원 1984.5.15. 84도655, 대법원 1991.12.30. 91모52, 2) 대법원 1961.9.21. 61도455

■대법원 1985.6.25. 84도2083

감금행위의 방법

「형법 제276조 제1항에 규정된 감금죄에 있어서의 감금행위는 사람으로 하여금 일정한 장소 밖으로 나가지 못하도록 신체의 자유를 제한하는 행위를 가리키며 그 방법은 반드시 물리적인 장애를 사용하는 경우뿐만 아니라 무형적인 수단으로서 공포심에 의하여 나갈 수 없게 한 경우도 포함한다.」

*평석. 감금죄의 수단과 방법은 유형적인 것이거나 무형적인 것이거나를 가리지 아니한다.

■대법원 1991.8.27. 91도1604

생명 신체에 심한 해를 당할지도 모른다는 공포감에서 도피를 단념하고 있는 피해자를 호텔로 데리고 가서 함께 유숙한 후 그와 함께 항공기로 국외에 나간 행위가 감금죄를 구성하는지 여부(적극)

「피해자가 만약 도피하는 경우에는 생명 신체에 심한 해를 당할지도 모른다는 공포감에서 도피하기를 단념하고 있는 상태하에서 그를 호텔로 데리고 가서 함께 유숙한 후 그와 함께 항공기로 국외에 나간 행위는 감금죄를 구성한다.」

*평석. 감금죄에 있어 감금행위는 심리적, 무형적 장애에 의하는 경우도 포함한다.

■대법원 1983.4.26. 83도323

【판시사항】

1) 감금행위가 강간미수죄의 수단인 경우에 감금죄의 성부 및 죄수

2) 강간의 목적으로 피해자를 차에 태워 주행, 외포케 한 행위가 감금죄와 강간죄의 실행의 착수에 해당하는지 여부(적극)

【판결요지】

1) 강간죄의 성립에 언제나 직접적으로 또 필요한 수단으로서 감금행위를 수반하는 것은 아니므로 감금행위가 강간미수죄의 수단이 되었다 하여 감금행위는 강간미수죄에 흡수되어 범죄를 구성하지 않는다고 할 수는 없는 것이고, 그때에는 감금죄와 강간미수

죄는 일개의 행위에 의하여 실현된 경우로서 형법 제40조의 상상적 경합관계에 있다.

2) 피고인이 피해자가 자동차에서 내릴 수 없는 상태에 있음을 이용하여 강간하려고 결의하고, 주행 중인 자동차에서 탈출불가능하게 하여 외포케 하고 50킬로미터를 운행하여 여관 앞까지 강제연행한 후 강간하려다 미수에 그친 경우 위 협박은 감금죄의 실행의 착수임과 동시에 강간미수죄의 실행의 착수라고 할 것이다.

*평석. 주행 중인 자동차에서 탈출불가능하게 한 경우에 감금죄의 감금에 해당한다.

2) 기수시기

체포·감금행위는 시간적 계속성을 필요로 하는 범죄이다.

▣쟁점 1. 체포·감금죄가 기수가 되기 위해서는 자유박탈에 대한 피해자의 인식이 필요한가.

3. 위법성

■대법원 1980.2.12. 79도1349

모가 승낙한 정신병자에 대한 감금행위는 위법성이 없다.

「정신병자의 어머니의 의뢰 및 승낙 하에 그 감호를 위하여 그 보호실 문을 야간에 한해서 3일간 시정하여 출입을 못하게 한 감금행위는 그 병자의 신체의 안정과 보호를 위하여 사회통념상 부득이 한 조처로서 수긍될 수 있는 것이면, 위법성이 없다.」

*평석. 모가 승낙한 정신병자에 대한 감금행위는 정당행위로서 사회상규에 반하지 않는 행위로서 위법성이 조각된다.

■대법원 1988.11.8. 88도1580

수용시설에 수용중인 부랑인들에 대한 감금행위가 형법 제20조의 정당행위에 해당되어 위법성이 조각된다고 한 사례(세칭 형제복지원사건)

「수용시설에 수용중인 부랑인들의 야간도주를 방지하기 위하여 그 취침시간중 출입문을 안에서 시정조치한 행위가 형법 제20조의 정당행위에 해당되어 위법성이 조각된다.」

*평석. 수용시설에 수용중인 부랑인들에 대한 감금행위는 형법 제20조의 정당행위에 해당되어 위법성이 조각된다.

◐참조조문

형법 제20조, 제278조

4. 죄수

■대법원 1997.1.21. 96도2715

감금행위가 강간죄나 강도죄의 수단이 된 경우, 감금죄가 별죄를 구성하는지 여부(적극)

「감금행위가 강간죄나 강도죄의 수단이 된 경우에도 감금죄는 강간죄나 강도죄에 흡수되지 아니하고 별죄를 구성한다.」

*평석. 대법원 1983.4.26. 83도323 참조

■대법원 1983.4.26. 83도323

【판시사항】

1) 감금행위가 강간미수죄의 수단인 경우에 감금죄의 성부 및 죄수

2) 강간의 목적으로 피해자를 차에 태워 주행, 외포케한 행위가 감금죄와 강간죄의 실행의 착수에 해당하는지 여부(적극)

【판결요지】

1) 강간죄의 성립에 언제나 직접적으로 또 필요한 수단으로서 감금행위를 수반하는 것은 아니므로 감금행위가 강간미수죄의 수단이 되었다 하여 감금행위는 강간미수죄에 흡수되어 범죄를 구성하지 않는다고 할 수는 없는 것이고, 그때에는 감금죄와 강간미수죄는 일개의 행위에 의하여 실현된 경우로서 형법 제40조의 상상적 경합관계에 있다.

2) 피고인이 피해자가 자동차에서 내릴 수 없는 상태에 있음을 이용하여 강간하려고 결의하고, 주행 중인 자동차에서 탈출불가능하게 하여 외포케 하고 50킬로미터를 운행하여 여관 앞까지 강제연행한 후 강간하려다 미수에 그친 경우 위 협박은 감금죄의 실행의 착수임과 동시에 강간미수죄의 실행의 착수라고 할 것이다.

*평석. 감금행위가 강간죄나 강도죄의 수단이 된 경우, 감금죄가 별죄를 구성하는지 여부와 관련하여 강간죄의 성립에 언제나 직접적으로 또 필요한 수단으로서 감금행위를 수반하는 것은 아니므로, 감금죄와 강간미수죄는 일개의 행위에 의하여 실현된 경우로서 형법 제40조의 상상적 경합관계에 있다.

■대법원 1982.6.22. 82도705

감금수단으로써 한 단순협박의 경우 협박죄 구성여부(소극)

「감금을 하기 위한 수단으로서 행사된 단순한 협박행위는 감금죄에 흡수되어 따로 협박죄를 구성하지 아니한다.」

*평석. 양죄는 흡수관계에 있다.

■대법원 2003.1.10. 2002도4380

감금행위가 강도상해 범행의 수단에 그치지 아니하고 강도상해의 범행이 끝난 뒤에도 계속된 경우, 감금죄와 강도상해죄의 죄수

「감금행위가 단순히 강도상해 범행의 수단이 되는 데 그치지 아니하고 강도상해의 범행이 끝난 뒤에도 계속된 경우에는 1개의 행위가 감금죄와 강도상해죄에 해당하는 경우라고 볼 수 없고, 이 경우 감금죄와 강도상해죄는 형법 제37조의 경합범 관계에 있다.」

*평석. 감금행위가 강도상해 범행의 수단에 그치지 아니하고 강도상해의 범행이 끝난 뒤에도 계속된 경우, 감금죄와 강도상해죄는 형법 제37조의 경합범 관계에 있다.

Ⅱ. 체포 · 감금치사상죄, 존속체포 · 감금치사상죄

第281조(체포 · 감금등의 치사상) ①제276조 내지 제280조의 죄를 범하여 사람을 상해에 이르게 한 때에는 1년 이상의 유기징역에 처한다. 사망에 이르게 한 때에는 3년 이상의 유기징역에 처한다. ②자기 또는 배우자의 직계존속에 대하여 제276조 내지 제280조의 죄를 범하여 상해에 이르게 한 때에는 2년 이상의 유기징역에 처한다. 사망에 이르게 한 때에는 무기 또는 5년 이상의 징역에 처한다.

■대법원 1991.10.25. 91도2085

아파트 안방에 감금된 피해자가 가혹행위를 피하려고 창문을 통하여 아파트 아래 잔디밭에 뛰어 내리다가 사망한 경우, 중감금행위와 피해자의 사망 사이에 인과관계가 있어 중감금치사죄가 성립된다고 본 사례

「피고인이 아파트 안방에서 안방문에 못질을 하여 동거하던 피해자가 술집에 나갈 수 없게 감금하고, 피해자를 때리고 옷을 벗기는 등 가혹한 행위를 하여 피해자가 이를 피하기 위하여 창문을 통해 밖으로 뛰어 내리려 하자 피고인이 이를 제지한 후, 피고인

이 거실로 나오는 사이에 갑자기 안방 창문을 통하여 알몸으로 아파트 아래 잔디밭에 뛰어 내리다가 다발성 실질장기파열상 등을 입고 사망한 경우, 피고인의 중감금행위와 피해자의 사망 사이에는 인과관계가 있어 피고인은 중감금치사죄의 죄책을 진다.」

*평석. 체포·감금치사상죄는 중감금행위도 기본범죄로 포함하기 때문에 양자가 인과관계가 있는 경우에 중감금치사죄가 성립한다.

◐참조조문

형법 제17조, 형법 제277조, 형법 제281조

■대법원 2000.5.26. 2000도440

피해자를 강제로 승용차에 태운 뒤 운전하여 가자 겁에 질린 피해자가 차에서 뛰어 내리다가 상해를 입은 경우, 감금 및 감금치상죄를 인정한 사례

*평석. 사상의 결과는 체포·감금시에 일어난 것이면 체포·감금치사상죄의 요건을 충족한다.

◐참조조문

형법 제276조 제1항, 제281조 제1항

■대법원 2000.2.11. 99도5286

【판시사항】

1) 감금죄의 성립요건

2) 승용차로 피해자를 가로막아 승차하게 한 후 피해자의 하차 요구를 무시한 채 당초 목적지가 아닌 다른 장소를 향하여 시속 약 60km 내지 70km의 속도로 진행하여 피해자를 차량에서 내리지 못하게 한 경우, 감금죄에 해당하는지 여부(적극) 및 피해자가 그와 같은 감금상태를 벗어날 목적으로 차량을 빠져 나오려다가 길바닥에 떨어져 상해를 입고 그 결과 사망한 경우, 감금치사죄에 해당하는지 여부(적극)

【판결요지】

1) 감금죄는 사람의 행동의 자유를 그 보호법익으로 하여 사람이 특정한 구역에서 나가는 것을 불가능하게 하거나 또는 심히 곤란하게 하는 죄로서 이와 같이 사람이 특정한 구역에서 나가는 것을 불가능하게 하거나 심히 곤란하게 하는 그 장해는 물리적, 유형적 장해뿐만 아니라 심리적, 무형적 장해에 의하여서도 가능하고, 또 감금의 본질은 사람의 행동의 자유를 구속하는 것으로 행동의 자유를 구속하는 그 수단과 방법에

는 아무런 제한이 없어서 유형적인 것이거나 무형적인 것이거나를 가리지 아니하며, 감금에 있어서의 사람의 행동의 자유의 박탈은 반드시 전면적이어야 할 필요도 없다.

2) 승용차로 피해자를 가로막아 승차하게 한 후 피해자의 하차 요구를 무시한 채 당초 목적지가 아닌 다른 장소를 향하여 시속 약 60km 내지 70km의 속도로 진행하여 피해자를 차량에서 내리지 못하게 한 행위는 감금죄에 해당하고, 피해자가 그와 같은 감금상태를 벗어날 목적으로 차량을 빠져 나오려다가 길바닥에 떨어져 상해를 입고 그 결과 사망에 이르렀다면 감금행위와 피해자의 사망 사이에는 상당인과관계가 있다고 할 것이므로 감금치사죄에 해당한다.

*평석. 사상의 결과는 체포·감금시에 일어난 것이면 체포·감금치사상죄의 요건을 충족한다.

◐참조조문

형법 제276조, 제281조

제9장 약취와 유인의 죄

Ⅰ. 미성년자약취 · 유인죄

제287조(미성년자의 약취, 유인) 미성년자를 약취 또는 유인한 자는 10년 이하의 징역에 처한다. 제294조(미수범) 제287조 내지 제289조와 제291조 내지 전조의 미수범은 처벌한다. 제295조의2(형의 감경) 이 장의 죄를 범한 자가 약취 · 유인 · 매매 또는 이송된 자를 안전한 장소로 풀어 준 때에는 그 형을 감경할 수 있다.

1. 의의 및 보호법익

미성년자를 약취 · 유인함으로써 성립하는 범죄이다.

■대법원 2003.2.11. 2002도7115

미성년자약취죄의 입법 취지와 보호법익 및 피고인이 미성년자의 동의하에 그 부의 감호권을 침해하여 미성년자를 피고인의 사실상 지배하로 옮긴 경우, 미성년자약취죄가 성립하는지 여부(적극)

「형법 제287조에 규정된 미성년자약취죄의 입법 취지는 심신의 발육이 불충분하고 지려와 경험이 풍부하지 못한 미성년자를 특별히 보호하기 위하여 그를 약취하는 행위를 처벌하려는 데 그 입법의 취지가 있으며, 미성년자의 자유 외에 보호감독자의 감호권도 그 보호법익으로 하고 있다는 점을 고려하면, 피고인과 공범들이 미성년자를 보호 · 감독하고 있던 그 아버지의 감호권을 침해하여 그녀를 자신들의 사실상 지배하로 옮긴 이상 미성년자약취죄가 성립한다 할 것이고, 약취행위에 미성년자의 동의가 있었다 하더라도 본죄의 성립에는 변함이 없다.」

*평석. 미성년자약취 · 유인죄의 보호법익은 미성년자의 자유 외에 보호감독자의 감호

권도 부차적인 보호법익으로 하고 있다

2. 객관적 구성요건

(1) 행위의 주체

■대법원 2008.1.31. 2007도8011

【판시사항】

1) 미성년자를 보호감독하는 사람이 당해 미성년자에 대한 약취·유인죄의 주체가 될 수 있는지 여부(한정 적극)

2) 외조부가 맡아서 양육해 오던 미성년인 자(子)를 자의 의사에 반하여 사실상 자신의 지배하에 옮긴 친권자에 대하여 미성년자 약취·유인죄를 인정한 사례

【판결요지】

1) 미성년자를 보호감독하는 자라 하더라도 다른 보호감독자의 감호권을 침해하거나 자신의 감호권을 남용하여 미성년자 본인의 이익을 침해하는 경우에는 미성년자 약취·유인죄의 주체가 될 수 있다.

2) 외조부가 맡아서 양육해 오던 미성년인 자(子)를 자의 의사에 반하여 사실상 자신의 지배하에 옮긴 친권자에 대하여 미성년자 약취·유인죄를 인정한 사례.

*평석. 미성년자에 대한 약취·유인죄의 주체는 제한이 없다. 친권자의 지위를 상실한 실부모도 타가에 입양한 미성년자인 자녀를 약취·유인함으로써 본죄가 성립가능하며, 미성년자도 다른 미성년자를 약취·유인함으로써 본죄의 주체가 될 수 있다.

(2) 행위의 객체

미성년자이다.

▣쟁점 1. 혼인한 미성년자도 본죄의 객체가 될 수 있는가.

(3) 실행행위

1) 약취 또는 유인하는 것이다.

■대법원 1998.5.15. 98도690

미성년자유인죄의 성립요건

「형법 제287조의 미성년자유인죄란 기망 또는 유혹을 수단으로 하여 미성년자를 꾀어 그 하자 있는 의사에 따라 미성년자를 자유로운 생활관계 또는 보호관계로부터 이탈하게 하여 자기 또는 제3자의 사실적 지배하에 옮기는 행위를 말하고, 여기서 사실적 지배라고 함은 미성년자에 대한 물리적·실력적인 지배관계를 의미한다고 할 것이며, 특정범죄가중처벌등에관한법률 제5조의2 제2항 제3호 후단은 위 미성년자유인죄를 범한 자에 대한 가중처벌을 규정한 것이므로, 위의 어느 죄든 그것이 성립하기 위하여는 피고인이 미성년자를 자기 또는 제3자의 물리적·실력적인 지배하로 옮길 범의를 가지고 미성년자를 기망 또는 유혹하여 미성년자를 위와 같은 지배하에 두었음이 증거에 의하여 입증되어야 한다.」

*평석. 미성년자를 자유로운 생활관계 또는 보호관계로부터 이탈하게 하여 자기 또는 제3자의 사실적 지배하에 두는 행위를 말한다.

■대법원 1991.8.13. 91도1184

형법 제288조 소정의 약취행위에 있어서의 폭행 또는 협박의 정도

「형법 제288조에 규정된 약취행위는 피해자를 그 의사에 반하여 자유로운 생활관계 또는 보호관계로부터 범인이나 제3자의 사실상 지배하에 옮기는 행위를 말하는 것으로서, 폭행 또는 협박을 수단으로 사용하는 경우에 그 폭행 또는 협박의 정도는 상대방을 실력적 지배하에 둘 수 있을 정도이면 족하고 반드시 상대방의 반항을 억압할 정도의 것임을 요하지는 아니한다.」

*평석. 약취의 수단인 폭행 또는 협박의 정도는 상대방을 실력적 지배하에 둘 수 있을 정도이면 족하고 반드시 상대방의 반항을 억압할 정도의 것임을 요하지는 아니한다.

■대법원 1996.2.27. 95도2980

미성년자유인죄에 있어서 유혹의 의미

「미성년자유인죄라 함은 기망 또는 유혹을 수단으로 하여 미성년자를 꾀어 현재의 보호상태로부터 이탈케 하여 자기 또는 제3자의 사실적 지배하로 옮기는 행위를 말하고, 여기서의 유혹이라 함은 기망의 정도에는 이르지 아니하나 감언이설로써 상대방을 현혹시켜 판단의 적정을 그르치게 하는 것이므로 반드시 그 유혹의 내용이 허위일 것을 요하지는 않는다.」

*평석. 유혹이라 함은 감언이설로써 상대방을 현혹시켜 판단의 적정을 그르치게 하는 것이므로 반드시 그 유혹의 내용이 허위임을 요하지는 않는다.

2) 사실적 지배

이는 미성년자를 자유로운 생활관계 또는 보호관계로부터 이탈하게 하여 자기 또는 제3자의 사실적 지배하에 옮기는 행위를 말하고, 여기서 사실적 지배라고 함은 미성년자에 대한 물리적·실력적인 지배관계를 의미한다.

■대법원 2008.1.17. 2007도8485

【판시사항】

1) 형법상 미성년자약취죄의 약취행위에서 장소적 이전이 갖는 의미

2) 미성년자와 그 부모의 주거에 침입하여 장소적 이전 없이 미성년자에게 폭행·협박을 가한 것이 형법 제287조의 미성년자약취죄를 구성하는지 여부의 판단 기준

3) 미성년자 혼자 머무는 주거에 침입하여 강도 범행을 하는 과정에서 일시적으로 부모와의 보호관계가 사실상 침해·배제된 경우 형법 제287조의 미성년자약취죄가 성립하지 않는다고 한 사례

【판결요지】

1) 형법 제287조에 규정된 약취행위는 폭행 또는 협박을 수단으로 하여 미성년자를 그 의사에 반하여 자유로운 생활관계 또는 보호관계로부터 이탈시켜 범인이나 제3자의 사실상 지배하에 옮기는 행위를 말하는 것이다. 물론, 여기에는 미성년자를 장소적으로 이전시키는 경우뿐만 아니라 장소적 이전 없이 기존의 자유로운 생활관계 또는 부모와의 보호관계로부터 이탈시켜 범인이나 제3자의 사실상 지배하에 두는 경우도 포함된다고 보아야 한다. 다만, 미성년자와 보호자의 일상생활의 장소적 중심인 주거에서 장소적 이전을 전제로 하지 아니한 채 폭행 또는 협박이 이루어진 경우에는, 그로 인하여 미성년자와 부모의 보호관계가 제한 혹은 박탈되는 모든 경우에 형법 제287조의 미성년자약취죄가 성립하는 것으로 볼 수는 없고, 무엇보다 미성년자를 기존의 생활관계 및 보호관계로부터 이탈시킬 의도가 없는 경우에는 실행의 착수조차 인정하기 어려우며, 범행의 목적과 수단, 시간적 간격 등을 고려할 때 사회통념상 실제로 기존의 생활관계 및 보호관계로부터 이탈시킨 것으로 인정되어야만 기수가 성립한다.

2) 미성년자가 혼자 머무는 주거에 침입하여 그를 감금한 뒤 폭행 또는 협박에 의하여 부모의 출입을 봉쇄하거나, 미성년자와 부모가 거주하는 주거에 침입하여 부모만을 강제로 퇴거시키고 독자적인 생활관계를 형성하기에 이르렀다면 비록 장소적 이전이 없었다 할지라도 형법 제287조의 미성년자약취죄에 해당함이 명백하지만, 강도 범행을

하는 과정에서 혼자 주거에 머무르고 있는 미성년자를 체포·감금하거나 혹은 미성년자와 그의 부모를 함께 체포·감금, 또는 폭행·협박을 가하는 경우, 나아가 주거지에 침입하여 미성년자의 신체에 위해를 가할 것처럼 협박하여 부모로부터 금품을 강취하는 경우와 같이, 일시적으로 부모와의 보호관계가 사실상 침해·배제되었다 할지라도, 그 의도가 미성년자를 기존의 생활관계 및 보호관계로부터 이탈시키는 데 있었던 것이 아니라 단지 금품 강취를 위하여 반항을 제압하는 데 있었다거나 금품 강취를 위하여 고지한 해악의 대상이 그곳에 거주하는 미성년자였던 것에 불과하다면, 특별한 사정이 없는 한 미성년자를 약취한다는 범의를 인정하기 곤란할 뿐 아니라, 보통의 경우 시간적 간격이 짧아 그 주거지를 중심으로 영위되었던 기존의 생활관계로부터 완전히 이탈되었다고 평가하기도 곤란하다.

3) 미성년자 혼자 머무는 주거에 침입하여 강도 범행을 하는 과정에서 미성년자와 그 부모에게 폭행·협박을 가하여 일시적으로 부모와의 보호관계가 사실상 침해·배제되었더라도, 미성년자가 기존의 생활관계로부터 완전히 이탈되었다거나 새로운 생활관계가 형성되었다고 볼 수 없고 범인의 의도도 위와 같은 생활관계의 이탈이 아니라 단지 금품 강취를 위한 반항 억압에 있었으므로, 형법 제287조의 미성년자약취죄가 성립하지 않는다.

*평석. 형법 제287조의 미성년자약취죄가 성립하기 위해서는 반드시 장소적 이전을 요하지 아니한다.

▣쟁점 1. 미성년자약취죄가 성립하기 위해서는 피인취자의 장소적 이전을 요하는가.

3) 계속범

▣쟁점 1. 미성년자약취·유인죄는 계속범인가

●참조판례

대법원 2008.1.17. 2007도8485

4) 기수시기

●참조판례

대법원 2008.1.17. 2007도8485

3. 위법성

■대법원 1982.4.27. 82도186

하자있는 피해자의 승락과 미성년자 유인죄의 성부

「피해자가 스스로 가출하였다고는 하나 그것이 피고인의 독자적인 교리설교에 의하여 하자 있는 의사로써 이루어진 것이고, 동 피해자를 보호감독권자의 보호관계로부터 이탈시켜 피고인의 지배하에 옮긴 이상 미성년자 유인죄가 성립한다.」

*평석. 본죄는 보호감독자의 감호권도 부차적인 보호법익이다.

Ⅱ. 추행 · 간음 · 영리목적 약취 · 유인죄

제288조(영리등을 위한 약취, 유인, 매매등) ①추행, 간음 또는 영리의 목적으로 사람을 약취 또는 유인한 자는 1년 이상의 유기징역에 처한다.
제294조(미수범) 제287조 내지 제289조와 제291조 내지 전조의 미수범은 처벌한다.
제295조(자격정지 또는 벌금의 병과) 제288조, 제289조, 제292조, 제293조와 그 미수범에는 10년 이하의 자격정지 또는 2천만원 이하의 벌금을 병과할 수 있다.
제295조의2(형의 감경) 이 장의 죄를 범한 자가 약취·유인·매매 또는 이송된 자를 안전한 장소로 풀어 준 때에는 그 형을 감경할 수 있다.
제296조(고소) 제288조제1항, 제292조제1항 또는 제293조제2항의 각죄중 추행 또는 간음의 목적으로 약취, 유인, 수수 또는 은닉한 죄, 제291조의 죄와 그 미수범은 고소가 있어야 공소를 제기할 수 있다.

Ⅲ. 부녀매매죄

제288조(영리등을 위한 약취, 유인, 매매등)
②추업에 사용할 목적으로 부녀를 매매한 자도 전항의 형과 같다.
③상습으로 전2항의 죄를 범한 자는 2년 이상의 유기징역에 처한다.
제294조(미수범) 제287조 내지 제289조와 제291조 내지 전조의 미수범은 처벌한다.

1. 의의 및 보호법익

본죄는 추업에 사용할 목적으로 부녀를 매매함으로써 성립하는 범죄이다. 부녀의 자유 및 인격권을 보호법익으로 한다.

2. 객관적 구성요건

(1) 행위이 주체와 객체

■대법원 1992.1.21. 선고 91도1402

부녀매매죄의 주체 및 객체와 그 성립요건

「부녀매매죄는 부녀자의 신체의 자유를 그 일차적인 보호법익으로 하는 죄로서 그 행위의 객체는 부녀이고, 여자인 이상 그 나이나 성년, 미성년, 기혼 여부 등을 불문한다고 보아야 하고, 행위의 주체에는 제한이 없으니 반드시 친권자등의 보호자만이 본죄의 주체가 될 수 있다는 것도 근거 없는 해석이라 할 것이며, 요컨대 본죄의 성립 여부는 그 주체 및 객체에 중점을 두고 볼 것이 아니라 매매의 일방이 어떤 경위로 취득한 부녀자에 대한 실력적 지배를 대가를 받고 그 상대방에게 넘긴다고 하는 행위에 중점을 두고 판단하여야 하므로 매도인이 매매 당시 부녀자를 실력으로 지배하고 있었는가 여부 즉 계속된 협박이나 명시적 혹은 묵시적인 폭행의 위협 등의 험악한 분위기로 인하여 보통의 부녀자라면 법질서에 보호를 호소하기를 단념할 정도의 상태에서 그 신체에 대한 인계인수가 이루어졌는가의 여부에 달려 있다고 하여야 할 것이다.」

*평석. 본죄의 행위의 객체인 부녀는 여자인 이상 그 나이나 성년, 미성년, 기혼 여부 등을 불문한다. 그리고 법질서에 호소할 정신적 지각능력이 있느냐의 여부도 불문한다.

(2) 기수시기

▣쟁점 1. 부녀매매죄의 기수시기.

제10장 강간과 추행의 죄

Ⅰ. 강간죄

제297조(강간) 폭행 또는 협박으로 부녀를 강간한 자는 3년 이상의 유기징역에 처한다. 제300조(미수범) 전3조의 미수범은 처벌한다. 제306조(고소) 제297조 내지 제300조와 제302조 내지 제305조의 죄는 고소가 있어야 공소를 제기할 수 있다.

1. 의의 및 보호법익

보호법익은 개인의 성적 자유를 침해하는 범죄로서 '개인의 성적 자기 결정의 자유'이다. 보호의 정도는 침해범이다.

2. 객관적 구성요건

(1) 행위의 주체

주제는 제한이 없다. 남자는 물론 여자도 본죄의 주체가 될 수 있다.

■대법원 1984.6.12. 84도780

공범이 강간하는 동안 피해자의 입을 손으로 틀어막고 얼굴을 때린 자의 죄책 (강간죄의 공동정범)

「피고인과 공소외(갑)이 공모하여 (갑)이 피해자를 강간하고 있는 동안 동 피해자가 반항하지 못하도록 그의 입을 손으로 틀어 막고 주먹으로 얼굴을 2회 때렸다면 피고인은 강간죄의 공동정범의 죄책을 면할 수 없다.」

*평석. 여자도 공동정범으로 본죄의 주체가 될 수 있다.

◐참조조문

형법 第30条, 第297条

●참조판례

대법원 1998.2.27. 97도1757

▣쟁점 1. 여자도 강간죄의 주체가 될 수 있는가.

(2) 행위의 객체

부녀이다.

■대법원 1967.2.28. 67도1

강간죄의 객체를 부녀만으로 규정한 경우와 헌법 제9조 제1항

「구 헌법(72.12.27. 개정) 제9조의 규정은 모든 국민은 인간으로서의 존엄성과 인격적 가치에 있어서 평등하고 성별 종교 또는 사회적 신분 등의 차이로 인하여 특권을 가지거나 불이익한 대우를 받아서는 아니된다는 대원칙을 표시한 것이라고 할 것이고 구체적 인간으로서의 개개의 국민은 경제적 사회적 기타 여러가지 조건에 따른 차이가 있으므로 그 구체적인 차이로 인한 일반사회관념상 합리적인 근거있는 차등까지를 금하는 것은 아니라고 할 것이다. 그리고 형법 제297조 강간죄에 있어서 그 객체를 부녀로 한 것은 남녀의 생리적, 육체적 차이에 의하여 강간이 남성에 의하여 감행됨을 보통으로 하는 실정에 비추어 사회적, 도덕적 견지에서 피고자인 부녀를 보호하려는 것이고 이로 인하여 일반 사회관념상 합리적인 근거없는 특권을 부녀에게만 부여하고 남성에게 불이익을 주었다고는 할 수 없다 할 것이고 이는 병역법에서 남자에게만 병역의 의무를 인정하고 여자에게는 인정하지 아니함이 헌법에 위반된다고 할 수 없음과 같다.」

*평석. 강간죄의 객체를 부녀만으로 제한한 것은 헌법 제11조의 평등의 원칙에 반하지 아니하는 합리적인 차별로 합헌이라 하겠다.

◐참조조문

독일형법 제177조

▣쟁점 1. 강간죄의 객체를 부녀만으로 규정한 것은 헌법 제11조의 평등의 원칙에 반하는가.

■대법원 2009.2.12. 2008도8601

법률상 혼인관계에 있기는 하나 혼인관계가 파탄에 이르고 실질적인 부부관계를 인

정할 수 없는 경우, 처가 강간죄의 객체가 되는지 여부(적극)

「혼인관계가 존속하는 상태에서 남편이 처의 의사에 반하여 폭행 또는 협박으로 성교행위를 한 경우 강간죄가 성립하는지 여부는 별론으로 하더라도, 적어도 당사자 사이에 혼인관계가 파탄되었을 뿐만 아니라 더 이상 혼인관계를 지속할 의사가 없고 이혼의사의 합치가 있어 실질적인 부부관계가 인정될 수 없는 상태에 이르렀다면, 법률상의 배우자인 처도 강간죄의 객체가 된다.」

*평석. 처는 강간죄의 객체가 될 수 없다. 다만 법률상 혼인관계에 있기는 하나 혼인관계가 파탄에 이르고 실질적인 부부관계를 인정할 수 없는 경우, 처가 강간죄의 객체가 될 수 있다고 하겠다.

●참조판례

대법원 1970.3.10. 70도29

▣쟁점 1. 법률상의 처가 강간죄의 객체가 될 수 있는가.

■대법원 2009.9.10. 2009도3580

【판시사항】

1) 강간죄의 객체인 부녀로 인정하기 위한 법률적 성의 결정 기준

2) 성전환자가 출생시와 달리 전환된 성을 법률적 성으로 평가받을 수 있는 경우

3) 성전환자가 강간죄의 객체인 '부녀'에 해당한다고 한 사례

【판결요지】

1) 강간죄의 객체는 부녀로서 여자를 가리키는 것이므로, 강간죄의 성립을 인정하기 위하여는 피해자를 법률상 여자로 인정할 수 있어야 한다. 종래에는 사람의 성을 성염색체와 이에 따른 생식기·성기 등 생물학적인 요소에 따라 결정하여 왔으나, 근래에 와서는 생물학적인 요소뿐 아니라 개인이 스스로 인식하는 남성 또는 여성으로의 귀속감 및 개인이 남성 또는 여성으로서 적합하다고 사회적으로 승인된 행동·태도·성격적 특징 등의 성역할을 수행하는 측면, 즉 정신적·사회적 요소들 역시 사람의 성을 결정하는 요소 중의 하나로 인정받게 되었으므로, 성의 결정에 있어 생물학적 요소와 정신적·사회적 요소를 종합적으로 고려하여야 한다.

2) 성전환증을 가진 사람의 경우에도 남성 또는 여성 중 어느 한쪽의 성염색체를 보유하고 있고 그 염색체와 일치하는 생식기와 성기가 형성·발달되어 출생하지만, 출생 당시에는 아직 그 사람의 정신적·사회적인 의미에서의 성을 인지할 수 없으므로, 사회

통념상 그 출생 당시에는 생물학적인 신체적 성징에 따라 법률적인 성이 평가된다. 그러나 출생 후의 성장에 따라 일관되게 출생 당시의 생물학적인 성에 대한 불일치감 및 위화감·혐오감을 갖고 반대의 성에 귀속감을 느끼면서 반대의 성으로서의 역할을 수행하며 성기를 포함한 신체 외관 역시 반대의 성으로서 형성하기를 강력히 원하여, 정신과적으로 성전환증의 진단을 받고 상당기간 정신과적 치료나 호르몬치료 등을 실시하여도 여전히 위 증세가 치유되지 않고 반대의 성에 대한 정신적·사회적 적응이 이루어짐에 따라, 일반적인 의학적 기준에 의하여 성전환수술을 받고 반대 성으로서의 외부 성기를 비롯한 신체를 갖추고, 나아가 전환된 신체에 따른 성을 가진 사람으로서 만족감을 느끼며 공고한 성정체성의 인식 아래 그 성에 맞춘 의복, 두발 등의 외관을 하고 성관계 등 개인적인 영역 및 직업 등 사회적인 영역에서 모두 전환된 성으로서의 역할을 수행함으로써 주위 사람들로부터도 그 성으로서 인식되고 있으며, 전환된 성을 그 사람의 성이라고 보더라도 다른 사람들과의 신분관계에 중대한 변동을 초래하거나 사회에 부정적인 영향을 주지 아니하여 사회적으로 허용된다고 볼 수 있다면, 이러한 여러 사정을 종합적으로 고려하여 사람의 성에 대한 평가 기준에 비추어 사회통념상 신체적으로 전환된 성을 갖추고 있다고 인정될 수 있는 경우가 있다. 이와 같은 성전환자는 출생시와는 달리 전환된 성이 법률적으로도 그 성전환자의 성이라고 평가받을 수 있다.

3) 성전환자를 여성으로 인식하여 강간한 사안에서, 피해자가 성장기부터 남성에 대한 불일치감과 여성으로의 성귀속감을 나타냈고, 성전환 수술로 인하여 여성으로서의 신체와 외관을 갖추었으며, 수술 이후 30여 년간 개인적·사회적으로 여성으로서의 생활을 영위해 가고 있는 점 등을 고려할 때, 사회통념상 여성으로 평가되는 성전환자로서 강간죄의 객체인 '부녀'에 해당한다.

*평석. 대법원은 성전환자가 강간죄의 객체인 '부녀'에 해당하는가에 대해 부녀임을 부정하다 이를 긍정하는 입장변화를 보이고 있다.

●참조판례

대법원 2006.6.22.자 2004스42; 대법원 1996.6.11. 96도791

▣쟁점 1. 수술에 의한 성전환자가 강간죄의 객체인 '부녀'에 해당하는가.

(3) 실행행위

폭행 또는 협박으로 부녀를 강간하는 것이다.

1) 폭행 · 협박

■대법원 1992.4.14. 92도259

강간죄에 있어 폭행, 협박의 정도와 그 판단자료

「강간죄가 되기 위하여는 가해자의 폭행, 또는 협박은 피해자의 항거를 불능하게 하거나 현저히 곤란하게 할 정도의 것이어야 하고, 그 폭행 또는 협박이 피해자의 항거를 불능하게 하거나 현저히 곤란하게 할 정도의 것이었는지 여부는 유형력을 행사한 당해 폭행 및 협박의 내용과 정도는 물론이고, 유형력을 행사하게 된 경위, 피해자와의 관계, 성교 당시의 정황 등 제반 사정을 종합하여 판단하여야 한다.」

*평석. 강간죄에 있어 가해자의 폭행 또는 협박은 피해자의 항거를 불능하게 하거나 현저히 곤란하게 할 정도의 것이어야 한다.

▣쟁점 1. 강간죄에 있어 폭행 · 협박의 정도

■대법원 2007.1.25. 2006도5979

【판시사항】

1) 폭행을 수반함이 없이 협박만을 수단으로 피해자를 간음 또는 추행하였고 그 협박과 간음 또는 추행 사이에 시간적 간격이 있더라도, 강간죄나 강제추행죄의 성립요건으로서의 협박의 정도에 해당하고 그 협박으로 인하여 간음 또는 추행이 이루어졌다고 볼 수 있는 경우, 강간죄 또는 강제추행죄가 성립하는지 여부(적극)

2) 유부녀에 대하여 혼인 외 성관계 사실을 폭로하겠다는 등의 내용으로 협박한 것이 강간죄, 강제추행죄의 성립요건으로서 협박에 해당하는지 여부에 대한 판단 방법

3) 혼인 외 성관계 사실을 폭로하겠다는 등의 내용으로 유부녀인 피해자를 협박하여 간음 또는 추행한 사안에서 강간죄 및 강제추행죄가 성립한다고 한 사례

【판결요지】

1) 가해자가 폭행을 수반함이 없이 오직 협박만을 수단으로 피해자를 간음 또는 추행한 경우에도 그 협박의 정도가 피해자의 항거를 불가능하게 하거나 현저히 곤란하게 할 정도의 것(강간죄)이거나 또는 피해자의 항거를 곤란하게 할 정도의 것(강제추행죄)이면 강간죄 또는 강제추행죄가 성립하고, 협박과 간음 또는 추행 사이에 시간적 간격이 있더라도 협박에 의하여 간음 또는 추행이 이루어진 것으로 인정될 수 있다면 달리 볼 것은 아니다.

2) 유부녀인 피해자에 대하여 혼인 외 성관계 사실을 폭로하겠다는 등의 내용으로

협박하여 피해자를 간음 또는 추행한 경우에 있어서 그 협박이 강간죄와 강제추행죄에 해당하는 폭행의 정도의 것이었는지 여부에 관하여는, 일반적으로 혼인한 여성에 대하여 정조의 가치를 특히 중시하는 우리 사회의 현실이나 형법상 간통죄로 처벌하는 조항이 있는 사정 등을 감안할 때 혼인 외 성관계 사실의 폭로 자체가 여성의 명예손상, 가족관계의 파탄, 경제적 생활기반의 상실 등 생활상의 이익에 막대한 영향을 미칠 수 있고 경우에 따라서는 간통죄로 처벌받는 신체상의 불이익이 초래될 수도 있으며, 나아가 폭로의 상대방이나 범위 및 방법(예를 들면 인터넷 공개, 가족들에 대한 공개, 자녀들의 학교에 대한 공개 등)에 따라서는 그 심리적 압박의 정도가 심각할 수 있으므로, 단순히 협박의 내용만으로 그 정도를 단정할 수는 없고, 그 밖에도 협박의 경위, 가해자 및 피해자의 신분이나 사회적 지위, 피해자와의 관계, 간음 또는 추행 당시와 그 후의 정황, 그 협박이 피해자에게 미칠 수 있는 심리적 압박의 내용과 정도 등 모든 사정을 종합하여 신중하게 판단하여야 한다.

3) 유부녀인 피해자에 대하여 혼인 외 성관계 사실을 폭로하겠다는 등의 내용으로 협박하여 피해자를 간음 또는 추행한 사안에서 위와 같은 협박이 피해자를 단순히 외포시킨 정도를 넘어 적어도 피해자의 항거를 현저히 곤란하게 할 정도의 것이었다고 보기에 충분하다는 이유로, 강간죄 및 강제추행죄가 성립한다.

*평석. 폭행을 수반함이 없이 협박만을 수단으로 피해자를 간음 또는 추행하였고 그 협박과 간음 또는 추행 사이에 시간적 간격이 있더라도, 강간죄나 강제추행죄의 성립요건으로서의 협박의 정도에 해당하면 그 협박으로 인하여 간음 또는 추행이 이루어졌다고 볼 수 있는 경우 강간죄(혹은 강제추행죄)에 해당한다.

■대법원 2000.8.18. 2000도1914

피고인이 피해자를 여관방으로 유인하여 방문을 걸어 잠근 후 성교할 것을 요구한 사안에서, 피해자의 항거를 현저하게 곤란하게 할 정도의 유형력을 행사한 것으로 인정한 사례

「원심이 인용한 제1심판결 명시의 증거들을 기록에 비추어 검토하여 보면, 피고인이 피해자를 원심 판시 여관방으로 유인한 다음 방문을 걸어 잠근 후 피해자에게 성교할 것을 요구하였으나 피해자가 이를 거부하자 "옆방에 내 친구들이 많이 있다. 소리지르면 다 들을 것이다. 조용히 해라. 한 명하고 할 것이냐? 여러 명하고 할 것이냐?"라고 말하면서 성행위를 요구한 사실이 인정되는바, 이러한 사실과 피해자의 연령이 어린 점, 다른 사람의 출입이 곤란한 심야의 여관방에 피고인과 피해자 단둘이 있는 상황인

점 등 기록에 나타난 모든 사정을 종합하면 피고인이 피해자의 항거를 현저히 곤란하게 할 정도의 유형력을 행사한 사실은 충분히 인정된다고 보아야 할 것이므로, 피고인의 성폭력범죄의처벌및피해자보호등에관한법률위반 범죄사실에 대하여 범죄의 증명이 있다고 한 제1심판결을 그대로 유지한 원심판결에 상고이유로 주장하는 강간죄에 있어서의 폭행, 협박에 관한 법리오해의 위법이 있다고 할 수 없다.」

*평석. 강간죄에 있어 폭행 또는 협박은 피해자의 항거를 현저히 곤란하게 할 정도의 것이어야 하고, 그 폭행 또는 협박이 피해자의 항거를 현저히 곤란하게 할 정도의 것이었는지 여부는 유형력을 행사한 당해 폭행 및 협박의 내용과 정도는 물론이고, 유형력을 행사하게 된 경위, 피해자와의 관계, 범행 당시의 정황 등 제반 사정을 종합하여 판단하여야 한다(대법원 1999.9.21. 99도2608).

■대법원 1990.9.28. 90도1562

폭행에 의하여 강간당하였다는 피해자의 진술이 경험칙상 납득할 수 없다고 하여 증명력을 배척한 사례

「피해자는 이 사건 제1공소사실인 1989.7.13.01:00경 가오여관 202호실에서의 강간에 대하여, 당시 공소장 기재와 같이 피고인의 피해자의 손목을 비트는 등 강제로 여관에 끌고 들어가서 강간을 하였다고 진술하고 당시 여관주인이 방을 안내하였지만 창피해서 구조를 요청하지 아니하였다는 것인 바, 대학4학년인 피해자가 강간의 위험을 느끼면서도 손쉬운 구조요청의 기회를 이용하지 아니하였다는 것은 우리의 경험칙상 쉽게 납득이 가지 아니하는 것이다.

또 피해자는 이 사건 제2공소사실인 7.18. 22:00경 피고인의 하숙방에서의 강간에 대하여, 그 날 피고인이 전화로 만나자고 해서 다방에 나갔더니 강제로 하숙방에 끌고가 강간을 하였다고 진술하였으나, 수일전에 자기를 강간한 피고인을 만나지 않으면 아니될 특별한 사정도 없이 간단히 만났다는 점에서부터 다방을 거쳐 하숙방까지 끌려갔다는 점과 피고인의 하숙집 주인에게 구조를 요청하지 아니하였다는 점에 이르기까지 강간행위로 인정하는 데는 어느 것이나 쉽게 수긍이 가지 않는 사항들이다. 이 사건 제3공소사실인 8.2. 23:00경 피고인의 하숙방에서의 강간에 대하여서도 그렇다. 그 날 피해자의 집에서부터 피고인의 하숙집까지 강제로 끌려가 강간을 당하였다는 것이나 화상을 입고 담배불로 온몸을 지지는데도 하숙집 주인에게 구조를 요청하지 아니하였다는 것은 쉽게 납득이 가지 않는 일이다. 피해자의 진술에 의하더라도 피해자의 어머니는 7.23. 이전에 피고인과 피해자가 동침한 사실을 미리 알고있었다는 것인데 세상에 알려

지는 것이 무서워서 위와 같은 피해사실을 신고하지 아니하였다고 하는 것도 여러 정황에 비추어 가볍게 수긍되지 아니한다.」

*평석. 폭행에 의하여 강간당하였다는 피해자의 진술이 경험칙상 납득할 수 없다고 하여 그것을 부정한 사안이다.

2) 강간

강간이란 폭행・협박으로 상대방의 반항을 억압하거나 현저하게 곤란하게 하고 간음하는 것을 말한다. 폭행・협박과 간음사이에 인과관계가 있음을 요한다.

3) 실행의 착수시기

■대법원 1990.5.25. 90도607

강간을 목적으로 피해자의 집에 침입하여 안방에서 자고 있는 피해자의 가슴과 엉덩이를 만지면서 간음을 기도하였다는 사실만으로 강간죄의 실행의 착수가 있었다고 볼 수 있는지 여부(소극)

「강간죄의 실행의 착수가 있었다고 하려면 강간의 수단으로서 폭행이나 협박을 한 사실이 있어야 할 터인데 피고인이 강간할 목적으로 피해자의 집에 침입하였다 하더라도 안방에 들어가 누워 자고 있는 피해자의 가슴과 엉덩이를 만지면서 간음을 기도하였다는 사실만으로는 강간의 수단으로 피해자에게 폭행이나 협박을 개시하였다고 하기는 어렵다.」

*평석. <u>강간죄는 부녀를 간음하기 위하여 피해자의 항거를 불능하게 하거나 현저히 곤란하게 할 정도의 폭행 또는 협박을 개시한 때에 그 실행의 착수가 있다고 보아야 할 것이고</u>, 실제로 그와 같은 폭행 또는 협박에 의하여 피해자의 항거가 불능하게 되거나 현저히 곤란하게 되어야만 실행의 착수가 있다고 볼 것은 아니다(대법원 2000.6.9. 2000도1253).

■대법원 1991.4.9. 91도288

피고인이 간음할 목적으로 여자 혼자 있는 방문 앞에서 방문을 열어주지 않으면 부수고 들어갈 듯한 기세로 방문을 두드리고 피해자가 창문에 걸터 앉아 가까이 오면 뛰어 내리겠다고 하는데도 베란다를 통하여 창문으로 침입하려고 한 것을 강간의 착수가 있었다고 본 사례

「피고인이 간음할 목적으로 새벽 4시에 여자 혼자 있는 방문 앞에 가서 피해자가 방

문을 열어 주지 않으면 부수고 들어갈 듯한 기세로 방문을 두드리고 피해자가 위험을 느끼고 창문에 걸터 앉아 가까이 오면 뛰어 내리겠다고 하는데도 베란다를 통하여 창문으로 침입하려고 하였다면 강간의 수단으로서의 폭행에 착수하였다고 할 수 있으므로 강간의 착수가 있었다고 할 것이다.」

평석. 대법원이 실행의 착수를 인정한 사안이다.

3. 죄수

■대법원 1987.5.12. 87도694

1회 강간하고 나서 약 1시간후 장소를 옮겨 같은 피해자를 다시 1회 강간한 행위의 죄수

「피해자를 1회 강간하여 상처를 입게 한 후 약 1시간 후에 장소를 옮겨 같은 피해자를 다시 1회 강간한 행위는 그 범행시간과 장소를 달리하고 있을 뿐만 아니라 각 별개의 범의에서 이루어진 행위로서 형법 제37조 전단의 실체적 경합범에 해당한다.」

*평석. 대법원은 위의 경우에 범행시간과 장소를 달리하고 있을 뿐만 아니라 각 별개의 범의에서 이루어진 행위로서 실체적 경합범이 성립한다고 하고 있다.

●참조판례

대법원 1970.9.29. 70도1516.

4. 친고죄

■대법원 2002.5.16. 2002도51

강간죄에 대하여 고소가 없거나 고소가 취소된 경우 또는 강간죄의 고소기간이 경과된 후에 고소가 있는 경우, 그 강간범행의 수단으로 사용된 또는 그에 수반하여 저질러진 폭행·협박의 점을 따로 떼어내어 폭행죄·협박죄 또는 폭력행위등처벌에관한법률위반죄로 공소제기한 경우의 조치(=공소기각)

「[다수의견] 성폭력범죄의처벌및피해자보호등에관한법률이 시행된 이후에도 여전히 친고죄로 남아 있는 강간죄의 경우, 고소가 없거나 고소가 취소된 경우 또는 강간죄의 고소기간이 경과된 후에 고소가 있는 때에는 강간죄로 공소를 제기할 수 없음은 물론, 나아가 그 강간범행의 수단으로 또는 그에 수반하여 저질러진 폭행·협박의 점 또한

강간죄의 구성요소로서 그에 흡수되는 법조경합의 관계에 있는 만큼 이를 따로 떼어내어 폭행죄·협박죄 또는 폭력행위등처벌에관한법률위반의 죄로 공소제기할 수 없다고 해야 마땅하고, 이는 만일 이러한 공소제기를 허용한다면, 강간죄를 친고죄로 규정한 취지에 반하기 때문이므로 결국 그와 같은 공소는 공소제기의 절차가 법률에 위반되어 무효인 경우로서 형사소송법 제327조 제2호에 따라 공소기각의 판결을 하여야 한다. 따라서 강간죄에 대하여 고소취소가 있는 경우에 그 수단인 폭행만을 분리하여 공소제기하였다면 이는 범죄로 되지 아니하는 경우에 해당하므로, 무죄를 선고하여야 한다고 본 대법원 1976. 4. 27. 선고 75도3365 판결의 견해는 이와 저촉되는 한도 내에서 변경하기로 한다.

[별개의견] 강간죄를 친고죄로 정한 취지가 피해자의 명예와 인격을 보호하기 위하여 공소권의 행사 여부를 피해자의 의사에 따르도록 제한하려는 데 있는 이상, 피해자가 강간죄 자체가 아니라 특별히 그 수단인 폭행·협박의 점에 대하여만 한정하여 처벌을 원하는 취지의 고소를 하였거나, 강간죄의 고소기간이 도과된 후에 그 폭행·협박의 점에 대한 처벌을 원하는 고소를 한 경우와 같이, 행위자를 강간죄로 소추할 수 없는 상태에서 피해자가 적극적으로 강간죄의 수단인 폭행·협박의 점에 대한 처벌을 원하고 있는 경우에는 그 폭행·협박의 점을 소추·처벌하더라도 강간죄를 친고죄로 정한 취지에 반하지 않는다고 보아야 하고, 특히 강간죄의 고소기간이 이미 도과한 후에 강간죄의 고소를 한 피해자의 의사는 특별한 사정이 없는 한 폭행·협박의 죄에 대해서 만이라도 처벌을 원하는 데 있다고 해석되는데, 친고죄에 관한 고소기간을 정하여 고소권의 행사시기를 제한하는 이유가, 친고죄에 관한 형사소추권의 발동 여부가 일정의 장기간 이상 피해자의 의사에 따라 불확정한 상태에 놓여지게 됨으로써 생길 수 있는 폐단을 방지하려는 데 있는 이상, 강간죄의 고소기간이 도과된 경우에도 피해자가 적극적으로 처벌을 원하는 경우에 한하여 친고죄가 아닌 폭행죄 또는 협박죄로 처벌할 수 있게 되는 것은, 친고죄의 고소기간을 정하여 둔 형사소송법의 입법 취지에도 반하지 않는다고 보아야 할 뿐만 아니라 강간죄와 같은 결합범의 경우에, 법이 친고죄로 정한 취지를 해하지 아니하는 범위 안에서 강간의 수단인 폭행·협박 부분을 분리하여 처벌하는 것이 반드시 불가능하다고만 볼 것은 아닌바, 이러한 점을 종합하여 볼 때, 피해자가 적극적으로 폭행·협박의 점에 대하여만 한정하여 고소를 하였거나 강간죄의 고소가 법률상 불가능한 상태에서 한 피해자의 고소가 폭행·협박의 점에 대해서만이라도 처벌을 원하는 취지라고 해석되는 예외적인 경우에는, 앞에서 본 원칙에 대한 예외로서 그 폭행·협박의 점에 대한 소추·처벌이 가능하다고 보는 것이 옳다.

[별개의견을 위한 보충의견] 고소기간이 경과되어 고소권이 행사될 수 없게 된 경우에는 고소권자의 권익이 침해될 수 없음은 물론, 폭행·협박행위에 한정하여 처벌을 원하는 고소권자의 의사를 좇아 검사가 그 범행만을 기소한 이상 폭행죄·협박죄가 반의사불벌죄로 규정된 우리 법제 아래에서 그 공소제기절차는 어느 절차법규에도 위반된 바가 없는 유효한 것이기에 형사소송법 제327조 제2호의 공소기각 사유에 해당되지 않는다.」

*평석. 강간죄는 폭행·협박과 간음의 결합범이므로 강간죄에 대하여 고소취소가 있는 경우에 그 수단인 폭행·협박만을 분리하여 공소제기할 수 없다는 견해가 타당하다.

▣쟁점 1. 강간죄에 대해 고소가 없거나 고소가 취소된 경우에 강간의 수단인 폭행·협박의 부분을 분리하여 공소제기하는 것이 가능한가.

5. 특수강간죄

■대법원 2004.8.20. 2004도2870

【판시사항】

1) 성폭력범죄의처벌및피해자보호등에관한법률 제6조 제1항의 합동범이 성립하기 위한 요건

2) 강간범행에 대하여 공모·협동관계가 있다고 보아 성폭력범죄의처벌및피해자보호등에관한법률 제6조 제1항의 특수강간죄 등이 성립된다고 한 사례

【판결요지】

1) 성폭력범죄의처벌및피해자보호등에관한법률 제6조 제1항의 2인 이상이 합동하여 형법 제297조의 죄를 범함으로써 특수강간죄가 성립하기 위하여는 주관적 요건으로서의 공모와 객관적 요건으로서의 실행행위의 분담이 있어야 하고, 그 실행행위는 시간적으로나 장소적으로 협동관계에 있다고 볼 정도에 이르면 된다.

2) 피고인 등이 비록 특정한 1명씩의 피해자만 강간하거나 강간하려고 하였다 하더라도, 사전의 모의에 따라 강간할 목적으로 심야에 인가에서 멀리 떨어져 있어 쉽게 도망할 수 없는 야산으로 피해자들을 유인한 다음 곧바로 암묵적인 합의에 따라 각자 마음에 드는 피해자들을 데리고 불과 100m 이내의 거리에 있는 곳으로 흩어져 동시 또는 순차적으로 피해자들을 각각 강간하였다면, 그 각 강간의 실행행위도 시간적으로나 장

소적으로 협동관계에 있었다고 보아야 할 것이므로, 피해자 3명 모두에 대한 특수강간죄 등이 성립된다고 한 사례.

*평석. 특수강간죄는 합동범이다.

▣쟁점 1. 흉기 기타 위험한 물건을 휴대하거나 2인 이상이 합동하여 형법 제297조(강간)의 죄를 범한 경우의 죄책

Ⅱ. 강제추행죄

제298조(강제추행) 폭행 또는 협박으로 사람에 대하여 추행을 한 자는 10년 이하의 징역 또는 1천500만원 이하의 벌금에 처한다. 제300조(미수범) 전3조의 미수범은 처벌한다. 제306조(고소) 제297조 내지 제300조와 제302조 내지 제305조의 죄는 고소가 있어야 공소를 제기할 수 있다.

1. 의의

강제추행죄는 폭행 또는 협박으로 사람에 대하여 추행을 함으로써 성립하는 범죄이다.

2. 객관적 구성요건

(1) 주체 및 객체

주체에는 제한이 없다. 객체는 사람이다.

▣쟁점 1. 남자도 강제추행죄의 객체가 될 수 있는가.

(2) 실행행위

폭행 또는 협박으로 사람에 대하여 추행하는 것이다.

1) 폭행 · 협박

■대법원 2002.4.26. 2001도2417

【판시사항】

1) 강제추행죄에 있어서 폭행의 형태와 정도

2) 피해자와 춤을 추면서 순간적으로 피해자의 유방을 만진 행위가 강제추행에 해당된다고 한 사례

【판결요지】

1) 강제추행죄는 상대방에 대하여 폭행 또는 협박을 가하여 항거를 곤란하게 한 뒤에 추행행위를 하는 경우뿐만 아니라 폭행행위 자체가 추행행위라고 인정되는 경우도 포함되는 것이며, 이 경우에 있어서의 폭행은 반드시 상대방의 의사를 억압할 정도의 것임을 요하지 않고 상대방의 의사에 반하는 유형력의 행사가 있는 이상 그 힘의 대소강약을 불문한다.

2) 피해자와 춤을 추면서 피해자의 유방을 만진 행위가 순간적인 행위에 불과하더라도 피해자의 의사에 반하여 행하여진 유형력의 행사에 해당하고 피해자의 성적 자유를 침해할 뿐만 아니라 일반인의 입장에서도 추행행위라고 평가될 수 있는 것으로서, 폭행행위 자체가 추행행위라고 인정되어 강제추행에 해당된다고 한 사례.

*평석. 강간죄와 달리 강제추행죄에 있어서 폭행 또는 협박의 정도는 반드시 상대방의 의사를 억압할 정도의 것임을 요하지 않고 상대방의 의사에 반하는 유형력의 행사가 있는 이상 그 힘의 대소강약을 불문한다.

▣쟁점 1. 강제추행죄에 있어 폭행 · 협박의 정도

■대법원 1994.8.23. 94도630

강제추행죄에 있어서의 폭행의 형태와 정도

「강제추행죄에 있어서 폭행 또는 협박을 한다 함은 먼저 상대방에 대하여 폭행 또는 협박을 가하여 그 항거를 곤란하게 한 뒤에 추행행위를 하는 경우만을 말하는 것이 아니고 폭행행위 자체가 추행행위라고 인정되는 경우도 포함되는 것이라 할 것이고, 이 경우에 있어서의 폭행은 반드시 상대방의 의사를 억압할 정도의 것임을 요하지 않고 다만 상대방의 의사에 반하는 유형력의 행사가 있는 이상 그 힘의 대소강약을 불문한다.」

*평석. 폭행 · 협박은 반드시 추행행위 이전에 있음을 요하지 아니한다. 추행과 동시에 행해지거나 폭행행위 자체가 추행행위라고 인정되는 경우도 포함한다.

●참조판례

대법원 1983.6.28. 83도399; 대법원 1992.2.28. 91도3182

【이 유】

상고이유를 본다.

「원심이 채택한 증거를 기록에 비추어 살펴보면, 피고인이 그 판시 일시에 피해자의 집 방안에서 갑자기 피해자의 상의를 걷어올려서 유방을 만지고, 하의를 끄집어 내리는 등 하여 강제추행하였다는 원심의 사실인정은 충분히 수긍이 가고, 거기에 소론과 같이 채증법칙을 어겨 적법한 증거없이 사실을 오인한 위법이 있다고 할 수 없다.」

2) 추행

■대법원 2002.4.26. 2001도2417

강제추행죄에 있어서 추행의 의미 및 판단 기준

「추행이라 함은 객관적으로 일반인에게 성적 수치심이나 혐오감을 일으키게 하고 선량한 성적 도덕관념에 반하는 행위로서 피해자의 성적 자유를 침해하는 것이라고 할 것인데, 이에 해당하는지 여부는 피해자의 의사, 성별, 연령, 행위자와 피해자의 이전부터의 관계, 그 행위에 이르게 된 경위, 구체적 행위태양, 주위의 객관적 상황과 그 시대의 성적 도덕관념 등을 종합적으로 고려하여 신중히 결정되어야 한다.」

*평석. 추행이라 함은 객관적으로 일반인에게 성적 수치심이나 혐오감을 일으키게 하고 선량한 성적 도덕관념에 반하는 행위로서 피해자의 성적 자유를 침해하는 일체의 행위를 말한다(객관설의 입장).

▣쟁점 1. 추행의 개념

■대법원 2010.2.25. 2009도13716

「피고인이 엘리베이터 안에서 피해자를 칼로 위협하는 등의 방법으로 꼼짝하지 못하도록 하여 자신의 실력적인 지배하에 둔 다음 자위행위 모습을 보여준 행위가 강제추행죄의 추행에 해당한다.」

Ⅲ. 준강간죄 · 준강제추행죄

제299조(준강간, 준강제추행) 사람의 심신상실 또는 항거불능의 상태를 이용하여 간음 또는 추행을 한 자는 전2조의 예에 의한다. 제300조(미수범) 전3조의 미수범은 처벌한다. 제306조(고소) 제297조 내지 제300조와 제302조 내지 제305조의 죄는 고소가 있어야 공소를 제기할 수 있다.

1. 의의, 성격

사람의 심신상실 또는 항거불능의 상태를 이용하여 간음 또는 추행함으로써 성립하는 범죄이다. 본죄가 자수범인가에 대해서는 견해의 다툼이 있다.

▣쟁점 1. 정신병자를 이용한 간접정범의 형식으로 준강간죄를 범할 수 있는가.

2. 객관적 구성요건

(1) 행위의 객체

심신상실 또는 항거불능의 상태에 있는 사람이다.

1) 심신상실

형법 제10조의 심신상실의 개념보다 광의의 개념이다.

■대법원 2000.1.14. 99도5187

준강간죄의 실행에 착수하였다고 한 사례

「피고인이 잠을 자고 있는 피해자의 옷을 벗긴 후 자신의 바지를 내린 상태에서 피해자의 음부 등을 만지고 자신의 성기를 피해자의 음부에 삽입하려고 하였으나 피해자가 몸을 뒤척이고 비트는 등 잠에서 깨어 거부하는 듯한 기색을 보이자 더 이상 간음행위에 나아가는 것을 포기한 경우, 준강간죄의 실행에 착수하였다.」

*평석. 잠을 자고 있는 사람은 준강간죄의 객체이다.

▣쟁점 1. 심신미약의 경우, 형법 제299조의 심신상실의 개념에 포함되어지는가.

2) 항거불능

■항거불능의 의미

대법원 2000.5.26. 98도3257

형법 제299조 소정의 '항거불능의 상태'의 의미

「형법 제299조에서의 항거불능의 상태라 함은 같은 법 제297조, 제298조와의 균형상 심신상실 이외의 원인 때문에 심리적 또는 물리적으로 반항이 절대적으로 불가능하거나 현저히 곤란한 경우를 의미한다.」

*평석. 항거불능의 상태라 함은 심신상실 이외의 원인 때문에 심리적 또는 물리적으로 반항이 절대적으로 불가능하거나 현저히 곤란한 경우를 의미한다.

■대법원 2007.7.27. 2005도2994

【판시사항】

1) 성폭력범죄의 처벌 및 피해자보호 등에 관한 법률 제8조에 정한 '신체장애 또는 정신상의 장애로 항거불능인 상태에 있음'의 의미 및 정신상의 장애가 주된 원인이 되어 항거불능인 상태에 있었는지 여부의 판단 기준

2) 피고인이 별다른 강제력을 행사하지 않고서 지적 능력이 4~8세에 불과한 정신지체 장애여성을 간음하였고 장애여성도 이에 대하여 별다른 저항행위를 하지 아니한 사안에서, 피해자가 정신장애를 주된 원인으로 항거불능상태에 있었음을 이용하여 간음행위를 한 것으로서 성폭력범죄의 처벌 및 피해자보호 등에 관한 법률 제8조의 '항거불능인 상태'에 해당한다고 본 사례

【판결요지】

1) 성폭력범죄의 처벌 및 피해자보호 등에 관한 법률 제8조는 "신체장애 또는 정신상의 장애로 항거불능인 상태에 있음을 이용하여 여자를 간음하거나 사람에 대하여 추행한 자는 형법 제297조(강간) 또는 제298조(강제추행)에 정한 형으로 처벌한다."라고 규정하고 있다. 이는 장애인의 성적 자기결정권을 보호법익으로 하는 것으로서, 원래 1994. 1. 5. 법률 제4702호로 제정될 당시에는 단순히 "신체장애로 항거불능인 상태에 있음을 이용하여…"라고 규정하고 있던 것을 1997. 8. 22. 법률 제5343호로 개정하여 위와 같이 규정하기에 이른 것인데, 위와 같은 법률 개정은 장애인복지법에 명시된 신체장애 내지 정신장애 등을 가진 장애인을 망라함으로써 장애인의 범위를 확대하는 데에 개정 취지가 있다. 이러한 점을 고려할 때, 위 규정의 "신체장애 또는 정신상의 장애로

항거불능인 상태에 있음"이라 함은, 신체장애 또는 정신상의 장애 그 자체로 항거불능의 상태에 있는 경우뿐 아니라 신체장애 또는 정신상의 장애가 주된 원인이 되어 심리적 또는 물리적으로 반항이 불가능하거나 현저히 곤란한 상태에 이른 경우를 포함하는 것으로 보아야 하고, 그 중 정신상의 장애가 주된 원인이 되어 항거불능인 상태에 있었는지 여부를 판단함에 있어서는 피해자의 정신상 장애의 정도뿐 아니라 피해자와 가해자의 신분을 비롯한 관계, 주변의 상황 내지 환경, 가해자의 행위 내용과 방법, 피해자의 인식과 반응의 내용 등을 종합적으로 검토해야 한다.

2) 피고인이 별다른 강제력을 행사하지 않고서 지적 능력이 4~8세에 불과한 정신지체 장애여성을 간음하였고 장애여성도 이에 대하여 별다른 저항행위를 하지 아니한 사안에서, 피해자가 정신장애를 주된 원인으로 항거불능상태에 있었음을 이용하여 간음행위를 한 것으로서 성폭력범죄의 처벌 및 피해자보호 등에 관한 법률 제8조의 '항거불능인 상태'에 해당한다.

*평석. 대법원이 항거불능인 상태에 해당한다고 판시한 사안으로 심신상실에 해당한다고도 할 수 있다.

◐참조조문

성폭력범죄의 처벌 및 피해자보호 등에 관한 법률 제8조

(2) 실행행위

사람의 심신상실 또는 항거불능의 상태를 이용하여 간음 또는 추행하는 것이다.

■대법원 2000.1.14. 99도5187

▣쟁점 1. 의사가 자신을 신뢰한 환자의 치료를 가장하여 간음 또는 추행한 경우의 죄책은.

Ⅳ. 강간등 상해 · 치상죄, 강간등 살인 · 치사죄

제301조(강간등 상해 · 치상) 제297조 내지 제300조의 죄를 범한 자가 사람을 상해하거나 상해에 이르게 한 때에는 무기 또는 5년 이상의 징역에 처한다. 제301조의2(강간등 살인 · 치사) 제297조 내지 제300조의 죄를 범한 자가 사람을 살해한 때에는 사형 또는 무기징역에 처한다. 사망에 이르게 한 때에는 무기 또는 10년 이상의 징역에 처한다.

1. 강간등 상해 · 치상죄

(1) 의의, 성격

강간 또는 강제추행을 하면서 사람을 상해하거나 상해에 이르게 함으로써 성립하는 범죄이다. 강간등상해죄는 강간죄 등과 상해죄의 결합범이며, 강간등 치상죄는 강간죄 등의 진정결과적 가중범이다. 비친고죄이다.

(2) 객관적 구성요건

1) 행위의 주체

■대법원 1988.11.8. 88도1628

강간미수와 강간치상죄

「강간이 미수에 그친 경우라도 그 수단이 된 폭행에 의하여 피해자가 상해를 입었으면 강간치상죄가 성립하는 것이며, 미수에 그친 것이 피고인이 자의로 실행에 착수한 행위를 중지한 경우이든 실행에 착수하여 행위를 종료하지 못한 경우이든 가리지 않는다.」

*평석. 본죄의 주체는 기수 · 미수범(제300조)을 불문한다.

2) 실행행위

강간 또는 강제추행을 하면서 사람을 상해하거나 상해에 이르게 하는 것이다.

(가) 상해

■대법원 2004.3.11. 2004도483

강간치상죄에 있어서의 상해의 의미

「강간치상죄에 있어서의 상해는 피해자의 신체의 건강상태가 불량하게 변경되고 생활기능에 장애가 초래되는 것을 말하는 것으로서, 피해자가 입은 상처가 극히 경미하여 굳이 치료할 필요가 없고 치료를 받지 않더라도 일상생활을 하는 데 아무런 지장이 없으며 시일이 경과함에 따라 자연적으로 치유될 수 있는 정도라면, 그로 인하여 피해자의 신체의 건강상태가 불량하게 변경되었다거나 생활기능에 장애가 초래된 것으로 보기 어려워 강간치상죄에 있어서의 상해에 해당한다고 할 수 없다.」

【이유】

상고이유를 본다.

「원심은, 이 사건 직후 촬영한 사진에 의하면 피해자의 다리에 푸르거나 붉은 약간의 멍이 든 상처가 나타난 사실을 인정하면서도, 그 판시와 같은 사정에 비추어 볼 때 피고인의 판시 강간행위 자체 내지 그 수반된 행위에서 위 상처가 생겼다고 인정하기 어렵고, 설사 위 상처가 피고인의 강간행위 자체 내지 그 수반된 행위로 인한 것이라고 하더라도, 그 상처가 허벅지 안쪽과 다리 부위에 멍이 들었다는 것뿐이어서 이러한 정도의 상처는 경미하여 따로 치료를 받지 않아도 자연적으로 치유될 수 있고, 일상생활을 하는 데 아무런 지장이 없는 경우에 해당하여 강간치상죄에 있어서의 상해에 해당하지 아니한다고 판단하였는바, 기록에 비추어 관계 증거들을 살펴보면, 원심의 위와 같은 사실인정과 판단은 모두 정당한 것으로 수긍되고, 거기에 채증법칙을 위배하여 사실을 잘못 인정하거나, 강간치상죄에 있어서의 상해에 관한 법리를 오해한 위법이 있다고 할 수 없다.」

*평석. 대법원은 강간치상죄에 있어서의 상해는 "피해자의 신체의 건강상태가 불량하게 변경되고 생활기능에 장애가 초래되는 것을 말하는 것으로서, 피해자가 입은 상처가 극히 경미하여 굳이 치료할 필요가 없고 치료를 받지 않더라도 일상생활을 하는 데 아무런 지장이 없으며 시일이 경과함에 따라 자연적으로 치유될 수 있는 정도"라면 여기서의 상해에 해당하지 않는다고 판시하고 있다.

▣쟁점 1. 강간등 상해·치상죄에 있어 상해의 정도

■대법원 2000.3.23. 99도3099

【판시사항】

1) 강제추행치상죄에 있어서의 상해의 의미

2) 부녀의 음모를 1회용 면도기로 일부 깎은 것이 강제추행치상죄에 있어서의 상해에 해당하는지 여부(소극)

【판결요지】

1) 강제추행치상죄에 있어서의 상해는 피해자의 신체의 건강상태가 불량하게 변경되고 생활기능에 장애가 초래되는 것을 말하는 것으로서, 신체의 외모에 변화가 생겼다고 하더라도 신체의 생리적 기능에 장애를 초래하지 아니하는 이상 상해에 해당한다고 할 수 없다.

2) 음모는 성적 성숙함을 나타내거나 치부를 가려주는 등의 시각적·감각적인 기능 이외에 특별한 생리적 기능이 없는 것이므로, 피해자의 음모의 모근 부분을 남기고 모

간 부분만을 일부 잘라냄으로써 음모의 전체적인 외관에 변형만이 생겼다면, 이로 인하여 피해자에게 수치심을 야기하기는 하겠지만, 병리적으로 보아 피해자의 신체의 건강상태가 불량하게 변경되거나 생활기능에 장애가 초래되었다고 할 수는 없을 것이므로, 그것이 폭행에 해당할 수 있음은 별론으로 하고 강제추행치상죄의 상해에 해당한다고 할 수는 없다.

*평석. 신체의 외관에 변화가 생겼다고 하더라도 신체의 생리적 기능에 장애를 초래하지 아니하는 이상 상해에 해당한다고 할 수 없다.

◐참조조문

형법 제298조, 제301조

●참조판례

대법원 1996.11.22. 96도1395; 대법원 1997.9.5. 97도1725; 대법원 2000.2.11. 99도4794

■대법원 1983.7.12. 83도1258

강간행위로 인한 0.1cm 정도의 회음부 찰과상과 강간치상죄의 성부

「피고인들이 피해자를 강간하여 피해자에게 요치 10일의 회음부찰과상을 입혔다면 상해의 정도가 0.1cm 정도의 찰과상에 불과하더라도 이것도 형법상 상해의 개념에 해당하므로 강간치상죄의 성립에 영향이 없다.」

*평석. 상해의 결과가 발생한 사안이다.

(나) 인과관계

■대법원 1995.5.12. 95도425

【판시사항】

1) 강간하려는 행위와 이를 피하려다 사상에 이르게 된 사실 사이에 상당인과관계를 인정할 수 있는지 여부

2) 피고인의 강간미수행위와 피해자의 추락사 사이에 상당인과관계가 있다고 보아 피고인을 강간치사죄로 처단한 사례

【판결요지】

1) 폭행이나 협박을 가하여 간음을 하려는 행위와 이에 극도의 흥분을 느끼고 공포심에 사로잡혀 이를 피하려다 사상에 이르게 된 사실과는 이른바 상당인과관계가 있어 강간치사상죄로 다스릴 수 있다.

2) 피고인이 자신이 경영하는 속셈학원의 강사로 피해자를 채용하고 학습교재를 설명하겠다는 구실로 유인하여 호텔 객실에 감금한 후 강간하려 하자, 피해자가 완강히 반항하던 중 피고인이 대실시간 연장을 위해 전화하는 사이에 객실 창문을 통해 탈출하려다가 지상에 추락하여 사망한 사안에서, 피고인의 강간미수행위와 피해자의 사망과의 사이에 상당인과관계가 있다.

*평석. 강간치사상죄에 있어 사상의 결과는 강간의 수단으로 사용한 폭행으로부터 발생한 경우뿐 아니라 간음행위 그 자체로부터 발생한 경우나 강간에 수반하는 행위에서 발생한 경우도 포함하는 것이다.

◐참조조문

형법 제15조 제2항, 제17조, 제301조

●참조판례

대법원 1968.5.21. 68도419; 대법원 1991.10.25. 91도2085

2. 강간등 살인 · 치사죄

■대법원 1982.11.23. 82도1446

강간행위와 그것이 원인이 된 피해자의 자살행위 간에 인과관계의 유무(소극)

「강간을 당한 피해자가 집에 돌아가 음독자살하기에 이르른 원인이 강간을 당함으로 인하여 생긴 수치심과 장래에 대한 절망감 등에 있었다 하더라도 그 자살행위가 바로 강간행위로 인하여 생긴 당연의 결과라고 볼 수는 없으므로 강간행위와 피해자의 자살행위 사이에 인과관계를 인정할 수는 없다.」

*평석. 강간행위와 그것이 원인이 된 피해자의 자살행위 간에 인과관계가 부정되어진다.

◐참조조문

형법 제301조

●참조판례

■대법원 1995.5.12. 95도425

V. 미성년자 · 심신미약자 간음 · 추행죄

제302조(미성년자등에 대한 간음) 미성년자 또는 심신미약자에 대하여 위계 또는 위력으로써 간음 또는 추행을 한 자는 5년 이하의 징역에 처한다. 제306조(고소) 제297조 내지 제300조와 제302조 내지 제305조의 죄는 고소가 있어야 공소를 제기할 수 있다.

1. 의의, 성격

미성년자 또는 심신미약자에 대하여 위계 또는 위력으로써 간음 또는 추행함으로써 성립하는 범죄이다. 친고죄이다.

2. 객관적 구성요건

(1) 행위의 객체

미성년자 또는 심신미약자이다.

▣쟁점 1. 미성년자 · 심신미약자 간음 · 추행죄에 있어 미성년자, 심신미약자의 개념

(2) 실행행위

위계 또는 위력으로써 간음 또는 추행을 하는 것이다.

1) 위계

■대법원 2002.7.12. 2002도2029

【판시사항】

1) 형법 제302조 소정의 위계에 의한 심신미약자간음죄에 있어서 '위계'의 의미

2) 피해자에게 남자를 소개시켜 준다고 거짓말을 하여 여관으로 유인하여 간음한 경우, 형법 제302조 소정의 위계에 해당하는지 여부(소극)

【판결요지】

1) 형법 제302조 소정의 위계에 의한 <u>심신미약자간음죄에 있어서 위계라 함은 행위</u>

자가 간음의 목적으로 상대방에게 오인, 착각, 부지를 일으키고는 상대방의 그러한 심적 상태를 이용하여 간음의 목적을 달성하는 것을 말하는 것이고, 여기에서 오인, 착각, 부지란 간음행위 자체에 대한 오인, 착각, 부지를 말하는 것이지, 간음행위와 불가분적 관련성이 인정되지 않는 다른 조건에 관한 오인, 착각, 부지를 가리키는 것은 아니다.

2) 피고인이 피해자를 여관으로 유인하기 위하여 남자를 소개시켜 주겠다고 거짓말을 하고 피해자가 이에 속아 여관으로 오게 되었고 거기에서 성관계를 하게 되었다 할지라도, 그녀가 여관으로 온 행위와 성교행위 사이에는 불가분의 관련성이 인정되지 아니하는 만큼 이로 인하여 피해자가 간음행위 자체에 대한 착오에 빠졌다거나 이를 알지 못하였다고 할 수는 없다 할 것이어서, 피고인의 위 행위는 형법 제302조 소정의 위계에 의한 심신미약자간음죄에 있어서 위계에 해당하지 아니한다.

*평석. 심신미약자간음죄에 있어서 위계라 함은 행위자가 간음의 목적으로 상대방에게 오인, 착각, 부지를 일으키고는 상대방의 그러한 심적 상태를 이용하여 간음의 목적을 달성하는 것을 말하며, 여기에서 오인, 착각, 부지란 간음행위 자체에 대한 오인, 착각, 부지를 말한다. 따라서 간음행위와 불가분적 관련성이 인정되지 않는 다른 조건에 관한 오인, 착각, 부지는 본죄의 위계에 해당하지 아니한다.

●참조판례

대법원 2001.12.24. 2001도5074

2) 위력

위력이란 사람의 의사를 제압할 수 있는 유형·무형의 힘을 말한다.

●참조판례

대법원 1969.12.23. 69도1973

Ⅵ. 업무상위력등에 의한 간음죄

제303조(업무상위력등에 의한 간음) ①업무, 고용 기타 관계로 인하여 자기의 보호 또는 감독을 받는 부녀에 대하여 위계 또는 위력으로써 간음한 자는 5년 이하의 징역 또는 1천500만원 이하의 벌금에 처한다.

②법률에 의하여 구금된 부녀를 감호하는 자가 그 부녀를 간음한 때에는 7년 이하의 징역에 처한다.

1. 피보호부녀간음죄

업무, 고용 기타 관계로 인하여 자기의 보호 또는 감독을 받는 부녀에 대하여 위계 또는 위력으로써 간음함으로써 성립하는 범죄이다. 진정신분범이며 친고죄이다.

■대법원 1976.2.10. 74도1519

【판시사항】

1) 형법 303조 1항 규정 중 기타 관계로 자기의 보호 또는 감독을 받는 부녀 중에는 사실상의 보호 또는 감독을 받는 상황에 있는 부녀도 포함되는지 여부

2) 남녀간의 정사를 내용으로 하는 강간 간통 강제추행 업무상 위력 등에 의한 간음 등의 범죄에 있어서의 채증방법

【판결요지】

1) 형법 303조 1항 규정중 기타 관계로 자기의 보호 또는 감독을 받는 부녀라 함은 사실상의 보호 또는 감독을 받는 상황에 있는 부녀인 경우도 이에 포함되는 것으로 보는 것이 우리의 일반사회통념이나 실정 그리고 동 법조를 신설하여 동 법조 규정상황하에 있는 부녀의 애정의 자유가 부당하게 침해되는 것을 보호하려는 법의 정신에 비추어 타당하다.

2) 남녀간의 정사를 내용으로 하는 강간 간통 강제추행 업무상 위력등에 의한 간음 등의 범죄에 있어서는 행위의 성질상 당사자간에서 극비리에 또는 외부에서 알기 어려운 상태하에서 감행되는 것이 보통이고 그 피해자 외에는 이에 대한 물적증거나 직접적 목격증인 등의 증언을 기대하기가 어려운 사정이 있는 것이라 할 것이니 이런 범죄는 피해자의 피해전말에 관한 증언을 토대로 하여 범행의 전후사정에 관한 제반증거를 종합하여 우리의 경험법칙에 비추어서 범행이 있었다고 인정될 수 있는 경우에는 이를 유죄로 인정할 수 있는 것이다.

*평석. 형법 303조 1항의 '기타 관계로 자기의 보호 또는 감독을 받는 부녀'라 함은 사실상의 보호 또는 감독을 받는 상황에 있는 부녀를 말한다.

【이 유】

「피고인은 동 미장원 여주인 공소외 1의 남편으로서 매일같이 동 미장원에 수시로 출입하고 있을 뿐 아니라 청소는 물론 동 미장원을 지켜주고 한편 손님이 오면 살림집

으로 연락을 해주는 등 그의 처를 도와 주고 있는 사실 및 피해자 공소외 2는 피고인은 "주인 아저씨" "주인남자"라고 부르면서 직접 간접의 지시에 따르고 있었다는 사정 등이 시인될 수 있다 할 것이니 비록 피고인이 직접 피해자 공소외 2를 동 미장원의 종업원으로 고용한 것은 아니라 하더라도 자기의 처가 경영하는 미장원에 매일같이 출입하면서 미장원 일을 돕고 있었다면 동 미장원 종업원인 공소외 2는 피고인을 주인으로 대접하고 또 그렇게 대접하는 것이 우리의 일반사회실정이라 할 것이고 또한 피고인도 따라서 동 미장원 종업원인 피해자 공소외 2에 대하여 남다른 정의로서 처우에 왔다고 보는 것이 또한 우리의 인지상정이라 할 수 있을 것이므로 이 사건에서 사정이 그와 같다면 피고인은 공소외 2에 대하여 사실상 자기의 보호 또는 감독을 받는 상황에 있는 부녀의 경우에 해당된다고 못볼 바 아님에도 불구하고 피고인은 피해자 공소외 2에 대해서 보호감독하는 지위에 있다고 보기 어렵다 하였음은 우리의 사회실정으로 보아서 채증법칙에 위배한 판단을 하였거나 아니면 형법 제303조 규정의 법리를 오해한 위법이 있다 할 것이다.」

2. 피구금부녀간음죄

법률에 의하여 구금된 부녀를 감호하는 자가 그 부녀를 간음함으로써 성립하는 범죄이다.

Ⅶ. 혼인빙자간음죄

제304조(혼인빙자등에 의한 간음) 혼인을 빙자하거나 기타 위계로써 음행의 상습없는 부녀를 기망하여 간음한 자는 2년 이하의 징역 또는 500만원 이하의 벌금에 처한다. [단순위헌, 2008헌바58, 2009헌바191(병합), 2009. 11. 26, 형법 제304조(1953. 9. 18. 법률 제293호로 제정되고, 1995. 12. 29. 법률 제5057호로 개정된 것) 중 '혼인을 빙자하여 음행의 상습없는 부녀를 기망하여 간음한 자' 부분은 헌법에 위반된다.]

1. 의의, 성격

혼인을 빙자하거나 기타 위계로써 음행의 상습없는 부녀를 기망하여 간음함으로써 성립하는 범죄이다. 친고죄이다.

2. 입법론

■헌법재판소 2009.11.26. 2008헌바58, 2009헌바191(병합) 【형법 제304조 위헌소원】

【판시사항】

형법 제304조 중 "혼인을 빙자하여 음행의 상습없는 부녀를 기망하여 간음한 자" 부분이 헌법 제37조 제2항의 과잉금지원칙을 위반하여 남성의 성적자기결정권 및 사생활의 비밀과 자유를 침해하는지 여부(적극)

【결정요지】

1) 이 사건 법률조항의 경우 입법목적에 정당성이 인정되지 않는다. 첫째, 남성이 위력이나 폭력 등 해악적 방법을 수반하지 않고서 여성을 애정행위의 상대방으로 선택하는 문제는 그 행위의 성질상 국가의 개입이 자제되어야 할 사적인 내밀한 영역인데다 또 그 속성상 과장이 수반되게 마련이어서 우리 형법이 혼전 성관계를 처벌대상으로 하지 않고 있으므로 혼전 성관계의 과정에서 이루어지는 통상적 유도행위 또한 처벌해야 할 이유가 없다. 다음 여성이 혼전 성관계를 요구하는 상대방 남자와 성관계를 가질 것인가의 여부를 스스로 결정한 후 자신의 결정이 착오에 의한 것이라고 주장하면서 상대방 남성의 처벌을 요구하는 것은 여성 스스로가 자신의 성적자기결정권을 부인하는 행위이다. 또한 혼인빙자간음죄가 다수의 남성과 성관계를 맺는 여성 일체를 '음행의 상습 있는 부녀'로 낙인찍어 보호의 대상에서 제외시키고 보호대상을 '음행의 상습 없는 부녀'로 한정함으로써 여성에 대한 남성우월적 정조관념에 기초한 가부장적·도덕주의적 성 이데올로기를 강요하는 셈이 된다. 결국 이 사건 법률조항은 남녀 평등의 사회를 지향하고 실현해야 할 국가의 헌법적 의무(헌법 제36조 제1항)에 반하는 것이자, 여성을 유아시(幼兒視)함으로써 여성을 보호한다는 미명 아래 사실상 국가 스스로가 여성의 성적자기결정권을 부인하는 것이 되므로, 이 사건 법률조항이 보호하고자 하는 여성의 성적자기결정권은 여성의 존엄과 가치에 역행하는 것이다.

2) 결혼과 성에 관한 국민의 법의식에 많은 변화가 생겨나 여성의 착오에 의한 혼전 성관계를 형사법률이 적극적으로 보호해야 할 필요성은 이미 미미해졌고, 성인이 어떤 종류의 성행위와 사랑을 하건, 그것은 원칙적으로 개인의 자유 영역에 속하고, 다만 그것이 외부에 표출되어 명백히 사회에 해악을 끼칠 때에만 법률이 이를 규제하면 충분하며, 사생활에 대한 비범죄화 경향이 현대 형법의 추세이고, 세계적으로도 혼인빙자간음죄를 폐지해 가는 추세이며 일본, 독일, 프랑스 등에도 혼인빙자간음죄에 대한 처벌규정이 없는 점, 기타 국가 형벌로서의 처단기능의 약화, 형사처벌로 인한 부작용 대두의 점 등을 고려하면, 그 목적을 달성하기 위하여 혼인빙자간음행위를 형사처벌하는 것은 수단의 적절성과 피해의 최소성을 갖추지 못하였다.

3) 이 사건 법률조항은 개인의 내밀한 성생활의 영역을 형사처벌의 대상으로 삼음으로써 남성의 성적자기결정권과 사생활의 비밀과 자유라는 기본권을 지나치게 제한하는 것인 반면, 이로 인하여 추구되는 공익은 오늘날 보호의 실효성이 현격히 저하된 음행의 상습없는 부녀들만의 '성행위 동기의 착오의 보호'로서 그것이 침해되는 기본권보다 중대하다고는 볼 수 없으므로, 법익의 균형성도 상실하였다.

결국 이 사건 법률조항은 목적의 정당성, 수단의 적절성 및 피해최소성을 갖추지 못하였고 법익의 균형성도 이루지 못하였으므로, 헌법 제37조 제2항의 과잉금지원칙을 위반하여 남성의 성적자기결정권 및 사생활의 비밀과 자유를 과잉제한하는 것으로 헌법에 위반된다.

_ 재판관 이강국, 재판관 조대현, 재판관 송두환의 합헌의견

1) 이 사건 법률조항이 부녀만 보호대상으로 규정한 이유는 여자가 남자에 대하여 혼인을 빙자하는 경우에는 남자의 성적자기결정권이 침해될 가능성이 적다고 보았기 때문인데, 남녀는 신체구조가 다르고 성관계에 대한 윤리적·정서적 인식에도 차이가 있는 점을 고려하면, 이러한 입법자의 판단이 남녀를 불합리하게 차별하는 것이라고 보기 어렵다. 또한 혼인빙자의 상대가 음행의 상습없는 부녀인 경우에는 음행의 상습 있는 부녀의 경우보다 혼인빙자로 인하여 기망에 빠져 정교에 응할 가능성이 크다고 본 것이므로, 음행의 상습 있는 부녀를 불합리하게 차별한다고 보기 어렵고, 가부장적 정조관념이나 부녀의 혼전 순결을 강요하는 것이라고 볼 수 없다.

2) 혼인을 빙자하여 부녀를 간음하는 행위는 자신만의 영역을 벗어나 다른 인격체의 법익을 침해하는 행위이기 때문에 자기결정권의 내재적 한계를 벗어나는 것이고, 따라서 이 사건 법률조항이 혼인을 빙자하여 음행의 상습없는 부녀를 간음한 남자의 성적

자기결정권을 침해한다고 볼 수는 없다. 또한 남성이 혼인할 의사가 없으면서 혼인하겠다고 속이는 행위까지 헌법 제17조에 의하여 보호되는 사생활에 속한다고 할 수는 없으므로, 남자가 혼인빙자행위라는 부정한 수단을 사용한 이상, 상대방 부녀가 거짓을 알아차리지 못한 과실이 있다고 하여 혼인빙자 간음행위의 가벌성을 부정할 수 없다.

3) 남자의 혼인빙자로 인하여 여자가 속아서 정교에 응하여 피해를 입었다고 고소하는 경우에는 사생활의 영역과 기본권의 내재적 한계를 벗어나 사회질서 침해의 문제로 표출된 것이므로, 이러한 단계에서는 사회질서 유지의 필요성이 당사자들의 사생활을 보호할 필요성보다 훨씬 크다. 또한 개인의 사생활이 타인의 법익을 침해할 경우에는 순전한 개인의 영역을 벗어나는 것이고 기본권의 내재적 한계를 벗어나는 것이기 때문에 그 한도에서 헌법 제17조의 보호범위를 벗어난다고 봄이 상당하므로, 남자가 혼인을 빙자하여 부녀를 간음한 행위를 처벌한다고 하여 법익균형이 잘못되었다고 볼 수 없다.

4) 혼인빙자행위와 정교 동의 및 정교 사이에 인과관계가 인정되어 가벌성이 뚜렷한 경우만 처벌하기 위한 것으로서 합리적인 이유가 있다고 할 것이므로, 평등의 원칙에 위반된다고도 보기 어렵다.

_ 재판관 송두환의 합헌의견에 대한 보충의견

1) 이 사건 법률조항이 남녀간의 은밀한 사통 행위 자체를 처벌하는 조항이라면 모르되, 피해 부녀가 상대방의 위계, 기망에 의한 피해를 입고 상대방에 대한 조사 및 처벌을 적극적으로 요청(이 사건 죄는 친고죄이다)하는 경우를 남녀간의 내밀한 사사(私事)에 불과하다고 하여 국가가 개입해서는 안되는 영역이라고 할 수 없다.

2) 우리 사회의 여성들 모두가 더 이상 헌법이나 법률의 보호와 배려를 필요로 하지 않게 되었다고는 볼 수 없고, 아직도 헌법이나 법률의 보호와 배려를 필요로 하는 소수의 여성들이 존재한다고 보는 이상, 이 사건 법률조항을 지금 시점에서 서둘러 폐기하여야 한다고 할 수는 없다.

3) 이 사건 법률조항은 오직 남성이 여성을 쾌락의 대상으로 여겨 혼인의사도 없이 혼인빙자의 위계로써 기망하여 성관계를 편취하는 반사회적인 행위를 제재하는 것일 뿐인바, 이러한 점들을 무시하고 이 사건 법률조항이 남성의 성적 자기결정권을 침해하는 것이라고 한다면 이는 결과적으로 성관계에 관하여 위계, 기망, 편취의 자유를 인정하는 셈이 될 것이며, 이것이 부당함은 명백하다.

◐심판대상조문

형법 제304조(1953. 9. 18. 법률 제293호로 제정되고, 1995. 12. 29. 법률 제5057호로

개정된 것)

◐참조조문

헌법 제10조, 제17조, 제36조 제2항, 제37조 제2항, 형법 제302조, 제305조

●참조판례

헌재 2002.10.31. 99헌바40등; 헌재 2008. 10. 30. 2007헌가17등

*평석. 혼인빙자간음죄는 성형법의 탈윤리화 경향, 보충성의 원칙, 헌법의 과잉금지원칙에 반하는 것으로 폐지함이 타당하다.

▣쟁점 1. 혼인빙자간음죄의 존폐여부

Ⅷ. 미성년자 의제강간 · 강제추행죄

> 第305조(미성년자에 대한 간음, 추행) 13세 미만의 부녀를 간음하거나 13세 미만의 사람에게 추행을 한 자는 제297조, 제298조, 제301조 또는 제301조의2의 예에 의한다.
> 第306조(고소) 제297조 내지 제300조와 제302조 내지 제305조의 죄는 고소가 있어야 공소를 제기할 수 있다.

1. 의의, 성격

13세 미만의 부녀를 간음하거나 13세 미만의 사람에게 추행함으로써 성립하는 범죄이다. 형법은 친고죄로 규정하고 있으나 성폭법은 비친고죄(제15조)로 규정하고 있다.

2. 실행행위

간음 또는 추행이다.

■대법원 1975.5.13. 75도855

형법 305조 소정의 미성년자에 대한 강간죄의 성립요건

「형법 305조 소정의 미성년자에 대한 강간죄는 13세미만의 부녀라는 사실을 알고 간음을 하면 성립되는 것이고 간음을 함에 있어서 피해자에게 폭행, 협박을 가하거나 피해자의 의사에 반하여야 하는 것은 아니다.」

*평석. 형법 305조의 미성년자에 대한 강간죄는 13세미만의 부녀라는 사실을 알고 간음하면 성립되며 간음을 함에 있어서 피해자에게 폭행, 협박을 가하거나 의사에 반함을 요하지 아니한다.

■대법원 1982.10.12. 82도2183

미성년자 의제강간·추행죄의 성립에 있어서 위계 또는 위력이나 폭행 또는 협박 등의 행사요부 및 피해자의 동의가 있으면 위 죄가 불성립하는지 여부

「형법 제305조에 규정된 13세미만 부녀에 대한 의제강간, 추행죄는 그 성립에 있어 위계 또는 위력이나 폭행 또는 협박의 방법에 의함을 요하지 아니하며 피해자의 동의가 있었다고 하여도 성립하는 것이다.」

*평석. 미성년자 의제강간·강제추행죄는 피해자의 의사에 반함을 요하지 아니한다. 즉, 동의가 있는 경우에도 성립한다.

3. 미수범

■대법원 2007.3.15. 2006도9453

미성년자 의제강간·강제추행죄를 규정한 형법 제305조에 의하여 미수범도 처벌할 수 있는지 여부(적극)

「미성년자 의제강간·강제추행죄를 규정한 형법 제305조가 "13세 미만의 부녀를 간음하거나 13세 미만의 사람에게 추행을 한 자는 제297조, 제298조, 제301조 또는 제301조의2의 예에 의한다"로 되어 있어 강간죄와 강제추행죄의 미수범의 처벌에 관한 형법 제300조를 명시적으로 인용하고 있지 아니하나, 형법 제305조의 입법 취지는 성적으로 미성숙한 13세 미만의 미성년자를 특별히 보호하기 위한 것으로 보이는바 이러한 입법 취지에 비추어 보면 동조에서 규정한 형법 제297조와 제298조의 '예에 의한다'는 의미는 미성년자의제강간·강제추행죄의 처벌에 있어 그 법정형뿐만 아니라 미수범에 관하여도 강간죄와 강제추행죄의 예에 따른다는 취지로 해석되고, 이러한 해석이 형벌법규의 명확성의 원칙에 반하는 것이거나 죄형법정주의에 의하여 금지되는 확장해석이나 유추해석에 해당하는 것으로 볼 수 없다.」

*평석. 형법 제305조가 "13세 미만의 부녀를 간음하거나 13세 미만의 사람에게 추행을 한 자는 제297조, 제298조의 예에 의한다"로 되어 있어 그 법정형뿐만 아니라 미수범에 관하여도 강간죄와 강제추행죄의 예에 따른다는 취지로 해석하는 것이 타당하다.

제11장 명예에 관한 죄

Ⅰ. 명예훼손죄

제307조(명예훼손) ①공연히 사실을 적시하여 사람의 명예를 훼손한 자는 2년 이하의 징역이나 금고 또는 500만원 이하의 벌금에 처한다. ②공연히 허위의 사실을 적시하여 사람의 명예를 훼손한 자는 5년 이하의 징역, 10년 이하의 자격정지 또는 1천만원 이하의 벌금에 처한다. 제310조(위법성의 조각) 제307조제1항의 행위가 진실한 사실로서 오로지 공공의 이익에 관한 때에는 처벌하지 아니한다. 제312조(고소와 피해자의 의사) ②제307조와 제309조의 죄는 피해자의 명시한 의사에 반하여 공소를 제기할 수 없다.

1. 의의, 보호법익

공연히 사실(혹은 허위의 사실)을 적시하여 사람의 명예를 훼손함으로써 성립하는 범죄이다. 보호법익은 사람의 외부적 명예이다. 보호의 정도는 추상적 위험범이다.

■대법원 1987.5.12. 87도739

【판시사항】

1) 명예훼손죄 및 모욕죄의 보호법익과 그 구별의 기준

2) 단순한 욕설이 명예훼손죄에 해당하는지 여부

【판결요지】

1) 명예훼손죄와 모욕죄의 보호법익은 다같이 사람의 가치에 대한 사회적 평가인 이

른바 외부적 명예인 점에서는 차이가 없으나 다만 명예훼손은 사람의 사회적 평가를 저하시킬 만한 구체적 사실의 적시를 하여 명예를 침해함을 요하는 것으로서 구체적 사실이 아닌 단순한 추상적 판단이나 경멸적 감정의 표현으로서 사회적 평가를 저하시키는 모욕죄와 다르다.

2) "늙은 화냥년의 간나, 너가 화냥질을 했잖아" 라고 한 피고인의 발언내용은 그 자체가 피해자의 사회적 평가를 저하시킬 만한 구체적 사실의 적시라기 보다는 피고인이 피해자의 도덕성에 관하여 경멸적인 감정표현을 과장되게 강조한 욕설에 불과한 것으로서 이를 막바로 명예훼손죄로 의률할 수는 없다

*평석. 명예훼손죄 및 모욕죄의 보호법익은 외부적 명예이며 양죄는 구체적 사실의 적시유무에 따라 구별되어진다.

◐참조조문

형법 제307조 제2항

▣쟁점 1. 명예훼손죄의 보호법익인 명예의 의의

2. 명예훼손죄와 모욕죄의 보호법익

2. 객관적 구성요건

(1) 주체

자연인인 사람이다. 단체의 명의를 사용하는 경우는 대표자가 처벌된다.

(2) 객체

1) 사람의 명예

사람의 명예이다. 명예는 보호법익인 동시에 행위의 객체이다. 명예란 사람의 인격적 가치에 대한 사회적 평가로서의 규범적인 외부적 명예이다. 인격적 가치은 반드시 윤리적임을 요하지 아니한다.

2) 본죄의 객체인 명예의 주체

(가) 자연인

자연인이 명예의 주체인 점에 있어서는 이론이 없다. 사자가 명예의 주체가 될 수 있는가에 대해서는 다툼이 있다.

■대법원 1983.10.25. 83도1520

"빚 때문에 도망다니며 죽은 척하는 나쁜 놈"이란 발언과 사자에 대한 명예훼손

「사자 명예훼손죄는 사자에 대한 사회적, 역사적 평가를 보호법익으로 하는 것이므로 그 구성요건으로서의 사실의 적시는 허위의 사실일 것을 요하는 바 피고인이 사망자의 사망사실을 알면서 위 망인은 사망한 것이 아니고 빚 때문에 도망다니며 죽은 척하는 나쁜 놈이라고 함은 공연히 허위의 사실을 적시한 행위로서 사자의 명예를 훼손하였다고 볼 것이다.」

*평석. 역사적 가치로서의 사자도 명예의 주체가 될 수 있다.

▣쟁점 1. 사자도 명예의 주체가 될 수 있는가.

(나) 법인

법인도 명예의 주체가 될 수 있다.

■대법원 2000.10.10. 99도5407

피해자를 집합적 명사로 표현한 경우, 명예훼손죄가 성립하는지 여부(한정 적극)

「명예훼손죄는 어떤 특정한 사람 또는 인격을 보유하는 단체에 대하여 그 명예를 훼손함으로써 성립하는 것이므로 그 피해자는 특정한 것임을 요하고, 다만 서울시민 또는 경기도민이라 함과 같은 막연한 표시에 의해서는 명예훼손죄를 구성하지 아니한다 할 것이지만, 집합적 명사를 쓴 경우에도 그것에 의하여 그 범위에 속하는 특정인을 가리키는 것이 명백하면, 이를 각자의 명예를 훼손하는 행위라고 볼 수 있다.」

*평석. 대법원은 인격을 보유하는 단체는 명예의 주체가 될 수 있다고 하고 있다. 이 경우 법인격없는 단체는 명예의 주체가 될 수 없다.

▣쟁점 1. 법인격없는 단체가 명예의 주체가 될 수 있는가.

(다) 집합명칭을 사용한 경우

명예훼손이 되기 위해서는 집단구성원이 일반인과 명백히 구별될 수 있을 정도로 집합명칭이 특정되어야 함은 물론 그것이 그 구성원 모두를 지칭하는 예외를 인정하는 평균판단이 아니어야 한다.

■대법원 2000.10.10. 99도5407

피해자를 집합적 명사로 표현한 경우, 명예훼손죄가 성립하는지 여부(한정 적극)

「명예훼손죄는 어떤 특정한 사람 또는 인격을 보유하는 단체에 대하여 그 명예를 훼손함으로써 성립하는 것이므로 그 피해자는 특정한 것임을 요하고, 다만 서울시민 또

는 경기도민이라 함과 같은 막연한 표시에 의해서는 명예훼손죄를 구성하지 아니한다 할 것이지만, 집합적 명사를 쓴 경우에도 그것에 의하여 그 범위에 속하는 특정인을 가리키는 것이 명백하면, 이를 각자의 명예를 훼손하는 행위라고 볼 수 있다.」

*평석. 집단명예훼손이 되기 위해서는 집단구성원이 일반인과 명백히 구별될 수 있을 정도로 집합명칭이 특정되어야 함은 물론 그것이 그 구성원 모두를 지칭하는 예외를 인정하는 평균판단이 아니어야 한다.

(3) 실행행위

공연히 사실(혹은 허위의 사실)을 적시하여 사람의 명예를 훼손하는 것이다.

1) 공연성

(가) '공연히'의 의미

'공연히'라 함은 불특정 또는 다수인이 인식할 수 있는 상태를 말한다.

■대법원 1985.11.26. 85도2037

피고인이 피해자에게 한 욕설을 피고인의 남편 외에 들은 사람이 없는 경우 공연성의 인정여부

「명예훼손죄에 있어서의 공연성이라 함은 불특정 또는 다수인이 인식할 수 있는 상태를 가리키는 것인바, 피고인이 자기 집에서 피해자와 서로 다투다가 피해자에게 한 욕설을 피고인의 남편외에 들은 사람이 없다고 한다면 그 욕설을 불특정 또는 다수인이 인식할 수 있는 상태였다고 할 수는 없으므로 공연성을 인정하기 어렵다.」

*평석. 공연성의 의미는 "불특정 또는 다수인이 인식할 수 있는 상태"를 말한다.

▣쟁점 1. 명예훼손죄에 있어서의 공연성

(나) 불특정 또는 다수인이 인식할 수 있는 상태(전파성이론)

■대법원 2006.9.22. 2006도4407

명예훼손죄에 있어서 공연성의 의미

「명예훼손죄에 있어서 공연성은 불특정 또는 다수인이 인식할 수 있는 상태를 의미하므로 비록 개별적으로 한 사람에 대하여 사실을 유포하더라도 이로부터 불특정 또는 다수인에게 전파될 가능성이 있다면 공연성의 요건을 충족한다 할 것이지만, 이와 달리 전파될 가능성이 없다면 특정한 한 사람에 대한 사실의 유포는 공연성을 결한다 할 것이다.」

*평석. '불특정 또는 다수인이 인식할 수 있는 상태'의 의미와 관련하여 대법원이 논거로 삼고 있는 전파성이론은 표현의 자유가 지나치게 제한됨은 물론 범죄성립여부가

상대방의 전파의사에 의해 좌우되어지는 모순이 있다. 또한 전파성이론은 공연성의 요건이 행위의 태양임을 간과한 해석으로 볼 수 있다.

▣쟁점 1. 명예훼손죄에 있어서의 '불특정 또는 다수인이 인식할 수 있는 상태'의 의미

■대법원 1983.10.11. 83도2222

2인 앞에서의 명예훼손과 공연성

「피고인이 공소외 (갑)의 집앞에서 공소외 (을) 및 피해자의 시어머니(병)이 있는 자리에서 피해자의 명예를 훼손하는 말을 한 사실이 인정된다면, 말의 전파가능성이 없어서 공연성이 결여되었다는 주장은 허용될 수 없다.」

*평석. 전파성이론에 의해 공연성을 인정한 판례사안이다.

◐참조조문

형법 제307조

【이 유】

피고인의 변호인의 상고이유를 판단한다.

「원심판결이 인용한 제 1 심판결이 들고 있는 증거들을 기록과 대조하여 살펴보면, 피고인이 1982.7.23.17:00경 제 1 심판결 판시 공소외 갑의 집앞에서 공소 외 을 및 피해자 의 시어머니 공소외 1이 있는 자리에서 동 피해자에 대하여 " 시커멓게 생긴 놈하고 매일같이 붙어 다닌다. 점방 마치면 여관에 가서 누워자고 아침에 들어온다" 고 말하여 위 피해자의 명예를 훼손한 범죄사실을 넉넉히 인정할 수 있으니 거기에 소론과 같이 " 시커멓게 생긴 놈하고 같이 붙어 다닌다" 고 말한 사실이 있을 뿐 " 점방 마치면 여관에 가서 누워자고 아침에 들어온다" 고 말한 사실은 없고, " 같이 붙어 다닌다" 라는 말의 뜻은 " 같이 다닌다" 라는 것 이외에 다른 뜻이 없다는 취지의 채증법칙 위배로 인한 사실오인의 위법이 있다 할 수 없으며, 말의 전파가능성이 없어 결국 명예훼손죄에 있어서의 공연성이 결여되었다는 주장도 독자적 견해에 따른 것으로서 채택될 수 없고, 거시 대법원 1978.4.25 선고 78도473 판결은 이 사건에 적절치 못함으로 논지는 모두 이유없다.」

■대법원 2000. 5. 16. 99도5622

【판시사항】

1) 명예훼손죄에 있어서 공연성의 의미

2) 기자를 통하여 사실을 적시함에 있어 기자가 취재를 한 상태에서 아직 기사화하여 보도하지 않은 경우, 공연성 여부(소극)

【판결요지】

1) 명예훼손죄의 구성요건인 공연성은 불특정 또는 다수인이 인식할 수 있는 상태를 의미하고, 비록 개별적으로 한사람에 대하여 사실을 유포하였다고 하더라도 그로부터 불특정 또는 다수인에게 전파될 가능성이 있다면 공연성의 요건을 충족하지만 이와 달리 전파될 가능성이 없다면 특정한 한 사람에 대한 사실의 유포는 공연성을 결한다.

2) 통상 기자가 아닌 보통 사람에게 사실을 적시할 경우에는 그 자체로서 적시된 사실이 외부에 공표되는 것이므로 그 때부터 곧 전파가능성을 따져 공연성 여부를 판단하여야 할 것이지만, 그와는 달리 <u>기자를 통해 사실을 적시하는 경우에는 기사화되어 보도되어야만 적시된 사실이 외부에 공표된다고 보아야 할 것이므로 기자가 취재를 한 상태에서 아직 기사화하여 보도하지 아니한 경우에는 전파가능성이 없다고 할 것이어서 공연성이 없다고 봄이 상당하다.</u>

*평석. 기자를 통하여 사실을 적시함에 있어 기자가 취재를 한 상태에서 아직 기사화하여 보도하지 않은 경우, 전파가능성이 없다고 하여 공연성을 부인한 사안이다.

2) 사실의 적시

사실의 적시란 사람의 인격적 가치에 대한 사회적 평가를 저하시킬 사실을 지적하는 것을 말한다.

(가) 사실

■대법원 2003.5.13. 2002도7420

【판시사항】

1) 과거 또는 현재의 사실을 기초로 하거나 이에 대한 주장을 포함하여 장래의 일을 적시하는 경우, 명예훼손죄의 성립 여부(적극) 및 그 판단 기준

2) 피고인이 경찰관을 상대로 진정한 사건이 혐의인정되지 않아 내사종결 처리되었음에도 불구하고 공연히 "사건을 조사한 경찰관이 내일부로 검찰청에서 구속영장이 떨어진다"고 말한 것은 현재의 사실을 기초로 하거나 이에 대한 주장을 포함하여 장래의 일을 적시한 것으로 볼 수 있어 명예훼손죄에 있어서의 사실의 적시에 해당한다고 한 사례

【판결요지】

1) 명예훼손죄가 성립하기 위하여는 사실의 적시가 있어야 하는데, 여기에서 적시의 대상이 되는 사실이란 현실적으로 발생하고 증명할 수 있는 과거 또는 현재의 사실을 말하며, 장래의 일을 적시하더라도 그것이 과거 또는 현재의 사실을 기초로 하거나 이에 대한 주장을 포함하는 경우에는 명예훼손죄가 성립한다고 할 것이고, 장래의 일을 적시하는 것이 과거 또는 현재의 사실을 기초로 하거나 이에 대한 주장을 포함하는지 여부는 그 적시된 표현 자체는 물론 전체적인 취지나 내용, 적시에 이르게 된 경위 및 전후 상황, 기타 제반 사정을 종합적으로 참작하여 판단하여야 한다.

2) 피고인이 경찰관을 상대로 진정한 사건이 혐의인정되지 않아 내사종결 처리되었음에도 불구하고 공연히 "사건을 조사한 경찰관이 내일부로 검찰청에서 구속영장이 떨어진다."고 말한 것은 현재의 사실을 기초로 하거나 이에 대한 주장을 포함하여 장래의 일을 적시한 것으로 볼 수 있어 명예훼손죄에 있어서의 사실의 적시에 해당한다.

*평석. 적시의 대상이 되는 '사실'이란 현실적으로 발생하고 증명할 수 있는 과거 또는 현재의 사실을 말하며, 장래의 일을 적시하더라도 그것이 과거 또는 현재의 사실을 기초로 하거나 이에 대한 주장을 포함하는 경우에는 명예훼손죄가 성립한다.

■대법원 1998.3.24. 97도2956

명예훼손죄에 있어서 '사실의 적시'의 의미

「명예훼손죄에 있어서의 '사실의 적시'란 가치판단이나 평가를 내용으로 하는 의견표현에 대치되는 개념으로서 시간과 공간적으로 구체적인 과거 또는 현재의 사실관계에 관한 보고 내지 진술을 의미하는 것이며, 그 표현내용이 증거에 의한 입증이 가능한 것을 말하고 판단할 진술이 사실인가 또는 의견인가를 구별함에 있어서는 언어의 통상적 의미와 용법, 입증가능성, 문제된 말이 사용된 문맥, 그 표현이 행하여진 사회적 상황 등 전체적 정황을 고려하여 판단하여야 한다.」

*평석. 명예훼손죄에 있어서의 '사실의 적시'는 가치판단과 구별된다.

●참조판례

대법원 2008.10.9. 2007도1220

■대법원 2007.10.25. 2007도5077

명예훼손죄 성립에 필요한 사실 적시의 정도와 명예훼손적 표현인지 여부의 판단 기준

「명예훼손죄가 성립하기 위하여는 특정인의 사회적 가치 내지 평가가 침해될 가능성

이 있는 구체적인 사실을 적시하여야 하는바, 어떤 표현이 명예훼손적인지 여부는 그 표현에 대한 사회 통념에 따른 객관적 평가에 의하여 판단하여야 한다. 따라서 가치중립적인 표현을 사용하였다 하더라도 사회 통념상 그로 인하여 특정인의 사회적 평가가 저하되었다고 판단된다면 명예훼손죄가 성립할 수 있다. (여기에서) 피해자가 동성애자라는 내용의 글을 인터넷사이트에 게시한 행위가 명예훼손에 해당한다.」

*평석. 사람의 인격적 가치에 대한 사회적 평가를 저하시킬 사실이며 그것이 가치중립적인 표현의 경우에도 사회 통념상 그로 인하여 특정인의 사회적 평가가 저하되었다고 판단된다면 명예훼손죄가 성립할 수 있다.

■대법원 1994.4.12. 93도3535

이미 사회의 일부에 잘 알려진 사실을 적시하여 사회적 평가를 저하시킬 행위를 한 때에도 명예훼손죄를 구성하는지 여부

「명예훼손죄가 성립하기 위하여는 반드시 숨겨진 사실을 적발하는 행위만에 한하지 아니하고 이미 사회의 일부에 잘 알려진 사실이라고 하더라도 이를 적시하여 사람의 사회적 평가를 저하시킬 만한 행위를 한 때에는 명예훼손죄를 구성한다.」

*평석. 이미 공지의 사실도 이것의 적시를 통해 사람의 사회적 평가를 저하시킬 만한 행위인 경우에는 명예훼손죄를 구성한다.

■대법원 1985.4.23. 85도431

전문한 사실의 적시도 명예훼손죄에 있어서의 사실의 적시에 해당하는지 여부(적극)

「명예훼손죄에 있어서의 사실의 적시는 그 사실의 적시자가 스스로 실험한 것으로 적시하던 타인으로부터 전문한 것으로 적시하던 불문한다.」

*평석. 전문한 사실의 적시도 명예훼손죄에 있어서의 사실의 적시에 해당한다.

(나) 사실의 '적시'

수단 방법에는 제한이 없다. 특정인의 명예를 훼손할 정도의 구체성을 요함은 물론이다.

■대법원 1991.5.14. 91도420

명예훼손죄의 사실의 적시와 간접적, 우회적 표현

「명예훼손죄에 있어서의 사실의 적시는 사실을 직접적으로 표현한 경우에 한정될 것은 아니고, 간접적이고 우회적인 표현에 의하더라도 그 표현의 전취지에 비추어 그와 같은 사실의 존재를 암시하고, 또 이로써 특정인의 사회적 가치 내지 평가가 침해될 가

능성이 있을 정도의 구체성이 있으면 족한 것이다. 교수가 학생들 앞에서 피해자의 이성관계를 암시하는 발언을 한 것에 대하여 명예훼손죄의 성립이 인정된다.」

*평석. 간접적이고 우회적인 표현도 사실의 적시에 해당할 수 있다.

■대법원 2008.10.9. 2007도1220

「목사가 예배중 특정인을 가리켜 "이단 중에 이단이다"라고 설교한 부분이 명예훼손죄에서 말하는 '사실의 적시'에 해당하지 않는다.」

*평석. 사실의 적시는 가치판단이나 평가를 내용으로 하는 의견표현과는 구별된다.

■대법원 2000.5.12. 99도5734

「직장의 전산망에 설치된 전자게시판에 타인의 명예를 훼손하는 내용의 글을 게시한 행위가 명예훼손죄를 구성한다.」

*평석. 사실의 '적시'에 있어 수단 방법에는 제한이 없다.

◐참조조문

형법 제307조 제1항(정보통신망이용촉진및정보보호등에관한법률 제61조)

3) 기수시기

명예가 현실로 침해됨을 요하지 아니하고, 단지 명예를 해할 우려있는 행위가 있음으로써 족하다(추상적 위험범).

3. 주관적 구성요건

■대법원 1985.5.28.85도588

목사가 진위확인을 위하여 교회집사들에게 전임목사의 불미스런 소문에 관하여 물은 경우 명예훼손죄의 성부

「명예훼손죄의 주관적 구성요건으로서의 범의는 행위자가 피해자의 명예가 훼손되는 결과를 발생케 하는 사실을 인식하므로 족하다 할 것이나 새로 목사로서 부임한 피고인이 전임목사에 관한 교회내의 불미스러운 소문의 진위를 확인하기 위하여 이를 교회집사들에게 물어보았다면 이는 경험칙상 충분히 있을 수 있는 일로서 명예훼손의 고의없는 단순한 확인에 지나지 아니하여 사실의 적시라고 할 수 없다 할 것이므로 이

점에서 피고인에게 명예훼손의 고의 또는 미필적 고의가 있을 수 없다고 할 수 밖에 없다.」

*평석. 명예훼손의 고의를 부정한 사안이다.

4. 위법성 조각(제310조)

언론의 자유보장(헌법 제21조 제1항)과 개인의 명예보호라는 양자의 법익을 조정하기 위한 규정이다.

(1) 적용요건

1) 적시된 사실의 진실성

적시되는 사실이 진실하여야 한다.

■대법원 2001.10.9. 2001도3594

【판시사항】

1) 형법 제310조에 의한 위법성조각의 요건인 '진실한 사실' 및 '공공의 이익'의 의미

2) 전국교직원노동조합 소속 교사가 작성·배포한 보도자료의 일부에 사실과 다른 기재가 있으나 전체적으로 그 기재 내용이 진실하고 공공의 이익을 위한 것이라고 보아 명예훼손죄의 위법성이 조각된다고 한 사례

【판결요지】

1) 공연히 사실을 적시하여 사람의 명예를 훼손하는 행위가 진실한 사실로서 오로지 공공의 이익에 관한 때에는 형법 제310조에 따라 처벌할 수 없는데, 여기에서 '진실한 사실'이란 그 내용 전체의 취지를 살펴볼 때 중요한 부분이 객관적 사실과 합치되는 사실이라는 의미로서 일부 자세한 부분이 진실과 약간 차이가 나거나 다소 과장된 표현이 있다고 하더라도 무방하고, '공공의 이익'이라 함은 널리 국가·사회 기타 일반 다수인의 이익에 관한 것뿐만 아니라 특정한 사회집단이나 그 구성원의 관심과 이익에 관한 것도 포함한다.

2) 전국교직원노동조합 소속 교사가 작성·배포한 보도자료의 일부에 사실과 다른 기재가 있으나 전체적으로 그 기재 내용이 진실하고 공공의 이익을 위한 것이라고 보아 명예훼손죄의 위법성이 조각된다고 한 사례.

*평석. 여기서 '진실한 사실'이란 그 내용 전체의 취지를 살펴볼 때 중요한 부분이 객관적 사실과 합치되는 사실이라는 의미로서 세부에 있어 진실과 약간 차이가 나거나 다소 과장된 표현이 있더라도 무방하다. 적시된 사실의 중요부분이 합치하면 요건을 충족하다.

2) 적시되는 사실의 공익성

오로지 공공의 이익에 관한 것임을 요한다.

■대법원 1993.6.22. 93도1035

명예훼손행위가 형법 제310조의 규정에 의해 위법성이 조각되기 위한 요건

「공연히 사실을 적시하여 사람의 명예를 훼손한 행위가 형법 제310조 규정에 따라서 위법성이 조각되어 처벌받지 않기 위하여는 적시된 사실이 객관적으로 볼 때 공공의 이익에 관한 것으로서 행위자도 공공의 이익을 위하여 그 사실을 적시한 것이어야 될 뿐만 아니라, 그 사실이 진실한 것이어야 되고, <u>"공공의 이익에 관한 것"이라 함은 국가·사회 기타 일반 다수인의 이익에 관한 것뿐만 아니라 특정한 사회집단이나 그 구성원 전체의 이익에 관한 것도 포함된다고 할 것인바</u>, 공공의 이익에 관한 것인지 여부는 적시된 사실 자체의 내용과 성질에 비추어 객관적으로 판단하여야 할 것이고, 사실을 적시한 행위자의 주요한 목적이 공공의 이익을 위한 것이라면 부수적으로 다른 목적이 있더라도 형법 제310조의 적용을 배제할 수 없다.

*평석. '공공의 이익에 관한 것'이라 함은 국가·사회 기타 일반 다수인의 이익에 관한 것뿐만 아니라 특정한 사회집단이나 그 구성원 전체의 이익에 관한 것도 여기에 해당한다.

■대법원 1998.10.9. 97도158

【판시사항】

1) 형법 제309조 제1항과 제310조와의 관계

2) 형법 제310조 소정의 '오로지 공공의 이익에 관한 때'의 의미 및 그 판단 기준

【판결요지】

1) 형법 제309조 제1항 소정의 '사람을 비방할 목적'이란 가해의 의사 내지 목적을 요하는 것으로서 공공의 이익을 위한 것과는 행위자의 주관적 의도의 방향에 있어 서로 상반되는 관계에 있다고 할 것이므로, <u>형법 제310조의 공공의 이익에 관한 때에는</u>

처벌하지 아니한다는 규정은 사람을 비방할 목적이 있어야 하는 형법 제309조 제1항 소정의 행위에 대하여는 적용되지 아니하고 그 목적을 필요로 하지 않는 형법 제307조 제1항의 행위에 한하여 적용되는 것이고, 반면에 적시한 사실이 공공의 이익에 관한 것인 경우에는 특별한 사정이 없는 한 비방 목적은 부인된다고 봄이 상당하므로 이와 같은 경우에는 형법 제307조 제1항 소정의 명예훼손죄의 성립 여부가 문제될 수 있고 이에 대하여는 다시 형법 제310조에 의한 위법성 조각 여부가 문제로 될 수 있다.

2) 형법 제310조에서 '오로지 공공의 이익에 관한 때'라 함은 적시된 사실이 객관적으로 볼 때 공공의 이익에 관한 것으로서 행위자도 주관적으로 공공의 이익을 위하여 그 사실을 적시한 것이어야 하는 것인데, 여기의 공공의 이익에 관한 것에는 널리 국가·사회 기타 일반 다수인의 이익에 관한 것뿐만 아니라 특정한 사회집단이나 그 구성원 전체의 관심과 이익에 관한 것도 포함하는 것이고, 적시된 사실이 공공의 이익에 관한 것인지 여부는 당해 적시 사실의 내용과 성질, 당해 사실의 공표가 이루어진 상대방의 범위, 그 표현의 방법 등 그 표현 자체에 관한 제반 사정을 감안함과 동시에 그 표현에 의하여 훼손되거나 훼손될 수 있는 명예의 침해 정도 등을 비교·고려하여 결정하여야 하며, 행위자의 주요한 동기 내지 목적이 공공의 이익을 위한 것이라면 부수적으로 다른 사익적 목적이나 동기가 내포되어 있더라도 형법 제310조의 적용을 배제할 수 없다.」

*평석. 형법 제310조는 제307조 제1항의 행위에 대해서만 적용되며 제309조 제1항의 행위에 대해서는 적용되지 아니한다. 적시된 사실이 공공의 이익에 관한 것인지 여부는 당해 적시 사실의 내용과 성질, 당해 사실의 공표가 이루어진 상대방의 범위, 그 표현의 방법 등 그 표현 자체에 관한 제반 사정을 감안하여 판단한다. 행위자의 주요한 동기 내지 목적이 공공의 이익을 위한 것이라면 부수적으로 다른 사익적 목적이나 동기가 내포되어 있더라도 형법 제310조의 요건을 충족한다.

(2) 효과

■대법원 1996.10.25. 95도1473

명예훼손죄의 위법성조각사유에 대한 거증책임 및 형사소송법 제310조의2의 적용 여부(소극)

「공연히 사실을 적시하여 사람의 명예를 훼손한 행위가 형법 제310조의 규정에 따라서 위법성이 조각되어 처벌대상이 되지 않기 위하여는 그것이 진실한 사실로서 오로지 공공의 이익에 관한 때에 해당된다는 점을 행위자가 증명하여야 하는 것이나, 그 증명은 유죄의 인정에 있어 요구되는 것과 같이 법관으로 하여금 의심할 여지가 없을 정도의 확신을 가지게 하는 증명력을 가진 엄격한 증거에 의하여야 하는 것은 아니므로, 이 때에는 전문증거에 대한 증거능력의 제한을 규정한 형사소송법 제310조의2는 적용될 여지가 없다.」

*평석. 대법원은 제310조의 적용요건의 거증책임이 피고인에게 전환되는 규정으로 해석하고 있다. 그러나 위 규정이 위법성조각의 요건만을 규정하고 있는 점에서 형사소송법 일반원칙에 의해 검사에게 있다는 설이 타당하다.

▣쟁점 1. 형법 제310조의 법적 성격.

II. 사자명예훼손죄

제308조(사자의 명예훼손) 공연히 허위의 사실을 적시하여 사자의 명예를 훼손한 자는 2년 이하의 징역이나 금고 또는 500만원 이하의 벌금에 처한다.
제312조(고소와 피해자의 의사) ①제308조와 제311조의 죄는 고소가 있어야 공소를 제기할 수 있다.

공연히 허위의 사실을 적시하여 사자의 명예를 훼손함으로써 성립하는 범죄이다. 보호법익은 사자의 명예이다.

■대법원 1983.10.25. 83도1520

"빚 때문에 도망다니며 죽은 척하는 나쁜 놈"이란 발언과 사자에 대한 명예훼손

「사자 명예훼손죄는 사자에 대한 사회적, 역사적 평가를 보호법익으로 하는 것이므로 그 구성요건으로서의 사실의 적시는 허위의 사실일 것을 요하는 바 피고인이 사망자의 사망사실을 알면서 위 망인은 사망한 것이 아니고 빚 때문에 도망다니며 죽은 척 하는 나쁜 놈이라고 함은 공연히 허위의 사실을 적시한 행위로서 사자의 명예를 훼손하였다고 볼 것이다.」

*평석. 사자 명예훼손죄는 사자에 대한 사회적, 역사적 평가를 보호법익으로 한다.

▣쟁점 1. 사자명예훼손죄의 보호법익

Ⅲ. 출판물등에 의한 명예훼손죄

제309조(출판물등에 의한 명예훼손) ①사람을 비방할 목적으로 신문, 잡지 또는 라디오 기타 출판물에 의하여 제307조제1항의 죄를 범한 자는 3년 이하의 징역이나 금고 또는 700만원 이하의 벌금에 처한다.
②제1항의 방법으로 제307조제2항의 죄를 범한 자는 7년 이하의 징역, 10년 이하의 자격정지 또는 1천500만원 이하의 벌금에 처한다.
제312조(고소와 피해자의 의사) ②제307조와 제309조의 죄는 피해자의 명시한 의사에 반하여 공소를 제기할 수 없다.

1. 의의, 성격

사람을 비방할 목적으로 신문, 잡지 또는 라디오 기타 출판물에 의하여 제307조제1항 또는 제2항의 죄를 범함으로써 성립하는 범죄이다. 주관적으로 비방의 목적이라는 초과 주관적 요소를 가진 목적범이다.

2. 객관적 구성요건

신문, 잡지, 라디오 기타 출판물에 의해 행해질 것을 요한다.

■대법원 2000.2.11. 99도3048

【판시사항】

1) 형법 제309조 제1항 소정의 '기타 출판물'에 해당하기 위한 요건

2) 컴퓨터 워드프로세서로 작성되어 프린트된 A4 용지 7쪽 분량의 인쇄물이 형법 제309조 제1항 소정의 '기타 출판물'에 해당하지 않는다고 본 사례

【판결요지】

1) 형법이 출판물 등에 의한 명예훼손죄를 일반 명예훼손죄보다 중벌하는 이유는 사실적시의 방법으로서의 출판물 등의 이용이 그 성질상 다수인이 견문할 수 있는 높은 전파성과 신뢰성 및 장기간의 보존가능성 등 피해자에 대한 법익침해의 정도가 더욱

크다는 데 있는 점에 비추어 보면, 형법 제309조 제1항 소정의 '기타 출판물'에 해당한다고 하기 위하여는 그것이 등록·출판된 제본인쇄물이나 제작물은 아니라고 할지라도 적어도 그와 같은 정도의 효용과 기능을 가지고 사실상 출판물로 유통·통용될 수 있는 외관을 가진 인쇄물로 볼 수 있어야 한다.

2) 컴퓨터 워드프로세서로 작성되어 프린트된 A4 용지 7쪽 분량의 인쇄물이 형법 제309조 제1항 소정의 '기타 출판물'에 해당하지 않는다.

*평석. 형법 제309조 제1항 소정의 '기타 출판물'에 해당한다고 하기 위하여는 그것이 등록·출판된 제본인쇄물이나 제작물은 아니라고 할지라도 적어도 그와 같은 정도의 효용과 기능을 가지고 사실상 출판물로 유통·통용될 수 있는 외관을 가진 인쇄물로 볼 수 있어야 한다.

▣쟁점 1. TV. 영화, 인터넷의 통신망에 의한 명예훼손이 본 죄에 해당하는가.

◐참조조문

정보통신망 이용촉진 및 정보보호 등에 관한 법률 제61조 제2항

3. 주관적 구성요건

■대법원 2002.6.28. 2000도3045

【판시사항】

1) 제보자가 기사의 취재·작성과 직접적인 연관이 없는 자에게 허위의 사실을 알렸으나 그 사실이 신문에 보도된 경우, 제보자에게 출판물에 의한 명예훼손죄의 책임을 물을 수 있는지 여부(한정 소극)

2) 의사가 의료기기 회사와의 분쟁을 정치적으로 해결하기 위하여 국회의원에게 허위의 사실을 제보하였을 뿐인데, 위 국회의원의 발표로 그 사실이 일간신문에 게재된 경우 출판물에 의한 명예훼손이 성립하지 아니한다고 한 사례

3) 형법 제309조 제1항, 제2항 소정의 '사람을 비방할 목적'의 의미 및 그 판단 방법

【판결요지】

1) 출판물에 의한 명예훼손죄는 간접정범에 의하여 범하여질 수도 있으므로 타인을 비방할 목적으로 허위의 기사 재료를 그 정을 모르는 기자에게 제공하여 신문 등에 보도되게 한 경우에도 성립할 수 있으나 제보자가 기사의 취재·작성과 직접적인 연관이

없는 자에게 허위의 사실을 알렸을 뿐인 경우에는, 제보자가 피제보자에게 그 알리는 사실이 기사화 되도록 특별히 부탁하였다거나 피제보자가 이를 기사화 할 것이 고도로 예상되는 등의 특별한 사정이 없는 한, 피제보자가 언론에 공개하거나 기자들에게 취재됨으로써 그 사실이 신문에 게재되어 일반 공중에게 배포되더라도 제보자에게 출판·배포된 기사에 관하여 출판물에 의한 명예훼손죄의 책임을 물을 수는 없다.

2) 의사가 의료기기 회사와의 분쟁을 정치적으로 해결하기 위하여 국회의원에게 허위의 사실을 제보하였을 뿐인데, 위 국회의원의 발표로 그 사실이 일간신문에 게재된 경우 출판물에 의한 명예훼손이 성립하지 아니한다.

3) 형법 제309조 제1항, 제2항 소정의 '사람을 비방할 목적'이란 가해의 의사 내지 목적을 요하는 것으로서 사람을 비방할 목적이 있는지 여부는 당해 적시 사실의 내용과 성질, 당해 사실의 공표가 이루어진 상대방의 범위, 그 표현의 방법 등 그 표현 자체에 관한 제반 사정을 감안함과 동시에 그 표현에 의하여 훼손되거나 훼손될 수 있는 명예의 침해 정도 등을 비교, 고려하여 결정하여야 한다.

*평석. 출판물에 의한 명예훼손죄는 신문, 잡지 또는 라디오 기타 출판물에 의하여 제307조제1항 또는 제2항의 죄를 범하겠다는 인식·인용이 있음을 요한다. 주관적으로 비방의 목적이라는 초과주관적 요소를 가짐을 요하며 사람을 비방할 목적이 있는지 여부는 제반사정을 고려하여 비교, 형량하여 판단한다.

■대법원 2000.2.25. 98도2188

적시된 사실이 공공의 이익에 관한 것인 경우, 형법 제309조 소정의 '사람을 비방할 목적'이 부인되는지 여부(적극)

「형법 제309조 소정의 '사람을 비방할 목적'이란 가해의 의사 내지 목적을 요하는 것으로서 공공의 이익을 위한 것과는 행위자의 주관적 의도의 방향에 있어 서로 상반되는 관계에 있다고 할 것이므로, 적시한 사실이 공공의 이익에 관한 것인 때에는 특별한 사정이 없는 한 비방의 목적은 부인된다.」

*평석. 대법원은 비방의 목적은 공공의 이익을 위한 것과는 서로 상반되는 관계에 있는 것으로 보고, 적시한 사실이 공공의 이익에 관한 것인 때에는 특별한 사정이 없는 한 비방의 목적은 부인된다고 한다.

◐참조조문

형법 제309조, 제310조

Ⅳ. 모욕죄

제311조(모욕) 공연히 사람을 모욕한 자는 1년 이하의 징역이나 금고 또는 200만원 이하의 벌금에 처한다.
제312조(고소와 피해자의 의사) ①제308조와 제311조의 죄는 고소가 있어야 공소를 제기할 수 있다.

1. 의의, 성격

공연히 사람을 모욕함으로써 성립하는 범죄이다. 보호법익은 사람의 외적 명예이며 사실의 적시여부에 의해 명예훼손죄와 구별된다. 친고죄이다.

■대법원 1987.5.12. 87도739

【판시사항】

1) 명예훼손죄 및 모욕죄의 보호법익과 그 구별의 기준

2) 단순한 욕설이 명예훼손죄에 해당하는지 여부

【판결요지】

1) 명예훼손죄와 모욕죄의 보호법익은 다같이 사람의 가치에 대한 사회적 평가인 이른바 외부적 명예인 점에서는 차이가 없으나 다만 명예훼손은 사람의 사회적 평가를 저하시킬 만한 구체적 사실의 적시를 하여 명예를 침해함을 요하는 것으로서 구체적 사실이 아닌 단순한 추상적 판단이나 경멸적 감정의 표현으로서 사회적 평가를 저하시키는 모욕죄와 다르다.

2) "늙은 화냥년의 간나, 너가 화냥질을 했잖아" 라고 한 피고인의 발언내용은 그 자체가 피해자의 사회적 평가를 저하시킬 만한 구체적 사실의 적시라기 보다는 피고인이 피해자의 도덕성에 관하여 경멸적인 감정표현을 과장되게 강조한 욕설에 불과한 것으로서 이를 막바로 명예훼손죄로 의률할 수는 없다

*평석. 명예훼손죄 및 모욕죄의 보호법익과 그 구별의 기준은 보호법익은 사람의 외적 명예인 점에서 동일하나 사실의 적시여부에 의해 명예훼손죄와 구별된다.

◐참조조문

형법 제307조 제2항

2. 객관적 구성요건

공연히 사람을 모욕하는 것이다. 모욕이란 구체적 사실을 적시하지 아니하고 사람의 사회적 평가를 저하시킬 만한 추상적 판단이나 경멸적 감정을 표현하는 것을 말한다.

■대법원 2008.7.10. 2008도1433

【판시사항】

1) 모욕죄에서 말하는 모욕의 의미 및 위법성조각사유

2) 골프클럽 경기보조원들의 구직편의를 위해 제작된 인터넷 사이트 내 회원 게시판에 특정 골프클럽의 운영상 불합리성을 비난하는 글을 게시하면서 위 클럽담당자에 대하여 한심하고 불쌍한 인간이라는 등 경멸적 표현을 한 사안에서, 모욕죄의 성립을 부정한 사례

【판결요지】

1) <u>모욕죄에서 말하는 모욕이란, 사실을 적시하지 아니하고 사람의 사회적 평가를 저하시킬 만한 추상적 판단이나 경멸적 감정을 표현하는 것으로</u>, 어떤 글이 특히 모욕적인 표현을 포함하는 판단 또는 의견의 표현을 담고 있는 경우에도 그 시대의 건전한 사회통념에 비추어 그 표현이 사회상규에 위배되지 않는 행위로 볼 수 있는 때에는 형법 제20조에 의하여 예외적으로 위법성이 조각된다.

2) 골프클럽 경기보조원들의 구직편의를 위해 제작된 인터넷 사이트 내 회원 게시판에 특정 골프클럽의 운영상 불합리성을 비난하는 글을 게시하면서 위 클럽담당자에 대하여 한심하고 불쌍한 인간이라는 등 경멸적 표현을 한 사안에서, 게시의 동기와 경위, 모욕적 표현의 정도와 비중 등에 비추어 사회상규에 위배되지 않는다고 보아 모욕죄의 성립을 부정한 사례.

*평석. 모욕죄에 있어 모욕이란 구체적 사실을 적시하지 아니하고 사람의 사회적 평가를 저하시킬 만한 추상적 판단이나 경멸적 감정을 표현하는 것을 말한다.

◐참조조문

형법 제20조, 제311조

●참조판례

대법원 1989.3.14. 88도1397; 대법원 2003.11.28. 2003도3972

■대법원 2007.2.22. 2006도8915

「"부모가 그런 식이니 자식도 그런 것이다"와 같은 표현으로 인하여 상대방의 기분이 다소 상할 수 있다고 하더라도 그 내용이 너무나 막연하여 그것만으로 곧 상대방의 명예감정을 해하여 형법상 모욕죄를 구성한다고 보기는 어렵다.」

*평석. 모욕죄에 있어 모욕이란 구체적 사실을 적시하지 아니하고 사람의 사회적 평가를 저하시킬 만한 추상적 판단이나 경멸적 감정을 표현하는 것을 말하나, 그 표현으로 인하여 상대방의 기분이 다소 상할 수 있다고 하더라도 내용이 너무나 막연한 경우에는 여기에 해당하지 아니한다.

▣쟁점 1. 모욕죄에 있어 제310조의 위법성조각규정이 적용가능한지의 여부

3. 위법성

●참조판례

대법원 2008.7.10. 2008도1433

제12장 신용·업무와 경매에 관한 죄

Ⅰ. 신용훼손죄

제313조(신용훼손) 허위의 사실을 유포하거나 기타 위계로써 사람의 신용을 훼손한 자는 5년 이하의 징역 또는 1천500만원 이하의 벌금에 처한다.

1. 의의, 보호법익 및 성격

허위의 사실을 유포하거나 기타 위계로써 사람의 신용을 훼손함으로써 성립하는 범죄이다. 보호법익은 사람의 신용이다. 신용이란 경제적 측면에서의 사람의 사회적 평가를 말한다. 보호의 정도는 추상적 위험범이다.

●참조판례

대법원 1969.1.21. 68도1660

2. 객관적 구성요건

허위의 사실을 유포하거나 기타 위계로써 사람의 신용을 훼손하는 것이다.

(1) 허위사실

■대법원 1983.2.8. 82도2486

단순한 의견이나 가치판단의 표시가 신용훼손죄 소정의 허위사실의 유포에 해당하는지 여부(소극)

「형법상 신용훼손죄는 허위사실의 유포 기타 위계로써 사람의 신용을 훼손할 것을 요하고, 여기서 허위사실의 유포라 함은 객관적으로 진실과 부합하지 않는 과거 또는 현재의 사실을 유포하는 것으로서 (미래의 사실도 증거에 의한 입증이 가능할 때에는 여기의 사실에 포함된다고 할 것이다.) 피고인의 단순한 의견이나 가치판단을 표시하는 것은 이에 해당하지 않는다고 할 것이므로, 공소외 (갑)은 8년전부터 남편없이 3자녀를 데리고 생계를 꾸려왔을 뿐 아니라 피고인에 대한 다액의 채무를 담보하기 위해 동녀의 아파트와 가재도구까지를 피고인에게 제공한 사실이 인정되니 위 공소외 (갑)이 집도 남편도 없는 과부라고 말한 것이 허위사실이 될 수 없고 또 공소외 (갑)이 계주로서 계불입금을 모아서 도망가더라도 책임지고 도와줄 사람이 없다는 취지의 피고인의 말은 피고인의 위 공소외 (갑)에 대한 개인적 의견이나 평가를 진술한 것에 불과하여 허위사실의 유포라고 볼 수 없다.

*평석. 허위사실이라 함은 객관적으로 진실과 부합하지 않는 과거 또는 현재의 사실을 말하며 단순한 의견이나 가치판단을 표시하는 것은 이에 해당하지 않는다.

◐참조조문

형법 제313조

(2) 허위사실의 '유포' '기타 위계'

■대법원 2006.12.7. 2006도3400

형법 제313조의 신용훼손죄에서 '허위사실의 유포' 및 '위계'의 의미와 그 범의

「형법 제313조의 신용훼손죄는 허위의 사실을 유포하거나 기타 위계로써 사람의 신용을 저하시킬 염려가 있는 상태를 발생시키는 경우에 성립하는 것으로서, 여기서 '허위사실의 유포'라 함은 객관적으로 보아 진실과 부합하지 않는 과거 또는 현재의 사실을 불특정 또는 다수인에게 전파시키는 것을 말하고, '위계'라 함은 행위자의 행위목적을 달성하기 위하여 상대방에게 오인·착각 또는 부지를 일으키게 하여 이를 이용하는 것을 말한다. 그리고 신용훼손죄에 있어서의 범의는 반드시 확정적인 고의를 요하는 것은 아니고, 허위사실을 유포하거나 기타 위계를 사용한다는 점과 그 결과 다른 사람의 신용을 저하시킬 염려가 있는 상태가 발생한다는 점에 대한 미필적 인식으로도 족하다 할 것이다.

*평석. 허위사실의 '유포'라 함은 불특정 또는 다수인에게 전파하는 것을 말하고, '위계'라 함은 상대방에게 오인·착각 또는 부지를 일으키게 하여 이를 이용하는 일체의 행위를 말한다.

■대법원 2006.5.25. 2004도1313

신용훼손죄에서 '신용', 그리고 '허위사실의 유포'의 의미 및 전파가능성을 이유로 허위사실의 유포를 인정하는 경우, 주관적 요소로서 고의의 내용과 고의 유무의 판단 방법

「형법 제313조에 정한 신용훼손죄에서의 '신용'은 경제적 신용, 즉 사람의 지불능력 또는 지불의사에 대한 사회적 신뢰를 말하는 것이다. 그리고 같은 조에 정한 '허위의 사실을 유포한다'고 함은 실제의 객관적인 사실과 다른 사실을 불특정 또는 다수인에게 전파시키는 것을 말하는데, 이러한 경우 그 행위자에게 행위 당시 자신이 유포한 사실이 허위라는 점을 적극적으로 인식하였을 것을 요한다고 할 것이며, 이와 같이 전파가능성을 이유로 허위사실의 유포를 인정하는 경우에는 적어도 범죄구성요건의 주관적 요소로서 미필적 고의가 필요하므로 전파가능성에 대한 인식이 있음은 물론 나아가 그 위험을 용인하는 내심의 의사가 있어야 하고, 그 행위자가 전파가능성을 용인하고 있었는지의 여부는 외부에 나타난 행위의 형태와 행위의 상황 등 구체적인 사정을 기초로 하여 일반인이라면 그 전파가능성을 어떻게 평가할 것인가를 고려하면서 행위자의 입장에서 그 심리상태를 추인하여야 할 것이다.」

(3) 신용의 훼손

사람의 지불능력 또는 지불의사에 대한 사회적 신뢰를 저하시킬 우려가 있는 위험상태를 야기하는 것을 말한다.

●참조판례

대법원 1969.1.21. 68도1660

Ⅱ. 업무방해죄

제314조(업무방해) ①제313조의 방법 또는 위력으로써 사람의 업무를 방해한 자는 5년 이하의 징역 또는 1천500만원 이하의 벌금에 처한다.

1. 의의, 보호법익

(1) 의의

업무방해죄는 허위사실을 유포하거나 위계 또는 위력으로써 사람의 업무를 방해함으

로써 성립하는 범죄이다. 보호법익은 사람의 업무이며 추상적 위험범이다.

(2) 업무방해죄의 보호대상이 되는 '업무'의 의미

1) 업무의 의의, 보호의 정도

■대법원 2008.3.14. 2007도11181

업무방해죄의 보호대상이 되는 '업무'의 의미

「업무방해죄에 있어서 그 보호대상이 되는 '업무'라 함은 직업 또는 계속적으로 종사하는 사무나 사업을 말하는 것으로서 타인의 위법한 행위에 의한 침해로부터 보호할 가치가 있는 것이면 되고, 그 업무의 기초가 된 계약 또는 행정행위 등이 반드시 적법하여야 하는 것은 아니다.」

*평석. 업무방해죄에 있어서 그 보호대상이 되는 '업무'라 함은 사회생활상의 지위에서 보호할 가치가 있는 것이면 족하며 그것이 반드시 적법하여야 하는 것은 아니다.

■대법원 2001.11.30. 2001도2015

【판시사항】

1) 업무방해죄의 보호대상이 되는 '업무'의 의미

2) 의료인이나 의료법인이 아닌 자가 의료기관을 개설하여 운영하는 경우, 그 의료기관운영업무가 업무방해죄의 보호대상이 되는 '업무'에 해당하는지 여부(소극)

【판결요지】

1) 형법상 업무방해죄의 보호대상이 되는 '업무'라고 함은 직업 또는 계속적으로 종사하는 사무나 사업으로서 타인의 위법한 침해로부터 형법상 보호할 가치가 있는 것이어야 하므로 어떤 사무나 활동 자체가 위법의 정도가 중하여 사회생활상 도저히 용인될 수 없는 정도로 반사회성을 띠는 경우에는 업무방해죄의 보호대상이 되는 '업무'에 해당한다고 볼 수 없다.

2) 의료인이나 의료법인이 아닌 자가 의료기관을 개설하여 운영하는 행위는 그 위법의 정도가 중하여 사회생활상 도저히 용인될 수 없는 정도로 반사회성을 띠고 있으므로 업무방해죄의 보호대상이 되는 '업무'에 해당하지 않는다.

*평석. 업무방해죄에 있어 업무란 보호법익으로서의 업무를 말하며 이는 '사람이 사회생활상의 지위에서 계속적으로 종사하는 사무'로서 적법하거나 유효함을 요하지 아니하나 적어도 보호할 가치가 있는 업무여야 한다.

■대법원 2004.10.28. 2004도1256

주주로서 주주총회에서 의결권 등을 행사하는 것이 형법상 업무방해죄의 보호대상이 되는 '업무'에 해당하는지 여부(소극)

「형법상 업무방해죄의 보호대상이 되는 '업무'라 함은 직업 기타 사회생활상의 지위에 기하여 계속적으로 종사하는 사무 또는 사업을 말하는 것인데, 주주로서 주주총회에서 의결권 등을 행사하는 것은 주식의 보유자로서 그 자격에서 권리를 행사하는 것에 불과할 뿐 그것이 '직업 기타 사회생활상의 지위에 기하여 계속적으로 종사하는 사무 또는 사업'에 해당한다고 할 수 없다.」

*평석. 주주로서 주주총회에서 의결권 등을 행사하는 것은 사회생활상의 지위에 기하여 계속적으로 종사하는 사무로 볼 수 없다는 판례사안이다.

■대법원 2005.4.15. 2002도3453

업무방해죄의 성립요건

「형법 제314조의 위계 또는 위력에 의한 업무방해죄가 성립하려면 업무방해의 결과가 실제로 발생할 것을 요하지 아니하지만 업무방해의 결과를 초래할 위험은 발생하여야 하고, 그 위험의 발생은 위계 또는 위력으로 인한 것이어야 한다.」

*평석. 추상적 위험범이다. 업무방해의 결과가 실제로 발생할 것을 요하지 아니한다.

■대법원 2008.1.17. 2006도1721

【판시사항】

1) 위계에 의한 업무방해죄의 성립요건

2) 한국자산관리공사가 공적자금을 회수하기 위하여 공적자금 투입업체의 출자전환 주식을 매각하기로 하고 그 매각업무의 주간사를 선정하는 과정에서, 1차 선정위원회의 구성원들이 특정 업체에 유리하게 평가표의 평가항목별 배점을 수정하여 그 업체를 1순위로 선정한 다음, 이러한 사실을 고지하지 않은 채 2차 선정위원회에 심사결과와 수정된 평가표를 제출한 것은 위계에 의한 업무방해죄를 구성한다고 한 사례

【판결요지】

1) 위계에 의한 업무방해죄에 있어서 위계란, 행위자의 행위목적을 달성하기 위하여 상대방에게 오인, 착각 또는 부지를 일으키게 하여 이를 이용하는 것을 말하고, 업무방해죄의 성립에는 업무방해의 결과가 실제로 발생함을 요하지 않고 업무방해의 결과를

초래할 위험이 발생하는 것이면 족하며, 업무수행 자체가 아니라 업무의 적정성 내지 공정성이 방해된 경우에도 업무방해죄가 성립한다.

2) 한국자산관리공사가 공적자금을 회수하기 위하여 공적자금 투입업체의 출자전환 주식을 매각하기로 하고 그 매각업무의 주간사를 선정하는 과정에서 우선 공사 내부구성원들이 1차 선정위원회를 구성하여 후보기관을 심사·선정하면서, 위 선정위원회가 준수해야 하는 매각심사소위원회의 평가표에 따를 경우 갑 업체의 제안서 심사결과가 경쟁상대인 을 업체보다 불리하다고 판단되자, 위 평가표의 평가항목별 배점을 갑업체에 유리하게 수정하여 갑 업체를 1순위로, 을 업체를 2순위로 선정한 다음, 이러한 사실을 고지하지 않은 채 별도의 민간전문가가 참여한 2차 선정위원회에 위 심사결과와 수정된 평가표를 제출하여 평가절차를 진행하게 한 경우, 위 평가표의 임의 수정 및 제출행위는 위계에 해당하고 이로 인하여 위 2차 선정위원회의 민간전문가가 매각 주간사를 선정하는 업무의 적정성 내지 공정성을 해할 위험이 발생하였으므로 위계에 의한 업무방해죄가 성립한다

*평석. 업무방해죄는 추상적 위험범으로 업무의 적정성 내지 공정성이 방해된 경우에도 업무방해죄가 성립한다.

▣쟁점 1. 업무방해죄에 있어 보호법익으로서의 업무의 개념

2) 공무의 포함여부

공무도 업무방해죄의 업무에 포함되는지의 여부

■대법원 2009.11.19. 2009도4166 -

공무원이 직무상 수행하는 공무를 방해하는 행위를 업무방해죄로 의율할 수 있는지 여부(소극)

「[다수의견] 형법상 업무방해죄의 보호법익은 업무를 통한 사람의 사회적·경제적 활동을 보호하려는 데 있으므로, 그 보호대상이 되는 '업무'란 직업 또는 계속적으로 종사하는 사무나 사업을 말하고, 여기서 '사무' 또는 '사업'은 단순히 경제적 활동만을 의미하는 것이 아니라 널리 사람이 그 사회생활상의 지위에서 계속적으로 행하는 일체의 사회적 활동을 의미한다. 한편, 형법상 업무방해죄와 별도로 규정한 공무집행방해죄에서 '직무의 집행'이란 널리 공무원이 직무상 취급할 수 있는 사무를 행하는 것을 의미하는데, 이 죄의 보호법익이 공무원에 의하여 구체적으로 행하여지는 국가 또는 공공기관의 기능을 보호하고자 하는 데 있는 점을 감안할 때, 공무원의 직무집행이 적법한 경우에 한하여 공무집행방해죄가 성립하고, 여기에서 적법한 공무집행이란 그 행위가 공

무원의 추상적 권한에 속할 뿐 아니라 구체적 직무집행에 관한 법률상 요건과 방식을 갖춘 경우를 가리키는 것으로 보아야 한다. 이와 같이 업무방해죄와 공무집행방해죄는 그 보호법익과 보호대상이 상이할 뿐만 아니라 업무방해죄의 행위유형에 비하여 공무집행방해죄의 행위유형은 보다 제한되어 있다. 즉 공무집행방해죄는 폭행, 협박에 이른 경우를 구성요건으로 삼고 있을 뿐 이에 이르지 아니하는 위력 등에 의한 경우는 그 구성요건의 대상으로 삼고 있지 않다. 또한, 형법은 공무집행방해죄 외에도 여러 가지 유형의 공무방해행위를 처벌하는 규정을 개별적·구체적으로 마련하여 두고 있으므로, 이러한 처벌조항 이외에 공무의 집행을 업무방해죄에 의하여 보호받도록 하여야 할 현실적 필요가 적다는 측면도 있다. 그러므로 형법이 업무방해죄와는 별도로 공무집행방해죄를 규정하고 있는 것은 사적 업무와 공무를 구별하여 공무에 관해서는 공무원에 대한 폭행, 협박 또는 위계의 방법으로 그 집행을 방해하는 경우에 한하여 처벌하겠다는 취지라고 보아야 한다. 따라서 공무원이 직무상 수행하는 공무를 방해하는 행위에 대해서는 업무방해죄로 의율할 수는 없다고 해석함이 상당하다.

_ [대법관 양승태, 대법관 안대희, 대법관 차한성 반대의견] 공무원이 직무상 수행하는 공무 역시 공무원이라는 사회생활상의 지위에서 계속적으로 종사하는 사무이므로 업무방해죄의 '업무'의 개념에 당연히 포섭되고, 업무방해죄의 업무에 공무를 제외한다는 명문의 규정이 없는 이상 공무도 업무방해죄의 업무에 포함된다. 뿐만 아니라 업무방해죄는 일반적으로 사람의 사회적·경제적 활동의 자유를 보호법익으로 하는 것인데, 공무원 개인에 대하여도 자신의 업무인 공무수행을 통한 인격발현 및 활동의 자유는 보호되어야 하므로 단순히 공무원이 영위하는 사무가 공무라는 이유만으로 업무방해죄의 업무에서 배제되어서는 아니 된다. 따라서 공무의 성질상 그 집행을 방해하는 자를 배제할 수 있는 강제력을 가지지 않은 공무원에 대하여 폭행, 협박에 이르지 않는 위력 등에 의한 저항 행위가 있는 경우에는 일반 개인에 대한 업무방해행위와 아무런 차이가 없으므로 업무방해죄로 처벌되어야 한다. 그리고 형법이 컴퓨터 등 정보처리장치에 대한 손괴나 데이터의 부정조작의 방법에 의한 업무방해죄의 규정을 신설하면서 같은 내용의 공무집행방해죄를 따로 규정하지 않은 것은 컴퓨터 등 정보처리장치에 대한 손괴나 데이터의 부정조작의 방법에 의한 업무방해죄의 규정에 의하여 이러한 방법에 의한 공무방해행위를 처벌할 수 있기 때문이라고 보아야 한다. 한편, 다수의견처럼 공무에 대하여는 업무방해죄가 성립하지 아니한다고 보게 되면 입법자가 예상하지 아니한 형벌의 불균형을 초래하고 현실적으로 공공기관에서 많은 민원인들의 감정적인 소란행위를 조장하는 결과를 초래하게 될 위험이 있다. 따라서 업무방해죄에 있어 '업무'에는

공무원이 직무상 수행하는 공무도 당연히 포함되는 것으로서 직무를 집행하는 공무원에게 폭행 또는 협박의 정도에 이르지 않는 위력을 가하여 그의 공무 수행을 방해한 경우에는 업무방해죄가 성립한다고 보아야 한다.」

*평석. 형법이 공무집행방해죄를 별도의 범죄로 규정한 점, 업무방해죄와 공무집행방해죄는 그 보호법익과 보호대상이 상이할 뿐만 아니라 업무방해죄의 행위유형에 비하여 공무집행방해죄의 행위유형은 보다 제한되어 있는 점에서 공무불포함설이 타당하다.

▣쟁점 1. 업무방해죄의 업무에 공무도 포함되어지는지의 여부

2. 객관적 구성요건

(1) 행위

허위사실을 유포하거나 위계 또는 위력으로써 사람의 업무를 방해함으로써 성립하는 범죄이다.

1) 허위사실의 유포, 위계

허위사실의 유포는 위계의 예시에 불과하다.

■대법원 1991.8.27. 91도1344

피고인이 변호사사무실 앞에서 등에 붉은색 페인트로 "무죄라고 약속하고 이백만원에 선임했다."라는 등 허위의 사실을 기재한 흰 까운을 입고 주변을 배회하는 등 하였다면 업무방해죄를 구성한다고 한 사례

「피고인의 구속 형사사건의 변호인으로 선임된 변호사가 피고인에게 무죄판결을 받아주겠다고 약속한 일이 없고 피고인이 범죄사실을 자백하여 유죄의 선고를 받고 확정되었는데도, 피고인이 사람의 통행이 빈번한 변호사 사무실 앞에서 등에 붉은색 페인트로 "무죄라고 약속하고 이백만원에 선임했다. 사건담당변호사"라는 등을 기재한 흰까운을 입고 주변을 배회하는 등 하였다면 이는 공연히 허위의 사실을 적시하여 유포함으로써 변호사로서의 업무의 경영을 저해하는 경우에 해당하므로 업무방해죄를 구성한다.」

*평석. 허위사실의 유포에 의한 업무방해죄에 해당하는 판례사안이다.

■대법원 1993.4.13. 92도3035

한국소비자보호원의 발표 내용을 과장, 왜곡하고 발표에 들어 있지 아니한 내용을 삽입하는 등의 광고를 한 것이 출판물에 의한 명예훼손죄 및 업무방해죄에 해당한다고

한 사례

「소비자보호원의 발표내용을 임의로 과장·왜곡하고 발표에 들어 있지 아니한 내용을 삽입하는 등의 방법으로 그 광고를 보는 불특정다수인에게 소비자보호원의 발표내용을 본래의 의미나 내용과 전혀 다른 의미나 내용으로 이해되도록 한 것으로서, 피고인이 한국소비자보호원을 비방할 목적으로 출판물에 의하여 공연히 허위의 사실을 적시·유포하여 한국소비자보호원의 명예를 훼손하고 업무를 방해한 것으로, 피고인이 한국소비자보호원을 비방할 목적으로 18회에 걸쳐서 출판물에 의하여 공연히 허위의 사실을 적시·유포함으로써 한국소비자보호원의 명예를 훼손하고 업무를 방해하였다는 것으로서, 위 각 죄는 1개의 행위가 2개의 죄에 해당하는 형법 제40조 소정의 상상적경합의 관계에 있다 고 봄이 상당하다.」

*평석. 대법원이 허위의 사실을 적시·유포하여 한국소비자보호원의 명예를 훼손하고 업무를 방해한 것으로 판시한 사안이다.

■대법원 1992.6.9. 91도2221

【판시사항】

1) 위계에 의한 업무방해죄에 있어서 위계의 의미

2) 노동운동을 할 목적으로 자신의 신분을 숨긴 채 타인 명의로 허위의 학력, 경력을 기재한 이력서와 생활기록부 등을 제출하여 채용시험에 합격한 경우 위 '1'죄가 성립한다고 본 사례

【판결요지】

1) 위계에 의한 업무방해죄에 있어서 위계라 함은 행위자의 행위목적을 달성하기 위하여 상대방에게 오인, 착각 또는 부지를 일으키게 하여 이를 이용하는 것을 말하며, 상대방이 이에 따라 그릇된 행위나 처분을 하였다면 위계에 의한 업무방해죄가 성립된다.

2) 회사가 공원모집을 함에 있어 학력, 경력을 기재한 이력서와 주민등록등본, 생활기록부및각서 등 서류를 교부받고, 응모자를 상대로 문제를 출제하여 시험을 보게 한 것은 단순히 응모자의 노동력을 평가하기 위한 것만이 아니라 노사간의 신뢰 형성 및 기업질서 유지를 위한 응모자의 지능과 경험, 교육 정도, 정직성 및 직장에 대한 적응도 등을 감안하여 위 회사의 근로자로서 고용할 만한 적격자인지 여부를 결정하기 위한 자료를 얻기 위함인 것으로 인정되는데 피고인이 노동운동을 하기 위하여 노동현장에 취업하고자 하나, 자신이 대학교에 입학한 학력과 국가보안법위반죄의 처벌 전력 때

문에 쉽사리 입사할 수 없음을 알고, 타인 명의로 허위의 학력과 경력을 기재한 이력서를 작성하고, 동인의 고등학교 생활기록부 등 서류를 작성 제출하여 시험에 합격하였다면, 피고인은 위계에 의하여 위 회사의 근로자로서의 적격자를 채용하는 업무를 방해하였다고 본 사례.

*평석. 위계란 상대방에게 오인, 착각 또는 부지를 일으키게 하여 이를 이용하는 행위를 말한다. 타인 명의로 허위의 학력, 경력을 기재한 이력서와 생활기록부 등을 제출하여 채용시험에 합격한 경우에 위계에 의한 업무방해죄에 해당한다.

◐참조조문

형법 제314조

■대법원 1996.7.30. 94도2708

타인에 의하여 대작된 논문을 제출한 경우

「단순히 통계처리와 분석, 또는 외국자료의 번역과 타자만을 타인에게 의뢰한 것이 아니라 전체 논문의 초안작성을 의뢰하고, 그에 따라 작성된 논문의 내용에 약간의 수정만을 가하여 제출하였음이 인정된다는 이유로 업무방해죄에 대하여 무죄를 선고한 원심판결을 파기한 사례.」

*평석. 타인에 의하여 대작된 논문을 제출한 경우에는 위계에 의한 업무방해죄에 해당한다.

2) 위력

■대법원 2005.5.27. 2004도8447

【판시사항】

1) 업무방해죄에 있어서 '위력'의 의미

2) 대부업체 직원이 대출금을 회수하기 위하여 채무자의 휴대전화로 수백 회에 이르는 전화공세를 한 것이 업무방해죄를 구성한다고 한 사례

【판결요지】

1) <u>업무방해죄에 있어서의 '위력'이란 사람의 자유의사를 제압·혼란케 할 만한 일체의 세력을 말하고</u>, 유형적이든 무형적이든 묻지 아니하며, 폭행·협박은 물론 사회적, 경제적, 정치적 지위와 권세에 의한 압박 등을 포함한다고 할 것이고, 위력에 의해 현실적으로 피해자의 자유의사가 제압되는 것을 요하는 것은 아니다.

2) 대부업체 직원이 대출금을 회수하기 위하여 소액의 지연이자를 문제삼아 법적 조치를 거론하면서 소규모 간판업자인 채무자의 휴대전화로 수백 회에 이르는 전화공세를 한 것이 사회통념상 허용한도를 벗어난 채권추심행위로서 채무자의 간판업 업무가 방해되는 결과를 초래할 위험이 있었다고 보아 업무방해죄를 구성한다.

*평석. 업무방해죄에 있어서의 '위력'이란 사람의 의사를 제압·혼란케 할 만한 일체의 유형적·무형적 세력을 말한다.

3) 업무의 방해

■대법원 1999.5.14. 98도3767

【판시사항】

업무방해죄에 있어 업무를 '방해한다'는 의미

「업무방해죄에 있어 업무를 '방해한다'함은 업무의 집행 자체를 방해하는 것은 물론이고 널리 업무의 경영을 저해하는 것도 포함한다. 피고인이 서류배달업 회사가 고객으로부터 배달을 의뢰받은 서류의 포장 안에 특정종교를 비방하는 내용의 전단을 집어넣어 함께 배달되게 한 경우, 위 회사의 서류배달업무를 방해한 것으로 업무방해죄가 성립한다.」

*평석. 업무방해죄에 있어 업무를 '방해한다'함은 업무의 집행 자체를 방해하는 것은 물론이고 널리 업무의 경영을 저해하는 경우도 포함한다.

■대법원 2005.4.15. 2002도3453

업무방해죄의 성립요건

「형법 제314조의 위계 또는 위력에 의한 업무방해죄가 성립하려면 업무방해의 결과가 실제로 발생할 것을 요하지 아니하지만 업무방해의 결과를 초래할 위험은 발생하여야 하고, 그 위험의 발생은 위계 또는 위력으로 인한 것이어야 한다.」

*평석. 업무방해죄는 추상적 위험범이다.

3. 위법성

■대법원 2001.10.25. 99도4837

노동조합원의 찬·반투표 절차를 거치지 아니한 쟁의행위의 정당성 유무(소극)

【판결요지】

[다수의견] 근로자의 쟁의행위가 형법상 정당행위가 되기 위하여는 첫째 그 주체가 단체교섭의 주체로 될 수 있는 자이어야 하고, 둘째 그 목적이 근로조건의 향상을 위한 노사간의 자치적 교섭을 조성하는 데에 있어야 하며, 셋째 사용자가 근로자의 근로조건 개선에 관한 구체적인 요구에 대하여 단체교섭을 거부하였을 때 개시하되 특별한 사정이 없는 한 조합원의 찬성결정 등 법령이 규정한 절차를 거쳐야 하고, 넷째 그 수단과 방법이 사용자의 재산권과 조화를 이루어야 함은 물론 폭력의 행사에 해당되지 아니하여야 한다는 여러 조건을 모두 구비하여야 하는바, 특히 그 절차에 관하여 쟁의행위를 함에 있어 조합원의 직접·비밀·무기명투표에 의한 찬성결정이라는 절차를 거쳐야 한다는 노동조합및노동관계조정법 제41조 제1항의 규정은 노동조합의 자주적이고 민주적인 운영을 도모함과 아울러 쟁의행위에 참가한 근로자들이 사후에 그 쟁의행위의 정당성 유무와 관련하여 어떠한 불이익을 당하지 않도록 그 개시에 관한 조합의사의 결정에 보다 신중을 기하기 위하여 마련된 규정이므로 위의 절차를 위반한 쟁의행위는 그 절차를 따를 수 없는 객관적인 사정이 인정되지 아니하는 한 정당성이 상실된다. 이와 달리 쟁의행위의 개시에 앞서 노동조합및노동관계조정법 제41조 제1항에 의한 투표절차를 거치지 아니한 경우에도 조합원의 민주적 의사결정이 실질적으로 확보된 때에는 단지 노동조합 내부의 의사형성 과정에 결함이 있는 정도에 불과하다고 하여 쟁의행위의 정당성이 상실되지 않는 것으로 해석한다면 위임에 의한 대리투표, 공개결의나 사후결의, 사실상의 찬성간주 등의 방법이 용인되는 결과, 그와 같은 견해는 위의 관계 규정과 대법원의 판례취지에 반하는 것이 된다. 따라서 견해를 달리하여 노동조합및노동관계조정법 제41조 제1항을 위반하여 조합원의 직접·비밀·무기명 투표에 의한 과반수의 찬성결정을 거치지 아니하고 쟁의행위에 나아간 경우에도 조합원의 민주적 의사결정이 실질적으로 확보된 경우에는 위와 같은 투표절차를 거치지 아니하였다는 사정만으로 쟁의행위가 정당성을 상실한다고 볼 수 없다는 취지의 대법원 2000. 5. 26. 선고 99도4836 판결은 이와 어긋나는 부분에 한하여 변경하기로 한다.

[반대의견] 조합원의 찬·반투표에 관한 다수의견의 견해는 노동조합이나 근로자들에게 쟁의행위로 인한 손해배상책임을 묻거나 쟁의행위에 참가한 근로자들의 징계책임을 묻는 민사사건이나 행정사건에 있어서의 쟁의행위의 정당성에 관한 법리로는 일반적으로 타당한 견해이지만, 쟁의행위에 참가한 근로자들에게 업무방해죄라는 형사책임을 묻는 형사사건에 있어서는 반드시 그와 같은 법리를 따라야 하는 것이라고는 할 수 없다.

쟁의행위를 포함한 단체행동권은 헌법상으로 보장된 근로자의 기본권으로서 쟁의행위에 대한 제한은 필요한 최소한의 범위에 그쳐야 하고 같은 취지에서 쟁의행위를 형사처벌로써 제재하는 것은 특히 신중을 기할 필요가 있으므로, 쟁의행위를 업무방해죄 등 형사범죄로 처벌함에 있어서는 민사상 또는 노동법상 쟁의행위를 평가하는 경우에 적용되는 위법성의 기준보다는 일층 강한 정도의 위법성을 요한다고 할 것이고(이른바 위법의 상대성론), 따라서 쟁의행위의 정당성을 논함에 있어서도 형사처벌을 면하기 위한 정당성의 인정과 민사상 또는 노동법상 책임을 면하기 위한 정당성의 인정 사이에는 차이가 있을 수 있다.

쟁의행위를 포함한 근로자의 단체행동권이 헌법상 보장되고 있는 상황에서 적극적인 위력이나 위계와 같은 언동이 없이 소극적으로 근로제공을 거부하였을 뿐인 쟁의행위, 즉 단순파업이나 태업에 대하여 형법상 일반 처벌법규인 업무방해죄로 처벌하는 것은 극히 신중을 기할 필요가 있으므로, 쟁의행위의 주체, 목적, 시기, 수단·방법이 모두 정당하고 단지 일부 절차상의 결함이 있었을 뿐인 경우에, 그 쟁의행위에 가담한 근로자를 업무방해죄로 처벌함에 있어서는, 아주 제한된 범위에서만 그 위법성을 인정하여야 한다고 본다.

노동조합및노동관계조정법 제41조 제1항, 제91조 제1호의 문언의 해석이나, 같은 법 제37조 제2항(쟁의행위의 주체), 제38조 제3항(노동조합의 지도와 책임) 등에 비추어 보면, 조합원의 찬·반투표를 실시하는 주체는 노동조합(본부와 지부가 있는 경우에는 당연히 본부)의 집행부라 할 것이므로, 조합원의 찬·반투표 절차 없이 쟁의행위를 개시하였음을 이유로 노동조합및노동관계조정법 제91조 제1호에 따라 처벌하는 대상도 그와 같은 찬·반투표 없이 쟁의행위를 하기로 하는 결정을 주도하거나 그 결정에 적극 관여한 자에 한정되는 것이고, 그러한 결정을 주도하거나 적극 관여함이 없이 단순히 노동조합 집행부의 지시에 따라 쟁의행위에 가담한 조합원은 그 처벌대상이 되지 않는 것으로 봄이 상당하다.

찬·반투표를 거치지 아니하고 쟁의행위를 할 것인가 여부에 대한 결정에 전혀 관여하지 않은 채 단지 노동조합 집행부의 지시에 따라 그와 같은 쟁의행위에 가담하였을 뿐인 일반 조합원들을 형사처벌함에 있어서까지 그 절차위반의 사유만으로 그들의 쟁의행위 참가 자체를 위법한 것으로 평가하고, 노동조합 내에서의 지위나 가담정도 등을 불문하고 참가 조합원 전원에 대하여 업무방해죄의 성립을 인정하는 것은, 형사처벌에 있어서 쟁의행위의 위법성을 지나치게 넓게 인정하고 업무방해죄의 성립요건을 지나치게 완화하는 것이라고 하지 않을 수 없다.

동일한 쟁의행위에 가담한 근로자들을 형사처벌함에 있어서 노동조합 내에서의 지위나 쟁의행위에의 가담정도 등에 따라 위법 여부의 평가를 달리한다고 하여 형법상의 위법성 이론에 반하는 것은 아니다. 쟁의행위와 같이 여러 사업장에서 수많은 근로자들이 다양한 형태의 작위 또는 부작위로 집단행동을 하고 그 가담의 방식과 정도도 근로자 개인에 따라 차이가 있게 되는 경우를 업무방해죄로 처벌함에 있어서는, 그 쟁의행위 전체의 주체, 목적, 성격과 진행경과 등을 고려함과 더불어 당해 근로자가 속한 사업장에서의 쟁의행위의 수행 형태와 당해 근로자의 쟁의행위에의 가담 방식과 정도, 그 과정에서의 행동 등도 아울러 고찰하여, 그것이 사회상규에 위배되지 않는 행위로서 위법성이 조각되는 것인지 여부를 개별적으로 가려야 한다.

결론적으로, 조합원의 찬·반투표를 거치지 아니한 쟁의행위는 그 절차를 따를 수 없는 객관적인 사정이 인정되지 아니하는 한 정당성이 상실된다고 하는 대법원 종전 판례의 견해와 이를 유지하고자 하는 다수의견의 견해가 일반론으로서 타당한 것임은 이를 인정하고, 조합원의 찬·반투표를 실시하지 아니한 것은 단지 노동조합 내부의 의사형성 과정상의 결함에 지나지 아니하고 파업에 참여한 인원 등에 비추어 조합원 대다수가 파업에 찬성한 것으로 보이므로 찬·반투표를 실시하지 아니하였다는 사정만으로 파업절차가 위법하다고 할 수 없다고 한 원심의 견해(같은 취지로 이해되는 범위 내에서 대법원 2000. 5. 26. 선고 99도4836 판결의 견해도 마찬가지임)는 그것이 모든 경우에 적용되는 일반론으로 이해되는 한 노동조합및노동관계조정법이 규정한 찬·반투표의 성격을 오해한 것으로서 잘못된 것으로 본다. 그러나 쟁의행위를 형사처벌함에 있어서는 위의 일반론과는 달리 구체적인 사안에 따라 찬·반투표의 불실시에도 불구하고 그에 단순가담한 근로자의 단순파업행위를 위법하다고 볼 수 없는 경우가 있다고 보고, 노동조합 지부의 간부들로서 그 지부에서의 쟁의행위를 수행하였음에 불과한 이 사건 피고인들의 이 사건 쟁의행위가 바로 그런 경우에 해당한다고 보는 점에서, 다수의견과 견해를 달리한다.

*평석. 정당성이 인정되어지는 노동쟁위행위는 정당행위로서 업무방해죄의 위법성이 조각되어진다.

III. 컴퓨터등 업무방해죄

> 제314조(업무방해) ②컴퓨터등 정보처리장치 또는 전자기록등 특수매체기록을 손괴하거나 정보처리장치에 허위의 정보 또는 부정한 명령을 입력하거나 기타 방법으로 정보처리에 장애를 발생하게 하여 사람의 업무를 방해한 자도 제1항의 형과 같다.

1. 의의, 보호법익 및 성격

컴퓨터 등 정보처리장치 또는 전자기록 등 특수매체기록을 손괴하거나 정보처리장치에 허위의 정보 또는 부정한 명령을 입력하거나 기타 방법으로 정보처리에 장애를 발생하게 하여 사람의 업무를 방해함으로써 성립하는 범죄이다. 보호법익은 사람의 업무이고 보호의 정도는 추상적 위험범이다.

2. 객관적 구성요건

(1) 행위의 객체

컴퓨터 등 정보처리장치 또는 전자기록 등 특수매체기록이다.

(2) 실행행위

컴퓨터 등 정보처리장치 또는 전자기록 등 특수매체기록을 손괴하거나, 정보처리장치에 허위의 정보 또는 부정한 명령을 입력하거나, 기타 방법으로 정보처리에 장애를 발생하게 하는 것이다.

■대법원 2006.3.10. 2005도382

【판시사항】

1) 권한 없는 자가 정보처리장치에 입력되어 있는 관리자의 아이디와 비밀번호를 무단으로 변경하는 행위가 컴퓨터 등 장애 업무방해죄를 구성하는지 여부(적극)

2) 대학의 컴퓨터시스템 서버를 관리하던 직원이 전보발령을 받아 더 이상 웹서버를 관리 운영할 권한이 없는 상태에서, 웹서버에 접속하여 홈페이지 관리자의 아이디와 비밀번호를 무단으로 변경한 행위가 컴퓨터 등 장애 업무방해죄를 구성한다고 한 사례

【판결요지】

1) 정보처리장치를 관리 운영할 권한이 없는 자가 그 정보처리장치에 입력되어 있던 관리자의 아이디와 비밀번호를 무단으로 변경하는 행위는 정보처리장치에 부정한 명령을 입력하여 정당한 아이디와 비밀번호로 정보처리장치에 접속할 수 없게 만드는 행위로서 정보처리에 장애를 현실적으로 발생시킬 뿐 아니라 이로 인하여 업무방해의 위험을 초래할 수 있으므로, 컴퓨터 등 장애 업무방해죄를 구성한다.

2) 대학의 컴퓨터시스템 서버를 관리하던 피고인이 전보발령을 받아 더 이상 웹서버를 관리 운영할 권한이 없는 상태에서, 웹서버에 접속하여 홈페이지 관리자의 아이디와 비밀번호를 무단으로 변경한 행위는, 피고인이 웹서버를 관리 운영할 정당한 권한이 있는 동안 입력하여 두었던 홈페이지 관리자의 아이디와 비밀번호를 단지 후임자 등에게 알려 주지 아니한 행위와는 달리, 정보처리장치에 부정한 명령을 입력하여 정보처리에 현실적 장애를 발생시킴으로써 피해 대학에 업무방해의 위험을 초래하는 행위에 해당하여 컴퓨터 등 장애 업무방해죄를 구성한다.

*평석. 부정한 명령을 입력한다는 것은 주어서은 아니될 명령을 입력하는 것을 말하는 것으로, 정보처리장치를 관리 운영할 권한이 없는 자가 그 정보처리장치에 입력되어 있던 관리자의 아이디와 비밀번호를 무단으로 변경하는 행위는 정보처리장치에 부정한 명령을 입력하여 정당한 아이디와 비밀번호로 정보처리장치에 접속할 수 없게 만드는 행위로서 컴퓨터 등 업무방해죄를 구성한다.

◐참조조문

형법 제314조 제2항

●참조판례

대법원 2004.7.9. 2002도631

Ⅳ. 경매 · 입찰방해죄

제315조(경매, 입찰의 방해) 위계 또는 위력 기타 방법으로 경매 또는 입찰의 공정을 해한 자는 2년 이하의 징역 또는 700만원 이하의 벌금에 처한다.

1. 의의, 보호법익 및 성격

위계 또는 위력 기타 방법으로 경매 또는 입찰의 공정을 해함으로써 성립하는 범죄이다. 보호법익은 '경매 또는 입찰의 공정성'이며 추상적 위험범이다.

■대법원 2007.5.31. 2006도8070

입찰방해죄에서 '입찰의 공정을 해하는 행위'의 의미 및 지명경쟁입찰의 시행자인 법인의 대표자가 특정인과 공모하여 그 특정인이 낙찰자로 선정될 수 있도록 예정가격을 알려 주고 그 특정인이 나머지 입찰참가인들과 담합하여 입찰에 응한 경우, 입찰방해죄의 성립 여부(적극)

「입찰방해죄는 위계 또는 위력 기타의 방법으로 입찰의 공정을 해하는 경우에 성립하는 위태범으로서 결과의 불공정이 현실적으로 나타나는 것을 필요로 하지 않고, 여기서 '입찰의 공정을 해하는 행위'란 공정한 자유경쟁을 방해할 염려가 있는 상태를 발생시키는 것, 즉 공정한 자유경쟁을 통한 적정한 가격형성에 부당한 영향을 주는 상태를 발생시키는 것으로, 그 행위에는 가격결정뿐 아니라 '적법하고 공정한 경쟁방법'을 해하는 행위도 포함되고, 지명경쟁입찰의 시행자인 법인의 대표자가 특정인과 공모하여 그 특정인이 낙찰자로 선정될 수 있도록 예정가격을 알려 주고 그 특정인은 나머지 입찰참가인들과 담합하여 입찰에 응하였다면 입찰의 실시 없이 서류상으로만 입찰의 근거를 조작한 경우와는 달리 현실로 실시된 입찰의 공정을 해하는 것으로 평가되어 입찰방해죄가 성립한다.」

*평석. 입찰방해죄는 추상적 위험범이다.

2. 실행행위

위계 또는 위력 기타 방법으로 경매 또는 입찰의 공정을 해하는 것이다.

■대법원 1993.2.23. 92도3395

입찰방해죄가 결과범인지 여부(소극) 및 위력의 정도

「입찰방해죄는 위계 또는 위력 기타의 방법으로 입찰의 공정을 해하는 경우에 성립하는 것으로서, 입찰의 공정을 해할 행위를 하면 족하고 현실적으로 입찰의 공정을 해한 결과가 발생할 필요가 없으며, 위력의 사용은 폭행·협박의 정도에 이르러야만 되는 것도 아니다. 입찰장소의 주변을 에워싸고 사람들의 출입을 막는 등 위력을 사용하여 입찰에 참가하려는 사람을 참석하지 못하도록 한 행위가 입찰방해죄를 구성한다.」

*평석. 입찰방해죄에 있어 위력의 사용은 폭행·협박의 정도에 이르러야만 되는 것도 아니며, 따라서 입찰장소의 주변을 에워싸고 사람들의 출입을 막는 등 위력을 사용하여 입찰에 참가하려는 사람을 참석하지 못하도록 한 행위는 입찰방해죄를 구성한다

3. 담합행위

■대법원 2006.12.22. 2004도2581

입찰방해죄에서 '입찰의 공정을 해하는 행위'의 의미 및 담합행위가 입찰방해죄로 되기 위하여는 반드시 입찰참가자 전원 사이에 담합이 이루어져야 하는지 여부(소극)

「입찰방해죄는 위계 또는 위력 기타의 방법으로 입찰의 공정을 해하는 경우에 성립하는 위태범으로서 결과의 불공정이 현실적으로 나타나는 것을 필요로 하지 않고, 여기서 '입찰의 공정을 해하는 행위'란 공정한 자유경쟁을 방해할 염려가 있는 상태를 발생시키는 것, 즉 공정한 자유경쟁을 통한 적정한 가격형성에 부당한 영향을 주는 상태를 발생시키는 것으로, 그 행위에는 가격결정뿐 아니라 '적법하고 공정한 경쟁방법'을 해하는 행위도 포함되고, 입찰참가자들 사이의 담합행위가 입찰방해죄로 되기 위하여는 반드시 입찰참가자 전원 사이에 담합이 이루어져야 하는 것은 아니고, 입찰참가자들 중 일부 사이에만 담합이 이루어진 경우라고 하더라도 그것이 입찰의 공정을 해하는 것으로 평가되는 이상 입찰방해죄는 성립한다.」

*평석. 입찰참가자들 사이의 담합행위가 입찰방해죄로 되기 위하여는 반드시 입찰참가자 전원 사이에 담합이 이루어져야 하는 것은 아니고, 입찰참가자들 중 일부 사이에만 담합이 이루어진 경우라고 하더라도 그것이 입찰의 공정을 해하는 것으로 평가되는 이상 입찰방해죄는 성립한다.

■대법원 1976.7.13. 74도717

형법 315조 소정 입찰방해죄의 구성요건

「가장경쟁자를 조작하고 입찰에 관하여 사전에 모의를 하는 경우에는 입찰가격에 있어 입찰을 실시하는 자의 이익을 해한 것이 없다 해도 실질적인 단독입찰을 경쟁입찰로 가장하여 그 입찰가격으로서 낙찰하게 한 점에서 담합자 간에 금품의 수수여부를 막론하고 입찰의 공정을 해하였다 할 것이므로 입찰방해죄를 구성한다.」

*평석. 가장경쟁자를 조작하여 단독입찰을 경쟁입찰로 가장하여 그 입찰가격으로서 낙찰하게 하는 것은 입찰방해죄가 성립한다.

4. 기수시기

■대법원 2003.9.26. 2002도3924

입찰자들의 전부 또는 일부 사이에서 담합을 시도하는 행위가 있었을 뿐 실제로 담합이 이루어지지 못하였고, 위계 또는 위력 등의 정도가 타인의 응찰 내지 투찰행위를 저지할 정도에 이르지 못한 경우, 입찰방해죄가 성립하는지 여부(소극)

「입찰자들의 전부 또는 일부 사이에서 담합을 시도하는 행위가 있었을 뿐 실제로 담합이 이루어지지 못하였고, 또 위계 또는 위력 기타의 방법으로 담합이 이루어진 것과 같은 결과를 얻어내거나 다른 입찰자들의 응찰 내지 투찰행위를 저지하려는 시도가 있었지만 역시 그 위계 또는 위력 등의 정도가 담합이 이루어진 것과 같은 결과를 얻어내거나 그들의 응찰 내지 투찰행위를 저지할 정도에 이르지 못하였고 또 실제로 방해된 바도 없다면, 이로써 공정한 자유경쟁을 방해할 염려가 있는 상태 즉, 공정한 자유경쟁을 통한 적정한 가격형성에 부당한 영향을 주는 상태를 발생시켜 그 입찰의 공정을 해하였다고 볼 수 없어, 이는 입찰방해미수행위에 불과하고 입찰방해죄의 기수에 이르렀다고 할 수는 없다.」

*평석. 담합이 이루어지면 입찰방해죄의 기수가 된다.

제13장 비밀침해의 죄

Ⅰ. 비밀침해죄

제316조(비밀침해) ①봉함 기타 비밀장치한 사람의 편지, 문서 또는 도화를 개봉한 자는 3년 이하의 징역이나 금고 또는 500만원 이하의 벌금에 처한다.
②봉함 기타 비밀장치한 사람의 편지, 문서, 도화 또는 전자기록등 특수매체기록을 기술적 수단을 이용하여 그 내용을 알아낸 자도 제1항의 형과 같다.
제318조(고소) 본장의 죄는 고소가 있어야 공소를 제기할 수 있다.

1. 의의, 보호법익 및 성격

봉함 기타 비밀장치한 사람의 편지, 문서 또는 도화를 개봉하거나(제1항), 봉함 기타 비밀장치한 사람의 편지, 문서, 도화 또는 전자기록등 특수매체기록을 기술적 수단을 이용하여 그 내용을 알아냄으로써 성립하는 범죄이다. 보호법익은 개인의 비밀이다. 보호의 정도는 제1항의 경우는 추상적 위험범이나 제2항은 침해범이며, 양죄 모두 친고죄이다.

2. 객관적 구성요건

(1) 행위의 객체

봉함 기타 비밀장치한 사람의 편지, 문서 또는 도화, 또는 전자기록등 특수매체기록이다.

1) 봉함 기타 비밀장치

봉함이란 봉투를 풀 등 접착물로 붙인 것을 말한다.

■대법원 2008.11.27. 2008도9071

형법 제316조 제1항 비밀침해죄에서 '비밀장치가 되어 있는 문서'의 의미, 그리고 2단 서랍의 아랫칸에 잠금장치가 되어 있는 경우 형법 제316조 제1항의 '비밀장치'에 해당한다고 한 사례

「형법 제316조 제1항의 비밀침해죄는 봉함 기타 비밀장치한 사람의 편지, 문서 또는 도화를 개봉하는 행위를 처벌하는 죄이고, 이때 '봉함 기타 비밀장치가 되어 있는 문서'란 '기타 비밀장치'라는 일반 조항을 사용하여 널리 비밀을 보호하고자 하는 위 규정의 취지에 비추어 볼 때, 반드시 문서 자체에 비밀장치가 되어 있는 것만을 의미하는 것은 아니고, 봉함 이외의 방법으로 외부 포장을 만들어서 그 안의 내용을 알 수 없게 만드는 일체의 장치를 가리키는 것으로, 잠금장치 있는 용기나 서랍 등도 포함한다고 할 것인바, 이 사건과 같이 서랍이 2단으로 되어 있어 그 중 아랫칸의 윗부분이 막혀 있지 않아 윗칸을 밖으로 빼내면 아랫칸의 내용물을 쉽게 볼 수 있는 구조로 되어 있는 서랍이라고 하더라도, 피해자가 아랫칸에 잠금장치를 하였고 통상적으로 서랍의 윗칸을 빼어 잠금장치 된 아랫칸 내용물을 볼 수 있는 구조라거나 그와 같은 방법으로 볼 수 있다는 것을 예상할 수 없어 객관적으로 그 내용물을 쉽게 볼 수 없도록 외부에 의사를 표시하였다면, 형법 제316조 제1항의 규정 취지에 비추어 아랫칸은 윗칸에 잠금장치가 되어 있는지 여부에 관계없이 그 자체로서 형법 제316조 제1항에 규정하고 있는 비밀장치에 해당한다.」

*평석. '봉함 기타 비밀장치가 되어 있는 문서'란 반드시 문서 자체에 비밀장치가 되어 있는 것만을 의미하는 것은 아니고, 봉함 이외의 방법으로 외부 포장을 만들어서 그 안의 내용을 알 수 없게 만드는 일체의 장치를 말한다.

2) 편지, 문서, 도화 또는 전자기록 등 특수매체기록

■서울동부지법 2007.7.5. 2007노318

【판시사항】

1) 형법 제316조 제2항에 정한 '비밀장치한 전자기록 등 특수매체기록'의 의미

2) 비밀번호를 설정하여 둔 컴퓨터의 하드디스크가 형법 제316조 제2항에 정한 '비밀장치한 전자기록'에 해당한다고 본 사례

3) 회사의 대표이사가 업무상배임 혐의가 강하게 의심되는 직원이 사용하는 업무용 컴퓨터 하드디스크의 비밀장치를 풀고 그 안에 저장된 정보를 검색하여 내용을 알아낸

행위가 정당행위에 해당하여 위법성이 조각된다고 본 사례

【판결요지】

1) 형법 제316조 제2항에 규정된 '비밀장치한 전자기록 등 특수매체기록'이란, 권한 없는 사람이 기록에 접근하는 것을 방지하거나 곤란하게 하기 위한 장치가 마련되어 있는 특수매체기록을 말하는 것으로, 컴퓨터나 기록 자체가 시정되어 있는 경우는 물론, 비밀번호, 지문인식과 같은 특수한 작동체계를 설정하여 둔 경우도 이에 포함된다.

2) 비밀번호를 설정하여 둔 컴퓨터의 하드디스크가 형법 제316조 제2항에 정한 '비밀장치한 전자기록'에 해당한다.

3) 회사의 대표이사가 직원이 사무실에서 사용하는 업무용 컴퓨터 하드디스크의 비밀장치를 풀고 그 안에 저장된 정보를 검색하여 내용을 알아낸 사안에서, 당해 직원의 업무상배임 혐의가 구체적이고 합리적으로 의심되는 상황이어서 이를 긴급히 확인할 필요가 있었던 점, 검색의 범위를 당해 배임 혐의에 관한 것으로 한정한 점, 대표이사가 부하직원에 대한 감독자로서 가지는 권한의 내용 및 범위 등에 비추어, 위 대표이사의 행위가 정당행위에 해당하여 위법성이 조각된다.

*평석. 형법 제316조 제2항에 규정된 '비밀장치한 전자기록 등 특수매체기록'이란, 권한 없는 사람이 기록에 접근하는 것을 방지하거나 곤란하게 하기 위한 장치가 마련되어 있는 기록을 말한다. 비밀번호를 설정하여 둔 컴퓨터의 하드디스크는 이에 속한다.

▣쟁점 1. 비밀침해죄의 고소권자

2. 공개되지 아니한 타인간의 대화를 녹음하거나 전자장치 또는 기계적 수단을 이용하여 청취하는 경우의 죄책은.

Ⅱ. 업무상 비밀누설죄

제317조(업무상비밀누설) ①의사, 한의사, 치과의사, 약제사, 약종상, 조산사, 변호사, 변리사, 공인회계사, 공증인, 대서업자나 그 직무상 보조자 또는 차등의 직에 있던 자가 그 업무처리 중 지득한 타인의 비밀을 누설한 때에는 3년 이하의 징역이나 금고, 10년 이하의 자격정지 또는 700만원 이하의 벌금에 처한다.

②종교의 직에 있는 자 또는 있던 자가 그 직무상 지득한 사람의 비밀을 누설한 때에도 전항의 형과 같다.

1. 의의, 보호법익

의사, 한의사, 치과의사, 약제사, 약종상, 조산사, 변호사, 변리사, 공인회계사, 공증인, 대서업자나 그 직무상 보조자 또는 차등의 직에 있던 자가 그 업무처리 중 지득한 타인의 비밀을 누설함으로써 성립하는 범죄이다. 보호법익은 개인의 비밀이며 부차적으로 일정직업종사자가 그 업무처리 중 지득한 타인의 비밀을 누설하지 않을 것이라는 일반인의 신뢰도 보호법익이며 추상적 위험범이다.

2. 객관적 구성요건

1) 행위의 객체

업무처리 중 또는 직무상 지득한 타인의 비밀이다.

2) 실행행위

비밀을 누설하는 것이다.

■대법원 1992.5.22. 91다39320

병원에서 분실된 진료기록의 일부를 당사자가 증거로 제출하는 것이 형법 제317조 제1항 소정의 업무상비밀누설죄에 해당하는지 여부(소극)

「병원에서 분실된 진료기록의 일부를 당사자가 증거로 제출하는 것이 형법 제317조 제1항 소정의 업무상비밀누설죄에 해당된다고 볼 수 없다.」

*평석. 병원에서 분실된 진료기록의 일부를 당사자가 증거로 제출하는 것은 누설이 아니라고 판시하고 있다.

3. 위법성

▣쟁점 1. 업무상비밀누설죄의 주체가 소송법상의 증언거부권(형사소송법 제149조)을 행사하지 아니하고 타인의 비밀에 관하여 증언한 때에는 위법성이 조각되는가.

제14장 住居侵入의 罪

Ⅰ. 의의, 보호법익

주거침입의 죄는 사람의 주거 또는 관리하는 장소의 평온과 안전을 침해하는 것을 내용으로 하는 범죄이다. 보호법익에 대해서는 사실상의 평온설과 주거권설의 대립이 있다.

■대법원 1996.5.10. 96도419

일반적으로 개방된 장소에서 건조물침입죄를 구성하는 경우

「건조물침입죄는 사실상의 주거의 평온을 그 보호법익으로 하는 것이므로 건조물 관리자의 의사에 반하여 건조물에 침입함으로써 성립하는 것이고, 일반적으로 개방되어 있는 장소라 하더라도 관리자가 필요에 따라 그 출입을 제한할 수 있는 것이므로 관리자의 출입제지에도 불구하고 다중이 고함이나 소란을 피우면서 건조물에 출입하는 것은 사실상의 주거의 평온을 해하는 것으로서 건조물침입죄를 구성한다.」

*평석. 대법원은 주거침입죄의 보호법익은 사실상의 주거의 평온이라고 하고 있다.

■대법원 2008.5.8. 2007도11322

【판시사항】

1) 권리자가 자신의 권리를 실행하기 위하여 법정 절차에 의하지 않고 건조물에 침입한 경우, 주거침입죄가 성립하는지 여부(적극)

2) 다른 사람의 주택에 무단 침입한 범죄사실로 이미 유죄판결을 받은 사람이 판결확정 후에도 퇴거하지 않은 채 계속하여 당해 주택에 거주한 사안에서, 판결확정 이후의 행위는 별도의 주거침입죄를 구성한다고 한 사례

【판결요지】

1) 주거침입죄는 사실상의 주거의 평온을 보호법익으로 하는 것이므로, 그 주거자 또는 간수자가 건조물 등에 거주 또는 간수할 권리를 가지고 있는가의 여부는 범죄의 성립을 좌우하는 것이 아니며, 점유할 권리 없는 자의 점유라 하더라도 그 주거의 평온은 보호되어야 할 것이므로, 권리자가 그 권리를 실행함에 있어 법에 정하여진 절차에 의하지 아니하고 그 건조물 등에 침입한 경우에는 주거침입죄가 성립한다.

2) 다른 사람의 주택에 무단 침입한 범죄사실로 이미 유죄판결을 받은 사람이 그 판결이 확정된 후에도 퇴거하지 않은 채 계속하여 당해 주택에 거주한 사안에서, 위 판결 확정 이후의 행위는 별도의 주거침입죄를 구성한다.

*평석. 주거침입죄는 사실상의 주거의 평온을 보호법익으로 하는 것이므로 그 거주자 또는 간수자가 건조물 등에 거주 또는 간수할 법률상 권한을 가지고 있는지의 여부는 범죄의 성립을 좌우하는 것이 아니며 일단 적법하게 거주 또는 간수를 개시한 후에 그 권한을 상실하여 사법상 불법점유가 되더라도 권리자가 이를 배제하기 위하여 정당한 절차에 의하지 아니하고 그 주거 또는 건조물을 침입한 경우에는 주거침입죄가 성립한다(대법원 1983.3.8. 82도1363).

Ⅱ. 주거침입죄

제319조(주거침입, 퇴거불응) ①사람의 주거, 관리하는 건조물, 선박이나 항공기 또는 점유하는 방실에 침입한 자는 3년 이하의 징역 또는 500만원 이하의 벌금에 처한다. 제322조(미수범) 본장의 미수범은 처벌한다.

1. 의의, 보호법익

사람의 주거, 관리하는 건조물, 선박이나 항공기 또는 점유하는 방실에 침입함으로써 성립하는 범죄이다. 보호법익은 주거 등의 사실상의 평온이다.

2. 객관적 구성요건

(1) 행위의 객체

사람의 주거, 관리하는 건조물, 선박이나 항공기 또는 점유하는 방실이다.

1) 사람의 주거

■대법원 2001.4.24. 2001도1092

주거침입죄의 성립 요건 및 주거침입죄에 있어서 '주거'의 의미

「주거침입죄는 사실상의 주거의 평온을 보호법익으로 하는 것으로 거주자가 누리는 사실상의 주거의 평온을 해할 수 있는 정도에 이르렀다면 범죄구성요건을 충족하는 것이라고 보아야 하고, 주거침입죄에 있어서 주거라 함은 단순히 가옥 자체만을 말하는 것이 아니라 그 위요지를 포함한다. 이미 수일 전에 2차례에 걸쳐 피해자를 강간하였던 피고인이 대문을 몰래 열고 들어와 담장과 피해자가 거주하던 방 사이의 좁은 통로에서 창문을 통하여 방안을 엿본 경우, 주거침입죄에 해당한다.」

*평석. 주거침입죄에 있어서 주거라 함은 주거로 사용하는 건물이외에도 그 위요지를 포함한다.

■대법원 2009.9.10. 2009도4335

다가구용 단독주택이나 공동주택 내부에 있는 엘리베이터, 공용 계단과 복도가 주거침입죄의 객체인 '사람의 주거'에 해당하는지 여부(적극)

「주거침입죄에 있어서 주거란 단순히 가옥 자체만을 말하는 것이 아니라 그 정원 등 위요지를 포함한다. 따라서 다가구용 단독주택이나 다세대주택·연립주택·아파트 등 공동주택 안에서 공용으로 사용하는 엘리베이터, 계단과 복도는 주거로 사용하는 각 가구 또는 세대의 전용 부분에 필수적으로 부속하는 부분으로서 그 거주자들에 의하여 일상생활에서 감시·관리가 예정되어 있고 사실상의 주거의 평온을 보호할 필요성이 있는 부분이므로, 다가구용 단독주택이나 다세대주택·연립주택·아파트 등 공동주택의 내부에 있는 엘리베이터, 공용 계단과 복도는 특별한 사정이 없는 한 주거침입죄의 객체인 '사람의 주거'에 해당하고, 위 장소에 거주자의 명시적, 묵시적 의사에 반하여 침입하는 행위는 주거침입죄를 구성한다.

(따라서) 피고인이 피해자를 강간할 목적으로 피해자를 따라 피해자가 거주하는 아파트 내부의 공용부분에 들어온 행위는 주거침입행위이므로, 피고인이 성폭력범죄의 처벌

및 피해자보호 등에 관한 법률 제5조 제1항 소정의 주거침입범의 신분을 가지게 되었음은 분명하다. 따라서 피고인의 위와 같은 행위를 주거침입으로 보지 않은 원심판결에는 성폭력범죄의 처벌 및 피해자보호 등에 관한 법률 제5조 제1항 소정의 주거침입에 관한 법리를 오해하여 판결에 영향을 미친 위법이 있다.」

*평석. 공동주택 내부에 있는 엘리베이터, 공용 계단과 복도는 주거침입죄의 객체인 '사람의 주거'에 해당한다.

2) 관리하는 건조물, 선박이나 항공기

■대법원 2005.10.7. 2005도5351

주거침입죄에 있어서 침입행위의 객체인 건조물의 의미와 그 범위

「주거침입죄에 있어서 침입행위의 객체인 건조물은 주위벽 또는 기둥과 지붕 또는 천정으로 구성된 구조물로서 사람이 기거하거나 출입할 수 있는 장소를 말하고, 또한 단순히 건조물 그 자체만을 말하는 것이 아니고 위요지를 포함한다고 할 것이나 위요지가 되기 위하여는 건조물에 인접한 그 주변 토지로서 관리자가 외부와의 경계에 문과 담 등을 설치하여 그 토지가 건조물의 이용을 위하여 제공되었다는 것이 명확히 드러나야 한다.

피고인들이 건물신축 공사현장에 무단으로 들어간 뒤 타워크레인에 올라가 이를 점거한 사안에서, 타워크레인은 건설기계의 일종으로서 작업을 위하여 토지에 고정되었을 뿐이고 운전실은 기계를 운전하기 위한 작업공간 그 자체이지 건조물침입죄의 객체인 건조물에 해당하지 아니하고, 피고인들이 위 공사현장에 컨테이너 박스 등으로 가설된 현장사무실 또는 경비실 자체에 들어가지 아니하였다면, 피고인들이 위 공사현장의 구내에 들어간 행위를 위 공사현장 구내에 있는 건조물인 위 각 현장사무실 또는 경비실에 침입한 행위로 보거나, 위 공사현장 구내에 있는 건축 중인 건물에 침입한 행위로 볼 수 없다.」

*평석. 대법원은 타워크레인은 건설기계의 일종으로서 작업을 위하여 토지에 고정되었을 뿐이고 운전실은 기계를 운전하기 위한 작업공간 그 자체이지 건조물침입죄의 객체인 건조물에 해당하지 아니한다고 하고 있다.

(2) 실행행위

실행행위는 침입하는 것이다. 침입이란 주거자의 의사에 반하여 주거침입죄의 행위객체 내로 들어가는 것을 말한다.

1) 침입

■대법원 1983.3.8. 82도1363

주거침입죄에 있어서 '주거 또는 건조물'과 '침입'의 의미

「주거침입죄에 있어서 주거 또는 건조물이라 함은 단순히 가옥만을 말하는 것이 아니고 그 위요지를 포함한다 할 것이고, 침입이라 함은 거주자 또는 간수자의 의사에 반하여 들어가면 족한 것이고 어떤 저항을 받는 것을 요하지 않으며, 일반적으로 개방되어 있는 장소라도 필요한 때는 관리자가 그 출입을 금지 내지 제한할 수 있는 것이므로 그 출입금지 내지 제한하는 의사에 반하여 무리하게 주거 또는 건조물 구내에 들어간다면 주거침입죄를 구성한다.

약 270명의 승려 및 신도들이 피고인의 주지취임을 반대하면서 사찰경내를 굳게 지키고 있는 상황을 알면서, 피고인이 약 37명 가량의 일반승려들을 규합하여 이들과 함께 날이 채 새기도 전에 잠겨진 뒷문을 넘어 들어가거나 정문에 설치된 철조망을 걷어내고 정문을 통과하는 방법으로 사찰 경내로 난입했다면, 그러한 피고인 등의 행위는 종법에 따른 검수절차를 통한 주지직 취임의 한계를 일탈한 것이고, 전임 주지측의 사찰경내에 대한 사실상 점유의 평온을 침해한 것으로 주거침입죄가 성립한다.」

*평석. 침입이라 함은 거주자 또는 간수자의 의사에 반하여 들어가면 족한 것이고 어떤 저항을 받는 것을 요하지 아니한다. 다중의 집단적 난입은 주거침입죄의 침입에 해당한다.

2) 주거자의 의사에 반함

■대법원 2003.5.30. 2003도1256

주거침입죄에 있어서 거주자의 반대의사가 추정될 수 있는지 여부(적극)

「타인의 주거에 거주자의 의사에 반하여 들어가는 경우는 주거침입죄가 성립하며 이때 거주자의 의사라 함은 명시적인 경우뿐만 아니라 묵시적인 경우도 포함되고 주변사정에 따라서는 거주자의 반대의사가 추정될 수도 있다. 피고인이 피해자가 사용중인 공중화장실의 용변칸에 노크하여 남편으로 오인한 피해자가 용변칸 문을 열자 강간할 의도로 용변칸에 들어간 것이라면 피해자가 명시적 또는 묵시적으로 이를 승낙하였다고 볼 수 없어 주거침입죄에 해당한다.」

*평석. 주거침입죄에 있어서 주거자의 반대의사는 명시적임은 물론 묵시적인 경우도 여기에 해당한다.

(가) 주거에 수인이 같이 거주하는 경우

■대법원 1984.6.26. 83도685

거주자 중 1인의 승낙은 있으나 타거주자의 의사에 반하여 주거에 출입하는 경우 주거침입죄의 성부

「형법상 주거침입죄의 보호법익은 주거권이라는 법적 개념이 아니고 사적 생활관계에 있어서의 사실상 주거의 자유와 평온으로서 그 주거에서 공동생활을 하고 있는 전원이 평온을 누릴 권리가 있다 할 것이나 복수의 주거권자가 있는 경우 한 사람의 승낙이 다른 거주자의 의사에 직접·간접으로 반하는 경우에는 그에 의한 주거에의 출입은 그 의사에 반한 사람의 주거의 평온 즉 주거의 지배·관리의 평온을 해치는 결과가 되므로 주거침입죄가 성립한다.

동거자중의 1인이 부재중인 경우라도 주거의 지배관리관계가 외관상 존재하는 상태로 인정되는 한 위 법리에는 영향이 없다고 볼 것이니 남편이 일시 부재중 간통의 목적하에 그 처의 승낙을 얻어 주거에 들어간 경우라도 남편의 주거에 대한 지배관리관계는 여전히 존속한다고 봄이 옳고 사회통념상 간통의 목적으로 주거에 들어오는 것은 남편의 의사에 반한다고 보여지므로 처의 승낙이 있었다 하더라도 남편의 주거의 사실상의 평온은 깨어졌다 할 것이므로 이러한 경우에는 주거침입죄가 성립한다고 할 것이다.」

*평석. 복수의 주거권자가 있는 경우 한 사람의 승낙이 다른 거주자의 의사에 반하는 경우에는 그 의사에 반한 사람의 주거의 평온은 침해되므로 주거침입죄가 성립한다. 이는 공동주거자가 부재중인 경우에도 추정적 의사에 반하므로 동일하다.

(나) 개방된 장소

■대법원 1997.3.28. 95도2674

영업주의 명시적 또는 추정적 의사에 반하여 음식점에 들어간 행위의 주거침입죄 성부(적극)

「일반인의 출입이 허용된 음식점이라 하더라도, 영업주의 명시적 또는 추정적 의사에 반하여 들어간 것이라면 주거침입죄가 성립되는바, 기관장들의 조찬모임에서의 대화내용을 도청하기 위한 도청장치를 설치할 목적으로 손님을 가장하여 그 조찬모임 장소인 음식점에 들어간 경우에는 영업주가 그 출입을 허용하지 않았을 것으로 보는 것이 경험칙에 부합하므로, 그와 같은 행위는 주거침입죄가 성립한다.

(또한) 타인의 주거에 침입한 행위가 비록 불법선거운동을 적발하려는 목적으로 이루어진 것이라고 하더라도, 타인의 주거에 도청장치를 설치하는 행위는 그 수단과 방법의

상당성을 결하는 것으로서 정당행위에 해당하지 않는다.」

*평석. 대법원은 개방된 장소에 범죄목적으로 들어간 경우에 있어 주거침입죄의 성립을 긍정한다.

■대법원 1992.9.25. 92도1520

대학교의 강의실이 일반인에게 개방되어 자유롭게 출입할 수 있는 건조물인지 여부(소극)

「일반적으로 대학교의 강의실은 그 대학 당국에 의하여 관리되면서 그 관리업무나 강의와 관련되는 사람에 한하여 출입이 허용되는 건조물이지 널리 일반인에게 개방되어 누구나 자유롭게 출입할 수 있는 곳은 아니다.」

*평석. 대법원은 대학강의실은 널리 일반인에게 개방되어 누구나 자유롭게 출입할 수 있는 곳은 아니다고 하고 있다.

(다) 범죄목적으로 기망에 의하여 동의를 받고 타인의 주거에 들어간 경우

■대법원 1997.3.28. 95도2674

영업주의 명시적 또는 추정적 의사에 반하여 음식점에 들어간 행위는 주거침입죄가 성립한다.

*평석. 이 경우는 동의권자의 실제의 의사에 반하기 때문에 주거침입죄가 성립한다.

3) 기수시기

(가) 실행의 착수

■대법원 2006.9.14. 2006도2824

주거침입죄의 실행의 착수시기 및 출입문이 열려 있으면 안으로 들어가겠다는 의사 아래 출입문을 당겨보는 행위를 주거침입의 실행에 착수한 것으로 볼 수 있는지 여부(적극)

「주거침입죄의 실행의 착수는 주거자, 관리자, 점유자 등의 의사에 반하여 주거나 관리하는 건조물 등에 들어가는 행위, 즉 구성요건의 일부를 실현하는 행위까지 요구하는 것은 아니고 범죄구성요건의 실현에 이르는 현실적 위험성을 포함하는 행위를 개시하는 것으로 족하므로, 출입문이 열려 있으면 안으로 들어가겠다는 의사 아래 출입문을 당겨보는 행위는 바로 주거의 사실상의 평온을 침해할 객관적인 위험성을 포함하는 행위를 한 것으로 볼 수 있어 그것으로 주거침입의 실행에 착수한 것으로 보아야 한다.」

*평석. 침입과 밀접한 행위는 실행의 착수에 해당한다.

(나) 기수시기

■대법원 1995.9.15. 94도2561

【판시사항】

1) 주거침입죄의 성립과 그 범의

2) 주거침입죄의 실행의 착수와 미수범

3) 야간에 타인의 집 창문을 열고 얼굴을 들이미는 등의 행위에 관하여 주거침입죄의 기수를 인정한 사례

【판결요지】

1) 주거침입죄는 사실상의 주거의 평온을 보호법익으로 하는 것이므로, 반드시 행위자의 신체의 전부가 범행의 목적인 타인의 주거 안으로 들어가야만 성립하는 것이 아니라 신체의 일부만 타인의 주거 안으로 들어갔다고 하더라도 거주자가 누리는 사실상의 주거의 평온을 해할 수 있는 정도에 이르렀다면 범죄구성요건을 충족하는 것이라고 보아야 하고, 따라서 주거침입죄의 범의는 반드시 신체의 전부가 타인의 주거 안으로 들어간다는 인식이 있어야만 하는 것이 아니라 신체의 일부라도 타인의 주거 안으로 들어간다는 인식이 있으면 족하다.

2) '1)'항의 범의로써 예컨대 주거로 들어가는 문의 시정장치를 부수거나 문을 여는 등 침입을 위한 구체적 행위를 시작하였다면 주거침입죄의 실행의 착수는 있었다고 보아야 하고, 신체의 극히 일부분이 주거 안으로 들어갔지만 사실상 주거의 평온을 해하는 정도에 이르지 아니하였다면 주거침입죄의 미수에 그친다.

3) 야간에 타인의 집의 창문을 열고 집 안으로 얼굴을 들이미는 등의 행위를 하였다면 피고인이 자신의 신체의 일부가 집 안으로 들어간다는 인식하에 하였더라도 주거침입죄의 범의는 인정되고, 또한 비록 신체의 일부만이 집 안으로 들어갔다고 하더라도 사실상 주거의 평온을 해하였다면 주거침입죄는 기수에 이르렀다.

*평석. 주거침입죄의 기수여부는 신체의 전부가 주거에 들어갔는가의 여부가 아니라 보호법익을 기준으로 하여 "사실상의 주거의 평온을 해할 수 있는 정도에 이르렀는가"에 따라 결정된다.

3. 위법성

주거침입죄도 위법성조각사유에 의해 위법성이 조각될 수 있다.

■대법원 2003.9.26. 2003도3000

간통 현장을 직접 목격하고 그 사진을 촬영하기 위하여 상간자의 주거에 침입한 행위가 정당행위에 해당하지 않는다고 한 사례

「형법 제20조 소정의 '사회상규에 위배되지 아니하는 행위'라 함은 법질서 전체의 정신이나 그 배후에 놓여 있는 사회윤리 내지 사회통념에 비추어 용인될 수 있는 행위를 말하고, 어떠한 행위가 사회상규에 위배되지 아니하는 정당한 행위로서 위법성이 조각되는 것인지는 구체적인 사정 아래서 합목적적, 합리적으로 고찰하여 개별적으로 판단되어야 하므로, 이와 같은 정당행위를 인정하려면 첫째 그 행위의 동기나 목적의 정당성, 둘째 행위의 수단이나 방법의 상당성, 셋째 보호이익과 침해이익과의 법익균형성, 넷째 긴급성, 다섯째 그 행위 외에 다른 수단이나 방법이 없다는 보충성 등의 요건을 갖추어야 한다.

(따라서)간통 현장을 직접 목격하고 그 사진을 촬영하기 위하여 상간자의 주거에 침입한 행위가 정당행위에 해당하지 않는다.

*평석. 대법원은 간통 현장을 직접 목격하고 그 사진을 촬영하기 위하여 상간자의 주거에 침입한 행위는 정당행위에 해당하지 않는다고 하고 있다.

■대법원 1967.9.26. 67도1089

주거침입의 위법성을 인정할 수 없는 실례

「피고인과 "갑" "을"의 세 사람이 함께 술을 마시고 그들이 사는 동리의 "갑" 집 앞길에 이르렀을 때 "갑"이 사소한 일로 피고인에게 폭행을 가함으로써 상호 시비중 "갑"이 그의 집으로 들어가기에 피고인도 술에 취하여 동인에게 얻어맞아 가면서 동인의 집까지 따라 들어가서 때리는 이유를 따지었던 경우에 피고인이 '갑'의 집에 따라 들어간 소위를 적법성 있는 주거침입이라고 논단하기 어렵다고 할 것이다.」

*평석. 대법원은 사회상규에 반하지 아니하는 정당행위라고 하고 있다.

Ⅲ. 퇴거불응죄

> 제319조(퇴거불응) ②전항의 장소에서 퇴거요구를 받고 응하지 아니한 자도 전항의 형과 같다.

1. 의의

타인의 주거 등에 들어갈 때에는 적법하였으나 주거에 머무는 동안 퇴거요구를 받고 응하지 않는 경우에 성립하는 범죄이다. 보호법익은 사실상 주거의 평온이다.

■대법원 1991.8.13. 91도1324

적법하게 직장점거를 개시한 근로자들이 적법히 직장폐쇄를 단행한 사용자로부터 퇴거요구를 받고도 불응한 채 직장점거를 계속한 행위가 퇴거불응죄를 구성하는지 여부(적극)

「근로자들의 직장점거가 개시 당시 적법한 것이었다 하더라도 사용자가 이에 대응하여 적법하게 직장폐쇄를 하게 되면, 사용자의 사업장에 대한 물권적 지배권이 전면적으로 회복되는 결과 사용자는 점거중인 근로자들에 대하여 정당하게 사업장으로부터의 퇴거를 요구할 수 있고 퇴거를 요구받은 이후의 직장점거는 위법하게 되므로, 적법히 직장폐쇄를 단행한 사용자로부터 퇴거요구를 받고도 불응한 채 직장점거를 계속한 행위는 퇴거불응죄를 구성한다.」

*평석. 적법하게 직장점거를 개시한 경우에도 적법한 사용자로부터 퇴거요구를 받고도 불응한 채 직장점거를 계속한 행위는 퇴거불응죄를 구성한다.

2. 구성요건

1) 퇴거요구

■대법원 1992.4.28. 91도2309

【판시사항】

1) 교회의 예배를 방해할 목적으로 교회에 출입하는 자에 대하여 교회의 당회가 출입금지의결을 하고 퇴거를 요구하였는데도 이에 불응한 행위가 퇴거불응죄에 해당하는지 여부(적극)

2) 교회 건물의 현관에 들어간 후 퇴거요구에 불응한 행위가 위 '1)'의 죄에 해당하는지 여부(적극)

3) 일반적으로 개방되어 있는 장소에 대하여 관리자가 출입을 금지 내지 제한할 수 있는지 여부(적극)와 교회의 경우

【판결요지】

1) 피고인이 예배의 목적이 아니라 교회의 예배를 방해하여 교회의 평온을 해할 목적으로 교회에 출입하는 것이 판명되어 위 교회 건물의 관리주체라고 할 수 있는 교회 당회에서 피고인에 대한 교회출입금지의결을 하고, 이에 따라 위 교회의 관리인이 피고인에게 퇴거를 요구한 경우 피고인의 교회출입을 막으려는 위 교회의 의사는 명백히 나타난 것이기 때문에 이에 기하여 퇴거요구를 한 것은 정당하고 이에 불응하여 퇴거를 하지 아니한 행위는 퇴거불응죄에 해당한다.

2) 사회통념상 현관도 건물의 일부임이 분명한 것이므로 피고인이 교회 건물의 현관에 들어간 이상 그 곳에서 교회 관리인의 퇴거요구를 받고 이에 응하지 않았다면 퇴거불응죄가 성립한다.

3) 교회는 교인들의 총유에 속하는 것으로서 교인들 모두가 사용수익권을 갖고 있고, 출입이 묵시적으로 승낙되어 있는 장소인바, 이같이 일반적으로 개방되어 있는 장소라도 필요한 때는 관리자가 그 출입을 금지 내지 제한할 수 있다.

*평석. 교회의 예배를 방해할 목적으로 교회에 출입하는 자에 대하여 교회의 당회가 출입금지의결을 하고 퇴거를 요구하였는데도 이에 불응한 행위가 퇴거불응죄에 해당한다고 판시한 판례사안이다.

2) 불응

■대법원 2007.11.15. 2007도6990

퇴거불응죄에서 '퇴거'의 의미

【이 유】

상고이유를 본다.

「원심은, <u>주거침입죄와 퇴거불응죄는 모두 사실상의 주거의 평온을 그 보호법익으로 하고, 주거침입죄에서의 침입이 신체적 침해로서 행위자의 신체가 주거에 들어가야 함을 의미하는 것과 마찬가지로 퇴거불응죄의 퇴거 역시 행위자의 신체가 주거에서 나감을 의미하므로, 피고인이 이 사건 건물에 가재도구 등을 남겨두었다는 사정은 퇴거불응</u>

죄의 성부에 영향이 없고, 한편 판시 증거들만으로는 피고인이 피해자 또는 그의 처인 공소외인으로부터 퇴거요구를 받고서도 이 사건 건물에서 퇴거하지 않았다는 이 사건 공소사실을 인정하기에 부족하고 달리 이를 인정할 증거가 없으며, 오히려 판시 증거들에 의하면, 피고인 및 그 가족들이 이 사건 공소사실 기재 일시경 위 공소외인으로부터 퇴거요구를 받고 공소외인에게 이 사건 건물의 열쇠를 반환한 다음 이 사건 건물에서 나감으로써 퇴거하였다고 보인다는 이유로, 이 사건 공소사실을 유죄로 인정한 제1심판결을 파기하고 무죄를 선고하였는바, 관련 법리 및 기록에 의하여 살펴보면, 원심의 위 인정 및 판단은 정당하고, 상고이유의 주장과 같이 채증법칙을 위반하거나 퇴거불응죄에 있어서의 퇴거불응의 의미 내지 기수시기에 관한 법리를 오해한 위법 등이 없다.」

*평석. 정당한 퇴거요구를 받고 건물에서 나가면서 가재도구 등을 남겨둔 경우 퇴거불응죄를 구성하지 않는다고 한 판례사안이다.

Ⅳ. 특수주거침입죄

第320조(특수주거침입) 단체 또는 다중의 위력을 보이거나 위험한 물건을 휴대하여 전조의 죄를 범한 때에는 5년 이하의 징역에 처한다.

■대법원 1994.10.11. 94도1991

수인이 흉기를 휴대하여 타인의 건조물에 침입하기로 공모한 후 일부만이 건조물에 들어간 경우, 폭력행위등처벌에관한법률 제3조 제1항, 제2조 제1항, 형법 제319조 제1항 소정의 특수주거침입죄의 구성요건인 '흉기휴대' 여부를 직접 건조물에 들어간 범인을 기준으로 결정하는지 여부

「폭력행위등처벌에관한법률 제3조 제1항, 제2조 제1항, 형법 제319조 제1항 소정의 특수주거침입죄는 흉기 기타 위험한 물건을 휴대하여 타인의 주거나 건조물 등에 침입함으로써 성립하는 범죄이므로, 수인이 흉기를 휴대하여 타인의 건조물에 침입하기로 공모한 후 그중 일부는 밖에서 망을 보고 나머지 일부만이 건조물 안으로 들어갔을 경우에 있어서 특수주거침입죄의 구성요건이 충족되었다고 볼 수 있는지의 여부는 직접 건조물에 들어간 범인을 기준으로 하여 그 범인이 흉기를 휴대하였다고 볼 수 있느냐의 여부에 따라 결정되어야 한다.」

*평석. 수인이 흉기를 휴대하여 타인의 건조물에 침입하기로 공모한 후 일부만이 건조물에 들어간 경우, 형법 제319조 제1항 소정의 특수주거침입죄의 구성요건인 '흉기휴대' 여부는 직접 건조물에 들어간 범인을 기준으로 결정한다.

◐참조조문

폭력행위등처벌에관한법률 제3조 제1항, 제2조 제1항, 형법 제319조 제1항

Ⅴ. 주거 · 신체수색죄

第321조(주거 · 신체 수색) 사람의 신체, 주거, 관리하는 건조물, 자동차, 선박이나 항공기 또는 점유하는 방실을 수색한 자는 3년 이하의 징역에 처한다.

■대법원 2001.9.7. 2001도2917

주주총회에 참석한 의결권 대리인이 회사 사무실을 뒤져 원하는 장부를 찾아낸 경우, 형법 제20조 소정의 정당행위라고 볼 수 없다는 이유로 방실수색죄가 성립한다고 한 사례

「주주총회에 참석한 의결권 대리인이 회사 사무실을 뒤져 원하는 장부를 찾아낸 경우, 형법 제20조 소정의 정당행위라고 볼 수 없다는 이유로 방실수색죄가 성립한다.

회사의 정기주주총회에 적법하게 참석한 주주라고 할지라도 주주총회장에서의 질문, 의사진행 발언, 의결권의 행사 등의 주주총회에서의 통상적인 권리행사 범위를 넘어서서 회사의 구체적인 회계장부나 서류철 등을 열람하기 위하여는 별도로 상법 제466조 등에 정해진 바에 따라 회사에 대하여 그 열람을 청구하여야 하고, 만일 회사에서 정당한 이유 없이 이를 거부하는 경우에는 법원에 그 이행을 청구하여 그 결과에 따라 회계장부 등을 열람할 수 있을 뿐 주주총회 장소라고 하여 회사측의 의사에 반하여 회사의 회계장부를 강제로 찾아 열람할 수는 없다고 할 것이며, 설사 회사측이 회사 운영을 부실하게 하여 소수주주들에게 손해를 입게 하였다고 하더라도 위와 같은 사정만으로 주주총회에 참석한 주주가 강제로 사무실을 뒤져 회계장부를 찾아내는 것이 사회통념상 용인되는 정당행위로 되는 것은 아니다.

*평석. 정당한 목적달성을 위한 것이라도 그것이 사회통념상 용인되는 통상적인 권리행사 범위를 넘어서서 이를 행하는 경우 수색행위의 위법성이 조각되지 아니한다.

◐참조조문

형법 제20조, 제321조

제2편

재산적 법익에 대한 죄

제1장 절도의 죄

Ⅰ. 절도죄

제329조(절도) 타인의 재물을 절취한 자는 6년 이하의 징역 또는 1천만원 이하의 벌금에 처한다. 제342조(미수범) 제329조 내지 제341조의 미수범은 처벌한다. 제344조(친족간의 범행) 제328조의 규정은 제329조 내지 제332조의 죄 또는 미수범에 준용한다. 제345조(자격정지의 병과) 본장의 죄를 범하여 유기징역에 처할 경우에는 10년 이하의 자격정지를 병과할 수 있다. 제346조(동력) 본장의 죄에 있어서 관리할 수 있는 동력은 재물로 간주한다.

1. 의의, 보호법익

절도죄는 타인이 점유하는 타인의 재물을 그 의사에 반하여 절취함으로써 성립하는 순수한 재물죄이다. 보호법익에 있어 주된 보호법익은 소유권이며 부차적으로 점유자체도 보호법익으로 한다. 보호의 정도는 침해범이며 모든 재산범죄 중 가장 단순하고 원시적인 범죄이다.

■대법원 1980.11.11. 80도131

절도범인이 피해물건의 소유자나 점유자의 어느 일방과의 사이에서만 친족관계가 있는 경우에 친족상도례에 관한 규정의 적용이 있는지 여부

「절도죄는 재물의 점유를 침탈하므로 인하여 성립하는 범죄이므로 재물의 점유자가 절도죄의 피해자가 되는 것이나 절도죄는 점유자의 점유를 침탈하므로 인하여 그 재물

의 소유자를 해하게 되는 것이므로 재물의 소유자도 절도죄의 피해자로 보아야 할 것이다. 친족상도례에 관한 규정은 범인과 피해물건의 소유자 및 점유자 모두 사이에 친족관계가 있는 경우에만 적용되는 것이고 절도범인이 피해물건의 소유자나 점유자의 어느 일방과 사이에서만 친족관계가 있는 경우에는 그 적용이 없다.」

*평석. 대법원도 절도죄의 보호법익은 소유권과 점유라는 견해를 지지하고 있는 것으로 보인다.

2. 객관적 구성요건

(1) 행위의 객체

타인이 점유하는 타인의 재물이다.

1) 재물

(가) 재물의 개념

■대법원 1998.6.23. 98도700

타인의 전화기를 무단사용하는 경우, 절도죄가 성립하는지 여부(소극)

「타인의 전화기를 무단으로 사용하여 전화통화를 하는 행위는 전기통신사업자가 그가 갖추고 있는 통신선로, 전화교환기 등 전기통신설비를 이용하고 전기의 성질을 과학적으로 응용한 기술을 사용하여 전화가입자에게 음향의 송수신이 가능하도록 하여 줌으로써 상대방과의 통신을 매개하여 주는 역무, 즉 전기통신사업자에 의하여 가능하게 된 전화기의 음향송수신기능을 부당하게 이용하는 것으로, 이러한 내용의 역무는 무형적인 이익에 불과하고 물리적 관리의 대상이 될 수 없어 재물이 아니라고 할 것이므로 절도죄의 객체가 되지 아니한다.」

*평석. 절도죄의 객체인 재물이란 물리적으로 유체물 및 관리가능한 동력을 말한다. 여기서의 관리는 물리적 관리를 의미하며 사무적 관리는 포함되지 아니한다. 전화기의 무단사용에 의한 전화통화는 물리적 관리의 대상이 될 수 없어 재물이 될 수 없다.

▣쟁점 1. 절도죄에 있어 재물의 개념

■대법원 1996.8.23. 95도192

타인의 문서를 복사한 후 원본은 그대로 두고 사본만 가져간 경우, 그 문서 사본에 대한 절도죄의 성부(소극)

「회사 직원이 업무와 관련하여 다른 사람이 작성한 회사의 문서를 복사기를 이용하여 복사를 한 후 원본은 제자리에 갖다 놓고 그 사본만 가져간 경우, 그 회사 소유의 문서의 사본을 절취한 것으로 볼 수는 없다.」

*평석. 정보는 유체물도 관리가능한 무체물(동력)도 아니므로 재물이 될 수 없다.

▣쟁점 1. 절도죄에 있어 재물의 개념과 관련하여 '관리가능한 동력'의 의미

■대법원 2002.7.12. 2002도745

【판시사항】

1) 컴퓨터에 저장된 정보가 절도죄의 객체로서 재물에 해당하는지 여부(소극) 및 이를 복사하거나 출력해 간 경우 절도죄를 구성하는지 여부(소극)

2) 컴퓨터 속의 정보를 빼내갈 목적으로 종이에 출력하여 가져간 경우 그 정보가 기재된 그 문서에 대한 절도죄가 성립하는지 여부(소극)

【판결요지】

1) 절도죄의 객체는 관리가능한 동력을 포함한 '재물'에 한한다 할 것이고, 또 절도죄가 성립하기 위해서는 그 재물의 소유자 기타 점유자의 점유 내지 이용가능성을 배제하고 이를 자신의 점유하에 배타적으로 이전하는 행위가 있어야만 할 것인바, <u>컴퓨터에 저장되어 있는 '정보' 그 자체는 유체물이라고 볼 수도 없고, 물질성을 가진 동력도 아니므로 재물이 될 수 없다 할 것이며,</u> 또 이를 복사하거나 출력하였다 할지라도 그 정보 자체가 감소하거나 피해자의 점유 및 이용가능성을 감소시키는 것이 아니므로 그 복사나 출력 행위를 가지고 절도죄를 구성한다고 볼 수도 없다.

2) <u>피고인이 컴퓨터에 저장된 정보를 출력하여 생성한 문서는 피해 회사의 업무를 위하여 생성되어 피해 회사에 의하여 보관되고 있던 문서가 아니라, 피고인이 가지고 갈 목적으로 피해 회사의 업무와 관계없이 새로이 생성시킨 문서라 할 것이므로,</u> 이는 피해 회사 소유의 문서라고 볼 수는 없다 할 것이어서, 이를 가지고 간 행위를 들어 피해 회사 소유의 문서를 절취한 것으로 볼 수는 없다.

*평석. 컴퓨터에 저장되어 있는 '정보' 그 자체는 유체물이라고 볼 수도 없고, 물질성을 가진 동력도 아니므로 절도죄의 객체인 재물이 될 수 없다.

■대법원 2008.2.15. 2005도6223

사원이 회사를 퇴사하면서 원료의 배합비율, 제조공정, 시제품의 품질 확인이나 제조

기술 향상을 위한 각종 실험결과 등을 기재한 자료를 가져간 경우 이는 절도에 해당하고, 위 자료는 구 부정경쟁방지 및 영업비밀보호에 관한 법률에 정한 영업비밀에 해당한다고 한 사례

「사원이 회사를 퇴사하면서 부품과 원료의 배합비율과 제조공정을 기술한 자료와 회사가 시제품의 품질을 확인하거나 제조기술 향상을 위한 각종 실험을 통하여 나타난 결과를 기재한 자료를 가져간 경우 이는 절도에 해당하고, 위 자료는 구 부정경쟁방지 및 영업비밀보호에 관한 법률(2004. 1. 20. 법률 제7095호로 개정되기 전의 것)에 정한 영업비밀에 해당한다.」

*평석. 자료는 절도죄의 객체인 유체물에 해당한다.

(나) 재물과 금전적 교환가치

재물은 경제적 교환가치를 가져야 하는가.

■대법원 2007.8.23. 2007도2595

절도죄의 객체인 '재물'의 의미

「절도죄의 객체인 재물은 반드시 객관적인 금전적 교환가치를 가질 필요는 없고 소유자·점유자가 주관적인 가치를 가지고 있는 것으로 족하고, 이 경우 주관적·경제적 가치의 유무를 판별함에 있어서는 그것이 타인에 의하여 이용되지 않는다고 하는 소극적 관계에 있어서 그 가치가 성립하더라도 관계없다.」

*평석. 절도죄의 객체인 재물은 금전적 교환가치를 가질 필요는 없으며 주관적·소극적 가치를 가지면 족하다(선친의 사진, 연서, 무효의 약속어음).

(다) 절도죄의 객체인 재물에 부동산도 포함하는가.

독일형법 제242조는 절도죄의 객체를 동산에 한정한다고 규정하고 있다.

■대법원 1998.4. 24. 97도3425

권원 없이 타인의 토지 위에 식재한 감나무에서 감을 수확한 것이 절도죄에 해당하는지 여부(적극)

「타인의 토지상에 권원 없이 식재한 수목의 소유권은 토지소유자에게 귀속하고 권원에 의하여 식재한 경우에는 그 소유권이 식재한 자에게 있으므로, 권원 없이 식재한 감나무에서 감을 수확한 것은 절도죄에 해당한다.」

*평석. 위 판례를 근거로 대법원이 부동산 절도를 긍정한 견해라는 주장이 있으나, 이는 토지로부터 분리된 동산으로서의 감을 절도죄의 객체로 본 것이라 하겠다.

2) 타인의 재물

절도죄의 행위객체인 재물의 타인성과 관련한 문제이다.

1) 재물의 타인성

■대법원 1998.4. 24. 97도3425

권원 없이 타인의 토지 위에 식재한 감나무에서 감을 수확한 것이 절도죄에 해당하는지 여부(적극)

「타인의 토지상에 권원 없이 식재한 수목의 소유권은 토지소유자에게 귀속하고 권원에 의하여 식재한 경우에는 그 소유권이 식재한 자에게 있으므로, 권원 없이 식재한 감나무에서 감을 수확한 것은 절도죄에 해당한다.」

*평석. 재물의 타인성과 관련하여 소유권의 귀속은 사법(물권법)에 의해 정해진다.

2) 금제품

금제품이란 소유 또는 점유가 금지된 물건을 말한다. 금제품에 대하여도 절도죄가 성립하는가.

■대법원 1998.11.24. 98도2967

위조유가증권이 형법상 재물로서 절도죄의 객체가 되는지 여부(적극)

「유가증권도 그것이 정상적으로 발행된 것은 물론 비록 작성권한 없는 자에 의하여 위조된 것이라고 하더라도 절차에 따라 몰수되기까지는 그 소지자의 점유를 보호하여야 한다는 점에서 형법상 재물로서 절도죄의 객체가 된다.」

*평석. 적법한 권원에 의한 점유가 아닌 경우에도 사실상 점유하고 있는 이상 몰수되기까지는 그 소지자의 점유는 보호되며 절도죄의 객체가 된다.

3) 절도죄에 있어 점유

행위객체로서의 형법상의 점유란 점유의사에 의하여 지배되고 그 범위와 한계가 經驗則에 따라 결정되는 재물에 대한 사람의 지배관계를 말한다.

(가) 사자의 점유

■대법원 1993.9.28. 93도2143

살해된 피해자의 재물에 대한 점유

「피해자를 살해한 방에서 사망한 피해자 곁에 4시간 30분쯤 있다가 그곳 피해자의 자취방 벽에 걸려 있던 피해자가 소지하는 물건들을 영득의 의사로 가지고 나온 경우 피해자가 생전에 가진 점유는 사망 후에도 여전히 계속되는 것으로 보아야 한다.」

*평석. 사자는 재물에 대한 지배의사를 가질 수 없어 사자의 점유가 인정되지 아니하나 판례와 같은 사안의 경우에 사자의 생전의 점유가 사망 후에도 계속된다고 하겠다.

◐참조조문

형법 제329조

▣쟁점 1. 절도죄에 있어 점유의 개념

2. 사자의 점유

(나) 점유의 사회적·규범적 요소

형법상의 점유는 현실적 지배를 의미하는 경우에도 그 범위와 한계는 경험칙(사회통념)에 의해 결정되어진다.

■대법원 1993.3.16. 92도3170

고속버스 승객이 차내에 있는 유실물을 가져 간 경우의 죄책(=점유이탈물횡령죄)

「고속버스 운전사는 고속버스의 관수자로서 차내에 있는 승객의 물건을 점유하는 것이 아니고 승객이 잊고 내린 유실물을 교부받을 권능을 가질 뿐이므로 유실물을 현실적으로 발견하지 않는 한 이에 대한 점유를 개시하였다고 할 수 없고, 그 사이에 다른 승객이 유실물을 발견하고 이를 가져 갔다면 절도에 해당하지 아니하고 점유이탈물횡령에 해당한다.」

*평석. 다른 사람의 지배범위에 잘못 두고 온 물건은 그 자의 새로운 점유가 개시되어진다. 대법원은 고속버스의 경우에는 운전자의 배타적 지배가 미치는 영역이 아니라고 보고 이를 가져 갔다면 절도에 해당하지 아니하고 점유이탈물횡령죄에 해당한다고 하고 있다.

◐참조조문

형법 제329조, 제360조

■대법원 1984.2.28. 84도38

강간피해자가 도피하면서 범죄현장에 놓고 간 가방에서 피고인이 돈을 꺼낸 경우의 죄책

「강간을 당한 피해자가 도피하면서 현장에 놓아두고 간 손가방은 점유이탈물이 아니라 사회통념상 피해자의 지배하에 있는 물건이라고 보아야 할 것이므로 피고인이 그 손가방 안에 들어 있는 피해자 소유의 돈을 꺼낸 소위는 절도죄에 해당한다.」

*평석. 강간피해자가 도피하면서 범죄현장에 놓고 간 가방은 사회통념상 여전히 피해자의 점유하에 있다고 볼 수 있다.

4) 타인의 점유

절도죄의 객체는 '타인이 점유하는' 타인의 재물이다. 절도죄의 타인의 점유란 그 재물이 행위자의 단독점유에 속하지 않는 경우를 말한다.

(가) 공동점유

① 대등관계의 공동점유

■대법원 1984.1.31. 83도3027

별거중인 남편이 궤짝에 넣어 보관중인 인장을 처가 소지한 열쇠를 사용하여 취거한 경우 절도죄의 성부

「인장이 들은 돈궤짝을 사실상 별개 가옥에 별거 중인 남편이 그 거주가옥에 보관중이었다면 처가 그 돈궤짝의 열쇠를 소지하고 있었다고 하더라도 그 안에 들은 인장은 처의 단독보관하에 있은 것이 아니라 남편과 공동보관하에 있다고 보아야 할 것이므로, 공동보관자중의 1인인 처가 다른 보관자인 남편의 동의 없이 불법영득의 의사로 위 인장을 취거한 이상 절도죄를 구성한다고 보아야 할 것이다.」

*평석. 공동점유자 상호간에는 서로 점유의 타인성이 인정되어진다.

◐참조조문

형법 제329조, 민법 제197조

② 상하관계의 공동점유

■대법원 1966.1.31. 65도1178

운반을 위하여 소지하게 된 타인의 금원을 영득한 경우와 절도죄

「은행에서 찾은 현금을 운반하기 위하여 소지하게 된 자가 그 금원 중 일부금을 꺼내어 이를 영득한 경우에는 피고인의 운반을 위한 소지는 피고인의 독립적인 점유에 속하는 것이 아니고 피해자의 점유에 종속하는 점유의 기관으로서 소지함에 지나지 않으므로 이를 영득한 행위는 피해자의 점유를 침탈함에 돌아가기 때문에 절도죄가 성립한다고 해석함이 정당하다.」

*평석. 상하관계의 공동점유의 경우에 있어 하위점유자의 점유는 상위점유자와의 관계에서 보호받지 못한다.

■대법원 1982.11.23. 82도2394

물건의 운반을 의뢰받은 짐꾼이 그 물건을 영득한 경우 횡령죄의 성부(적극)

「피해자가 시장 점포에서 물건을 매수하여 묶어서 그곳에 맡겨 놓은 후 그곳에서 약 50미터 떨어져 동 점포를 살펴볼 수 없는 딴 가게로 가서 지게 짐꾼인 피고인을 불러 피고인 단독으로 위 점포에 가서 맡긴 물건을 운반해 줄 것을 의뢰하였더니 피고인이 동 점포에 가서 맡긴 물건을 찾아 피해자에게 운반해 주지 않고 용달차에 싣고 가서 처분한 것이라면 피고인의 위 운반을 위한 소지 관계는 피해자의 위탁에 의한 보관관계에 있다고 할 것이므로 이를 영득한 행위는 절도죄가 아니라 횡령죄를 구성한다.」

*평석. 재물의 운반을 위탁한 경우에 운반자의 단독점유 여부는 그에 대한 위탁자의 현실적 지배통제가 가능하냐의 여부에 따라 결정되어진다.

◐참조조문

형법 제355조 제1항

(2) 행위

절도죄의 행위는 절취이다. 절취란 타인이 점유하고 있는 타인의 재물을 점유자의 의사에 반하여 그 점유를 배제하고 자기 또는 제3자의 점유로 옮기는 것을 말한다.

1) 점유의 배제

■대법원 1996.10.15. 96도2227,96감도94

예식장 축의금 접수대에서 접수인인 것처럼 행세하여 축의금을 교부받아 가로챈 행위의 처단 죄명(절도)

「피해자가 결혼예식장에서 신부측 축의금 접수인인 것처럼 행세하는 피고인에게 축의금을 내어 놓자 이를 교부받아 가로챈 사안에서, 피해자의 교부행위의 취지는 신부측에 전달하는 것일 뿐 피고인에게 그 처분권을 주는 것이 아니므로, 이를 피고인에게 교부한 것이라고 볼 수 없고 단지 신부측 접수대에 교부하는 취지에 불과하므로 피고인이 그 돈을 가져간 것은 신부측 접수처의 점유를 침탈하여 범한 절취행위라고 보는 것이 정당하다.」

*평석. 점유배제를 위한 기망행위에 의한 교부행위가 피해자의 종국적인 점유이전의사가 아니기 때문에 그 축의금에 대한 점유가 인정되지 아니하여 절도죄가 성립한다.

■대법원 1994.8.12. 94도1487

금방에서 마치 귀금속을 구입할 것처럼 가장하여 순금목걸이 등을 건네받은 다음 화장실에 갔다 오겠다는 핑계를 대고 도주한 경우 절도죄의 성부

「피고인이 피해자 경영의 금방에서 마치 귀금속을 구입할 것처럼 가장하여 피해자로부터 순금목걸이 등을 건네받은 다음 화장실에 갔다 오겠다는 핑계를 대고 도주한 것이라면 위 순금목걸이 등은 도주하기 전까지는 아직 피해자의 점유하에 있었다고 할 것이므로 이를 절도죄로 의율 처단한 것은 정당하다.」

*평석. 기망행위에 의한 교부행위가 피해자의 종국적인 점유이전의사가 아니기 때문에 절도죄가 성립한다.

▣쟁점 1. 책략절도

2) 실행의 착수시기

■대법원 2003.6.24. 2003도1985,2003감도26

주간에 절도의 목적으로 타인의 주거에 침입한 경우, 절도죄의 실행의 착수시기

「야간이 아닌 주간에 절도의 목적으로 다른 사람의 주거에 침입하여 절취할 재물의 물색행위를 시작하는 등 그에 대한 사실상의 지배를 침해하는 데에 밀접한 행위를 개시하면 절도죄의 실행에 착수한 것으로 보아야 한다. 주간에 절도의 목적으로 방 안까지 들어갔다가 절취할 재물을 찾지 못하여 거실로 돌아나온 경우, 절도죄의 실행 착수가 인정된다.」

*평석. 대법원은 절취할 재물의 물색행위를 시작하는 등 그에 대한 사실상의 지배를 침해하는 데에 밀접한 행위를 개시하면 실행의 착수가 있다고 한다(밀접행위설).

3) 기수시기

절도죄의 기수시기는 재물를 자기 또는 제3자의 지배하에 둔 때에 기수가 된다(취득설).

■대법원 2008.10.23. 2008도6080

입목절도죄의 기수시기(=입목채취시)

「입목을 절취하기 위하여 캐낸 때에 소유자의 입목에 대한 점유가 침해되어 범인의 사실적 지배하에 놓이게 되므로 범인이 그 점유를 취득하고 절도죄는 기수에 이른다. 이를 운반하거나 반출하는 등의 행위는 필요하지 않다. (따라서)절도범인이 혼자 입목을 땅에서 완전히 캐낸 후에 비로소 제3자가 가담하여 함께 입목을 운반한 사안에서, 특수절도죄의 성립은 부정되어진다.」

*평석. 입목을 절취하기 위하여 캐낸 때에 기수가 된다.

▣쟁점 1. 절도죄의 실행의 착수시기와 기수시기.

3. 주관적 구성요건

(1) 고의

타인이 점유하는 타인의 재물을 절취한다는 고의를 요한다.

■대법원 1983.9.13. 83도1762,83감도315

재물의 타인성을 오신한 취거행위와 절도죄에 있어서의 범의

「절도죄에 있어서 재물의 타인성을 오신하여 그 재물이 자기에게 취득(빌린 것)할 것이 허용된 동일한 물건으로 오인하고 가져온 경우에는 범죄사실에 대한 인식이 있다고 할 수 없으므로 범의가 조각되어 절도죄가 성립하지 아니한다.」

*평석. 재물의 타인성에 대한 인식은 고의의 일요소이다.

◐참조조문

형법 제13조, 제329조

(2) 불법영득의사

불법영득의사는 권리자를 배제하고 타인의 재물을 자기의 소유물처럼 이용·처분하려는 의사를 말한다

▣쟁점 1. 불법영득의사

1) 절도죄의 고의 이외에 불법영득의사가 필요한가.

■대법원 1982.2.23. 81도2371

매도한 배추의 처분과 불법영득의 의사

「매수인이 매수한 배추를 약정기일까지 수거해 가지도 않고 달리 연락도 되지 않는데다가 배추는 누렇게 뜨고 썩기 시작하여 이를 그대로 다 버리게 될 우려가 있어 소외인에게 처분하고 그 대금중 소개비를 공제한 잔금을 농협에 정기예탁한 경우라면 피고인에게 불법영득의 의사가 있었다고 볼 수 없다.」

*평석. 대법원은 절도죄가 성립하기 위해서는 불법영득의사가 필요하다는 견해이다.

2) 불법영득의사의 내용

■대법원 2000.10.13. 2000도3655

절도죄의 성립에 필요한 '불법영득의 의사'의 의미

「절도죄의 성립에 필요한 불법영득의 의사라 함은 권리자를 배제하고 타인의 물건을 자기의 소유물과 같이 그 경제적 용법에 따라 이용, 처분하려는 의사를 말한다. 피고인이 살해된 피해자의 주머니에서 꺼낸 지갑을 살해도구로 이용한 골프채와 옷 등 다른 증거품들과 함께 자신의 차량에 싣고 가다가 쓰레기 소각장에서 태워버린 경우, 살인범행의 증거를 인멸하기 위한 행위로서 불법영득의 의사가 있었다고 보기 어렵다.」

*평석. 대법원은 절도죄의 성립에 필요한 불법영득의 의사라 함은 "권리자를 배제하고 타인의 물건을 자기의 소유물과 같이 그 경제적 용법에 따라 이용, 처분하려는 의사를 말한다"고 하고 있다. 그 내용으로 '경제적 용법에 따라 이용, 처분하려는 의사'는 경제적 교환가치가 없는 재물도 절도죄의 객체가 될 수 있다는 점에서 타당하지 아니하다.

■대법원 1977.6.7. 77도1069

분실한 총기를 보충하기 위하여 타부대의 총기를 취거한 경우의 절도죄의 성부

「군인이 총기를 분실하고 그를 보충하기 위하여 총기를 취거한 경우에는 불법영득의 의사가 있다고 할 수 없다.」

*평석. 소유권자의 지위와 유사한 지위를 취득할 의사가 인정되지 않으므로 불법영득의 의사가 있다고 할 수 없다.

3) 영득의사의 객체

물체설과 가치설 및 절충설(통설, 판례)의 학설대립이 있다.

■대법원 1981.10.13. 81도2394.

절도죄에 있어서의 불법영득의 의사

「절도죄에 있어서의 불법영득의 의사는 영구적으로 그 물건의 경제적 이익을 보유할 의사가 필요치 아니하여도 소유권 또는 이에 준하는 본권을 침해하는 의사, 즉 목적물의 물질을 영득할 의사나 물질의 가치만을 영득할 의사라도 영득의 의사가 있다고 할 것인바, 피고인이 길가에 세워져 있는 오토바이를 소유자의 승낙없이 타고가서 용무를 마친 약1시간 30분 후 본래 있던 곳에서 약 7,8미터 되는 장소에 방치하였다면 불법영득의 의사가 있었다고 할 것이다.」

*평석. 판례는 불법영득의사의 객체가 무엇인가에 대해 절충설의 입장이다.

■대법원 2006.3.9. 2005도7819

【판시사항】

1) 타인의 재물을 점유자의 승낙 없이 무단 사용하는 경우, 불법영득의사 유무의 판단 기준

2) 타인의 은행 직불카드를 무단 사용하여 자신의 예금계좌로 돈을 이체시킨 후 곧 직불카드를 반환한 경우, 그 직불카드에 대한 절도죄의 성립 여부(소극)

【판결요지】

1) 타인의 재물을 점유자의 승낙 없이 무단 사용하는 경우에 있어서 그 사용으로 인하여 물건 자체가 가지는 경제적 가치가 상당한 정도로 소모되거나 또는 사용 후 그 재물을 본래 있었던 장소가 아닌 다른 장소에 버리거나 곧 반환하지 아니하고 장시간 점유하고 있는 것과 같은 때에는 그 소유권 또는 본권을 침해할 의사가 있다고 보아 불법영득의 의사를 인정할 수 있을 것이나, 그렇지 않고 그 사용으로 인한 가치의 소모가 무시할 수 있을 정도로 경미하고, 또한 사용 후 곧 반환한 것과 같은 때에는 그 소유권 또는 본권을 침해할 의사가 있다고 할 수 없어 불법영득의 의사가 있다고 인정할 수 없다.

2) 은행이 발급한 직불카드를 사용하여 타인의 예금계좌에서 자기의 예금계좌로 돈을 이체시켰다 하더라도 직불카드 자체가 가지는 경제적 가치가 계좌이체된 금액만큼 소모되었다고 할 수는 없으므로, 이를 일시 사용하고 곧 반환한 경우에는 그 직불카드에 대한 불법영득의 의사는 없다고 보아야 한다.

*평석. 직불카드와 같이 특수한 기능가치의 감소가 없는 단순한 재물의 사용가치는 가치감소가 없으므로 영득의사의 객체가 될 수 없다.

4) 절도와 사용절도

사용절도란 타인의 재물을 무단으로 일시 사용한 후에 소유자에게 반환하는 것을 말한다. 사용절도는 불법영득의사가 없으므로 절도죄로 벌하지 아니한다. 물론 사용절도의 경우에 자동차등불법사용죄(제331조의2)에 해당할 수 있다.

■대법원 1992.4.24. 92도118

【판시사항】

1) 사용절도에 있어서 불법영득의사의 판단기준

2) 동네 선배의 차량을 3차례에 걸쳐 2-3시간 정도 몰래 운행한 후 원래의장소에 갖다 놓은 행위에 불법영득의 의사가 없다고 본 사례

【판결요지】

1) 타인의 재물을 점유자의 승낙 없이 무단사용하는 경우에 있어서 그 사용으로 물건 자체가 가지는 경제적 가치가 상당한 정도로 소모되거나 또는 사용 후 본래의 장소가 아닌 다른 곳에 버리거나 곧 반환하지 아니하고 장시간 점유하고 있는 것과 같은 때에는 그 소유권 또는 본권을 침해할 의사가 있다고 보아 불법영득의 의사를 인정할 수 있을 것이나 그렇지 아니하고 그 사용으로 인한 가치의 소모가 무시할 정도로 경미하고 또 사용 후 곧 반환한 것과 같은 때에는 그 소유권 또는 본권을 침해할 의사가 있다고 할 수 없어 불법영득의 의사를 인정할 수 없다고 봄이 상당하다.

2) 동네 선배로부터 차량을 빌렸다가 반환하지 아니한 보조열쇠를 이용하여 그 후 3차례에 걸쳐 위 차량을 2-3시간 정도 운행한 후 원래 주차된 곳에 갖다 놓아 반환한 경우 피해자와의 친분관계, 차량의 운행경위, 운행시간, 운행 후의 정황 등에 비추어 불법영득의 의사가 있었다고 볼 수 없다.

*평석. 사용절도의 요건으로 ① 반환의사를 본질로 하며 방치는 여기에 해당하지 않는다. ② 가치의 감소가 없을 것, ③ 그 침해상태(사용)가 부당하게 장기간이 아닐 것을 요한다.

4. 불가벌적 사후행위

상태범인 절도죄에 있어 기수이후의 행위가 주된 범죄의 포괄적 평가범위 내에 포함되어 별개의 범죄가 성립되지 아니하는 행위를 말한다.

■대법원 1982.7.27. 82도822

절취한 자기앞 수표를 추심의뢰하여 환금한 경우 사기죄 불성립

「금융기관 발행의 자기앞수표는 즉시 지급받을 수 있어 현금에 대신하는 기능을 하고 있는 점에서 현금적인 성격이 강하므로 절취한 자기앞수표의 환금행위는 절취행위

에 대한 수반한 당연의 경과라 하여 절도행위에 대한 가벌적 평가에 당연히 포함된다 봄이 상당하므로 사기죄가 성립하지 아니한다.」

*평석. 불가벌적 사후행위의 판례사안이다.

■대법원 1996.7.12. 96도1181

절취한 신용카드의 부정사용행위가 절도범행의 불가벌적 사후행위에 해당하는지 여부(소극)

「신용카드를 절취한 후 이를 사용한 경우 신용카드의 부정사용행위는 새로운 법익의 침해로 보아야 하고 그 법익침해가 절도범행보다 큰 것이 대부분이므로 위와 같은 부정사용행위가 절도범행의 불가벌적 사후행위가 되는 것은 아니다.」

*평석. 절취한 신용카드의 부정사용행위는 주된 범죄인 절도의 포괄적 평가범위를 초과하는 새로운 법익침해로 불가벌적 사후행위가 되는 것은 아니다.

Ⅱ. 야간주거침입절도죄

第330조(야간주거침입절도) 야간에 사람의 주거, 간수하는 저택, 건조물이나 선박 또는 점유하는 방실에 침입하여 타인의 재물을 절취한 자는 10년 이하의 징역에 처한다. 第342조(미수범) 제329조 내지 제341조의 미수범은 처벌한다.

1. 의의, 보호법익

야간주거침입절도죄는 야간에 사람의 주거, 간수하는 저택, 건조물이나 선박 또는 점유하는 방실에 침입하여 타인의 재물을 절취함으로써 성립하는 범죄이다. 보호법익은 소유권과 주거의 평온을 보호법익으로 하며 야간이라는 시간적 제약을 받는 주거침입죄와 절도죄의 결합범이다.

2. 객관적 구성요건

(1) 야간의 의미

심리학적 견해와 천문학적 견해가 있다.

■대법원 1992.11.10. 92도2364

폭력행위등처벌에관한법률 제2조 제2항 소정의 '야간'의 의미(일몰 후부터 다음날 일출 전까지)

「폭력행위등처벌에관한법률 제2조 제2항 소정의 '야간'이라 함은 일몰 후부터 다음날 일출 전까지를 말하는데, 일력에 의하면 1992.2.12.의 일출시각은 07:20임이 명백하므로 범행시인 같은 날 08:00경을 야간으로 볼 수 없다.」

*평석. 통설과 판례는 천문학적 견해의 의미로 일몰 후부터 다음날 일출 전까지를 의미한다고 한다.

▣쟁점 1. '야간에 침입하여 절취한다'는 행위상황에 있어 야간의 의미.

(2) 실행의 착수시기

■대법원 2003.10.24. 2003도4417

준강도의 주체로서 절도의 의미 및 야간주거침입절도죄의 실행의 착수시기

「준강도의 주체는 절도 즉 절도범인으로, 절도의 실행에 착수한 이상 미수이거나 기수이거나 불문하고, 야간에 타인의 재물을 절취할 목적으로 사람의 주거에 침입한 경우에는 주거에 침입한 단계에서 이미 형법 제330조에서 규정한 야간주거침입절도죄라는 범죄행위의 실행에 착수한 것이라고 보아야 하며, 주거침입죄의 경우 주거침입의 범의로써 예컨대, 주거로 들어가는 문의 시정장치를 부수거나 문을 여는 등 침입을 위한 구체적 행위를 시작하였다면 주거침입죄의 실행의 착수는 있었다고 보아야 한다. (따라서)야간에 아파트에 침입하여 물건을 훔칠 의도하에 아파트의 베란다 철제난간까지 올라가 유리창문을 열려고 시도하였다면 야간주거침입절도죄의 실행에 착수한 것으로 보아야 한다.」

*평석. 야간주거침입절도죄의 실행의 착수시기는 절도의 의사로 주거에 침입한 때 실행의 착수가 있다.

(3) 기수시기

주거침입하여 재물절취가 있는 때 기수이며 住居侵入이 기수인가 미수인가의 여부는 불문한다.

■대법원 1991.4.23. 91도476 야간에 까페에서 그 곳 내실에 침입하여 장식장 안에 들어 있던 정기적금통장등을 꺼내 들고 까페로 나오던 중 발각되어 돌려 준 경우 야간주거침입절도의 기수 여부(적극)

「피고인이 피해자 경영의 까페에서 야간에 아무도 없는 그 곳 내실에 침입하여 장식장 안에 들어 있던 정기적금통장 등을 꺼내 들고 까페로 나오던 중 발각되어 돌려 준 경우 피고인은 피해자의 재물에 대한 소지(점유)를 침해하고, 일단 피고인 자신의 지배내에 옮겼다고 볼 수 있으니 절도의 미수에 그친 것이 아니라 야간주거침입절도의 기수라고 할 것이다.」

*평석. 재물취득이 있으므로 기수이다.

Ⅲ. 특수절도죄(제331조)

제331조(특수절도) ①야간에 문호 또는 장벽 기타 건조물의 일부를 손괴하고 전조의 장소에 침입하여 타인의 재물을 절취한 자는 1년 이상 10년 이하의 징역에 처한다.
②흉기를 휴대하거나 2인 이상이 합동하여 타인의 재물을 절취한 자도 전항의 형과 같다.

1. 의의, 성격

야간에 문호 등을 손괴하고 주거에 침입하여 재물을 절취하거나(형법 제331조 제1항), 흉기를 휴대하거나 2인 이상이 합동하여 타인의 재물을 절취함으로써(동조 제2항) 성립하는 범죄이다. 전자는 범행수단의 강폭성 때문에, 그리고 후자는 범행의 위험성·집단성 때문에 불법이 가중되는 유형이다.

2. 형법 제331조 제1항의 특수절도죄

(1) 야간

■대법원 1971.2.23. 70도2699

「형법 제331조 제1항 특수절도죄는 야간에 범한 행위를 구성요건으로 하고 있음에도 불구하고 주간에 범한 행위에 대하여 같은 법조항을 적용한 것은 위법이다.」

*평석. 야간에 문호 또는 장벽 기타 건조물의 일부를 손괴하고 주거침입을 하여 타인의 재물을 절취하여야 한다.

(2) '문호 또는 장벽 기타 건조물의 일부' 및 '손괴'의 의미

■대법원 2004.10.15. 2004도4505

형법 제331조 제1항에 정한 '문호 또는 장벽 기타 건조물의 일부' 및 '손괴'의 의미

「형법 제331조 제1항에 정한 '문호 또는 장벽 기타 건조물의 일부'라 함은 주거 등에 대한 침입을 방지하기 위하여 설치된 일체의 위장시설 (圍障施設)을 말하고, '손괴'라 함은 물리적으로 위와 같은 위장시설을 훼손하여 그 효용을 상실시키는 것을 말한다. 야간에 불이 꺼져 있는 상점의 출입문을 손으로 열어보려고 하였으나 출입문의 하단에 부착되어 있던 잠금 고리가 잠겨져 있어 열리지 않았는데, 출입문을 발로 걷어차자 잠금 고리의 아래쪽 부착 부분이 출입문에서 떨어져 출입문과의 사이가 뜨게 되면서 출입문이 열려 상점 안으로 침입하여 재물을 절취하였다면, 이는 물리적으로 위장시설을 훼손하여 그 효용을 상실시키는 행위에 해당한다고 한 사례.

*평석. '문호 또는 장벽'이란 침입을 방지하기 위하여 설치된 일체의 인위적 시설물을 말하며, '손괴'라 함은 물리적으로 이러한 시설을 훼손하여 그 효용을 상실시키는 것을 말한다.

(3) 실행의 착수 및 기수시기

■대법원 1977.7.26. 77도1802

「현실적으로 절취목적물에 접근하지 못하였다 하더라도 야간에 타인의 주거에 침입하여 건조물의 일부인 방문고리를 손괴하였다면 형법 제331조의 특수절도죄의 실행에 착수한 것이다.」

*평석. 실행의 착수시기는 건조물의 일부를 손괴하기 시작한 때이고, 기수시기는 재

물을 절취한 때이다.

3. 형법 제331조 제2항의 특수절도죄

(1) 흉기휴대절도

1) 흉기의 의의

신체적 위험을 초래하는데 객관적으로 적합한 물건을 말한다. 휴대란 범행에 사용할 의사로 몸에 소지하는 것으로 행위자가 이 사실을 인식하고 있어야 한다.

(2) 합동절도

합동절도란 2인 이상이 합동하여 절도죄를 범하는 것을 말한다.

1) 합동범에 있어 합동의 의미

■대법원 1996.3.22. 96도313

형법 제331조 제2항 후단의 합동범의 성립요건

「형법 제331조 제2항 후단의 2인 이상이 합동하여 타인의 재물을 절취한 경우의 특수절도죄가 성립하기 위하여는 주관적 요건으로서의 공모와 객관적 요건으로서의 실행행위의 분담이 있어야 하고 그 실행행위에 있어서는 시간적으로나 장소적으로 협동관계에 있음을 요한다. 피고인이 피해자의 형과 범행을 모의하고 피해자의 형이 피해자의 집에서 절취행위를 하는 동안 피고인은 그 집 안의 가까운 곳에 대기하고 있다가 절취품을 가지고 같이 나온 경우 시간적, 장소적으로 협동관계가 있었다.」

*평석. 합동범에 있어 합동의 의미는 주관적 요건으로 공동가공의 의사와 객관적 요건으로 실행행위에 있어서는 시간적·장소적으로 협동관계에 있음을 요한다.

▣쟁점 1. 합동범에 있어 합동의 의미.

2) 합동범의 공동정범 성립여부(형법 제30조, 제331조 제2항).

■대법원 1998.5.21. 98도321

3인 이상이 합동절도를 모의한 후 2인 이상이 범행을 실행한 경우, 직접 실행행위에 가담하지 않은 자에 대한 공모공동정범의 인정 여부(적극)

「3인 이상의 범인이 합동절도의 범행을 공모한 후 적어도 2인 이상의 범인이 범행현장에서 시간적, 장소적으로 협동관계를 이루어 절도의 실행행위를 분담하여 절도 범행을 한 경우에는 공동정범의 일반 이론에 비추어 그 공모에는 참여하였으나 현장에서 절도의 실행행위를 직접 분담하지 아니한 다른 범인에 대하여도 그가 현장에서 절도 범행을 실행한 위 2인 이상의 범인의 행위를 자기 의사의 수단으로 하여 합동절도의 범행을 하였다고 평가할 수 있는 정범성의 표지를 갖추고 있다고 보여지는 한 그 다른 범인에 대하여 합동절도의 공동정범의 성립을 부정할 이유가 없다고 할 것이다. 형법 제331조 제2항 후단의 규정이 위와 같이 3인 이상이 공모하고 적어도 2인 이상이 합동절도의 범행을 실행한 경우에 대하여 공동정범의 성립을 부정하는 취지라고 해석할 이유가 없을 뿐만 아니라, 만일 공동정범의 성립가능성을 제한한다면 직접 실행행위에 참여하지 아니하면서 배후에서 합동절도의 범행을 조종하는 수괴는 그 행위의 기여도가 강력함에도 불구하고 공동정범으로 처벌받지 아니하는 불합리한 현상이 나타날 수 있다. 그러므로 합동절도에서도 공동정범과 교사범·종범의 구별기준은 일반원칙에 따라야 하고, 그 결과 범행현장에 존재하지 아니한 범인도 공동정범이 될 수 있으며, 반대로 상황에 따라서는 장소적으로 협동한 범인도 방조만 한 경우에는 종범으로 처벌될 수도 있다.」

*평석. 대법원은 합동범의 공동정범을 인정하고 있다.

▣쟁점 1. 합동범의 공동정범

Ⅳ. 자동차등 불법사용죄

제331조의2(자동차등 불법사용) 권리자의 동의 없이 타인의 자동차, 선박, 항공기 또는 원동기장치자전차를 일시 사용한 자는 3년 이하의 징역, 500만원 이하의 벌금, 구류 또는 과료에 처한다.

(1) 의의

자동차 등의 사용절도를 벌하는 규정이다.

■대법원 1998.9.4. 98도2181

「차량을 반환할 의사로 피해자의 동의 없이 일시 사용한 경우이므로 특수절도죄가 아닌 자동차등불법사용죄를 적용해야 한다.」

*평석. 자동차 등 불법사용죄는 차량을 반환할 의사로 피해자의 동의 없이 일시 사용한 경우를 말한다.

(2) 주관적 구성요건

■대법원 2002.9.6. 2002도3465

형법 제331조의2 소정의 자동차등불법사용죄의 적용 요건 및 절도죄에 있어서 불법영득의 의사

「형법 제331조의2에서 규정하고 있는 자동차등불법사용죄는 타인의 자동차 등의 교통수단을 불법영득의 의사 없이 일시 사용하는 경우에 적용되는 것으로서 불법영득의 사가 인정되는 경우에는 절도죄로 처벌할 수 있을 뿐 본죄로 처벌할 수 없다 할 것이며, 절도죄의 성립에 필요한 불법영득의 의사라 함은 권리자를 배제하고 타인의 물건을 자기의 소유물과 같이 이용, 처분할 의사를 말하고 영구적으로 그 물건의 경제적 이익을 보유할 의사임은 요치 않으며 일시사용의 목적으로 타인의 점유를 침탈한 경우에도 이를 반환할 의사 없이 상당한 장시간 점유하고 있거나 본래의 장소와 다른 곳에 유기하는 경우에는 이를 일시 사용하는 경우라고는 볼 수 없으므로 영득의 의사가 없다고 할 수 없다.」

*평석. 소유자의 승낙 없이 오토바이를 타고 가서 다른 장소에 버린 경우, 일시사용의 의사로 볼 수 없어 불법영득의사가 인정되어 자동차등불법사용죄가 아닌 절도죄가 성립한다

V. 친족간의 범행의 특례(친족상도례)

제344조(친족간의 범행) 제328조의 규정은 제329조 내지 제332조의 죄 또는 미수범에 준용한다. 제328조(친족간의 범행과 고소) ①직계혈족, 배우자, 동거친족, 동거가족 또는 그 배우자간의 제323조의 죄는 그 형을 면제한다. ②제1항이외의 친족간에 제323조의 죄를 범한 때에는 고소가 있어야 공소를 제기할 수 있다. ③전2항의 신분관계가 없는 공범에 대하여는 전2항을 적용하지 아니한다.

1. 의의, 성격

친족상도례는 범죄는 성립하지만 형벌권이 발생하지 않는 경우에 해당한다(인적 처

벌조각사유).

2. 적용범위

(1) 대상범죄

형법은 이 규정을 권리행사방해죄에서 규정하고 이를 다시 재산범죄에 있어 절도죄, 사기죄와 공갈죄, 횡령과 배임의 죄, 그리고 장물죄에 준용하고 있다.

■대법원 2000.10.13. 99오1

친족상도례에 관한 형법 규정은 특정경제범죄가중처벌등에관한법률 제3조 제1항 위반죄에도 적용되는지 여부(적극)

「형법 제354조, 제328조의 규정을 종합하면, 직계혈족, 배우자, 동거친족, 호주, 가족 또는 그 배우자 간의 사기 및 사기미수의 각 죄는 그 형을 면제하여야 하고, 그 외의 친족 간에는 고소가 있어야 공소를 제기할 수 있으며, 또한 형법상 사기죄의 성질은 특정경제범죄가중처벌등에관한법률 제3조 제1항에 의해 가중처벌되는 경우에도 그대로 유지되고, 특별법인 특정경제범죄가중처벌등에관한법률에 친족상도례에 관한 형법 제354조, 제328조의 적용을 배제한다는 명시적인 규정이 없으므로, 형법 제354조는 특정경제범죄가중처벌등에관한법률 제3조 제1항 위반죄에도 그대로 적용된다.」

*평석. 특별법상의 재산범죄에 있어서도 적용을 배제하는 규정이 없는 한 친족상도례가 적용된다.

(2) 친족의 범위

친족의 범위는 민법에 따라 정해지며 친족관계는 행위시에 존재해야 한다. 그리고 친족상도례 규정이 적용되기 위해서는 행위자와 재물의 소유자 그리고 점유자 사이에도 친족관계가 있어야 한다.

■대법원 2008.7.24. 2008도3438

횡령범인이 피해물건의 소유자와 위탁자 중 한쪽과 친족관계가 있는 경우, 친족상도례의 적용 여부(소극)

「횡령범인이 위탁자가 소유자를 위해 보관하고 있는 물건을 위탁자로부터 보관 받아 이를 횡령한 경우에 형법 제361조에 의하여 준용되는 <u>제328조 제2항의 친족간의 범행</u>

에 관한 조문은 범인과 피해물건의 소유자 및 위탁자 쌍방 사이에 같은 조문에 정한 친족관계가 있는 경우에만 적용되고, 단지 횡령범인과 피해물건의 소유자간에만 친족관계가 있거나 횡령범인과 피해물건의 위탁자간에만 친족관계가 있는 경우에는 적용되지 않는다.」

*평석. 친족상도례 규정이 적용되기 위해서는 행위자와 재물의 소유자 그리고 점유자 사이에도 친족관계가 있어야 한다.

■대법원 2007.3.15. 2006도2704

절취한 친족 소유의 예금통장을 현금자동지급기에 넣고 조작하여 예금 잔고를 다른 금융기관의 자기 계좌로 이체하는 방법으로 저지른 컴퓨터등사용사기죄에 있어서의 피해자(친족 명의 계좌의 금융기관)

「컴퓨터 등 정보처리장치를 통하여 이루어지는 금융기관 사이의 전자식 자금이체거래는 금융기관 사이의 환거래관계를 매개로 하여 금융기관 사이나 금융기관을 이용하는 고객 사이에서 현실적인 자금의 수수 없이 지급·수령을 실현하는 거래방식인바, 권한 없이 컴퓨터 등 정보처리장치를 이용하여 예금계좌 명의인이 거래하는 금융기관의 계좌 예금 잔고 중 일부를 자신이 거래하는 다른 금융기관에 개설된 그 명의 계좌로 이체한 경우, 예금계좌 명의인의 거래 금융기관에 대한 예금반환 채권은 이러한 행위로 인하여 영향을 받을 이유가 없는 것이므로, 거래 금융기관으로서는 예금계좌 명의인에 대한 예금반환 채무를 여전히 부담하면서도 환거래관계상 다른 금융기관에 대하여 자금이체로 인한 이체자금 상당액 결제채무를 추가 부담하게 됨으로써 이체된 예금 상당액의 채무를 이중으로 지급해야 할 위험에 처하게 된다. 따라서 친척 소유 예금통장을 절취한 자가 그 친척 거래 금융기관에 설치된 현금자동지급기에 예금통장을 넣고 조작하는 방법으로 친척 명의 계좌의 예금 잔고를 자신이 거래하는 다른 금융기관에 개설된 자기 계좌로 이체한 경우, 그 범행으로 인한 피해자는 이체된 예금 상당액의 채무를 이중으로 지급해야 할 위험에 처하게 되는 그 친척 거래 금융기관이라 할 것이고, 거래약관의 면책 조항이나 채권의 준점유자에 대한 법리 적용 등에 의하여 위와 같은 범행으로 인한 피해가 최종적으로는 예금 명의인인 친척에게 전가될 수 있다고 하여, 자금이체 거래의 직접적인 당사자이자 이중지급 위험의 원칙적인 부담자인 거래 금융기관을 위와 같은 컴퓨터 등 사용사기 범행의 피해자에 해당하지 않는다고 볼 수는 없으므로, 위와 같은 경우에는 친족 사이의 범행을 전제로 하는 친족상도례를 적용할 수 없다.」

손자가 할아버지 소유 농업협동조합 예금통장을 절취하여 이를 현금자동지급기에 넣고 조작하는 방법으로 예금 잔고를 자신의 거래 은행 계좌로 이체한 사안에서, 위 농업협동조합이 컴퓨터 등 사용사기 범행 부분의 피해자라는 이유로 친족상도례를 적용할 수 없다.

*평석. 절취한 친족 소유의 예금통장을 현금자동지급기에 넣고 조작하여 예금 잔고를 다른 금융기관의 자기 계좌로 이체하는 방법으로 저지른 컴퓨터등사용사기죄에 있어서의 피해자는 친족 명의 계좌의 금융기관이므로 친족상도례를 적용할 수 없다.

제2장 강도의 죄

Ⅰ. 강도죄

제333조(강도) 폭행 또는 협박으로 타인의 재물을 강취하거나 기타 재산상의 이익을 취득하거나 제삼자로 하여금 이를 취득하게 한 자는 3년 이상의 유기징역에 처한다. 제342조(미수범) 제329조 내지 제341조의 미수범은 처벌한다.

1. 의의 및 보호법익

강도죄는 폭행 또는 협박으로 타인의 재물을 강취하거나 기타 재산상의 이익을 취득하거나, 제3자로 하여금 취득하게 하는 것을 내용으로 하는 범죄이다. 주된 보호법익은 재산권(재물 및 재산상의 이익을 행위의 객체로 함)이나 부차적으로 자유권(의사결정의 자유와 의사활동의 자유)도 보호법익으로 하며 침해범이다.

2. 객관적 구성요건

(1) 행위의 객체

행위의 객체는 타인의 재물 또는 재산상의 이익이다. 재산상의 이익의 개념은 재물 이외의 일체의 이익을 말한다. 재산상의 이익의 개념과 관련하여 대법원은 경제적 재산개념설에 따라 이때의 재산을 경제적 이익의 총체를 의미한다고 한다. 따라서 불법한 이익도 재산상 이익이 될 수 있다.

■대법원 1994.2.22. 93도428

강제이득죄의 요건인 재산상 이익의 의미(경제적 재산설)

「형법 제333조 후단의 강도죄, 이른바 강제이득죄의 요건인 재산상의 이익이란 재물 이외의 재산상의 이익을 말하는 것으로서 적극적 이익(적극적인 재산의 증가)이든 소극적 이익(소극적인 부채의 감소)이든 상관없는 것이고, 강제이득죄는 권리의무관계가 외형상으로라도 불법적으로 변동되는 것을 막고자함에 있는 것으로서 항거불능이나 반항을 억압할 정도의 폭행 협박을 그 요건으로 하는 강도죄의 성질상 그 권리의무관계의 외형상 변동의 사법상 효력의 유무는 그 범죄의 성립에 영향이 없고, 법률상 정당하게 그 이행을 청구할 수 있는 것이 아니라도 강도죄에 있어서의 재산상의 이익에 해당하는 것이며, 따라서 이와 같은 재산상의 이익은 반드시 사법상 유효한 재산상의 이득만을 의미하는 것이 아니고 외견상 재산상의 이득을 얻을 것이라고 인정할 수 있는 사실관계만 있으면 된다.」

*평석. 대법원은 경제적 재산설의 입장이다.

■대법원 2001.10.23. 2001도2991

금품 등을 받을 것을 전제로 성행위를 하는 부녀를 기망하여 성행위 대가의 지급을 면하는 경우, 사기죄의 성립 여부(적극)

「일반적으로 부녀와의 성행위 자체는 경제적으로 평가할 수 없고, 부녀가 상대방으로부터 금품이나 재산상 이익을 받을 것을 약속하고 성행위를 하는 약속 자체는 선량한 풍속 기타 사회질서에 위반한 사항을 내용으로 하는 법률행위로서 무효이나, 사기죄의 객체가 되는 재산상의 이익이 반드시 사법(私法)상 보호되는 경제적 이익만을 의미하지 아니하고, 부녀가 금품 등을 받을 것을 전제로 성행위를 하는 경우 그 행위의 대가는 사기죄의 객체인 경제적 이익에 해당하므로, 부녀를 기망하여 성행위 대가의 지급을 면하는 경우 사기죄가 성립한다.」

*평석. 경제적 재산설에 의하면 불법한 매춘의 대가도 사기죄의 객체인 경제적 이익에 속한다.

(2) 행위

폭행 또는 협박으로 타인의 재물을 강취하거나 기타 재산상의 이익을 취득하거나 제삼자로 하여금 이를 취득하게 하는 것이다.

1) 폭행 · 협박

(가) 폭행 · 협박의 의의

강도죄의 폭행은 사람에 대한 직 · 간접적인 유형력의 행사를 말한다. 협박이란 해악을 고지하여 상대방에게 외포심을 일으키는 것을 말한다.

■대법원 2007.12.13. 2007도7601

'날치기'의 수법의 점유탈취 과정에서 벌어진 강제력의 행사가 피해자의 반항을 억압하거나 항거 불능케 할 정도인 경우, 강도죄의 폭행에 해당하는지 여부(적극)

「소위 '날치기'와 같이 강제력을 사용하여 재물을 절취하는 행위가 때로는 피해자를 넘어뜨리거나 상해를 입게 하는 경우가 있고, 그러한 결과가 피해자의 반항 억압을 목적으로 함이 없이 점유탈취의 과정에서 우연히 가해진 경우라면 이는 강도가 아니라 절도에 불과하지만, 그 강제력의 행사가 사회통념상 객관적으로 상대방의 반항을 억압하거나 항거 불능케 할 정도의 것이라면 이는 강도죄의 폭행에 해당한다. 그러므로 날치기 수법의 점유탈취 과정에서 이를 알아채고 재물을 뺏기지 않으려는 상대방의 반항에 부딪혔음에도 계속하여 피해자를 끌고 가면서 억지로 재물을 빼앗은 행위는 피해자의 반항을 억압한 후 재물을 강취한 것으로서 강도에 해당한다. 날치기 수법으로 피해자가 들고 있던 가방을 탈취하면서 가방을 놓지 않고 버티는 피해자를 5m 가량 끌고 감으로써 피해자의 무릎 등에 상해를 입힌 경우, 반항을 억압하기 위한 목적으로 가해진 강제력으로서 그 반항을 억압할 정도에 해당한다고 보아 강도치상죄의 성립을 인정한 사례.」

*평석. '날치기'의 수법의 점유탈취 과정에서 벌어진 강제력의 행사가 피해자의 반항 억압을 목적으로 함이 없이 점유탈취의 과정에서 우연히 가해진 경우라면 이는 강도가 아니라 절도에 불과하지만 그것이 피해자의 반항을 억압하거나 항거 불능케 할 정도인 경우, 강도죄의 폭행에 해당한다.

(나) 폭행·협박의 정도

■대법원 1993.3.9. 92도2884

강도죄에 있어서 협박의 정도

「강도죄에 있어서 협박이란 피해자에게 해악을 고지하여 공포심을 일으키게 하는 것으로서 그 정도는 사회통념상 객관적으로 상대방의 반항을 억압하거나 항거불능케 할 정도의 것이라야 한다.」

*평석. 강도죄의 경우에 있어 폭행·협박의 정도는 최협의의 것을 의미한다. 즉, 상대방의 반항을 억압함에 족할 정도임을 요한다.

2) 재물의 강취

(가) 재물의 강취란 폭행·협박으로 피해자의 의사에 반하여 타인의 재물의 점유를 자기 또는 제3자의 지배하에 옮기는 것을 말한다.

■대법원 2010.12.9. 2010도9630

강도죄에서 '폭행, 협박'과 '재물의 탈취'와의 관계 및 강간범인이 폭행, 협박에 의한 반항억압 상태가 계속 중임을 이용하여 재물을 탈취하는 경우 새로운 폭행, 협박을 요하는지 여부(소극)

「강도죄는 재물탈취의 방법으로 폭행, 협박을 사용하는 행위를 처벌하는 것이므로 폭행, 협박으로 타인의 재물을 탈취한 이상 피해자가 우연히 재물탈취 사실을 알지 못하였다고 하더라도 강도죄는 성립하고, 폭행, 협박당한 자가 탈취당한 재물의 소유자 또는 점유자일 것을 요하지도 아니하며, 강간범인이 부녀를 강간할 목적으로 폭행, 협박에 의하여 반항을 억압한 후 반항억압 상태가 계속 중임을 이용하여 재물을 탈취하는 경우에는 재물탈취를 위한 새로운 폭행, 협박이 없더라도 강도죄가 성립한다. 야간에 甲의 주거에 침입하여 드라이버를 들이대며 협박하여 甲의 반항을 억압한 상태에서 강간행위의 실행 도중 범행현장에 있던 乙 소유의 핸드백을 가져간 피고인의 행위를 포괄하여 구 성폭력범죄의 처벌 및 피해자보호 등에 관한 법률(2010. 4. 15. 법률 제10258호 성폭력범죄의 피해자보호 등에 관한 법률로 개정되기 전의 것) 위반(특수강도강간등)죄에 해당한다고 판단한 원심의 조치를 수긍한 사례.」

*평석. 폭행·협박의 상대방은 반드시 재물의 소유자 또는 점유자일 것을 요하지도 아니하며, 폭행·협박은 재물강취의 수단으로 사용된 것이어야 한다.

3) 재산상의 이익의 취득

■대법원 1985.10.22. 85도1527

채무면탈의 목적으로 채권자를 살해한 후 소지하였던 재물까지 탈취한 경우의 죄책

「채무면탈의 목적으로 채권자를 살해하고 동인의 반항능력이 완전히 상실된 것을 이용하여 즉석에서 동인이 소지하고 있던 재물까지 탈취하였다면 살인행위와 재물탈취행위는 서로 밀접하게 관련되어 있어 살인행위를 이용한 재물탈취행위라고 볼 것이므로 이는 강도살인죄에 해당한다.」

*평석. 재산상의 이익의 취득에 있어 상대방의 처분행위(의사표시)가 있음을 요하지 아니한다.

▣쟁점 1. 강도죄에 있어 재산상의 이익을 취득함에 있어 피해자의 의사표시가 있어

야 하는가.

3. 주관적 구성요건

■대법원 1985.8.13. 85도1170

강간하는 과정에서 피해자들이 도망가지 못하게 손가방을 빼앗은 행위와 불법영득 의사 유무(소극)

「불법영득의 의사라 함은 권리자를 배제하여 타인의 물건을 자기의 물건과 같이 그 경제적 용법에 따라 이용처분하는 의사를 말하는 것이므로 강간하는 과정에서 피해자들이 도망가지 못하게 하기 위해 손가방을 빼앗은 것에 불과하다면 이에 불법영득의 의사가 있었다고 할 수 없다.」

*평석. 행위자에게는 고의이외에 불법영득(이득)의사가 있음을 요한다.

■대법원 1995.7.11. 95도910

군용물특수강도죄의 불법영득의사를 인정한 사례

「피고인이 소총 소지자를 총기로 협박하여 그 소총을 교부받아 실탄을 장전한 후 소속 부대 하급자에게 건네주어 그로 하여금 소속 부대원들이 내무반에서 나오는지 여부를 감시하도록 지시한 경우, 피고인은 그 소총을 소지자로부터 자기의 지배하에 이전하여 그 소유자가 아니라면 할 수 없는 사용처분행위를 하였다고 할 것이므로, 비록 피고인의 지시에 따라 그 소총을 소지하고 있던 하급자가 나중에 피고인이 위병소를 빠져나갈 때 뒤따라 나가면서 그 소총에서 탄창을 제거한 후 그 소총을 원래의 소지자에게 던져 준 사실이 있다고 하더라도, 그러한 사정만으로는 피고인에게 그 소총에 대한 군용물특수강도죄의 불법영득의사가 없었다고 할 수 없다.」

*평석. 행위자에게는 고의이외에 불법영득의사가 있음을 요한다.

4. 위법성조각사유(권리행사와 강도죄)

■대법원 1995.12.12. 95도2385

외상물품 대금채권의 회수를 의뢰받은 자가 그 추심과정에서 폭행·협박행위를 한 경우 강도상해죄의 성부

「채권자로부터 채무자에 대한 외상물품 대금채권의 회수를 의뢰받았다 하더라도, 채무자의 반항을 억압할 정도의 폭행과 협박을 가하여 재물 및 재산상 이득을 취득한 이상 이는 정당한 권리행사라고 볼 수 없음이 명백하여 강도상해죄가 성립함에는 아무런 지장이 없다.」

*평석. 대법원은 채권자가 기한이 도래한 채무의 변제수단으로 채무자를 폭행·협박하여 채무자의 재산을 강취한 경우에 강도죄의 성립한다고 한다. 그러나 불법영득의사(불법이득의사)가 없으므로 폭행·협박죄로 처벌함이 타당하다.

▣쟁점 1. 권리행사와 강도죄의 성부

5. 죄수

■대법원 1991.9.10. 91도1722

예금통장을 강취하고 예금자 명의의 예금청구서를 위조한 다음 이를 은행원에게 제출행사하여 예금인출금 명목의 금원을 교부받은 경우의 죄책 및 그 죄수관계(= 실체적 경합관계)

「피고인이 예금통장을 강취하고 예금자 명의의 예금청구서를 위조한 다음 이를 은행원에게 제출행사하여 예금인출금 명목의 금원을 교부받았다면 강도, 사문서위조, 동행사, 사기의 각 범죄가 성립하고 이들은 실체적 경합관계에 있다 할 것이다.」

*평석. 예금통장을 강취한 후 새로운 법익을 침해하는 행위는 불가벌적 사후행위가 될 수 없다.

II. 특수강도죄

제334조(특수강도) ①야간에 사람의 주거, 관리하는 건조물, 선박이나 항공기 또는 점유하는 방실에 침입하여 제333조의 죄를 범한 자는 무기 또는 5년 이상의 징역에 처한다. ②흉기를 휴대하거나 2인 이상이 합동하여 전조의 죄를 범한 자도 전항의 형과 같다. 제342조(미수범) 제329조 내지 제341조의 미수범은 처벌한다.

1. 의의, 성격

야간에 사람의 주거, 관리하는 건조물, 선박이나 항공기 또는 점유하는 방실에 침입하여 강도죄를 범하거나(제334조 제1항), 흉기를 휴대하거나 2인 이상이 합동하여 강도죄를 범함으로써(제2항) 성립하는 범죄이다.

2. 구성요건

(1) 야간주거침입강도죄

제334조 제1항의 야간주거침입강도죄는 주거침입죄와 강도죄의 결합범이다.

■대법원 1992.7.28. 92도917

강도행위가 야간에 주거에 침입하여 이루어지는 특수강도죄의 실행의 착수시기.

「형법 제334조 제1항 소정의 야간주거침입강도죄는 주거침입과 강도의 결합범으로서 시간적으로 주거침입행위가 선행되므로 주거침입을 한 때에 본죄의 실행에 착수한 것으로 볼 것인바, 같은 조 제2항 소정의 흉기휴대 합동강도죄에 있어서도 그 강도행위가 야간에 주거에 침입하여 이루어지는 경우에는 주거침입을 한 때에 실행에 착수한 것으로 보는 것이 타당하다.」(반대 판례가 존재한다. 대법원 1992.7.28. 92도917).

*평석. 실행의 착수시기는 야간에 주거에 침입한 때라고 하고 있다. 이에 대해 폭행・협박을 개시한 때라고 하는 판례도 있다(대법원 1991.11.22, 91도2296). 강도의 의사는 폭행・협박시에 확실하게 나타나기 때문에 후자가 타당하다.

(2) 제334조 제2항은 흉기휴대강도죄와 합동강도죄를 규정하고 있다.

■대법원 1998.4.14. 98도356

강도합동범 중 1인이 피해자를 상해한 경우 상해까지 공모하지는 아니한 다른 자도 상해의 결과에 대하여 책임을 지는지 여부(적극)

「강도합동범 중 1인이 피고인과 공모한대로 과도를 들고 강도를 하기 위하여 피해자의 거소를 들어가 피해자를 향하여 칼을 휘두른 이상 이미 강도의 실행행위에 착수한 것임이 명백하고, 그가 피해자들을 과도로 찔러 상해를 가하였다면 대문 밖에서 망을 본 공범인 피고인이 구체적으로 상해를 가할 것까지 공모하지 않았다 하더라도 피고인은 상해의 결과에 대하여도 공범으로서의 책임을 면할 수 없다.」

*평석. 이 경우 대법원은 상해에 대해 공모하지 아니한 공범에게도 강도상해죄의 죄

책을 묻고 있다. 그러나 이 경우에 예견가능성이 있는 경우에 한하여 강도치상죄의 공동정범이 성립한다 할 것이다.

Ⅲ. 준강도죄

第335조(준강도) 절도가 재물의 탈환을 항거하거나 체포를 면탈하거나 죄적을 인멸할 목적으로 폭행 또는 협박을 가한 때에는 전2조의 예에 의한다.

1. 의의

절도가 재물의 탈환을 항거하거나 체포를 면탈하거나 죄적을 인멸할 목적으로 폭행 또는 협박을 가한 때에 성립하는 범죄이다. 본죄는 목적범인 동시에 결합범으로서 사후강도죄라고도 한다.

2. 객관적 구성요건

(1) 행위의 주체

행위의 주체는 절도행위를 한 자이다.

■대법원 1990.2.27. 89도2532

절도미수범이 준강도 내지 강도상해죄의 주체가 될 수 있는지 여부(적극)

「형법 제335조의 조문 가운데 '절도' 운운함은 절도기수범과 절도미수범을 모두 포함하는 것이고, 준강도가 사람을 상해했을 때에는 형법 제337조의 강도상해죄가 성립된다.」

*평석. 준강도죄에 있어서의 절도는 기수·미수를 불문한다.

■대법원 1992.7.28. 92도917

절도범인 또는 강도범인이 체포를 면탈할 목적으로 경찰관에게 폭행(협박)을 가한 경우 준강도죄 또는 강도죄와 공무집행방해죄의 죄수

「절도범인이 체포를 면탈할 목적으로 경찰관에게 폭행 협박을 가한 때에는 준강도죄

와 공무집행방해죄를 구성하고 양죄는 상상적 경합관계에 있으나, 강도범인이 체포를 면탈할 목적으로 경찰관에게 폭행을 가한 때에는 강도죄와 공무집행방해죄는 실체적 경합관계에 있고 상상적 경합관계에 있는 것이 아니다.」

*평석. 강도가 준강도죄의 주체가 될 수 있는가에 대해 이를 부정하는 견해에 있는 것으로 보인다.

▣쟁점 1. 강도가 준강도죄의 주체가 될 수 있는가.

(2) 실행행위

폭행 또는 협박이다.

1) 폭행 · 협박의 정도

■대법원 1985.5.14. 85도619

옷을 잡히자 체포를 면하려고 잡은 손을 뿌리친 정도의 폭행이 준강도죄에 있어서의 폭행에 해당하는지 여부(소극)

「형법 제335조의 준강도죄의 구성요건인 폭행은 같은 법 제333조의 폭행의 정도와의 균형상 상대방의 반항을 억압할 정도, 즉 반항을 억압하는 수단으로서 일반적, 객관적으로 가능하다고 인정하는 정도면 족하다 할 것이고 이는 체포되려는 구체적 상황에 비추어 체포의 공격력을 억압함에 족한 정도의 것인 여부에 따라 결정되어야 할 것이므로 피고인이 옷을 잡히자 체포를 면하려고 충동적으로 저항을 시도하여 잡은 손을 뿌리친 정도의 폭행을 준강도죄로 의율할 수는 없다.」

*평석. 준강도죄의 폭행 · 협박의 정도는 강도죄의 그것과 동일하다.

2) 절도의 기회

폭행 · 협박은 절도의 기회에 행해져야 한다.

■대법원 2001.10.23. 2001도4142,2001감도100

준강도죄의 성립에 있어서 절도행위와 폭행 · 협박행위의 관련성

「준강도는 절도범인이 절도의 기회에 재물탈환의 항거 등의 목적으로 폭행 또는 협박을 가함으로써 성립되는 것으로서, 여기서 절도의 기회라고 함은 절도범인과 피해자측이 절도의 현장에 있는 경우와 절도에 잇달아 또는 절도의 시간 · 장소에 접착하여 피해자측이 범인을 체포할 수 있는 상황, 범인이 죄적인멸에 나올 가능성이 높은 상황에 있는 경우를 말하고, 그러한 의미에서 피해자측이 추적태세에 있는 경우나 범인이 일단 체포되어 아직 신병확보가 확실하다고 할 수 없는 경우에는 절도의 기회에 해당

한다. 절도범인이 일단 체포되었으나 아직 신병확보가 확실하지 않은 단계에서 체포 상태를 면하기 위해 폭행하여 상해를 가한 경우, 그 행위는 절도의 기회에 체포를 면탈할 목적으로 폭행하여 상해를 가한 것으로서 강도상해죄에 해당한다.」

*평석. 폭행·협박은 절도의 기회에 행해져야 하며 이는 시간적·장소적 근접성을 요구한다. 대법원은 범행종료의 직후에 행해진 폭행·협박에 대해서도 준강도죄의 성립을 인정하여 절도범인이 일단 체포되었으나 아직 신병확보가 확실하지 않은 단계에서 체포 상태를 면하기 위해 폭행하여 상해를 가한 경우, 강도상해죄의 성립을 인정한 사례이다.

3) 준강도죄의 미수범

■대법원 2004.11.18. 2004도5074

준강도죄의 미수·기수의 판단 기준

「[다수의견] 형법 제335조에서 절도가 재물의 탈환을 항거하거나 체포를 면탈하거나 죄적을 인멸할 목적으로 폭행 또는 협박을 가한 때에 준강도로서 강도죄의 예에 따라 처벌하는 취지는, 강도죄와 준강도죄의 구성요건인 재물탈취와 폭행·협박 사이에 시간적 순서상 전후의 차이가 있을 뿐 실질적으로 위법성이 같다고 보기 때문인바, 이와 같은 준강도죄의 입법 취지, 강도죄와의 균형 등을 종합적으로 고려해 보면, 준강도죄의 기수 여부는 절도행위의 기수 여부를 기준으로 하여 판단하여야 한다(절취행위기준시설).

[별개의견] 폭행·협박행위를 기준으로 하여 준강도죄의 미수범을 인정하는 외에 절취행위가 미수에 그친 경우에도 이를 준강도죄의 미수범이라고 보아 강도죄의 미수범과 사이의 균형을 유지함이 상당하다(절취행위 또는 폭행·협박기준시설).

[반대의견] 강도죄와 준강도죄는 그 취지와 본질을 달리한다고 보아야 하며, 준강도죄의 주체는 절도이고 여기에는 기수는 물론 형법상 처벌규정이 있는 미수도 포함되는 것이지만, 준강도죄의 기수·미수의 구별은 구성요건적 행위인 폭행 또는 협박이 종료되었는가 하는 점에 따라 결정된다고 해석하는 것이 법규정의 문언 및 미수론의 법리에 부합한다(폭행·협박기준시설).」

*평석. 준강도죄의 기수·미수의 구별기준에 관하여는 학설의 다툼이 있다. 대법원은 종래 폭행·협박행위기준시설의 입장에서 절취행위기준시설로 판례변경을 하였다.

▣쟁점 1. 준강도죄의 기수·미수의 구별기준

3. 주관적 구성요건

준강도죄가 성립하기 위해서는 절도의 고의와 폭행·협박에 대한 고의 그리고 재물취득에 대한 불법영득의사와 함께 일정한 목적범으로서의 목적, 즉 "재물의 탈환을 항거하거나 체포를 면탈하거나 죄적을 인멸할 목적"이 있어야 한다. 그리고 그 목적의 달성여부는 준강도죄의 기수·미수와 무관하다.

4. 공범

절도의 공동정범자 중 1인이 체포면탈 등의 목적으로 폭행·협박을 함으로써 준강도죄가 성립하는 경우에 나머지 공동정범자에게도 준강도죄의 공동정범이 성립하는가의 여부.

■대법원 1991.11.26. 91도2267

합동절도범행 도중에, 공범 중 1인이 체포면탈의 목적으로 피해자를 폭행하여 상처를 입게 함으로써 추적을 할 수 없게 한 경우의 강도상해의 성부(적극)

「피고인들이 합동하여 절도범행을 하는 도중에, 사전에 구체적인 의사연락이 없었다고 하여도, 피고인이 체포를 면탈할 목적으로 피해자를 힘껏 떠밀어 콘크리트바닥에 넘어뜨려 상처를 입게 함으로써 추적을 할 수 없게 한 경우, 폭행의 정도가 피해자의 추적을 억압할 정도의 것이었던 이상 피고인들은 강도상해의 죄책을 면할 수 없다.」

*평석. 대법원은 공범 중 1인이 체포면탈의 목적으로 피해자를 폭행하여 상처를 입게 함으로써 추적을 할 수 없게 한 경우의 강도상해의 성부와 관련하여 '예견가능성'을 전제하여 다른 공범자도 준강도죄의 공동정범을 인정하고 있다.

■대법원 1984.2.28. 83도3321

절도의 공모자중 1인이 체포를 일탈할 목적으로 폭행하여 상해를 가한 때 나머지 자의 죄책

「준강도가 성립하려면 절도가 절도행위의 실행 중 또는 실행직후에 체포를 면탈할 목적으로 폭행, 협박을 한 때에 성립하고 이로써 상해를 가하였을 때에는 강도상해죄가 성립되는 것이고, 공모합동하여 절도를 한 경우 범인 중의 하나가 체포를 면탈할 목적으로 폭행을 하여 상해를 가한 때에는 나머지 범인도 이를 예기하지 못한 것으로 볼 수 없다면 강도상해죄의 죄책을 면할 수 없다.」

절도를 공모한 피고인이 다른 공모자 (갑)의 폭행행위에 대하여 사전양해나 의사의 연락이 전혀 없었고, 범행장소가 빈 가게로 알고 있었고, 위 (갑)이 담배창구를 통하여 가게에 들어가 물건을 절취하고 피고인은 밖에서 망을 보던 중 예기치 않았던 인기척 소리가 나므로 도주해버린 이후에 위 (갑)이 창구에 몸이 걸려 빠져 나오지 못하게 되어 피해자에게 붙들리자 체포를 면탈할 목적으로 피해자에게 폭행을 가하여 상해를 입힌 것이고, 피고인은 그동안 상당한 거리를 도주하였을 것으로 추정되는 상황하에서는 피고인이 위 (갑)의 폭행행위를 전연 예기할 수 없었다고 보여지므로 피고인에게 준강도상해죄의 공동책임을 지울 수 없다.」

*평석. 대법원은 공범 중 1인이 체포면탈의 목적으로 피해자를 폭행하여 상처를 입게 함으로써 추적을 할 수 없게 한 경우의 강도상해의 성부와 관련하여 '예견가능성'을 전제하여 다른 공범자도 준강도죄의 공동정범을 인정하고 있다.

5. 준강도의 처벌

준강도죄는 '전2조의 예에 의한다'고 하고 있다. 즉, 단순강도죄(제333조) 또는 특수강도죄(제224조)의 예에 의하여 처벌한다.

■대법원 1973.11.13. 73도1553

단순절도범인이 체포를 면탈하기 위하여 협박을 가하면서 비로소 흉기를 사용한 소위를 특수강도의 준강도로 본 사례

「[다수의견] 절도범인이 처음에는 흉기를 휴대하지 아니하였으나, 체포를 면탈할 목적으로 폭행 또는 협박을 가할 때에 비로소 흉기를 휴대 사용하게 된 경우에는 형법 제334조의 예에 의한 준강도 (특수강도의 준강도)가 된다.

[소수의견] 준강도죄를 규정한 형법 제335조에는 범죄의 주체는 절도범인이요, 목적이 있어야 하며 행위는 폭행, 협박으로만 되어 있지 행위의 정도, 방법 따위에 대하여는 언급이 없으므로 목적이나 행위로서는 단순강도의 준강도냐 또는 특수강도이냐를 구별 지을 근거가 없으므로 행위의 주체인 절도의 태양에 따라 구별지어야 한다.」

*평석. 준강도죄가 단순강도죄나 특수강도죄의 준강도로 처벌되어지는냐의 구별기준에 관해 대법원은 폭행·협박행위기준시설을 지지하고 있다.

◐참조조문

형법 제335조, 제333조, 제334조

Ⅳ. 인질강도죄

> 제336조(인질강도) 사람을 체포·감금·약취 또는 유인하여 이를 인질로 삼아 재물 또는 재산상의 이익을 취득하거나 제3자로 하여금 이를 취득하게 한 자는 3년 이상의 유기징역에 처한다.

사람을 체포·감금·약취 또는 유인하여 이를 인질로 삼아 재물 또는 재산상의 이익을 취득하거나 제3자로 하여금 이를 취득하게 함으로써 성립하는 범죄이다. 체포·감금죄 또는 약취·유인죄와 공갈죄의 결합범이다.

Ⅴ. 강도상해·치상죄

> 제337조(강도상해, 치상) 강도가 사람을 상해하거나 상해에 이르게 한 때에는 무기 또는 7년 이상의 징역에 처한다.
> 제342조(미수범) 제329조 내지 제341조의 미수범은 처벌한다.

강도가 사람을 상해하거나 상해에 이르게 함으로써 성립하는 범죄이다. 형법은 강도상해죄와 강도죄의 결과적 가중범인 강도치상죄를 동일하게 취급하고 있다.

1. 주체

■대법원 1984.1.24. 83도3043

준강도에 의한 상해와 강도상해죄의 성부

「형법 제337조에서 말하는 강도 중에는 형법 제333조의 죄를 범한 강도 뿐만 아니라 형법 제335조에 의하여 강도로서 논할 범인 즉 준강도도 포함되는 것으로 해석할 것이다.」

*평석. 본죄의 주체는 강도(제333조 내지 336조)이다.

■대법원 1988.2.9. 87도2492

재물의 강취여부와 강도상해죄의 기수와의 관계

「강도범이 강도의 기회에 사람을 상해하여 상해의 결과가 발생하면 형법 제337조 전단의 강도상해죄의 기수가 되는 것이고 거기에 반드시 재물탈취의 목적달성을 필요로 하는 것은 아니다.」

*평석. 강도는 기수임을 요하지 아니한다.

2. 행위

강도가 사람을 상해하거나 상해에 이르게 하는 것을 말한다.

■대법원 1992.1.21. 91도2727

피해자가 운전하는 자동차에 함께 타고 도주하던 강도가 강취 후 1시간 20분이 지나 피해자에게 상해를 가한 경우 강도상해죄를 구성하는지 여부(적극)

「피고인이 피해자로부터 재물을 강취하고 피해자가 운전하는 자동차에 함께 타고 도주하다가 단속 경찰관이 뒤따라오자 피해자를 칼로 찔러 상해를 가하였다면 강도상해죄를 구성한다 할 것이고 강취와 상해 사이에 1시간 20분이라는 시간적 간격이 있었다는 것만으로는 그 범죄의 성립에 영향이 없다.」

*평석. 상해 또는 치상의 결과는 그 원인이 '강도의 기회'에 이루어진 것이면 족하다.

■대법원 1985.1.15. 84도2397

택시요금의 지급을 면할 목적으로 과도로 협박만 하였는데 이에 놀란 운전수가 급회전하다가 과도에 찔린 경우에도 강도치상죄가 성립되는지 여부

「강도치상죄에 있어서의 상해는 강도의 기회에 범인의 행위로 인하여 발생한 것이면 족한 것이므로, 피고인이 택시를 타고 가다가 요금지급을 면할 목적으로 소지한 과도로 운전수를 협박하자 이에 놀란 운전수가 택시를 급우회전하면서 그 충격으로 피고인이 겨누고 있던 과도에 어깨부분이 찔려 상처를 입었다면, 피고인의 위 행위를 강도치상죄에 의율함은 정당하다.」

*평석. 상해 또는 치상의 결과는 그 원인이 강도의 기회에 이루어진 것이면 족하다. 따라서 피해자가 항거하다 치상의 결과가 발생한 경우에도 강도치상죄가 성립한다.

3. 공범과 미수범

(1) 공범

강도의 공동정범 중 1인이 강도의 기회에 한 상해 또는 치상의 결과를 발생하게 한 경우에 다른 공범자에게도 강도상해죄 혹은 강도치상죄가 성립하는가.

■대법원 1998. 4. 14. 98도356【강도상해】

강도합동범 중 1인이 피해자를 상해한 경우 상해까지 공모하지는 아니한 다른 자도 상해의 결과에 대하여 책임을 지는지 여부(적극)

「강도합동범 중 1인이 피고인과 공모한대로 과도를 들고 강도를 하기 위하여 피해자의 거소를 들어가 피해자를 향하여 칼을 휘두른 이상 이미 강도의 실행행위에 착수한 것임이 명백하고, 그가 피해자들을 과도로 찔러 상해를 가하였다면 대문 밖에서 망을 본 공범인 피고인이 구체적으로 상해를 가할 것까지 공모하지 않았다 하더라도 피고인은 상해의 결과에 대하여도 공범으로서의 책임을 면할 수 없다.」

*평석. 예견가능성이 있을 것을 전제로 강도치상죄의 공동정범이 인정되어진다.

■대법원 1991.11.12. 91도2156

수인이 합동하여 강도를 한 경우 그 중 1인이 사람을 살해한 경우의 죄책

「강도살인죄는 고의범이고 강도치사죄는 이른바 결과적가중범으로서 살인의 고의까지 요하는 것이 아니므로, 수인이 합동하여 강도를 한 경우 그 중 1인이 사람을 살해하는 행위를 하였다면 그 범인은 강도살인죄의 기수 또는 미수의 죄책을 지는 것이고 다른 공범자도 살해행위에 관한 고의의 공동이 있었으면 그 또한 강도살인죄의 기수 또는 미수의 죄책을 지는 것이 당연하다 하겠으나, 고의의 공동이 없었으면 피해자가 사망한 경우에는 강도치사의, 강도살인이 미수에 그치고 피해자가 상해만 입은 경우에는 강도상해 또는 치상의, 피해자가 아무런 상해를 입지 아니한 경우에는 강도의 죄책만 진다고 보아야 할 것이다.」

*평석. 예견가능성이 있을 것을 전제하여 강도치사상의 죄책을 진다고 하겠다.

(2) 미수범

강도상해죄의 미수란 상해가 미수인 것을 말하며 강도의 기수여부는 관련성을 가지지 아니한다.

■대법원 1988.2.9. 87도2492

재물의 강취여부와 강도상해죄의 기수와의 관계

「강도범이 강도의 기회에 사람을 상해하여 상해의 결과가 발생하면 형법 제337조 전단의 강도상해죄의 기수가 되는 것이고 거기에 반드시 재물탈취의 목적달성을 필요로 하는 것은 아니다. 」

*평석. 강도상해죄란 강도범이 강도의 기회에 사람을 상해하여 상해의 결과가 발생하면 기수범이 성립하며 강도의 기수여부는 관련성을 가지지 아니한다.

Ⅵ. 강도살인 · 치사죄

제338조(강도살인 · 치사) 강도가 사람을 살해한 때에는 사형 또는 무기징역에 처한다. 사망에 이르게 한 때에는 무기 또는 10년 이상의 징역에 처한다. 제342조(미수범) 제329조 내지 제341조의 미수범은 처벌한다.

강도가 사람을 살해하거나 사망에 이르게 함으로써 성립하는 범죄이다. 강도의 고의 없이 사람을 살해하고 그의 재물를 영득한 때에는 살인죄와 점유이탈물횡령죄의 경합범이 성립한다.

1. 행위의 주체

강도이다.

■대법원 1987.9.22. 87도1592

절도가 체포를 면탈할 목적으로 사람을 살해한 경우의 죄책

「강도살인죄(형법 제338조)의 주체인 강도는 준강도죄(형법 제335조)의 강도범인을 포함한다고 할 것이므로 절도가 체포를 면탈할 목적으로 사람을 살해한 때에는 강도살인죄가 성립한다.」

*평석. 강도살인죄의 주체인 강도는 단순강도, 특수강도, 준강도, 인질강도죄를 포함하며 강도의 기수 · 미수는 불문한다.

2. 실행행위

강도가 사람을 살해하거나 사망에 이르게 하는 것이다.

■대법원 1996.7.12. 96도1108

강도살인죄의 성립요건

「강도살인이라 함은 강도범인이 강도의 기회에 살인행위를 함으로써 성립하는 것이므로, 강도범행의 실행 중이거나 그 실행 직후 또는 실행의 범의를 포기한 직후로서 사회통념상 범죄행위가 완료되지 아니하였다고 볼 수 있는 단계에서 살인이 행하여짐을 요건으로 한다.

강도범행 직후 신고를 받고 출동한 경찰관이 위 범행 현장으로부터 약 150m 지점에서, 화물차를 타고 도주하는 피고인을 발견하고 순찰차로 추적하여 격투 끝에 피고인을 붙잡았으나, 피고인이 너무 힘이 세고 반항이 심하여 수갑도 채우지 못한 채 피고인을 순찰차에 억지로 밀어 넣고서 파출소로 연행하고자 하였는데, 그 순간 피고인이 체포를 면하기 위하여 소지하고 있던 과도로써 옆에 앉아 있던 경찰관을 찔러 사망케 하였다면 피고인의 위 살인행위는 강도행위와 시간상 및 거리상 극히 근접하여 사회통념상 범죄행위가 완료되지 아니한 상태에서 이루어진 것이라고 보여지므로(위 살인행위 당시에 피고인이 체포되어 신체가 완전히 구속된 상태이었다고 볼 수 없다), 원심이 피고인을 강도살인죄로 적용하여 처벌한 것은 옳다고 한 사례.」

*평석. 강도살인·치사죄는 강도의 기회에 일어나면 족하다. 강도범행 직후 경찰관에게 붙잡혀 파출소로 연행되던 자가 체포를 면하기 위하여 과도로써 경찰관을 찔러 사망케 한 경우 강도살인죄가 성립한다.

(1) 채무면탈목적의 살해와 강도살인죄의 성부

■대법원 2010.9.30. 2010도7405

채무를 면탈할 의사로 채권자를 살해하였으나 일시적으로 채권자측의 추급을 면한 것에 불과한 경우, 강도살인죄가 성립하는지 여부(소극)

「강도살인죄가 성립하려면 먼저 강도죄의 성립이 인정되어야 하고, 강도죄가 성립하려면 불법영득(또는 불법이득)의 의사가 있어야 하며, 형법 제333조 후단 소정의 이른바 강제이득죄의 성립요건인 '재산상 이익의 취득'을 인정하기 위하여서는 재산상 이익이 사실상 피해자에 대하여 불이익하게 범인 또는 제3자 앞으로 이전되었다고 볼 만한 상태가 이루어져야 하는데, 채무의 존재가 명백할 뿐만 아니라 채권자의 상속인이 존재하고 그 상속인에게 채권의 존재를 확인할 방법이 확보되어 있는 경우에는 비록 그 채무를 면탈할 의사로 채권자를 살해하더라도 일시적으로 채권자측의 추급을 면한 것에 불과하여 재산상 이익의 지배가 채권자측으로부터 범인 앞으로 이전되었다고 보기는 어려우므로, 이러한 경우에는 강도살인죄가 성립할 수 없다. 피고인 갑, 을이 공모하여 채무를 면탈할 의사로 채권자 병을 살해한 사안에서, 갑의 병에 대한 채무의 존재가 명백할 뿐만 아니라 병의 상속인이 존재하고 그 상속인에게 채권의 존재를 확인할 방법이 확보되어 있으므로 일시적으로 채권자측의 추급을 면한 것에 불과하고 재산상 이익의 지배가 채권자측으로부터 갑 앞으로 이전되었다고 볼 수 없다는 이유로, 위 강도살인의 공소사실을 무죄로 인정한 원심판단을 수긍한 사례.」

*평석. 채무면탈목적의 살해와 강도살인죄의 성부와 관련하여 상속인의 채권행사가 가능한 경우에는 강도살인죄가 불성립한다.

▣쟁점 1. 채무면탈목적의 살해와 강도살인죄의 성부

(2) 사자(死者)의 점유

■대법원 2004.6.24. 2004도1098

살해 후 상당한 시간이 지난 후에 별도의 범의에 터 잡아 이루어진 재물 취거행위를 그보다 앞선 살인행위와 합쳐서 강도살인죄로 처단할 수 없다고 한 사례

「피고인이 피해자 소유의 돈과 신용카드에 대하여 불법영득의 의사를 갖게 된 것이 살해 후 상당한 시간이 지난 후로서 살인의 범죄행위가 이미 완료된 후의 일이라면, 살해 후 상당한 시간이 지난 후에 별도의 범의에 터 잡아 이루어진 재물 취거행위를 그보다 앞선 살인행위와 합쳐서 강도살인죄로 처단할 수 없다.」

*평석. 이 경우 피해자의 생전의 점유가 사망이후에도 계속되어 살인죄와 절도죄 성립여부가 문제되어질 수 있다.

▣쟁점 1. 사자의 점유

3. 주관적 구성요건

■대법원 1986.6.24. 86도776

불법영득의 의사가 없다하여 강도살인죄의 성립을 부정한 사례

「강도살인죄가 성립하려면 먼저 강도죄의 성립이 인정되어야 하고 강도죄가 성립하려면 불법영득의 의사가 있어야 하는 것인 바, 피해자를 강간한 후 항거불능 상태에 있는 피해자에게 돈을 내놓으라고 하여 피해자가 서랍 안에서 꺼내주는 돈을 받는 즉시 팁이라고 하면서 피해자의 브라자 속으로 그 돈을 집어넣어 준 것이라면 이는 불법영득을 하려 한 것이 아니라 피해자를 희롱하기 위하여 돈을 뺏은 다음 그대로 돌려주려고 한 의도였다고 할 것이므로 불법영득의 의사가 있었다고 보기 어렵다.」

*평석. 강도살인죄는 강도에 대한 고의, 불법(이득)영득의사, 그리고 살인에 대한 고의가 요구되어진다.

Ⅷ. 강도강간죄

第339조(강도강간) 강도가 부녀를 강간한 때에는 무기 또는 10년 이상의 징역에 처한다. 第342조(미수범) 第329조 내지 第341조의 미수범은 처벌한다.

1. 의의, 성격

본죄는 "강도가 부녀를 강간함으로써 성립하는 범죄"이다. 강도강간죄는 강도죄와 강간죄의 결합범이다. 특수강도범이 강간을 한 때에는 성폭력특별법(제5조 제2항)에 의하여 가중처벌된다.

2. 객관적 구성요건

(1) 행위의 주체

강도범이며 그 죄의 기수 · 미수는 불문한다.

■대법원 2002.2.8. 2001도6425

강간범이 강간의 범행 후에 특수강도의 범의를 일으켜 부녀의 재물을 강취한 경우, 성폭력범죄의처벌및피해자보호등에관한법률 제5조 제2항 소정의 특수강도강간죄로 의율할 수 있는지 여부(한정 소극)

「강간범이 강간행위 후에 강도의 범의를 일으켜 그 부녀의 재물을 강취하는 경우에는 형법상 강도강간죄가 아니라 강간죄와 강도죄의 경합범이 성립될 수 있을 뿐인바, 성폭력범죄의처벌및피해자보호등에관한법률 제5조 제2항은 형법 제334조(특수강도) 등의 죄를 범한 자가 형법 제297조(강간) 등의 죄를 범한 경우에 이를 특수강도강간 등의 죄로 가중하여 처벌하고 있으므로, 다른 특별한 사정이 없는 한 강간범이 강간의 범행 후에 특수강도의 범의를 일으켜 그 부녀의 재물을 강취한 경우에는 이를 성폭력범죄의처벌및피해자보호등에관한법률 제5조 제2항 소정의 특수강도강간죄로 의율할 수 없다.」

*평석. 강도강간죄의 행위의 주체는 강도범이므로 강간범이 강간행위 후에 강도의 범의를 일으켜 그 부녀의 재물을 강취하는 경우에는 형법상 강도강간죄가 아니라 강간죄와 강도죄의 실체적 경합범이 된다.

(2) 실행행위

부녀를 강간하는 것이다.

■대법원 1988.6.28. 88도820

강도강간이 미수에 그쳤으나 반항을 억압하기 위한 폭행으로 상해를 입힌 경우의 그 죄명 및 죄수

「강도가 재물강취의 뜻을 재물의 부재로 이루지 못한 채 미수에 그쳤으나 그 자리에서 항거불능의 상태에 빠진 피해자를 간음할 것을 결의하고 실행에 착수했으나 역시 미수에 그쳤더라도 반항을 억압하기 위한 폭행으로 피해자에게 상해를 입힌 경우에는 강도강간미수죄와 강도치상죄가 성립되고 이는 1개의 행위가 2개의 죄명에 해당되어 상상적 경합관계가 성립된다.」

*평석. 강도가 강간으로 치상하게 한 경우에 있어 치상의 결과가 강간으로 인한 때에는 강도강간미수죄와 강간치상죄의 상상적 경합이 되지만 강도행위로 야기된 경우에는 강도강간미수죄와 강도치상죄의 상상적 경합범이 된다.

Ⅷ. 해상강도죄

제340조(해상강도) ①다중의 위력으로 해상에서 선박을 강취하거나 선박내에 침입하여 타인의 재물을 강취한 자는 무기 또는 7년 이상의 징역에 처한다.
②제1항의 죄를 범한 자가 사람을 상해하거나 상해에 이르게 한 때에는 무기 또는 10년 이상의 징역에 처한다.
③제1항의 죄를 범한 자가 사람을 살해 또는 사망에 이르게 하거나 부녀를 강간한 때에는 사형 또는 무기징역에 처한다.
제342조(미수범) 제329조 내지 제341조의 미수범은 처벌한다.

■대법원 1997.7.25. 97도1142

선장을 비롯한 일부 선원들을 살해하는 등의 방법으로 선박의 지배권을 장악하여 목적지까지 항해한 후 선박을 매도하거나 침몰시키려고 한 경우에 선박에 대한 불법영득의 의사가 있다고 보아 해상강도살인죄로 인정한 사례(페스카마 15호 선상 살인사건).

*평석. 해상강도살인죄(형법 제340조 제3항)을 인정한 판례이다.

Ⅸ. 강도예비 · 음모죄

제343조(예비, 음모) 강도할 목적으로 예비 또는 음모한 자는 7년 이하의 징역에 처한다.

■대법원 2006.9.14. 2004도6432

강도를 할 목적에 이르지 않고 준강도할 목적이 있음에 그치는 경우에 강도예비 · 음모죄가 성립하는지 여부(소극)

「강도예비 · 음모죄가 성립하기 위해서는 예비 · 음모 행위자에게 미필적으로라도 '강도'를 할 목적이 있음이 인정되어야 하고 그에 이르지 않고 단순히 '준강도'할 목적이 있음에 그치는 경우에는 강도예비 · 음모죄로 처벌할 수 없다.」

*평석. 준강도할 목적이 있음에 그치는 경우에 강도예비 · 음모죄에 해당하지 아니한다.

제3장 사기(詐欺)의 죄

Ⅰ. 개관

1. 의의 및 보호법익

사기죄는 사람을 기망하여 재물을 편취하거나 재산상의 이익을 취득하거나 혹은 제3자로 하여금 취득하게 함으로써 성립하는 범죄이다.

■대법원 1997.9.9. 97도1561

「사기죄의 요건으로서의 기망은 널리 재산상의 거래관계에 있어서 서로 지켜야 할 신의와 성실의 의무를 저버리는 모든 적극적 및 소극적 행위로서 사람으로 하여금 착오를 일으키게 하는 것을 말하며 사기죄의 본질은 기망에 의한 재물이나 재산상 이익의 취득에 있고, 상대방에게 현실적으로 재산상 손해가 발생함을 그 요건으로 하지 아니하는바, 일반적으로 상품의 선전, 광고에 있어 다소의 과장, 허위가 수반되는 것은 그것이 일반 상거래의 관행과 신의칙에 비추어 시인될 수 있는 한 기망성이 결여된다고 하겠으나 거래에 있어서 중요한 사항에 관하여 구체적 사실을 거래상의 신의성실의 의무에 비추어 비난받을 정도의 방법으로 허위로 고지한 경우에는 과장, 허위광고의 한계를 넘어 사기죄의 기망행위에 해당한다.」

*평석. 대법원은 사기죄의 보호법익은 전체로서의 재산 이외에 거래상의 진실성 내지 신의성실도 보호법익이 된다는 견해이다.

■대법원 2001.10.23. 2001도2991

금품 등을 받을 것을 전제로 성행위를 하는 부녀를 기망하여 성행위 대가의 지급을 면하는 경우, 사기죄의 성립 여부(적극)

「일반적으로 부녀와의 성행위 자체는 경제적으로 평가할 수 없고, 부녀가 상대방으로부터 금품이나 재산상 이익을 받을 것을 약속하고 성행위를 하는 약속 자체는 선량한 풍속 기타 사회질서에 위반한 사항을 내용으로 하는 법률행위로서 무효이나, 사기죄의 객체가 되는 재산상의 이익이 반드시 사법(私法)상 보호되는 경제적 이익만을 의미하지 아니하고, 부녀가 금품 등을 받을 것을 전제로 성행위를 하는 경우 그 행위의 대가는 사기죄의 객체인 경제적 이익에 해당하므로, 부녀를 기망하여 성행위 대가의 지급을 면하는 경우 사기죄가 성립한다.」

*평석. 대법원은 부녀의 정조가 금전화된 경우에도 사기죄가 성립한다고 판시하고 있다.

2. 재산상의 손해

■대법원 2007.1.25. 2006도7470

재물편취를 내용으로 하는 사기죄에서 그 대가가 일부 지급된 경우의 편취액(교부받은 재물 전부)

「재물편취를 내용으로 하는 사기죄에서는 기망으로 인한 재물교부가 있으면 그 자체로써 피해자의 재산침해가 되어 이로써 곧 사기죄가 성립하는 것이고, 상당한 대가가 지급되었다거나 피해자의 전체 재산상에 손해가 없다 하여도 사기죄의 성립에는 그 영향이 없으므로 사기죄에 있어서 그 대가가 일부 지급된 경우에도 그 편취액은 피해자로부터 교부된 재물의 가치로부터 그 대가를 공제한 차액이 아니라 교부받은 재물 전부이다.」

*평석. 대법원은 재물편취를 내용으로 하는 사기죄에서 피해자의 전체 재산상에 손해가 없다 하여도 사기죄의 성립한다고 판시하고 있다.

■대법원 2009.1.15. 2006도6687

「주유소 운영자가 농민들에게 면세유를 공급한 것처럼 부당하게 발급받은 면세유류공급확인서로 석유정제업자를 기망하여 부가가치세 등에 상당한 석유류를 취득한 사안에서, 석유정제업자에게 현실적인 재산상 손해가 없더라도 사기죄가 성립한다고 한 사례.」

그리고 이 경우 「석유류 대리점이 농민에게 면세유를 공급한 것처럼 석유정제업자를 기망하여 부가가치세를 부당하게 돌려받는 한편 공급받은 석유류를 제3자에게 판매하면서 세금계산서를 교부하지 않고 그 매출액을 신고하지 않은 사안에서, 전자의 행위와 후자의 행위는 별도로 조세포탈죄를 구성한다」고 하고 있다.

*평석. 거래상의 진실성 내지 신의성실도 보호법익이 된다는 견해에 의하면 사기죄의 성립에 있어 현실적인 재산상의 손해발생을 요하지 않는다.

■대법원 1992.9.14. 91도2994

【판시사항】

1) 상품의 허위, 과장광고가 사기죄의 기망행위에 해당하는 경우

2) 대형백화점에서의 이른바 변칙세일이 사기죄의 기망행위를 구성한다고 한 사례

【판결요지】

1) 사기죄의 요건으로서의 기망은 널리 재산상의 거래관계에 있어서 서로 지켜야 할 신의와 성실의 의무를 저버리는 모든 적극적 및 소극적 행위로서 사람으로 하여금 착오를 일으키게 하는 것을 말하며 사기죄의 본질은 기망에 의한 재물이나 재산상 이익의 취득에 있고, 상대방에게 현실적으로 재산상 손해가 발생함을 그 요건으로 하지 아니하는바, 일반적으로 상품의 선전, 광고에 있어 다소의 과장, 허위가 수반되는 것은 그것이 일반 상거래의 관행과 신의칙에 비추어 시인될 수 있는 한 기망성이 결여된다고 하겠으나 거래에 있어서 중요한 사항에 관하여 구체적 사실을 거래상의 신의성실의 의무에 비추어 비난받을 정도의 방법으로 허위로 고지한 경우에는 과장, 허위광고의 한계를 넘어 사기죄의 기망행위에 해당한다.

2) 현대산업화 사회에 있어 소비자가 갖는 상품의 품질, 가격에 대한 정보는 대부분 생산자 및 유통업자의 광고에 의존할 수밖에 없고 백화점과 같은 대형유통업체에 대한 소비자들의 신뢰(정당한 품질, 정당한 가격)는 백화점 스스로의 대대적인 광고에 의하여 창출된 것으로서 이에 대한 소비자들의 신뢰와 기대는 보호되어야 한다고 할 것인바, 종전에 출하한 일이 없던 신상품에 대하여 첫 출하시부터 종전가격 및 할인가격을 비교표시하여 막바로 세일에 들어가는 이른바 변칙세일은 진실규명이 가능한 구체적 사실인 가격조건에 관하여 기망이 이루어진 경우로서 그 사술의 정도가 사회적으로 용인될 수 있는 상술의 정도를 넘은 것이어서 사기죄의 기망행위를 구성한다.

*평석. 거래상의 진실성 내지 신의성실도 보호법익이 된다는 견해에 의하면 사기죄의 성립에 있어 현실적인 재산상의 손해발생을 요하지 않는다. 따라서 대형백화점에서의 이른바 변칙세일은 사기죄의 기망행위에 해당한다.

▣쟁점 1. 사기죄의 보호법익

Ⅱ. 사기죄

제347조(사기) ①사람을 기망하여 재물의 교부를 받거나 재산상의 이익을 취득한 자는 10년 이하의 징역 또는 2천만원 이하의 벌금에 처한다. ②전항의 방법으로 제삼자로 하여금 재물의 교부를 받게 하거나 재산상의 이익을 취득하게 한 때에도 전항의 형과 같다. 제352조(미수범) 제347조 내지 제348조의2, 제350조와 제351조의 미수범은 처벌한다. 제354조(친족간의 범행, 동력) 제328조와 제346조의 규정은 본장의 죄에 준용한다.

1. 의의, 성격

사기죄는 사람을 기망하여 재물의 교부를 받거나 재산상의 이익을 취득하거나 제삼자로 하여금 취득하게 한 때에 성립한다. 재물죄인 동시에 이득죄이다.

2. 객관적 구성요건

(1) 행위의 객체

타인이 점유하는 타인의 재물 또는 재산상의 이익이다.

1) 재물

사기죄에 있어 재물개념은 절도죄에서의 개념과 동일하다. 본죄의 재물에는 부동산을 포함한다.

■대법원 2006.11.23. 2006도6795

불법원인급여에 해당하는 경우에도 사기죄가 성립할 수 있는지 여부(적극)

「한편, 민법 제746조의 불법원인급여에 해당하여 급여자가 수익자에 대한 반환청구권을 행사할 수 없다고 하더라도, 수익자가 기망을 통하여 급여자로 하여금 불법원인급여에 해당하는 재물을 제공하도록 하였다면 사기죄가 성립한다.」

*평석. 불법원인급여물에 대한 사기죄의 성부와 관련하여 민법상의 반환청구권이 사기죄의 성부와 관련성이 없으며, 경제적 재산개념에 의할 때 사기죄의 객체가 될 수 있다.

▣쟁점 1. 불법원인급여물이 사기죄의 객체가 될 수 있는가.

2) 재산상의 이익

재물 이외의 일체의 '재산상의 이익'을 말한다. 이 경우의 재산상의 이익은 적극적 이익이건 소극적 이익이건 불문한다. 재산상의 이익은 구체적이어야 한다. 예컨대 단순히 채무를 면하기 위해 도주하는 것, 채권자로 하여금 채권확보를 안심하도록 기망하여 채무의 독촉을 일시 면하는 것은 여기에 해당하지 아니한다.

■대법원 1983.11.8. 83도1723

채무이행을 연기 받을 속셈으로 어음을 발행한 경우 사기죄의 성부

「채무자가 채권자에 대하여 소정기일까지 지급할 의사와 능력이 없음에도 종전 채무의 변제기를 늦출 목적에서 어음을 발행 교부한 경우 사기죄가 성립한다.」

*평석. 채무이행의 연기도 재산상의 이익, 즉 소극적 이익에 속한다.

(2) 기망행위

기망이란 거래관계에서 지켜야 할 信義則에 반하는 경우로서 타인을 착오에 빠지게 하는 것을 말한다.

1) 기망의 대상

상대방이 재산적 처분행위를 함에 있어서 판단의 기초가 되는 사실이다.

■대법원 1985.4.9. 85도167

건물건축의 목적으로 매수한다는 정을 알면서 건축이 가능한 것처럼 가장하여 절대농지를 매도한 것이 기망행위에 해당하는지 여부(적극)

「토지의 매매계약서에 매수인의 매수목적 즉 건물건축의 목적으로 매수한다는 내용이 표시되지 않았다고 하여도 매도인이 그러한 매수인의 매수목적을 알면서 건축이 가능한 것처럼 가장하여 이를 오신한 매수인과 사이에 매매계약이 성립된 것이라면 위와 같은 매도인의 행위는 사기죄의 구성요건인 기망행위에 해당한다.」

*평석. 구체적 사실이외에 동기의 착오도 사기죄의 기망에 해당한다.

■대법원 1995.9.15. 95도707

사기죄의 실행행위로서의 기망의 대상

「사기죄의 실행행위로서의 기망은 반드시 법률행위의 중요 부분에 관한 허위표시임을 요하지 아니하고 상대방을 착오에 빠지게 하여 행위자가 희망하는 재산적 처분행위를 하도록 하기 위한 판단의 기초가 되는 사실에 관한 것이면 충분하므로, 용도를 속이고 돈을 빌린 경우에 만일 진정한 용도를 고지하였더라면 상대방이 빌려 주지 않았을

것이라는 관계에 있는 때에는 사기죄의 실행행위인 기망은 있는 것으로 보아야 한다.」

*평석. 용도의 기망도 사기죄의 기망에 해당한다.

■대법원 2002.7.26. 2002도2620

「국민주택건설자금을 융자받고자 하는 민간사업자가 처음부터 사실은 국민주택건설자금으로 사용할 의사가 없으면서도 국민주택건설자금으로 사용할 것처럼 용도를 속여 국민주택건설자금을 대출받은 경우에는 대출받은 자금 중 일부를 나중에 국민주택건설자금으로 사용하였다 하더라도 대출금 전액에 대하여 사기죄가 성립한다.」

*평석. 용도의 기망도 사기죄의 기망에 해당한다.

▣쟁점 1. 사기죄의 기망행위의 대상에 있어 사실 이외에 가치판단을 포함하는가.

2) 기망의 수단방법

기망의 수단방법에는 작위에 의한 기망행위와 부작위에 의한 기망행위를 불문한다. 작위에 의한 기망행위에는 명시적 기망행위와 묵시적 기망행위가 있다.

(가) 작위에 의한 기망행위와 부작위에 의한 기망행위

기망행위는 작위에 의한 경우(예컨대 언어, 문서의 표현수단 등에 의한 경우) 이외에 부작위에 의한 경우에도 가능하다. 즉, 법률상 고지의무 있는 자가 일정한 사실에 관하여 상대방이 착오에 빠져 있음을 알면서도 진실한 사실을 고지하지 않는 경우이다.

■대법원 1985.4.23. 85도583

기망방법에 의한 도박이 사기죄가 되는지 여부

「화투의 조작에 숙달하여 원하는 대로 끝수를 조작할 수 있어서 우연성이 없음에도 피해자를 우연에 의하여 승부가 결정되는 것처럼 오신시켜 돈을 도하게 하여 이를 편취한 행위는 이른바 기망방법에 의한 도박으로서 사기죄에 해당한다.」

*평석. 언어 등에 의한 것이 아닌 행동에 의한 기망도 작위에 의한 기망행위에 해당한다.

■대법원 1981.8.20. 81도1638

부작위에 의한 사기를 인정한 예

「토지를 매도함에 있어서 채무담보를 위한 가등기와 근저당권설정등기가 경료되어 있는 사실을 숨기고 이를 고지하지 아니하여 매수인이 이를 알지 못한 탓으로 그 토지를 매수하였다면 이는 사기죄를 구성한다.」

*평석. 부작위에 의한 기망은 이미 착오에 빠져있는 상대방을 고지의무를 이행하지 아니하고 이들 착오를 이용하는 경우이다.

■대법원 2000.1.28. 99도2884

사기죄의 요건으로서의 부작위에 의한 기망의 의미

「사기죄의 요건으로서의 기망은 널리 재산상의 거래관계에 있어 서로 지켜야 할 신의와 성실의 의무를 저버리는 모든 적극적 또는 소극적 행위를 말하는 것이고, 이러한 소극적 행위로서의 부작위에 의한 기망은 법률상 고지의무 있는 자가 일정한 사실에 관하여 상대방이 착오에 빠져 있음을 알면서도 이를 고지하지 아니함을 말하는 것으로서, 일반거래의 경험칙상 상대방이 그 사실을 알았더라면 당해 법률행위를 하지 않았을 것이 명백한 경우에는 신의칙에 비추어 그 사실을 고지할 법률상 의무가 인정되는 것이다.b특정 시술을 받으면 아들을 낳을 수 있을 것이라는 착오에 빠져있는 피해자들에게 그 시술의 효과와 원리에 관하여 사실대로 고지하지 아니한 채 아들을 낳을 수 있는 시술인 것처럼 가장하여 일련의 시술과 처방을 행한 의사에 대하여 사기죄의 성립을 인정할 수 있다.」

*평석. 부작위에 의한 기망은 이미 착오에 빠져있는 상대방을 법률상 고지의무 있는 자가 이를 이행하지 아니하고 이들 착오를 이용하는 경우이다.

■대법원 2004.5.27. 2003도4531

사기죄의 요건으로서의 부작위에 의한 기망의 의미 및 매도인이 매수인으로부터 매매잔금을 지급 받음에 있어 매수인이 착오에 빠져 지급해야 할 금액을 초과하여 교부한 돈을 수령한 행위가 부작위에 의한 사기죄를 구성하는 경우

「사기죄의 요건으로서의 기망은 널리 재산상의 거래관계에 있어 서로 지켜야 할 신의와 성실의 의무를 저버리는 모든 적극적 또는 소극적 행위를 말하는 것이고, 그 중 소극적 행위로서의 부작위에 의한 기망은 법률상 고지의무 있는 자가 일정한 사실에 관하여 상대방이 착오에 빠져 있음을 알면서도 그 사실을 고지하지 아니함을 말하는 것으로서, 일반거래의 경험칙상 상대방이 그 사실을 알았더라면 당해 법률행위를 하지 않았을 것이 명백한 경우에는 신의칙에 비추어 그 사실을 고지할 법률상 의무가 인정된다 할 것인바, 매수인이 매도인에게 매매잔금을 지급함에 있어 착오에 빠져 지급해야 할 금액을 초과하는 돈을 교부하는 경우, 매도인이 사실대로 고지하였다면 매수인이 그와 같이 초과하여 교부하지 아니하였을 것임은 경험칙상 명백하므로, 매도인이 매매잔

금을 교부받기 전 또는 교부받던 중에 그 사실을 알게 되었을 경우에는 특별한 사정이 없는 한 매도인으로서는 매수인에게 사실대로 고지하여 매수인의 그 착오를 제거하여야 할 신의칙상 의무를 지므로 그 의무를 이행하지 아니하고 매수인이 건네주는 돈을 그대로 수령한 경우에는 사기죄에 해당될 것이지만, 그 사실을 미리 알지 못하고 매매잔금을 건네주고 받는 행위를 끝마친 후에야 비로소 알게 되었을 경우에는 주고받는 행위는 이미 종료되어 버린 후이므로 매수인의 착오 상태를 제거하기 위하여 그 사실을 고지하여야 할 법률상 의무의 불이행은 더 이상 그 초과된 금액 편취의 수단으로서의 의미는 없으므로, 교부하는 돈을 그대로 받은 그 행위는 점유이탈물횡령죄가 될 수 있음은 별론으로 하고 사기죄를 구성할 수는 없다.」

*평석. 매도인이 매매잔금을 교부받기 전 또는 교부받던 중에 그 사실을 알게 되었을 경우에는 매도인으로서는 매수인에게 이를 고지하여 매수인의 그 착오를 제거하여야 할 신의칙상 의무를 지므로 그 의무를 이행하지 아니하고 매수인이 건네주는 돈을 그대로 수령한 경우에는 부작위에 의한 사기죄에 해당한다.

(나) 명시적 기망행위와 묵시적 기망행위

명시적 기망행위는 말이나 문서에 의한 수단을 통해 적극적 기망을 하는 경우를 말하며, 묵시적 기망행위는 일정 동작이 상대방의 착오를 유발하는 것으로 이 때의 동작이 의사표시적 의미의 설명가치를 가질 것을 전제로 한다.

묵시적 기망행위와 부작위에 의한 기망행위의 구별은 부작위에 의한 기망이 되기 위해서는 행위자가 상대방의 착오를 제거할 보증인적 지위에 있음을 요한다. 즉, 법률상 고지의무 있는 자가 일정한 사실에 관하여 상대방이 착오에 빠져 있음을 알면서도 진실한 사실을 고지하지 않는 경우이다. 다만 통상의 거래에 있어 어느 정도의 침묵은 일반적으로 시인되기 때문에 사실의 불고지가 모두 여기에 해당되지는 아니한다.

■대법원 1999.2.12. 98도3549

신용카드 가맹점주가 신용카드회사에게 용역의 제공을 가장한 허위의 매출전표를 제출하여 대금을 청구한 행위가 기망행위에 해당하는지 여부(적극)

「신용카드 가맹점주가 신용카드회사로부터 금원을 교부받을 당시 신용카드회사에게 매출전표가 용역의 제공을 가장하여 허위로 작성된 것임을 고지하지 아니한 채 제출하여 대금을 청구하였고, 신용카드회사는 매출전표에 기재된 바와 같은 가맹점의 용역의 제공이 실제로 있은 것으로 오신하여 그에게 그 대금 상당의 금원을 교부한 경우, 신용카드회사가 가맹점의 용역의 제공을 가장한 허위 내용의 매출전표에 의한 대금청구에 대하여는 이를 거절할 수 있는 등 매출전표가 허위임을 알았더라면 가맹점주에게 그 대금의 지급을 하지 아니하였을 관계가 인정된다면, 가맹점주가 용역의 제공을 가장한 허위의 매출전표임을 고지하지 아니한 채 신용카드회사에게 제출하여 대금을 청구한 행위는 사기죄의 실행행위로서의 기망행위에 해당하고, 가맹점주에게 이러한 기망행위에 대한 범의가 있었다면, 비록 당시 그에게 신용카드 이용대금을 변제할 의사와 능력이 있었다고 하더라도 사기죄의 범의가 있었음을 인정할 수 있다.」

*평석. 신용카드 가맹점주가 신용카드회사에게 용역의 제공을 가장한 허위의 매출전표를 제출하여 대금을 청구한 행위는 명시적 기망행위에 해당한다.

■대법원 1980.11.25. 80도2310

절도가 장물을 자기 것인 양 제3자에게 담보로 제공하고 금원을 편취한 행위와 사기죄

「절도범인이 절취한 장물을 자기 것인 양 제3자에게 담보로 제공하고 금원을 편취한 경우에는 별도의 사기죄가 성립된다.」

*평석. 절도가 장물을 자기 것인 양 제3자에게 담보로 제공하고 금원을 편취한 행위는 묵시적 기망행위에 해당한다.

3) 기망의 정도

기망은 경험법칙에 의할 때 행위당시의 구체적 사정에 비추어 일반인이 착오에 빠질 정도이며 족하다. 다만 그것은 적어도 거래관계에서 지켜야 할 신의칙에 위반하는 정도에 이르러야 한다.

■대법원 2002.2.5. 2001도5789

상품의 허위, 과장광고가 사기죄의 기망행위에 해당하는 경우

「사기죄의 요건으로서의 기망은 널리 재산상의 거래행위에 있어서 서로 지켜야 할 신의와 성실의 의무를 저버리는 모든 적극적 및 소극적 행위로서 사람으로 하여금 착오를 일으키게 하는 것을 말하며, 사기죄의 본질은 기망에 의한 재물이나 재산상 이익의 취득에 있고 상대방에게 현실적으로 재산상 손해가 발생함을 그 요건으로 하지 아니하는바, 일반적으로 상품의 선전, 광고에 있어 다소의 과장, 허위가 수반되는 것은 그것이 일반 상거래의 관행과 신의칙에 비추어 시인될 수 있는 한 기망성이 결여된다 할 것이나 거래에 있어서 중요한 사항에 관하여 구체적 사실을 거래상의 신의성실의 의무에 비추어 비난받을 정도의 방법으로 허위로 고지한 경우에는 과장, 허위광고의 한계를

넘어 사기죄의 기망행위에 해당한다.

통신판매에 있어 소비자가 갖는 상품의 품질, 가격에 대한 정보는 전적으로 유통업자의 광고에 의존할 수밖에 없고, TV홈쇼핑업체에 대한 소비자들의 신뢰는 TV라는 영상매체를 이용한 스스로의 강도 높은 광고에 의하여 창출된 것인 만큼 이에 대한 소비자들의 신뢰와 기대는 특별히 보호되어야 할 것인바, 농업협동조합의 조합원이나 검품위원이 아닌 자가 TV홈쇼핑업체에 납품한 삼이 제3자가 산삼의 종자인지 여부가 불분명한 삼의 종자를 뿌려 이식하면서 인공적으로 재배한 삼이라는 사실을 알면서도 광고방송에 출연하여 위 삼이 위 조합의 조합원들이 자연산삼의 종자를 심산유곡에 심고 자연방임 상태에서 성장시킨 산양산삼이며 자신이 조합의 검품위원으로서 위 삼 중 우수한 것만을 선정하여 감정인의 감정을 받은 것처럼 허위 내용의 광고를 한 것은 진실규명이 가능하고 구매의 결정에 있어 가장 중요한 요소로서 구체적 사실인 판매물품의 품질에 관하여 기망한 것으로서 그 사술의 정도가 사회적으로 용인될 수 있는 상술의 정도를 넘은 것이어서 사기죄의 기망행위를 구성한다.」

*평석. 사기죄에 있어 기망행위의 정도는 널리 재산상의 거래행위에 있어서 지켜야 할 신의와 성실의 의무를 저버리는 모든 적극적 및 소극적 행위로서 사람으로 하여금 착오를 일으키게 하는 것을 말한다.

■대법원 2010.9.9. 2010도7298

상품의 허위, 과장광고가 사기죄의 기망행위에 해당하는 경우

「사기죄의 요건으로서의 기망은 널리 재산상의 거래행위에 있어서 서로 지켜야 할 신의와 성실의 의무를 저버리는 모든 적극적 및 소극적 행위로서 사람으로 하여금 착오를 일으키게 하는 것을 말하며, 사기죄의 본질은 기망에 의한 재물이나 재산상 이익의 취득에 있고 상대방에게 현실적으로 재산상 손해가 발생함을 그 요건으로 하지 아니하는바, 일반적으로 상품의 선전, 광고에 있어 다소의 과장, 허위가 수반되는 것은 그 것이 일반 상거래의 관행과 신의칙에 비추어 시인될 수 있는 한 기망성이 결여된다 할 것이나 거래에 있어서 중요한 사항에 관하여 구체적 사실을 거래상의 신의성실의 의무에 비추어 비난받을 정도의 방법으로 허위로 고지한 경우에는 과장, 허위광고의 한계를 넘어 사기죄의 기망행위에 해당한다.」

*평석. 일반적으로 상품의 선전, 광고에 있어 다소의 과장, 허위가 수반되는 것은 그 것이 일반 상거래의 관행과 신의칙에 비추어 시인될 수 있어 기망성이 결여된다 할 것이나 거래에 있어서 중요한 사항에 관하여 구체적 사실을 거래상의 신의성실의 의무에

비추어 비난받을 정도의 방법으로 허위로 고지한 경우에는 과장, 허위광고의 한계를 넘어 사기죄의 기망행위에 해당한다.」

●참조판례

대법원 1997.9.9. 97도1561

(3) 피기망자의 착오

사기죄는 기망행위에 의하여 피기망자가 착오에 빠져야 한다. 여기에서의 착오란 피기망자의 주관적으로 인식한 사실과 객관적인 사실의 불일치를 말하며 이것에는 사실을 잘못 인식하는 적극적 착오와 이를 알지 못하는 소극적 부지로 나눌 수 있다.

■대법원 2007.9.6. 2006도3591

소송사기죄가 성립하기 위한 요건

「소송사기는 법원을 속여 자기에게 유리한 판결을 얻음으로써 상대방의 재물 또는 재산상 이익을 취득하는 범죄로서, 이를 쉽사리 유죄로 인정하게 되면 누구든지 자기에게 유리한 주장을 하고 소송을 통하여 권리구제를 받을 수 있는 민사재판제도의 위축을 가져올 수밖에 없으므로, 피고인이 그 범행을 인정한 경우 외에는 그 소송상의 주장이 사실과 다름이 객관적으로 명백하고 피고인이 그 주장이 명백히 거짓인 것을 인식하였거나 증거를 조작하려고 하였음이 인정되는 때와 같이 범죄가 성립하는 것이 명백한 경우가 아니면 이를 유죄로 인정하여서는 아니 되고, 단순히 사실을 잘못 인식하였다거나 법률적 평가를 잘못하여 존재하지 않는 권리를 존재한다고 믿고 제소한 행위는 사기죄를 구성하지 아니하며, 소송상 주장이 다소 사실과 다르더라도 존재한다고 믿는 권리를 이유 있게 하기 위한 과장표현에 지나지 아니하는 경우 사기의 범의가 있다고 볼 수 없고, 또한 소송사기에서 말하는 증거의 조작이란 처분문서 등을 거짓으로 만들어내거나 증인의 허위 증언을 유도하는 등으로 객관적·제3자적 증거를 조작하는 행위를 말한다.」

甲이 乙 명의 차용증을 가지고 있기는 하나 그 채권의 존재에 관하여 乙과 다툼이 있는 상황에서 당초에 없던 월 2푼의 약정이자에 관한 내용 등을 부가한 乙 명의 차용증을 새로 위조하여, 이를 바탕으로 자신의 처에 대한 채권자인 丙에게 차용원금 및 위조된 차용증에 기한 약정이자 2,500만 원을 양도하고, 이러한 사정을 모르는 丙으로 하여금 乙을 상대로 양수금 청구소송을 제기하도록 한 사안에서, 적어도 위 약정이자 2,500만 원 중 법정지연손해금 상당의 돈을 제외한 나머지 돈에 관한 甲의 행위는 丙을 도구로 이용한 간접정범 형태의 소송사기죄를 구성한다.」

*평석. 기망행위와 착오사이에는 인과관계가 있음이 요구되어지나 피기망자와 피해자가 반드시 일치함을 요하지 아니한다. 소송사기는 법원을 기망하여 승소판결을 받은 경우 피기망자는 법원이지만 피해자는 소송의 상대방인 을(乙)이다.

▣쟁점 1. 소송사기와 사기죄의 성립여부

■대법원 1997.7.8. 97도632

사망한 자를 상대로 한 제소의 소송사기 성부(소극)

「피고인의 제소가 사망한 자를 상대로 한 것이라면 그 판결은 그 내용에 따른 효력이 생기지 아니하여 상속인에게 그 효력이 미치지 아니하므로, 사기죄를 구성할 수 없다.」

*평석. 사망한 자를 상대로 한 제소는 법원이 피해자를 위한 처분이 있었다고 볼 수 없으며, 상속인에게도 그 효력이 미치지 아니하므로 사기죄가 불성립한다.

■대법원 1996.4.9. 95도2466

대출금을 정상적으로 결제할 의사나 능력 없이 자기 명의 신용카드를 사용하여 현금서비스를 받거나 가맹점으로부터 물품을 구입한 경우의 죄책 및 그 죄수

「신용카드의 거래는 신용카드회사로부터 카드를 발급받은 사람이 위 카드를 사용하여 카드가맹점으로부터 물품을 구입하면 그 카드를 소지하여 사용하는 사람이 카드회사로부터 카드를 발급받은 정당한 소지인인 한 카드회사가 그 대금을 가맹점에 결제하고, 카드회사는 카드사용자에 대하여 물품구입대금을 대출해 준 금전채권을 가지는 것이고, 또 카드사용자가 현금자동지급기를 통해서 현금서비스를 받아 가면 현금대출관계가 성립되게 되는 것인바, 이와 같은 카드사용으로 인한 카드회사의 금전채권을 발생케 하는 카드사용 행위는 카드회사로부터 일정한 한도 내에서 신용공여가 이루어지고, 그 신용공여의 범위 내에서는 정당한 소지인에 의한 카드사용에 의한 금전대출이 카드 발급시에 미리 포괄적으로 허용되어 있는 것인바, 현금자동지급기를 통한 현금대출도 결국 카드회사로부터 그 지급이 미리 허용된 것이고, 단순히 그 지급방법만이 사람이 아닌 기계에 의해서 이루어지는 것에 불과하다. 그렇다면 피고인이 카드사용으로 인한 대금결제의 의사와 능력이 없으면서도 있는 것 같이 가장하여 카드회사를 기망하고, 카드회사는 이에 착오를 일으켜 일정 한도 내에서 카드사용을 허용해 줌으로써 피고인은 기망당한 카드회사의 신용공여라는 하자 있는 의사표시에 편승하여 자동지급기를 통한 현금대출도 받고, 가맹점을 통한 물품구입대금 대출도 받아 카드발급회사로 하여금 같은 액수 상당의 피해를 입게 함으로써, 카드사용으로 인한 일련의 편취행위가 포괄적으

로 이루어지는 것이다. 따라서 카드사용으로 인한 카드회사의 손해는 그것이 자동지급기에 의한 인출행위이든 가맹점을 통한 물품구입행위이든 불문하고 모두가 피해자인 카드회사의 기망당한 의사표시에 따른 카드발급에 터잡아 이루어지는 사기의 포괄일죄이다.」

*평석. 대출금을 정상적으로 결제할 의사나 능력 없이 자기 명의의 신용카드를 부정하게 사용하여 카드가맹점으로부터 물품을 구입하는 경우, 피기망자와 피해자가 일치하지 않는 경우의 예로서 사기죄가 성립한다.

(4) 피기망자의 재산상의 처분행위

사기죄에 있어 처분행위란 하자있는 의사에 의한 재산적 처분행위를 말하며 그것은 주관적으로 피기망자가 처분의사, 즉 처분결과를 인식하고 객관적으로는 이러한 의사에 지배된 행위가 있을 것을 요한다(대법원 1987.10.26. 87도1042). 따라서 처분행위자는 피기망자와 일치함을 요한다. 그러나 피기망자의 재산상의 처분행위로 인한 피해자는 피기망자 이외에 제3자도 될 수 있다. 또한 이때의 처분행위는 직접 재산상의 손해를 초래하여야 함을 의미하는 처분효과의 직접성이 요구된다.

■대법원 2001.7.13. 2001도1289

피해자를 속여 교부받은 인감증명서 등으로 등기소요서류를 작성하여 피해자 소유의 부동산에 관한 소유권이전등기를 마친 경우, 사기죄의 성립 여부(소극)

「사기죄는 타인을 기망하여 착오에 빠뜨리고 그로 인한 처분행위로 재물의 교부를 받거나 재산상의 이익을 취득한 때에 성립하는 것이므로, 피고인이 피해자에게 부동산매도용인감증명 및 등기의무자본인확인서면의 진실한 용도를 속이고 그 서류들을 교부받아 피고인 등 명의로 위 부동산에 관한 소유권이전등기를 경료하였다 하여도 피해자의 위 부동산에 관한 처분행위가 있었다고 할 수 없을 것이고 따라서 사기죄를 구성하지 않는다.」

*평석. 피해자를 속여 교부받은 인감증명서 등으로 등기소요서류를 작성하여 피해자 소유의 부동산에 관한 소유권이전등기를 마친 경우, 피해자의 위 부동산에 관한 처분행위가 있었다고 할 수 없어 사기죄를 구성하지 않는다.

▣쟁점 1. 사기죄에 있어 재산상의 처분행위

■대법원 1994.10.11. 94도1575

「사기죄에서 피기망자와 피해자가 다른 경우, 피기망자에게 요구되는 피해자의 재산을 처분할 수 있는 권능이나 지위가 반드시 사법상의 위임이나 대리권의 범위와 일치하여야 하는지 여부」

「사기죄가 성립되려면 피기망자가 착오에 빠져 어떠한 재산상의 처분행위를 하도록 유발하여 재산적 이득을 얻을 것을 요하고, 피기망자와 재산상의 피해자가 같은 사람이 아닌 경우에는 피기망자가 피해자를 위하여 그 재산을 처분할 수 있는 권능을 갖거나 그 지위에 있어야 하지만, 여기에서 피해자를 위하여 재산을 처분할 수 있는 권능이나 지위라 함은 반드시 사법상의 위임이나 대리권의 범위와 일치하여야 하는 것은 아니고 피해자의 의사에 기하여 재산을 처분할 수 있는 서류 등이 교부된 경우에는 피기망자의 처분행위가 설사 피해자의 진정한 의도와 어긋나는 경우라고 할지라도 위와 같은 권능을 갖거나 그 지위에 있는 것으로 보아야 한다.」

*평석. 피기망자인 처분행위자와 피해자가 일치하지 않는 경우 처분행위자가 어떤 지위에 있어야 하는가에 대해 법적 권한설과 피해자의 재산을 사실상 처분할 수 있는 지위설이 대립되고 있으나 대법원은 지위설의 입장을 지지하고 있다.

■대법원 1994.8.12. 94도1487

금방에서 마치 귀금속을 구입할 것처럼 가장하여 순금목걸이 등을 건네받은 다음 화장실에 갔다 오겠다는 핑계를 대고 도주한 경우 절도죄의 성부(책략절도)

「피고인이 피해자 경영의 금방에서 마치 귀금속을 구입할 것처럼 가장하여 피해자로부터 순금목걸이 등을 건네받은 다음 화장실에 갔다 오겠다는 핑계를 대고 도주한 것이라면 위 순금목걸이 등은 도주하기 전까지는 아직 피해자의 점유하에 있었다고 할 것이므로 이를 절도죄로 의율 처단한 것은 정당하다.」

*평석. 점유의 최종적인 이전의사인 처분행위가 없으므로 절도죄가 성립한다.

■대법원 1996.10.15. 96도2227,96감도94

예식장 축의금 접수대에서 접수인인 것처럼 행세하여 축의금을 교부받아 가로챈 행위의 처단 죄명(절도)

「피해자가 결혼예식장에서 신부측 축의금 접수인인 것처럼 행세하는 피고인에게 축의금을 내어 놓자 이를 교부받아 가로챈 사안에서, 피해자의 교부행위의 취지는 신부측에 전달하는 것일 뿐 피고인에게 그 처분권을 주는 것이 아니므로, 이를 피고인에게 교부한 것이라고 볼 수 없고 단지 신부측 접수대에 교부하는 취지에 불과하므로 피고인이 그 돈을 가져간 것은 신부측 접수처의 점유를 침탈하여 범한 절취행위라고 보는 것이 정당하다.」

*평석. 접수대에서 접수인인 것처럼 행세하여 축의금을 교부받은 자도 그 축의금에 대한 점유의 최종적인 이전의사인 처분행위가 없으므로 절도죄가 성립한다.

(5) 재산상의 손해발생

기망당한 자의 재산처분행위로 자기 또는 제3자에게 손해가 발생해야 한다(대법원은 불요설의 입장).

■대법원 1999.7.9. 99도1040

사기죄가 성립하기 위하여는 피해자의 전체 재산상의 손해 발생을 요하는지 여부(소극)

「기망으로 인한 재물의 교부가 있으면, 그 자체로써 곧 사기죄는 성립하고, 상당한 대가가 지급되었다거나 피해자의 전체 재산상에 손해가 없다고 하여도 사기죄의 성립에는 영향이 없다.」

*평석. 대법원은 사기죄가 성립하기 위해서는 피해자의 재산상의 손해발생이 있음을 요하지 아니한다는 불요설의 입장이다.

●참조판례

대법원 1982.6.22. 82도777

▣ 쟁점 1. 사기죄가 성립하기 위해서는 재산상의 손해발생을 요하는가.

■대법원 2003.7.25. 2003도2252

타인의 명의를 빌려 예금계좌를 개설한 후, 통장과 도장은 명의인에게 보관시키고 자신은 위 계좌의 현금인출카드를 소지한 채, 명의인을 기망하여 위 예금계좌로 돈을 송금하게 한 경우, 사기죄가 기수에 이르렀다고 볼 수 있는지 여부(적극)

「타인의 명의를 빌려 예금계좌를 개설한 후, 통장과 도장은 명의인에게 보관시키고 자신은 위 계좌의 현금인출카드를 소지한 채, 명의인을 기망하여 위 예금계좌로 돈을 송금하게 한 경우, 자신은 통장의 현금인출카드를 소지하고 있으면서 언제든지 카드를 이용하여 차명계좌 통장으로부터 금원을 인출할 수 있었고, 명의인을 기망하여 위 통장으로 돈을 송금받은 이상, 이로써 송금받은 돈을 자신의 지배하에 두게 되어 편취행위는 기수에 이르렀다고 할 것이고, 이후 편취금을 인출하지 않고 있던 중 명의인이 이를 인출하여 갔다 하더라도 이는 범죄성립 후의 사정일 뿐 사기죄의 성립에 영향이 없다.」

*평석. 사기죄에 있어 재산상의 손해여부는 객관적·개별적 방법에 의하여 평가하며 현실적으로 발생한 재산감소의 손해뿐만 아니라 손해발생의 구체적 위험을 포함한다.

3. 주관적 구성요건

사기죄는 객관적 구성요건요소에 대한 고의, 즉 기망행위자는 기망행위, 피기망자의 착오와 재산상의 처분행위 및 재산상의 손해발생과 이들 사이의 인과관계 등을 인식하고 있어야 한다. 또한 고의이외에 불법영득의사(불법이득의사)가 있음을 요한다.

■대법원 2003.1.24. 2002도5265

거래물품의 편취에 의한 사기죄에 있어서 편취 범의의 판단 기준시점(=거래 당시)

「거래물품의 편취에 의한 사기죄의 성립 여부는 거래 당시를 기준으로 피고인에게 납품대금을 변제할 의사나 능력이 없음에도 피해자에게 납품대금을 변제할 것처럼 거짓말을 하여 피해자로부터 물품을 편취할 고의가 있었는지의 여부에 의하여 판단하여야 하므로 납품 후 경제사정 등의 변화로 납품대금을 일시 변제할 수 없게 되었다고 하여 사기죄에 해당한다고 볼 수 없다.」

*평석. 거래물품의 편취에 의한 사기죄에 있어서 편취 범의의 판단 기준시점은 거래 당시를 기준으로 하며 미필적 고의가 있으면 이에 해당한다.

■대법원 2003.6.13. 2002도6410

기망행위를 수단으로 한 권리행사가 사기죄를 구성하는 경우

「산업재해보상 보험급여를 지급받을 수 있는 지위에 있었다고 하더라도 특정 일자에 업무상 재해를 입은 사실이 전혀 없음에도 불구하고, 허위 내용의 목격자진술서를 첨부하는 등의 부정한 방법으로 요양신청을 하여 산업재해보상 보험급여를 지급받았다면, 피고인의 이러한 행위는 특별한 사정이 없는 한 그 자체로 이미 사회통념상 권리행사의 수단으로 용인할 수 없는 정도라고 한 사례.」

*평석. 대법원은 기망행위를 수단으로 한 권리행사가 사기죄를 구성하는가와 관련하여 특별한 사정이 없는 한 그 자체로 이미 사회통념상 권리행사의 수단으로 용인할 수 있는 정도라고 볼 수 없어 사기죄가 성립한다고 하고 있다.

▣쟁점 1. 기망행위를 수단으로 한 권리행사가 사기죄를 구성하는지의 여부

■대법원 1993.1.15. 92도2588

금전대차관계에서 편취의 범의를 인정할 수 있는 경우

「계속적인 금전거래나 대차관계를 가지고 있으면서 일시적인 자금궁색 등의 이유로

채무를 이행하지 못하게 되었다면 그러한 결과만으로 금전차용자의 행위가 편취의 범의에서 비롯된 것이라고 단정할 수는 없고 또한 금전차용에 있어서 단순히 차용금의 진실한 용도를 고지하지 아니하였다는 것만으로 사기죄가 성립된다 할 수 없으나, 이미 과다한 부채의 누적으로 변제의 능력이나 의사마저 극히 의심스러운 상황에 처하고서도 이러한 사실을 숨긴 채 피해자들에게 사업에의 투자로 큰 이익을 볼 수 있다고 속여 금전을 차용한 후 이를 주로 상환이 급박해진 기존채무 변제를 위한 용도에 사용한 사실이 인정된다면 금전차용에 있어서 편취의 범의가 있었다고 볼 수 있다.」

*평석. 금전대차관계에서 편취의 범의는 차용당시의 시점을 기준으로 편취범의의 유무를 판단해야 한다.

■대법원 2007.4.27. 2006도7634

대출의 조건과 용도가 임야매수자금으로 한정되어 있는 정책자금을 대출받으면서 임야매수자금을 실제보다 부풀린 허위의 계약서를 제출한 경우, 대출자금에 대한 상환의사와 능력의 유무를 불문하고 편취의 고의가 인정되는지 여부(적극)

「농어촌구조개선 특별회계기금을 재원으로 하여 임업후계자육성을 위해 이루어지는 정책자금대출로서 그 대출의 조건 및 용도가 임야매수자금으로 한정되어 있는 정책자금을 대출받음에 있어 임야매수자금을 실제보다 부풀린 허위의 계약서를 제출함으로써 대출취급기관을 기망하였다면, 피고인에게 대출받을 자금을 상환할 의사와 능력이 있었는지 여부를 불문하고 편취의 고의가 인정된다.」

*평석. 정책자금을 대출받음에 있어 대출요건을 기망하여 실제보다 부풀린 허위의 계약서를 제출한 경우에는 대출자금에 대한 상환의사와 능력의 유무를 불문하고 편취의 고의가 인정되어진다.

4. 실행의 착수시기 등

(1) 사기죄의 실행의 착수시기 및 기수시기

1) 실행의 착수시기

■기망의 준비행위는 사기죄이 실행의 착수로 볼 수 없다.

대법원 1999.3.12. 98도3443

태풍 피해복구보조금 지원절차가 행정당국에 의한 실사를 거쳐 피해자로 확인된 경우에 한하여 보조금 지원신청을 할 수 있도록 되어 있는 경우, 허위의 피해신고만으로 사기죄의 실행의 착수가 있다고 볼 수 있는지 여부(소극)

「태풍 피해복구보조금 지원절차가 행정당국에 의한 실사를 거쳐 피해자로 확인된 경우에 한하여 보조금 지원신청을 할 수 있도록 되어 있는 경우, 피해신고는 국가가 보조금의 지원 여부 및 정도를 결정함에 있어 그 직권조사를 개시하기 위한 참고자료에 불과하다는 이유로 허위의 피해신고만으로는 위 보조금 편취범행의 실행에 착수한 것이라고 볼 수 없다.」

*평석. 사기죄의 실행의 착수시기는 기망행위를 개시한 때이다. 태풍 피해복구보조금 지원절차가 행정당국에 의한 실사를 거쳐 피해자로 확인된 경우에 한하여 보조금 지원신청을 할 수 있도록 되어 있는 경우, 허위의 피해신고만으로 사기죄의 실행의 착수가 있다고 볼 수 없으며 이는 기망의 준비행위에 불과하다.

2) 기수시기

사기죄의 기수시기는 재산상의 손해가 발생한 때이다.

■대법원 1985.12.24. 85도2317

유가증권을 편취하는 경우의 기수시기

「사기범행으로 당좌수표등 유가증권을 편취할 경우에는 유가증권을 교부받은 단계에서 재물편취의 기수가 된다.」

*평석. 사기죄의 기수시기는 재산상의 손해가 발생한 때이며, 유가증권을 편취하는 경우의 기수시기는 유가증권을 교부받은 단계에서 재물편취의 기수가 된다.

■대법원 1998.4.24. 98도248

기망수단으로 금원을 제공받고 그 금원 중 일부를 변제한 경우, 그 금원 전체에 대하여 사기죄가 성립하는지 여부(적극)

「기망수단으로서 변조 또는 위조한 차용증서 등을 제시하였고 그 과정에서 일부 진정한 금전 소비대차관계가 성립되어 피해자가 그 차용인들로부터 일부를 회수하였다고 할지라도 당초의 수령액 전부에 대하여 사기죄가 성립하는 것이지 그 수령액에서 진정하게 소비대차가 성립한 금액을 공제한 액수에 한하여 사기죄가 성립하는 것은 아니다.」

*평석. 기망수단으로 금원을 제공받고 그 금원 중 일부를 변제한 경우, 그 금원 전체에 대하여 사기죄가 성립한다.

(2) 불가벌적 사후행위

상태범인 사기죄의 사후행위가 새로운 법익을 침해하게 되면 불가벌적 사후행위가 아닌 새로운 범죄가 성립한다.

■대법원 1980.11.25. 80도2310

절도가 장물을 자기 것인 양 제3자에게 담보로 제공하고 금원을 편취한 행위와 사기죄

「절도범인이 절취한 장물을 자기 것인 양 제3자에게 담보로 제공하고 금원을 편취한 경우에는 별도의 사기죄가 성립된다.」

*평석. 상태범인 사기죄의 사후행위가 새로운 법익을 침해하게 되면 불가벌적 사후행위가 아닌 새로운 범죄가 성립한다. 따라서 절도가 장물을 자기 것인 양 제3자에게 담보로 제공하고 금원을 편취한 경우에는 사기죄가 성립한다.

■대법원 1991.9.10. 91도1722

예금통장을 강취하고 예금자 명의의 예금청구서를 위조한 다음 이를 은행원에게 제출행사하여 예금인출금 명목의 금원을 교부받은 경우의 죄책 및 그 죄수관계

「피고인이 예금통장을 강취하고 예금자 명의의 예금청구서를 위조한 다음 이를 은행원에게 제출행사하여 예금인출금 명목의 금원을 교부받았다면 강도, 사문서위조, 동행사, 사기의 각 범죄가 성립하고 이들은 실체적 경합관계에 있다 할 것이다.」

*평석. 상태범인 사기죄의 사후행위가 새로운 법익을 침해하게 되면 불가벌적 사후행위가 아닌 새로운 범죄가 성립한다.

▣쟁점 1. 불가벌적 사후행위

(3) 친족상도례

사기죄도 행위자와 피해자 사이에 친족관계가 있으면 친족상도례 규정이 준용된다(제354조, 제328조).

■대법원 1976.4.13. 75도781

법원을 기망하여 직계혈족인 제3자로부터 재물을 편취한 경우와 형법 328조 1항에 의한 형의 면제

「법원을 기망하여 제3자로부터 재물을 편취한 경우에 피기망자인 법원은 피해자가 될 수 없고 재물을 편취당한 제3자가 피해자라고 할 것이므로 피해자인 제3자와 사기죄를 범한 자가 직계혈족의 관계에 있을 때에는 그 범인에 대하여 형법 328조 1항을 준용하여 형을 면제하여야 한다.」

*평석. 사기죄의 경우에 피기망자와 재산상의 피해자가 다른 경우 친족상도례가 적용되기 위해서는 행위자와 피해자 사이에 친족관계가 있으면 친족상도례 규정이 준용된다. 이는 사기죄의 보호법익이 재산권이므로 행위자와 피기망자 사이에는 친족관계가 있음을 요하지 아니하기 때문이다.

Ⅲ. 컴퓨터등 사용사기죄

제347조의2(컴퓨터등 사용사기) 컴퓨터등 정보처리장치에 허위의 정보 또는 부정한 명령을 입력하거나 권한 없이 정보를 입력·변경하여 정보처리를 하게 함으로써 재산상의 이익을 취득하거나 제3자로 하여금 취득하게 한 자는 10년 이하의 징역 또는 2천만원 이하의 벌금에 처한다. 제352조(미수범) 제347조 내지 제348조의2, 제350조와 제351조의 미수범은 처벌한다.

1. 의의 및 보호법익

컴퓨터등 정보처리장치에 허위의 정보 또는 부정한 명령을 입력하거나 권한 없이 정보를 입력·변경하여 정보처리를 하게 함으로써 재산상의 이익을 취득하거나 제3자로 하여금 취득하게 함으로써 성립하는 범죄이다. 컴퓨터의 사용이 일반화됨에 따라 고전적인 사기죄의 구성요건인 사람의 기망 없이 컴퓨터등 정보처리장치를 이용하여 불법한 이익을 얻는 행위태양을 벌하기 위한 규정이다. 보호법익은 전체로서의 재산, 즉 재산권이며 보호의 정도는 침해범이다.

2. 구성요건

(1) 행위의 주체와 객체

행위의 주체는 제한이 없다. 행위의 객체는 '재산상의 이익'(이득죄)이다.

■타인의 신용카드로 현금자동인출기에서 현금을 인출한 경우의 죄책에 대한 판례

대법원 2003.5.13. 2003도1178

절취한 타인의 신용카드로 현금자동지급기에서 현금을 인출한 행위가 컴퓨터등사용

사기죄의 구성요건에 해당하는지 여부(소극)

「우리 형법은 재산범죄의 객체가 재물인지 재산상의 이익인지에 따라 이를 재물죄와 이득죄로 명시하여 규정하고 있는데, 형법 제347조가 일반 사기죄를 재물죄 겸 이득죄로 규정한 것과 달리 형법 제347조의2는 컴퓨터등사용사기죄의 객체를 재물이 아닌 재산상의 이익으로만 한정하여 규정하고 있으므로, 절취한 타인의 신용카드로 현금자동지급기에서 현금을 인출하는 행위가 재물에 관한 범죄임이 분명한 이상 이를 위 컴퓨터등사용사기죄로 처벌할 수는 없다고 할 것이고, 입법자의 의도가 이와 달리 이를 위 죄로 처벌하고자 하는 데 있었다거나 유사한 사례와 비교하여 처벌상의 불균형이 발생할 우려가 있다는 이유만으로 그와 달리 볼 수는 없다.」

*평석. 컴퓨터등사용사기죄는 순수한 이득죄이며 형법은 재물과 재산상의 이익을 구별하므로 절취한 타인의 신용카드로 현금자동지급기에서 현금을 인출한 행위는 절도죄에 해당한다.

■대법원 2006.3.24. 2005도3516

예금주인 현금카드 소유자로부터 일정액의 현금을 인출해 오라는 부탁과 함께 현금카드를 건네받아 그 위임받은 금액을 초과한 현금을 인출한 행위가 컴퓨터 등 사용사기죄를 구성하는지 여부(적극)

「예금주인 현금카드 소유자로부터 일정한 금액의 현금을 인출해 오라는 부탁을 받으면서 이와 함께 현금카드를 건네받은 것을 기화로 그 위임을 받은 금액을 초과하여 현금을 인출하는 방법으로 그 차액 상당을 위법하게 이득할 의사로 현금자동지급기에 그 초과된 금액이 인출되도록 입력하여 그 초과된 금액의 현금을 인출한 경우에는 그 인출된 현금에 대한 점유를 취득함으로써 이 때에 그 인출한 현금 총액 중 인출을 위임받은 금액을 넘는 부분의 비율에 상당하는 재산상 이익을 취득한 것으로 볼 수 있으므로 이러한 행위는 그 차액 상당액에 관하여 형법 제347조의2(컴퓨터등사용사기)에 규정된 '컴퓨터 등 정보처리장치에 권한 없이 정보를 입력하여 정보처리를 하게 함으로써 재산상의 이익을 취득'하는 행위로서 컴퓨터 등 사용사기죄에 해당된다.」

*평석. 대법원은 일정액의 현금인출을 위임받은 경우에 그 위임을 초과하는 금액의 인출은 재산상의 이익을 취득한 것으로 컴퓨터등 사용사기죄에 해당한다고 하고 있다.

(2) 실행행위

컴퓨터등 정보처리장치에 허위의 정보 또는 부정한 명령을 입력하거나 권한 없이 정보를 입력·변경하여 정보처리를 하게 함으로써 재산상의 이익을 취득하거나 제3자로 하여금 취득하게 하는 것이다.

■대법원 2008.6.12. 2008도2440

절취한 타인의 신용카드를 이용하여 현금지급기에서 자신의 예금계좌로 돈을 이체시킨 후 현금을 인출한 행위가 절도죄를 구성하는지 여부(소극)

「절취한 타인의 신용카드를 이용하여 현금지급기에서 계좌이체를 한 행위는 컴퓨터등사용사기죄에서 컴퓨터 등 정보처리장치에 권한 없이 정보를 입력하여 정보처리를 하게 한 행위에 해당함은 별론으로 하고 이를 절취행위라고 볼 수는 없고, 한편 위 계좌이체 후 현금지급기에서 현금을 인출한 행위는 자신의 신용카드나 현금카드를 이용한 것이어서 이러한 현금인출이 현금지급기 관리자의 의사에 반한다고 볼 수 없어 절취행위에 해당하지 않으므로 절도죄를 구성하지 않는다.」

*평석. 절취한 타인의 신용카드를 이용하여 현금지급기에서 자신의 예금계좌로 돈을 이체하는 것은 컴퓨터등사용사기죄에 해당한다.

■대법원 2004.4.16. 2004도353

「甲이 권한 없이 인터넷뱅킹으로 타인의 예금계좌에서 자신의 예금계좌로 돈을 이체한 후 그 중 일부를 인출하여 그 정을 아는 乙에게 교부한 경우, 甲이 컴퓨터등사용사기죄에 의하여 취득한 예금채권은 재물이 아니라 재산상 이익이므로, 그가 자신의 예금계좌에서 돈을 인출하였더라도 장물을 금융기관에 예치하였다가 인출한 것으로 볼 수 없다는 이유로 乙의 장물취득죄의 성립을 부정한 사례.」

*평석. 甲이 권한 없이 인터넷뱅킹으로 타인의 예금계좌에서 자신의 예금계좌로 돈을 이체한 것은 정당한 정보의 권한 없는 사용으로 컴퓨터등사용사기죄에 있어 '권한 없이 정보를 입력·변경'하는 경우에 해당한다.

(3) 재산상의 이익의 취득

재산상의 이익을 취득하거나 제3자로 하여금 취득하게 하는 것이다.

(4) 실행의 착수 및 기수시기

■대법원 2006.9.14. 2006도4127

금융기관 직원이 전산단말기를 이용하여 다른 공범들이 지정한 특정계좌에 돈이 입금된 것처럼 허위의 정보를 입력하는 방법으로 위 계좌로 입금되도록 한 경우, 컴퓨터 등 사용사기죄의 기수시기

「금융기관 직원이 전산단말기를 이용하여 다른 공범들이 지정한 특정계좌에 돈이 입금된 것처럼 허위의 정보를 입력하는 방법으로 위 계좌로 입금되도록 한 경우, 이러한 입금절차를 완료함으로써 장차 그 계좌에서 이를 인출하여 갈 수 있는 재산상 이익을 취득하였으므로 형법 제347조의2에서 정하는 컴퓨터 등 사용사기죄는 기수에 이르렀고, 그 후 그러한 입금이 취소되어 현실적으로 인출되지 못하였다고 하더라도 이미 성립한 컴퓨터 등 사용사기죄에 어떤 영향이 있다고 할 수는 없다.」

*평석. 대법원은 컴퓨터 등 사용사기죄의 기수시기와 관련하여 현실적인 재산상의 손해발생을 요건으로 하고 있지 아니하다.

3. 신용카드범죄

(1) 신용카드의 의의

'신용카드'란 이를 제시함으로써 반복하여 신용카드가맹점에서 결제할 수 있는 증표(證票)로서 신용카드업자가 발행한 것을 말한다(여신전문금융업법 제2조 제3호). 구별되는 개념으로 현금카드, 직불카드, 그리고 선불카드가 있다.

(2) 신용카드범죄

1) 신용카드에 대한 재산범죄

■대법원 1999.7.9. 99도857

타인의 신용카드를 임의로 가지고 가 현금자동지급기에서 현금을 인출한 후 곧바로 반환한 경우, 신용카드에 대한 절도죄의 성립 여부(소극)

「신용카드업자가 발행한 신용카드는 이를 소지함으로써 신용구매가 가능하고 금융의 편의를 받을 수 있다는 점에서 경제적 가치가 있다 하더라도, 그 자체에 경제적 가치가 화체되어 있거나 특정의 재산권을 표창하는 유가증권이라고 볼 수 없고, 단지 신용카드회원이 그 제시를 통하여 신용카드회원이라는 사실을 증명하거나 현금자동지급기 등에 주입하는 등의 방법으로 신용카드업자로부터 서비스를 받을 수 있는 증표로서의 가치를 갖는 것이어서, 이를 사용하여 현금자동지급기에서 현금을 인출하였다 하더라도 신용카드 자체가 가지는 경제적 가치가 인출된 예금액만큼 소모되었다고 할 수 없으므로,

이를 일시 사용하고 곧 반환한 경우에는 불법영득의 의사가 없다.」

*평석. 신용카드 그 자체의 유가증권성은 부정되지만(카드 사용에 의한 가치감소가 없으므로 일시 사용 후 바로 반환한 경우에는 불법영득의 의사가 부정되어진다), 재물이며 따라서 신용카드 자체에 대한 절취, 강취행위는 재산범죄인 절도죄, 강도죄가 성립한다.

2) 자기명의의 신용카드를 부정 발급받은 후 현금서비스를 받은 경우

■대법원 1996.4.9. 95도2466

대출금을 정상적으로 결제할 의사나 능력 없이 자기 명의 신용카드를 사용하여 현금서비스를 받거나 가맹점으로부터 물품을 구입한 경우의 죄책 및 그 죄수

「신용카드의 거래는 신용카드회사로부터 카드를 발급받은 사람이 위 카드를 사용하여 카드가맹점으로부터 물품을 구입하면 그 카드를 소지하여 사용하는 사람이 카드회사로부터 카드를 발급받은 정당한 소지인인 한 카드회사가 그 대금을 가맹점에 결제하고, 카드회사는 카드사용자에 대하여 물품구입대금을 대출해 준 금전채권을 가지는 것이고, 또 카드사용자가 현금자동지급기를 통해서 현금서비스를 받아 가면 현금대출관계가 성립되게 되는 것인바, 이와 같은 카드사용으로 인한 카드회사의 금전채권을 발생케 하는 카드사용 행위는 카드회사로부터 일정한 한도 내에서 신용공여가 이루어지고, 그 신용공여의 범위 내에서는 정당한 소지인에 의한 카드사용에 의한 금전대출이 카드 발급시에 미리 포괄적으로 허용되어 있는 것인바, 현금자동지급기를 통한 현금대출도 결국 카드회사로부터 그 지급이 미리 허용된 것이고, 단순히 그 지급방법만이 사람이 아닌 기계에 의해서 이루어지는 것에 불과하다. 그렇다면 피고인이 카드사용으로 인한 대금결제의 의사와 능력이 없으면서도 있는 것 같이 가장하여 카드회사를 기망하고, 카드회사는 이에 착오를 일으켜 일정 한도 내에서 카드사용을 허용해 줌으로써 피고인은 기망당한 카드회사의 신용공여라는 하자 있는 의사표시에 편승하여 자동지급기를 통한 현금대출도 받고, 가맹점을 통한 물품구입대금 대출도 받아 카드발급회사로 하여금 같은 액수 상당의 피해를 입게 함으로써, 카드사용으로 인한 일련의 편취행위가 포괄적으로 이루어지는 것이다. 따라서 카드사용으로 인한 카드회사의 손해는 그것이 자동지급기에 의한 인출행위이든 가맹점을 통한 물품구입행위이든 불문하고 모두가 피해자인 카드회사의 기망당한 의사표시에 따른 카드발급에 터잡아 이루어지는 사기의 포괄일죄이다.」

*평석. 대출금을 정상적으로 결제할 의사나 능력 없이 자기 명의 신용카드를 사용하

여 현금서비스를 받거나 가맹점으로부터 물품을 구입한 경우에는 사기죄의 포괄일죄가 성립한다.

3) 타인명의의 신용카드를 부정 발급받은 후 이를 이용하여 현금자동지급기에서 현금대출을 받는 경우 등의 죄책

■대법원 2006.7.27. 2006도3126

【판시사항】

1) 타인의 명의를 모용하여 발급받은 신용카드를 이용하여 현금자동지급기에서 현금대출을 받는 경우의 죄책

2) 타인의 명의를 모용하여 발급받은 신용카드를 이용하여 ARS 전화서비스나 인터넷 등을 통하여 신용대출을 받는 경우의 죄책

【판결요지】

1) 피고인이 타인의 명의를 모용하여 신용카드를 발급받은 경우, 비록 카드회사가 피고인으로부터 기망을 당한 나머지 피고인에게 피모용자 명의로 발급된 신용카드를 교부하고, 사실상 피고인이 지정한 비밀번호를 입력하여 현금자동지급기에 의한 현금대출(현금서비스)을 받을 수 있도록 하였다 할지라도, 카드회사의 내심의 의사는 물론 표시된 의사도 어디까지나 카드명의인인 피모용자에게 이를 허용하는 데 있을 뿐 피고인에게 이를 허용한 것은 아니라는 점에서, <u>피고인이 타인의 명의를 모용하여 발급받은 신용카드를 사용하여 현금자동지급기에서 현금대출을 받는 행위는 카드회사에 의하여 미리 포괄적으로 허용된 행위가 아니라, 현금자동지급기의 관리자의 의사에 반하여 그의 지배를 배제한 채 그 현금을 자기의 지배하에 옮겨 놓는 행위로서 절도죄에 해당한다.</u>

2) <u>타인의 명의를 모용하여 발급받은 신용카드의 번호와 그 비밀번호를 이용하여 ARS 전화서비스나 인터넷 등을 통하여 신용대출을 받는 방법으로 재산상 이익을 취득하는 행위 역시 미리 포괄적으로 허용된 행위가 아닌 이상</u>, 컴퓨터 등 정보처리장치에 권한 없이 정보를 입력하여 정보처리를 하게 함으로써 재산상 이익을 취득하는 행위로서 컴퓨터 등 사용사기죄에 해당한다.

*평석. 먼저 타인명의를 모용하여 신용카드를 발급받는 행위는 사문서위조죄 및 동행사죄, 사기죄가 성립하며 이들 범죄는 상상적 경합의 관계에 있다. 따라서 사례에서 대법원은 전자의 경우에 있어서는 절도죄, 후자의 경우에는 컴퓨터 등 사용사기죄에 해당한다고 하고 있다.

■대법원 2002.7.12. 2002도2134

【판시사항】

1) 타인의 명의를 모용하여 발급받은 신용카드로 현금자동지급기에서 현금을 인출한 경우의 죄책(절도죄)

2) 타인의 명의를 모용하여 발급받은 신용카드로 현금자동지급기에서 현금을 인출하는 행위를 형법 제347조의2 소정의 컴퓨터등사용사기죄로 처벌할 수 있는지 여부(소극)

【판결요지】

1) 피고인이 타인의 명의를 모용하여 신용카드를 발급받은 경우, 비록 카드회사가 피고인으로부터 기망을 당한 나머지 피고인에게 피모용자 명의로 발급된 신용카드를 교부하고, 사실상 피고인이 지정한 비밀번호를 입력하여 현금자동지급기에 의한 현금대출(현금서비스)을 받을 수 있도록 하였다 할지라도, 카드회사의 내심의 의사는 물론 표시된 의사도 어디까지나 카드명의인인 피모용자에게 이를 허용하는 데 있을 뿐, 피고인에게 이를 허용한 것은 아니라는 점에서 피고인이 타인의 명의를 모용하여 발급받은 신용카드를 사용하여 현금자동지급기에서 현금대출을 받는 행위는 카드회사에 의하여 미리 포괄적으로 허용된 행위가 아니라, 현금자동지급기의 관리자의 의사에 반하여 그의 지배를 배제한 채 그 현금을 자기의 지배하에 옮겨 놓는 행위로서 절도죄에 해당한다고 봄이 상당하다.

2) 형법 제347조의2에서 규정하는 컴퓨터등사용사기죄의 객체는 재물이 아닌 재산상의 이익에 한정되어 있으므로, 타인의 명의를 모용하여 발급받은 신용카드로 현금자동지급기에서 현금을 인출하는 행위를 이 법조항을 적용하여 처벌할 수는 없다.

*평석. 대법원은 컴퓨터등사용사기죄의 객체는 재물이 아닌 재산상의 이익에 한정되어 있으므로 절도죄의 죄책을 인정하고 있다.

4) 신용카드 위조·변조죄

신용카드 위조·변조행위는 형법상의 사전자기록위작·변작죄(제232조의2), 그리고 여신전문금융업법 제70조 제1항 제1호의 신용카드위조·변조죄(신용카드 등을 위조하거나 변조한 자는 7년 이하의 징역 또는 5천만원 이하의 벌금에 처한다)에 해당한다. 양죄는 법조경합의 관계에 있어 특별법인 신용카드위조·변조죄가 성립하게 된다. 신용카드업자가 발행한 신용카드는 이를 소지함으로써 신용구매가 가능하고 금융의 편의를 받을 수 있다는 점에서 경제적 가치가 있다 하더라도, 그 자체에 경제적 가치가 화체되어 있거나 특정의 재산권을 표창하는 유가증권이라고 볼 수 없어 유가증권 위조·변조죄가 성립할 수 없음은 물론이다(대법원 1999.7.9. 99도857).

5) 범죄로 취득한 타인명의의 신용카드의 부정사용

(가) 강취한 타인명의의 신용카드로 물품을 구입한 경우

■대법원 1997.1.21. 96도2715

강취한 신용카드를 가지고 자신이 그 신용카드의 정당한 소지인인양 가맹점 점주를 속여 물품 등을 제공받은 경우, 신용카드부정사용죄와 별도로 사기죄가 성립하는지 여부(적극)

「강취한 신용카드를 가지고 자신이 그 신용카드의 정당한 소지인인양 가맹점의 점주를 속이고 그에 속은 점주로부터 주류 등을 제공받아 이를 취득한 것이라면 신용카드부정사용죄와 별도로 사기죄가 성립한다.」

*평석. 강취한 신용카드를 가지고 자신이 그 신용카드의 정당한 소지인인양 가맹점 점주를 속여 물품 등을 제공받은 경우에는 사기죄가 성립한다.

■대법원 1992.6.9. 92도77

신용카드부정사용죄에 있어 '신용카드의 사용'의 의미와 매출표에 서명하여 이를 교부하는 행위가 별도로 사문서위조 및 동행사죄를 구성하는지 여부(소극)

「신용카드를 위조·변조하거나 도난·분실 또는 위조·변조된 신용카드를 사용한 자는 7년 이하의 징역 또는 5천만 원 이하의 벌금에 처한다고 규정하고 있는바, 위 부정사용죄의 구성요건적 행위인 신용카드의 사용이라 함은 신용카드의 소지인이 신용카드의 본래 용도인 대금결제를 위하여 가맹점에 신용카드를 제시하고 매출표에 서명하여 이를 교부하는 일련의 행위를 가리키고 단순히 신용카드를 제시하는 행위만을 가리키는 것은 아니라고 할 것이므로, 위 매출표의 서명 및 교부가 별도로 사문서위조 및 동행사의 죄의 구성요건을 충족한다고 하여도 이 사문서위조 및 동행사의 죄는 위 신용카드부정사용죄에 흡수되어 신용카드부정사용죄의 1죄만이 성립하고 별도로 사문서위조 및 동행사의 죄는 성립하지 않는다.」

*평석. 여신전문금융업법은 "분실하거나 도난당한 신용카드나 직불카드를 판매하거나 사용한 자"는 7년 이하의 징역 또는 5천만원 이하의 벌금에 처한다고 규정하고 있다(제70조 제1항 제3호). 따라서 절취, 혹은 강취한 신용카드로 물품을 구입하는 행위는 여신전문금융업법상의 신용카드부정사용죄에 해당하며 별도로 사문서위조 및 동행사의

죄는 성립하지 않는다.

(나) 절취한 타인명의의 신용카드로 현금자동지급기에서 현금을 인출한 경우

대법원은 절도죄의 성립을 긍정하고 있다.

■대법원 2003.5.13. 2003도1178

절취한 타인의 신용카드로 현금자동지급기에서 현금을 인출한 행위가 컴퓨터등사용사기죄의 구성요건에 해당하는지 여부(소극)

「우리 형법은 재산범죄의 객체가 재물인지 재산상의 이익인지에 따라 이를 재물죄와 이득죄로 명시하여 규정하고 있는데, 형법 제347조가 일반 사기죄를 재물죄 겸 이득죄로 규정한 것과 달리 형법 제347조의2는 컴퓨터등사용사기죄의 객체를 재물이 아닌 재산상의 이익으로만 한정하여 규정하고 있으므로, 절취한 타인의 신용카드로 현금자동지급기에서 현금을 인출하는 행위가 재물에 관한 범죄임이 분명한 이상 이를 위 컴퓨터등사용사기죄로 처벌할 수는 없다고 할 것이고, 입법자의 의도가 이와 달리 이를 위 죄로 처벌하고자 하는 데 있었다거나 유사한 사례와 비교하여 처벌상의 불균형이 발생할 우려가 있다는 이유만으로 그와 달리 볼 수는 없다.」

*평석. 대법원은 컴퓨터등사용사기죄의 객체를 재물이 아닌 재산상의 이익으로만 한정하여 규정하고 있으므로, 절취한 타인의 신용카드로 현금자동지급기에서 현금을 인출하는 행위가 재물에 관한 범죄이므로 이를 컴퓨터등사용사기죄로 처벌할 수는 없다고 하고 있다.

●참조판례

대법원 2006.7.27. 선고 2006도3126

■대법원 2006.3.24. 2005도3516

예금주인 현금카드 소유자로부터 일정액의 현금을 인출해 오라는 부탁과 함께 현금카드를 건네받아 그 위임받은 금액을 초과한 현금을 인출한 행위가 컴퓨터 등 사용사기죄를 구성하는지 여부(적극)

「예금주인 현금카드 소유자로부터 일정한 금액의 현금을 인출해 오라는 부탁을 받으면서 이와 함께 현금카드를 건네받은 것을 기화로 그 위임을 받은 금액을 초과하여 현금을 인출하는 방법으로 그 차액 상당을 위법하게 이득할 의사로 현금자동지급기에 그 초과된 금액이 인출되도록 입력하여 그 초과된 금액의 현금을 인출한 경우에는 그 인출된 현금에 대한 점유를 취득함으로써 이 때에 그 인출한 현금 총액 중 인출을 위임

받은 금액을 넘는 부분의 비율에 상당하는 재산상 이익을 취득한 것으로 볼 수 있으므로 이러한 행위는 그 차액 상당액에 관하여 형법 제347조의2(컴퓨터등사용사기)에 규정된 '컴퓨터 등 정보처리장치에 권한 없이 정보를 입력하여 정보처리를 하게 함으로써 재산상의 이익을 취득'하는 행위로서 컴퓨터등 사용사기죄에 해당된다.」

*평석. 대법원은 타인명의의 신용카드로 현금자동지급기에서 현금을 인출하는 행위를 형법 제347조의2 소정의 컴퓨터등 사용사기죄로 처벌할 수 있는지 여부에 대해 현금은 재산상의 이익이 될 수 없어 이를 부정하지만, 다만 현금카드의 소유자로부터 현금인출을 부탁받고 현금을 초과 인출한 경우에는 컴퓨터등 사용사기죄의 성립을 긍정하고 있다.

6) 자기명의의 신용카드의 부정사용

(가) 자기명의의 신용카드로 지불의사와 능력없이 물품을 구입한 경우

■대법원 2005.8.19. 2004도6859

이미 과다한 부채의 누적 등으로 신용카드 사용으로 인한 대출금채무를 변제할 의사나 능력이 없는 상황에 처하였음에도 불구하고 신용카드를 사용한 경우, 사기죄에 있어서 기망행위 내지 편취의 범의를 인정할 수 있다고 한 사례

「신용카드의 거래는 신용카드업자로부터 카드를 발급받은 사람(카드회원)이 신용카드를 사용하여 가맹점으로부터 물품을 구입하면 신용카드업자는 그 카드를 소지하여 사용한 사람이 신용카드업자로부터 신용카드를 발급받은 정당한 카드회원인 한 그 물품구입대금을 가맹점에 결제하는 한편, 카드회원에 대하여 물품구입대금을 대출해 준 금전채권을 가지는 것이고, 또 카드회원이 현금자동지급기를 통해서 현금서비스를 받아가면 현금대출관계가 성립되어 신용카드업자는 카드회원에게 대출금채권을 가지는 것이므로, 궁극적으로는 카드회원이 신용카드업자에게 신용카드 거래에서 발생한 대출금채무를 변제할 의무를 부담하게 되고, 그렇다면 이와 같이 <u>신용카드 사용으로 인한 신용카드업자의 금전채권을 발생케 하는 행위는 카드회원이 신용카드업자에 대하여 대금을 성실히 변제할 것을 전제로 하는 것이므로</u>, 카드회원이 일시적인 자금궁색 등의 이유로 그 채무를 일시적으로 이행하지 못하게 되는 상황이 아니라 이미 과다한 부채의 누적 등으로 신용카드 사용으로 인한 대출금채무를 변제할 의사나 능력이 없는 상황에 처하였음에도 불구하고 신용카드를 사용하였다면 사기죄에 있어서 기망행위 내지 편취의 범의를 인정할 수 있다고 한 사례.」

*평석. 신용카드 사용으로 인한 신용카드업자의 금전채권을 발생케 하는 행위는 카드회원이 신용카드업자에 대하여 대금을 성실히 변제할 것을 전제로 하는 것이므로, 이미

과다한 부채의 누적 등으로 신용카드 사용으로 인한 대출금채무를 변제할 의사나 능력이 없는 상황에 처하였음에도 불구하고 신용카드를 사용한 경우, 사기죄에 있어서 기망행위 내지 편취의 범의를 인정할 수 있다.

●참조판례

대법원 1996.4.9. 95도2466

(나) 자기명의의 신용카드로 지불의사와 능력없이 현금자동지급기에서 현금을 인출한 경우

■대전지법 2003.8.29. 2003노1492

자신 명의의 신용카드를 정상적으로 발급받아 사용해 오다가 상당한 기간이 경과한 후 대금결제 의사나 능력이 없음에도 위 신용카드를 이용하여 카드론대출 또는 현금서비스를 받거나 가맹점에서 물품을 구입하고 그 대금을 결제하지 못한 경우, 사기죄가 성립하지 않는다고 한 사례

「피고인이 자신 명의의 신용카드를 정상적으로 발급받아 사용해 오다가 상당한 기간이 경과한 후 대금결제 의사나 능력이 없음에도 위 신용카드를 이용하여 카드론대출 또는 현금서비스를 받거나 가맹점에서 물품을 구입하고 그 대금을 결제하지 못한 경우, 신용카드를 가맹점에 제시하거나 현금자동지급기에 넣는 등의 행위 그 자체는 표시중립적 행위일 뿐 아니라, 피해자인 카드회사는 신용카드 발급시 피고인에게 일정한 한도 내에서 카드 사용을 허락하여 신용을 공여하여 주었고, 피고인은 이러한 신용공여의 범위 내에서 자기 명의의 신용카드를 사용한 것에 불과할 뿐만 아니라, 현금자동지급기나 전화자동응답시스템을 이용하여 금원을 대출받는 경우에는 공여된 신용의 범위 내에서 대출이 기계적으로 처리될 따름이므로 사람에 대한 기망행위가 있다고 할 수 없고, 신용카드 가맹점에서 신용카드를 사용하는 경우에도 가맹점은 공여된 신용의 범위 내에서는 신용카드의 소지인과 명의인이 동일성을 갖는 한 그 지급능력의 유무에 대하여는 아무런 이해관계를 갖고 있지 않기 때문에 가맹점에 대한 관계에서도 기망행위가 존재하지 않아 사기죄가 성립하지 않는다.」

*평석. 자기명의의 신용카드로 지불의사와 능력없이 현금자동지급기에서 현금을 인출한 경우에 컴퓨터사용사기죄나 절도죄가 성립하지 아니한다. 또한 다른 약정이 없는 한 신용카드를 사용할 당시에 자신의 재산 상태를 신용카드 회사에게 고지하여야 할 의무가 없다.

▣쟁점 1. 신용카드 관련의 범죄와 형사책임

Ⅳ. 준사기죄

제348조(준사기) ①미성년자의 지려천박 또는 사람의 심신장애를 이용하여 재물의 교부를 받거나 재산상의 이익을 취득한 자는 10년 이하의 징역 또는 2천만원 이하의 벌금에 처한다. ②전항의 방법으로 제삼자로 하여금 재물의 교부를 받게 하거나 재산상의 이익을 취득하게 한 때에도 전항의 형과 같다. 제352조(미수범) 제347조 내지 제348조의2, 제350조와 제351조의 미수범은 처벌한다.

Ⅴ. 편의시설부정이용죄

제348조의2(편의시설부정이용) 부정한 방법으로 대가를 지급하지 아니하고 자동판매기, 공중전화 기타 유료자동설비를 이용하여 재물 또는 재산상의 이익을 취득한 자는 3년 이하의 징역, 500만원 이하의 벌금, 구류 또는 과료에 처한다. 제352조(미수범) 제347조 내지 제348조의2, 제350조와 제351조의 미수범은 처벌한다.

1. 의의

편의시설부정이용죄는 부정한 방법으로 대가를 지급하지 아니하고 자동판매기, 공중전화 기타 유료자동설비를 이용하여 재물 또는 재산상의 이익을 취득함으로써 성립하는 범죄이다. 보호법익은 재산권이며 보호의 정도는 침해범이다.

2. 구성요건

행위의 객체는 자동판매기, 공중전화 기타 유료자동설비이다.

■대법원 2001.9.25. 2001도3625

타인의 전화카드(한국통신의 후불식 통신카드)를 절취하여 전화통화에 이용한 행위가 형법 제348조의2 소정의 편의시설부정이용의 죄에 해당하는지 여부(소극)

「형법 제348조의2에서 규정하는 편의시설부정이용의 죄는 부정한 방법으로 대가를 지급하지 아니하고 자동판매기, 공중전화 기타 유료자동설비를 이용하여 재물 또는 재산상의 이익을 취득하는 행위를 범죄구성요건으로 하고 있는데, 타인의 전화카드(한국통신의 후불식 통신카드)를 절취하여 전화통화에 이용한 경우에는 통신카드서비스 이용계약을 한 피해자가 그 통신요금을 납부할 책임을 부담하게 되므로, 이러한 경우에는 피고인이 '대가를 지급하지 아니하고' 공중전화를 이용한 경우에 해당한다고 볼 수 없어 편의시설부정이용의 죄를 구성하지 않는다.」

*평석. 타인의 전화카드(한국통신의 후불식 통신카드)를 절취하여 전화통화에 이용한 행위는 통신카드서비스 이용계약을 한 피해자가 그 통신요금을 납부할 책임을 부담하게 되므로, 이는 '대가를 지급하지 아니하고' 공중전화를 이용한 경우에 해당한다고 볼 수 없어 편의시설부정이용의 죄를 구성하지 아니한다. 절취한 후불식 전화카드를 사용하여 공중전화를 건 행위는 전화카드 전체가 하나의 문서로서 사용된 것으로 보아야 하고 이는 권리의무에 관한 타인의 사문서를 부정행사한 경우에 해당되어 사문서부정행사죄에 해당한다(대법원 2002.6.25. 2002도461).

3. 타인의 일반전화를 부정사용한 행위의 형사책임

■대법원 1999.6.25. 98도3891

타인의 일반전화를 무단 이용하여 전화통화를 한 경우, 사기죄의 성립 여부(소극)

「사기죄가 성립하기 위하여는 기망행위와 이에 기한 피해자의 처분행위가 있어야 할 것인바, 타인의 일반전화를 무단으로 이용하여 전화통화를 하는 행위는 전기통신사업자인 한국전기통신공사가 일반전화 가입자인 타인에게 통신을 매개하여 주는 역무를 부당하게 이용하는 것에 불과하여 한국전기통신공사에 대한 기망행위에 해당한다고 볼 수 없을 뿐만 아니라, 이에 따라 제공되는 역무도 일반전화 가입자와 한국전기통신공사 사이에 체결된 서비스이용계약에 따라 제공되는 것으로서 한국전기통신공사가 착오에 빠져 처분행위를 한 것이라고 볼 수 없으므로, 결국 위와 같은 행위는 형법 제347조의 사기죄를 구성하지 아니한다 할 것이고, 이는 형법이 제348조의2를 신설하여 부정한 방법으로 대가를 지급하지 아니하고 공중전화를 이용하여 재산상 이익을 취득한 자를 처벌하는 규정을 별도로 둔 취지에 비추어 보아도 분명하다.」

*평석. 공중전화가 아닌 일반전화는 편의시설부정이용죄의 객체인 유료자동설비에 해

당하지 아니하여 본죄가 성립하지 아니함은 물론 전통적인 사기죄에도 해당하지 아니한다.

■대법원 1998.6.23. 98도700

타인의 전화기를 무단사용하는 경우, 절도죄가 성립하는지 여부(소극)

「타인의 전화기를 무단으로 사용하여 전화통화를 하는 행위는 전기통신사업자가 그가 갖추고 있는 통신선로, 전화교환기 등 전기통신설비를 이용하고 전기의 성질을 과학적으로 응용한 기술을 사용하여 전화가입자에게 음향의 송수신이 가능하도록 하여 줌으로써 상대방과의 통신을 매개하여 주는 역무, 즉 전기통신사업자에 의하여 가능하게 된 전화기의 음향송수신기능을 부당하게 이용하는 것으로, 이러한 내용의 역무는 무형적인 이익에 불과하고 물리적 관리의 대상이 될 수 없어 재물이 아니라고 할 것이므로 절도죄의 객체가 되지 아니한다.」

*평석. 타인의 전화기를 무단사용하는 경우, 이는 물리적 관리가능한 재물이 될 수 없어 절도죄가 되지 아니한다.

Ⅵ. 부당이득죄

第349조(부당이득) ①사람의 궁박한 상태를 이용하여 현저하게 부당한 이익을 취득한 자는 3년 이하의 징역 또는 1천만원 이하의 벌금에 처한다. ②전항의 방법으로 제삼자로 하여금 부당한 이익을 취득하게 한 때에도 전항의 형과 같다.

본죄는 사람의 궁박한 상태를 이용하여 현저하게 부당한 이익을 취득하거나, 제삼자로 하여금 취득하게 함으로써 성립하는 범죄이다.

■대법원 2008.5.29. 2008도2612

부당이득죄에 있어서 '궁박'의 의미 및 피해자가 궁박한 상태에 있었는지 여부의 판단 기준

「부당이득죄에 있어서 궁박이라 함은 '급박한 곤궁'을 의미하는 것으로서, 피해자가 궁박한 상태에 있었는지 여부는 거래당사자의 신분과 상호간의 관계, 피해자가 처한 상

황의 절박성의 정도 등 여러 상황을 종합하여 구체적으로 판단하여야 할 것이고, 특히 부동산의 매매와 관련하여 피고인이 취득한 이익이 현저하게 부당한지 여부는 우리 헌법이 규정하고 있는 자유시장경제질서와 여기에서 파생되는 계약자유의 원칙을 바탕으로 피고인이 당해 토지를 보유하게 된 경위 및 보유기간, 주변 부동산의 시가, 가격결정을 둘러싼 쌍방의 협상과정 및 거래를 통한 피해자의 이익 등을 종합적으로 고려되어야 한다. 甲건설회사의 공동주택신축사업 계획을 미리 알고 있던 乙이 사업부지 내의 토지소유자 丙을 회유하여 甲과 맺은 토지매매 약정을 깨고 자신에게 이를 매도 및 이전등기하게 한 다음 이를 甲에게 재매도하면서 2배 이상의 매매대금과 양도소득세를 부담시킨 사안에서, 위 토지가 전체 사업부지 내에서 갖는 중요성, 乙의 자력, 甲의 사업진행정도 등을 고려할 때 부당이득죄가 성립한다.」

*평석. 부당이득죄에 있어서 궁박이라 함은 '급박한 곤궁'을 의미하는 것으로서, 피해자가 궁박한 상태에 있었는지 여부는 거래당사자의 신분과 상호간의 관계, 피해자가 처한 상황의 절박성의 정도 등 여러 상황을 종합하여 구체적으로 판단하여야 한다.

제4장 공갈의 죄

Ⅰ. 개설

공갈죄는 사람을 공갈하여 자기 또는 제3자가 재물이나 재산상의 이익을 취득함으로써 성립하는 범죄이다(재물죄인 동시에 이득죄). 보호법익과 관련하여 제1차적 법익은 재산권일반, 그리고 제2차적 법익은 의사결정 및 활동의 자유이다. 보호의 정도는 침해범이다.

Ⅱ. 공갈죄

제350조(공갈) ①사람을 공갈하여 재물의 교부를 받거나 재산상의 이익을 취득한 자는 10년 이하의 징역 또는 2천만원 이하의 벌금에 처한다. ②전항의 방법으로 제삼자로 하여금 재물의 교부를 받게 하거나 재산상의 이익을 취득하게 한 때에도 전항의 형과 같다. 제352조(미수범) 제347조 내지 제348조의2, 제350조와 제351조의 미수범은 처벌한다. 제354조(친족간의 범행, 동력) 제328조와 제346조의 규정은 본장의 죄에 준용한다.

1. 객관적 구성요건

(1) 행위의 객체

타인이 점유하는 재물 또는 재산상의 이익이다.

■대법원 1983.2.8. 82도2714

부녀와의 정교가 공갈죄의 객체인 재산상 이익으로 평가될 수 있는지 여부(소극)

「공갈죄는 재산범으로서 그 객체인 재산상 이익은 경제적 이익이 있는 것을 말하는 것인바, 일반적으로 부녀와의 정부 그 자체는 이를 경제적으로 평가할 수 없는 것이므로 부녀를 공갈하여 정교를 맺었다고 하여도 특단의 사정이 없는 한 이로써 재산상 이익을 갈취한 것이라고 볼 수는 없는 것이며, 부녀가 주점접대부라 할지라도 피고인과 매음을 전제로 정교를 맺은 것이 아닌 이상 피고인이 매음대가의 지급을 면하였다고 볼 여지가 없으니 공갈죄가 성립하지 아니한다.」

*평석. 부녀의 정교는 재산상의 이익이 될 수 없으며 강간죄 등이 문제되어지며, 매음을 전제로 정교를 맺은 후 폭행 또는 협박에 의하여 그 대가를 지급하지 아니한 때에는 공갈죄 여부가 문제되어질 수 있다.

(2) 실행행위

본죄의 행위는 공갈이다. 공갈이란 재물을 교부받거나 재산상의 이익을 취득하기 위하여 폭행 또는 협박으로 상대방으로 하여금 공포심을 느끼게 하는 것을 의미한다. 폭행이란 사람에 대한 직접 또는 간접적인 유형력의 행사를 의미하며, 협박이란 해악을 고지하여 상대방에게 공포심을 일으키게 하는 것을 말한다. 폭행·협박의 정도는 사람의 의사 내지 자유를 제한하는 정도로 족하다. 즉, 강도죄와 같이 상대방의 반항을 억압할 정도임을 요하지 아니한다.

■대법원 2002.2.8. 2000도3245

공갈죄의 수단으로써 협박의 의미

「공갈죄의 수단으로써의 협박은 객관적으로 사람의 의사결정의 자유를 제한하거나 의사실행의 자유를 방해할 정도로 겁을 먹게 할 만한 해악을 고지하는 것을 말하고, 그 해악에는 인위적인 것뿐만 아니라 천재지변 또는 신력이나 길흉화복에 관한 것도 포함될 수 있으나, 다만 천재지변 또는 신력이나 길흉화복을 해악으로 고지하는 경우에는 상대방으로 하여금 행위자 자신이 그 천재지변 또는 신력이나 길흉화복을 사실상 지배하거나 그에 영향을 미칠 수 있는 것으로 믿게 하는 명시적 또는 묵시적 행위가 있어야 공갈죄가 성립한다. 조상천도제를 지내지 아니하면 좋지 않은 일이 생긴다는 취지의 해악의 고지는 길흉화복이나 천재지변의 예고로서 행위자에 의하여 직접, 간접적으로 좌우될 수 없는 것이고 가해자가 현실적으로 특정되어 있지도 않으며 해악의 발생가능성이 합리적으로 예견될 수 있는 것이 아니므로 협박으로 평가될 수 없다.」

*평석. 공갈죄에 있어 폭행·협박의 정도는 최협의의 폭행·협박인 상대방의 반항을 억압할 정도(강도죄 등)가 아니라 의사결정의 자유를 제한할 정도이면 족하다(협의의 협박). 또한 공갈죄에 있어 협박이 되기 위해서는 고지한 해악의 발생여부가 행위자의 의사에 의해 좌우될 것임을 요하며, 천재지변의 발생과 같이 행위자의 지배력이 미치지 않는 단순한 해악의 도래의 고지(소위 '경고')는 여기에 해당하지 아니한다. 따라서 조상천도제를 지내지 아니하면 좋지 않은 일이 생긴다는 취지의 해악의 고지가 공갈죄의 수단으로써의 협박으로 평가될 수 없다.

■대법원 1984.5.9. 84도573

상간자에게 간통관계를 미끼로 금원을 갈취한 경우 공갈죄의 성부

「피고인과 고소인의 연령이 각 16세, 32세인 점 및 한집에 여러 사람이 취침한다는 점으로 미루어 피고인이 고소인을 강간한 것이 아니라 피해자의 유혹으로 간통관계를 갖게 되었다 하더라도, 이를 미끼로 협박하여 금원을 교부받은 이상 피고인의 위 소위는 공갈죄를 구성한다.」

*평석. 통고하는 해악의 내용에는 제한이 없으며 반드시 범죄를 구성하는 내용일 필요가 없다. 따라서 비밀의 폭로도 여기에서의 해악에 해당할 수 있다.

■대법원 1976.4.27. 75도2818

가출자의 가족에 대하여 그의 소재를 알려주는 조건으로 보험가입을 요구한 소위가 공갈죄에 있어서의 협박으로 볼 수 있는지 여부

「가출자의 가족에 대하여 가출자의 소재를 알려주는 조건으로 보험가입을 요구한 피고인의 소위는 가출자를 찾으려고 하는 그 가족들의 안타까운 심정을 이용하여 보험가입을 권유 내지 요구하는 언동으로 도의상 비난할 수 있을지언정 그로 인하여 가족들에 새로운 외포심을 일으키게 되거나 외포심이 더하여 진다고는 볼 수 없으므로 이를 공갈죄에 있어서의 협박이라고 단정할 수 없다.」

*평석. 안타까운 심정을 이용하여 상대방을 곤혹스럽게 하는 정도의 행위는 공갈죄의 협박에 해당하지 아니한다.

■대법원 1991.5.28. 91도80

방송기자가 건설회사 경영주에게 그 회사가 건축한 아파트의 공사하자에 관하여 방송으로 계속 보도할 것 같은 태도를 보임으로써 회사의 신용훼손을 우려한 그로부터

속보 무마비조로 돈을 받은 경우 공갈죄의 구성요건이 충족되고 또 인과관계도 인정된다고 한 사례

「방송기자인 피고인이 피해자에게 피해자 경영의 건설회사가 건축한 아파트의 진입도로미비 등 공사하자에 관하여 방송으로 계속 보도할 것 같은 태도를 보임으로써 피해자가 위 방송으로 말미암아 그의 아파트 건축사업이 큰 타격을 받고 자신이 경영하는 회사의 신용에 커다란 손실을 입게될 것을 우려하여 방송을 하지 말아 달라는 취지로 돈 2,000,000원을 피고인에게 교부한 경우 공갈죄의 구성요건이 충족되고 또 인과관계도 인정된다고 할 것이다.」

*평석. 해악의 고지내용이 위법한 것임을 요하지 아니한다.

(3) 처분행위

공갈죄는 폭행·협박을 받은 피공갈자의 하자있는 의사에 기하여 공갈자에게 재물을 교부하거나 재산상의 이익을 공여하는 처분행위가 있을 것임을 요한다.

■대법원 2005.9.29. 2005도4738

공갈죄에 있어서 공갈의 상대방의 요건

「공갈죄에 있어서 공갈의 상대방은 재산상의 피해자와 동일함을 요하지는 아니하나, 공갈의 목적이 된 재물 기타 재산상의 이익을 처분할 수 있는 사실상 또는 법률상의 권한을 갖거나 그러한 지위에 있음을 요한다. 주점의 종업원에게 신체에 위해를 가할 듯한 태도를 보여 이에 겁을 먹은 위 종업원으로부터 주류를 제공받은 경우에 있어 위 종업원은 주류에 대한 사실상의 처분권자이므로 공갈죄의 피해자에 해당된다고 보아 공갈죄가 성립한다.」

*평석. 공갈죄는 피공갈자와 재산상의 피해자가 일치함을 요하지 아니하며, 이 경우 피공갈자의 처분행위는 사실상의 재산처분행위로 족하다.

●참조판례

대법원 1960.2.29. 4292형상997

(4) 재산상의 손해(실행의 착수시기 및 기수시기)

공갈죄의 주된 보호법익은 전체로서의 재산권이므로 기수가 되기 위해서는 손해발생을 요한다.

■대법원 1969.7.29. 69도984

「피해자의 고용인을 통하여 피해자에게 피해자가 경영하는 기업체의 탈세사실을 국

세청이나 정보부에 고발한다는 말을 전하였다면 이는 공갈죄의 행위에 착수한 것이라 할 것이다.」

*평석. 실행의 착수시기는 공갈의 의사로 폭행·협박을 개시한 때 실행의 착수가 있다.

■대법원 1985.9.24. 85도1687

피해자를 공갈하여 지정한 은행구좌에 입금케 한 경우 공갈죄의 기수여부

「피해자들을 공갈하여 피해자들로 하여금 지정한 예금구좌에 돈을 입금케 한 이상, 위 돈은 범인이 자유로이 처분할 수 있는 상태에 놓인 것으로서 공갈죄는 이미 기수에 이르렀다 할 것이다.」

*평석. 공갈죄의 성립에 재산상의 손해가 발생해야 기수가 되며 피해자를 공갈하여 지정한 은행구좌에 입금케 한 경우 공갈죄의 기수에 해당한다.

■대법원 1992.9.14. 92도1506

부동산에 대한 공갈죄의 기수시기

「부동산에 대한 공갈죄는 그 부동산에 관하여 소유권이전등기를 경료받거나 또는 인도를 받은 때에 기수로 되는 것이고, 소유권이전등기에 필요한 서류를 교부 받은 때에 기수로 되어 그 범행이 완료되는 것은 아니다.」

*평석. 부동산에 대한 공갈죄는 그 부동산에 관하여 소유권이전등기를 경료받거나 현실의 점유이전인 인도가 있을 때에 기수로 된다.

2. 주관적 구성요건

공갈의 고의 이외에 불법영득의사 내지 불법이득의사가 있음을 요한다.

■대법원 1996.9.24. 96도2151

피해자에 대한 금전채권이 있다 하더라도 사회통념상 용인되기 어려운 협박 수단을 이용한 경우 공갈죄가 성립한다고 본 사례

「피고인이 피해자와의 동거를 정산하는 과정에서 피해자에 대하여 금전채권이 있다고 하더라도, 그 권리행사를 빙자하여 사회통념상 용인되기 어려운 정도를 넘는 협박을 수단으로 사용하였다면, 공갈죄가 성립한다.」

*평석. 공갈죄의 수단으로서의 협박은 사람의 의사결정의 자유를 제한하거나 의사실

행의 자유를 방해할 정도로 겁을 먹게 할 만한 해악을 고지하는 것을 말하고 여기에서 고지된 해악의 실현은 반드시 그 자체가 위법한 것임을 요하지 아니하며 해악의 고지가 권리실현의 수단으로 사용된 경우라고 하여도 그것이 권리행사를 빙자하여 협박을 수단으로 상대방을 겁을 먹게 하였고 권리실행의 수단 방법이 사회통념상 허용되는 정도나 범위를 넘는다면 공갈죄가 성립한다.

▣쟁점 1. 권리행사를 수단으로 공갈행위를 한 경우에 공갈죄가 성립하는가.

3. 위법성

공갈행위가 정당행위, 자구행위의 요건을 충족하는 경우 등에 있어 위법성이 조각될 수 있다.

■대법원 1984.6.26. 84도648

매수인이 매도인의 대리인에게 매매건물을 명도하거나 명도소송비용을 내놓지 않으면 고소하여 구속시키겠다고 말한 것이 협박으로 볼 수 있는지 여부(소극)

「피해자가 공소외 (갑)을 대리하여 동인 소유의 여관을 피고인에게 매도하고 피고인으로부터 계약금과 잔대금 일부를 수령하였는데 그 후 위 (갑)이 많은 부채로 도피해버리고 동인의 채권자들이 채무변제를 요구하면서 위 여관을 점거하여 피고인에게 여관을 명도하기가 어렵게 되자 피고인은 피해자에게 여관을 명도해 주던가 명도소송비용을 내놓지 않으면 고소하여 구속시키겠다고 말한 경우 피고인이 매도인의 대리인인 위 피해자에게 위 여관의 명도 또는 명도소송비용을 요구한 것은 매수인으로서 정당한 권리행사라 할 것이며 위와 같이 다소 위협적인 말을 하였다고 하여도 이는 사회통념상 용인될 정도의 것으로서 협박으로 볼 수 없다.」

*평석. 공갈의 수단이 사회통념상 용인될 정도의 것이면 정당행위로서 위법성이 조각되어진다. 그러나 피해자에 대하여 채권이 있다고 하더라도 그 권리행사를 빙자하여 사회통념상 용인되기 어려운 정도를 넘는 협박을 수단으로 상대방을 외포케 하여 재물의 교부 또는 재산상의 이익을 받았다면 가분여부를 불문하고 취득재산의 전체에 대해 공갈죄가 성립한다.

4. 공갈죄와 수뢰죄와의 관계

공무원이 직무행위에 관하여 상대방을 공갈하여 금품을 교부받은 경우에 공갈죄와 수뢰죄의 성부가 문제되어진다.

■대법원 1994.12.22. 94도2528

공무원이 직무와 관계없이 타인을 공갈하여 재물을 교부하게 한 경우, 뇌물공여죄가 성립되는지 여부

「공무원이 직무집행의 의사 없이 또는 직무처리와 대가적 관계없이 타인을 공갈하여 재물을 교부하게 한 경우에는 공갈죄만이 성립하고, 이러한 경우 재물의 교부자가 공무원의 해악의 고지로 인하여 외포의 결과 금품을 제공한 것이라면 그는 공갈죄의 피해자가 될 것이고 뇌물공여죄는 성립될 수 없다고 하여야 할 것이다.」

*평석. 공무원이 직무집행의 의사 없이 또는 직무처리와 대가적 관계없이 타인을 공갈하여 재물을 교부하게 한 경우에는 공갈죄만이 성립하며, 직무집행의 의사로 당해 직무와 관련하여 타인을 폭행 또는 협박하여 재물을 교부받은 때에는 수뢰죄와 공갈죄는 상상적 경합이 인정되어진다.

제5장 횡령의 죄

Ⅰ. 개관

1. 의의 및 보호법익

횡령죄는 타인의 재물을 보관하는 자가 그 재물을 횡령하거나 반환을 거부함으로써 성립하는 범죄로서 보호법익은 소유권이며 보호의 정도는 위험범이다(판례).

■대법원 2002.11.13. 2002도2219

횡령죄가 위태범인지 여부(적극) 및 보관중인 타인의 재물을 담보로 제공하는 행위가 사법상 무효인 경우 횡령죄가 성립하는지 여부(적극)

「횡령죄는 다른 사람의 재물에 관한 소유권 등 본권을 그 보호법익으로 하고 본권이 침해될 위험성이 있으면 그 침해의 결과가 발생되지 아니하더라도 성립하는 이른바 위태범이므로, 다른 사람의 재물을 보관하는 사람이 그 사람의 동의 없이 함부로 이를 담보로 제공하는 행위는 불법영득의 의사를 표현하는 횡령행위로서 사법(私法)상 그 담보제공행위가 무효이거나 그 재물에 대한 소유권이 침해되는 결과가 발생하는지 여부에 관계없이 횡령죄를 구성한다.」

*평석. 횡령죄의 보호의 정도와 관련하여 침해범인가 위험범인가에 대한 학설의 다툼에 대하여 판례는 위험범이라고 하고 있다.

2. 횡령죄의 본질

(1) 횡령죄와 배임죄의 관계는 같은 장의 같은 조문으로 규정되어 있어 양죄의 관계가 문제되어진다. 먼저 양죄는 모두 타인에 대한 신임관계를 위반한다는 점에서 동일하지만 횡령죄의 객체는 재물임에 반하여 배임죄는 재산상의 이익인 점에서 양죄는 특별

법과 일반법의 관계에 있다.

■대법원 1994.3.8. 93도2272

횡령죄의 객체인 재물의 의미

「횡령죄에 있어서의 재물은 동산, 부동산의 유체물에 한정되지 아니하고 관리할 수 있는 동력도 재물로 간주되지만, 여기에서 말하는 관리란 물리적 또는 물질적 관리를 가리킨다고 볼 것이고, 재물과 재산상 이익을 구별하고 횡령과 배임을 별개의 죄로 규정한 현행 형법의 규정에 비추어 볼 때 사무적으로 관리가 가능한 채권이나 그 밖의 권리 등은 재물에 포함된다고 해석할 수 없다.」

*평석. 행위의 객체가 재물인 경우에는 횡령죄, 그리고 재산상의 이익인 경우에는 배임죄가 성립한다.

(2) 횡령행위의 본질에 대해서는 월권행위설과 영득행위설의 다툼이 있다. 월권행위설은 행위자가 위탁물에 대하여 권한을 초과하는 행위를 함으로써 신뢰관계를 깨뜨리는 것(불법영득의사와는 무관)에 그 본질이 있다고 한다. 이 학설은 불법영득의 의사없이 보관하는 재물을 위탁의 취지에 반하여 손괴, 은익, 일시사용의 의사로 처분한 행위에 대해서도 횡령죄가 성립한다고 한다. 이에 반하여 영득행위설(통설, 판례)은 위탁 보관중인 타인의 재물을 불법하게 영득하는 것이 횡령죄의 본질이라고 한다. 따라서 신뢰관계를 배신하여 위탁자에 대한 월권행위가 있어도 불법영득의사가 없는 경우에는 횡령죄가 불성립한다는 견해이다. 월권행위설에 의하면 자기가 점유하는 타인의 재물을 손괴한 경우에도 횡령죄가 성립하여 타인이 점유하는 타인의 재물을 손괴한 경우보다 중하게 벌해지는 모순된 결과가 된다.

■대법원 1994.9.9. 94도619

업무상횡령죄에 있어서의 불법영득의사

「업무상횡령죄에 있어서의 불법영득의 의사라 함은 자기 또는 제3자의이익을 꾀할 목적으로 업무상의 임무에 위배하여 보관하는 타인의 재물을 자기의 소유인 것과 같이 사실상 또는 법률상 처분하는 의사를 의미한다.」

*평석. 대법원은 횡령행위의 본질과 관련하여 위탁된 타인의 보관물을 불법하게 영득하는데 그 본질이 있다고 하는 영득행위설의 입장에 있다.

■대법원 1994.11.25. 93도2404

부동산의 횡령죄가 성립하기 위해선 명의신탁 등 위탁이라는 신임관계가 있어야 하

는지 여부

「횡령죄는 위탁이라는 신임관계에 반하여 타인의 재물을 보관하는 자가 이를 횡령하거나 또는 반환을 거부함으로써 성립하는 것이므로, 부동산의 등기명의자인 피고인이 그중 일부 지분을 횡령하였다고 하려면 우선 그 피해자가 그 부동산 지분의 실제 소유권자로서 피고인에게 그 지분을 명의신탁함으로써 피고인과의 사이에 위탁이라는 신임관계가 있어야 할 것이다.」

*평석. 위 판례는 예외적으로 횡령행위의 본질과 관련하여 월권행위설에 근거한 판례로 볼 수 있다.

Ⅱ. 횡령죄

제355조(횡령, 배임) ①타인의 재물을 보관하는 자가 그 재물을 횡령하거나 그 반환을 거부한 때에는 5년 이하의 징역 또는 1천500만원 이하의 벌금에 처한다. 제359조(미수범) 제355조 내지 제357조의 미수범은 처벌한다.

1. 의의

타인의 재물을 보관하는 자가 그 재물을 횡령하거나 그 반환을 거부함으로써 성립하는 범죄이다.

2. 객관적 구성요건

(1) 행위의 주체

위탁관계에 의하여 타인의 재물을 보관하는 자이다(신분범이다). 보관자의 구체적 범위와 관련하여 보관이란 위탁관계에 의한 점유를 말한다. 위탁관계는 본인의 의사이외에도, 법률상의 원인, 그리고 거래상의 신의칙에 의해서도 발생할 수 있다.

■대법원 1996.5.14. 96도410

횡령죄에 있어서 조리에 의한 위탁관계의 성립을 긍정한 사례

「채무자가 채무총액에 관한 지불각서를 써 줄 것으로 믿고, 채권자가 채무자에게 그 액면금 등을 확인할 수 있도록 가계수표들을 교부하였다면, 채권자와 채무자 사이에는 만약 합의가 결렬되어 채무자가 채권자에게 지불각서를 써 주지 아니하는 경우에는 곧 바로 그 가계수표들을 채권자에게 반환하기로 하는, 횡령죄에 있어서 조리에 의한 위탁관계가 발생하였다고 본 사례.」

*평석. 횡령죄에서 '재물의 보관'이란 재물에 대한 사실상 또는 법률상 지배력이 있는 상태를 의미하고 그 보관이 위탁관계에 기인하여야 하는 것은 물론이나, 반드시 사용대차 · 임대차 · 위임 등의 계약에 의하여 설정될 것을 요하지 아니하고, 사무관리 · 관습 · 조리 · 신의칙 등에 의해서도 성립될 수 있다.

■대법원 2010.12.9. 2010도891

착오로 송금되어 입금된 돈을 임의로 인출하여 소비한 행위가 송금인과 피고인 사이에 별다른 거래관계가 없는 경우에도 횡령죄에 해당하는지 여부(적극)

「어떤 예금계좌에 돈이 착오로 잘못 송금되어 입금된 경우에는 그 예금주와 송금인 사이에 신의칙상 보관관계가 성립한다고 할 것이므로, 피고인이 송금 절차의 착오로 인하여 피고인 명의의 은행 계좌에 입금된 돈을 임의로 인출하여 소비한 행위는 횡령죄에 해당하고, 이는 송금인과 피고인 사이에 별다른 거래관계가 없다고 하더라도 마찬가지이다. 피고인이, 갑 회사의 직원이 착오로 피고인 명의 은행 계좌에 잘못 송금한 돈을 임의로 인출하여 사용한 사안에서, 피고인이 갑 회사와 아무런 거래관계가 없다는 등의 이유만으로 주위적 공소사실인 횡령에 대하여 무죄를 선고한 원심판결에 법리오해의 위법이 있다고 한 사례.」

*평석. 횡령죄에 있어 위탁관계는 거래상의 신의칙상에 의해서도 성립한다.

■대법원 1985.9.10. 84도2644

횡령죄에 있어서 타인의 재물을 보관하게 된 원인

「횡령죄에 있어서 타인을 위하여 재물을 보관하게 된 원인은 반드시 소유자의 위탁행위에 기인한 것임을 필요로 하지 않는다.」

*평석. 횡령죄에 있어 위탁관계는 본인의 의사이외에도, 법률상의 원인, 그리고 거래상의 신의칙에 의해서도 발생할 수 있다.

■대법원 1990.8.28. 90도1019

팔아달라는 부탁을 받고 교부받은 다이아몬드를 판매한 대금을 임의 소비한 경우의 횡령죄의 성부

「피고인이 피해자로부터 피해자 소유의 다이아반지 1개를 팔아 달라는 부탁을 받고 교부받아 이를 판매한 대금을 보관중 임의소비한 경우 피고인에게 불법영득의 의사가 있었다고 보아야 할 것이므로 피고인의 행위는 횡령죄를 구성한다.」

*평석. 타인의 부탁에 의해 매각한 물품대금도 수령과 동시에 위탁물이 될 수 있다.

■대법원 1986.8.19. 86도1093

피해자 소유의 오토바이를 타고 심부름을 가다가 마음이 변하여 그대로 타고 가버린 경우의 죄책

「피해자가 그 소유의 오토바이를 타고 심부름을 다녀오라고 하여서 그 오토바이를 타고 가다가 마음이 변하여 이를 반환하지 아니한 채 그대로 타고 가버렸다면 횡령죄를 구성함은 별론으로 하고 적어도 절도죄를 구성하지는 아니한다.」

*평석. 상하주종관계의 점유의 경우에 있어서도 위탁자의 현실적인 감독과 통제가 가능한가의 여부에 따라 절도죄 혹은 횡령죄의 여부가 결정되어진다.

■대법원 2005.6.24. 2005도2413

부동산에 관한 횡령죄에 있어서 타인의 재물을 보관하는 자의 지위에 있는지 여부에 대한 판단 기준

「횡령죄에서 재물의 보관이라 함은 재물에 대한 사실상 또는 법률상 지배력이 있는 상태를 의미하며, 그 보관은 소유자 등과의 위탁관계에 기인하여 이루어져야 하는 것이지만, 그 위탁관계는 사실상의 관계이면 족하고 위탁자에게 유효한 처분을 할 권한이 있는지 또는 수탁자가 법률상 그 재물을 수탁할 권리가 있는지 여부를 불문하는 것이고, 한편 부동산에 관한 횡령죄에 있어서 타인의 재물을 보관하는 자의 지위는 동산의 경우와는 달리 부동산에 대한 점유의 여부가 아니라 법률상 부동산을 제3자에게 처분할 수 있는 지위에 있는지 여부를 기준으로 판단하여야 한다.

피고인이 종중의 회장으로부터 담보 대출을 받아달라는 부탁과 함께 종중 소유의 임야를 이전받은 다음 임야를 담보로 금원을 대출받아 임의로 사용하고 자신의 개인적인 대출금 채무를 담보하기 위하여 임야에 근저당권을 설정하였다면 비록 피고인이 임야를 이전받는 과정에서 적법한 종중총회의 결의가 없었다고 하더라도 피고인은 임야나

위 대출금에 관하여 사실상 종중의 위탁에 따라 이를 보관하는 지위에 있다고 보아야 할 것이어서 피고인의 위 행위가 종중에 대한 관계에서 횡령죄를 구성한다.」

*평석. 횡령죄에 있어 위탁관계는 사실상의 위탁관계이며 그것이 사법상 위탁자에게 유효한 처분을 할 권한이 있는지의 여부는 불문한다. 그러나 판례는 부동산에 관한 횡령죄에 있어서 타인의 재물을 보관하는 자의 지위는 동산의 경우와는 달리 부동산에 대한 점유의 여부가 아니라 법률상 부동산을 제3자에게 처분할 수 있는 지위에 있는지 여부를 기준으로 판단하여야 한다고 하고 있다.

■부동산에 관한 횡령죄에 있어서 타인의 재물을 보관하는 자의 지위에 있는지 여부

대법원 2000.4.11. 2000도565

부동산에 관한 횡령죄에 있어서 타인의 재물을 보관하는 자의 지위에 있는지 여부의 판단 기준 및 공동상속인 중 1인이 상속 부동산을 혼자 점유하던 중 다른 공동상속인의 상속지분을 임의로 처분한 경우, 횡령죄의 성립 여부(소극)

「부동산에 관한 횡령죄에 있어서 타인의 재물을 보관하는 자의 지위는 동산의 경우와는 달리 부동산에 대한 점유의 여부가 아니라 부동산을 제3자에게 유효하게 처분할 수 있는 권능의 유무에 따라 결정하여야 하므로, 부동산을 공동으로 상속한 자들 중 1인이 부동산을 혼자 점유하던 중 다른 공동상속인의 상속지분을 임의로 처분하여도 그에게는 그 처분권능이 없어 횡령죄가 성립하지 아니한다.」

*평석. 부동산에 관한 횡령죄에 있어서 타인의 재물을 보관하는 자의 지위는 동산의 경우와는 달리 부동산에 대한 점유의 여부가 아니라 법률상 부동산을 제3자에게 처분할 수 있는 지위에 있는지 여부, 즉 유효하게 처분할 수 있는 권능의 유무에 따라 판단하여야 한다고 하고 있다.

■타인소유의 금전을 위탁받아 자신의 명의로 은행에 예금하고 있는 경우에 법률상의 지배자로서 횡령죄의의 보관자의 지위에 있느냐의 여부

대법원 2000.8.18. 2000도1856

횡령죄에 있어서 '보관'의 의미 및 타인의 금전을 위탁받아 보관하는 자가 보관방법으로 금융기관에 자신의 명의로 예치한 경우, 보관자의 지위를 갖는지 여부(적극)

「횡령죄에 있어서 보관이라 함은 재물이 사실상 지배하에 있는 경우뿐만 아니라 법률상의 지배·처분이 가능한 상태를 모두 가리키는 것으로 타인의 금전을 위탁받아 보관하는 자는 보관방법으로 이를 은행 등의 금융기관에 예치한 경우에도 보관자의 지위

를 갖는 것이다. 타인의 금전을 위탁받아 보관하는 자가 보관방법으로 금융기관에 자신의 명의로 예치한 경우, 금융실명거래및비밀보장에관한긴급재정경제명령이 시행된 이후 금융기관으로서는 특별한 사정이 없는 한 실명확인을 한 예금명의자만을 예금주로 인정할 수밖에 없으므로 수탁자 명의의 예금에 입금된 금전은 수탁자만이 법률상 지배·처분할 수 있을 뿐이고 위탁자로서는 위 예금의 예금주가 자신이라고 주장할 수는 없으나, 그렇다고 하여 보관을 위탁받은 위 금전이 수탁자 소유로 된다거나 위탁자가 위 금전의 반환을 구할 수 없는 것은 아니므로 수탁자가 이를 함부로 인출하여 소비하거나 또는 위탁자로부터 반환요구를 받았음에도 이를 영득할 의사로 반환을 거부하는 경우에는 횡령죄가 성립한다.」

*평석. 타인의 금전을 위탁받아 보관하는 자는 보관방법으로 이를 은행 등의 금융기관에 예치한 경우에도 횡령죄에 있어 보관자의 지위를 갖는 것이며, 타인의 금전을 위탁받아 보관하는 자가 보관방법으로 금융기관에 자신의 명의로 예치한 후 이를 함부로 인출·소비한 경우에 횡령죄에 해당한다.

(2) 행위의 객체

횡령죄의 행위의 객체는 '자기가 점유하는 타인의 재물'이다.

1) 재물

횡령죄의 객체는 재물만이 될 수 있다. 재산상의 이익은 배임죄의 객체가 문제되어진다. 재물은 동산 이외에 부동산을 포함한다.

2) 타인의 재물

횡령죄의 객체인 재물은 타인소유의 재물이어야 한다.

■대법원 1983.8.23. 80도1161

공유물매각대금을 공유자 1인이 임의로 소비한 경우에 횡령죄의 성부(적극)

「공유물의 매각대금도 정산하기까지는 각 공유자의 공유에 귀속한다고 할 것이므로 공유자 1인이 그 매각대금을 임의로 소비하였다면 횡령죄가 성립된다.」

*평석. 타인과의 공동소유에 속하는 재물은 타인의 재물이다.

(가) 동산의 양도담보의 경우

양도담보는 목적물인 동산의 소유권이 채무자에게 남아있고 채권자는 양도담보권이라는 제한물권을 취득하는 것을 말한다.

■대법원 1989.7.25. 89도350】

양도담보가 설정된 동산을 점유하는 채무자가 담보가치를 감소시키는 행위를 한 경우 배임죄의 성부(적극)

「금전채권을 담보하기 위하여 채무자 소유의 동산에 관하여 이른바 강한 의미의 양도담보가 설정되어 채무자가 그 동산을 점유하는 경우, 동산의 소유권은 신탁적으로 채권자에게 이전됨에 불과하여 채권자와 채무자간의 대내적 관계에서 채무자는 의연 소유권을 보유하나 양도담보권자가 담보의 목적을 달성할 수 있도록 이를 보관할 의무를 지게 되어 채권담보의 약정에 따라 담보권자의 사무를 처리하는 자의 지위에 있게 되므로 채무자가 양도담보된 동산을 처분하는 등 부당히 그 담보가치를 감소시키는 행위를 한 경우에는 형법상 배임죄가 성립된다. 양도담보된 동산이 자동차인 경우 소유권의 득실변경은 등록을 하여야만 효력이 생기지만 그 사용방법에 따라 담보가치에 영향을 주므로 자동차를 양도담보로 설정하고서 점유하는 채무자가 이를 처분하는 등 부당히 그 담보가치를 감소시키는 행위를 한 경우에도 역시 배임죄의 죄책을 면할 수 없다.」

*평석. 채무자가 자신이 점유라는 동산을 임의처분하는 것은 횡령죄가 아니라 배임죄가 문제되어진다. 양도담보의 경우 목적물인 동산의 소유권이 채무자에게 남아있기 때문에 채무자는 횡령죄의 주체가 될 수 없다.

(나) 부동산 명의신탁의 경우에 있어 명의신탁받은 부동산의 처분과 횡령죄의 성부

■대법원 2000.2.22. 99도5227

부동산실권리자명의등기에관한법률 시행 전에 부동산 소유자로부터 명의신탁받은 자가 같은 법이 정한 유예기간 이내에 실명등기를 하지 않은 상태에서 임의로 처분한 경우, 횡령죄의 성립 여부(적극)

「부동산을 소유자로부터 명의수탁받은 자가 이를 임의로 처분하였다면 명의신탁자에 대한 횡령죄가 성립하며, 그 명의신탁이 부동산실권리자명의등기에관한법률 시행 전에 이루어졌고 같은 법이 정한 유예기간 이내에 실명등기를 하지 아니함으로써 그 명의신탁약정 및 이에 따라 행하여진 등기에 의한 물권변동이 무효로 된 후에 처분행위가 이루어졌다고 하여 달리 볼 것이 아니다.」

*평석. 2자간의 명의신탁의 경우에 있어 명의신탁이 부동산실권리자명의등기에관한법률에 의해 그 명의신탁약정 및 이에 따라 행하여진 등기에 의한 물권변동이 무효이므로 부동산의 소유권은 신탁자에게 있으며 수탁자는 등기명의에 의해 해당 부동산의 보관자의 지위에 있게 된다.

■대법원 2002.2.22. 2001도6209

이른바 중간생략등기형 명의신탁 또는 삼자간 등기명의신탁에 있어서 수탁자가 부동산을 임의로 처분한 경우, 횡령죄의 성립 여부(적극)

「신탁자가 수탁자와 명의신탁 약정을 맺고 신탁자가 매매계약의 당사자가 되어 매도인과 매매계약을 체결하되 다만 등기를 매도인으로부터 수탁자 앞으로 직접 이전하는 이른바 중간생략등기형 명의신탁 또는 삼자간 등기명의신탁 관계에서 명의수탁자가 명의신탁된 부동산 지분을 임의로 처분하였다면 횡령죄가 성립한다.」

*평석. 3자간의 명의신탁이란 신탁자가 매수인이 되어 부동산의 원소유자인 매도인과 매매계약을 체결하면서 등기를 매도인으로부터 신탁자에게 이전함이 없이 바로 수탁자 명의로 이전하는 경우를 말한다. 이 경우에 있어 수탁자가 당해 부동산을 임의처분한 경우에 이는 타인 소유물이므로 횡령죄가 성립한다.

(다) 불법원인급여(민법 제746조)에 대한 횡령죄의 성부

■대법원 1999.6.11. 99도275

불법원인급여와 횡령죄의 성부

「민법 제746조에 불법의 원인으로 인하여 재산을 급여하거나 노무를 제공한 때에는 그 이익의 반환을 청구하지 못한다고 규정한 뜻은 급여를 한 사람은 그 원인행위가 법률상 무효임을 내세워 상대방에게 부당이득반환청구를 할 수 없고, 또 급여한 물건의 소유권이 자기에게 있다고 하여 소유권에 기한 반환청구도 할 수 없어서 결국 급여한 물건의 소유권은 급여를 받은 상대방에게 귀속되는 것이므로, 갑이 을로부터 제3자에 대한 뇌물공여 또는 배임증재의 목적으로 전달하여 달라고 교부받은 금전은 불법원인급여물에 해당하여 그 소유권은 갑에게 귀속되는 것으로서 갑이 위 금전을 제3자에게 전달하지 않고 임의로 소비하였다고 하더라도 횡령죄가 성립하지 않는다.」

*평석. 불법원인급여물에 대한 횡령죄의 성립여부에 대해 학설은 다툼이 있으나 판례는 위탁물의 소유권은 상대방에게 있으므로 횡령죄의 성립을 부정하는 입장이다.

■대법원 1999.9.17. 98도2036

불법원인급여에서 수익자의 불법성이 급여자의 불법성보다 현저히 큰 데 반하여 급여자의 불법성은 미약한 경우, 급여자의 부당이득반환청구의 허용 여부(적극)

「민법 제746조에 의하면, 불법의 원인으로 인한 급여가 있고, 그 불법원인이 급여자에게 있는 경우에는 수익자에게 불법원인이 있는지 여부, 수익자의 불법원인의 정도, 그 불법성이 급여자의 그것보다 큰지 여부를 막론하고 급여자는 불법원인급여의 반환

을 구할 수 없는 것이 원칙이나, 수익자의 불법성이 급여자의 그것보다 현저히 큰 데 반하여 급여자의 불법성은 미약한 경우에도 급여자의 반환청구가 허용되지 않는다면 공평에 반하고 신의성실의 원칙에도 어긋나므로, 이러한 경우에는 민법 제746조 본문의 적용이 배제되어 급여자의 반환청구는 허용된다. 포주가 윤락녀와 사이에 윤락녀가 받은 화대를 포주가 보관하였다가 절반씩 분배하기로 약정하고도 보관중인 화대를 임의로 소비한 경우, 포주와 윤락녀의 사회적 지위, 약정에 이르게 된 경위와 약정의 구체적 내용, 급여의 성격 등을 종합해 볼 때 포주의 불법성이 윤락녀의 불법성보다 현저히 크므로 화대의 소유권이 여전히 윤락녀에게 속한다는 이유로 횡령죄를 구성한다.」

*평석. 불법원인급여에서 대법원은 횡령죄의 성립을 부정하는 입장이지만, 수익자의 불법성이 급여자의 불법성보다 현저히 큰 데 반하여 급여자의 불법성은 미약한 경우에 예외적으로 횡령죄의 성립을 긍정하고 있다.

▣쟁점 1. 불법원인급여와 횡령죄

(라) 대체물을 위탁받은 경우에 있어 횡령죄의 성부

■대법원 2002.5.10. 2001도1779

타인으로부터 용도가 엄격히 제한된 자금을 위탁받아 집행하면서 그 제한된 용도 이외의 목적으로 자금을 이용한 경우, 횡령죄의 성립 여부(적극)

「업무상횡령죄에 있어서의 불법영득의 의사라 함은 자기 또는 제3자의 이익을 꾀할 목적으로 업무상의 임무에 위배하여 보관하고 있는 타인의 재물을 자기의 소유인 것과 같이 사실상 또는 법률상 처분하는 의사를 의미하는 것으로, 타인으로부터 용도가 엄격히 제한된 자금을 위탁받아 집행하면서 그 제한된 용도 이외의 목적으로 자금을 사용하는 것은, 그 사용이 개인적인 목적에서 비롯된 경우는 물론 결과적으로 자금을 위탁한 본인을 위하는 면이 있더라도, 그 사용행위 자체로서 불법영득의 의사를 실현한 것이 되어 횡령죄가 성립한다. 사립학교법 제29조 및 같은법시행령에 의해 학교법인의 회계는 학교회계, 법인회계로 구분되고, 학교회계 중 특히 교비회계에 속하는 수입은 다른 회계에 전출하거나 대여할 수 없는 등 용도가 엄격히 제한됨에도 불구하고, 갑 학교의 교비회계자금을 같은 학교법인에 속하는 을 학교의 교비회계에 사용한 경우, 횡령죄 소정의 불법영득의사가 있다.」

*평석. 대법원은 금전·유가증권 등 위탁받은 대체물의 경우, 즉 목적이나 용도를 한정하여 위탁된 금전을 수탁자가 그 용도와 다르게 임의로 사용한 경우에 횡령죄가 성립한다고 하고 있다.

(3) 실행행위

본죄의 실행행위는 보관하는 재물을 횡령하거나 반환을 거부하는 것으로 불법영득의사를 실현하는 일체의 행위를 말한다.

■대법원 1993.3.9. 92도2999

횡령죄에 있어서 횡령행위의 의미

「횡령죄의 구성요건으로서의 횡령행위란 불법영득의사를 실현하는 일체의 행위를 말하고, 횡령죄에 있어서의 행위자는 이미 타인의 재물을 점유하고 있으므로 점유를 자기를 위한 점유로 변개하는 의사를 일으키면 곧 영득의 의사가 있었다고 할 수 있지만, <u>단순한 내심의 의사만으로는 횡령행위가 있었다고 할 수 없고 영득의 의사가 외부에 인식될 수 있는 객관적 행위가 있을 때 횡령죄가 성립한다.</u>」

*평석. 횡령죄에 있어서의 행위자는 이미 타인의 재물을 점유하고 있으므로 단순한 내심의 의사만으로는 횡령행위가 있었다고 할 수 없고 영득의 의사가 외부에 인식될 수 있는 객관적 행위가 있을 때 횡령죄가 성립한다.

●참조판례

대법원 2004.12.9. 2004도5904

■대법원 2002.11.13. 2002도2219

횡령죄가 위태범인지 여부(적극) 및 보관중인 타인의 재물을 담보로 제공하는 행위가 사법상 무효인 경우 횡령죄가 성립하는지 여부(적극)

「횡령죄는 다른 사람의 재물에 관한 소유권 등 본권을 그 보호법익으로 하고 본권이 침해될 위험성이 있으면 그 침해의 결과가 발생되지 아니하더라도 성립하는 이른바 위태범이므로, 다른 사람의 재물을 보관하는 사람이 그 사람의 동의 없이 함부로 이를 담보로 제공하는 행위는 불법영득의 의사를 표현하는 횡령행위로서 사법상 그 담보제공행위가 무효이거나 그 재물에 대한 소유권이 침해되는 결과가 발생하는지 여부에 관계없이 횡령죄를 구성한다.」

*평석. 횡령행위는 사실행위(소비 · 착복 · 은닉 등)나 법률행위(매도 · 임대 · 담보제공 · 증여 등 사법상 유효함을 요하지 아니한다)를 불문한다.

■대법원 2005.7.29. 2005도685

형법 제355조 제1항에 정한 '반환의 거부'의 의미 및 정당한 사유에 기한 반환거부와

불법영득의 의사

「형법 제355조 제1항에서 정하는 '반환의 거부'라고 함은 보관물에 대하여 소유자의 권리를 배제하는 의사표시를 하는 행위를 뜻하므로, 타인의 재물을 보관하는 자가 단순히 반환을 거부한 사실만으로는 횡령죄를 구성하는 것은 아니며, 반환거부의 이유 및 주관적인 의사 등을 종합하여 반환거부행위가 횡령행위와 같다고 볼 수 있을 정도이어야만 횡령죄가 성립하고, 한편 횡령죄에 있어서의 불법영득의 의사는 타인의 재물을 보관하는 자가 자기 또는 제3자의 이익을 위하여 위탁의 취지에 반하여 권한 없이 그 재물을 자기의 소유인 것 같이 처분하는 의사를 말하는 것이므로, 비록 그 반환을 거부하였다고 하더라도 그 반환거부에 정당한 사유가 있을 때에는 불법영득의 의사가 있다고 할 수 없다.」

*평석. 반환거부의 의미와 관련하여 타인의 재물을 보관하는 자가 단순히 반환을 거부한 사실만으로는 횡령죄를 구성하는 것은 아니며, 반환거부의 이유 및 주관적인 의사 등을 종합하여 반환거부행위가 불법영득의사의 표출로서 횡령행위와 같다고 볼 수 있을 정도이어야만 횡령죄가 성립한다.

3. 주관적 구성요건

고의 이외에 불법영득의사가 있음을 요한다.

■대법원 2005.5.26. 2003도5519

회사의 대표이사가 회사 재산을 처분하여 정치자금으로 기부한 행위가 업무상횡령죄에 해당하는 경우

「회사의 대표이사가 보관 중인 회사 재산을 처분하여 그 대금을 정치자금으로 기부한 경우 그것이 회사의 이익을 도모할 목적으로 합리적인 범위 내에서 이루어졌다면 그 이사에게 횡령죄에 있어서 요구되는 불법영득의 의사가 있다고 할 수 없을 것이나, 그것이 회사의 이익을 도모할 목적보다는 후보자 개인의 이익을 도모할 목적이나 기타 다른 목적으로 행하여졌다면 그 이사는 회사에 대하여 횡령죄의 죄책을 면하지 못한다.」

*평석. 횡령죄에 있어 불법영득의사란 자기 또는 제3자의 이익을 위하여 자기가 보관하는 타인의 재물을 위탁의 취지에 반하여 자기의 소유물처럼 이용·처분하는 의사를 말한다. 따라서 제3자의 이익을 위한 영득행위도 이에 해당한다.

■대법원 2003.5.30. 2002도235

학교법인 산하 대학교총장 등에 대한 형사재판의 변호사비용을 법인회계자금 및 교비회계자금에서 지출한 경우, 업무상횡령죄의 성립 여부(적극)

「법인의 구성원은 적법한 방법으로 그 법인을 위한 업무를 수행하여야 하므로, 법인의 구성원이 업무수행에 있어 관계 법령을 위반함으로써 형사재판을 받게 되었다면 그의 개인적인 변호사비용을 법인자금으로 지급한다는 것은 횡령에 해당하며, 그 변호사비용을 법인이 부담하는 것이 관례라고 하여도 그러한 행위가 사회상규에 어긋나지 않는다고 할 만큼 사회적으로 용인되어 보편화된 관례라고 할 수 없다. 타인으로부터 용도가 엄격히 제한된 자금을 위탁받아 집행하면서 그 제한된 용도 이외의 목적으로 자금을 사용하는 것은 그 사용이 개인적인 목적에서 비롯된 경우는 물론 결과적으로 자금을 위탁한 본인을 위하는 면이 있더라도 그 사용행위 자체로서 불법영득의 의사를 실현한 것이 되어 횡령죄가 성립하는바, 사립학교법 제29조 및 같은 법 시행령에 의해 학교법인의 회계는 학교회계와 법인회계로 구분되고 학교회계 중 특히 교비회계에 속하는 수입은 다른 회계에 전출하거나 대여할 수 없는 등 용도가 엄격히 제한되어 있기 때문에 교비회계자금을 다른 용도에 사용하였다면 그 자체로서 횡령죄가 성립한다.」

*평석. 대법원은 용도이외의 전용은 불법영득의사가 있다고 하여 횡령죄의 성립을 인정하고 있다.

Ⅲ. 업무상 횡령죄

제356조(업무상의 횡령과 배임) 업무상의 임무에 위배하여 제355조의 죄를 범한 자는 10년 이하의 징역 또는 3천만원 이하의 벌금에 처한다. 제359조(미수범) 제355조 내지 제357조의 미수범은 처벌한다.

1. 의의

업무상 횡령죄는 업무상의 임무에 위배하여 자기가 보관하는 타인의 재물을 횡령하는 경우에 성립하는 경우를 말한다. 본죄는 보관자라는 신분이외에 업무자라는 가중적 신분을 요하는 이중의 신분을 요한다.

2. 구성요건

업무상의 임무에 위배하여 타인의 재물을 횡령하는 것을 말한다.

(1) 업무

업무란 사회생활상 지위에서 계속적 또는 반복적으로 행하는 사무를 말한다.

■대법원 1982.1.12. 80도1970

형법 제356조 소정의 "업무"의 의미

「형법 제356조 소정의 '업무'는 직업 혹은 직무라는 말과 같아 법령, 계약에 의한 것뿐만 아니라, 관례를 좇거나 사실상이거나를 묻지 않고 같은 행위를 반복할 지위에 따른 사무를 가리킨다. 피고인이 등기부상으로 공소외 회사의 대표이사를 사임한 후에도 계속하여 사실상 대표이사 업무를 행하여 왔고 회사원들도 피고인을 대표이사의 일을 하는 사람으로 상대해 왔다면 피고인은 위 회사 소유 금전을 보관할 업무상의 지위에 있었다고 할 것이다.」

*평석. 횡령죄에 있어 업무란 법령이나 계약 그리고 관례나 사실상 맡고 있는 것도 여기에 해당한다. 따라서 사실상 대표이사 업무를 행하던 자도 업무상 횡령죄의 주체성이 인정된다.

●참조판례

대법원 1988.11.22. 88도1523

(2) 행위

횡령하거나 반환을 거부하는 것이다.

■대법원 2006.10.26. 2004도6280

단체의 대표자 개인이 당사자가 된 소송사건의 변호사 비용을 단체의 비용으로 지출한 경우, 그 비용 지출에 대한 횡령죄 성립 여부의 판단 기준 및 재건축조합장이 재건축조합의 자금으로 조합장 개인의 위법행위에 관한 형사사건의 변호사 비용을 지출함에 있어 이사 및 대의원회의 승인을 받은 것이 횡령죄 성립에 영향을 주는지 여부(소극)

「원칙적으로 단체의 비용으로 지출할 수 있는 변호사 선임료는 단체 자체가 소송당사자가 된 경우에 한하므로 단체의 대표자 개인이 당사자가 된 민·형사사건의 변호사 비용은 단체의 비용으로 지출할 수 없고, 예외적으로 분쟁에 대한 실질적인 이해관계는 단체에게 있으나 법적인 이유로 그 대표자의 지위에 있는 개인이 소송 기타 법적 절차의 당사자가 되었다거나 대표자로서 단체를 위해 적법하게 행한 직무행위 또는 대표자의 지위에 있음으로 말미암아 의무적으로 행한 행위 등과 관련하여 분쟁이 발생한 경우와 같이, 당해 법적 분쟁이 단체와 업무적인 관련이 깊고 당시의 제반 사정에 비추어 단체의 이익을 위하여 소송을 수행하거나 고소에 대응하여야 할 특별한 필요성이 있는 경우에 한하여 단체의 비용으로 변호사 선임료를 지출할 수 있다. 따라서 재건축조합장이 개인 명의의 손해배상청구소송을 위하여 변호사를 소송대리인으로 선임하고 그 선임료를 재건축조합의 비용으로 지출한 행위가 업무상횡령죄에 해당한다. 이는 재건축조합 조합장이 조합장 개인을 위하여 자신의 위법행위에 관한 형사사건의 변호인을 선임하는 것을 재건축조합의 업무라고 볼 수 없으므로, 그가 재건축조합의 자금으로 자신의 변호사 비용을 지출하였다면 이는 횡령에 해당하고, 위 형사사건의 변호사 선임료를 지출함에 있어 이사 및 대의원회의 승인을 받았다 하여도 재건축조합의 업무집행과 무관한 조합장 개인의 형사사건을 위하여 변호사 선임료를 지출하는 것이 위법한 이상 위 승인은 내재적 한계를 벗어나는 것으로서 횡령죄의 성립에 영향을 미치지 아니한다.

*평석. 대법원은 용도이외의 전용은 불법영득의사가 있다고 하여 횡령죄의 성립을 인정하고 있다.

Ⅳ. 점유이탈물횡령죄

第360조(점유이탈물횡령) ①유실물, 표류물 또는 타인의 점유를 이탈한 재물을 횡령한 자는 1년 이하의 징역이나 300만원 이하의 벌금 또는 과료에 처한다. ②매장물을 횡령한 자도 전항의 형과 같다.

1. 의의

본죄는 유실물, 표류물, 매장물 또는 타인의 점유를 이탈한 재물을 횡령함으로써 성립하는 범죄이다.

2. 객관적 구성요건

(1) 행위의 객체

타인의 점유를 이탈한 타인의 재물이다. 유실물, 표류물, 매장물은 점유를 이탈한 재물의 예시이다.

1) 점유이탈물

점유이탈물이란 점유자의 의사에 의하지 않고 그 점유를 떠난 타인소유의 재물을 말한다.

■대법원 1984.2.28. 84도38

강간피해자가 도피하면서 범죄현장에 놓고 간 가방에서 피고인이 돈을 꺼낸 경우의 죄책

「강간을 당한 피해자가 도피하면서 현장에 놓아두고 간 손가방은 점유이탈물이 아니라 사회통념상 피해자의 지배하에 있는 물건이라고 보아야 할 것이므로 피고인이 그 손가방 안에 들어 있는 피해자 소유의 돈을 꺼낸 소위는 절도죄에 해당한다.」

*평석. 대법원은 이 경우 타인의 점유를 이탈한 재물로 보지 아니한다.

■대법원 1993.9.28. 93도2143

살해된 피해자의 재물에 대한 점유

「피해자를 살해한 방에서 사망한 피해자 곁에 4시간 30분쯤 있다가 그곳 피해자의 자취방 벽에 걸려 있던 피해자가 소지하는 물건들을 영득의 의사로 가지고 나온 경우 피해자가 생전에 가진 점유는 사망 후에도 여전히 계속되는 것으로 보아야 한다.」

*평석. 이 경우 사자의 생전의 점유가 사망 후에도 일정기간 계속된다고 하여 절도죄의 성립을 인정하고 있다.

2) 유실물, 표류물, 매장물

■대법원 1999.11.26. 99도3963

승객이 놓고 내린 지하철의 전동차 바닥이나 선반 위에 있던 물건을 가지고 감으로써 성립하는 범죄(=점유이탈물횡령죄)

「승객이 놓고 내린 지하철의 전동차 바닥이나 선반 위에 있던 물건을 가지고 간 경우, 지하철의 승무원은 유실물법상 전동차의 관수자로서 승객이 잊고 내린 유실물을 교

부받을 권능을 가질 뿐 전동차 안에 있는 승객의 물건을 점유한다고 할 수 없고, 그 유실물을 현실적으로 발견하지 않는 한 이에 대한 점유를 개시하였다고 할 수도 없으므로, 그 사이에 위와 같은 유실물을 발견하고 가져간 행위는 점유이탈물횡령죄에 해당함은 별론으로 하고 절도죄에 해당하지는 않는다.」

*평석. 승객이 놓고 내린 지하철의 전동차 바닥이나 선반 위에 있던 물건을 가지고 간 경우에 관리자의 배타적 지배하에 있다고 할 수 없어 점유이탈물횡령죄에 해당한다.

●참조판례

대법원 1993.3.16. 92도3170

(2) 실행행위

본죄의 행위는 횡령이다. 횡령은 부작위로도 가능하며 미수범은 벌하지 아니한다.

(3) 기수시기

불법으로 점유이탈물을 영득해야 기수가 된다.

3. 친족상도례의 적용여부

■대법원 2008.7.24. 2008도3438

횡령범인이 피해물건의 소유자와 위탁자 중 한쪽과 친족관계가 있는 경우, 친족상도례의 적용 여부(소극)

「횡령범인이 위탁자가 소유자를 위해 보관하고 있는 물건을 위탁자로부터 보관받아 이를 횡령한 경우에 형법 제361조에 의하여 준용되는 제328조 제2항의 친족간의 범행에 관한 조문은 범인과 피해물건의 소유자 및 위탁자 쌍방 사이에 같은 조문에 정한 친족관계가 있는 경우에만 적용되고, 단지 횡령범인과 피해물건의 소유자간에만 친족관계가 있거나 횡령범인과 피해물건의 위탁자간에만 친족관계가 있는 경우에는 적용되지 않는다.」

*횡령죄에 있어 친족간의 범행특례규정의 적용범위와 관련하여 횡령범인이 피해물건의 소유자와 위탁자 쌍방 사이에 같은 조문에 정한 친족관계가 있는 경우에만 적용된다고 하고 있다.

제6장 배임의 죄

Ⅰ. 의의 및 본질

1. 배임죄의 의의

배임죄란 타인의 사무를 처리하는 자가 그 임무에 위배하는 행위로써 재산상의 이익을 취득하거나 제3자로 하여금 이를 취득하게 하여 본인에게 손해를 가함으로써 성립하는 범죄이다. 재산범죄 중 재물이외에 재산상의 이익만을 행위의 객체로 하는 순수한 이득죄이다. 그러나 배임수증재죄는 그 임무에 관하여 부정한 청탁을 받고 재물 또는 재산상의 이익을 취득하는 것을 내용으로 하고 있어 타인의 사무처리자에 대한 뇌물죄적 성격을 가지고 있다.

■대법원 2000.4.11. 99도334

부당외상거래행위에 의한 업무상배임죄가 성립하는 경우, 손해액의 범위(=외상거래대금 전액) 및 위 외상거래대금을 제3자가 취득한 경우, 특정경제범죄가중처벌등에관한법률 제3조 소정의 '제3자로 하여금 취득하게 한 재산상 이익의 가액'의 범위(=외상거래대금 전액)

「배임죄는 현실적인 재산상 손해액이 확정될 필요까지는 없고 단지 재산상 권리의 실행을 불가능하게 할 염려 있는 상태 또는 손해 발생의 위험이 있는 경우에 바로 성립되는 위태범이므로 피고인이 그 업무상 임무에 위배하여 부당한 외상 거래행위를 함으로써 업무상 배임죄가 성립하는 경우, 담보물의 가치를 초과하여 외상 거래한 금액이나 실제로 회수가 불가능하게 된 외상거래 금액만이 아니라 재산상 권리의 실행이 불가능하게 될 염려가 있거나 손해 발생의 위험이 있는 외상 거래대금 전액을 그 손해액으로 보아야 하고, 그것을 제3자가 취득한 경우에는 그 전액을 특정경제범죄가중처벌등에관한법률 제3조에 규정된 제3자로 하여금 취득하게 한 재산상 이익의 가액에 해당하는 것으로 보아야 할 것이다.」

*평석. 배임죄의 보호법익은 전체로서의 재산이며 보호의 정도는 침해범설과 위험범설이 대립하고 있으나, 대법원은 배임죄에 있어 보호법익이 보호받는 정도에 있어 현실적인 재산상 손해액이 확정될 필요까지는 없고 단지 재산상 권리의 실행을 불가능하게 할 염려 있는 상태 또는 손해 발생의 위험이 있는 경우에 바로 성립되는 위험범이라고 하고 있다.

2. 배임죄의 본질

배임죄의 본질과 관련하여 권한남용설과 배신설이 대립하고 있다.

■대법원 2005.3. 5. 2004도6890

배임죄에 있어서 '타인의 사무'의 의미

「배임죄에 있어서 타인의 사무라 함은 신임관계에 기초를 둔 타인의 재산의 보호 내지 관리의무가 있을 것을 그 본질적 내용으로 하는 것으로 타인의 재산관리에 관한 사무를 대행하는 경우, 예컨대 위임, 고용 등의 계약상 타인의 재산의 관리·보전의 임무를 부담하는데 본인을 위하여 일정한 권한을 행사하는 경우, 등기협력의무와 같이 매매, 담보권설정 등 자기의 거래를 완성하기 위한 자기의 사무인 동시에 상대방의 재산보전에 협력할 의무가 있는 경우 따위를 말한다.」

*평석. 배임죄의 본질과 관련하여 학설과 판례는 배신설의 입장을 지지하고 있다.

●참조판례

대법원 1999.9.17. 97도3219

■대법원 1976.5.11. 75도2245

배임죄에 있어서 타인의 사무를 처리하는 자의 뜻

「배임죄에 있어서 타인의 사무를 처리하는 자라 함은 양자간의 신임관계에 기초를 둔 타인의 재산의 보호 내지 관리의무가 있음을 그 본질적 내용으로 하는 경우라 할 것이므로 단순한 채권적인 급부의무에 불과한 금원의 지급의무만을 부담하는 경우와 같이 그 사무가 타인의 사무가 아니고 자기의 사무에 속하는 경우라면 그 사무를 타인을 위하여 처리하는 경우라 하더라도 이는 타인의 사무를 처리하는 자라고 볼 수 없다.」

*평석. 배임죄의 본질에 있어 배신설의 입장의 경우 '타인의 사무를 처리하는 자'의 구성요건이 무제한하게 확대될 수 있다. 그것은 단순한 채무불이행이 배임죄를 구성할 수 있다는 결론에 도달할 수 있기 때문이다. 이와 관련하여 대법원은 단순한 채무불이행은 "그 사무가 타인의 사무가 아니고 자기의 사무에 속하는 경우라면 그 사무를 타인을 위하여 처리하는 경우라 하더라도 이는 타인의 사무를 처리하는 자라고 볼 수 없다"고 하고 있다.

II. 배임죄

355조(배임) ②타인의 사무를 처리하는 자가 그 임무에 위배하는 행위로써 재산상의 이익을 취득하거나 제삼자로 하여금 이를 취득하게 하여 본인에게 손해를 가한 때에도 전항의 형과 같다. 제359조(미수범) 제355조 내지 제357조의 미수범은 처벌한다.

1. 의의

타인의 사무를 처리하는 자가 그 임무에 위배하는 행위로써 재산상의 이익을 취득하거나 제삼자로 하여금 이를 취득하게 하여 본인에게 손해를 가함으로써 성립하는 범죄이다.

2. 객관적 구성요건

(1) 행위의 주체

행위의 주체는 '타인의 사무를 처리하는 자'라는 신분을 요하는 진정신분범이다. 타인의 사무를 처리하는 자라 함은 타인과의 대내관계에 있어서 신의성실의 원칙에 비추어 그 사무를 처리할 신임관계가 존재한다고 인정되는 자를 의미한다. 따라서 반드시 제3자에 대한 대외관계에서 그 사무에 관한 법적 권한인 대리권 존재할 것을 요하지 않음은 물론 그 사무가 포괄적 위탁사무일 것을 요하지도 아니한다.

1) 사무처리의 근거

사무처리의 근거, 즉 신임관계의 발생근거는 법령의 규정, 법률행위, 관습 또는 사무관리에 의하여도 발생할 수 있다.

■대법원 1999.6.22. 99도1095

배임죄의 주체인 '타인의 사무를 처리하는 자'의 의미 및 사무처리자가 법적 권한이 소멸되거나 그 직에서 해임된 후 사무인계 전에 사무를 처리한 경우도 이에 해당하는지 여부(적극)

「배임죄는 타인의 사무를 처리하는 자가 그 임무에 위배하는 행위로써 재산상 이익을 취득하거나 제3자로 하여금 이를 취득하게 하여 본인에게 손해를 가함으로써 성립하는바, 배임죄의 주체로서 타인의 사무를 처리하는 자라 함은 타인과의 대내관계에 있어서 신의성실의 원칙에 비추어 그 사무를 처리할 신임관계가 존재한다고 인정되는 자를 의미하고 반드시 제3자에 대한 대외관계에서 그 사무에 관한 권한이 존재할 것을 요하지 않으며, 또 그 사무가 포괄적 위탁사무일 것을 요하는 것도 아니고, 사무처리의 근거, 즉 신임관계의 발생근거는 법령의 규정, 법률행위, 관습 또는 사무관리에 의하여도 발생할 수 있으므로, 법적인 권한이 소멸된 후에 사무를 처리하거나 그 사무처리자가 그 직에서 해임된 후 사무인계 전에 사무를 처리한 경우도 배임죄에 있어서의 사무를 처리하는 경우에 해당한다.」

*평석. 사무처리의 근거는 관습 또는 사무관리에 의하여도 발생할 수 있으므로 법적인 권한이 소멸된 후에 사무를 처리하거나 그 사무처리자가 그 직에서 해임된 후 사무인계 전에 사무를 처리한 경우도 배임죄에 있어서의 사무를 처리하는 경우에 해당한다.

■대법원 1986.9.9. 86도1382

내연의 처와의 불륜관계를 지속하는 대가로 부동산에 관한 소유권이전등기를 경료해 주기로 약정하고 이를 이행 않는 것이 배임죄에 해당하는지 여부

「내연의 처와의 불륜관계를 지속하는 대가로서 부동산에 관한 소유권이전등기를 경료해 주기로 약정한 경우, 위 부동산 증여계약은 선량한 풍속과 사회질서에 반하는 것으로 무효이어서 위 증여로 인한 소유권이전등기의무가 인정되지 아니하는 이상 동인이 타인의 사무를 처리하는 자에 해당한다고 볼 수 없어 비록 위 등기의무를 이행하지 않는다 하더라도 배임죄를 구성하지 않는다.」

*평석. 사무처리의 근거가 된 법률행위가 처음부터 무효인 때에도 그 무효의 원인이 선량한 풍속과 사회질서에 반하는 것이 아닌 한 사실상의 신임관계가 인정되어 '타인

의 사무를 처리하는 자'라는 배임죄의 주체가 될 수 있다.

▣쟁점 1. 사무처리의 근거가 된 법률행위가 처음부터 무효인 때에도 배임죄의 주체가 될 수 있는가.

2) 사무처리의 내용

사무처리의 내용은 고유의 단독권한임을 요하지 않으나 어느 정도 일정범위에서의 판단의 독립성과 책임이 있을 것임을 요한다.

■대법원 1982.7.27. 81도203

전신전화국 과장이 국장 명의의 입찰계약 체결에 관하여 배임죄의 주체가 되는지 여부

「업무상 배임죄에 있어서 타인의 사무를 처리하는 자란 고유의 권한으로서 그 처리를 하는 자에 한하지 않고 그 자의 보조기관으로서 직접 또는 간접으로 그 처리에 관한 사무를 담당하는 자도 포함하는바, 피고인이 전신전화국 관리과장으로서 서무, 징수사무와 경리 및 공사관계지출사무를 주관 처리하는 자인데 예산회계법상 재무관 및 세입징수관인 국장과 공모하여 각 그 업무상의 임무에 위배한 행위(피고인 및 국장에 의한 허위내용의 재입찰공고서의 순차결재 및 국장에 의한 입찰계약 체결)를 하였다면 업무상 배임죄가 성립한다.」

*평석. 업무상 배임죄에 있어서 타인의 사무를 처리하는 자란 고유의 권한으로서 그 처리를 하는 자에 한하지 않고 그 자의 보조기관으로서 직접 또는 간접으로 그 처리에 관한 사무를 담당하는 자도 포함한다.

■배임죄에 있어 사무처리의 내용과 관련하여 여기서의 사무는 재산상의 사무임을 요하는가.

대법원 2009.2.26. 2008도11722

배임죄의 주체인 '타인의 사무를 처리하는 자'의 의미

「배임죄는 타인의 사무를 처리하는 자가 위법한 임무위배행위로 재산상 이득을 취득하여 사무의 주체인 타인에게 손해를 가함으로써 성립하는 것이므로, 그 범죄의 주체는 타인의 사무를 처리하는 신분이 있어야 한다. 여기에서 '타인의 사무를 처리하는 자'라고 하려면 두 당사자의 관계의 본질적 내용이 단순한 채권관계상의 의무를 넘어서 그들 간의 신임관계에 기초하여 타인의 재산을 보호 내지 관리하는 데 있어야 한다. 만약, 그 사무가 타인의 사무가 아니고 자기의 사무라면, 그 사무의 처리가 타인에게 이익이 되어 타인에 대하여 이를 처리할 의무를 부담하는 경우라도, 그는 타인의 사무를

처리하는 자에 해당하지 않는다.

*평석. 배임죄에 있어 '처리하는 사무'와 관련하여 배임죄는 재산죄로서 그 본질에 있어 배신설의 범위를 한정하기 위해서는 재산상의 사무로 한정하는 것이 타당하다. 대법원도 "타인의 재산을 보호 내지 관리하는 데 있어야 한다 "고 하여 여기에서의 사무를 재산상의 사무임을 요한다고 하고 있다.

▣쟁점 1. 의사의 치료행위나 변호사의 변호업무는 배임죄의 사무에 해당하는가.

3) 타인의 사무

배임죄에 있어 처리하는 사무는 타인의 사무여야 한다. 여기에서의 타인의 사무란 타인이 처리해야 할 사무를 그 자를 위해 처리하는 것을 말한다.

■대법원 1994.3.8. 93도2221

계주가 지정된 계원에게 계금을 지급하지 않은 경우 배임죄의 성부

「계주는 계원들과의 약정에 따라 지정된 곗날에 계원으로부터 월불입금을 징수하여 지정된 계원에게 이를 지급할 임무가 있고, 계주의 이러한 임무는 계주 자신의 사무임과 동시에 타인인 계원들의 사무를 처리하는 것도 되는 것이므로, 계주가 계원들로부터 월불입금을 모두 징수하였음에도 불구하고 그 임무에 위배하여 정당한 사유 없이 이를 지정된 계원에게 지급하지 아니하였다면 다른 특별한 사정이 없는 한 그 지정된 계원에 대한 관계에 있어서 배임죄를 구성한다.」

*평석. 계주의 이 임무는 계주 자신의 사무임과 동시에 타인인 계원들의 사무를 처리하는 것도 되는 것이므로 타인의 사무이다.

■대법원 1991.12.10. 91도2184

음식점 임차인의 지위를 양도한 자가 배임죄의 주체인 타인의 사무를 처리하는 자인지 여부(소극)

「음식점 임대차계약에 의한 임차인의 지위를 양도한 자는 양도사실을 임대인에게 통지하고 양수인이 갖는 임차인의 지위를 상실하지 않게 할 의무가 있다고 하여도, 이러한 임무는 임차권 양도인으로서 부담하는 채무로서 양도인 자신의 의무일 뿐이지 자기의 사무임과 동시에 양수인의 권리취득을 위한 사무의 일부를 이룬다고 볼 수 없으므로 양도인을 배임죄의 주체인 타인의 사무를 처리하는 자로 볼 수 없다.」

*평석. 계약내용의 이행의무는 자기의 사무로서 배임죄의 요건인 타인의 사무에 속하지 않는다고 하고 있다.

■대법원 2008.6.26. 2007도7060

단순히 타인에 대한 채무를 부담하는 사람이 배임죄의 주체인 '타인의 사무를 처리하는 자'에 해당하는지 여부(소극)

「배임죄의 주체는 타인의 사무를 처리하는 신분이 있어야 할 것이고, 여기에서 '타인의 사무를 처리하는 자'라 함은 양자 간의 신임관계에 기초를 둔 타인의 재산의 보호 내지 관리의무가 있음을 그 본질적 내용으로 하는 경우라 할 것이므로, 그 사무가 타인의 사무가 아니고 자기의 사무이거나 단순히 타인에 대하여 채무를 부담함에 불과한 경우라면 본인의 사무로 인정될지언정 타인의 사무를 처리하는 자에 해당한다고 할 수는 없다.」

*평석. 대법원은 단순히 타인에 대하여 채무를 부담함에 불과한 경우라면 본인의 사무로 타인의 사무를 처리하는 자에 해당한다고 할 수는 없다고 하고 있다.

(2) 배임행위

1) 배임행위의 의의

배임죄에 있어 구성요건에 해당하는 배임행위란 타인의 사무를 처리하는 자가 임무에 위배되는 행위를 하는 것을 말한다.

■대법원 2000.3.14. 99도457

배임죄에 있어 '임무에 위배하는 행위'의 의미 및 배임행위가 재산처분에 관한 결정권을 가진 학교법인 이사회의 결의 또는 감독청의 허가를 받아서 한 것일 경우, 위법성이 조각되는지 여부(소극)

「배임죄에 있어서 '임무에 위배하는 행위'라 함은 처리하는 사무의 내용, 성질 등에 비추어 법령의 규정, 계약의 내용 또는 신의칙상 당연히 하여야 할 것으로 기대되는 행위를 하지 않거나 당연히 하지 않아야 할 것으로 기대되는 행위를 함으로써 본인과의 신임관계를 저버리는 일체의 행위를 포함하며, 이에 해당하는 한 재산처분에 관한 결정권을 가진 학교법인의 이사회의 결의가 있었다거나 감독청의 허가를 받아서 한 것이라고 하여 정당화할 수 없다.」

*평석. 배임죄에 있어 '임무에 위배되는 행위'란 사무의 내용, 성질 등에 비추어 법령의 규정, 계약의 내용 또는 신의칙상 당연히 하여야 할 것으로 기대되는 행위를 하지 않거나 당연히 하지 않아야 할 것으로 기대되는 행위를 함으로써 본인과의 신임관계를 저버리는 일체의 행위라고 하고 있다.

2) 배임행위의 태양

배임행위는 법률행위나 사실행위를 불문하며 법률행위의 경우 그것이 법률상 유효한가의 여부를 불문한다. 작위는 물론 부작위에 의한 경우도 가능하다.

■대법원 2002.7.22. 2002도1696

업무상 배임죄에서 '임무에 위배하는 행위'의 의미 및 위법한 목적을 위하여 본인을 위한다는 의사로 행위한 경우 배임죄의 성립 여부(적극)

「업무상 배임죄는 타인의 사무를 처리하는 자가 그 임무에 위배하는 행위로서 재산상의 이익을 취득하거나 제3자로 하여금 이를 취득하게 하여 본인에게 손해를 가함으로써 성립하는바, 이 경우 그 임무에 위배하는 행위라 함은 처리하는 사무의 내용, 성질 등 구체적 상황에 비추어 법률의 규정, 계약의 내용 혹은 신의칙상 당연히 할 것으로 기대되는 행위를 하지 않거나 당연히 하지 않아야 할 것으로 기대하는 행위를 함으로써 본인과 사이의 신임관계를 저버리는 일체의 행위를 포함하는 것으로 그러한 행위가 법률상 유효한가 여부는 따져볼 필요가 없고, 행위자가 가사 본인을 위한다는 의사를 가지고 행위를 하였다고 하더라도 그 목적과 취지가 법령이나 사회상규에 위반된 위법한 행위로서 용인할 수 없는 경우에는 그 행위의 결과가 일부 본인을 위하는 측면이 있다고 하더라도 이는 본인과의 신임관계를 저버리는 행위로서 배임죄의 성립을 인정함에 영향이 없다.」

*평석. 배임행위가 법률상 유효함을 요하지 아니한다.

■대법원 2004.3.26. 2003도7878

금융기관의 직원이 대출을 함에 있어 충분한 담보를 제공받는 등 상당하고도 합리적인 채권회수조치를 취하지 아니한 경우, 업무상배임죄의 고의 성립 여부(적극)

「금융기관의 임직원들이 대출을 함에 있어 대출채권의 회수를 확실하게 하기 위하여 충분한 담보를 제공받는 등 상당하고도 합리적인 조치를 강구하지 아니한 채 만연히 대출을 해 주었다면 업무위배행위로 제3자로 하여금 재산상 이득을 취득하게 하고 금융기관에 손해를 가한다는 인식이 없었다고 볼 수 없다.」

*평석. 금융기관의 직원이 대출을 함에 있어 충분한 담보를 제공받는 등 상당하고도 합리적인 채권회수조치를 취하지 아니하고 대출한 경우는 배임행위에 해당한다.

■대법원 2003.1.10. 2002도758

학교법인이 운영하는 대학교의 총장에게 학교법인의 재산에 관한 사무를 처리하는

자의 지위를 인정한 사례

「대학교 총장으로 대학교 업무 전반을 총괄함과 동시에 학교법인의 이사로서 학교법인 이사회에 상당한 영향력을 행사하고 있는 자가 학교법인의 이사로서 이사회에 참석하여 명예총장에 추대하는 결의에 찬성하고, 이사회의 결의에 따라 대학교의 총장으로서 대학교의 교비로써 명예총장의 활동비 및 전용 운전사의 급여를 지급한 경우, 업무상배임죄의 주체가 될 수 있다고 한 사례.」

*평석. 대학교 총장으로 동시에 학교법인의 이사로서 명예총장에 추대하는 결의에 찬성하고, 이사회의 결의에 따라 대학교의 총장으로서 대학교의 교비로써 명예총장의 활동비 및 전용 운전사의 급여를 지급한 경우, 배임행위에 해당한다.

3) 모험거래의 경우

타인의 사무를 처리하는 자가 주식투기 등 모험거래를 하는 경우에 배임행위에 해당하는가.

■대법원 2007.3.15. 2004도5742

경영상의 판단과 관련하여 기업의 경영자에게 업무상배임의 고의가 있는 것으로 인정되어 배임행위에 해당한다고 인정한 사례

「기업의 경영자가 문제된 행위를 함에 있어 합리적으로 가능한 범위 내에서 수집한 정보를 근거로 하여 당해 기업이 처한 경제적 상황이나 그 행위로 인한 손실발생과 이익획득의 개연성 등의 제반 사정을 신중하게 검토하지 아니한 채, 당해 기업이나 경영자 개인이 정치적인 이유 등으로 곤란함을 겪고 있는 상황에서 벗어나기 위해서는 비록 경제적인 관점에서 기업에 재산상 손해를 가하는 결과가 초래되더라도 이를 용인할 수밖에 없다는 인식하에 의도적으로 그와 같은 행위를 하였다면 업무상배임죄의 고의는 있었다고 봄이 상당하며, 대기업 또는 대기업의 회장 등 개인이 정치적으로 난처한 상황에서 벗어나기 위하여 자회사 및 협력회사 등으로 하여금 특정 회사의 주식을 매입수량, 가격 및 매입시기를 미리 정하여 매입하게 한 행위가 업무상 배임행위에 해당한다.」

*평석. 기업의 경영자가 문제된 행위를 함에 있어 합리적으로 가능한 범위 내에서 수집한 정보를 근거로 하여 당해 기업이 처한 경제적 상황이나 그 행위로 인한 손실발생과 이익획득의 개연성 등의 제반 사정을 신중하게 검토하지 아니한 채, 특정회사의 주식을 매입하는 것은 배임행위에 해당한다.

(3) 재산상의 이익의 취득과 본인의 재산상의 손해

배임죄는 배임행위로 인하여 행위자가 재산상의 이익을 취득하거나 제3자로 하여금 이를 취득하게 하고 이로 인하여 본인에게 재산상의 손해를 발생하게 해야 한다. 배임행위와 재산상의 손해발생 사이에는 인과관계가 있음을 요한다.

1) 재산상의 손해

배임행위로 인하여 본인에게 재산상의 손해가 발생해야 한다. 재산상의 손해란 본인의 전체적 재산가치의 감소를 가져오는 것을 말하는 것으로 경제적 관점에서 판단한다. 그리고 그것은 현실적인 손해를 가한 경우뿐만 아니라 재산상 실해 발생의 위험을 초래한 경우(위험범)도 포함한다.

■대법원 2007.3.15. 2004도5742

업무상배임죄에 있어 재산상 손해 유무에 대한 판단 기준(=경제적 관점)

「업무상배임죄에 있어 본인에게 재산상의 손해를 가한다 함은 총체적으로 보아 본인의 재산상태에 손해를 가하는 경우, 즉 본인의 전체적 재산가치의 감소를 가져오는 것을 말하는 것으로, 현실적인 손해를 가한 경우뿐만 아니라 재산상 실해 발생의 위험을 초래한 경우도 포함되며, 재산상 손해의 유무에 대한 판단은 법률적 판단에 의하지 아니하고 경제적 관점에서 파악하여야 한다.」

*평석. 배임죄에 있어 본인에게 재산상의 손해를 가한다 함은 총체적으로 보아 본인의 재산상태에 손해를 가하는 경우, 즉 본인의 전체적 재산가치의 감소를 가져오는 것을 말하는 것으로 경제적 관점에서 판단한다.

■대법원 2008.6.19. 2006도4876

새마을금고 임·직원이 동일인 대출한도 제한규정을 위반하여 초과대출행위를 한 사실만으로 새마을금고에 업무상배임죄를 구성하는 재산상 손해가 발생하였다고 볼 수 있는지 여부(소극)

「[다수의견] 새마을금고의 동일인 대출한도 제한규정은 새마을금고 자체의 적정한 운영을 위하여 마련된 것이지 대출채무자의 신용도를 평가해서 대출채권의 회수가능성을 직접적으로 고려하여 만들어진 것은 아니므로 동일인 대출한도를 초과하였다는 사실만으로 곧바로 대출채권을 회수하지 못하게 될 위험이 생겼다고 볼 수 없고, 구 새마을금고법(2007. 5. 25. 법률 제8485호로 개정되기 전의 것) 제26조의2, 제27조에 비추어 보면 동일인 대출한도를 초과하였다는 사정만으로는 다른 회원들에 대한 대출을 곤란하게 하여 새마을금고의 적정한 자산운용에 장애를 초래한다는 등 어떠한 위험이 발생하였다고 단정할 수도 없다. 따라서 동일인 대출한도를 초과하여 대출함으로써 구 새마을금고법을 위반하였다고 하더라도, 대출한도 제한규정 위반으로 처벌함은 별론으로 하고, 그 사실만으로 특별한 사정이 없는 한 업무상배임죄가 성립한다고 할 수 없고, 일반적으로 이러한 동일인 대출한도 초과대출이라는 임무위배의 점에 더하여 대출 당시의 대출채무자의 재무상태, 다른 금융기관으로부터의 차입금, 기타 채무를 포함한 전반적인 금융거래상황, 사업현황 및 전망과 대출금의 용도, 소요기간 등에 비추어 볼 때 채무상환능력이 부족하거나 제공된 담보의 경제적 가치가 부실해서 대출채권의 회수에 문제가 있는 것으로 판단되는 경우에 재산상 손해가 발생하였다고 보아 업무상배임죄가 성립한다고 해야 한다.

[대법관 고현철, 김황식, 김능환, 차한성의 별개의견] 새마을금고의 특수성 내지 성격 등에 비추어 새마을금고법이 동일인에 대한 대출한도를 정하여 엄격히 규제하는 취지가, 특정 소수의 회원에게 과도하게 편중 대출하는 것을 제한하여 모든 회원에게 골고루 대출이 이루어지도록 하는 등으로 새마을금고의 자금이 그 사업목적에 들어맞게 사용되도록 하려는 데 있고, 이것이 재산적 가치에 포함되는 것으로 보는 이상 새마을금고의 임·직원이 동일인에 대한 대출한도를 초과하여 대출하였다면, 이는 상대방에게는 한도를 초과한 대출을 받을 수 있도록 금융편의 내지 금융이익을 제공하는 것이고, 새마을금고에는 다른 회원들에게 균등하게 대출하는 등의 사업목적에 사용할 자금을 그 한도초과대출금에 해당하는 만큼 부당하게 감소시킴으로써 그 자금이 그 목적사업을 위하여 사용되는 것이 저해되었거나 저해될 위험이 초래된 것이다. 이러한 의미에서 새마을금고는 그만큼의 재산상의 손해를 입은 것이어서 업무상배임죄가 성립하며, 이때 그 한도초과대출금의 회수가능 여부는 고려할 것이 아니다. 다만, 새마을금고가 입는 손해는 재산상의 이익이나 손해에 해당하지만 가액을 산정할 수 없다.」

*평석. 대법원의 다수의견은 새마을금고의 동일인 대출한도 제한규정은 새마을금고 자체의 적정한 운영을 위하여 마련된 것이지 대출채무자의 신용도를 평가해서 대출채권의 회수가능성을 직접적으로 고려하여 만들어진 것은 아니므로 동일인 대출한도를 초과하였다는 사실만으로 곧바로 대출채권을 회수하지 못하게 될 위험이 생겼다고 볼 수 없어 대출한도 제한규정 위반으로 처벌함은 별론으로 하고, 그 사실만으로 특별한 사정이 없는 한 업무상배임죄가 성립한다고 할 수 없다고 하고 있다.

■대법원 2004.4.9. 2004도771

대표이사가 개인의 차용금 채무에 관하여 개인 명의로 작성하여 교부한 차용증에 추가로 회사의 법인 인감을 날인하였다고 하더라도 회사에 재산상 손해가 발생하였다거나 재산상 실해 발생의 위험이 초래되었다고 볼 수 없다는 이유로 대표이사의 업무상 배임 부분에 대하여 무죄를 선고한 원심판결을 수긍한 사례

「대표이사가 개인의 차용금 채무에 관하여 개인 명의로 작성하여 교부한 차용증에 추가로 회사의 법인 인감을 날인하였다고 하더라도 대표이사로서 행한 적법한 대표행위라고 할 수 없으므로 회사가 위 차용증에 기한 차용금 채무를 부담하게 되는 것이 아님은 물론이고, 나아가 금원의 대여자는 위와 같은 행위가 적법한 대표행위가 아님을 알았거나 알 수 있었다 할 것이어서 회사가 대여자에 대하여 사용자책임이나 법인의 불법행위 등에 따른 손해배상의무도 부담할 여지가 없으므로, 결국 회사에 재산상 손해가 발생하였다거나 재산상 실해 발생의 위험이 초래되었다고 볼 수 없다는 이유로 대표이사의 업무상배임 부분에 대하여 무죄를 선고한 원심판결을 수긍한 사례.」

*평석. 이 경우 대법원은 회사에 재산상 손해가 발생하였다거나 재산상 실해 발생의 위험이 초래되었다고 볼 수 없다고 하고 있다.

2) 이익의 취득

배임죄는 배임행위로 인하여 행위자가 재산상의 이익을 취득하거나 제3자로 하여금 이를 취득하게 해야 한다.

■대법원 2007.7.26. 2005도6439

배임행위로 행위자나 제3자가 재산상 이익을 취득하지 않은 경우, 업무상 배임죄의 성립 여부(소극)

「업무상 배임죄는 본인에게 재산상의 손해를 가하는 외에 배임행위로 인하여 행위자 스스로 재산상의 이익을 취득하거나 제3자로 하여금 재산상의 이익을 취득하게 할 것을 요건으로 하므로, 본인에게 손해를 가하였다고 할지라도 행위자 또는 제3자가 재산상 이익을 취득한 사실이 없다면 배임죄가 성립할 수 없다.」

*평석. 배임죄는 본인에게 손해를 가하는 이외에 행위자 또는 제3자가 재산상 이익을 취득함을 요한다. 따라서 본인에게 손해를 가하였다고 할지라도 행위자 또는 제3자가 재산상 이익을 취득한 사실이 없다면 배임죄가 성립할 수 없다.

3. 주관적 구성요건

배임죄는 객관적 구성요건에 대한 고의, 즉 타인의 사무를 처리하는 자가 그 임무에 위배하는 행위로써 재산상의 이익을 취득하거나 제삼자로 하여금 이를 취득하게 하여 본인에게 손해를 가한다는 인식과 의사가 있어야 한다.

이와 관련하여 배임죄에 있어 주관적 구성요건요소로서 불법이득의사, 그리고 본인에게 손해를 가한다는 의사가 있음을 요하는가가 문제되어진다.

■대법원 2003.2.11. 2002도5679

업무상배임죄의 고의와 그 입증 방법 및 금융기관의 직원이 대출을 함에 있어 충분한 담보를 제공받는 등 상당하고도 합리적인 채권회수조치를 취하지 아니한 경우, 업무상배임죄의 고의 성립 여부(적극)

「업무상배임죄의 고의는 업무상 타인의 사무를 처리하는 자가 본인에게 재산상의 손해를 가한다는 의사와 자기 또는 제3자의 재산상의 이득의 의사가 임무에 위배된다는 인식과 결합되어 성립되는 것이며, 이와 같은 업무상배임죄의 주관적 요소로 되는 사실(고의, 동기 등의 내심적 사실)은 피고인이 본인의 이익을 위하여 문제가 된 행위를 하였다고 주장하면서 범의를 부인하고 있는 경우에는 사물의 성질상 고의와 상당한 관련성이 있는 간접사실을 증명하는 방법에 의하여 입증할 수밖에 없고, 무엇이 상당한 관련성이 있는 간접사실에 해당할 것인가는 정상적인 경험칙에 바탕을 두고 치밀한 관찰력이나 분석력에 의하여 사실의 연결상태를 합리적으로 판단하는 방법에 의하여야 하며, 피고인이 본인의 이익을 위한다는 의사도 가지고 있었다 하더라도 위와 같은 간접사실에 의하여 본인의 이익을 위한다는 의사는 부수적일 뿐이고 이득 또는 가해의 의사가 주된 것임이 판명되면 배임죄의 고의가 있었다고 할 것이고, 금융기관의 직원들이 대출을 함에 있어 대출채권의 회수를 확실하게 하기 위하여 충분한 담보를 제공받는 등 상당하고도 합리적인 조치를 강구함이 없이 만연히 대출을 해 주었다면 업무위배행위로 제3자로 하여금 재산상 이득을 취득하게 하고 금융기관에 손해를 가한다는 인식이 없었다고 볼 수 없다.」

*평석. 대법원은 배임죄에 있어 고의의 요소로서 불법이득의사 그리고 본인에게 재산상의 손해를 가한다는 의사를 요한다고 판시하고 있다.

■본인에게 "손해를 가한다는 의사가 있음을 요하지 아니한다"는 판례도 존재한다.

대법원 1983.12.13. 83도2330 전원합의체 판결

본인에게 손해를 가하려는 의사가 배임죄의 구성요건인지 여부(소극)

「우리 형법은 배임죄에 있어 자기 또는 제3자의 이익을 도모하고 또 본인에게 손해를 가하려는 목적을 그 구성요건으로 규정하고 있지 않으므로 배임죄의 범의는 자기의 행위가 그 임무에 위배한다는 인식으로 족하고, 본인에게 손해를 가하려는 의사는 이를 필요로 하지 않는다.」

*평석. 대법원은 전원합의체 판결로 배임죄에 있어 본인에게 손해를 가하려는 의사는 이를 필요로 하지 않는다고 하고 있다.

4. 부동산의 이중매매와 배임죄의 성부

갑(甲)이 을(乙)에게 자기 부동산을 매도하였으나 아직 이전등기를 해 주지 않은 상태에서 이를 다시 병(丙)에게 이중매도한 다음 병에게 소유권이전등기를 해 준 경우를 말한다.

■대법원 2009.2.26. 2008도11722

부동산 이중매매에서 매도인이 선매수인에게 소유권이전의무를 이행한 경우, 후매수인에 대한 배임죄의 성부(소극)

「부동산을 이중으로 매도한 경우에 매도인이 선매수인에게 소유권이전의무를 이행하였다고 하여 후매수인에 대한 관계에서 그가 임무를 위법하게 위배한 것이라고 할 수 없다.」

*평석. 이 경우에는 갑이 소유권이전등기가 완료된 을의 부동산을 자신의 부동산인 것처럼 기망하여 매도하였다면 병에 대한 사기죄가 성립할 수 있다.

■대법원 1977.10.11. 77도1116

이중매매의 경우 선매수인에게 이전등기를 한 때 배임죄의 성부

「배임죄성립에 관해서는 민법의 위 이론을 그대로 적용할 수 없는 것이고 부동산이 매도되면 형법은 부동산을 매도한 자에게 매수인을 위한 업무로 매수인에게 소유권을 이전해줄 의무를 성실히 이행할 것을 명하는 동시에 그 임무에 위배하고 동 부동산을 다시 타인에게 매도하고 그에게 소유권을 이전하는 것은 이를 금하고 있는 것이라고 할 것이므로 부동산을 이중으로 매도한 경우에 매도인이 선매수인에게 소유권이전의무

를 이행하였다고 해서 그를 형법상 후매수인에 대하여 그 임무를 위법하게 위배하였다고는 할 수 없다.」

*평석. 대법원은 배임죄 성립에 관하여 형법이 목적하는 바는 민법상 이중매매의 경우 일방에 대하여 채무 불이행책임을 부담하는 것과는 다르므로 이중매매의 경우 선매수인에 대하여 소유권이전등기를 이행한 것은 후매수인에 대하여 그 임무를 위법하게 위배하였다고는 할 수 없다고 하고 있다.

(1) 이중매매의 형사책임

이 경우에는 이중 매도인의 형사책임과 악의의 후매수인의 형사책임이 각각 문제되어진다.

1) 매도인의 형사책임

(가) 계약금만 수령한 경우

이 단계에서는 매도인 갑은 언제든지 계약금의 배액을 해약금으로 지급하고 계약을 해제할 수 있다. 이 경우 매도인은 아직 자기의 사무를 처리하는 자의 지위에 불과하여 배임죄가 불성립한다.

■대법원 1980.5.27. 80도290

매매계약금을 수령한 자가 배임죄의 주체가 될 수 있는지 여부

「피고인이 공소외인으로부터 매매계약금만을 수령하였다면 피고인은 아직 그 소유권이전등기 절차를 이행할 의무가 있다고 할 수 없으므로 이 사건 임야를 다시 다른 곳에 처분한 행위를 배임죄로 다스릴 수 없다.」

*평석. 이 경우 매도인은 아직 그 소유권이전등기절차를 이행할 의무가 있다고 할 수 없으므로 매도인은 배임죄의 구성요건인 위 매수인을 위한 소유권이전등기절차 사무를 처리하는 자의 지위에 있지 아니하며, 매도인이 이 사건 부동산을 다시 제3자에게 처분한 행위를 배임죄로 다스릴 수는 없다고 하고 있다.

(나) 중도금을 수령한 경우

후매수인에 대한 이중매도행위는 배임죄가 성립한다. 즉, 매도인이 중도금 수령한 경우에는 계약을 일방적으로 해제할 수 없으며 매도인은 매수인의 소유권취득에 협력해야 할 신의칙상의 신임관계가 발생한다.

■대법원 1983.4.26. 82도49

잔금의 일부를 미수령한 매도인이 매매목적물을 이중양도한 경우 배임죄의 주체 해당 여부

「매도인이 계약금, 중도금의 전부와 잔금의 일부를 수령하고 있었다면 매도인은 일방적으로 그 매매계약을 해제할 권리가 없고 잔금수령과 동시에 매수인에게 소유권이전등기를 이행할 의무가 발생하므로 매수인의 사무를 처리하는 지위에 있어 배임죄의 주체가 된다.」

*평석. 이중매매에 있어서 매도인이 매수인의 사무를 처리하는 자로서 배임죄의 주체가 되기 위하여는 매도인이 계약금을 받은 것만으로는 부족하고 적어도 중도금을 받는 등 매도인이 더 이상 임의로 계약을 해제할 수 없는 상태에 이르러야 한다고 하고 있다.

2) 악의의 후매수인의 형사책임

■대법원 1983.7.12. 82도180

부동산을 이중양도하게 한 제2의 양수인이 배임죄의 공동정범에 해당하는 여부(적극)

「점포의 임차인이 임대인이 그 점포를 타에 매도한 사실을 알고 있으면서 점포의 임대차 계약 당시 "타인에게 점포를 매도할 경우 우선적으로 임차인에게 매도한다" 는 특약을 구실로 임차인이 매매대금을 일방적으로 결정하여 공탁하고 임대인과 공모하여 임차인 명의로 소유권이전등기를 경료하였다면 임대인의 배임행위에 적극 가담한 것으로서 배임죄의 공동정범에 해당한다.」

*평석. 대법원은 후매수인이 매도인의 이중매매를 단순히 알고 매수하였다는 악의에서 더 나아가 임대인의 배임행위에 적극 가담한 경우에만 배임죄의 공범이 된다고 하고 있다.

▣쟁점 1. 이중매매, 이중저당의 형사책임

III. 업무상 배임죄

第356조(업무상의 횡령과 배임) 업무상의 임무에 위배하여 제355조의 죄를 범한 자는 10년 이하의 징역 또는 3천만원 이하의 벌금에 처한다. 第359조(미수범) 제355조 내지 제357조의 미수범은 처벌한다.

업무상 배임죄는 업무상의 임무에 위배하여 재산상의 이익을 취득하거나 제3자로 하여금 이익을 취득하게 하고 이로 인하여 본인에게 손해를 가함으로써 성립하는 범죄이다. 부진정신분범이다.

■대법원 2004.7.22. 2002도4229

경영상의 판단과 관련하여 기업의 경영자에게 배임의 고의가 있었는지 여부를 판단하는 방법

「경영상의 판단과 관련하여 기업의 경영자에게 배임의 고의가 있었는지 여부를 판단함에 있어서도 일반적인 업무상배임죄에 있어서 고의의 입증 방법과 마찬가지의 법리가 적용되어야 함은 물론이지만, 기업의 경영에는 원천적으로 위험이 내재하여 있어서 경영자가 아무런 개인적인 이익을 취할 의도 없이 선의에 기하여 가능한 범위 내에서 수집된 정보를 바탕으로 기업의 이익에 합치된다는 믿음을 가지고 신중하게 결정을 내렸다 하더라도 그 예측이 빗나가 기업에 손해가 발생하는 경우가 있을 수 있는바, 이러한 경우에까지 고의에 관한 해석기준을 완화하여 업무상배임죄의 형사책임을 묻고자 한다면 이는 죄형법정주의의 원칙에 위배되는 것임은 물론이고 정책적인 차원에서 볼 때에도 영업이익의 원천인 기업가 정신을 위축시키는 결과를 낳게 되어 당해 기업뿐만 아니라 사회적으로도 큰 손실이 될 것이므로, 현행 형법상의 배임죄가 위태범이라는 법리를 부인할 수 없다 할지라도, 문제된 경영상의 판단에 이르게 된 경위와 동기, 판단대상인 사업의 내용, 기업이 처한 경제적 상황, 손실발생의 개연성과 이익획득의 개연성 등 제반 사정에 비추어 자기 또는 제3자가 재산상 이익을 취득한다는 인식과 본인에게 손해를 가한다는 인식(미필적 인식을 포함)하의 의도적 행위임이 인정되는 경우에 한하여 배임죄의 고의를 인정하는 엄격한 해석기준은 유지되어야 할 것이고, 그러한 인식이 없는데 단순히 본인에게 손해가 발생하였다는 결과만으로 책임을 묻거나 주의의무를 소홀히 한 과실이 있다는 이유로 책임을 물을 수는 없다.」

*평석. 경영상의 판단과 관련하여 기업의 경영자에게 배임의 고의가 있었는지 여부를 판단함에 있어서도 일반적인 업무상배임죄에 있어서 고의의 입증 방법과 마찬가지의 법리가 적용되어야 하며, 단순히 본인에게 손해가 발생하였다는 결과만으로 책임을 묻거나 주의의무를 소홀히 한 과실이 있다는 이유로 책임을 물을 수는 없으며, 경영자에게 배임의 고의가 있었는지 여부를 판단함에 있어서는 문제된 경영상의 판단에 이르게 된 경위와 동기, 판단대상인 업무의 내용, 금융기관이 처한 경제적 상황, 손실발생의 개연성 등 제반 사정에 비추어 자기 또는 제3자가 재산상 이득을 취득한다는 인식과 본인에게 손해를 가한다는 인식하의 의도적 행위임이 인정되는 경우에 한하여 배임죄의

고의를 인정하는 엄격한 해석기준이 유지되어야 한다고 하고 있다.

■대법원 1999.4.27. 99도883

비신분자가 신분자와 공모하여 업무상 배임죄를 범한 경우의 처단 방법

「업무상배임죄는 업무상 타인의 사무를 처리하는 지위에 있는 사람이 그 임무에 위배하는 행위로써 재산상의 이익을 취득하거나 제3자로 하여금 이를 취득하게 하여 본인에게 손해를 가한 때에 성립하는 것으로서, 이는 타인의 사무를 처리하는 지위라는 점에서 보면 신분관계로 인하여 성립될 범죄이고, 업무상 타인의 사무를 처리하는 지위라는 점에서 보면 단순배임죄에 대한 가중규정으로서 신분관계로 인하여 형의 경중이 있는 경우라고 할 것이므로, 그와 같은 신분관계가 없는 자가 그러한 신분관계가 있는 자와 공모하여 업무상배임죄를 저질렀다면 그러한 신분관계가 없는 자에 대하여는 형법 제33조 단서에 의하여 단순배임죄에 정한 형으로 처단하여야 할 것이다.」

*평석. 대법원은 비신분자가 업무자의 배임행위에 가담한 경우에 형법 제33조 단서에 의하여 단순배임죄에 정한 형으로 처벌되어야 한다고 한다.

Ⅳ. 배임수증재죄

제357조(배임수증재) ①타인의 사무를 처리하는 자가 그 임무에 관하여 부정한 청탁을 받고 재물 또는 재산상의 이익을 취득한 자는 5년 이하의 징역 또는 1천만원 이하의 벌금에 처한다.

②제1항의 재물 또는 이익을 공여한 자는 2년 이하의 징역 또는 500만원 이하의 벌금에 처한다.

③범인이 취득한 제1항의 재물은 몰수한다. 그 재물을 몰수하기 불능하거나 재산상의 이익을 취득한 때에는 그 가액을 추징한다.

1. 의의 및 보호법익

배임수증재죄는 타인의 사무를 처리하는 자가 그 임무에 관하여 부정한 청탁을 받고 재물 또는 재산상의 이익을 취득하거나(제357조 제1항 배임수재죄), 타인의 사무를 처

리하는 자에게 그 임무에 관하여 부정한 청탁을 하고 재물 또는 이익을 공여함으로써(제357조 제2항 배임증재죄) 성립하는 범죄이다. 이는 공무원이 아닌 타인의 사무를 처리하는 자에 대한 뇌물죄로서의 성격을 가진다. 보호법익은 타인의 사무를 처리하는 자의 직무의 청렴성 내지 공정성이다.

■대법원 1984.11.27. 84도1906

배임수재죄의 성립요건, 그리고 배임수재죄와 업무상 배임죄 및 배임죄의 관계(경합범)

「배임수재죄는 타인의 사무를 처리하는 자의 청렴성을 그 보호법익으로 하는 형사범으로서 그 임무에 관하여 부정한 청탁을 받고 재물 등을 수수함으로써 성립되고 반드시 수재 당시에도 수재와 관련된 임무를 현실적으로 담당하고 있음을 그 요건으로 하는 것은 아니라고 풀이되므로 타인의 사무를 처리하는 자가 그 임무에 관하여 부정한 청탁을 받은 이상 그 후 사무분담의 변경으로 동 직무를 담당하지 아니하게 된 상태에서 재물 등을 수수하게 되었다 하더라도 여전히 같은 타인의 사무를 처리하는 지위에 있고 그 재물 등의 수수가 그 부정한 청탁과 관련하여 이루어진 것이라면 배임수재죄는 성립한다고 보아야 할 것이다.

형법 제357조 제1항의 배임수재죄는 타인의 사무를 처리하는 자가 그 임무에 관하여 부정한 청탁을 받고 재물 등을 취득함으로써 성립하는 것이고 어떠한 임무 위배행위나 본인에게 손해를 가한 것을 요건으로 하는 것이 아닌데 대하여 동법 제356조, 제355조 제2항의 배임죄는 타인의 사무를 처리하는 자가 그 임무에 위배하는 행위가 있어야 하고 그 행위로서 본인에게 손해를 가함으로써 성립하는 것이나 부정한 청탁을 받거나 금품을 수수한 것을 그 요건으로 하지 않고 있으므로 이들 양 죄는 행위의 태양을 전연 달리하고 있어 일반법과 특별법관계가 아닌 별개의 독립된 범죄라고 보아야 하고 또 업무상 배임죄의 법정형은 10년 이하의 징역(단순배임죄의 법정형도 5년 이하의 징역)인데 비하여 배임수재죄의 그것은 업무상 배임죄의 법정형 보다 경한 5년 이하의 징역이므로 업무상 배임죄가 배임수재죄에 흡수되는 관계에 있다거나 결과적 가중범의 관계에 있다고는 할 수 없으므로 위 양죄를 형법 제37조 전단의 경합범으로 의율처단하였음은 정당하다.」

*평석. 배임수증재죄는 배임죄의 경우와 달리 처리하는 사무에 있어 재산상의 사무에 한정하는 것이 아니므로 그 보호법익은 타인의 사무를 처리하는 자의 청렴성 내지 공정성으로, 배임수재죄와 업무상 배임죄 및 배임죄의 관계는 형법 제37조 전단의 경합범의 관계에 있다.

2. 배임수재죄(背任收財罪)

(1) 행위의 주체

타인의 사무를 처리하는 자이다.

■대법원 1984.8.21. 83도2447

점포 등의 임대 및 관리를 담당하는 자가 배임수재죄에 있어서의 타인의 사무를 처리하는 자에 해당하는가의 여부(적극)

「임대차계약을 체결함에 있어 임차인을 선정하거나 임대보증금 및 차임을 결정하는 권한이 없고 다만 상사에게 임차인을 추천할 수 있는 권한 밖에 없다 하더라도 업무과장으로서 점포 등의 임대 및 관리를 담당하고 있는 이상 타인의 사무를 처리하는 자에 해당한다 할 것이며 그러한 자가 다른 사람이 점포를 임차하려는 상태에서 사례비를 줄 터이니 자기에게 임대하여 달라는 부탁을 받고 금원을 교부받은 소위는 형법 제357조의 구성요건에 해당한다.」

*평석. 점포 등의 임대 및 관리를 담당하는 자도 배임수재죄에 있어서의 타인의 사무를 처리하는 자에 해당한다고 하고 있다.

■대법원 1991.6.11. 91도688

방송국 소속 가요담당 프로듀서가 배임수재죄의 주체가 될 수 있는지 여부(적극)

「방송국에 소속되어 가요 프로그램의 제작연출 등의 사무를 처리하는 가요담당 프로듀서는, 방송법이 규정하고 있는 방송의 공적책임수행과 그 내용의 공정성 및 공공성의 요청에 따라 방송국의 내규가 정하는 제한 범위 내에서, 방송될 가요를 선곡하는 임무를 방송국으로부터 부여받은 자로서 "타인의 사무를 처리하는 자"이므로 배임수재죄의 주체가 될 수 있다. 가요담당 방송프로듀서가 직무상 알고 지내던 가수매니저들로부터 많게는 100만원 적게는 20만원 정도의 금품을 28회에 걸쳐 받은 것을 가리켜 의례적이라거나 사회상규에 위반되지 아니한다고 할 수 없다.」

*평석. 배임죄의 경우와 달리 본죄는 뇌물죄적 성격을 가지므로 반드시 재산상의 사무일 필요가 없다.

■대법원 1996.10.11. 95도2090

「대학교수가 특정출판사의 교재를 채택하여 달라는 청탁을 받고 교재 판매대금의 일정비율에 해당하는 금원을 받은 경우 배임수증죄를 긍정한 사례.」

*평석. 배임수증죄의 주체는 반드시 재산적 사무처리자임을 요하지 아니한다.

(2) 부정한 청탁

1) 부정한 청탁의 의미

배임수재죄는 임무에 관하여 부정한 청탁을 받을 것을 요한다. 청탁이 있었다 하더라도 부정한 청탁이라고 볼 수 없는 경우에는 본죄는 불성립한다.

■대법원 1982.2.9. 80도2130

배임수재죄에 있어서의 '임무에 관하여', 그리고 '부정한 청탁'의 의미

「형법 제357조의 배임수재죄에 있어서 '임무'라 함은 타인의 사무를 처리하는 자가 위탁받은 사무를 말하나 그 위탁관계로 인한 본래의 사무뿐만 아니라 그와 밀접한 관계가 있는 범위내의 사무도 포함된다. 여기에서 '부정한 청탁'이라 함은 사회상규 또는 신의성실의 원칙에 반하는 것을 내용으로 하는 청탁을 가리킨다. 따라서 섭외 및 예금 담당의 은행지점차장이 지점장으로부터 중소기업시설자금 대출대상자를 물색하라는 지시를 받고 그 대출적격이 없는 자의 위장대출을 묵인선처하여 달라는 청탁을 받아 대부 담당대리로 하여금 그 대출절차를 밟도록 하여주고 그 청탁이 대가로 금원을 교부받았다면 배임수재죄가 성립한다.」

*평석. 배임수재죄에 있어서의 '임무에 관하여'의 의미는 위탁관계로 인한 본래의 사무뿐만 아니라 그와 밀접한 관계가 있는 범위내의 사무도 포함한다. 그리고 '부정한 청탁'이라 함은 배임행위에 이를 정도의 청탁이 아니더라도 사회상규 또는 신의성실의 원칙에 반하는 것을 내용으로 하는 청탁을 말한다.

■대법원 2008.12.24. 2008도9602

배임수재죄의 구성요건인 '부정한 청탁'의 판단 기준

「형법 제357조에 규정된 배임수재죄에 있어서의 '부정한 청탁'이라 함은 청탁이 사회상규와 신의성실의 원칙에 반하는 것을 말하고, 이를 판단함에 있어서는 청탁의 내용, 이에 관련되어 취득한 재물이나 재산상 이익의 종류·액수 및 형식, 재산상 이익 제공의 방법과 태양, 보호법익인 거래의 청렴성 등을 종합적으로 고찰하여야 하며, 그 청탁이 반드시 명시적일 필요는 없고 묵시적으로 이루어지더라도 무방하다.」

*평석. 배임수재죄에 있어서의 '부정한 청탁'이라 함은 청탁이 사회상규와 신의성실의 원칙에 반하는 것을 말하고, 이를 판단함에 있어서는 청탁의 내용, 이에 관련되어

취득한 재물이나 재산상 이익의 종류·액수 및 형식, 재산상 이익 제공의 방법과 태양, 보호법익인 거래의 청렴성 등을 종합적으로 고찰하여야 한다.

2) 부정한 청탁과 관련한 판례

■대법원 1983.3.8. 82도2873

대출금의 회수불능이 예상되는 회사에 대한 대출청탁과 배임증재죄에 있어서의 부정한 청탁

「대출금의 회수불능이 예상되는 회사들 앞으로 거액의 대출을 원활하게 하여 달라고 은행장에게 청탁하고 거액의 돈을 공여한 것은 불량대출까지도 그 청탁의 내용으로 한 것이었다 할 것이므로 이는 은행장으로서의 임무에 관한 부정한 청탁에 해당한다.」

■대법원 1991.12.10. 91도2543

대학교 부총장이 의과대학부속병원의 부대시설 운영권을 인수하는 데 우선적으로 추천하여 달라는 청탁을 받고 그 사례비를 받은 경우 배임수재죄가 성립된다고 한 사례

「대학교의 의과대학부속병원 부대시설의 임차 운영자를 선정할 권한을 가진 총장 겸 부속병원장의 직무를 보좌 또는 대행하거나 임차인을 추천할 권한 등이 있는 부총장이 위 부속병원의 부대시설 운영권을 인수하는 데 우선적으로 추천해 달라는 청탁을 받고 그 사례비 명목으로 금 3,000만 원을 받았다면, 이는 타인의 사무를 처리하는 자가 그 임무에 관해 사회상규 또는 신의성실의 원칙에 반하는 부정한 청탁을 받고 사례비 명목으로 금원을 받은 것이 되어 배임수재죄를 구성한다.」

■대법원 2008.12.11. 2008도6987

「회원제 골프장의 예약업무 담당자가 부킹대행업자의 청탁에 따라 회원에게 제공해야 하는 주말부킹권을 부킹대행업자에게 판매하고 그 대금 명목의 금품을 받은 것이 배임수재죄에 해당한다.」

■대법원 1991.8.27. 91도61

계약관계를 유지시켜 기존 권리를 확보하기 위하여 하는 부탁행위 등이 배임수증죄의 부정한 청탁에 해당하는지 여부(소극)

「형법 제357조 제1항 소정의 배임수증죄는 타인의 사무를 처리하는 자가 그 임무에 관하여 부정한 청탁을 받고 재물 또는 재산상의 이익을 취득하는 경우에 성립하는 것

이고, 그 청탁에 따른 일정한 행위가 현실적으로 행하여 질 것을 요하지는 아니하나, 재물 또는 재산상의 이익을 공여하는 사람과 이를 취득하는 사람 사이에 부정한 청탁이 개재되어야 하는 것이고, 계약관계를 유지시켜 기존 권리를 확보하기 위하여 하는 부탁행위 등은 부정한 청탁이라고 할 수없다.」

*평석. 직무권한범위 내에서 계약관계를 유지시켜 기존 권리를 확보하기 위하여 하는 부탁행위 등은 부정한 청탁이라고 할 수 없다.

■대법원 1982.9.28. 82도1656

단순히 규정이 허용되는 범위내에서 최대한의 선처를 바란다는 내용의 청탁을 하고 금품을 수수한 경우 배임수재죄의 성부(소극)

「형법 제357조 제1항 소정의 배임수증재죄는 재물 또는 이익을 공여하는 사람과 취득하는 사람 사이에 부정한 청탁이 개재되지 않는 한 성립하지 않는다고 할 것인데, 여기서 부정한 청탁이라 함은 사회상규 또는 신의성실의 원칙에 반하는 것을 내용으로 하는 청탁을 의미하므로 청탁한 내용이 단순히 규정이 허용하는 범위내에서 최대한의 선처를 바란다는 내용에 불과하다면 사회상규에 어긋난 부정한 청탁이라고 볼 수 없고 따라서 이러한 청탁의 사례로 금품을 수수한 것은 배임증재 또는 배임수재에 해당하지 않는다.」

*평석. 청탁한 내용이 단순히 규정이 허용하는 범위 내에서 최대한의 선처를 바란다는 내용에 불과하다면 사회상규에 어긋난 부정한 청탁이라고 볼 수 없다.

■대법원 1997.10.24. 97도2042

타인의 사무를 처리하는 자가 부정한 청탁을 받고 사직한 후에 재물을 수수한 경우, 배임수재죄의 성부(적극)

「형법 제357조 제1항의 배임수재죄는 타인의 사무를 처리하는 자의 청렴성을 보호법익으로 하는 것으로, 그 임무에 관하여 부정한 청탁을 받고 재물을 수수함으로써 성립하고 반드시 수재 당시에도 그와 관련된 임무를 현실적으로 담당하고 있음을 그 요건으로 하는 것은 아니므로, 타인의 사무를 처리하는 자가 그 임무에 관하여 부정한 청탁을 받은 이상 그 후 사직으로 인하여 그 직무를 담당하지 아니하게 된 상태에서 재물을 수수하게 되었다 하더라도, 그 재물 등의 수수가 부정한 청탁과 관련하여 이루어진 것이라면 배임수재죄가 성립한다.」

*평석. 배임수재죄는 타인의 사무를 처리하는 자의 청렴성을 보호법익으로 하는 것으

로, 그 임무에 관하여 부정한 청탁을 받고 재물을 수수함으로써 성립하고 반드시 수재 당시에도 그와 관련된 임무를 현실적으로 담당하고 있음을 그 요건으로 하지 아니한다.

(3) 실행행위(재물 또는 재산상의 이익의 취득)

실행행위는 부정한 청탁을 받고 재물 또는 재산상의 이익의 취득하는 것을 말한다. 재물 또는 재산상의 이익의 취득은 부정한 청탁과 대가성을 가져야 한다.

■대법원 1982.7.13. 82도874

부정한 청탁과 관계없이 금품을 받은 경우에 배임수재죄의 성부(소극)

「배임수재죄는 타인의 사무를 처리하는 자가 그 임무에 관하여 부정한 청탁을 받고 이에 응하여 재물을 취득함으로써 성립하는 것이고 재물을 공여하는 자가 부정한 청탁을 하였다 하더라도 그 청탁을 받아들임이 없이 그 청탁과는 관계없이 금품을 받은 경우에는 배임수재죄는 성립하지 아니한다.」

*평석. 재물 또는 재산상의 이익의 취득은 부정한 청탁과 대가성을 가져야 하며, 재물을 공여하는 자가 부정한 청탁을 하였다 하더라도 그 청탁을 받아들임이 없이 그 청탁과는 관계없이 금품을 받은 경우에는 배임수재죄는 성립하지 아니한다.

■대법원 1999.1.29. 98도4182

단순한 재산상 이익의 요구 또는 약속만을 한 경우, 배임수재죄의 성립 여부(소극)

「형법 제357조 제1항의 배임수재죄로 처벌하기 위하여는 타인의 사무를 처리하는 자가 부정한 청탁을 받아들이고 이에 대한 대가로서 재물 또는 재산상의 이익을 받은 데에 대한 범의가 있어야 할 것이고, 또 배임수재죄에서 말하는 '재산상의 이익의 취득'이라 함은 현실적인 취득만을 의미하므로 단순한 요구 또는 약속만을 한 경우에는 이에 포함되지 아니한다.」

*평석. 배임수재죄에서 말하는 '재산상의 이익의 취득'이라 함은 수뢰죄(형법 제129조)에서의 요구, 약속을 벌하는 것과 달리, 여기서의 이익의 취득은 현실적인 취득만을 의미하므로 단순한 요구 또는 약속만을 한 경우에는 미수범이 성립한다.

■대법원 1997.10.24. 97도2042

타인의 사무를 처리하는 자가 부정한 청탁을 받고 사직한 후에 재물을 수수한 경우, 배임수재죄의 성부(적극)

「형법 제357조 제1항의 배임수재죄는 타인의 사무를 처리하는 자의 청렴성을 보호법익으로 하는 것으로, 그 임무에 관하여 부정한 청탁을 받고 재물을 수수함으로써 성립하고 반드시 수재 당시에도 그와 관련된 임무를 현실적으로 담당하고 있음을 그 요건으로 하는 것은 아니므로, 타인의 사무를 처리하는 자가 그 임무에 관하여 부정한 청탁을 받은 이상 그 후 사직으로 인하여 그 직무를 담당하지 아니하게 된 상태에서 재물을 수수하게 되었다 하더라도, 그 재물 등의 수수가 부정한 청탁과 관련하여 이루어진 것이라면 배임수재죄가 성립한다.」

*평석. 부정한 청탁을 받고 사임한 다음에 취득하더라도 그 재물 등의 수수가 부정한 청탁과 관련하여 이루어진 것이라면 배임수재죄가 성립한다.

■대법원 1982.7.13. 82도925

배임수재죄의 성립에 있어서 청탁에 따른 배임행위의 요부(소극)

「배임수재죄는 타인의 사무를 처리하는 자가 그 임무에 관하여 부정한 청탁을 받고 재물 또는 재산상의 이익을 취득함으로써 성립하는 것이고 그 취득 후에 청탁의 취지에 따른 배임행위를 하였음을 요하지 않는다.」

*평석. 배임수재죄는 부정한 청탁을 받고 재물 또는 재산상의 이익을 취득함으로써 성립하며 그 취득 후에 청탁의 취지에 따른 배임행위를 하였음을 요하지 않는다. 배임행위로 나아간 경우에는 배임수재죄와 배임죄는 실체적 경합범이 된다(대법원 1984.11.27. 84도1906).

■대법원 1983.12.13. 82도735

자격없는 건설업체를 입찰경쟁업체로 지명하고 사례를 받았지만 본인에게 손해가 발생하지 않은 경우 배임수재죄의 성립 여부(적극)

「피고인이 그가 대표이사로 있는 회사가 발주하는 공사에 관하여 입찰경쟁업체로 지명함에 있어서 부적당하다는 정을 알면서도 부정한 청탁을 받고 소외 건설업체를 지명하고 그 사례조로 금원을 수수하여 배임수재죄가 성립하였다면 그 후 위 건설업체가 동 공사를 아무런 하자없이 시공하여 준공검사를 마침으로써 그 회사에 아무런 손해가 발생하지 아니하였더라도 아무런 영향이 없다.」

*평석. 배임수재죄는 본인에게 재산상의 손해의 발생함을 요하지 아니한다.

3. 배임증재죄

배임증재죄는 타인의 사무를 처리하는 자에게 그 임무에 관하여 부정한 청탁을 하고 재물 또는 재산상의 이익을 공여하는 것을 말한다. 본죄와 배임수재죄는 필요적 공범관계에 있는 범죄이다.

■대법원 1982.4.13. 81도2646

배임증재가 부인된 예

「교육법 제111조의 2, 동시행령 제69조에 의하면 대학에의 편입학에 관한 사무는 특별한 사정이 없는 한 대학의 총장이나 학장의 임무에 속하고 학교법인의 상무이사가 처리할 임무가 아니므로 가사 피고인이 편입학에 대한 사례로 학교법인의 상무이사에게 재물을 공여한 것으로 인정되더라도 배임증재에는 해당하지 아니한다.」

*평석. 재물 또는 재산상의 이익을 공여가 타인의 사무를 처리하는 자에 대해 이루어지지 아니한 경우에는 재물의 공여가 이루어진 경우에도 배임증재에는 해당하지 아니한다.

■대법원 1991.1.15. 90도2257

증재자에게 정당한 업무에 속하는 청탁이 수재자에게는 배임수재죄의 부정한 청탁이 될 수 있는지 여부(적극)

「형법 제357조 제1항의 배임수재죄와 같은 조 제2항의 배임증재죄는 통상 필요적 공범의 관계에 있기는 하나 이것은 반드시 수재자와 증재자가 같이 처벌받아야 하는 것을 의미하는 것은 아니고 증재자에게는 정당한 업무에 속하는 청탁이라도 수재자에게는 부정한 청탁이 될 수도 있는 것이다.」

*평석. 배임증재죄는 배임수재죄와 필요적 공범이지만 양죄는 같이 처벌되어야 한다는 의미는 아니다. 따라서 증재자에게는 정당한 업무에 속하는 청탁이라도(배임증재죄 불성립) 수재자에게는 부정한 청탁이 될 수도 있는 것이다(배임수재죄 성립).

제7장 장물에 관한 죄

Ⅰ. 의의 및 본질

장물죄는 재산범죄에 의해 불법하게 영득한 재물(장물)을 취득·양도·운반 또는 보관하거나 이를 알선함으로써 성립하는 범죄이다. 장물죄의 본질과 관련하여 추구권설과 위법상태유지설, 양학설의 결합설이 대립하고 있다.

■대법원 1975.12.9. 74도2804

이중매도로 인한 배임범죄에 제공된 부동산을 취득한 경우에 장물취득죄의 성부

「형법상 장물죄의 객체인 장물이라 함은 재산권상의 침해를 가져 올 위법행위로 인하여 영득한 물건으로서 피해자가 반환청구권을 가지는 것을 말하고 본건 대지에 관하여 매수인 " 갑" 에게 소유권 이전등기를 하여 줄 임무가 있는 소유자가 그 임무에 위반하여 이를" 을" 에게 매도하고 소유권이전등기를 경유하여 준 경우에는 위 부동산소유자가 배임행위로 인하여 영득한 것은 재산상의 이익이고 위 배임범죄에 제공된 대지는 범죄로 인하여 영득한 것 자체는 아니므로 그 취득자 또는 전득자에게 대하여 배임죄의 가공여부를 논함은 별문제로 하고 장물취득죄로 처단할 수 없다.」

*평석. 장물죄의 본질과 관련하여 "본범의 피해자가 점유를 상실한 재물에 대하여 추구 내지 회복을 곤란하게 하는데 있다"는 추구권설의 입장이다.

■대법원 1987.10.13. 87도1633

장물보관죄의 성립요건

「장물인 정을 모르고 보관하던 중 장물인 정을 알게 되었고, 위 장물을 반환하는 것이 불가능하지 않음에도 불구하고 계속 보관함으로써 피해자의 정당한 반환청구권 행사를 어렵게하여 위법한 재산상태를 유지시킨 경우에는 장물보관죄에 해당한다.」

*평석. 장물죄의 본질과 관련하여 추구권설과 위법상태유지설을 함께 고려한 결합설의 입장이다.

Ⅱ. 장물취득 · 양도 · 운반 · 보관 · 알선죄

> 第362조(장물의 취득, 알선등) ①장물을 취득, 양도, 운반 또는 보관한 자는 7년 이하의 징역 또는 1천500만원 이하의 벌금에 처한다.
> ②전항의 행위를 알선한 자도 전항의 형과 같다.

1. 의의

본죄는 장물을 취득·양도·운반 또는 보관하거나 이를 알선함으로써 성립하는 범죄이다. 장물죄는 본범비호적 성격과 범죄조장적 성격을 동시에 가지므로 단순 절도죄나 횡령죄에 비해서 법정형이 상대적으로 무겁게 규정되어 있다.

2. 객관적 구성요건

(1) 행위의 주체

본범은 장물죄의 주체가 될 수 없다. 본범의 교사·방조자는 본범의 정범(공동정범, 간접정범, 합동범)이 아니므로 주체가 될 수 있다.

■대법원 1986.9.9. 86도1273

범죄집단의 일원으로부터 장물을 취득한 경우, 장물취득죄의 성부

「장물죄는 타인(본범)이 불법하게 영득한 재물의 처분에 관여하는 범죄이므로 자기의 범죄에 의하여 영득한 물건에 대하여는 성립하지 아니하고 이는 불가벌적 사후행위에 해당하나 여기에서 자기의 범죄라 함은 정범자(공동정범과 합동범을 포함한다)에 한정되는 것이므로 평소 본범과 공동하여 수차 상습으로 절도등 범행을 자행함으로써 실질적인 범죄집단을 이루고 있었다 하더라도, 당해 범죄행위의 정범자(공동정범이나 합동범)로 되지 아니한 이상 이를 자기의 범죄라고 할 수 없고 따라서 그 장물의 취득을 불가벌적 사후행위라고 할 수 없다.」

*평석. 본범의 정범(공동정범, 합동범 그리고 간접정범)은 장물죄의 주체가 될 수 없다. 본범의 교사·방조자는 본범의 정범이 아니므로 본죄의 주체가 될 수 있다.

(2) 행위의 객체

행위의 객체는 장물이다. 장물이란 재산범죄에 의하여 불법하게 영득한 재물이다.

1) 재물

장물은 재물임을 요한다.

■대법원 1972.6.13. 72도971

「검사의 상고이유의 요지는 장물을 판돈에도 장물성이 있다는 취지의 주장이나 장물이란, 재산죄로 인하여 얻어진 재물(관리할 수 있는 동력도 포함된다)을 말하는 것으로서 영득된 재물자체를 두고 말한다. 따라서 장물을 팔아서 얻은 돈에는 이미 장물성을 찾아 볼 수 없다 하겠다. 그러므로 원심이 공소외인들이 피고인을 대접하느라고 쓴 돈 설시 액수가 장물을 팔아서 얻은 돈인 줄 피고인이 알았다고 하더라도 장물취득죄가 되지 아니 한다는 취지로 한 원판결 판단은 옳다.」

*평석. 장물죄는 제346조의 준용규정이 없으나 주의규정에 불과하므로 '관리할 수 있는 동력'도 장물이다.

2) 본범의 요건

(가) 재산범죄

본범은 재산범죄임을 요한다.

■대법원 1975.9.23. 74도1804

임산물단속에관한법률 위반죄에 의하여 생긴 임산물이 장물이 될 수 있는지 여부

「장물이라함은 절도, 강도, 사기, 공갈, 횡령등 재산죄인 범죄행위에 의하여 영득된 물건을 말하는 것이므로 산림법 93조 소정의 절취한 임산물이 아니고 임산물단속에 관한 법률위반죄에 의하여 생긴 임산물은 재산 범죄적 행위에 의한 것이 아니기 때문에 장물이 될 수 없다.」

*평석. 본범은 재산범죄임을 요한다. 재산범죄인 이상 형법상의 재산범죄에 한하지 아니하고 특별법상의 재산범죄도 포함한다.

(나) 재산범죄에 의해 영득된 재물

장물은 재산범죄에 의해 영득된 재물임을 요한다.

■대법원 1975.12.9. 74도2804

이중매도로 인한 배임범죄에 제공된 부동산을 취득한 경우에 장물취득죄의 성부

「형법상 장물죄의 객체인 장물이라 함은 재산권상의 침해를 가져 올 위법행위로 인하여 영득한 물건으로서 피해자가 반환청구권을 가지는 것을 말하고 본건 대지에 관하

여 매수인 " 갑" 에게 소유권 이전등기를 하여 줄 임무가 있는 소유자가 그 임무에 위반하여 이를" 을" 에게 매도하고 소유권이전등기를 경유하여 준 경우에는 위 부동산소유자가 배임행위로 인하여 영득한 것은 재산상의 이익이고 위 배임범죄에 제공된 대지는 범죄로 인하여 영득한 것 자체는 아니므로 그 취득자 또는 전득자에게 대하여 배임죄의 가공여부를 논함은 별문제로 하고 장물취득죄로 처단할 수 없다.」

*평석. 장물은 재산범죄에 의해 영득된 재물임을 요하며 배임범죄에 제공된 것에 불과한 이중매매된 부동산은 장물이 될 수 없다.

■대법원 1998.11.24. 98도2967

「리프트탑승권 발매기를 전산조작하여 위조한 탑승권을 발매기에서 뜯어 간 행위는 탑승권 위조행위와 위조탑승권 절취행위가 결합된 것이라는 이유로, 위조탑승권의 장물성을 인정된다.」

*평석. 유가증권도 그것이 정상적으로 발행된 것은 물론 비록 작성권한 없는 자에 의하여 위조된 것이라고 하더라도 절차에 따라 몰수되기까지는 그 소지자의 점유를 보호하여야 한다는 점에서 형법상 재물로서 절도죄의 객체가 될 수 있다. 따라서 리프트탑승권 발매기를 전산조작하여 위조한 탑승권을 발매기에서 뜯어 간 행위는 절도죄가 성립하며, 위조탑승권은 장물성이 인정된다.

■대법원 2004.4.16. 2004도353

컴퓨터등사용사기죄의 범행으로 예금채권을 취득한 다음 자기의 현금카드를 사용하여 현금자동지급기에서 현금을 인출한 경우, 그 인출된 현금은 장물이 될 수 없다고 한 사례

「컴퓨터등사용사기죄의 범행으로 예금채권을 취득한 다음 자기의 현금카드를 사용하여 현금자동지급기에서 현금을 인출한 경우, 현금카드 사용권한 있는 자의 정당한 사용에 의한 것으로서 현금자동지급기 관리자의 의사에 반하거나 기망행위 및 그에 따른 처분행위도 없었으므로, 별도로 절도죄나 사기죄의 구성요건에 해당하지 않는다 할 것이고, 그 결과 그 인출된 현금은 재산범죄에 의하여 취득한 재물이 아니므로 장물이 될 수 없다.

甲이 권한 없이 인터넷뱅킹으로 타인의 예금계좌에서 자신의 예금계좌로 돈을 이체한 후 그 중 일부를 인출하여 그 정을 아는 乙에게 교부한 경우, 甲이 컴퓨터등사용사기죄에 의하여 취득한 예금채권은 재물이 아니라 재산상 이익이므로, 그가 자신의 예금

계좌에서 돈을 인출하였더라도 장물을 금융기관에 예치하였다가 인출한 것으로 볼 수 없다는 이유로 乙의 장물취득죄의 성립을 부정한 사례.」

*평석. 컴퓨터등사용사기죄에 의하여 취득한 예금채권은 재물이 아니라 재산상 이익이므로 장물죄가 성립되지 아니한다.

■대법원 2004.4.16. 2004도353

장물죄에 있어서 '장물'의 의미 및 재산범죄의 불가벌적 사후행위로 인하여 취득한 물건이 장물이 될 수 있는지 여부(적극)

「형법 제41장의 장물에 관한 죄에 있어서의 '장물'이라 함은 재산범죄로 인하여 취득한 물건 그 자체를 말하므로, 재산범죄를 저지른 이후에 별도의 재산범죄의 구성요건에 해당하는 사후행위가 있었다면 비록 그 행위가 불가벌적 사후행위로서 처벌의 대상이 되지 않는다 할지라도 그 사후행위로 인하여 취득한 물건은 재산범죄로 인하여 취득한 물건으로서 장물이 될 수 있다.」

*평석. 본범의 행위가 불가벌적 사후행위로서 처벌의 대상이 되지 않는다 할지라도 그 사후행위로 인하여 취득한 물건은 재산범죄로 인하여 취득한 물건으로서 장물이 될 수 있다.

3) 본범과 장물죄 사이의 시간적 관계

본범과 장물죄 사이의 시간적 관계와 관련하여 본범에 의한 장물의 발생이 시간적으로 선행되어야 한다.

■대법원 2004.12.9. 2004도5904

횡령죄에 있어서 횡령행위의 의미

「횡령죄는 타인의 재물을 보관하는 자가 그 재물을 횡령하는 경우에 성립하는 범죄이고, 횡령죄의 구성요건으로서의 횡령행위란 불법영득의사를 실현하는 일체의 행위를 말하는 것으로서 불법영득의사가 외부에 인식될 수 있는 객관적 행위가 있을 때 횡령죄가 성립한다. 甲이 회사 자금으로 乙에게 주식매각 대금조로 금원을 지급한 경우, 그 금원은 단순히 횡령행위에 제공된 물건이 아니라 횡령행위에 의하여 영득된 장물에 해당한다고 할 것이고, 나아가 설령 甲이 乙에게 금원을 교부한 행위 자체가 횡령행위라고 하더라도 이러한 경우 甲의 업무상횡령죄가 기수에 달하는 것과 동시에 그 금원은 장물이 된다.」

*평석. 횡령죄는 불법영득의사가 외부에 인식될 수 있는 객관적 행위(매도행위)가 있

을 때 횡령죄가 성립하며, 업무상횡령죄가 기수에 달하는 것과 동시에 그 금원은 '매수의 의사표시 가 없더라도' 장물이 된다.

▣쟁점 1. 갑이 보관하고 있던 타인의 재물을 을에게 불법하게 매도한 경우에 그 사정을 알면서 취득한 악의의 매수자 을은 횡령죄의 공범인가, 장물취득죄가 성립하는가.

4) 재물의 동일성(장물성의 상실여부)

장물은 재산범죄에 의해서 영득한 재물 그 자체이거나 원형이 변경된 경우에도 재물의 동일성을 잃지 않아야 한다.

■대법원 1972.2.22. 71도2296

「장물이라 함은 영득죄에 의하여 취득한 물건 그 자체를 말하는 것으로서 피해자에게 그 회복추구권이 없어진 경우에는 장물성을 잃게 된다고 할 것이므로 장물을 처분하여 얻어진 돈을 받았다고 하더라도 장물취득죄가 성립되지 않는다.」

*평석. 장물죄의 본질과 관련하여 추구권설의 입장에서 대체장물은 장물성을 잃게 된다.

■대법원 2000.3.10. 98도2579

장물인 현금과 자기앞수표를 금융기관에 예치하였다가 현금으로 인출한 경우, 인출한 현금의 장물성 상실 여부(소극)

「장물이라 함은 재산범죄로 인하여 취득한 물건 그 자체를 말하고, 그 장물의 처분대가는 장물성을 상실하는 것이지만, 금전은 고도의 대체성을 가지고 있어 다른 종류의 통화와 쉽게 교환할 수 있고, 그 금전 자체는 별다른 의미가 없고 금액에 의하여 표시되는 금전적 가치가 거래상 의미를 가지고 유통되고 있는 점에 비추어 볼 때, <u>장물인 현금을 금융기관에 예금의 형태로 보관하였다가 이를 반환받기 위하여 동일한 액수의 현금을 인출한 경우에 예금계약의 성질상 인출된 현금은 당초의 현금과 물리적인 동일성은 상실되었지만 액수에 의하여 표시되는 금전적 가치에는 아무런 변동이 없으므로 장물로서의 성질은 그대로 유지된다고 봄이 상당하고, 자기앞수표도 그 액면금을 즉시 지급받을 수 있는 등 현금에 대신하는 기능을 가지고 거래상 현금과 동일하게 취급되고 있는 점에서 금전의 경우와 동일하게 보아야 한다.</u>」

*평석. 대체장물은 장물성을 잃게 되는 것이 원칙이나 금전과 같이 금액에 의하여 표시되는 금전적 가치가 거래상 의미를 가지고 유통되고 있는 점에 비추어 볼 때 장물인 현금과 자기앞수표를 금융기관에 예치하였다가 현금으로 인출한 경우, 인출한 현금의 장물성이 상실되지 아니한다.

5) 장물성의 상실여부가 문제되는 경우

■1979.11.27. 79도2410

신탁재산을 횡령한다는 정을 알면서도 매수한 경우 횡령죄의 공동정범이 성립되는지 여부

「종중으로부터 부동산을 신탁받은 자가 종중의 승낙없이 이를 매각처분 함으로써 횡령죄가 성립하는 경우에 그것을 매수한 사람은 비록 그 정을 알고 있었다 하더라도 처음부터 수탁자와 짜고 불법영득할 것을 공모한 것이 아닌 한 그 횡령죄의 공동정범이 될 수는 없다 할 것이다. 신탁행위에 있어서는 법리상 수탁자가 외부관계에 있어서는 소유자로 간주되는 것이므로 이를 취득한 제3자로서는 그 정을 알고 있은 여부에 불구하고 수탁자가 그 소유자로서 이를 처분하는 것으로 받아들여야 하는 것이어서 그 물건은 이를 매수하는 제3자에 대한 관계에서는 장물성을 구비하는 것이라 할 수 없을 것이다.」

*평석. 신탁재산을 횡령한다는 정을 알면서도 매수한 경우 장물취득죄가 성립되는지 여부와 관련하여 본범이 대외관계에서 소유자로 간주되므로 장물성을 상실한다.

(3) 행위

장물을 취득·양도·운반·보관 또는 이러한 행위를 알선하는 것이다.

1) 취득

취득이란 장물에 대한 점유를 이전받음으로써 그 재물에 대하여 사실상의 처분권을 획득하는 것을 의미한다.

■대법원 2003.5.13. 2003도1366

장물취득죄에 있어서 '취득'의 의미

「장물취득죄에서 '취득'이라고 함은 점유를 이전받음으로써 그 장물에 대하여 사실상의 처분권을 획득하는 것을 의미하는 것이므로, 단순히 보수를 받고 본범을 위하여 장물을 일시 사용하거나 그와 같이 사용할 목적으로 장물을 건네받은 것만으로는 장물을 취득한 것으로 볼 수 없다.」

*평석. 취득이란 장물에 대해 점유를 이전받음으로써 그 장물에 대하여 사실상의 처분권을 획득하는 것을 의미하므로 본범을 위하여 일시 사용할 목적으로 장물을 건네받은 것만으로는 장물을 취득한 것으로 볼 수 없다.

■대법원 2006.10.13. 2004도6084

장물취득죄에 있어서 장물의 인식 정도와 그 인정 기준

「장물죄에 있어서 장물의 인식은 확정적 인식임을 요하지 않으며 장물일지도 모른다는 의심을 가지는 정도의 미필적 인식으로서도 충분하고, 장물인 정을 알고 있었느냐의 여부는 장물 소지자의 신분, 재물의 성질, 거래의 대가 기타 상황을 참작하여 이를 인정할 수밖에 없다. 장물취득죄는 취득 당시 장물인 정을 알면서 재물을 취득하여야 성립하는 것이므로 피고인이 재물을 인도받은 후에 비로소 장물이 아닌가 하는 의구심을 가졌다고 하여 그 재물수수행위가 장물취득죄를 구성한다고 할 수 없고, 장물인 정을 모르고 장물을 보관하였다가 그 후에 장물인 정을 알게 된 경우 그 정을 알고서도 이를 계속하여 보관하는 행위는 장물죄를 구성하는 것이나 이 경우에도 점유할 권한이 있는 때에는 이를 계속하여 보관하더라도 장물보관죄가 성립한다고 할 수 없다.」

*평석. 장물취득죄에 있어 장물의 인식의 정도는 미필적 인식으로도 충분하며, 취득 당시 장물인 정을 알면서 재물을 취득할 것을 요한다.

2) 양도

장물인 정을 알지 못하고 취득한 후 그 정을 알면서 제3자에게 수여하는 것을 말한다. 유·무상을 불문하며 현실적인 점유이전이 있어야 한다.

■대법원 1993.11.23. 93도213

장물인 자기앞수표를 현금 대신 교부한 행위의 가벌성

「금융기관 발행의 자기앞수표는 그 액면금을 즉시 지급받을 수 있는 점에서 현금에 대신하는 기능을 가지고 있어서 장물인 자기앞수표를 취득한 후 이를 현금 대신 교부한 행위는 장물취득에 대한 가벌적 평가에 당연히 포함되는 불가벌적 사후행위로서 별도의 범죄를 구성하지 아니한다.」

*평석. 장물인 정을 알고 이를 취득한 자가 제3자에게 양도한 경우에는 양도행위는 장물취득죄의 불가벌적 사후행위에 해당한다.

■대법원 1980.11.25. 80도2310

절도가 장물을 자기 것인 양 제3자에게 담보로 제공하고 금원을 편취한 행위와 사기죄

「절도범인이 그 절취한 장물을 자기 것인양 제3자를 기망하여 금원을 편취한 경우에는 장물에 관하여 소비 또는 손괴하는 경우와는 달리 제3자에 대한 관계에 있어서는 새로운 법익의 침해가 있다고 할 것이므로 절도죄 외에 사기죄의 성립을 인정할 것인

바, 원심은 이와 배치되는 이론 아래 피고인이 절취한 장물을 제3자에게 담보로 제공하고 금원을 차용한 사실을 인정하고 담보제공 물건이 장물 아닌 자기의 물건인 것처럼 행세 하였거나 차용금을 변제할 의사가 없다고 하더라도 그것만으로는 새로운 법익의 침해가 없으므로 피고인의 행위는 절도죄의 불가벌적 사후행위라고 볼 것이며 따라서 피고인의 행위가 별도로 사기죄를 구성하지 아니한다는 취지로 판단하고 있어 원심판결에는 불가벌적 사후행위 및 사기죄의 법리오해가 있다고 아니할 수 없고 이 점에 관한 논지는 이유있으므로 원심판결을 파기한다.」

*평석. 절도범인이 장물 그 자체를 양도하는 행위는 불가벌이다.

3) 운반

운반이란 장물의 소재를 장소적으로 이전하는 것을 말한다.

■1999.3.26. 98도3030

본범 이외의 자가 본범이 절취한 차량이라는 정을 알면서 본범의 강도행위를 위해 그 차량을 운전해 준 경우, 강도예비죄와 아울러 장물운반죄가 성립하는지 여부(적극)

「본범자와 공동하여 장물을 운반한 경우에 본범자는 장물죄에 해당하지 않으나 그 외의 자의 행위는 장물운반죄를 구성하므로, 피고인이 본범이 절취한 차량이라는 정을 알면서도 본범 등으로부터 그들이 위 차량을 이용하여 강도를 하려 함에 있어 차량을 운전해 달라는 부탁을 받고 위 차량을 운전해 준 경우, 피고인은 강도예비와 아울러 장물운반의 고의를 가지고 위와 같은 행위를 하였다고 봄이 상당하다.」

*평석. 제3자가 본범과 함께 장물을 운반하는 경우에 본범은 불가벌적 사후행위가 되지만 제3자는 장물운반죄가 성립한다.

■대법원 1983.9.13. 83도1146

장물인 승용차에 편승한 것을 장물운반행위의 실행을 분담한 것으로 볼 수 있는지 여부

「타인이 절취, 운전하는 승용차의 뒷자석에 편승한 것을 가리켜 장물운반행위의 실행을 분담하였다고는 할 수 없다.」

*평석. 장물인 승용차에 편승한 것만으로 장물운반행위의 실행을 분담한 것으로 볼 수 없다.

4) 보관

보관이란 장물을 위탁받아 자기의 점유하에 두는 것을 말한다. 장물취득죄에서 '취득'이라고 함은 점유를 이전받음으로써 그 장물에 대하여 사실상의 처분권을 획득하는 것을 의미하는 것임에 반하여, 여기서의 보관이란 '사실상의 처분권'의 획득이 없는 점에서 구별되어진다.

■대법원 1987.10.13. 87도1633

장물보관죄의 성립요건

「장물인 정을 모르고 보관하던 중 장물인 정을 알게 되었고, 위 장물을 반환하는 것이 불가능하지 않음에도 불구하고 계속 보관함으로써 피해자의 정당한 반환청구권 행사를 어렵게 하여 위법한 재산상태를 유지시킨 경우에는 장물보관죄에 해당한다.」

*평석. 장물인 정을 모르고 보관하던 중 장물인 정을 알게 된 후 장물을 반환하는 것이 불가능하지 않음에도 불구하고 계속 보관하는 경우에 장물보관죄가 성립한다.

■대법원 2004.4.9. 2003도8219

장물보관 의뢰를 받은 자가 그 정을 알면서 이를 보관하고 있다가 임의 처분한 경우, 장물보관죄 이외에 횡령죄가 성립하는지 여부(소극)

「절도 범인으로부터 장물보관 의뢰를 받은 자가 그 정을 알면서 이를 인도받아 보관하고 있다가 임의 처분하였다 하여도 장물보관죄가 성립하는 때에는 이미 그 소유자의 소유물 추구권을 침해하였으므로 그 후의 횡령행위는 불가벌적 사후행위에 불과하여 별도로 횡령죄가 성립하지 않는다.」

*평석. 장물을 보관하던 자가 이를 임의처분하여 횡령한 때에는 이는 불가벌적 사후행위에 해당하여 장물보관죄만 성립한다.

5) 알선

알선이란 장물의 취득・양도・운반・보관의 행위를 매개하거나 주선하는 것을 말한다.

■대법원 2009.4.23. 2009도1203

형법 제362조 제2항의 장물알선죄에서 '알선'의 의미 및 그 성립요건

「형법 제362조 제2항에 정한 장물알선죄에서 '알선'이란 장물을 취득・양도・운반・보관하려는 당사자 사이에 서서 이를 중개하거나 편의를 도모하는 것을 의미한다. 따라서 장물인 정을 알면서, 장물을 취득・양도・운반・보관하려는 당사자 사이에 서서 서로를 연결하여 장물의 취득・양도・운반・보관행위를 중개하거나 편의를 도모하였다면,

그 알선에 의하여 당사자 사이에 실제로 장물의 취득·양도·운반·보관에 관한 계약이 성립하지 아니하였거나 장물의 점유가 현실적으로 이전되지 아니한 경우라도 장물알선죄가 성립한다.」

*평석. 장물알선죄의 기수시기에 관하여 알선행위시설, 계약성립시설, 점유이전설이 대립되고 있으나 대법원은 알선행위시설의 입장이다. 즉, 장물인 귀금속의 매도를 부탁받은 자가 그 귀금속이 장물임을 알면서도 매매를 중개하고 매수인에게 이를 전달하려다가 매수인을 만나기도 전에 체포되었다 하더라도, 위 귀금속의 매매를 중개함으로써 장물알선죄가 성립한다.

▣쟁점 1. 장물알선죄의 기수시기

3. 주관적 구성요건

장물을 장물을 취득·양도·운반·보관 또는 알선한다는 사실에 대한 인식, 인용이 있어야 한다.

■대법원 2004.12.9. 2004도5904

장물취득죄에 있어서 장물의 인식정도와 그 인정기준

「장물취득죄에 있어서 장물의 인식은 확정적 인식임을 요하지 않으며 장물일지도 모른다는 의심을 가지는 정도의 미필적 인식으로서도 충분하고, 또한 장물인 정을 알고 있었느냐의 여부는 장물 소지자의 신분, 재물의 성질, 거래의 대가 기타 상황을 참작하여 이를 인정할 수밖에 없다.」

*평석. 장물죄의 고의, 즉 장물의 취득·양도·운반·보관 또는 알선한다는 사실에 대한 미필적 고의로 족하다.

■대법원 1969.1.21. 68도1474

「장물죄의 고의는 범인이 장물이라는 정을 알면 족하고 그 본범의 범행을 구체적으로 알아야 하는 것이 아니며 또 그 인식은 미필적 인식으로 족하다.」

*평석. 장물죄의 고의는 범인이 장물이라는 정을 알면 족하고 그 본범의 범행을 구체적으로 알아야 하는 것은 아니다.

■대법원 1984.2.14. 83도3014

귀금속 매입시 주민등록증 이외의 방법으로 인적사항을 확인하였고 매입가격도 적정한 경우에 있어서 장물지정인정의 가부

「금은방을 경영하는 자가 귀금속을 매입함에 있어서 매도인이 주민등록증을 소지하고 있지 않아 이를 확인치 않았으나 전에 일차 거래한바 있던 매도인의 일행의 인적사항을 확인하여 고물매입대장을 작성하였고, 매입가격도 적정하다면 피고인이 장물인정을 알았다고 할 수 없다.」

*평석. 대법원이 고의를 부정한 사례이다.

4. 다른 범죄와의 관계

1) 본범의 공범과 장물죄

■대법원 1986.9.9. 86도1273

범죄집단의 일원으로부터 장물을 취득한 경우, 장물취득죄의 성부

「장물죄는 타인(본범)이 불법하게 영득한 재물의 처분에 관여하는 범죄이므로 자기의 범죄에 의하여 영득한 물건에 대하여는 성립하지 아니하고 이는 불가벌적 사후행위에 해당하나 여기에서 자기의 범죄라 함은 정범자(공동정범과 합동범을 포함한다)에 한정되는 것이므로 평소 본범과 공동하여 수차 상습으로 절도 등 범행을 자행함으로써 실질적인 범죄집단을 이루고 있었다 하더라도, 당해 범죄행위의 정범자(공동정범이나 합동범)로 되지 아니한 이상 이를 자기의 범죄라고 할 수 없고 따라서 그 장물의 취득을 불가벌적 사후행위라고 할 수 없다.」

*평석. 본범의 정범은 장물죄의 주체가 될 수 없으나 본범에 대한 협의의 공범은 장물죄의 주체가 될 수 있다.

2) 횡령죄와의 관계

■대법원 1976.11.23. 76도3067

장물보관의뢰를 받은 자가 그 정을 알면서 이를 보관하고 있다가 임의처분한 경우에 장물보관죄 이외에 횡령죄가 성립하는지 여부

「절도범인으로부터 장물보관의뢰를 받은 자가 그 정을 알면서 이를 인도받아 보관하고 있다가 임의처분하였다 하여도 장물보관죄가 성립되는 때에는 이미 그 소유자의 소

유물추구권을 침해하였으므로 그 후의 횡령행위는 불가벌적 사후행위에 불과하여 별도로 횡령죄가 성립하지 않는다.」

*평석. 장물을 보관하다가 이를 횡령하는 행위는 불가벌적 사후행위에 불과하여 장물보관죄만 성립한다.

3) 사기죄와의 관계

■대법원 1993.11.23. 93도213

장물인 자기앞수표를 현금 대신 교부한 행위의 가벌성

「금융기관 발행의 자기앞수표는 그 액면금을 즉시 지급받을 수 있는 점에서 현금에 대신하는 기능을 가지고 있어서 장물인 자기앞수표를 취득한 후 이를 현금 대신 교부한 행위는 장물취득에 대한 가벌적 평가에 당연히 포함되는 불가벌적 사후행위로서 별도의 범죄를 구성하지 아니한다.」

*평석. 장물을 취득 후 그 장물을 양도하는 행위는 불가벌적 사후행위로서 별도의 범죄를 구성하지 아니한다.

5. 친족간의 범행

第365조(친족간의 범행) ①전3조의 죄를 범한 자와 피해자간에 제328조제1항, 제2항의 신분관계가 있는 때에는 동조의 규정을 준용한다. ②전3조의 죄를 범한 자와 본범간에 제328조제1항의 신분관계가 있는 때에는 그 형을 감경 또는 면제한다. 단, 신분관계가 없는 공범에 대하여는 예외로 한다.

형법 제365조 제1항은 장물죄를 범한 자와 피해자 사이에 친족관계가 있는 경우에 친족상도례규정을 준용하여 장물죄의 재산범적 성격을, 동조 제2항은 장물죄를 범한 자와 본범사이에 친족관계가 존재하는 경우에 있어 본범비호적 성격을 입법에 반영한 것이다.

Ⅲ. 업무상과실 · 중과실 장물죄

> 第364조(업무상과실, 중과실) 업무상과실 또는 중대한 과실로 인하여 제362조의 죄를 범한 자는 1년 이하의 금고 또는 500만원 이하의 벌금에 처한다.

형법상의 재산범죄 중 유일하게 과실범을 벌하는 규정이다. 장물죄에 있어 일정업무 종사자에게 그 업무처리상의 주의의무를 요구함과 함께 고의의 입증이 곤란한 경우에 과실범으로 처벌하는 길을 열어둔 형사정책적 입법규정이다. 업무처리상의 주의의무의 정도에 관한 판례는 다음과 같다.

■대법원 2003.4.25. 2003도348

금은방 운영자가 귀금속류를 매수함에 있어 장물인지 여부의 확인에 관하여 업무상 요구되는 주의의무의 정도

「금은방을 운영하는 자가 귀금속류를 매수함에 있어 매도자의 신원확인절차를 거쳤다고 하여도 장물인지의 여부를 의심할 만한 특별한 사정이 있거나, 매수물품의 성질과 종류 및 매도자의 신원 등에 좀 더 세심한 주의를 기울였다면 그 물건이 장물임을 알 수 있었음에도 불구하고 이를 게을리 하여 장물인 정을 모르고 매수하여 취득한 경우에는 업무상과실장물취득죄가 성립한다고 할 것이고, 물건이 장물인지의 여부를 의심할 만한 특별한 사정이 있는지 여부나 그 물건이 장물임을 알 수 있었는지 여부는 매도자의 인적사항과 신분, 물건의 성질과 종류 및 가격, 매도자와 그 물건의 객관적 관련성, 매도자의 언동 등 일체의 사정을 참작하여 판단하여야 한다.」

*평석. 금은방 운영자가 귀금속류를 매수함에 있어 장물인지 여부의 확인에 관하여 업무상 요구되는 주의의무의 정도는 일체의 제반사정을 참작하여 판단한다.」

■대법원 1987.2.24. 86도2077

전당물을 입질받음에 있어 전당포 경영자의 주의의무의 정도

「전당포 경영자가 전당물을 입질받음에 있어 소유관계를 묻고 주민등록증을 제시받아 전당물대장에 주소, 성명, 직업, 주민등록번호, 연령 등을 기재하였다면 특별한 사정이 없는 한 전당포 경영자로서의 주의의무를 다한 것이고 더 나아가 입질물품이 실제로 상대방의 소유인지의 여부 또는 전당물의 출처, 전당잡히려는 동기 등을 확인하여야 할 주의의무까지는 없다.」

*평석. 전당물을 입질받음에 있어 전당포 경영자의 주의의무의 정도에 관한 판례이다.

■대법원 1983.6.28. 83도1144

영업용 택시운전사가 승객이 소지한 물건에 대한 장물인지 여부의 확인의무 존부

「형법 제364조가 정하는 업무상 과실장물죄에 있어서의 업무는 그 본래의 업무와 그에 부수되는 업무를 말하는 것이며 영업용 택시를 이용하는 사람이 그 운전사에게 그가 가지고 타는 물건에 관하여 그 내용과 내력 등을 고지할 의무가 없음은 물론, 운전사에게도 이를 물어 보고 조사할 권한이나 의무가 있는 것도 아니므로 이 사건 영업용 운전사인 피고인이 공소장기재 일시 장소에서 공소외 1, 2를 그가 운전하는 영업용택시에 태우고 자리돔 그물 한틀을 택시 뒷좌석에 적재하고 운반함에 있어 위 소외인 등으로부터 그 물건의 출처와 장물 여부를 따지고 신분에 적합한 소지인인가를 알아보는 등의 주의를 하지 않아 그 장물인 정을 알지 못한 것을 업무상 요구되는 주의의무를 게을리 한 것이라고 할 수 없다.」

*평석. 영업용 택시운전사가 승객이 소지한 물건에 대한 장물인지 여부를 확인할 주의의무는 없다.

제8장 손괴의 죄

Ⅰ. 재물(문서)손괴죄

제366조(재물손괴등) 타인의 재물, 문서 또는 전자기록등 특수매체기록을 손괴 또는 은닉 기타 방법으로 그 효용을 해한 자는 3년이하의 징역 또는 700만원 이하의 벌금에 처한다. 제371조(미수범) 제366조, 제367조와 제369조의 미수범은 처벌한다.

1. 의의

손괴죄는 타인의 재물, 문서 또는 전자기록 등 특수매체기록을 손괴 또는 은닉 기타 방법으로 그 효용을 해함으로써 성립하는 범죄이다. 보호법익은 재물 등의 효용 내지 이용가치이며, 보호의 정도는 침해범이다.

2. 객관적 구성요건

(1) 행위의 객체

타인의 재물, 문서 또는 전자기록 등 특수매체기록이다.

1) 재물

재물은 유체물 그리고 관리가능한 동력도 이에 속한다(제372조).

■대법원 2010.2.25. 2009도8473

'재건축사업으로 철거가 예정되어 있고 그 입주자들이 모두 이사하여 아무도 거주하지 않는 아파트'가 재물손괴죄의 객체가 되는지 여부(적극)

「재건축사업으로 철거가 예정되어 있었고 그 입주자들이 모두 이사하여 아무도 거주하지 않은 채 비어 있는 아파트라 하더라도, 그 아파트 자체의 객관적 성상이 본래 사용목적인 주거용으로 사용될 수 없는 상태가 아니었고, 더욱이 그 소유자들이 재건축조합으로의 신탁등기 및 인도를 거부하는 방법으로 계속 그 소유권을 행사하고 있는 상황이었다면 위와 같은 사정만으로는 위 아파트가 재물로서의 이용가치나 효용이 없는 물건으로 되었다고 할 수 없으므로, 위 아파트는 재물손괴죄의 객체가 된다고 할 것이다.」

*평석. 재물손괴죄의 객체인 재물은 반드시 경제적 교환가치가 있음을 요하지 아니하며 주관적 가치 내지 소극적 가치가 있는 것도 여기에 해당한다.

■대법원 1979.7.24. 78도2138

본래의 용도에 사용할 수 없으나 다른 용도에 사용할 수 있는 경우와 재물손괴죄의 객체

「포도주 원액이 부패하여 포도주 원료로서의 효용가치는 상실되었으나, 그 산도가 1.8도 내지 6.2도에 이르고 있어 식초의 제조 등 다른 용도에 사용할 수 있는 경우에는 재물손괴죄의 객체가 될 수 있다.」

*평석. 재물손괴죄의 객체인 재물은 반드시 경제적 교환가치가 있음을 요하지 아니하나 주관적 가치 내지 소극적 가치가 있는 경우는 여기에 해당한다.

2) 문서

형법 제141조 제1항의 '공무소에서 사용하는 서류'에 해당하지 않는 모든 서류를 말한다.

■대법원 1989.10.24. 88도1296

경리장부를 이기하는 과정에서 누계가 잘못된 부분을 찢은 행위가 문서손괴죄에 해당하는지 여부(소극)

「손괴죄의 객체인 문서란 거기에 표시된 내용이 적어도 법률상 또는 사회생활상 중요한 사항에 관한 것이어야 하는 바, 이미 작성되어 있던 장부의 기재를 새로운 장부로 이기하는 과정에서 누계 등을 잘못 기재하다가 그 부분을 찢어버리고 계속하여 종전장부의 기재내용을 모두 이기하였다면 그 당시 새로운 경리장부는 아직 작성 중에 있어서 손괴죄의 객체가 되는 문서로서의 경리장부가 아니라 할 것이고, 또 그 찢어버린 부분이 진실된 증빙내용을 기재한 것이었다는 등의 특별한 사정이 없는 한 그 이기과정에서 잘못 기재되어 찢어버린 부분 그 자체가 <u>손괴죄의 객체가 되는 재산적 이용가치</u>

내지 효용이 있는 재물이라고도 볼 수 없다.」

*평석. 문서손괴죄의 객체인 문서는 적어도 재산적 이용가치 내지 효용이 있어야 한다.

3) 전자기록 등 특수매체기록

4) 타인의 소유

재물, 문서, 전자기록 등 특수매체기록은 타인의 소유, 즉 타인의 단독 혹은 공동소유여야 한다.

■대법원 1984.12.26. 84도2290

자기가 점유하는 타인소유 문서도 문서손괴죄의 객체가 되는지 여부(적극)

「문서손괴죄의 객체는 타인소유의 문서이며 피고인 자신의 점유하에 있는 문서라 할지라도 타인소유인 이상 이를 손괴하는 행위는 문서손괴죄에 해당한다.」

*평석. 타인소유의 문서이면 자기가 점유하는 경우에도 문서손괴죄의 객체가 된다.

■대법원 1970.3.10. 70도82

「타인 소유의 토지에 사용수익의 권한없이 농작물을 경작한 경우에 그 농작물의 소유권은 경작한 사람에게 귀속되므로 토지소유자가 이를 함부로 뽑아버린 때에는 재물손괴죄가 성립한다.」

*평석. 자기소유의 부동산에 부합된 물건이라도 타인소유인 경우에 재물손괴죄의 객체가 된다.

■대법원 1996.2.23. 95도2754

수확되지 아니한 농작물(쪽파)에 대한 소유권 취득의 요건 및 쪽파의 명인방법을 갖추지 아니하였다는 이유로 재물손괴죄에 관하여 무죄를 선고한 원심판결을 수긍한 사례

「물권변동에 있어서 형식주의를 채택하고 있는 현행 민법하에서는 소유권을 이전한다는 의사 외에 부동산에 있어서는 등기를, 동산에 있어서는 인도를 필요로 함과 마찬가지로 이 사건 쪽파와 같은 수확되지 아니한 농작물에 있어서는 명인방법을 실시함으로써 그 소유권을 취득한다. 따라서 쪽파의 매수인이 명인방법을 갖추지 않은 경우, 쪽파에 대한 소유권을 취득하였다고 볼 수 없어 그 소유권은 여전히 매도인에게 있고 매도인과 제3자 사이에 일정 기간 후 임의처분의 약정이 있었다면 그 기간 후에 제3자가 쪽파를 손괴하였더라도 재물손괴죄가 성립하지 않는다.」

*평석. 수확되지 아니한 농작물에 있어 매수인이 명인방법을 갖추지 않은 경우, 그 소유권은 여전히 매도인에게 있고 매도인과 제3자 사이에 일정 기간 후 임의처분의 약정이 있었다면 그 기간 후에 제3자가 쪽파를 손괴하였더라도 재물손괴죄가 성립하지 않는다.

■대법원 2004.5.28. 2004도434

구 도시재개발법에 의한 관리처분계획의 인가·고시 이후 분양처분의 고시 이전에 재개발구역 안의 무허가 건물을 제3자가 임의로 손괴하는 경우, 재물손괴죄의 성립 여부(적극)

「구 도시재개발법(2002. 12. 30. 법률 제6852호로 폐지)에 의한 재개발구역 안의 무허가 건물에 대한 사실상 소유권은 관리처분계획의 인가·고시에 의하여 이에 해당하는 아파트 등을 분양받을 조합원의 지위로 잠정적으로 바뀌고, 분양처분의 고시가 있는 경우에는 같은 법 제39조 제1항 전문의 규정에 의하여 그에 대한 사실상 소유권이 소멸하고 분양받은 아파트에 대한 소유권만이 남게 되는 것이므로, 관리처분계획의 인가·고시 이후 분양처분의 고시 이전에 재개발구역 안의 무허가 건물을 제3자가 임의로 손괴할 경우 특별한 사정이 없는 한 재물손괴죄가 성립한다.」

*평석. 관리처분계획의 인가·고시 이후 분양처분의 고시 이전에 재개발구역 안의 무허가 건물을 제3자가 임의로 손괴할 경우 특별한 사정이 없는 한 재물손괴죄가 성립한다.

■대법원 1984.12.26. 84도2290

자기가 점유하는 타인소유 문서도 문서손괴죄의 객체가 되는지 여부(적극)

「문서손괴죄의 객체는 타인소유의 문서이며 피고인 자신의 점유하에 있는 문서라 할지라도 타인소유인 이상 이를 손괴하는 행위는 문서손괴죄에 해당한다.」

*평석. 타인소유의 문서이며 누가 그것을 점유하고 있는가는 문제되지 아니한다.

■대법원 1982.12.28. 82도1807

허위내용의 확인서를 그 소유자의 의사에 반해 작성 명의인이 손괴한 경우 문서손괴죄의 성부(적극)

「확인서가 소유자의 의사에 반하여 손괴된 것이라면 그 확인서가 피고인 명의로 작성된 것이고 또 그것이 진실에 반하는 허위내용을 기재한 것이라 하더라도 피고인은 문서손괴의 죄책을 면할 수 없다.」

*평석. 문서내용의 진위는 문서손괴죄의 성립에 문제되지 아니한다. 따라서 허위내용의 확인서를 그 소유자의 의사에 반해 작성 명의인이 손괴한 경우에도 문서손괴죄가 성립한다.

(2) 행위

손괴 또는 은닉 기타 방법으로 그 효용을 해하는 것을 말한다.

1) 손괴

손괴란 타인의 재물, 문서 또는 전자기록 등 특수매체기록에 직접 유형력을 행사하여 그 이용가치를 침해하는 것을 말한다.

■대법원 1993.12.7. 93도2701

재물손괴죄에 있어서 "효용을 해한다"고 함의 의미

「재물손괴의 범의를 인정함에 있어서는 반드시 계획적인 손괴의 의도가 있거나 물건의 손괴를 적극적으로 희망하여야 하는 것은 아니고, 소유자의 의사에 반하여 재물의 효용을 상실케 하는 데 대한 인식이 있으면 되고, 여기에서 재물의 효용을 해한다고 함은 그 물건의 본래의 사용목적에 공할 수 없게 하는 상태로 만드는 것은 물론 일시 그것을 이용할 수 없는 상태로 만드는 것도 역시 효용을 해하는 것에 해당한다.」

*평석. 재물의 효용을 해한다고 함은 그 물건의 본래의 사용목적에 공할 수 없게 하는 상태로 만드는 영구적인 것은 물론 일시적으로 그것을 이용할 수 없는 상태로 만드는 것도 효용을 해하는 것에 해당한다.

■대법원 2007.6.28. 2007도2590

건조물의 벽면에 낙서를 하거나 게시물을 부착 또는 오물을 투척하는 행위가 재물손괴죄에 해당하는지 여부의 판단 기준

「형법 제366조 소정의 재물손괴죄는 타인의 재물을 손괴 또는 은닉하거나 기타의 방법으로 그 효용을 해하는 경우에 성립하는바, 여기에서 재물의 효용을 해한다고 함은 사실상으로나 감정상으로 그 재물을 본래의 사용목적에 제공할 수 없게 하는 상태로 만드는 것을 말하며, 일시적으로 그 재물을 이용할 수 없는 상태로 만드는 것도 여기에 포함된다. 특히, 건조물의 벽면에 낙서를 하거나 게시물을 부착하는 행위 또는 오물을 투척하는 행위 등이 그 건조물의 효용을 해하는 것에 해당하는지 여부는, 당해 건조물의 용도와 기능, 그 행위가 건조물의 채광·통풍·조망 등에 미치는 영향과 건조물의 미관을 해치는 정도, 건조물 이용자들이 느끼는 불쾌감이나 저항감, 원상회복의 난이도

와 거기에 드는 비용, 그 행위의 목적과 시간적 계속성, 행위 당시의 상황 등 제반 사정을 종합하여 사회통념에 따라 판단하여야 한다. 따라서 해고노동자 등이 복직을 요구하는 집회를 개최하던 중 래커 스프레이를 이용하여 회사 건물 외벽과 1층 벽면 등에 낙서한 행위는 건물의 효용을 해한 것으로 볼 수 있으나, 이와 별도로 계란 30여 개를 건물에 투척한 행위는 건물의 효용을 해하는 정도의 것에 해당하지 않는다.」

*평석. 건조물의 벽면에 낙서를 하거나 게시물을 부착 또는 오물을 투척하는 행위가 재물손괴죄에 해당하는지 여부의 판단기준은 제반 사정을 종합하여 사회통념에 따라 판단하여야 한다.

2) 은닉

은닉이란 재물 등의 소재를 불분명하게 하여 발견을 곤란 혹은 불가능하게 함으로써 그 효용을 해하는 것을 말한다.

■대법원 1971.11.23. 71도1576

「회사의 경리사무 처리상 필요불가결한 매출계산서, 매출명세서등의 반환을 거부하므로서 그 문서들을 일시적으로 그와 같은 용도에 사용할 수 없게 하는 것도 그 문서의 효용을 해한 경우에 해당한다.」

*평석. 피해자가 행위자의 점유하에 있다는 사실을 알고 있는 때에도 이를 발견하기 곤란한 경우에는 은닉에 해당한다.

■대법원 1979.8.28. 79도1266

문서은닉에 해당하지 아니 한다고 인정한 사례

「피고인이 자기가 속하고 있는 종중 소유라고 믿고 있는 임야에 대한 소외인 명의의 등기권리증을 그 소지인이 제시하자 이를 가지고 가서 위 종중이 원고가 되어 그 말소등기를 구하는 민사사건에 증거로 제출한 소위는 문서은닉죄에 해당되지 아니한다.」

*평석. 문서를 민사사건에 증거로 제출한 것은 문서은닉죄에 해당되지 아니한다.

3) 기타의 방법

손괴 또는 은닉 이외의 방법으로 재물 등의 효용을 해하는 일체의 행위를 말한다.

■대법원 1985.2.26. 84도2802

약속어음의 발행인이 소지인으로 부터 그 어음을 교부받아 수취인란에 타인의 이름을 기재함으로써 배서의 연속을 상실케 한 경우, 문서손괴죄의 성부(적극)

「약속어음의 발행인이 소지인에게 어음의 액면과 지급기일을 개서하여 주겠다고 하여 위 어음을 교부받은 후 위 어음의 수취인란에 타인의 이름을 추가로 기입하여 위 어음배서의 연속성을 상실하게 함으로써 그 효용을 해한 경우에는 문서손괴죄에 해당한다.」

*평석. 임의로 명의인을 첨가하는 경우에는 문서손괴죄에 해당한다.

■1982.7.27. 82도223

채무담보조로 보관받은 약속어음의 지급일자를 지운 경우 문서손괴죄의 성부(적극)

「약속어음의 수취인이 차용금의 지급담보를 위하여 은행에 보관시킨 약속어음을 은행지점장이 발행인의 부탁을 받고 그 지급기일란의 일자를 지움으로써 그 효용을 해한 경우에는 문서손괴죄가 성립한다.」

*평석. 작성권자의 동의를 받아 문서의 내용을 정정하는 경우에는 문서손괴죄가 성립한다.

■대법원 1982.12.28. 82도1807

허위내용의 확인서를 그 소유자의 의사에 반해 작성 명의인이 손괴한 경우 문서손괴죄의 성부(적극)

「확인서가 소유자의 의사에 반하여 손괴된 것이라면 그 확인서가 피고인 명의로 작성된 것이고 또 그것이 진실에 반하는 허위내용을 기재한 것이라 하더라도 피고인은 문서손괴의 죄책을 면할 수 없다.」

*평석. 문서가 허위내용의 확인서라 하더라도 그 확인서를 소유자의 의사에 반해 작성 명의인이 손괴한 경우 문서손괴죄가 성립한다.

3. 주관적 구성요건

본죄는 타인의 재물, 문서 또는 전자기록등 특수매체기록을 손괴 또는 은닉 기타 방법으로 그 효용을 해한다는 것에 대한 고의가 있음을 요하며 절도죄 등과 달리 불법영득의사가 없어야 한다.

■대법원 1990.9.25. 90도1591

영업을 방해하기 위하여 타인이 설치하려는 철조망을 영업자가 당초 놓여있던 곳으

로부터 200 내지 300미터 떨어진 곳으로 옮긴 행위에 있어 재물은닉의 범의가 없다고 한 사례

「갑 소유였다가 약정에 따라 을 명의로 이전되었으나 권리관계에 다툼이 생긴 토지상에서 갑이 버스공용터미널을 운영하고 있는 데 을이 갑의 영업을 방해하기 위하여 철조망을 설치하려 하자 갑이 위 철조망을 가까운 곳에 마땅한 장소가 없어 터미널로부터 약 200 내지 300미터 가량 떨어진 갑 소유의 다른 토지 위에 옮겨 놓았다면 갑의 행위에는 재물의 소재를 불명하게 함으로써 그 발견을 곤란 또는 불가능하게 하여 그 효능을 해하게 하는 재물은닉의 범의가 있다고 할 수 없다.」

*평석. 대법원이 재물은닉의 고의를 부정한 사례이다.

4. 위법성조각사유

■대법원 1976.12.28. 76도2359

뽕밭을 유린하는 소의 고삐를 끊은 행위가 사회상규에 위배되지 않는 행위인지 여부

「뽕밭을 유린하는 소의 고삐가 나무에 얽혀 풀 수 없는 상황하에서 고삐를 낫으로 끊고 소를 밭에서 끌어냄은 사회상규상 용인되어 특단의 사정이 없는 한 처벌할 수 없다.」

*평석. 정당행위에 의해 재물손괴의 위법성이 조각되는 판례의 예이다.

II. 공익건조물파괴죄

제367조(공익건조물파괴) 공익에 공하는 건조물을 파괴한 자는 10년 이하의 징역 또는 2천만원 이하의 벌금에 처한다.

제371조(미수범) 제366조, 제367조와 제369조의 미수범은 처벌한다.

Ⅲ. 중손괴죄 · 손괴치사상죄

제368조(중손괴) ①전2조의 죄를 범하여 사람의 생명 또는 신체에 대하여 위험을 발생하게 한 때에는 1년 이상 10년 이하의 징역에 처한다. ②제366조 또는 제367조의 죄를 범하여 사람을 상해에 이르게 한 때에는 1년 이상의 유기징역에 처한다. 사망에 이르게 한 때에는 3년 이상의 유기징역에 처한다.

Ⅳ. 경계침범죄

제370조(경계침범) 경계표를 손괴, 이동 또는 제거하거나 기타 방법으로 토지의 경계를 인식불능하게 한 자는 3년 이하의 징역 또는 500만원 이하의 벌금에 처한다.

1. 의의

경계침범죄는 경계표를 손괴, 이동 또는 제거하거나 기타 방법으로 토지의 경계를 인식불능하게 함으로써 성립하는 범죄이다. 보호법익은 토지경계의 명확성이다.

2. 객관적 구성요건

경계표를 손괴, 이동 또는 제거하거나 기타 방법으로 토지의 경계를 인식불능하게 하는 것이다.

(1) 행위의 객체

행위의 객체는 토지의 경계이다.

■대법원 1976.5.25. 75도2564

형법 370조 소정 경계침해의 객체

「형법 제370조 소정 경계라 함은 소유권등 권리의 장소적 한계를 나타내는 지표를 말함이니 실체상의 권리관계에 부합하지는 않더라도 관습으로 인정되었거나 일반적으로 승인되어 왔다거나 이해관계인의 명시 또는 묵시의 합의에 의하여 정하여 진 것이거나 또는 권한있는 당국에 의하여 확정된 것이어야 함도 아니고 사실상의 경계표로 되어 있다면 침해의 객체가 되는 것이다.」

*평석. 형법 제370조 소정 경계라 함은 소유권 등 권리의 장소적 한계를 나타내는 지표를 말한다.

■대법원 1999.4.9. 99도480

경계침범죄에 있어서 경계의 의미, 그리고 일시적인 경계표도 경계침범죄의 객체에 해당하는지 여부(적극)

「형법 제370조에서 말하는 경계는 반드시 법률상의 정당한 경계를 말하는 것이 아니고 비록 법률상의 정당한 경계에 부합되지 아니하는 경계라고 하더라도 이해관계인들의 명시적 또는 묵시적 합의에 의하여 정하여진 것이면 이는 이 법조에서 말하는 경계라고 할 것이다. 또한 형법 제370조에서 말하는 경계표는 그것이 어느 정도 객관적으로 통용되는 사실상의 경계를 표시하는 것이라면 영속적인 것이 아니고 일시적인 것이라도 이 죄의 객체에 해당한다.」

*평석. 경계는 법률상의 정당한 경계에 부합되지 아니하는 경계라고 하더라도 이해관계인들의 명시적 또는 묵시적 합의에 의하여 정하여진 것이면 이는 경계라고 할 것이다. 그리고 여기서의 경계는 영속적인 것이 아니고 일시적인 것이라도 이 죄의 객체에 해당한다.

■대법원 1986.12.9. 86도1492

형법 제370조 소정 계표의 의의

「형법 제370조의 경계침범죄는 토지의 경계에 관한 권리관계의 안정을 확보하여 사권을 보호하고 사회질서를 유지하려는데 그 규정목적이 있으므로 비록 실체상의 경계선에 부합되지 않는 경계표라 할지라도 그것이 종전부터 일반적으로 승인되어 왔다거나 이해관계인들의 명시적 또는 묵시적 합의에 의하여 정하여진 것이라면 그와 같은 경계표는 위 법조 소정의 계표에 해당된다 할 것이고 반대로 기존경계가 진실한 권리상태와 맞지 않는다는 이유로 당사자의 어느 한쪽이 기존경계를 무시하고 일방적으로 경계측량을 하여 이를 실체권리관계에 맞는 경계라고 주장하면서 그 위에 계표를 설치하더라도 이와 같은 경계표는 위 법조에서 말하는 계표에 해당되지 않는다.」

*평석. 기존경계가 진실한 권리상태와 맞지 않는다는 이유로 당사자의 어느 일방이 기존경계를 무시하고 일방적으로 경계측량을 하여 이를 실체권리관계에 맞는 경계라고

주장하면서 그 위에 계표를 설치하더라도 이와 같은 경계표는 경계침범죄에서 말하는 계표에 해당되지 않는다.

(2) 실행행위

경계표를 손괴, 이동 또는 제거하거나 기타 방법으로 토지의 경계를 인식불능하게 하는 것이다.

■대법원 1968.9.17. 68도967

형법 제370조(경제침범)에 관한 법리를 오해한 위법이 있는 실례

「피고인이 자기토지에 인접한 타인소유 토지 8평을 침범하여 점포를 건축함으로써 위 양 토지간의 경계를 인식불능케 하였다면 본조 소정의 경계침범죄가 성립한다.」

*평석. 경계침범죄에 해당하는 판례사안이다.

■대법원 1984.2.28. 83도1533

건물의 처마가 타인소유의 가옥지붕위로 나오게 한 경우 경계침범죄 성부(소극)

「피고인이 건물을 신축하면서 그 건물의 1층과 2층 사이에 있는 처마를 피해자소유의 가옥 지붕위로 나오게 한 사실만으로는 양토지의 경계가 인식불능되었다고 볼 수 없으므로 경계침범죄의 구성요건에 해당하지 아니한다.」

*평석. 경계가 인식불능하게 되어야 경계침범죄가 성립한다.

■대법원 1991.9.10. 91도856

계표의 손괴 등의 행위가 있더라도 토지경계의 인식불능의 결과가 발생하지 않은 경우의 경계침범죄의 성립 여부(소극)

「형법 제370조의 경계침범죄는 단순히 계표를 손괴하는 것만으로는 부족하고 계표를 손괴, 이동 또는 제거하거나 기타 방법으로 토지의 경계를 인식불능하게 함으로써 비로소 성립되며 계표의 손괴, 이동 또는 제거 등은 토지의 경계를 인식불능케 하는 방법의 예시에 불과하여 <u>이와 같은 행위의 결과로서 토지의 경계가 인식불능케 됨을 필요로 하고 동죄에 대하여는 미수죄에 관한 규정이 없으므로 계표의 손괴 등의 행위가 있더라도 토지경계의 인식불능의 결과가 발생하지 않은 한 본죄가 성립될 수 없다.</u>」

*평석. 경계침범죄는 토지경계의 인식불능의 결과가 발생함을 요하는 침해범이다.

제9장 권리행사를 방해하는 죄

Ⅰ. 권리행사방해죄

제323조(권리행사방해) 타인의 점유 또는 권리의 목적이 된 자기의 물건 또는 전자기록등 특수매체기록을 취거, 은닉 또는 손괴하여 타인의 권리행사를 방해한 자는 5년 이하의 징역 또는 700만원 이하의 벌금에 처한다.
제328조(친족간의 범행과 고소) ①직계혈족, 배우자, 동거친족, 동거가족 또는 그 배우자간의 제323조의 죄는 그 형을 면제한다.
②제1항이외의 친족간에 제323조의 죄를 범한 때에는 고소가 있어야 공소를 제기할 수 있다.
③전2항의 신분관계가 없는 공범에 대하여는 전2항을 적용하지 아니한다.

1. 의의 및 보호법익

권리행사방해죄는 타인의 점유 또는 권리의 목적이 된 자기의 물건 또는 전자기록등 특수매체기록을 취거, 은닉 또는 손괴하여 타인의 권리행사를 방해함으로써 성립하는 범죄이다. 보호법익은 제한물권 또는 채권이며 보호의 정도는 추상적 위험범이다.

2. 객관적 구성요건

타인의 점유 또는 권리의 목적이 된 자기의 물건 또는 전자기록등 특수매체기록을 취거, 은닉 또는 손괴함으로써 성립한다.

(1) 행위의 주체

자기의 물건을 타인에게 제한물권 또는 채권의 목적물로 제공한 소유자이다.

■대법원 1984.6.26. 83도2413

회사의 부사장이 회사소유 선박을 취거한 경우 권리행사방해죄의 성부(소극)

「이 사건 선박이 공소외 회사명의로 소유권등기가 경료된 것이라면 위 선박은 피고인의 소유라 할 수 없고 피고인이 위 회사의 과점주주라거나 부사장이라 하여도 피고인의 소유라 할 수 없는 것이므로, 피고인이 타인이 점유중인 위 선박을 취거하였다 하여도 이는 권리행사방해죄를 구성하지 아니한다.」

*평석. 권리행사방해죄는 권리의 목적이 된 자기의 물건이라고 규정하고 있어 재물의 소유자가 아닌 제3자는 주체가 될 수 없다.

(2) 행위의 객체

타인의 점유 또는 권리의 목적이 된 자기의 물건 또는 전자기록 등 특수매체기록이다.

1) 자기의 물건

자기의 물건이란 자기의 단독소유의 물건을 말한다.

■대법원 1992.1.21. 91도1170

주식회사의 대표이사가 직무집행행위로서 타인이 점유하는 위 회사의 물건을 취거한 경우 위 물건이 권리행사방해죄에 있어서의 '자기의 물건'에 해당하는지 여부(적극)

「주식회사의 대표이사가 대표이사의 지위에 기하여 그 직무집행행위로서 타인이 점유하는 위 회사의 물건을 취거한 경우에는, 위 행위는 위 회사의 대표기관으로서의 행위라고 평가되므로, 위 회사의 물건도 권리행사방해죄에 있어서의 "자기의 물건"이라고 보아야 할 것이다.」

*평석. 주식회사의 대표이사가 직무집행행위로서 타인이 점유하는 회사의 물건을 취거한 경우 해당 물건이 권리행사방해죄에 있어서의 '자기의 물건'에 해당한다.

■대법원 2005.9.9. 2005도626

배우자에게 명의신탁한 부동산이 권리행사방해죄에서 말하는 '자기의 물건'에 해당하는지 여부(소극)

「부동산 실권리자명의 등기에 관한 법률 제8조는 배우자 명의로 부동산에 관한 물권을 등기한 경우에 조세포탈, 강제집행의 면탈 또는 법령상 제한의 회피를 목적으로 하지 아니한 때에는 제4조 내지 제7조 및 제12조 제1항, 제2항의 규정을 적용하지 아니한다고 규정하고 있는바, 만일 명의신탁자가 그러한 목적으로 명의신탁을 함으로써 명의신탁이 무효로 되는 경우에는 말할 것도 없고, 그러한 목적이 없어서 유효한 명의신탁이 되는 경우에도 제3자인 부동산의 임차인에 대한 관계에서는 명의신탁자는 소유자가 될 수 없으므로, 어느 모로 보나 신탁한 부동산이 권리행사방해죄에서 말하는 '자기의 물건'이라 할 수 없다.」

*평석. 배우자에게 명의신탁한 부동산의 경우 '명의신탁자는 소유자가 될 수 없으므로' 권리행사방해죄에서 말하는 '자기의 물건'에 해당하는 아니한다.

2) 타인의 점유

여기에서의 타인이란 자기이외의 모든 자를 말한다.

■대법원 2006.3.23. 2005도4455

권리행사방해죄의 보호대상인 '타인의 점유'의 의미

「권리행사방해죄에서의 보호대상인 타인의 점유는 반드시 점유할 권원에 기한 점유만을 의미하는 것은 아니고, 일단 적법한 권원에 기하여 점유를 개시하였으나 사후에 점유 권원을 상실한 경우의 점유, 점유 권원의 존부가 외관상 명백하지 아니하여 법정절차를 통하여 권원의 존부가 밝혀질 때까지의 점유, 권원에 기하여 점유를 개시한 것은 아니나 동시이행항변권 등으로 대항할 수 있는 점유 등과 같이 법정절차를 통한 분쟁 해결시까지 잠정적으로 보호할 가치 있는 점유는 모두 포함된다고 볼 것이고, 다만 절도범인의 점유와 같이 점유할 권리 없는 자의 점유임이 외관상 명백한 경우는 포함되지 아니한다.」

*평석. 권리행사방해죄에서의 보호대상인 타인의 점유는 반드시 점유할 권원에 기한 점유만을 의미하는 것은 아니고, 일단 적법한 권원에 기하여 점유를 개시하였으나 사후에 점유 권원을 상실한 경우의 점유, 법정절차를 통한 분쟁 해결시까지 잠정적으로 보호할 가치 있는 점유도 포함한다.

■대법원 2003.11.28. 2003도4257

형법 제323조 권리행사방해죄 소정의 타인의 점유의 의미 및 무효인 경매절차에 의하여 부동산을 낙찰받아 점유하게 된 자의 점유가 형법 제323조 소정의 '타인의 점유'에 해당하는지 여부(적극)

「형법 제323조의 권리행사방해죄에 있어서의 타인의 점유라 함은 권원으로 인한 점유 즉 정당한 원인에 기하여 그 물건을 점유하는 권리있는 점유를 의미하는 것으로서 본권을 갖지 아니한 절도범인의 점유는 여기에 해당하지 아니하나, 반드시 본권에 의한 점유만에 한하지 아니하고 동시이행항변권 등에 기한 점유와 같은 적법한 점유도 여기에 해당한다고 할 것이고, 한편, 쌍무계약이 무효로 되어 각 당사자가 서로 취득한 것을 반환하여야 할 경우, 어느 일방의 당사자에게만 먼저 그 반환의무의 이행이 강제된다면 공평과 신의칙에 위배되는 결과가 되므로 각 당사자의 반환의무는 동시이행 관계에 있다고 보아 민법 제536조를 준용함이 옳다고 해석되고, 이러한 법리는 경매절차가 무효로 된 경우에도 마찬가지라고 할 것이므로, 무효인 경매절차에서 경매목적물을 경락받아 이를 점유하고 있는 낙찰자의 점유는 적법한 점유로서 그 점유자는 권리행사방해죄에 있어서의 타인의 물건을 점유하고 있는 자라고 할 것이다.」

*평석. 권리행사방해죄에 있어서의 타인의 점유라 함은 권원으로 인한 점유, 즉 정당한 원인에 기하여 그 물건을 점유하는 권리있는 점유를 의미하는 것으로서, 권원으로 인한 점유인 이상 이후의 사정에 의해 점유물을 소유자에 반환해야 하는 경우에도 타인의 점유에 해당한다. 쌍무계약이 무효로 되어 각 당사자가 서로 취득한 것을 반환하여야 할 경우도 여기에 해당한다.

■대법원 1977.9.13. 77도1672

명도의무 있는 건물점유자가 권리행사방해죄에 있어서 타인의 물건을 점유하는 자에 해당하는지 여부

「일단 적법한 원유에 기하여 물건을 점유한 이상 그 후에 그 점유물을 소유자에게 명도하여야 할 사정이 발생하였다 할지라도 점유자가 임의로 명도를 하지 아니하고 계속 점유하고 있다면 그 점유자는 권리행사방해죄에 있어서의 타인의 물건을 점유하고 있는 자이다.」

*평석. 일단 적법한 권원에 기하여 점유를 개시하였으나 사후에 점유 권원을 상실한 경우의 점유도 타인점유의 물건에 해당한다.

3) 타인의 권리의 목적

타인의 권리의 목적이 된 물건이란 타인의 제한물권이나 채권의 목적이 된 물건을 말한다.

■대법원 1991.4.26. 90도1958

권리행사방해죄의 구성요건 중 타인의 '권리'에 점유를 수반하지 아니하는 채권도 포

함되는지 여부(적극)

「권리행사방해죄의 구성요건 중 타인의 '권리'란 반드시 제한물권만을 의미하는 것이 아니라 물건에 대하여 점유를 수반하지 아니하는 채권도 이에 포함된다.」

*평석. 타인의 '권리'에 점유를 수반하지 아니하는 채권도 포함한다.

■대법원 1994.9.27. 94도1439

공장근저당권이 설정된 기계를 이중담보로 제공하기 위하여 타처로 옮긴 경우, 권리방해죄의 성립 여부

「공장근저당권이 설정된 선반기계 등을 이중담보로 제공하기 위하여 이를 다른 장소로 옮긴 경우, 이는 공장저당권의 행사가 방해될 우려가 있는 행위로서 권리행사방해죄에 해당한다.」

*평석. 근저당이 설정된 기계설비는 타인의 권리의 목적이 된 물건에 해당한다.

(3) 행위

취거, 은닉 또는 손괴하여 타인의 권리행사를 방해하는 것이다.

1) 취거 · 은닉 · 손괴

■대법원 1988.2.23. 87도1952

형법 제323조 소정의 '취거'의 의미

「형법 제323조 소정의 권리행사방해죄에 있어서의 취거라 함은 타인의 점유 또는 권리의 목적이 된 자기의 물건을 그 점유자의 의사에 반하여 그 점유자의 점유로부터 자기 또는 제3자의 점유로 옮기는 것을 말하므로 점유자의 의사나 그의 하자있는 의사에 기하여 점유가 이전된 경우에는 여기에서 말하는 취거로 볼 수는 없다.」

*평석. 형법 제323조 소정의 '취거'의 의미는 '점유자의 의사에 반함'을 요하므로 점유자의 의사나 그의 하자있는 의사에 기하여 점유가 이전된 경우에는 취거라고 할 수 없다.

2) 권리행사방해

Ⅱ. 점유강취죄 · 준점유강취죄

제325조(점유강취, 준점유강취) ①폭행 또는 협박으로 타인의 점유에 속하는 자기의 물건을 강취한 자는 7년 이하의 징역 또는 10년 이하의 자격정지에 처한다.
②타인의 점유에 속하는 자기의 물건을 취거함에 당하여 그 탈환을 항거하거나 체포를 면탈하거나 죄적을 인멸할 목적으로 폭행 또는 협박을 가한 때에도 전항의 형과 같다.
③전2항의 미수범은 처벌한다.

Ⅲ. 강제집행면탈죄

제327조(강제집행면탈) 강제집행을 면할 목적으로 재산을 은닉, 손괴, 허위양도 또는 허위의 채무를 부담하여 채권자를 해한 자는 3년 이하의 징역 또는 1천만원 이하의 벌금에 처한다.

1. 의의, 보호법익

강제집행면탈죄는 강제집행을 면할 목적으로 재산을 은닉, 손괴, 허위양도 또는 허위의 채무를 부담하여 채권자를 해함으로써 성립하는 범죄이다. 보호법익은 국가의 강제집행권이 임박해 있는 '채권자의 채권'이다. 보호의 정도는 추상적 위험범이다.

■대법원 1999.2.12. 98도2474

강제집행면탈죄의 성립요건 및 허위양도한 부동산에 그 시가액보다 다액의 피담보채무가 있는 경우 강제집행면탈죄의 성립 여부(적극)

「강제집행면탈죄는 이른바 위태범으로서 강제집행을 당할 구체적인 위험이 있는 상태에서 재산을 은닉, 손괴, 허위양도 또는 허위의 채무를 부담하면 바로 성립하는 것이고, 반드시 채권자를 해하는 결과가 야기되거나 이로 인하여 행위자가 어떤 이득을 취하여야 범죄가 성립하는 것은 아니며, 허위양도한 부동산의 시가액보다 그 부동산에 의하여 담보된 채무액이 더 많다고 하여 그 허위양도로 인하여 채권자를 해할 위험이 없다고 할 수 없다.」

*평석. 강제집행면탈죄는 추상적 위험범이다.

2. 객관적 구성요건

(1) 행위의 주체

채무자 이외의 자도 본죄의 주체가 될 수 있는가.

■대법원 1983.5.10. 82도1987

부동산의 선순위 가등기권자 및 제3취득자가 채무자와 공모하여 후순위채권자의 강제집행을 막고자 선순위 가등기권자 앞으로 본등기를 경료한 경우 강제집행면탈죄의 공범성립 여부

「부동산의 1번 가등기권자와 제3취득자 (갑)이 채무자인 부동산 소유자의 이익을 위하여 후순위 채권자들에 의한 강제집행을 막고자 (갑)이 그 부동산을 매수하고 그 매매대금의 일부로 그 부동산의 가등기권자에 대한 채무를 변제하되 일단 가등기권자 명의로의 소유권이전의 본등기를 경료하여 다른 채권자들의 가압류 및 강제경매의 기입등기를 직권말소케 하는 일련의 등기절차를 거치기로 상호 간에 사전에 협의, 공모하였다면, 가등기권자는 채무자의 강제집행면탈죄에 가담하였다 할 것이므로 설사 가등기권자 자기의 채권담보의 실행책으로 소유권이전의 본등기를 하고 또 (갑)이 정당한 가격으로 그 부동산을 매수하였다 할지라도 채무자의 강제집행면탈죄의 공범으로서의 죄책을 면할 수 없다.」

*평석. 판례는 채무자 이외의 제3자도 강제집행면탈죄의 주체가 될 수 있는가에 대해 제3자도 공범이 됨을 인정하고 있다.

(2) 행위의 객체

강제집행의 대상이 될 수 있는 재산이다.

■대법원 2001.11.27. 2001도4759

강제집행면탈죄에 있어서 '재산'의 범위

「강제집행면탈죄에 있어서 재산에는 동산·부동산뿐만 아니라 재산적 가치가 있어 민사소송법에 의한 강제집행 또는 보전처분이 가능한 특허 내지 실용신안 등을 받을 수 있는 권리도 포함된다.」

*평석. 강제집행면탈죄에 있어서 '재산'의 범위는 동산·부동산 이외에도 민사소송법에 의한 강제집행 또는 보전처분이 가능한 권리도 포함된다.

■재산이 채무자의 재산에 국한되어지는가.

대법원 2008.9.11. 2006도8721

강제집행면탈죄의 객체 및 '보전처분 단계에서 가압류채권자의 지위'가 이에 해당하는지 여부(소극)

「강제집행면탈죄의 객체는 채무자의 재산 중에서 채권자가 민사집행법상 강제집행 또는 보전처분의 대상으로 삼을 수 있는 것만을 의미하므로, '보전처분 단계에서의 가압류채권자의 지위' 자체는 원칙적으로 민사집행법상 강제집행 또는 보전처분의 대상이 될 수 없어 강제집행면탈죄의 객체에 해당한다고 볼 수 없고, 이는 가압류채무자가 가압류해방금을 공탁한 경우에도 마찬가지이다.」

*평석. 강제집행의 대상이 될 수 있는 재산은 채무자의 재산에 국한되어진다.

(3) 행위상황

강제집행면탈죄가 성립하기 위하여는 채권의 존재, 그리고 이 채권에 대한 '강제집행을 받을 객관적 상태'가 존재해야 한다.

1) 채권의 존재

■대법원 2008.5.8. 2008도198

'채권의 존재'가 강제집행면탈죄의 성립요건인지 여부(적극)

「형법 제327조의 강제집행면탈죄는 채권자의 권리보호를 그 주된 보호법익으로 하고 있는 것이므로 강제집행의 기본이 되는 채권자의 권리, 즉 채권의 존재는 강제집행면탈죄의 성립요건이라 할 것이고, 따라서 그 채권의 존재가 인정되지 않을 때에는 강제집행면탈죄가 성립하지 않는다.」

*평석. 강제집행면탈죄는 채권의 존재를 전제로 한다.

■대법원 1984.6.12. 82도1544

조건부 채권의 보전처분의 면탈행위 후 그 조건이 불성취된 경우 강제집행면탈죄의 성부

「집행할 채권이 조건부 채권이라 하여도 그 채권자는 이를 피보전권리로 하여 보전처분을 함에는 법률상 아무런 장해도 없다 할 것이니 이와 같은 보전처분을 면할 목적으로 형법 제327조 소정의 행위를 한 이상 강제집행면탈죄는 성립되며 그 후 그 조건의 불성취로 채권이 소멸되었다 하여도 일단 성립한 범죄에는 영향을 미칠 수 없다고 해석함이 상당하다.」

*평석. 조건부 채권의 보전처분의 면탈행위 후 그 조건이 불성취된 경우에도 일단 성립한 강제집행면탈죄에는 영향을 미치지 아니한다.

2) 강제집행을 받을 객관적 상태

■대법원 1979.9.11. 79도436

강제집행면탈죄의 구성요건

「강제집행면탈죄가 성립되려면 행위자의 주관적인 강제집행을 면탈하려는 의도가 객관적으로 강제집행을 당할 급박한 상태하에서 나타나야 한다.」

*평석. 강제집행면탈죄가 성립하기 위하여는 강제집행을 받을 객관적 상태가 존재해야 한다.

■대법원 1981.6.23. 81도588

강제집행면탈죄에 있어서 강제집행을 면탈할 객관적 상태의 의미

「강제집행면탈죄에 있어서 강제집행을 면탈할 객관적 상태라 함은 민사소송법에 의한 강제집행 또는 이를 준용하는 가압류, 가처분 등의 집행을 당할 구체적인 염려가 있는 상태를 말한다.」

*평석. 강제집행을 받을 객관적 상태란 민사소송법에 의한 강제집행 또는 이를 준용하는 가압류, 가처분 등의 집행을 당할 구체적인 염려가 있는 상태를 말한다.

■대법원 1999.2.9. 96도3141

강제집행면탈죄의 성립요건으로서 '강제집행을 당할 구체적인 위험이 있는 상태'의 의미

「형법 제327조의 강제집행면탈죄는 강제집행을 당할 구체적인 위험이 있는 상태에서 재산을 은닉, 손괴, 허위양도 또는 허위의 채무를 부담하여 채권자를 해할 때 성립된다 할 것이고, 여기서 집행을 당할 구체적인 위험이 있는 상태란 채권자가 이행청구의 소 또는 그 보전을 위한 가압류, 가처분신청을 제기하거나 제기할 태세를 보인 경우를 말한다.」

*평석. 대법원은 강제집행면탈죄의 성립요건으로서 '강제집행을 당할 구체적인 위험이 있는 상태'의 의미와 관련하여 채권자가 이행청구의 소 또는 그 보전을 위한 가압류, 가처분신청을 제기하거나 제기할 태세를 보인 경우에도 이에 해당한다고 하고 있다.

■대법원 1972.5.31. 72도1090

「강제집행면탈죄에 있어서의 강제집행이라 함은 민사소송법에 의한 강제집행 또는 동법을 준용하는 강제집행 즉 가압류가처분 등의 집행을 지칭한다.」

*평석. 강제집행면탈죄에 있어서의 강제집행이라 함은 민사소송법에 의한 강제집행 또는 동법을 준용하는 강제집행 즉 가압류가처분 등의 집행을 지칭하며 벌금·과료·몰수 등의 재판집행, 국세징수법에 의한 체납처분 등은 이 죄의 강제집행에 해당하지 아니한다.

(4) 실행행위

재산을 은닉, 손괴, 허위양도 또는 허위의 채무를 부담하여 채권자를 해하는 것이다.

1) 은닉·손괴·허위양도·또는 허위의 채무부담

(가) 은닉

■대법원 2000.7.28. 98도4558

담보목적의 가등기권자가 다른 채권자들의 강제집행을 불가능하게 할 목적으로 채무자와 공모하여 정확한 청산절차도 거치지 않은 채 의제자백판결을 통하여 본등기를 경료함과 동시에 가등기 이후에 경료된 가압류등기 등을 모두 직권말소하게 한 경우, 강제집행면탈죄의 성립 여부(적극)

「<u>강제집행면탈의 한 행위유형인 '재산의 은닉'이라 함은 재산의 소유관계를 불명하게 하는 행위를 포함하는 것으로서</u>, 피고인이 자신의 채권담보의 목적으로 채무자 소유의 선박들에 관하여 가등기를 경료하여 두었다가 채무자와 공모하여 위 선박들을 가압류한 다른 채권자들의 강제집행을 불가능하게 할 목적으로 정확한 청산절차도 거치지 않은 채 의제자백판결을 통하여 선순위 가등기권자인 피고인 앞으로 본등기를 경료함과 동시에 가등기 이후에 경료된 가압류등기 등을 모두 직권말소하게 하였음은 소유관계를 불명하게 하는 방법에 의한 '재산의 은닉'에 해당한다.」

*평석. 강제집행면탈의 한 행위유형인 '재산의 은닉'이라 함은 강제집행을 실시하는 자가 채무자의 재산을 발견하는 것을 불능 또는 곤란하게 만드는 것을 말하는바, 재산의 소재를 불명하게 하는 경우 이외에도 재산의 소유관계를 불명하게 하는 행위도 포함한다.

(나) 손괴

재물을 물질적으로 훼손하거나 가치를 감소하게 하는 행위를 말한다.

(다) 허위양도

■대법원 1998.9.8. 98도1949

강제집행면탈죄에 있어서 허위양도 또는 은닉의 의미 및 채권자를 해하는 결과발생이 필요한지 여부(소극)

「강제집행면탈죄에 있어서 허위양도라 함은 실제로 양도의 진의가 없음에도 불구하고 표면상 양도의 형식을 취하여 재산의 소유명의를 변경시키는 것이고, 은닉이라 함은 강제집행을 실시하는 자가 채무자의 재산을 발견하는 것을 불능 또는 곤란하게 만드는 것을 말하는바, 진의에 의하여 재산을 양도하였다면 설령 그것이 강제집행을 면탈할 목적으로 이루어진 것으로서 채권자의 불이익을 초래하는 결과가 되었다고 하더라도 강제집행면탈죄의 허위양도 또는 은닉에는 해당하지 아니한다고 보아야 할 것이며, 한편 그와 같은 행위로 인하여 채권자를 해할 위험이 있으면 강제집행면탈죄가 성립하고 반드시 현실적으로 채권자를 해하는 결과가 야기되어야만 강제집행면탈죄가 성립하는 것은 아니다.」

*평석. 강제집행면탈죄에 있어서 허위양도라 함은 실제로 양도의 진의가 없음에도 불구하고 표면상 양도의 형식을 취하여 재산의 소유명의를 변경시키는 것을 말하며, 진의에 의하여 재산을 양도하였다면 설령 그것이 강제집행을 면탈할 목적으로 이루어진 것으로서 채권자의 불이익을 초래하는 결과가 되었다고 하더라도 강제집행면탈죄의 허위양도에 해당하지 아니한다.

■대법원 1982.12.14. 80도2403

허위채무를 부담하고 가등기 및 본등기를 경료케 한 경우 강제집행면탈죄의 성부

「재단법인의 이사장인 피고인(갑)이 강제집행을 면탈할 목적으로 재단법인에 대하여 채권을 가지는 양 가장하여 이를 공동피고인(을)에게 양도함으로써 재단법인으로 하여금 허위의 채무를 부담케 하고 이를 담보한다는 구실하에 재단법인소유 토지를 공동피고인(을) 명의로 가등기 및 본 등기를 경료케 하였다면 강제집행면탈죄를 구성한다.」

*평석. 허위양도에 관한 판례이다.

(라) 허위의 채무부담

■대법원 2009.5.28. 2009도875

「허위의 채무를 부담하는 내용의 채무변제계약 공정증서를 작성한 후 이에 기하여 채권압류 및 추심명령을 받은 때에, 강제집행면탈죄가 성립한다.」

*평석. 허위의 채무부담이란 실제에 있어 채무가 존재하지 아니함에도 불구하고 채무

를 부담하는 것처럼 가장하는 것을 말한다.

■대법원 1996.10.25. 96도1531

장래 발생할 특정의 조건부채권을 담보하기 위하여 부동산에 근저당권을 설정한 행위가 강제집행면탈죄의 '허위채무 부담'에 해당하는지 여부(소극)

「피고인이 장래에 발생할 특정의 조건부채권을 담보하기 위한 방편으로 부동산에 대하여 근저당권을 설정한 것이라면, 특별한 사정이 없는 한 이는 장래 발생할 진실한 채무를 담보하기 위한 것으로서, 피고인의 위 행위를 가리켜 강제집행면탈죄 소정의 '허위의 채무를 부담'하는 경우에 해당한다고 할 수 없다.」

*평석. 채무부담이 진실한 경우에는 강제집행면탈죄가 성립하지 아니한다.

2) 채권자를 해할 위험성이 있을 것

■대법원 2009.5.28. 2009도875

형법 제327조에 정한 강제집행면탈죄의 성립요건

「형법 제327조의 강제집행면탈죄는 위태범으로서, 현실적으로 민사소송법에 의한 강제집행 또는 가압류·가처분의 집행을 받을 우려가 있는 객관적인 상태에서, 즉 채권자가 본안 또는 보전소송을 제기하거나 제기할 태세를 보이고 있는 상태에서 주관적으로 강제집행을 면탈하려는 목적으로 재산을 은닉, 손괴, 허위양도하거나 허위의 채무를 부담하여 채권자를 해할 위험이 있으면 성립하는 것이고, 반드시 채권자를 해하는 결과가 야기되거나 행위자가 어떤 이득을 취하여야 범죄가 성립하는 것은 아니다.」

*평석. 강제집행면탈죄는 추상적 위험범이다. 채권자를 해할 위험이 있으면 기수가 된다.

■대법원 1996.1.26. 95도2526

강제집행면탈죄의 성립요건

「형법 제327조의 강제집행면탈죄는 위태범으로서 현실적으로 민사소송법에 의한 강제집행 또는 가압류, 가처분의 집행을 받을 우려가 있는 객관적인 상태 아래 즉 채권자가 본안 또는 보전소송을 제기하거나 제기할 태세를 보이고 있는 상태에서 주관적으로 강제집행을 면탈하려는 목적으로 재산을 은닉, 손괴, 허위양도하거나 허위의 채무를 부담하여 채권자를 해할 위험이 있으면 성립하는 것이고, 반드시 채권자를 해하는 결과가 야기되거나 행위자가 어떤 이득을 취하여야 범죄가 성립하는 것은 아니며, 현실적으로 강제집행을 받을 우려가 있는 상태에서 강제집행을 면탈할 목적으로 허위의 채무를 부담하는 등의 행위를 하는 경우에는 달리 특별한 사정이 없는 한 채권자를 해할 위험이 있다고 보아야 한다.」

*평석. 채권자를 해할 위험성이 있느냐의 여부는 행위시를 기준으로 구체적 사정을 고려하여 판단한다. 대법원은 "현실적으로 강제집행을 받을 우려가 있는 상태에서 강제집행을 면탈할 목적으로 허위의 채무를 부담하는 등의 행위를 하는 경우에는 달리 특별한 사정이 없는 한 채권자를 해할 위험이 있다고 보아야 한다"고 하고 있다.

■대법원 1999.2.12. 98도2474

강제집행면탈죄의 성립요건 및 허위양도한 부동산에 그 시가액보다 다액의 피담보채무가 있는 경우 강제집행면탈죄의 성립 여부(적극)

「강제집행면탈죄는 이른바 위태범으로서 강제집행을 당할 구체적인 위험이 있는 상태에서 재산을 은닉, 손괴, 허위양도 또는 허위의 채무를 부담하면 바로 성립하는 것이고, 반드시 채권자를 해하는 결과가 야기되거나 이로 인하여 행위자가 어떤 이득을 취하여야 범죄가 성립하는 것은 아니며, 허위양도한 부동산의 시가액보다 그 부동산에 의하여 담보된 채무액이 더 많다고 하여 그 허위양도로 인하여 채권자를 해할 위험이 없다고 할 수 없다.」

*평석. 대법원은 강제집행면탈죄의 성립요건과 관련하여 허위양도한 부동산에 그 시가액보다 다액의 피담보채무가 있는 경우에도 그 허위양도로 인하여 채권자를 해할 위험이 있다고 판시하고 있다.

■대법원 1990.3.23. 89도2506

피고인이 허위채무를 부담하고 근저당권설정등기를 경료해 준 부동산외에도 다른 재산을 갖고 있는 경우 강제집행면탈죄의 성부(적극)

「피고인이 강제집행을 면할 목적으로 허위채무를 부담하고 근저당권설정등기를 경료하여 줌으로써 채권자를 해하였다고 인정된다면 설혹 피고인이 그 근저당권이 설정된 부동산외에 약간의 다른 재산이 있더라도 강제집행면탈죄가 성립된다.」

*평석. 허위채무를 부담하고 근저당권설정등기를 경료해 준 부동산외에도 약간의 다른 재산을 갖고 있는 경우에도 강제집행면탈죄는 성립한다.

제3편

사회적 법익에 대한 죄

제1장 공안을 해하는 죄

Ⅰ. 범죄단체조직죄

제114조(범죄단체의 조직) ①범죄를 목적으로 하는 단체를 조직하거나 이에 가입한 자는 그 목적한 죄에 정한 형으로 처단한다. 단, 형을 감경할 수 있다. ②병역 또는 납세의 의무를 거부할 목적으로 단체를 조직하거나 이에 가입한 자는 10년 이하의 징역이나 금고 또는 1천500만원 이하의 벌금에 처한다. ③전2항의 죄를 범하여 유기의 징역이나 금고 또는 벌금에 처한 자에 대하여는 10년 이하의 자격정지를 병과할 수 있다.

1. 의의

■대법원 1992.2.25. 91도3192

구 폭력행위등처벌에관한법률(1990.12.31. 법률 제4294호로 개정되기 전의 것) 제4조 소정의 단체 등의 조직죄가 계속범인지 여부(소극)

「구 폭력행위등처벌에관한법률(1990.12.31. 법률 제4294호로 개정되기 전의것) 제4조 소정의 단체 등의 조직죄는 같은 법에 규정된 범죄를 목적으로 한단체 또는 집단을 구성함으로써 즉시 성립하고 그와 동시에 완성되는 즉시범이지 계속범이 아니다.」

*평석. 대법원은 범죄단체조직죄를 즉시범으로 보고 있으나 계속범으로 보는 견해가 타당하다.

2. 단체

■대법원 2004.7.8. 2004도2009

폭력행위등처벌에관한법률 제4조가 규정한 '범죄단체'의 의미

「폭력행위등처벌에관한법률 제4조 소정의 범죄단체는 같은 법 소정의 범죄를 한다는 공동목적하에 특정 다수인에 의하여 이루어진 계속적이고도 최소한의 통솔체제를 갖춘 조직화된 결합체를 의미한다 할 것이므로, 특정 다수인에 의하여 이루어진 계속적이고 통솔체제를 갖춘 조직화된 결합체라 하더라도 그 구성원이 같은 법 소정의 범죄에 대한 공동목적을 갖고 있지 아니하는 한 그 단체를 같은 법 소정의 범죄단체로 볼 수는 없다. 사북 지역 출신의 청년들에 의하여 자생적으로 조직된 사북청년회라는 단체의 일부 회원들이 사북 지역에 내국인 카지노가 들어서면서 폭력 범행을 저지르거나 관여하게 되었다고 하여 사북청년회 자체가 폭력행위등처벌에관한법률상의 폭력 범행을 목적으로 조직화되었고 사북청년회 자체에서 그러한 폭력 범행을 지시하였거나 의도하였다고 보기 어려워 사북청년회가 폭력행위등처벌에관한법률에서 정한 범죄단체에 해당하지 아니한다고 한 사례.」

*평석. 여기서의 단체란 소정의 범죄를 한다는 공동목적하에 특정 다수인에 의하여 이루어진 계속적이고도 최소한의 통솔체제를 갖춘 조직화된 결합체를 의미한다.

■대법원 1987.10.13. 87도1240

범죄단체의 구성 또는 가입죄에 해당한다고 한 사례

「피고인들이 수괴, 간부 가입자를 구분할 수 있을 정도의 지휘통솔체계를 갖춘 단체를 구성하고 또는 이에 가입한 후 피고인 갑으로부터 단체생활에 필요한 자금 등을 제공받고, 싸움에 대비하여 수시로 단체 및 개인훈련을 실시하는 한편 피고인 갑의 사주를 받거나 고향의 선배들을 괴롭히는 자들을 응징한다는 명목 등으로 위 단체구성후 1년 10개월 동안 16건에 걸쳐 강도상해 및 폭력행위(상해, 협박 등)를 자행하여 왔다면 그 과정에서 생활비절감 등의 편의상 함께 모여 단체생활을 한 일면이 있다고 인정된다거나 위 단체의 명칭이 수사단계에서야 비로소 붙여진 것이라 하더라도 피고인들의 위와 같은 소위는 결국 폭력을 목적으로 한 범죄단체를 구성 또는 이에 가입한 죄에 해당된다.」

*평석. 대법원이 범죄단체의 구성 또는 가입죄에 해당한다고 한 사례이다.

Ⅱ. 공무원자격사칭죄

제118조(공무원자격의 사칭) 공무원의 자격을 사칭하여 그 직권을 행사한 자는 3년 이하의 징역 또는 700만원 이하의 벌금에 처한다.

공무원자격의 사칭 및 그 직권의 행사

■대법원 1981.9.8. 81도1955

위임받은 채권을 추심하는 방편으로 합동수사반원임을 사칭하고 협박한 경우에 공무원자격사칭죄의 성부(소극)

「공무원자격사칭죄가 성립하려면 어떤 직권을 행사할 수 있는 권한을 가진 공무원임을 사칭하고 그 직권을 행사한 사실이 있어야 하는바, 피고인들 이 그들이 위임받은 채권을 용이하게 추심하는 방편으로 합동수사반원임을 사칭하고 협박한 사실이 있다고 하여도 위 채권의 추심행위는 개인적인 업무이지 합동수사반의 수사업무의 범위에는 속하지 아니하므로 이를 공무원자격사칭죄로 처벌할 수 없다.」

*평석. 공무원자격사칭죄는 어떤 직권을 행사할 수 있는 권한을 가진 공무원자격의 사칭 및 그 사칭한 공무원의 직무에 관한 권한을 행사한 사실이 있음을 요한다.

제2장 폭발물에 관한 죄

Ⅰ. 폭발물사용죄

제119조(폭발물사용) ①폭발물을 사용하여 사람의 생명, 신체 또는 재산을 해하거나 기타 공안을 문란한 자는 사형, 무기 또는 7년 이상의 징역에 처한다. ②전쟁, 천재 기타 사변에 있어서 전항의 죄를 범한 자는 사형 또는 무기징역에 처한다. ③전2항의 미수범은 처벌한다.

■대법원 1969.7.8. 69도832

형법 제119조(폭발물 사용)의 죄가 성립하기 위하여서는 폭파시 신체를 해한다는 등의 고의가 있어야 한다.

「형법 제119조를 적용하려면 사람의 생명, 신체 또는 재산을 해하거나 기타 공안을 문란한다는 고의 있어야 한다고 해석되는 것임에도 불구하고, 위에서 설명한 바와 같이 원판결은 피고인이 본건 다이나마이트 폭파시 피해자들의 신체를 해한다는 고의있었음을 인정하지 아니하면서 형법 제119조를 적용하였음은 법령적용에 위법이 있는 것이라 할 것이다.」

*평석. 폭발물사용죄는 폭발물을 사용한다는 인식과 함께 사람의 생명, 신체 또는 재산을 해하거나 기타 공안을 문란하게 한다는 고의 있음을 요한다.

제3장 방화와 실화의 죄

Ⅰ. 현주건조물방화죄

제164조(현주건조물등에의 방화) ①불을 놓아 사람이 주거로 사용하거나 사람이 현존하는 건조물, 기차, 전차, 자동차, 선박, 항공기 또는 광갱을 소훼한 자는 무기 또는 3년 이상의 징역에 처한다. 제174조(미수범) 제164조제1항, 제165조, 제166조제1항, 제172조제1항, 제172조의2제1항, 제173조제1항과 제2항의 미수범은 처벌한다.

1. 실행의 착수시기

■대법원 2002.3.26. 2001도6641

매개물을 통한 현존건조물방화죄의 실행의 착수시기 및 그 판단 방법

「매개물을 통한 점화에 의하여 건조물을 소훼함을 내용으로 하는 형태의 방화죄의 경우에, 범인이 그 매개물에 불을 켜서 붙였거나 또는 범인의 행위로 인하여 매개물에 불이 붙게 됨으로써 연소작용이 계속될 수 있는 상태에 이르렀다면, 그것이 곧바로 진화되는 등의 사정으로 인하여 목적물인 건조물 자체에는 불이 옮겨 붙지 못하였다고 하더라도, 방화죄의 실행의 착수가 있었다고 보아야 할 것이고, 구체적인 사건에 있어서 이러한 실행의 착수가 있었는지 여부는 범행 당시 피고인의 의사 내지 인식, 범행의 방법과 태양, 범행 현장 및 주변의 상황, 매개물의 종류와 성질 등의 제반 사정을 종합적으로 고려하여 판단하여야 한다.

피고인이 방화의 의사로 뿌린 휘발유가 인화성이 강한 상태로 주택주변과 피해자의 몸에 적지 않게 살포되어 있는 사정을 알면서도 라이터를 켜 불꽃을 일으킴으로써 피해자의 몸에 불이 붙은 경우, 비록 외부적 사정에 의하여 불이 방화 목적물인 주택 자

체에 옮겨 붙지는 아니하였다 하더라도 현존건조물방화죄의 실행의 착수가 있었다고 봄이 상당하다.」

*평석. 매개물을 통한 현존건조물방화죄의 실행의 착수시기는 매개물에 불을 켜서 붙였거나 매개물에 불이 붙게 됨으로써 연소작용이 계속될 수 있는 상태에 이른 경우, 즉 발화 또는 점화가 있을 것을 요한다.

2. 방화죄의 기수시기

■대법원 2007.3.16. 2006도9164

현주건조물방화죄의 기수시기

「현주건조물방화죄는 화력이 매개물을 떠나 목적물인 건조물 스스로 연소할 수 있는 상태에 이름으로써 기수가 된다. 피해자의 사체 위에 옷가지 등을 올려놓고 불을 붙인 천조각을 던져서 그 불길이 방안을 태우면서 천정에까지 옮겨 붙었다면 도중에 진화되었다고 하더라도 일단 천정에 옮겨 붙은 때에 이미 현주건조물방화죄의 기수에 이른 것이다.」

*평석. 방화죄의 기수시기에 관하여 독립연소설, 효용상실설, 중요부분연소개시설, 일부손괴설이 주장되고 있으나 대법원은 독립연소설의 입장에서 "화력이 매개물을 떠나 목적물인 건조물 스스로 연소할 수 있는 상태에 이름으로써 기수가 된다"고 하고 있다.

Ⅱ. 현주건조물방화치사상죄

제164조(현주건조물등에의 방화) ②제1항의 죄를 범하여 사람을 상해에 이르게 한 때에는 무기 또는 5년 이상의 징역에 처한다. 사망에 이르게 한 때에는 사형, 무기 또는 7년 이상의 징역에 처한다.

■대법원 1996.4.26. 96도485

현주건조물방화치사상죄와 살인죄 및 존속살인죄의 죄수관계

「형법 제164조 후단이 규정하는 현주건조물방화치사상죄는 그 전단이 규정하는 죄에 대한 일종의 가중처벌 규정으로서 과실이 있는 경우뿐만 아니라, 고의가 있는 경우에도

포함된다고 볼 것이므로 사람을 살해할 목적으로 현주건조물에 방화하여 사망에 이르게 한 경우에는 현주건조물방화치사죄로 의율하여야 하고 이와 더불어 살인죄와의 상상적경합범으로 의율할 것은 아니며, 다만 존속살인죄와 현주건조물방화치사죄는 상상적경합범 관계에 있으므로, 법정형이 중한 존속살인죄로 의율함이 타당하다.」

*평석. 현주건조물방화치사상죄는 부진정결과적 가중범이다. 따라서 사람을 살해할 고의를 가지고 현주건조불에 방화하여 사람을 살해한 경우에는 현주건조물방화치사죄와 살인죄의 상상적 경합이 된다. 이 경우 대법원은 '현주건조물방화치사죄로(만) 의율해야 한다'고 하고 있다.

●참조판례

대법원 1998.12.8. 98도3416

Ⅲ. 실화죄

第170조(실화) ①과실로 인하여 第164조 또는 第165조에 기재한 물건 또는 타인의 소유에 속하는 第166조에 기재한 물건을 소훼한 자는 1천500만원 이하의 벌금에 처한다. ②과실로 인하여 자기의 소유에 속하는 第166조 또는 第167조에 기재한 물건을 소훼하여 공공의 위험을 발생하게 한 자도 전항의 형과 같다.

1. 제170조 제1항

■대법원 1994.8.26. 94도1291

함께 술을 마신 후 만취된 피해자를 촛불이 켜져 있는 방안에 혼자 눕혀 놓고 촛불을 끄지 않고 나오는 바람에 화재가 발생하여 피해자가 사망한 경우 과실치사책임을 인정한 사례

◐참조조문

형법 第170조 第1항, 第267조

【이 유】

「원심이 유지한 第1심판결이 내세운 증거를 기록에 비추어 검토하면 피고인들이 자

신들과 함께 술을 마시고 만취되어 의식이 없는 피해자를 부축하여 학교선배인 장OO의 자취집에 함께 가서 촛불을 가져 오라고 하여 장OO이 가져온 촛불이 켜져 있는 방안에 이불을 덮고 자고 있는 피해자를 혼자 두고 나옴에 있어 그 촛불이 피해자의 발로부터 불과 약 70 내지 80cm 밖에 떨어져 있지 않은 곳에 마분지로 된 양초갑 위에 놓여져 있음을 잘 알고 있었던 피고인들로서는 당시 촛불을 켜놓아야 할 별다른 사정이 엿보이지 아니하고 더욱이 피고인들 외에는 달리 피해자를 돌보아 줄 사람도 없었던 터이므로 술에 취한 피해자가 정신없이 몸부림을 치다가 발이나 이불자락으로 촛불을 건드리는 경우 그것이 넘어져 불이 이불이나 비닐장판 또는 벽지 등에 옮겨붙어 화재가 발생할 가능성이 있고, 또한 화재가 발생하는 경우 화재에 대처할 능력이 없는 피해자가 사망할 가능성이 있음을 예견할 수 있으므로 이러한 경우 피해자를 혼자 방에 두고 나오는 피고인들로서는 촛불을 끄거나 양초가 쉽게 넘어지지 않도록 적절하고 안전한 조치를 취하여야 할 주의 의무가 있다 할 것인바, 비록 피고인들이 직접 촛불을 켜지 않았다 할지라도 위와 같은 주의 의무를 다하지 않은 이상 피고인들로서는 이 사건 화재발생과 그로 인한 피해자의 사망에 대하여 과실책임을 면할 수는 없다 할 것이다.」

*평석. 형법 제170조 제1항의 실화죄의 사례이다.

2. 제170조 제2항

■대법원 1994.12.20. 94모32

형법 제170조 제2항 소정의 '자기의 소유에 속하는 제166조 또는 제167조에 기재한 물건'의 해석과 죄형법정주의 원칙

【결정요지】

[다수의견] <u>형법 제170조 제2항에서 말하는 '자기의 소유에 속하는 제166조 또는 제167조에 기재한 물건'이라 함은 '자기의 소유에 속하는 제166조에 기재한 물건 또는 자기의 소유에 속하든, 타인의 소유에 속하든 불문하고 제167조에 기재한 물건'을 의미하는 것이라고 해석하여야 하며</u>, 제170조 제1항과 제2항의 관계로 보아서도 제166조에 기재한 물건(일반건조물 등) 중 타인의 소유에 속하는 것에 관하여는 제1항에서 규정하고 있기 때문에 제2항에서는 그중 자기의 소유에 속하는 것에 관하여 규정하고, 제167조에 기재한 물건에 관하여는 소유의 귀속을 불문하고 그 대상으로 삼아 규정하고 있는 것이라고 봄이 관련조문을 전체적, 종합적으로 해석하는 방법일 것이고, 이렇게 해석한다

고 하더라도 그것이 법규정의 가능한 의미를 벗어나 법형성이나 법창조행위에 이른 것이라고는 할 수 없어 죄형법정주의의 원칙상 금지되는 유추해석이나 확장해석에 해당한다고 볼 수는 없을 것이다.

[반대의견] 형법 제170조 제2항은 명백히 '자기의 소유에 속하는 제166조 또는 제167조에 기재한 물건'이라고 되어 있을 뿐 '자기의 소유에 속하는 제166조에 기재한 물건 또는 제167조에 기재한 물건'이라고는 되어 있지 아니하므로, 우리말의 보통의 표현방법으로는 '자기의 소유에 속하는'이라는 말은 '제166조 또는 제167조에 기재한 물건'을 한꺼번에 수식하는 것으로 볼 수밖에 없고, 같은 규정이 '자기의 소유에 속하는 제166조에 기재한 물건 또는, 아무런 제한이 따르지 않는 단순한, 제167조에 기재한 물건'을 뜻하는 것으로 볼 수는 없다

*평석. 반대의견에 의하면 타인소유의 일반물건에 대한 실화의 경우에는 불가벌이 되어, 이는 자기소유의 일반물건에 대한 실화를 벌하는 것과 상호 균형을 상실하게 된다.

Ⅳ. 업무상 실화, 중실화죄

제171조(업무상실화, 중실화) 업무상과실 또는 중대한 과실로 인하여 제170조의 죄를 범한 자는 3년 이하의 금고 또는 2천만원 이하의 벌금에 처한다.

1. 업무상 실화죄에 있어 업무

■대법원 1983.5.10. 82도2279

업무상 실화죄에 있어서의 업무의 범위

「업무상 실화죄에 있어서의 업무에는 그 직무상 화재의 원인이 된 화기를 직접 취급하는 것에 그치지 않고 화재의 발견 방지 등의 의무가 지워진 경우를 포함한다.」

*평석. 업무상 실화죄에 있어서의 업무의 범위는 그 직무상 화재의 원인이 된 화기를 직접 취급하는 것에 그치지 않고 화재의 발견 방지 등의 의무가 지워진 경우를 포함한다.

2. 중실화

■대법원 1988.8.23. 88도855

형법 제171조의 중실화의 의미

「형법 제171조가 정하는 중실화는 행위자가 극히 작은 주의를 함으로써 결과발생을 예견할 수 있었는데도 부주의로 이를 예견하지 못하는 경우를 말한다. 」

【이 유】

「원심판결과 원심이 인용한 제1심판결이 든 증거에 의하면, 피고인이 약 2.5평 넓이의 주방에 설치된 간이온돌용 새마을보일러에 연탄을 갈아 넣음에 있어서 연탄의 연소로 보일러가 가열됨으로써 그 열이 전도, 복사되어 그 주변의 가열접촉물에 인화될 것을 쉽게 예견할 수 있었음에도 불구하고 그 주의의무를 게을리 하여 위 보일러로부터 5 내지 10센티미터쯤의 거리에 판시 가연물질을 그대로 두고 신문지를 구겨서 보일러의 공기조절구를 살짝 막아놓은 채 그 자리를 떠나버렸기 때문에 판시와 같은 화재가 발생한 사실을 인정하기에 넉넉하므로 원심판결의 지적하는 바와 같은 채증법칙을 어긴 위법이 없다.

그리고 형법 제171조가 정하는 중실화는 행위자가 극히 작은 주의를 함으로써 결과발생을 예견할 수 있었는데도 부주의로 이를 예견하지 못하는 경우를 말하는 것이므로 앞에서 본 바와 같은 피고인의 행위를 중실화죄로 다스린 원심의 조치도 정당하여 거기에 지적하는 바와 같은 중실화에 관한 법리오해의 위법도 없다.」

*평석. 대법원이 중실화죄를 인정한 사안이다.

제4장 일수와 수리에 관한 죄

Ⅰ. 개관

고의 또는 과실로 수해를 일으켜 다수인의 생명·신체·재산에 대한 위험을 예정하는 공공위험범죄로서의 성격을 내용으로 하는 범죄이다. 보호법익은 공공의 안전이나 부차적으로 재산죄적 성격을 가진다는 점에서 방화죄와 유사하다.

Ⅱ. 수리방해죄

제184조(수리방해) 제방을 결궤하거나 수문을 파괴하거나 기타 방법으로 수리를 방해한 자는 5년 이하의 징역 또는 700만원 이하의 벌금에 처한다.

■대법원 2001.6.26. 2001도404

형법 제184조 수리방해죄에 있어 '수리(水利)'와 '수리를 방해'의 의미 및 수리방해죄의 성립 요건

「형법 제184조는 '제방을 결궤(決潰, 무너뜨림)하거나 수문을 파괴하거나 기타 방법으로 수리를 방해'하는 것을 구성요건으로 하여 수리방해죄를 규정하고 있는바 여기서 수리(水利)라 함은, 관개용·목축용·발전이나 수차 등의 동력용·상수도의 원천용 등 널리 물이라는 천연자원을 사람의 생활에 유익하게 사용하는 것을 가리키고(다만, 형법 제185조의 교통방해죄 또는 형법 제195조의 수도불통죄의 경우 등 다른 규정에 의하여 보호되는 형태의 물의 이용은 제외될 것이다), 수리를 방해한다 함은 제방을 무너뜨리거나 수문을 파괴하는 등 위 조문에 예시된 것을 포함하여 저수시설, 유수로(流水路)나 송·인수시설 또는 이들에 부설된 여러 수리용 장치를 손괴·변경하거나 효용을 해침

으로써 수리에 지장을 일으키는 행위를 가리키며, 나아가 수리방해죄는 타인의 수리권을 보호법익으로 하므로 수리방해죄가 성립하기 위하여는 법령, 계약 또는 관습 등에 의하여 타인의 권리에 속한다고 인정될 수 있는 물의 이용을 방해하는 것이어야 한다.」

*평석. 수리방해죄에 있어 행위는 "제방을 결궤(決潰, 무너뜨림)하거나 수문을 파괴하거나 기타 방법으로 수리를 방해하는 것"을 말하며, '수리'라 함은 "관개용·목축용·발전이나 수차 등의 동력용·상수도의 원천용 등 물이라는 천연자원을 사람의 생활에 유익하게 사용하는 것"을 말한다.

■대법원 2001.6.26. 2001도404

'원천 내지 자원으로서의 물의 이용이 아니라, 하수나 폐수 등 이용이 끝난 물을 배수로를 통하여 내려보내는 것을 방해하는 경우, 수리방해죄의 성립 여부(한정 소극)

「원천 내지 자원으로서의 물의 이용이 아니라, 하수나 폐수 등 이용이 끝난 물을 배수로를 통하여 내려보내는 것은 형법 제184조 소정의 수리에 해당한다고 할 수 없고, 그러한 배수 또는 하수처리를 방해하는 행위는, 특히 그 배수가 수리용의 인수(引水)와 밀접하게 연결되어 있어서 그 배수의 방해가 직접 인수에까지 지장을 초래한다는 등의 특수한 경우가 아닌 한, 수리방해죄의 대상이 될 수 없다. (따라서)농촌주택에서 배출되는 생활하수의 배수관(소형 PVC관)을 토사로 막아 하수가 내려가지 못하게 한 경우, 수리방해죄에 해당하지 아니한다.」

*평석. 원천 내지 자원으로서의 물의 이용이 아니라, 하수나 폐수 등 이용이 끝난 물을 배수로를 통하여 내려보내는 것은 형법 제184조 소정의 수리에 해당한다고 할 수 없다.

■대법원 1968.2.20. 67도1677

유지의 몽리민들이 계속하여 20년이상 평온 공연하게 유지의 물을 사용하여 소유 농지를 경작한 경우의 동 몽리 농민들의 유지의 저수사용권.

「몽리민들이 계속하여 20년 이상 평온 공연하게 본건 유지의 물을 사용하여 소유농지를 경작하여 왔다면 그 유지의 물을 사용할 권리가 있다고 할 것이므로 그 권리를 침해하는 행위는 수리방해죄를 구성한다할 것이다.」

*평석. 수리방해죄는 타인의 수리권을 보호법익으로 하므로 수리방해죄가 성립하기 위하여는 법령, 계약 또는 관습 등에 의하여 타인의 권리에 속한다고 인정될 수 있는 물의 이용을 방해하는 것이어야 한다.

제5장 교통방해의 죄

Ⅰ. 개관

교통방해죄의 보호법익은 일반 공중의 교통의 안전이다. 보호의 정도는 추상적 위험범이다. 교통의 안전은 사회생활상의 다양한 편의, 특히 경제활동의 원활한 수행의 기초임은 물론 그것에 대한 안전은 공중의 생명, 신체의 안전에 직접적으로 연관되어 있어 본장의 죄의 기본적 성격은 공공위험죄로서의 성격을 가진다.

■대법원 2005.10.28. 2004도7545

일반교통방해죄의 보호법익 및 보호의 정도

「일반교통방해죄는 일반 공중의 교통의 안전을 그 보호법익으로 하는 범죄로서 육로 등을 손괴 또는 불통케 하거나 기타의 방법으로 교통을 방해하여 통행을 불가능하게 하거나 현저히 곤란하게 하는 일체의 행위를 처벌하는 것을 그 목적으로 하고 있으며, 여기서 '육로'라 함은 사실상 일반공중의 왕래에 공용되는 육상의 통로를 널리 일컫는 것으로서 그 부지의 소유관계나 통행권리관계 또는 통행인의 많고 적음 등을 가리지 않는다(대법원 1995. 9. 15. 선고 95도1475 판결, 2002. 4. 26. 선고 2001도6903 판결 등 참조). 또한, 일반교통방해죄는 이른바 추상적 위험범으로서 교통이 불가능하거나 또는 현저히 곤란한 상태가 발생하면 바로 기수가 되고 교통방해의 결과가 현실적으로 발생하여야 하는 것은 아니다.」

*평석. 교통방해죄의 보호법익은 일반 공중의 교통의 안전이며 보호의 정도는 추상적 위험범이다.

Ⅱ. 일반교통방해죄

第185조(일반교통방해) 육로, 수로 또는 교량을 손괴 또는 불통하게 하거나 기타 방법으로 교통을 방해한 자는 10년 이하의 징역 또는 1천500만원 이하의 벌금에 처한다.

1. 행위의 객체

육로, 수로 또는 교량이다.

■대법원 2005.10.28. 2004도7545

형법 제185조 일반교통방해죄에서의 '육로'의 의미

「여기서 '육로'라 함은 사실상 일반공중의 왕래에 공용되는 육상의 통로를 널리 일컫는 것으로서 그 부지의 소유관계나 통행권리관계 또는 통행인의 많고 적음 등을 가리지 않는다(대법원 1995. 9. 15. 선고 95도1475 판결, 2002. 4. 26. 선고 2001도6903 판결 등 참조).」

*평석. 일반교통방해죄에 있어 '육로'라 함은 사실상 일반공중의 왕래에 공용되는 육상의 통로를 널리 일컫는 것으로서 그 부지의 소유관계나 노면의 폭, 통행권리관계 또는 통행인의 많고 적음 등은 문제되지 아니한다.

■대법원 2002.4.26. 2001도6903

형법 제185조 일반교통방해죄 소정의 '육로'의 의미

「형법 제185조의 일반교통방해죄는 일반공중의 교통의 안전을 보호법익으로 하는 범죄로서 여기서의 '육로'라 함은 사실상 일반공중의 왕래에 공용되는 육상의 통로를 널리 일컫는 것으로서 그 부지의 소유관계나 통행권리관계 또는 통행인의 많고 적음 등을 가리지 않는다. 불특정 다수인의 통행로로 이용되어 오던 도로의 토지 일부의 소유자라 하더라도 그 도로의 중간에 바위를 놓아두거나 이를 파헤침으로써 차량의 통행을 못하게 한 행위는 일반교통방해죄 및 업무방해죄에 해당한다.」

*평석. 형법 제185조(일반교통방해죄)의 '육로'라 함은 사실상 일반공중의 왕래에 공용되는 육상의 통로를 말하며 그 부지의 소유관계나 통행이용관계 또는 통행인이 많고 적음은 문제되지 아니한다.

2. 행위의 태양

육로, 수로 또는 교량을 손괴 또는 불통하게 하거나 기타 방법으로 교통을 방해하는 것이다.

■대법원 2008.11.13. 2006도755

집회 또는 시위가 형법상 교통방해죄를 구성하는 경우

「구 집회 및 시위에 관한 법률(2007. 5. 11. 법률 제8424호로 전문 개정되기 전의 것) 제6조 제1항 및 입법 취지에 비추어, 적법한 신고를 마치고 도로에서 집회나 시위를 하는 경우 도로의 교통이 어느 정도 제한될 수밖에 없으므로, 그 집회 또는 시위가 신고된 범위 내에서 행해졌거나 신고된 내용과 다소 다르게 행해졌어도 신고된 범위를 현저히 일탈하지 않는 경우에는, 그로 인하여 도로의 교통이 방해를 받았다고 하더라도 특별한 사정이 없는 한 형법 제185조의 일반교통방해죄가 성립한다고 볼 수 없다. 그러나 그 집회 또는 시위가 당초 신고된 범위를 현저히 일탈하거나 구 집회 및 시위에 관한 법률(2007. 5. 11. 법률 제8424호로 전문 개정되기 전의 것) 제12조에 의한 조건을 중대하게 위반하여 도로 교통을 방해함으로써 통행을 불가능하게 하거나 현저하게 곤란하게 하는 경우에는 일반교통방해죄가 성립한다. 전국민주노동조합총연맹 준비위원회가 주관한 도로행진시위가 사전에 구 집회 및 시위에 관한 법률(2007. 5. 11. 법률 제8424호로 전문 개정되기 전의 것)에 따라 옥외집회신고를 마쳤어도, 신고의 범위와 위 법률 제12조에 따른 제한을 현저히 일탈하여 주요도로 전차선을 점거하여 행진 등을 함으로써 교통소통에 현저한 장해를 일으켰다면, 일반교통방해죄를 구성한다.」

*평석. 도로행진시위가 법률에 따라 옥외집회신고를 마쳤어도, 신고의 범위와 제한을 현저히 일탈하여 주요도로 전차선을 점거하여 행진 등을 함으로써 교통소통에 현저한 장해를 일으켰다면, 일반교통방해죄를 구성한다.

Ⅲ. 기차등 전복죄

제187조(기차등의 전복등) 사람의 현존하는 기차, 전차, 자동차, 선박 또는 항공기를 전복, 매몰, 추락 또는 파괴한 자는 무기 또는 3년 이상의 징역에 처한다. 제190조(미수범) 제185조 내지 제187조의 미수범은 처벌한다.

■대법원 1970.10.23. 70도1611

형법 제187조에 정한 '파괴'의 의미

「형법 제187조에 정한 '파괴'의 뜻은 기차, 전차, 자동차, 선박 또는 항공기 등의 교통기관으로서의 용법의 전부 또는 일부를 불가능하게 할 정도의 파손을 의미하는 것이고 경미한 손괴를 포함하지 않는다고 해석함이 상당하다.」

*평석. 형법 제187조에 정한 '파괴'의 의미는 교통기관으로서의 용법의 전부 또는 일부를 불가능하게 할 정도의 손괴를 의미한다.

■대법원 2000.6.23. 99도4688

선박매몰죄의 고의가 성립하기 위한 인식의 정도 및 사람의 현존하는 선박에 대해 매몰행위의 실행을 개시하여 선박을 매몰시켰으나 그 결과발생시 사람이 현존하지 않았거나 범인이 선박에 있는 사람을 안전하게 대피시킨 경우, 선박매몰죄의 기수로 볼 것인지 여부(적극)

「선박매몰죄의 고의가 성립하기 위하여는 행위시에 사람이 현존하는 것이라는 점에 대한 인식과 함께 이를 매몰한다는 결과발생에 대한 인식이 필요하며, 현존하는 사람을 사상에 이르게 한다는 등 공공의 위험에 대한 인식까지는 필요하지 않고, 사람의 현존하는 선박에 대해 매몰행위의 실행을 개시하고 그로 인하여 선박을 매몰시켰다면 매몰의 결과발생시 사람이 현존하지 않았거나 범인이 선박에 있는 사람을 안전하게 대피시켰다고 하더라도 선박매몰죄의 기수로 보아야 할 것이지 이를 미수로 볼 것은 아니다.」

*평석. 선박매몰죄의 고의는 행위시에 사람이 현존하는 것에 대한 인식과 이를 매몰한다는 결과발생에 대한 인식, 인용이 필요하며, 공공의 위험발생에 대한 인식은 요하지 아니한다(추상적 위험범).

Ⅳ. 과실교통방해죄

제189조(과실, 업무상과실, 중과실) ①과실로 인하여 제185조 내지 제187조의 죄를 범한 자는 1천만원 이하의 벌금에 처한다. ②업무상과실 또는 중대한 과실로 인하여 제185조 내지 제187조의 죄를 범한 자는 3년 이하의 금고 또는 2천만원 이하의 벌금에 처한다.

■대법원 1972.2.22. 71도2386

선박충돌사고에 있어서 한쪽에 과실이 있다고 하여 반드시 다른 쪽에는 과실이 없다고 단정할 수 없다.

*평석. 한쪽에 과실이 있다고 하여 반드시 다른 쪽 행위자에게 과실이 없다고 단정할 수 없다.

■대법원 1997.11.28. 97도1740

성수대교 붕괴사고에서 교량 건설회사의 트러스 제작 책임자, 교량공사 현장감독, 발주 관청의 공사감독 공무원 등에게 업무상과실치사상, 업무상과실일반교통방해, 업무상과실자동차추락죄 등의 유죄를 인정한 사례

「제189조 제2항에서 말하는 '업무상과실'의 주체는 기차, 전차, 자동차, 선박, 항공기나 기타 일반의 '교통왕래에 관여하는 사무'에 직접 · 간접으로 종사하는 자이어야 할 것인바, 성수대교는 차량 등의 통행을 주된 목적으로 하여 건설된 교량이므로, 그 건설 당시 제작, 시공을 담당한 자도 '교통왕래에 관여하는 사무'에 간접적으로 관련이 있는 자에 해당한다.」

*평석. 제189조 제2항에서 말하는 '업무상과실'의 주체는 기차, 전차, 자동차, 선박, 항공기나 기타 일반의 '교통왕래에 관여하는 사무'에 직접 · 간접으로 종사하는 자이다.

제6장 통화에 관한 죄

Ⅰ. 내국통화위조 · 변조죄

제207조(통화의 위조등) ①행사할 목적으로 통용하는 대한민국의 화폐, 지폐 또는 은행권을 위조 또는 변조한 자는 무기 또는 2년 이상의 징역에 처한다. 제212조(미수범) 제207조, 제208조와 전조의 미수범은 처벌한다.

■대법원 1986.3.25. 86도255

통화의 앞 뒤면을 전자복사기로 복사하여 같은 크기로 자른 것이 통화위조죄 및 위조통화행사죄의 객체가 될 수 있는지 여부

「통화위조죄와 위조통화행사죄의 객체인 위조통화는 그 통화과정에서 일반인이 진정한 통화로 오인할 정도의 외관을 갖추어야 할 것이므로, 한국은행발행 일만원권 지폐의 앞 . 뒷면을 전자복사기로 복사하여 비슷한 크기로 자른 정도의 것은 객관적으로 진정한 통화로 오인할 정도에 이르지 못하여 통화위조죄 및 위조통화행사죄의 객체가 될 수 없다.」

*평석. 통화위조죄의 객체인 위조통화는 일반인이 진정한 통화로 오인할 정도의 외관을 갖추어야 한다.

■대법원 2004.3.26. 2003도5640

통화변조에 해당하기 위한 요건

「진정한 통화에 대한 가공행위로 인하여 기존 통화의 명목가치나 실질가치가 변경되었다거나 객관적으로 보아 일반인으로 하여금 기존 통화와 다른 진정한 화폐로 오신하게 할 정도의 새로운 물건을 만들어 낸 것으로 볼 수 없다면 통화가 변조되었다고 볼 수 없다. 진정한 통화인 미화 1달러 및 2달러 지폐의 발행연도, 발행번호, 미국 재무부

를 상징하는 문양, 재무부장관의 사인, 일부 색상을 고친 것만으로는 통화가 변조되었다고 볼 수 없다.」

*평석. 통화의 변조의 정도는 객관적으로 보아 일반인으로 하여금 기존 통화와 다른 진정한 화폐로 오신하게 할 정도의 것이어야 한다.

Ⅱ. 외국통용 외국통화위조 · 변조죄

第207조(통화의 위조등) ③행사할 목적으로 외국에서 통용하는 외국의 화폐, 지폐 또는 은행권을 위조 또는 변조한 자는 10년 이하의 징역에 처한다. 第212조(미수범) 第207조, 第208조와 전조의 미수범은 처벌한다.

■대법원 2004.5.14. 2003도3487

일반인의 관점에서 통용할 것이라고 오인할 가능성이 있는 외국의 지폐가 형법 제207조 제3항에서 규정한 '외국에서 통용하는 외국의 지폐'에 해당하는지 여부(소극)

「형법 제207조 제3항은 "행사할 목적으로 외국에서 통용하는 외국의 화폐, 지폐 또는 은행권을 위조 또는 변조한 자는 10년 이하의 징역에 처한다."고 규정하고 있는바, <u>여기에서 외국에서 통용한다고 함은 그 외국에서 강제통용력을 가지는 것을 의미하는 것이므로 외국에서 통용하지 아니하는 즉, 강제통용력을 가지지 아니하는 지폐는 그것이 비록 일반인의 관점에서 통용할 것이라고 오인할 가능성이 있다고 하더라도 위 형법 제207조 제3항에서 정한 외국에서 통용하는 외국의 지폐에 해당한다고 할 수 없고</u>, 만일 그와 달리 위 형법 제207조 제3항의 외국에서 통용하는 지폐에 일반인의 관점에서 통용할 것이라고 오인할 가능성이 있는 지폐까지 포함시키면 이는 위 처벌조항을 문언상의 가능한 의미의 범위를 넘어서까지 유추해석 내지 확장해석하여 적용하는 것이 되어 죄형법정주의의 원칙에 어긋나는 것으로 허용되지 않는다.

미국에서 발행된 적이 없이 단지 여러 종류의 관광용 기념상품으로 제조, 판매되고 있는 미합중국 100만 달러 지폐와 과거에 발행되어 은행 사이에서 유통되다가 현재는 발행되지 않고 있으나 화폐수집가나 재벌들이 이를 보유하여 오고 있는 미합중국 10만 달러 지폐가 막연히 일반인의 관점에서 미합중국에서 강제통용력을 가졌다고 오인할 수 있다는 이유로 형법 제207조 제3항의 외국에서 통용하는 지폐에 포함된다고 판단한 원심판결을 파기한 사례.」

*평석. 행사할 목적으로 외국에서 '통용'하는 외국의 화폐의 의미는 실제에 있어 외국에서 강제통용력을 가진 통화를 말한다.

Ⅲ. 위조 · 변조통화행사등죄

第207조(통화의 위조등) ④위조 또는 변조한 전3항 기재의 통화를 행사하거나 행사할 목적으로 수입 또는 수출한 자는 그 위조 또는 변조의 각죄에 정한 형에 처한다. 第212조(미수범) 제207조, 第208조와 전조의 미수범은 처벌한다.

1. 행위의 객체

■대법원 1985.4.23. 85도570

객관적으로 진정한 통화로 오인될 염려가 없어도 위조통화행사죄의 객체가 될 수 있는지 여부(소극)

「위조통화행사죄의 객체인 위조통화는 객관적으로 보아 일반인으로 하여금 진정통화로 오신케 할 정도에 이른 것이면 족하고 그 위조의 정도가 반드시 진물에 흡사하여야 한다거나 누구든지 쉽게 그 진부를 식별하기가 불가능한 정도의 것일 필요는 없으나, 이 사건 위조지폐인 한국은행 10,000원권과 같이 전자복사기로 복사하여 그 크기와 모양 및 앞뒤로 복사되어 있는 점은 진정한 통화와 유사하나 그 복사된 정도가 조잡하여 정밀하지 못하고 진정한 통화의 색채를 갖추지 못하고 흑백으로만 되어 있어 객관적으로 이를 진정한 것으로 오인할 염려가 전혀 없는 정도의 것인 경우에는 위조통화행사죄의 객체가 될 수 없다.」

*평석. 위조통화행사죄의 행위의 객체인 위조통화는 객관적으로 보아 일반인으로 하여금 진정통화로 오신케 할 정도에 이른 것이면 족하다.

2. 행위

행사하거나 행사할 목적으로 수입 또는 수출하는 것이다.

■대법원 2003.1.10. 2002도3340

위조통화임을 알고 있는 자에게 그 위조통화를 교부한 경우, 위조통화행사죄의 성립 여부(적극)

「위조통화임을 알고 있는 자에게 그 위조통화를 교부한 경우에 피교부자가 이를 유통시키리라는 것을 예상 내지 인식하면서 교부하였다면, 그 교부행위 자체가 통화에 대한 공공의 신용 또는 거래의 안전을 해할 위험이 있으므로 위조통화행사죄가 성립한다.」

*평석. 위조통화임을 알고 있는 자에게 그 위조통화를 교부한 경우에도 위조통화행사죄가 성립한다.

3. 사기죄와의 관계

■대법원 1979.7.10. 79도840

위조통화를 행사한 경우 사기죄가 성립되는지 여부

「통화위조죄에 관한 규정은 공공의 거래상의 신용 및 안전을 보호하는 공공적인 법익을 보호함을 목적으로 하고 있고, 사기죄는 개인의 재산법익에 대한 죄이어서 양죄는 그 보호법익을 달리하고 있으므로 위조통화를 행사하여 재물을 불법영득한 때에는 위조통화행사죄와 사기죄의 양죄가 성립된다.」

*평석. 위조통화를 행사하여 재물을 불법영득한 때에는 위조통화행사죄와 사기죄의 실체적 경합범이 성립한다.

Ⅳ. 통화위조 · 변조의 예비 · 음모죄

제213조(예비, 음모) 제207조제1항 내지 제3항의 죄를 범할 목적으로 예비 또는 음모한 자는 5년 이하의 징역에 처한다. 단, 그 목적한 죄의 실행에 이르기 전에 자수한 때에는 그 형을 감경 또는 면제한다.

■대법원 1966.12.6. 66도1317

통화위조의 착수에 이르렀다고 볼 수 없는 사례

「피고인이 행사할 목적으로 미리 준비한 물건들과 옵세트인쇄기를 사용하여 한국은행권 100원권을 사진찍어 그 필름 원판 7매와 이를 확대하여 현상한 인화지 7매를 만들었음에 그쳤다면 아직 통화위조의 착수에는 이르지 아니하였고 그 준비단계에 불과하다.」

*평석. 통화위조죄의 실행의 착수에 이르지 못한 사례이다.

제7장 유가증권·우표와 인지에 관한 죄

Ⅰ. 유가증권위조 · 변조죄

제214조(유가증권의 위조등) ①행사할 목적으로 대한민국 또는 외국의 공채증서 기타 유가증권을 위조 또는 변조한 자는 10년 이하의 징역에 처한다. 제223조(미수범) 제214조 내지 제219조와 전조의 미수범은 처벌한다.

1. 의의 및 보호법익

대한민국 또는 외국의 공채증서 기타 유가증권을 위조 또는 변조함으로써 성립하는 범죄이다. 보호법익은 유가증권에 대한 거래의 안전과 공공의 신용이며 추상적 위험범이다.

2. 객관적 구성요건

(1) 행위의 객체

유가증권이란 어떤 권리를 표시하는 증권으로 그 권리를 행사 또는 처분하기 위해서는 증권의 점유를 필요로 하는 것을 말한다.

■대법원 1999.7.9. 99도8579

타인의 신용카드를 임의로 가지고 가 현금자동지급기에서 현금을 인출한 후 곧바로 반환한 경우, 신용카드에 대한 절도죄의 성립 여부(소극)

「신용카드업자가 발행한 신용카드는 이를 소지함으로써 신용구매가 가능하고 금융의 편의를 받을 수 있다는 점에서 경제적 가치가 있다 하더라도, 그 자체에 경제적 가치가 화체되어 있거나 특정의 재산권을 표창하는 유가증권이라고 볼 수 없고, 단지 신용카드회원이 그 제시를 통하여 신용카드회원이라는 사실을 증명하거나 현금자동지급기 등에 주입하는 등의 방법으로 신용카드업자로부터 서비스를 받을 수 있는 증표로서의 가치를 갖는 것이어서, 이를 사용하여 현금자동지급기에서 현금을 인출하였다 하더라도 신용카드 자체가 가지는 경제적 가치가 인출된 예금액만큼 소모되었다고 할 수 없으므로, 이를 일시 사용하고 곧 반환한 경우에는 불법영득의 의사가 없다.」

*평석. 신용카드는 그 제시를 통한 권한사항이 기록된 증표로서 그 자체에 경제적 가치가 화체되어 있거나 특정의 재산권을 표창하는 것이 아니므로 유가증권이라고 볼 수 없다.

▣쟁점 1. 신용카드의 유가증권성 여부

■대법원 1998.2.27. 97도2483

공중전화카드가 유가증권인지 여부(적극)

「형법 제214조에서 유가증권이라 함은, 증권상에 표시된 재산상의 권리의 행사와 처분에 그 증권의 점유를 필요로 하는 것을 총칭하는 것인바, 공중전화카드는 그 표면에 전체 통화가능 금액과 발행인이 문자로 기재되어 있고, 자기(磁氣)기록 부분에는 당해 카드의 진정성에 관한 정보와 잔여 통화가능 금액에 관한 정보가 전자적 방법으로 기록되어 있어, 사용자가 카드식 공중전화기의 카드 투입구에 공중전화카드를 투입하면 공중전화기에 내장된 장치에 의하여 그 자기정보가 해독되어 당해 카드가 발행인에 의하여 진정하게 발행된 것임이 확인된 경우 잔여 통화가능 금액이 공중전화기에 표시됨과 아울러 그 금액에 상당하는 통화를 할 수 있도록 공중전화기를 작동하게 하는 것이어서, 공중전화카드는 문자로 기재된 부분과 자기기록 부분이 일체로써 공중전화 서비스를 제공받을 수 있는 재산상의 권리를 화체하고 있고, 이를 카드식 공중전화기의 카드 투입구에 투입함으로써 그 권리를 행사하는 것으로 볼 수 있으므로, 공중전화카드는 형법 제214조의 유가증권에 해당한다.」

*평석. 유가증권이란 증권에 재산상의 권리가 화체되어 있고 증권상에 표시된 재산상의 권리의 행사와 처분에 그 증권의 점유를 필요로 하는 것을 말하는바 공중전화카드는 이에 속한다.

(2) 행위

유가증권을 위조 또는 변조하는 것이다.

1) 위조

■대법원 1982.9.28. 82도296

피고인이 망부의 사망 후 그 명의를 거래상 자기를 표시하는 명칭으로 사용하여 온 경우 그 망부 명의의 어음발행이 타인명의를 모용한 어음의 위조에 해당하는지 여부(소극)

「어음에 기재되어야 할 어음행위자의 명칭은 반드시 어음행위자의 본명에 한하는 것은 아니고 상호, 별명 그 밖의 거래상 본인을 가리키는 것으로 인식되는 칭호라면 어느 것이나 다 가능하다고 볼 것이므로 비록 그 칭호가 타인의 명칭이라도 통상 그 명칭은 자기를 표시하는 것으로 거래상 사용하여 그것이 그 행위자를 지칭하는 것으로 인식되어 온 경우에는 그것을 어음상으로도 자기를 표시하는 칭호로 사용할 수 있다 할 것이므로 피고인이 그 망부의 사망 후 그의 명의를 거래상 자기를 표시하는 명칭으로 사용하여 온 경우에는 피고인에 의한 망부 명의의 어음발행은 피고인 자신의 어음행위라고 볼 것이고 이를 가리켜 타인의 명의를 모용하여 어음을 위조한 것이라고 할 수 없다.」

*평석. 위조란 작성권한이 없는 자가 타인명의를 사칭하여 유가증권을 작성하는 것을 말한다. 여기에서 그 칭호가 타인의 명칭이라도 통상 그 명칭은 자기를 표시하는 것으로 거래상 사용하여 그것이 그 행위자를 지칭하는 것으로 인식되어 온 경우에는 타인명의를 모용(사칭)하는 경우에 해당하지 아니한다.

■대법원 1999.6.11. 99도1201

백지수표 소지인이 보충권을 남용하여 금액을 부당보충하는 행위가 유가증권위조죄를 구성하는 경우에도 백지수표 발행인이 보충권의 범위 내에서는 부정수표단속법위반죄의 죄책을 지는지 여부(적극)

「금액란이 백지인 수표의 소지인이 보충권을 남용하여 그 금액을 부당보충하는 행위가 백지 보충권의 범위를 초월하여 발행인의 서명날인이 있는 기존의 수표용지를 이용한 새로운 수표를 발행하는 것에 해당하여 유가증권위조죄를 구성하는 경우에도 백지수표의 발행인은 보충권의 범위 내에서는 부정수표단속법위반죄의 죄책을 진다고 할 것이다.」

*평석. 백지수표 소지인이 보충권을 남용하여 금액을 부당보충하는 행위는 기존의 수표용지를 이용한 새로운 수표를 발행하는 것에 해당하여 유가증권위조죄가 성립한다.

2) 변조

변조란 권한을 가지지 않은 자가 진정하게 성립한 타인명의의 유가증권에 대하여 동일성을 해하지 않는 범위 내에서 변경을 가하는 것이다.

■대법원 2006.1.26. 2005도4764

위조 유가증권에 대한 유가증권변조죄의 성립 여부(소극)

「유가증권변조죄에 있어서 변조라 함은 진정으로 성립된 유가증권의 내용에 권한 없는 자가 그 유가증권의 동일성을 해하지 않는 한도에서 변경을 가하는 것을 말하므로, 이미 타인에 의하여 위조된 약속어음의 기재사항을 권한 없이 변경하였다고 하더라도 유가증권변조죄는 성립하지 아니한다.」

*평석. 유가증권변조죄에 있어서 변조라 함은 진정하게 성립된 유가증권의 내용에 권한 없는 자가 그 유가증권의 동일성을 해하지 않는 한도에서 변경을 가하는 것을 말한다.

II. 유가증권기재의 위조 · 변조죄

第214조(유가증권의 위조등) ②행사할 목적으로 유가증권의 권리의무에 관한 기재를 위조 또는 변조한 자도 전항의 형과 같다. 第223조(미수범) 第214조 내지 第219조와 전조의 미수범은 처벌한다.

●참조판례

대법원 2003.1.10, 2001도6553

III. 자격모용에 의한 유가증권작성죄

第215조(자격모용에 의한 유가증권의 작성) 행사할 목적으로 타인의 자격을 모용하여 유가증권을 작성하거나 유가증권의 권리 또는 의무에 관한 사항을 기재한 자는 10년 이하의 징역에 처한다. 第223조(미수범) 第214조 내지 第219조와 전조의 미수범은 처벌한다.

■대법원 1987.8.18. 87도145

직무집행정지가처분결정을 받은 대표이사가 대표이사 명의의 유가증권을 작성한 행위의 자격모용유가증권작성 등에 해당하는지의 여부

「대표이사 직무집행정지가처분결정은 대표이사의 직무집행만을 정지시킬 뿐 대표이사의 자격까지 박탈하는 것은 아니나 가처분결정이 송달되어 일절의 직무집행이 정지됨으로써 직무집행의 권한이 없게 된 대표이사가 그 권한 밖의 일인 대표이사 명의의 유가증권을 작성 행사하는 행위가 회사업무의 중단을 막기 위한 긴급한 인수인계 행위라 하더라도 합법적인 권한행사라 할 수 없으므로 이는 자격모용유가증권작성 및 동 행사죄에 해당한다.」

*평석. 직무집행의 권한이 없게 된 대표이사가 그 권한 밖의 일인 대표이사 명의의 유가증권을 작성 행사하는 행위는 자격모용유가증권작성 및 동 행사죄에 해당한다.

Ⅳ. 허위유가증권작성죄

第216조(허위유가증권의 작성등) 행사할 목적으로 허위의 유가증권을 작성하거나 유가증권에 허위사항을 기재한 자는 7년 이하의 징역 또는 3천만원 이하의 벌금에 처한다.

■대법원 1974.1.15. 73도2041

주권발행 권한을 위임받은 자가 발행일자를 소급하여 허위내용을 기재한 경우 허위유가증권작성죄의 성부

「허위유가증권의 작성이란 유가증권의 효력에 영향을 미칠 기재사항에 관하여 진실에 반한 기재를 하는 모든 행위를 말하는 것으로 비록 주권발행의 권한을 위임받았다고 하더라도 행사의 목적으로 발행일자를 소급 기재하여 그 기재일자에 발행된 것처럼 허위내용을 기재한 때는 허위유가증권작성죄를 구성한다.」

*평석. 허위유가증권의 작성이란 행사할 목적으로 유가증권의 효력에 영향을 미칠 기재사항에 관하여 진실에 반한 기재를 하는 모든 행위를 말한다.

제8장 문서에 관한 죄

Ⅰ. 개관

1. 보호법익

■대법원 1998.4.10. 98도164,98감도12

외국에서 발행되어 유효기간이 경과한 국제운전면허증에 첨부된 사진을 바꾸어 붙인 행위와 문서위조죄 성립 여부(적극)

「문서위조죄는 문서의 진정에 대한 공공의 신용을 그 보호법익으로 하는 것이므로, 피고인이 위조하였다는 국제운전면허증이 그 유효기간을 경과하여 본래의 용법에 따라 사용할 수는 없게 되었다고 하더라도, 이를 행사하는 경우 그 상대방이 유효기간을 쉽게 알 수 없도록 되어 있거나 위 문서 자체가 진정하게 작성된 것으로서 피고인이 명의자로부터 국제운전면허를 받은 것으로 오신하기에 충분한 정도의 형식과 외관을 갖추고 있다면 피고인의 행위는 문서위조죄에 해당한다.」

*평석. 문서위조죄는 문서의 진정에 대한 거래의 안전과 사회공공의 신용을 그 보호법익으로 한다.

2. 형법의 입법태도

■대법원 1985.1.22. 84도2422

변조된 문서의 내용이 명의인의 의사와 합치하는 경우 문서변조죄의 성부

「사문서변조에 있어서 그 변조 당시 명의인의 명시적, 묵시적 승락없이 한 것이면 변조된 문서가 명의인에게 유리하여 결과적으로 그 의사에 합치한다 하더라도 사문서변조죄의 구성요건을 충족한다.」

*평석. 문서에 관한 죄의 본질(형식주의와 실질주의)과 관련하여 형법은 형식주의를 원칙으로 하면서도 예외적으로 실질주의를 인정하고 있다. 작성명의의 모용이 있는 경우에는 공문서와 사문서를 불문하고 처벌하며(제225조, 제231조), 작성명의에 대한 모용은 없으나 내용이 허위인 경우에는 공문서에 한하여 처벌하고 있다(제227조). 사문서의 경우에는 예외적으로 허위진단서작성죄(제233조)를 처벌하는 규정을 두고 있다. 형법은 문서의 유형위조를 위조라고 하고, 무형위조를 문서의 작성이라고 하여 이를 구별하고 있다.

■대법원 1985.10.22. 85도1732

이사회의 출석 및 의결에 관한 권한을 위임하고 불참한 이사들이 이사회에 참석하여 의결권을 행사한 것처럼 이사회회의록을 작성한 경우, 사문서위조죄의 성부

「이사회를 개최함에 있어 공소외 이사들이 그 참석 및 의결권의 행사에 관한 권한을 피고인에게 위임하였다면 <u>그 이사들이 실제로 이사회에 참석하지도 않았는데 마치 참석하여 의결권을 행사한 것처럼 피고인이 이사회 회의록에 기재하였다 하더라도 이는 이른바 사문서의 무형위조에 해당할 따름이어서 처벌대상이 되지 아니한다.</u>」

*평석. 공문서의 무형위조는 공무원이 직무사항에 관해 허위문서를 작성하는 경우(제227조)를 처벌하고 있으나 사문서의 무형위조는 예외적으로 허위진단서작성죄(제233조)를 처벌하는 규정 이외에는 이를 벌하지 아니한다.

3. 문서의 개념

(1) 문서의 개념

■대법원 1995.9.5. 95도1269

형법상 문서에 관한 죄에 있어서 문서의 개념

「<u>형법상 문서에 관한 죄에 있어서 문서라 함은 문자 또는 이에 대신할 수 있는 가독적 부호로 계속적으로 물체 상에 기재된 의사 또는 관념의 표시인 원본 또는 이와 사회적 기능, 신용성 등을 동시할 수 있는 기계적 방법에 의한 복사본으로서 그 내용이 법률상, 사회 생활상 주요 사항에 관한 증거로 될 수 있는 것을 말하는 것으로</u>, 사람의 동일성을 표시하기 위하여 사용되는 일정한 상형인 인장이나, 사람의 인격상의 동일성 이외의 사항에 대해서 그 동일성을 증명하기 위한 부호인 기호와는 구분되며, 이른바

생략문서도 그것이 사람 등의 동일성을 나타내는 데에 그치지 않고 그 이외의 사항도 증명, 표시하는 한 인장이나 기호가 아니라 문서로서 취급하여야 한다.」

*평석. 형법상 문서에 관한 죄에 있어서 문서의 개념은 문자 또는 그것에 대신할 수 있는 가독적 부호로 영속하는 상태에 의해 그 내용이 법률상, 사회 생활상 주요 사항에 관한 증거로 될 수 있는 것을 말한다.

(2) 문서의 기능

1) 계속적 기능

■대법원 2008.4.10. 2008도1013

형법상 문서에 관한 죄에서 '문서'의 의미

「형법상 문서에 관한 죄에 있어서 문서라 함은, 문자 또는 이에 대신할 수 있는 가독적 부호로 계속적으로 물체상에 기재된 의사 또는 관념의 표시인 원본 또는 이와 사회적 기능, 신용성 등을 동일시할 수 있는 기계적 방법에 의한 복사본으로서 그 내용이 법률상, 사회생활상 주요 사항에 관한 증거로 될 수 있는 것을 말하고, 컴퓨터 모니터 화면에 나타나는 이미지는 이미지 파일을 보기 위한 프로그램을 실행할 경우에 그때마다 전자적 반응을 일으켜 화면에 나타나는 것에 지나지 않아서 계속적으로 화면에 고정된 것으로는 볼 수 없으므로, 형법상 문서에 관한 죄에 있어서의 '문서'에는 해당되지 않는다고 할 것이다.」

*평석. 형법상 문서에 관한 죄에서 '문서'의 의미는 계속성을 가져야 하므로 컴퓨터 모니터에 나타나는 이미지가 형법상 문서에 관한 죄의 '문서'에 해당되지 아니한다.

●참조판례

대법원 2006.1.26. 2004도788; 대법원 2007.11.29. 2007도7480.

■대법원 1989.9.12. 87도506

복사문서가 문서위조 및 동행사죄의 객체인 문서에 해당하는지 여부(적극)

「(다수의견)사진기나 복사기 등을 사용하여 기계적인 방법에 의하여 원본을 복사한 문서, 이른바 복사문서는 사본이더라도 필기의 방법 등에 의한 단순한 사본과는 달리 복사자의 의식이 개재할 여지가 없고, 그 내용에서부터 규모, 형태에 이르기까지 원본을 실제 그대로 재현하여 보여주므로 관계자로 하여금 그와 동일한 원본이 존재하는 것으로 믿게 할 뿐만 아니라 그 내용에 있어서도 원본 그 자체를 대하는 것과 같은 감각적 인식을 가지게 하고, 나아가 오늘날 일상거래에서 복사문서가 원본에 대신하는 증명수단으로서의 기능이 증대되고 있는 실정에 비추어 볼 때 이에 대한 사회적 신용을 보호할 필요가 있으므로 복사한 문서의 사본은 문서위조 및 동행사죄의 객체인 문서에 해당한다.

(반대의견)위조한 문서를 전자복사기로써 복사본을 만들어 낸 경우에 그 복사본은 형법 제231조 소정의 문서라고 보기도 어려울 뿐 아니라 그 복사본을 만들어 낸 행위를 "타인명의로 문서를 작성하였다"고 할 수도 없어 그 행위가 형법 제231조 소정의 문서위조행위에 해당한다고 보기 어렵고, 그러한 경우 문서위조의 성립을 인정하는 것은 죄형법정주의의 원칙에 의하여 금지된 유추확장해석이 되며 같은 법조 소정의 문서의 개념 속에 전자복사본은 포함되고 필사본은 포함되지 않는다고 해석한다면 그 규정을 다의적으로 해석하는 것이 되어 형법법규의 명확성에 반하는 결과가 된다.

(별개의견)위조문서의 원본을 복사하는 행위 자체는 이미 위조가 완성되어 작성명의의 진정이 침해된 문서의 표시내용을 사본으로 재현하는 것에 불과하고 복사로서 새롭게 그 문서의 작성명의의 진정을 침해하는 것은 아니므로 이러한 사본의 작성행위를 문서의 위조라고 볼 여지가 없으나, 위조문서를 전자복사나 사진복사등의 기계적 방법에 의하여 복사한 사본은 문서원본의 외관과 의식내용을 원본 그대로 재현한 것으로서 복사과정에서 의도적인 조작을 가하지 않는 한 원본의 외관과 의식내용을 그대로 타인에게 전달하는 기능을 가지고 있으므로, 이러한 사본을 제시하는 행위는 기계적 복사라는 중개수단을 통하여 문서원본의 외관과 의식내용을 상대방이 인식할 수 있게끔 간접적인 방법으로 문서원본을 제시하는 것이 되므로 위조문서행사죄를 구성한다.」

*평석. 복사문서가 문서위조 및 동행사죄의 객체인 문서에 해당한다는 판례요지이다. 이후 1995년의 형법개정에서 복사문서의 문서성을 인정한 규정(제237조의2)을 신설하였다.

◐참조조문

형법 제231조, 제234조

●참조판례

대법원 2000.9.5. 2000도2855

▣쟁점 1. 복사문서의 문서성

■대법원 1979.10.30. 77도1879

신용장에 날인된 접수인이 사실증명에 관한 사문서인지 여부

「신용장에 날인된 은행의 접수일부인은 사실증명에 관한 사문서에 해당되므로 신용장에 허위의 접수인을 날인한 것은 사문서위조에 해당된다.」

*평석. 문서는 반드시 문장의 형식을 가질 필요는 없다.

2) 증명적 기능

■대법원 1986.11.11. 86도1984

허위로 작성된 공문서도 공문서변조죄의 객체가 되는지 여부

「공문서변조라 함은 권한없이 이미 진정하게 성립된 공무원 또는 공무소명의의 문서 내용에 대하여 그 동일성을 해하지 아니할 정도로 변경을 가하는 것을 말한다 할 것이므로 이미 허위로 작성된 공문서는 형법제225조 소정의 공문서변조죄의 객체가 되지 아니한다.」

*평석. 문서의 증명력은 진정한 문서를 전제로 하며 문서에 관한 죄의 객체가 된다.

3) 보증적 기능

문서에는 의사 또는 관념을 표시한 주체인 작성명의인이 있어야 한다.

■대법원 2000.2.11. 99도4819

작성명의자의 인장이 찍히지 아니한 경우, 사문서위조죄에 있어서의 사문서에 해당하는지 여부(한정 적극)

「사문서의 작성명의자의 인장이 찍히지 아니하였더라도 그 사람의 상호와 성명이 기재되어 그 명의자의 문서로 믿을 만한 형식과 외관을 갖춘 경우에는 사문서위조죄에 있어서의 사문서에 해당한다고 볼 수 있다.」

*평석. 상호와 성명이 기재되어 그 명의자의 문서로 믿을 만한 형식과 외관을 갖춘 경우에는 반드시 명의인의 서명·날인이 있음을 요하지 아니한다.

■대법원 2005.2.24. 2002도18

허무인·사망자 명의의 사문서를 위조한 경우, 사문서위조죄의 성립 여부(적극)

「문서위조죄는 문서의 진정에 대한 공공의 신용을 그 보호법익으로 하는 것이므로 행사할 목적으로 작성된 문서가 일반인으로 하여금 당해 명의인의 권한 내에서 작성된 문서라고 믿게 할 수 있는 정도의 형식과 외관을 갖추고 있으면 문서위조죄가 성립하는 것이고, 위와 같은 요건을 구비한 이상 그 명의인이 실재하지 않는 허무인이거나 또는 문서의 작성일자 전에 이미 사망하였다고 하더라도 그러한 문서 역시 공공의 신용을 해할 위험성이 있으므로 문서위조죄가 성립한다고 봄이 상당하며, 이는 공문서뿐만 아니라 사문서의 경우에도 마찬가지라고 보아야 한다.」

*평석. 종래 대법원은 허무인의 경우에 있어 공문서의 경우에는 공문서위조죄가 성립하나 사문서의 경우에는 죄책성립을 부인하다 이후 판례변경을 하여 허무인·사망자 명의의 사문서를 위조한 경우에도 사문서위조죄의 성립을 긍정하고 있다. 허무인·사망자 명의의 문서의 경우에도 문서의 진정에 대한 사회공공의 신용을 저해할 수 있으므로 변경된 판례의 태도가 타당하다.

◐참조조문

형법 제231조, 제234조

▣쟁점 1. 허무인·사망자 명의의 사문서를 위조한 경우, 사문서위조죄가 성립하는가.

■대법원 1988.1.19. 87도1217

위조문서를 교부받은 자가 복사, 인증하여 법원에 제출한 경우에 위조문서행사죄의 성립여부

「위조문서행사죄에 있어서의 행사는 위조된 문서를 진정한 문서인 것처럼 타인에게 제시함으로써 성립하는 것이므로 위조된 매매계약서를 피고인으로부터 교부받은 변호사가 복사본을 작성하여 원본과 동일한 문서임을 인증한 다음 소장에 첨부하여 법원에 제출함으로써 위조문서행사죄는 성립된다.」

*평석. 사본, 등본은 원본과 동일하다는 인증이 있는 경우에 한하여 문서성이 인정될 수 있다.

▣쟁점 1. 복본·등본·사본의 문서성

4. 문서의 종류

(1) 공문서와 사문서

■대법원 1998.4.10. 98도164,98감도12

외국에서 발행되어 유효기간이 경과한 국제운전면허증에 첨부된 사진을 바꾸어 붙인 행위와 문서위조죄 성립 여부(적극)

「문서위조죄는 문서의 진정에 대한 공공의 신용을 그 보호법익으로 하는 것이므로, 피고인이 위조하였다는 국제운전면허증이 그 유효기간을 경과하여 본래의 용법에 따라 사용할 수는 없게 되었다고 하더라도, 이를 행사하는 경우 그 상대방이 유효기간을 쉽게 알 수 없도록 되어 있거나 위 문서 자체가 진정하게 작성된 것으로서 피고인이 명

의자로부터 국제운전면허를 받은 것으로 오신하기에 충분한 정도의 형식과 외관을 갖추고 있다면 피고인의 행위는 문서위조죄에 해당한다.」

*평석. 외국에서 발행된 국제운전면허증은 사문서이다.

◐참조조문

형법 제231조

■대법원 1989.12.12. 89도1253

공사감독일지가 공문서인지 여부

「이 사건 공사감독일지는 공사를 발주한 관서의 장을 대리하여 현장에 주재하며 공사전반에 관한 감독업무에 종사하는 공사감독관의 지위에서 직무상 작성하는 문서로서 당해 관할관청에 비치하여야 할 공문서라 할 것이고 단순히 공사감독관이 그 직무를 수행함에 있어 참작할 문서에 불과 하다고 볼 수 없다.」

*평석. 공사감독일지는 공사를 발주한 관서의 장을 대리하여 현장에 주재하며 공사전반에 관한 감독업무에 종사하는 공사감독관의 지위에서 직무상 작성하는 문서로서 당해 관할관청에 비치하여야 할 공문서이다.

(2) 진정문서와 부진정문서

■대법원 1996.5.14. 96도785

위조된 문서원본을 단순히 전자복사기로 복사하여 그 사본을 만드는 행위가 문서위조행위에 해당하는지 여부

「전자복사기로 복사한 문서의 사본도 문서위조죄 및 동 행사죄의 객체인 문서에 해당하고, 위조된 문서원본을 단순히 전자복사기로 복사하여 그 사본을 만드는 행위도 공공의 신용을 해할 우려가 있는 별개의 문서사본을 창출하는 행위로서 문서위조행위에 해당한다.」

*평석. 대법원은 부진정문서(문서작성자와 문서명의인이 불일치하는 문서)도 문서위조죄의 객체인 문서에 해당한다고 한다.

(3) 허위문서, 복합문서

■대법원 1986.11.11. 86도1984

허위로 작성된 공문서도 공문서변조죄의 객체가 되는지 여부

「공문서변조라 함은 권한없이 이미 진정하게 성립된 공무원 또는 공무소명의의 문서

내용에 대하여 그 동일성을 해하지 아니할 정도로 변경을 가하는 것을 말한다 할 것이므로 이미 허위로 작성된 공문서는 형법제225조 소정의 공문서변조죄의 객체가 되지 아니한다.」

*평석. 허위문서란 작성명의인과 작성자가 일치하지만 내용이 허위인 문서를 말한다. 대법원은 허위로 작성된 공문서는 형법제225조 소정의 공문서변조죄의 객체가 되지 아니한다고 한다.

◐참조조문

형법 제225조

■대법원 2005.3.24. 2003도2144

사서증서 인증서 중 사서증서의 기재 내용을 일부 변조한 경우의 죄책

「공증인이 공증인법 제57조 제1항의 규정에 의하여 사서증서에 대하여 하는 인증은 당해 사서증서에 나타난 서명 또는 날인이 작성명의인에 의하여 정당하게 성립하였음을 인증하는 것일 뿐 그 사서증서의 기재 내용을 인증하는 것은 아닌바, 사서증서 인증서 중 인증기재 부분은 공문서에 해당한다고 하겠으나, 위와 같은 내용의 인증이 있었다고 하여 사서증서의 기재 내용이 공문서인 인증기재 부분의 내용을 구성하는 것은 아니라고 할 것이므로, 사서증서의 기재 내용을 일부 변조한 행위는 공문서변조죄가 아니라 사문서변조죄에 해당한다.」

*평석. 복합문서란 1통의 용지에 두 종류 이상의 서로 다른 문서가 병존되어 있는 경우를 말한다.

Ⅱ. 사문서위조 · 변조죄

제231조(사문서등의 위조·변조) 행사할 목적으로 권리·의무 또는 사실증명에 관한 타인의 문서 또는 도화를 위조 또는 변조한 자는 5년 이하의 징역 또는 1천만원 이하의 벌금에 처한다.

제235조(미수범) 제225조 내지 제234조의 미수범은 처벌한다.

1. 의의

행사할 목적으로 권리·의무 또는 사실증명에 관한 타인의 문서 또는 도화를 위조 또는 변조함으로써 성립하는 범죄이다. 보호법익은 문서에 대한 사회공공의 신용이며 보호의 정도는 추상적 위험범이다.

2. 행위

위조 또는 변조하는 것이다.

(1) 위조

위조란 작성권한 없는 자가 타인명의를 모용하여 문서를 작성하는 것을 말한다.

1) 작성권한 없는 자

■대법원 2006.9.28. 2006도1545

문서작성권한을 위임받은 경우, 사문서위조죄의 성립 여부

「문서의 위조라고 하는 것은 작성권한 없는 자가 타인 명의를 모용하여 문서를 작성하는 것을 말하는 것이므로 사문서를 작성함에 있어 그 명의자의 명시적이거나 묵시적인 승낙 내지 위임이 있었다면 이는 사문서위조에 해당한다고 할 수 없을 것이지만, 문서 작성권한의 위임이 있는 경우라고 하더라도 그 위임을 받은 자가 그 위임받은 권한을 초월하여 문서를 작성한 경우는 사문서위조죄가 성립하고, 단지 위임받은 권한의 범위 내에서 이를 남용하여 문서를 작성한 것에 불과하다면 사문서위조죄가 성립하지 아니한다고 할 것이다.」

*평석. 문서 작성권한의 위임이 있는 경우라고 하더라도 그 위임을 받은 자가 그 위임받은 권한을 초월하여 문서를 작성한 경우는 사문서위조죄가 성립한다.

●참조판례

대법원 1983.10.25. 83도2257; 대법원 2005.10.28. 2005도6088

2) 타인명의를 모용(사칭)

■대법원 1979.6.26. 79도908

실존하는 갑으로 가장하여 이력을 속여 회사에 취직한 자가 갑 명의의 사직원, 서약서, 근로계약서를 작성한 행위와 사문서위조죄

「실존하는 갑(甲)으로 가장하여 이력을 속여 회사에 취직한 자가 갑(甲) 명의 사직원, 서약서, 근로계약서를 작성한 행위는, 본명 대신에 가명을 사용한 경우와는 달라서, 각 사문서위조에 해당한다.」

*평석. 작성자가 본명 대신에 가명을 사용한 경우에는 그것이 작성자와 동일성이 인정될 수 있으면 위조가 되지 아니하나 실존하는 갑으로 가장하여 이력을 속여 회사에 취직한 자가 갑 명의의 사직원, 서약서, 근로계약서를 작성한 행위는 사문서위조죄가 성립한다.

3) 문서의 작성

■대법원 1980.11.11. 80도2126

정정의 경우에는 무효로 한다'는 기재가 있는 공문서를 권한없는 자가 정정한 경우와 공문서위조죄의 성부

「유효기간이 경과하여 무효가 된 공문서라고 할지라도 작성권한 없는 자가 위 기간과 발행일자를 정정하여 새로운 공문서를 작성하였다면 그것은 법률상 유효한 새로운 공문서라고 할 것이고 가사 정정하여 새로운 공문서를 작성하기 전의 위 공문서의 기재조항 중에 정정한 경우에는 무효로 한다는 기재부분이 있다고 하더라도 이는 작성권한 자 아닌 자의 권한없는 정정은 무효로 한다는 취지이지 작성권한 자의 정당한 정정까지를 뜻하는 것이 아니라고 할 것이므로(만일 작성권한 자의 정당한 정정까지를 뜻한다면 작성권한 자의 정당한 정정에 의한 작성으로 무효인 공문서가 탄생한다는 모순된 결론이 나온다) 작성권한 자의 부하되는 업무담당자가 위와 같은 정정기재를 하고 정정기재부분에 함부로 작성권한 자의 직인을 압날하여 공문서를 작성하였다면 형식과 외관에 의하여 효력이 있는 공문서를 위조한 경우에 해당한다.」

*평석. 문서작성의 방법에는 제한이 없으므로 기존문서를 이용하여 유효기간이 경과하여 무효가 된 공문서를 작성권한 없는 자가 위 기간과 발행일자를 정정하여 새로운 공문서를 작성하였다면 문서의 작성에 해당한다.

■대법원 2008.3.27. 2008도443

사문서위조죄에 있어서 문서작성의 정도 및 그 판단 기준

「사문서위조죄는 그 명의자가 진정으로 작성한 문서로 볼 수 있을 정도의 형식과 외관을 갖추어 일반인이 명의자의 진정한 사문서로 오신하기에 충분한 정도이면 성립하므로 반드시 그 작성명의자의 서명이나 날인이 있어야 하는 것은 아니나, 일반인이 명

의자의 진정한 사문서로 오신하기에 충분한 정도인지 여부는 문서의 형식과 외관은 물론 문서의 작성경위, 종류, 내용 및 거래에 있어서 그 문서가 가지는 기능 등 여러 가지 사정을 종합하여 판단하여야 한다.」

*평석. 사문서위조죄에 있어서 문서작성의 정도는 그 명의자가 진정으로 작성한 문서로 볼 수 있을 정도의 형식과 외관을 갖추어 일반인이 명의자의 진정한 사문서로 오신하기에 충분한 정도이면 성립하므로 반드시 그 작성명의자의 서명이나 날인이 있어야 하는 것은 아니다.

■대법원 1987.11.24. 87도1793

재산세과세증명원 위조의 기수시기

「재산세과세증명은 그 과세대상자 뿐만 아니라 누구라도 구두 또는 서면으로 그 발급신청을 할 수 있는 것이어서 그 증명원에 증명할 사항을 기재하고 원인의 기명만 하면 문서로서 완성되는 것이므로 위 증명원 위조의 기수시기는 원인의 날인이 있고 없음에 관계없이 원인의 이름을 기재한 때라고 보아야 한다.」

*평석. 기수시기는 일반인이 명의자의 진정한 사문서로 오신하기에 충분한 정도에 이른 때이다.

(2) 변조

변조란 권한없는 자가 진정하게 성립한 타인명의의 문서의 내용을 동일성이 침해되지 않는 범위내에서 변경하는 것을 말한다.

■대법원 1986.11.11. 86도1984

허위로 작성된 공문서도 공문서변조죄의 객체가 되는지 여부

「공문서변조라 함은 권한없이 이미 진정하게 성립된 공무원 또는 공무소명의의 문서내용에 대하여 그 동일성을 해하지 아니할 정도로 변경을 가하는 것을 말한다 할 것이므로 이미 허위로 작성된 공문서는 형법제225조 소정의 공문서변조죄의 객체가 되지 아니한다.」

*평석. 변조의 대상인 문서는 진정하게 성립한 타인명의의 문서를 말한다.

■대법원 1995.2.24. 94도2092

보관 중인 영수증에 작성명의인의 승낙 없이 새로운 증명력을 가져오게하는 문구를 기재하여 사문서변조죄의 구성요건을 충족한다고 본 사례

「공소외 망인이 피고인으로부터 어음 1장을 발행 교부받으면서 그 증빙으로 작성하여 준 영수증에 그 망인이 "위 어음은 한국주택은행 이리지점의 융자에 따른 할부금 및 연체이자를 불입하기 위해 받은 것이다"는 사실내용을 기재하여 두었을 뿐이어서, 그 문면 자체만으로는 당초 그 어음 수수에 의한 변제목적이 된 해당 은행융자금 상환채무가 구체적으로 어떠한 채무를 가리키는지의 점이 분명치 않은 경우, 피고인이 나중에 관련 민사소송에서 그 어음을 그 계쟁 부동산을 담보물로 한 은행융자금채무의 상환을 위하여 교부받은 것이라는 주장사실을 입증하는 데 사용할 목적으로 당시 보관중이던 그 영수증 위의 '할부금'이라는 기재부분 옆에다 그 작성명의인인 망인의 승낙없이 임의로 그 계쟁 부동산을 지칭하는 표시로서 '733-19번지'라고 써 넣은 것이라면, 그 변경 내용이 비록 객관적인 진실에 합치하는 것이라 하더라도, 이는 그 영수증에 새로운 증명력을 가져오게 한 것임이 분명하므로, 사문서변조죄의 구성요건을 충족한다고 보아야 한다.」

*평석. 사문서변조죄가 성립하는 사례이다.

■대법원 1991.9.10. 91도1610

타인의 주민등록증에 붙어있는 사진을 떼어내고 피고인의 사진을 붙인 행위가 공문서위조죄를 구성하는지 여부(적극)

「피고인이 행사할 목적으로 타인의 주민등록증에 붙어있는 사진을 떼어내고 그 자리에 피고인의 사진을 붙였다면 이는 기존 공문서의 본질적 또는 중요 부분에 변경을 가하여 새로운 증명력을 가지는 별개의 공문서를 작성한 경우에 해당하므로 공문서위조죄를 구성한다.」

*평석. 타인의 주민등록증에 붙어있는 사진을 떼어내고 피고인의 사진을 붙인 행위는 기존 공문서의 본질적 부분에 변경을 가하여 새로운 증명력을 가지는 별개의 공문서를 작성한 경우에 해당하므로 공문서위조죄가 성립한다.

Ⅲ. 공문서등의 위조 · 변조죄

제225조(공문서등의 위조·변조) 행사할 목적으로 공무원 또는 공무소의 문서 또는 도화를 위조 또는 변조한 자는 10년 이하의 징역에 처한다. 제235조(미수범) 제225조 내지 제234조의 미수범은 처벌한다.

1. 의의

행사할 목적으로 공무원 또는 공무소의 문서 또는 도화를 위조 또는 변조함으로써 성립하는 범죄이다. 사문서위조·변조죄에 대해 객체가 공문서이므로 형이 가중된 가중적 구성요건이다.

2. 행위의 주체

제한이 없다. 공무원, 비공무원을 불문한다.

■대법원 1996.4.23. 96도424

업무보조자인 공무원이 공문서 용지에 허위내용을 기재하고 작성권자의 직인을 날인한 경우 업무보조자인 공무원 및 중간결재자인 공무원의 죄책

「공문서 작성권자로부터 일정한 요건이 구비되었는지 여부를 심사하여 그 요건이 구비되었음이 확인될 경우에 한하여 작성권자의 직인을 사용하여 작성권자 명의의 공문서를 작성하라는 포괄적인 권한을 수여받은 업무보조자인 공무원이, 그 위임의 취지에 반하여 공문서 용지에 허위내용을 기재하고 그 위에 보관하고 있던 작성권자의 직인을 날인하였다면, 그 업무보조자인 공무원에게 공문서위조죄가 성립할 것이고, 그에게 위와 같은 행위를 하도록 지시한 중간결재자인 공무원도 공문서위조죄의 공범으로서의 책임을 면할 수 없다.」

*평석. 공무원인 경우에도 자신의 권한 밖의 공문서를 작성하는 경우에는 공문서위조죄가 성립한다.

■대법원 2001.3.9. 2000도938

공무원 아닌 자가 관공서에 허위내용의 증명원을 제출하여 그 정을 모르는 공무원으로부터 그 증명원 내용과 같은 증명서를 발급받은 경우, 공문서위조죄의 간접정범이 성립하는지 여부(소극)

「어느 문서의 작성권한을 갖는 공무원이 그 문서의 기재 사항을 인식하고 그 문서를 작성할 의사로써 이에 서명날인하였다면, 설령 그 서명날인이 타인의 기망으로 착오에 빠진 결과 그 문서의 기재사항이 진실에 반함을 알지 못한 데 기인한다고 하여도, 그 문서의 성립은 진정하며 여기에 하등 작성명의를 모용한 사실이 있다고 할 수는 없으

므로, 공무원 아닌 자가 관공서에 허위 내용의 증명원을 제출하여 그 내용이 허위인 정을 모르는 담당공무원으로부터 그 증명원 내용과 같은 증명서를 발급받은 경우 공문서위조죄의 간접정범으로 의율할 수는 없다.」

*평석. 이 경우 작성권한을 갖는 공무원이 작성, 서명날인한 경우 그 문서의 성립은 진정하며 여기에 하등 작성명의를 모용한 사실이 있다고 할 수는 없으므로, 공문서위조죄의 간접정범이 성립하지 아니한다. 허위공문서작성죄의 간접정범 또한 불성립한다. 허위공문서작성죄는 작성권한 있는 자만이 주체가 될 수 있기 때문이다.

3. 행위의 객체

공문서 또는 공도화(지적도, 도시계획도 등)이다.

■대법원 1981.9.22. 80도3180

공무원이 원본과 대조하지 않고 '원본대조필' 확인인을 날인한 경우에 허위공문서작성죄의 성부(적극)

「공무원인 피고인이 그 직무에 관하여 이 건 문제로 된 사문서 사본에 "원본대조필 토목기사 피고인" 이라 기재하고 도장을 날인하였다면 그 기재 자체가 공문서로 되고, 이 경우 피고인이 실제로 원본과 대조함이 없이 "원본대조필" 이라고 기재한 이상 그것만으로 곧 허위공문서작성죄가 성립하는 것이고, 피고인이 위 문서작성자에게 전화로 원본과 상이없다는 사실을 확인하였다거나 객관적으로 그 사본이 원본과 다른 점이 없다고 하더라도 위 죄가 성립한다.」

*평석. 사문서 사본에 '원본대조필 토목기사 OOO' 이라 기재하고 도장을 날인하였다면 그것은 공문서에 해당한다.

■대법원 1969.1.21. 68도1570

일반인으로 하여금 공무원 또는 공무소의 권한 내에서 작성된 문서라고 믿을 수 있는 형식과 외관을 구비한 문서를 작성하면 공문서 위조죄는 성립되는 것이다

「형법 제225조의 공문서 위조죄는 그 작성된 문서가 일반인으로 하여금 공무원 또는 공무소의 권한 내에서 작성된 것이라고 믿을 수 있는 정도의 형식과 외관을 구비하면 성립되는 것이라고 할 것인 바, 이러한 요건이 구비된 이상, 소론과 같이 당해 공무소에서 사용발부 할 수 없다거나 그 공무소의 관인이나 발부인이 찍혀 있지 않고 또 당

해 공무소가 실질적으로 그 문서를 사용 발부할 권한이 없으며, 그 작성 명의인이 실존하지 않는 허무인이라고 하더라도 공문서 위조죄는 성립한다.」

*평석. 공문서 위조죄는 그 작성된 문서가 일반인으로 하여금 공무원 또는 공무소의 권한 내에서 작성된 것이라고 믿을 수 있는 정도의 형식과 외관을 구비하면 성립된다. 다만 공문서변조라 함은 권한 없이 이미 진정하게 성립된 공무원 또는 공무소명의의 문서내용에 대하여 그 동일성을 해하지 아니할 정도로 변경을 가하는 것을 말한다 할 것이므로 이미 허위로 작성된 공문서는 공문서변조죄의 객체가 되지 아니한다(대법원 1986.11.11. 86도1984).

4. 행위

위조 또는 변조하는 것이다.

■대법원 1991.9.10. 91도1610

타인의 주민등록증에 붙어있는 사진을 떼어내고 피고인의 사진을 붙인 행위가 공문서위조죄를 구성하는지 여부(적극)

「피고인이 행사할 목적으로 타인의 주민등록증에 붙어있는 사진을 떼어내고 그 자리에 피고인의 사진을 붙였다면 이는 기존 공문서의 본질적 또는 중요 부분에 변경을 가하여 새로운 증명력을 가지는 별개의 공문서를 작성한 경우에 해당하므로 공문서위조죄를 구성한다.」

*평석. 기존 공문서의 본질적인 부분에 변경을 가하여 새로운 증명력을 가지는 별개의 공문서를 작성한 경우에 공문서위조죄를 구성한다.

■대법원 1996.11.22. 96도1862

재산세 과세대장의 작성 권한이 있던 자가 인사이동되어 그 권한이 없어진 후 그 기재내용을 변경한 경우, 공문서변조죄에 해당한다고 한 사례

「피고인은 1992.4.21.경부터 1993.11.30.경까지 사이에 지방세무주사보로서 대구 북구청 세무과에서 부동산 취득세의 과세 및 징수업무 등에 종사하던 중 1993.5.20. 위 북구청 사무실에서 대구 북구 산격동 1434의 34 소재 토지 159㎡를 취득한 공소외 김헌식으로부터 취득세 955,200원을 수령한 다음 위 토지에 대한 재산세 과세대장의 변동사항 기록 확인란에 '93.5.20. 신납'이라고 기재한 후 위 취득세를 횡령하였다가 1994.11.하순

경 위 취득세 횡령사실을 은폐하기 위하여 행사할 목적으로 위 재산세 과세대장 변동사항 기록 확인란의 '93.5.20. 신납'이라는 기재를 한 줄로 그어 버리고 그 옆에 '94.11.30. 납기'라고 기재하였는데, 피고인이 위와 같이 정정할 당시에는 인사이동되어 위 과세대장의 작성권한이 없었다는 것이므로, 피고인의 위와 같은 행위는 공문서변조죄에 해당한다.」

*평석. 재산세 과세대장의 작성 권한이 있던 자가 인사이동되어 그 권한이 없어진 후 그 기재내용을 변경한 경우, 공문서변조죄에 해당한다.

Ⅳ. 자격모용에 의한 사문서작성죄

> 第232조(자격모용에 의한 사문서의 작성) 행사할 목적으로 타인의 자격을 모용하여 권리·의무 또는 사실증명에 관한 문서 또는 도화를 작성한 자는 5년 이하의 징역 또는 1천만원 이하의 벌금에 처한다.
> 第235조(미수범) 第225조 내지 第234조의 미수범은 처벌한다.

행사할 목적으로 타인의 자격을 모용하여 권리·의무 또는 사실증명에 관한 문서 또는 도화를 작성함으로써 성립하는 범죄이다. 예컨대 대리권 없는 갑이 을의 대리인으로서 자격만 모용하고 명의는 자기명의로 작성하는 것으로 타인명의를 모용함과 함께 타의명의의 문서를 작성하는 경우에는 사문서 위조죄가 되는 것과 구별되어진다.

■대법원 2008.2.14. 2007도9606

자격모용에 의한 사문서작성죄의 성립요건

「자격모용에 의한 사문서작성죄는 문서위조죄와 마찬가지로 문서의 진정에 대한 공공의 신용을 그 보호법익으로 하는 것으로서, 행사할 목적으로 타인의 자격을 모용하여 작성된 문서가 일반인으로 하여금 당해 명의인의 권한 내에서 작성된 문서라고 믿게 할 수 있는 정도의 형식과 외관을 갖추고 있으면 성립하는 것이고, 자격모용에 의한 사문서작성죄에서의 '타인'에는 자연인뿐만 아니라 법인, 법인격 없는 단체를 비롯하여 거래관계에서 독립한 사회적 지위를 갖고 활동하고 있는 존재로 취급될 수 있으면 여기에 해당된다. (따라서)부동산중개사무소를 대표하거나 대리할 권한이 없는 사람이 부동산매매계약서의 공인중개사란에 '○○부동산 대표 △△△(피고인의 이름)'라고 기재한 사안에서, '○○부동산'이라는 표기는 단순히 상호를 가리키는 것이 아니라 독립한 사회적 지위를 가지고 활동하는 존재로 취급될 수 있으므로 자격모용사문서작성죄의 '명의인'에 해당한다.」

*평석. 부동산매매계약서에 작성인으로 기재된 '○○부동산'이라는 표시는 자격모용에 의한 사문서작성죄의 명의인에 해당한다.

V. 자격모용에 의한 공문서작성죄

제226조(자격모용에 의한 공문서등의 작성) 행사할 목적으로 공무원 또는 공무소의 자격을 모용하여 문서 또는 도화를 작성한 자는 10년 이하의 징역에 처한다.
제235조(미수범) 제225조 내지 제234조의 미수범은 처벌한다.

■대법원 1993.7.27. 93도1435

자격모용에 의한 문서작성죄의 성립요건

「정당한 대표권이나 대리권이 없는 자가 마치 대표권이나 대리권이 있는 것처럼 가장하여 타인의 자격을 모용하여 문서를 작성하는 경우 자격모용에 의한 문서작성죄가 성립한다고 할 것이므로, 원심이 피고인 1이원심인용의 제1심 판시 부동산매매계약서와 영수증을 작성함에 있어 매도인란 또는 영수인란에 "국방부 합참자료실장 이사관 피고인 1"라는 이름을 기재하고 그 옆에 위 피고인의 도장을 압날한 다음 그 상단에 '국방부장관'이라는 고무인을 압날함으로써 마치 위 피고인이 국방부장관으로부터 적법한 문서작성권한을 부여받아 그 문서를 작성할 자격이 있는 것처럼 이를 모용하여 위 부동산매매계약서와 영수증을 작성하고 이를 행사하였다고 인정하고 이를 자격모용에 의한 공문서작성 및 동행사죄로 의율처단한 것은 정당하고, 거기에 자격모용에 의한 공문서작성 및 동행사죄의 법리를 오해한 위법이 있다고 할 수 없다. 논지는 이유 없다.」

*평석. 자격모용에 의한 공문서작성죄는 타인의 자격을 모용하여 자신의 명의로 문서를 작성하는 경우이다.

Ⅵ. 사전자기록위작 · 변작죄

제232조의2(사전자기록위작 · 변작) 사무처리를 그르치게 할 목적으로 권리 · 의무 또는 사실증명에 관한 타인의 전자기록등 특수매체기록을 위작 또는 변작한 자는 5년 이하의 징역 또는 1천만원 이하의 벌금에 처한다.
제235조(미수범) 제225조 내지 제234조의 미수범은 처벌한다.

1. 행위의 객체

■대법원 2003.10.9. 2000도4993

컴퓨터의 기억장치 중 하나인 램(RAM, Random Access Memory)에 올려진 전자기록이 형법 제232조의2의 사전자기록위작 · 변작죄에서 말하는 권리의무 또는 사실증명에 관한 타인의 전자기록 등 특수매체기록에 해당하는지 여부(적극)

「형법 제232조의2의 사전자기록위작 · 변작죄에서 말하는 권리의무 또는 사실증명에 관한 타인의 전자기록 등 특수매체기록이라 함은 일정한 저장매체에 전자방식이나 자기방식에 의하여 저장된 기록을 의미한다고 할 것인데, 비록 컴퓨터의 기억장치 중 하나인 램(RAM, Random Access Memory)이 임시기억장치 또는 임시저장매체이기는 하지만, 형법이 전자기록위 · 변작죄를 문서위 · 변조죄와 따로 처벌하고자 한 입법취지, 저장매체에 따라 생기는 그 매체와 저장된 전자기록 사이의 결합강도와 각 매체별 전자기록의 지속성의 상대적 차이, 전자기록의 계속성과 증명적 기능과의 관계, 본죄의 보호법익과 그 침해행위의 태양 및 가벌성 등에 비추어 볼 때, 위 램에 올려진 전자기록 역시 사전자기록위작 · 변작죄에서 말하는 전자기록 등 특수매체기록에 해당한다.」

*평석. 컴퓨터의 기억장치 중 하나인 램에 올려진 전자기록은 사전자기록위작 · 변작죄에서 말하는 권리의무 또는 사실증명에 관한 타인의 전자기록 등 특수매체기록에 해당한다.

2. 주관적 구성요건

■대법원 2008.6.12. 2008도938

사전자기록위작 · 변작죄에서 '사무처리를 그르치게 할 목적'의 의미

「형법 제232조의2에 정한 전자기록은 그 자체로서 객관적 · 고정적 의미를 가지면서 독립적으로 쓰이는 것이 아니라 개인 또는 법인이 전자적 방식에 의한 정보의 생성 · 처리 · 저장 · 출력을 목적으로 구축하여 설치 · 운영하는 시스템에서 쓰임으로써 예정된 증명적 기능을 수행하는 것이므로, '사무처리를 그르치게 할 목적'이란 위작 또는 변작된 전자기록이 사용됨으로써 위와 같은 시스템을 설치 · 운영하는 주체의 사무처리를 잘못되게 하는 것을 말한다.

새마을금고의 예금 및 입 · 출금 업무를 총괄하는 직원이 전 이사장 명의 예금계좌로 상조금이 입금되자 전 이사장에 대한 금고의 채권확보를 위해 내부 결재를 받아 금고의 예금 관련 컴퓨터 프로그램에 접속하여 전 이사장 명의 예금계좌의 비밀번호를 동의 없이 입력한 후 위 금원을 위 금고의 가수금계정으로 이체한 사안에서, 위 금고의 내부규정이나 여신거래기본약관의 규정에 비추어 이는 위 금고의 업무에 부합하는 행위로서 피해자의 비밀번호를 임의로 사용한 잘못이 있다고 하더라도 사전자기록위작 · 변작죄의 '사무처리를 그르치게 할 목적'을 인정할 수 없다.」

*평석. 대법원은 "새마을금고 직원이 위 금고의 전 이사장에 대한 채권확보를 위해 금고의 예금 관련 컴퓨터 프로그램에 전 이사장 명의의 예금계좌 비밀번호를 동의 없이 입력하여 위 예금계좌에 입금된 상조금을 위 금고의 가수금계정으로 이체한 사안에서, 사전자기록위작 · 변작죄의 '사무처리를 그르치게 할 목적'을 인정할 수 없다"고 한 사례이다.

Ⅷ. 공전자기록위작 · 변작죄

제227조의2(공전자기록위작 · 변작) 사무처리를 그르치게 할 목적으로 공무원 또는 공무소의 전자기록등 특수매체기록을 위작 또는 변작한 자는 10년 이하의 징역에 처한다. 제235조(미수범) 제225조 내지 제234조의 미수범은 처벌한다.

■대법원 2005.6.9. 2004도6132

공전자기록위작죄에서의 '위작'의 의미

「형법 제227조의2에서 위작의 객체로 규정한 전자기록은, 그 자체로는 물적 실체를 가진 것이 아니어서 별도의 표시 · 출력장치를 통하지 아니하고는 보거나 읽을 수 없고, 그 생성 과정에 여러 사람의 의사나 행위가 개재됨은 물론 추가 입력한 정보가 프로그램에 의하여 자동으로 기존의 정보와 결합하여 새로운 전자기록을 작출하는 경우도 적지 않으며, 그 이용 과정을 보아도 그 자체로서 객관적·고정적 의미를 가지면서 독립적으로 쓰이는 것이 아니라 개인 또는 법인이 전자적 방식에 의한 정보의 생성·처리·저장·출력을 목적으로 구축하여 설치·운영하는 시스템에서 쓰임으로써 예정된 증명적 기능을 수행하는 것이므로, 위와 같은 시스템을 설치·운영하는 주체와의 관계에서 전자기록의 생성에 관여할 권한이 없는 사람이 전자기록을 작출하거나 전자기록의 생성에 필요한 단위 정보의 입력을 하는 경우는 물론 시스템의 설치·운영 주체로부터 각자의 직무 범위에서 개개의 단위정보의 입력 권한을 부여받은 사람이 그 권한을 남용하여 허위의 정보를 입력함으로써 시스템 설치·운영 주체의 의사에 반하는 전자기록을 생성하는 경우도 형법 제227조의2에서 말하는 전자기록의 '위작'에 포함된다.

(따라서)경찰관이 고소사건을 처리하지 아니하였음에도 경찰범죄정보시스템에 그 사건을 검찰에 송치한 것으로 허위사실을 입력한 행위가 공전자기록위작죄에서 말하는 위작에 해당한다.」

*평석. 공전자기록위작죄에서의 '위작'의 의미는 전자기록의 생성에 관여할 권한이 없는 사람이 전자기록을 작출하거나 전자기록의 생성에 필요한 단위 정보의 입력을 하는 경우(유형위조)는 물론 시스템의 설치·운영 주체로부터 입력 권한을 부여받은 사람이 그 권한을 남용하여 허위의 정보를 입력함으로써 시스템 설치·운영 주체의 의사에 반하는 전자기록을 생성하는 경우(무형위조)도 전자기록의 '위작'에 해당한다.

Ⅷ. 허위진단서등 작성죄

제233조(허위진단서등의 작성) 의사, 한의사, 치과의사 또는 조산사가 진단서, 검안서 또는 생사에 관한 증명서를 허위로 작성한 때에는 3년 이하의 징역이나 금고, 7년 이하의 자격정지 또는 3천만원 이하의 벌금에 처한다. 제235조(미수범) 제225조 내지 제234조의 미수범은 처벌한다.

1. 의의

의사, 한의사, 치과의사 또는 조산사가 진단서, 검안서 또는 생사에 관한 증명서를 허위로 작성함으로써 성립하는 범죄이다. 사문서의 무형위조를 예외적으로 처벌하는 규정이다.

2. 행위의 주체

■대법원 2004.4.9. 2003도7762

공무원인 의사가 공무소의 명의로 허위진단서를 작성한 경우의 죄책

「형법이 제225조 내지 제230조에서 공문서에 관한 범죄를 규정하고, 이어 제231조 내지 제236조에서 사문서에 관한 범죄를 규정하고 있는 점 등에 비추어 볼 때 형법 제233조 소정의 허위진단서작성죄의 대상은 공무원이 아닌 의사가 사문서로서 진단서를 작성한 경우에 한정되고, 공무원인 의사가 공무소의 명의로 허위진단서를 작성한 경우에는 허위공문서작성죄만이 성립하고 허위진단서작성죄는 별도로 성립하지 않는다.」

*평석. 대법원은 공무원인 의사가 공무소의 명의로 허위진단서를 작성한 경우의 죄책과 관련하여 형법 제233조 소정의 허위진단서작성죄의 대상은 공무원이 아닌 의사가 사문서로서 진단서를 작성한 경우에 한정된다고 하고 있다.

3. 행위의 객체 및 행위

행위의 객체는 진단서, 검안서 또는 생사에 관한 증명서이다. 행위는 진단서 등을 허위로 작성하는 것이다.

■대법원 1990.3.27. 89도2083

의사가 진찰결과 알게 된 건강상태를 증명하기 위하여 작성한 소견서가 허위진단서작성죄의 객체인 진단서에 해당하는지 여부(적극)

「형법 제233조의 허위진단서작성죄에 있어서 진단서라 함은 의사가 진찰의 결과에 관한 판단을 표시하여 사람의 건강상태를 증명하기 위하여 작성하는 문서를 말하는 것이므로, 비록 그 문서의 명칭이 소견서로 되어 있더라도 그 내용이 의사가 진찰한 결과 알게 된 병명이나 상처의 부위, 정도 또는 치료기간 등의 건강상태를 증명하기 위하여 작성된 것이라면 위 진단서에 해당되는 것이다.

허위진단서작성죄에 있어서 허위의 기재는 사실에 관한 것이건 판단에 관한 것이건 불문하는 것이나, 본죄는 원래 허위의 증명을 금지하려는 것이므로 그 내용이 허위라는 의사의 주관적 인식이 필요함은 물론, 실질상 진실에 반하는 기재일 것이 필요하다.」

*평석. 허위진단서작성죄에 있어 행위의 객체인 진단서의 경우에 있어 그 명칭은 문제되지 아니한다. 그리고 본죄에 있어 허위의 기재는 사실에 관한 것이건 판단에 관한

것이건 불문하며 허위의 증명을 금지하려는 것이므로 실질상 진실에 반하는 기재임을 요한다.

Ⅸ. 허위공문서등작성죄

제227조(허위공문서작성등) 공무원이 행사할 목적으로 그 직무에 관하여 문서 또는 도화를 허위로 작성하거나 변개한 때에는 7년 이하의 징역 또는 2천만원 이하의 벌금에 처한다. 제235조(미수범) 제225조 내지 제234조의 미수범은 처벌한다.

1. 의의, 보호법익

공무원이 행사할 목적으로 그 직무에 관하여 문서 또는 도화를 허위로 작성하거나 변개함으로써 성립하는 범죄이다. 보호법익은 공문서 내용의 진실에 대한 공공의 신용이며, 보호의 정도는 추상적 위험범이다.

2. 행위의 주체

직무에 관하여 문서 또는 도화를 작성할 권한이 있는 공무원이다.

■대법원 1974.1.29. 73도1854

허위공문서 작성죄의 주체

「허위공문서작성죄의 주체는 그 문서를 작성할 직무권한이 있는 명의인인 공무원이라 할 것인 바 관세청 심리분실 행정서기보는 사법경찰관 직무취급을 하는 권한이 없고 사법경찰리의 직무를 취급하는 자에 불과하므로 간접정범이 인정될 수 있는 특별사정이 없으면 허위공문서 작성의 주체가 될 수 없다.」

*평석. 허위공문서작성죄의 주체는 직무에 관하여 문서 또는 도화를 작성할 권한이 있는 공무원이다(진정신분범).

3. 행위의 객체

공무소 또는 공무원이 직무에 관하여 작성한 문서 또는 도화이다.

■대법원 1995.4.14. 94도3401

해운항만청의 고시로 작성의무가 부과되고 내부적으로 보관하는 문서가 허위공문서 작성의 객체가 되는 공문서인지 여부

「허위공문서작성죄에 있어서 직무에 관한 문서라 함은 공무원이 직무권한 내에서 작성하는 문서를 말하고 그 문서는 대외적인 것이거나 내부적인 것을 구별하지 아니하며, 그 직무권한이 반드시 법률상 근거가 있음을 필요로 하는 것이 아니고 명령, 내규 또는 관례에 의한 직무집행의 권한으로 작성하는 경우라도 포함되므로, 해운항만청의 고시로 작성의무가 부과되고 내부적으로 보관하는 문서도 허위공문서 작성의 객체가 되는 공문서이다.」

*평석. 허위공문서작성죄에 있어서 직무에 관한 문서라 함은 공무원이 직무권한 내에서 작성하는 문서를 말하고 그 직무권한이 반드시 법률상 근거가 있음을 필요로 하지 아니한다.

4. 행위

문서 또는 도화를 허위로 작성하거나 변개하는 것이다.

■대법원 1997.7.11. 97도1082

대리인의 신청에 의한 인감증명을 본인 신청에 의한 것으로 기재 발급한 경우의 죄책(허위공문서작성죄)

「인감증명서 발급업무를 담당하는 공무원이 발급을 신청한 본인이 직접 출두한 바 없음에도 불구하고 본인이 직접 신청하여 발급받은 것처럼 인감증명서에 기재하였다면, 이는 공문서위조죄가 아닌 허위공문서작성죄를 구성한다.」

*평석. 허위공문서작성죄의 판례사안이다.

■대법원 2000.6.27. 2000도1858

고의로 법령을 잘못 적용하여 공문서를 작성하였으나 그 법령적용의 전제가 된 사실관계에 대한 내용에 거짓이 없는 경우, 허위공문서작성죄의 성립 여부(소극)

「허위공문서작성죄란 공문서에 진실에 반하는 기재를 하는 때에 성립하는 범죄이므로, 고의로 법령을 잘못 적용하여 공문서를 작성하였다고 하더라도 그 법령적용의 전제가 된 사실관계에 대한 내용에 거짓이 없다면 허위공문서작성죄가 성립될 수 없다.

건축 담당 공무원이 건축허가신청서를 접수·처리함에 있어 건축법상의 요건을 갖추지 못하고 설계된 사실을 알면서도 기안서인 건축허가통보서를 작성하여 건축허가서의 작성명의인인 군수의 결재를 받아 건축허가서를 작성한 경우, 건축허가서는 그 작성명의인인 군수가 건축허가신청에 대하여 이를 관계 법령에 따라 허가한다는 내용에 불과하고 위 건축허가신청서와 그 첨부서류에 기재된 내용(건축물의 건축계획)이 건축법의 규정에 적합하다는 사실을 확인하거나 증명하는 것은 아니라 할 것이므로 군수가 위 건축허가통보서에 결재하여 위 건축허가신청을 허가하였다면 위 건축허가서에 표현된 허가의 의사표시 내용 자체에 어떠한 허위가 있다고 볼 수는 없다 할 것이어서, 이러한 건축허가에 그 요건을 구비하지 못한 잘못이 있고 이에 담당 공무원의 위법행위가 개입되었다 하더라도 그 위법행위에 대한 책임을 추궁하는 것은 별론으로 하고 위 건축허가서를 작성한 행위를 허위공문서작성죄로 처벌할 수는 없다.

*평석. 대법원은 건축허가서는 건축허가신청에 대하여 이를 관계 법령에 따라 허가한다는 내용에 불과하고 위 건축허가신청서와 그 첨부서류에 기재된 내용(건축물의 건축계획)이 건축법의 규정에 적합하다는 사실을 확인하거나 증명하는 것은 아니라 할 것이므로, 건축허가서에 표현된 허가의 의사표시 내용 자체에 어떠한 허위가 있다고 볼 수 없어 허위공문서작성죄로 처벌할 수는 없다고 하고 있다.

●참조판례

대법원 2003.2.11. 2002도4293

폐기물처리사업계획이 관계 법령의 규정에 적합하지 아니함을 알면서 적합하다는 내용으로 통보서를 작성한 경우, 그 통보서가 허위의 공문서에 해당하는지 여부(적극)

「폐기물관리법 제26조 제2항에 의한 폐기물처리사업계획 적합 통보서는 단순히 폐기물처리사업을 관계 법령에 따라 허가한다는 내용이 아니라, 폐기물처리업을 하려는 자가 폐기물관리법 제26조 제1항에 따라 제출한 폐기물처리사업계획이 폐기물관리법 및 관계 법령의 규정에 적합하다는 사실을 확인하거나 증명하는 것이라 할 것이므로, 그 폐기물처리사업계획이 관계 법령의 규정에 적합하지 아니함을 알면서 적합하다는 내용으로 통보서를 작성한 것이라면 그 통보서는 허위의 공문서라고 보지 아니할 수 없다.」

5. 간접정범의 성립여부

(1) 공무원이 아닌 자가 허위공문서작성죄의 간접정범이 될 수 있는지의 여부

■대법원 1961.12.14. 4292형상645

공무원아닌 자가 허위의 공문서 위조죄의 간접정범에 해당하는 경우와 형법 제228조

「형법은 소위 무형위조에 관하여서는 공문서에 관하여서만 이를 처벌하고 일반 사문서의 무형위조를 인정하지 아니할 뿐 아니라(다만 형법 제233조의 경우는 예외) 공문서의 무형위조에 관하여서도 동법 제227조 이외에 특히 공무원에 대하여 허위의 신고를 하고 공정증서 원본 면허장 감찰 또는 여권에 사실 아닌 기재를 하게 할 때에 한하여 동법 제228조의 경우의 처벌규정을 만들고 더구나 위 227조의 경우의 형벌보다 현저히 가볍게 벌하고 있음에 지나지 아니하는 점으로 보면 공무원이 아닌 자가 허위의 공문서 위조의 간접정범이 되는 때에는 동법 제228조의 경우 이외에는 이를 처벌하지 아니하는 취지로 해석함을 상당하다.」

*평석. 공정증서원본부실기재죄와의 관계, 입법취지 등을 고려할 때 공무원이 아닌 자는 허위공문서 작성죄의 간접정범이 될 수 없다.

●참조판례

대법원 2006.5.11. 2006도1663

공무원이 아닌 자가 허위공문서작성죄의 간접정범이나 공동정범이 될 수 있는지 여부

「공무원이 아닌 자는 형법 제228조의 경우를 제외하고는 허위공문서작성죄의 간접정범으로 처벌할 수 없으나(대법원 1971.1.26. 선고 70도2598 판결 등), 공무원이 아닌 자가 공무원과 공동하여 허위공문서작성죄를 범한 때에는 공무원이 아닌 자도 형법 제33조, 제30조에 의하여 허위공문서작성죄의 공동정범이 된다.」

(2) 작성권한 없는 공무원이 작성권자인 공무원을 이용하는 경우

■대법원 1990.10.30. 90도1912

면의 호적계장이 정을 모르는 면장의 결재를 받아 허위내용의 호적부를 작성한 경우 허위공문서작성죄의 간접정범이 성립되는지 여부(적극)

「허위공문서작성죄의 주체는 직무상 그 문서를 작성할 권한이 있는 공무원에 한하고 작성권자를 보조하는 직무에 종사하는 공무원은 허위공문서작성죄의 주체가 되지 못하나 이러한 보조직무에 종사하는 공무원이 허위공문서를 기안하여 허위인 정을 모르는

작성권자에게 제출하고 그로 하여금 그 내용이 진실한 것으로 오신케 하여 서명 또는 기명날인케 함으로써 공문서를 완성한 때에는 허위공문서작성죄의 간접정범이 성립된다 할 것인바, 면의 호적계장이 정을 모른 면장의 결재를 받아 허위내용의 호적부를 작성한 경우 허위공문서작성, 동행사죄의 간접정범이 성립된다.」

*평석. 대법원은 허위공문서작성죄의 간접정범은 공문서의 작성권한이 있는 공무원의 직무를 보좌하는 자가 그 직위를 이용하여 행사할 목적으로 허위의 내용이 기재된 문서 초안을 그 정을 모르는 상사에게 제출하여 결재하도록 하는 등의 방법으로 작성권한이 있는 공무원으로 하여금 허위의 공문서를 작성하게 한 경우에 성립한다고 하고 있다. 그러나 본죄의 주체는 작성권한있는 공무원으로 한정되며 이외의 자는 간접정범이 불성립한다는 설이 타당하다.

●참조판례

대법원 1997. 2.28. 96도2825

심사담당 공무원이 출원사유가 허위임을 알면서도 위계에 의한 방법으로 결재권자의 결재를 받아낸 경우, 위계공무집행방해죄의 성부(적극)

「출원에 대한 심사업무를 담당하는 공무원이 출원인의 출원사유가 허위라는 사실을 알면서도 결재권자로 하여금 오인, 착각, 부지를 일으키게 하고 그 오인, 착각, 부지를 이용하여 인·허가처분에 대한 결재를 받아낸 경우에는 출원자가 허위의 출원사유나 허위의 소명자료를 제출한 경우와는 달리 더 이상 출원에 대한 적정한 심사업무를 기대할 수 없게 되었다고 할 것이어서 그와 같은 행위는 위계로써 결재권자의 직무집행을 방해한 것에 해당하므로 위계에 의한 공무집행방해죄가 성립한다.」

*평석. 대법원은 '대법원 1990.10.30. 90도1912'와 달리 '위계에 의한 공무집행방해죄'가 성립한다고 한다.

X. 공정증서원본등부실기재죄

제228조(공정증서원본등의 부실기재) ①공무원에 대하여 허위신고를 하여 공정증서원본 또는 이와 동일한 전자기록등 특수매체기록에 부실의 사실을 기재 또는 기록하게 한 자는 5년 이하의 징역 또는 1천만원 이하의 벌금에 처한다.

②공무원에 대하여 허위신고를 하여 면허증, 허가증, 등록증 또는 여권에 부실의 사실을 기재하게 한 자는 3년 이하의 징역 또는 700만원 이하의 벌금에 처한다.

제235조(미수범) 제225조 내지 제234조의 미수범은 처벌한다.

1. 행위의 객체

공정증서원본 또는 이와 동일한 전자기록등 특수매체기록, 면허증, 허가증, 등록증 또는 여권이다.

■대법원 1988.5.24. 87도2696

형법 제228조에서 말하는 공정증서의 의의

「형법 제228조에서 말하는 공정증서란 권리의무에 관한 공정증서만을 가리키는 것이고 사실증명에 관한 것은 이에 포함되지 아니하므로 권리의무에 변동을 주는 효력이 없는 토지대장은 위에서 말하는 공정증서에 해당하지 아니한다.」

*평석. 공정증서란 권리의무에 관한 사실을 증명하는 효력을 가진 공문서를 말하며, 단순히 사실증명을 목적으로 작성된 토지대장, 가옥대장, 인감대장 등은 여기에 해당하지 아니한다.

■대법원 2002.3.26. 2001도6503

불실의 사실이 기재된 공정증서의 정본을 그 정을 모르는 법원 직원에게 교부한 행위가 불실기재공정증서원본행사죄에 해당하는지 여부(소극)

「형법 제229조, 제228조 제1항의 규정과 형벌법규는 문언에 따라 엄격하게 해석하여야 하고 피고인에게 불리한 방향으로 지나치게 확장해석하거나 유추해석하여서는 아니되는 원칙에 비추어 볼 때, 위 각 조항에서 규정한 '공정증서원본'에는 공정증서의 정본이 포함된다고 볼 수 없으므로 불실의 사실이 기재된 공정증서의 정본을 그 정을 모르는 법원 직원에게 교부한 행위는 형법 제229조의 불실기재공정증서원본행사죄에 해당하지 아니한다.」

*평석. 형법 제228조에서 말하는 공정증서는 원본임을 요한다.

■대법원 2005.7.15. 2003도6934

형법 제228조 제2항에 정한 '등록증'의 의미

「형법 제228조는 공무원이 아닌 자가 그 정을 모르는 공무원을 이용하여 공문서에 허위의 사실을 기재하게 하는 이른바 간접적 무형위조를 처벌하면서 모든 공문서를 객체로 하지 않고 '공정증서원본 또는 이와 동일한 전자기록 등 특수매체기록'(제1항), '면허증, 허가증, 등록증 또는 여권'(제2항)으로 그 객체를 제한하고 있는바, 그 취지는 공문서 중 일반사회생활에 있어서 특별한 신빙성을 요하는 공문서에 대한 공공의 신용을 보장하고자 하는 것이므로 위 형법 제228조 제2항의 '등록증'은 공무원이 작성한 모든 등록증을 말하는 것이 아니라, 일정한 자격이나 요건을 갖춘 자에게 그 자격이나 요건에 상응한 활동을 할 수 있는 권능 등을 인정하기 위하여 공무원이 작성한 증서를 말한다. (여기에서)사업자등록증은 단순한 사업사실의 등록을 증명하는 증서에 불과하고 그에 의하여 사업을 할 수 있는 자격이나 요건을 갖추었음을 인정하는 것은 아니라고 할 것이어서 형법 제228조 제1항에 정한 '등록증'에 해당하지 않는다고 한 원심의 판단을 수긍한 사례.

*평석. 형법 제228조 제2항의 '등록증'은 일정한 자격이나 요건을 갖춘 자에게 그 자격이나 요건에 상응한 활동을 할 수 있는 권능 등을 인정하기 위하여 공무원이 작성한 증서를 말한다. 따라서 사업자등록증은 단순한 사업사실의 등록을 증명하는 증서에 불과하므로 여기에서 정한 '등록증'에 해당하지 아니한다.

2. 행위

(1) 허위신고

■대법원 1996.5.31. 95도1967

확정판결의 내용이 진실에 반하는 것임을 알면서 이에 기하여 등기신청을 하는 것이 형법 제228조 소정의 공무원에 대하여 허위신고를 하는 것에 해당하는지 여부(적극)

「등기부의 기재가 확정판결에 의하여 되었다 하더라도 피고인이 그 확정판결의 내용이 진실에 반하는 것임을 알면서 이에 기하여 등기공무원에게 등기신청을 하는 것은 형법 제228조의 소위 공무원에 대하여 허위신고를 하는 것에 해당한다.」

*평석. 등기부의 기재가 확정판결에 의하여 되었다 하더라도 피고인이 그 확정판결의 내용이 진실에 반하는 것임을 알면서 등기신청을 하는 것은 제288조의 허위신고에 해당한다.

(2) 부실의 사실을 기재 또는 기록

■대법원 1996.11.22. 96도2049

부부관계를 설정할 의사 없이 중국 내 조선족 여자들의 국내 취업을 위한 입국을 목적으로 형식상 혼인신고를 한 경우, 공정증서원본부실기재죄로 처벌한 사례

「피고인들이 중국 국적의 조선족 여자들과 참다운 부부관계를 설정할 의사 없이 단

지 그들의 국내 취업을 위한 입국을 가능하게 할 목적으로 형식상 혼인하기로 한 것이라면, 피고인들과 조선족 여자들 사이에는 혼인의 계출에 관하여는 의사의 합치가 있었으나 참다운 부부관계의 설정을 바라는 효과의사는 없었다고 인정되므로 피고인들의 혼인은 우리 나라의 법에 의하여 혼인으로서의 실질적 성립요건을 갖추지 못하여 그 효력이 없고, 따라서 피고인들이 중국에서 중국의 방식에 따라 혼인식을 거행하였다고 하더라도 우리 나라의 법에 비추어 그 효력이 없는 혼인의 신고를 한 이상 피고인들의 행위는 공정증서원본부실기재 및 동행사 죄의 죄책을 면할 수 없다.」

*평석. 공정증서원본부실기재죄를 인정한 사례이다.

▣쟁점 1. 중간생략등기가 공정증서원본부실기재죄에 해당하는지의 여부(대법원 1970.5.26. 69도826)

XI. 위조문서등 행사죄

1. 위조 · 변조 · 작성사문서행사죄

第234조(위조사문서등의 행사) 제231조 내지 제233조의 죄에 의하여 만들어진 문서, 도화 또는 전자기록등 특수매체기록을 행사한 자는 그 각 죄에 정한 형에 처한다. 제235조(미수범) 제225조 내지 제234조의 미수범은 처벌한다.

(1) 행위

행사하는 것이다. 위조문서행사죄에 있어서 행사라 함은 위조된 문서를 진정문서인 것처럼 그 문서의 효용방법에 따라 이를 사용하는 것을 말한다.

■대법원 2008.10.23. 2008도5200

위조문서행사죄에서 말하는 '행사'의 방법

「위조문서행사죄에 있어서 행사라 함은 위조된 문서를 진정한 문서인 것처럼 그 문서의 효용방법에 따라 이를 사용하는 것을 말하고, 위조된 문서를 제시 또는 교부하거나 비치하여 열람할 수 있게 두거나 우편물로 발송하여 도달하게 하는 등 위조된 문서를 진정한 문서인 것처럼 사용하는 한 그 행사의 방법에 제한이 없다. 또한, 위조된 문서 그 자체를 직접 상대방에게 제시하거나 이를 기계적인 방법으로 복사하여 그 복사본을 제시하는 경우는 물론, 이를 모사전송의 방법으로 제시하거나 컴퓨터에 연결된 스캐너(scanner)로 읽어 들여 이미지화한 다음 이를 전송하여 컴퓨터 화면상에서 보게 하는 경우도 행사에 해당하여 위조문서행사죄가 성립한다.」

*평석. 위조된 문서 그 자체를 직접 상대방에게 제시하거나 이를 기계적인 방법으로 복사하여 그 복사본을 제시하는 경우도 위조문서행사죄에서 말하는 '행사'에 해당한다.

■대법원 2005.1.28. 2004도4663

작성 명의인이 위조사문서행사죄의 상대방에 포함되는지 여부(적극)

「위조문서행사죄에 있어서의 행사는 위조된 문서를 진정한 것으로 사용함으로써 문서에 대한 공공의 신용을 해칠 우려가 있는 행위를 말하므로, 행사의 상대방에는 아무런 제한이 없고 위조된 문서의 작성 명의인이라고 하여 행사의 상대방이 될 수 없는 것은 아니다.」

*평석. 위조문서행사죄에 있어서의 행사의 상대방에는 아무런 제한이 없다. 따라서 작성 명의인도 상대방이 될 수 있다.

(2) 기수시기

■대법원 2005.1.28. 2004도4663

위조된 문서를 우송한 경우, 위조사문서행사죄의 기수시기

「위조사문서의 행사는 상대방으로 하여금 위조된 문서를 인식할 수 있는 상태에 둠으로써 기수가 되고 상대방이 실제로 그 내용을 인식하여야 하는 것은 아니므로, 위조된 문서를 우송한 경우에는 그 문서가 상대방에게 도달한 때에 기수가 되고 상대방이 실제로 그 문서를 보아야 하는 것은 아니다.」

*평석. 위조사문서의 행사는 상대방으로 하여금 위조된 문서를 인식할 수 있는 상태에 둠으로써 기수가 되고 상대방이 실제로 그 내용을 인식함을 요하지 아니한다.

2. 위조 · 변조 · 작성등 공문서행사죄

제229조(위조등 공문서의 행사) 제225조 내지 제228조의 죄에 의하여 만들어진 문서, 도화, 전자기록등 특수매체기록, 공정증서원본, 면허증, 허가증, 등록증 또는 여권을 행사한 자는 그 각 죄에 정한 형에 처한다. 제235조(미수범) 제225조 내지 제234조의 미수범은 처벌한다.

■대법원 2002.3.26. 2001도6503

불실의 사실이 기재된 공정증서의 정본을 그 정을 모르는 법원 직원에게 교부한 행위가 불실기재공정증서원본행사죄에 해당하는지 여부(소극)

「형법 제229조, 제228조 제1항의 규정과 형벌법규는 문언에 따라 엄격하게 해석하여야 하고 피고인에게 불리한 방향으로 지나치게 확장해석하거나 유추해석하여서는 아니되는 원칙에 비추어 볼 때, 위 각 조항에서 규정한 '공정증서원본'에는 공정증서의 정본이 포함된다고 볼 수 없으므로 불실의 사실이 기재된 공정증서의 정본을 그 정을 모르는 법원 직원에게 교부한 행위는 형법 제229조의 불실기재공정증서원본행사죄에 해당하지 아니한다.」

*평석. '공정증서원본'에는 공정증서의 정본이 포함되지 아니한다. 따라서 불실의 사실이 기재된 공정증서의 정본을 그 정을 모르는 법원 직원에게 교부한 행위는 형법 제229조의 불실기재공정증서원본행사죄에 해당하지 아니한다.

■대법원 2008.10.23. 2008도5200

위조문서행사죄에서 말하는 '행사'의 방법

「위조문서행사죄에 있어서 행사라 함은 위조된 문서를 진정한 문서인 것처럼 그 문서의 효용방법에 따라 이를 사용하는 것을 말하고, 위조된 문서를 제시 또는 교부하거나 비치하여 열람할 수 있게 두거나 우편물로 발송하여 도달하게 하는 등 위조된 문서를 진정한 문서인 것처럼 사용하는 한 그 행사의 방법에 제한이 없다. 또한, 위조된 문서 그 자체를 직접 상대방에게 제시하거나 이를 기계적인 방법으로 복사하여 그 복사본을 제시하는 경우는 물론, 이를 모사전송의 방법으로 제시하거나 컴퓨터에 연결된 스캐너(scanner)로 읽어 들여 이미지화한 다음 이를 전송하여 컴퓨터 화면상에서 보게 하는 경우도 행사에 해당하여 위조문서행사죄가 성립한다.」

*평석. 위조문서행사죄에서 말하는 '행사'의 방법은 단순한 소지가 아닌 위조문서의 제시, 교부, 비치 이외에도 복사본을 제시하는 것을 말한다. 이외에도 모사전송의 방법으로 제시하거나, 컴퓨터에 연결된 스캐너(scanner)로 읽어 들여 이미지화한 다음 이를 전송하여 컴퓨터 화면상에서 보게 하는 경우도 행사에 해당한다.

XII. 문서부정행사죄

1. 사문서부정행사죄

第236조(사문서의 부정행사) 권리·의무 또는 사실증명에 관한 타인의 문서 또는 도화를 부정행사한 자는 1년 이하의 징역이나 금고 또는 300만원 이하의 벌금에 처한다.

■대법원 2002.6.25. 2002도461

절취한 후불식 전화카드를 사용하여 공중전화를 건 행위가 사문서부정행사죄에 해당하는지 여부(적극)

「사용자에 관한 각종 정보가 전자기록되어 있는 자기띠가 카드번호와 카드발행자 등이 문자로 인쇄된 플라스틱 카드에 부착되어 있는 전화카드의 경우 그 자기띠 부분은 카드의 나머지 부분과 불가분적으로 결합되어 전체가 하나의 문서를 구성하므로, 전화카드를 공중전화기에 넣어 사용하는 경우 비록 전화기가 전화카드로부터 판독할 수 있는 부분은 자기띠 부분에 수록된 전자기록에 한정된다고 할지라도, 전화카드 전체가 하나의 문서로서 사용된 것으로 보아야 하고 그 자기띠 부분만 사용된 것으로 볼 수는 없으므로 절취한 전화카드를 공중전화기에 넣어 사용한 것은 권리의무에 관한 타인의 사문서를 부정행사한 경우에 해당한다.」

*평석. 대법원은 전화카드 전체를 하나의 문서로 보고 있다.

■대법원 2007.3.30. 2007도629 사문서부정행사죄의 성립요건

사문서부정행사죄의 성립요건

「형법 제236조 소정의 사문서부정행사죄는 사용권한자와 용도가 특정되어 작성된 권리의무 또는 사실증명에 관한 타인의 사문서 또는 사도화를 사용권한 없는 자가 사용권한이 있는 것처럼 가장하여 부정한 목적으로 행사하거나 또는 권한 있는 자라도 정당한 용법에 반하여 부정하게 행사하는 경우에 성립한다. (따라서)실질적인 채권채무관계 없이 당사자 간의 합의로 작성한 '차용증 및 이행각서'는 그 작성명의인들이 자유의사로 작성한 문서로 그 사용권한자가 특정되어 있다고 할 수 없고 또 그 용도도 다양하므로, 설령 피고인이 그 작성명의인들의 의사에 의하지 아니하고 위 '차용증 및 이행각서'상의 채권이 실제로 존재하는 것처럼 그 지급을 구하는 민사소송을 제기하면서

소지하고 있던 위 '차용증 및 이행각서'를 법원에 제출하였다고 하더라도 그것이 사문서부정행사죄에 해당하지 않는다.」

*평석. 사용권한 있는 자가 본래의 정당한 사용목적에 반하여 사용하는 경우도 부정행사에 해당하는가에 대해 대법원은 이를 긍정한다.

▣쟁점 1. 사용권한 있는 자의 정당한 목적 이외의 사용의 경우에도 사문서부정행사죄에 해당하는지의 여부

2. 공문서등 부정행사죄

第230조(공문서등의 부정행사) 공무원 또는 공무소의 문서 또는 도화를 부정행사한 자는 2년 이하의 징역이나 금고 또는 500만원 이하의 벌금에 처한다. 第235조(미수범) 제225조 내지 제234조의 미수범은 처벌한다.

(1) 행위의 객체

■대법원 1998.8.21. 98도1701

공문서부정행사죄의 성립요건

「공문서부정행사죄는 사용권한자와 용도가 특정되어 작성된 공문서 또는 공도화를 사용권한 없는 자가 사용권한이 있는 것처럼 가장하여 부정한 목적으로 행사하거나 또는 권한 있는 자라도 정당한 용법에 반하여 부정하게 행사하는 경우에 성립되는 것이다. (여기에서)자동차운전면허증은 운전면허시험에 합격하여 자동차의 운전이 허락된 자임을 증명하는 공문서로서 운전 중에 휴대하도록 되어 있고, 자동차대여약관상 대여회사는 운전면허증 미소지자에게는 자동차 대여를 거절할 수 있도록 되어 있으므로, 자동차를 임차하려는 피고인들이 자동차 대여업체의 담당직원들로부터 임차할 자동차의 운전에 필요한 운전면허가 있고 또 운전면허증을 소지하고 있는지를 확인하기 위한 운전면허증의 제시 요구를 받자 타인의 운전면허증을 소지하고 있음을 기화로 자신이 타인의 자동차운전면허를 받은 사람들인 것처럼 행세하면서 자동차 대여업체의 직원들에게 이를 제시한 것이라면, 피고인들의 위와 같은 행위는 단순히 신분확인을 위한 것이라고는 할 수 없고, 이는 운전면허증을 사용권한이 없는 자가 사용권한이 있는 것처럼 가장하여 부정한 목적으로 사용한 것이기는 하나 운전면허증의 본래의 용도에 따른 사용행위라고 할 것이므로 공문서부정행사죄에 해당한다.」

*평석. 공문서부정행사죄는 진정하게 성립된 사용권한자와 용도가 특정되어 작성된 공문서 또는 공도화를 사용권한 없는 자가 사용권한이 있는 것처럼 가장하여 부정한 목적으로 행사하거나 또는 권한 있는 자라도 정당한 용법에 반하여 부정하게 행사하는 경우에 성립한다.

■대법원 2003.2.26. 2002도4935

사용권한자와 용도가 특정되어 있는 공문서 본래의 용도에 따른 사용이 아닌 경우, 공문서부정행사죄의 성립 여부(소극)

「사용권한자와 용도가 특정되어 있는 공문서를 사용권한 없는 자가 사용한 경우에도 그 공문서 본래의 용도에 따른 사용이 아닌 경우에는 형법 제230조의 공문서부정행사죄가 성립되지 아니한다. 피고인이 기왕에 습득한 타인의 주민등록증을 피고인 가족의 것이라고 제시하면서 그 주민등록증상의 명의 또는 가명으로 이동전화 가입신청을 한 경우, 타인의 주민등록증을 본래의 사용용도인 신분확인용으로 사용한 것이라고 볼 수 없어 공문서부정행사죄가 성립하지 않는다.」

*평석. 타인의 주민등록증을 그 본래의 사용용도인 신분확인용으로 사용한 것이라고 볼 수 없어 공문서부정행사죄가 성립하지 않는다고 한 사례이다. 사용권한이 없는 자의 본래의 용도 이외의 사용인 경우의 예이다.

(2) 행위

부정행사하는 것이다.

■대법원 2001.4.19. 2000도1985

제3자로부터 신분확인을 위하여 신분증명서의 제시를 요구받고 다른 사람의 운전면허증을 제시한 경우, 공문서부정행사죄에 해당하는지 여부(적극)

「[다수의견] 운전면허증은 운전면허를 받은 사람이 운전면허시험에 합격하여 자동차의 운전이 허락된 사람임을 증명하는 공문서로서, 운전면허증에 표시된 사람이 운전면허시험에 합격한 사람이라는 '자격증명'과 이를 지니고 있으면서 내보이는 사람이 바로 그 사람이라는 '동일인증명'의 기능을 동시에 가지고 있다. 운전면허증의 앞면에는 운전면허를 받은 사람의 성명·주민등록번호·주소가 기재되고 사진이 첨부되며 뒷면에는 기재사항의 변경내용이 기재될 뿐만 아니라, 정기적으로 반드시 갱신교부되도록 하고 있어, 운전면허증은 운전면허를 받은 사람의 동일성 및 신분을 증명하기에 충분하고 그 기재 내용의 진실성도 담보되어 있다. 그럼에도 불구하고 운전면허증을 제시한 행위에 있어 동일인증명의 측면은 도외시하고, 그 사용목적이 자격증명으로만 한정되어 있다고 해석하는 것은 합리성이 없다. 인감증명법상 인감신고인 본인 확인, 공직선거및선거부정방지법상 선거인 본인 확인, 부동산등기법상 등기의무자 본인 확인 등 여러 법령에 의한 신분 확인절차에서도 운전면허증은 신분증명서의 하나로 인정되고 있다. 또한 주민등록법 자체도 주민등록증이 원칙적인 신분증명서이지만, 주민등록증을 제시하지 아니한 사람에 대하여 신원을 증명하는 증표나 기타 방법에 의하여 신분을 확인하도록 규정하는 등으로 다른 문서의 신분증명서로서의 기능을 예상하고 있다. 한편 우리 사회에서 운전면허증을 발급받을 수 있는 연령의 사람들 중 절반 이상이 운전면허증을 가지고 있고, 특히 경제활동에 종사하는 사람들의 경우에는 그 비율이 훨씬 더 이를 앞지르고 있으며, 금융기관과의 거래에 있어서도 운전면허증에 의한 실명확인이 인정되고 있는 등 현실적으로 운전면허증은 주민등록증과 대등한 신분증명서로 널리 사용되고 있다. 따라서, 제3자로부터 신분확인을 위하여 신분증명서의 제시를 요구받고 다른 사람의 운전면허증을 제시한 행위는 그 사용목적에 따른 행사로서 공문서부정행사죄에 해당한다고 보는 것이 옳다.

[반대의견] 공문서부정행사죄는 사용목적이 특정된 공문서의 경우에 그 사용명의자 아닌 자가 사용명의자인 것으로 가장하여 그 사용목적에 따른 행사를 하여야 성립하는 것인바, 운전면허증의 본래의 사용목적은 자동차를 운전할 때에 이를 지니고 있어야 하고 운전 중에 경찰공무원으로부터 제시를 요구받은 때에 이를 제시하는 데 있는 것일 뿐, 그 소지자의 신분의 동일성을 증명하는 데 있는 것은 아니므로, 제3자로부터 신분확인을 위하여 신분증명서의 제시를 요구받고 다른 사람의 운전면허증을 제시한 행위는 운전면허증의 사용목적에 따른 행사라고 할 수는 없고, 따라서 공문서부정사용죄가 성립하지 아니한다. 형법 제230조는 공문서부정행사죄의 구성요건으로 '공무원 또는 공무소의 문서 또는 도화를 부정행사한 자'라고만 규정하여, 문언상으로는 모든 공문서가 행위의 객체에 포함되고 그 사용권한자와 용도가 특정되었는지 여부는 묻지 않는 것으로 되어 있으나, 그 사용권한자와 용도를 특정할 수 없는 공문서의 경우에는 그 부정행사의 개념조차 특정하기 어려워 과연 그러한 경우에도 부정행사죄가 성립될 수 있는지조차 의문시되고, 만일 이를 긍정할 경우 처벌범위가 지나치게 확대될 위험이 있다. 범죄의 구성요건이 추상적이거나, 모호한 개념으로 이루어지거나 또는 그 적용 범위가 너무 광범위하고 포괄적이어서 불명확하게 되어 통상의 판단능력을 가진 국민이 그에 의하여 금지된 행위가 무엇인가를 알 수 없는 경우에는 죄형법정주의의 원칙에 위배된다. 무릇 어떠한 공문서가 일정한 자격을 받은 사람임을 증명하려면 그 사람이 자격을 취

득하였다는 사실과 더불어 그 동일성을 확인하는 데 필요한 인적사항이 기재되고 사진도 첨부되어야 할 것이므로, 자격증명에는 언제나 동일인증명이 내재되기 마련이다. 이와 같이 자격증명을 위한 공문서에 동일인증명의 기능이 내재되어 있다고 하여 그 본래의 사용목적이 소지자 신분의 동일성을 증명하는 데 있다고 볼 수는 없는 것이다. 주민등록법 제17조의9의 규정 등에 의하면, 주민등록증을 17세 이상의 자에 대한 일반적인 신분증명서로서 규정하고 있음에 비하여, 도로교통법 제68조 등의 규정에 의하면, 운전면허증은 운전면허시험에 합격하여 자동차의 운전이 허락된 자임을 증명하는 공문서로서 그 본래의 사용용도가 운전 중에 경찰공무원으로부터 그 제시를 요구받으면 이를 제시하여 자동차의 운전이 허가된 자임을 증명하도록 그 사용목적이 특정되어 있다. 그 소지자의 인적사항 확인은 자격증명에 따르는 부수적인 기능에 지나지 아니하는 것이다. 현실 거래와 일부 법령이 정한 분야에서 운전면허증이 그 소지자의 인적사항을 확인하는 데 사용되고는 있지만, 이는 어디까지나 운전면허증의 사실적 내지 부수적 용도에 불과하고 본래의 용도라고 할 수 없으며, 그러한 용도로서 널리 사용된다는 사정만으로 사실적 용도 내지 부수적 용도가 본래의 용도로 승화된다고 할 수는 없다. 이러한 사정은 운전면허증 외에도 일정한 자격의 증명에 관한 공문서들로서 여권, 공무원증, 사원증, 학생증 등의 경우에도 마찬가지이다. 그럼에도 불구하고 어떠한 공문서가 그 본래의 사용목적 이외의 용도로 널리 사용된다는 등의 이유를 들어 그러한 사실상 내지 부수적 용도도 본래의 사용목적에 포함된다고 본다면 그 부정행사로 인한 처벌범위가 크게 확대될 것이고, 이는 죄형법정주의의 원칙에 따라 공문서부정행사죄의 행위객체와 태양을 제한적으로 해석함으로써 그 처벌범위를 합리적인 범위 내로 제한하여 온 종전 판례들과 실질적으로 저촉된다. 문서에 관한 죄는 본래 그 내용이든 형식이든 문서의 진정성립에 대한 사회 일반의 신용을 보호하려는 것인데, 일단 진정하게 성립된 문서의 행사는 그 자체만으로 이와 같은 법익을 침해한다고 보기 어려울 뿐만 아니라, 그 행사로 인하여 다른 법익이 침해되었다면 그 법익 침해에 관한 죄로 처벌할 수 있으므로, 진정한 문서의 행사를 제한 없이 처벌할 필요성이 크다고 하기도 어렵다.」

*평석. 대법원 위 판례에서 이전판례를 변경하여 운전면허증은 운전면허증에 표시된 사람이 운전면허시험에 합격한 사람이라는 '자격증명'과 이를 지니고 있으면서 내보이는 사람이 바로 그 사람이라는 '동일인증명'의 기능을 동시에 가지고 있다고 판시하고 있다.

◐참조조문

형법 제230조, 도로교통법 제68조, 제69조, 제77조, 주민등록법 제17조의9, 제21조 제2

항, 여권법 제13조 제3항, 제4항

●참조판례

대법원 1974.9.4. 74도1695; 대법원 1981.12.8. 81도1130; 대법원 1983.6.28. 82도1985; 대법원 1989.3.28. 88도1593; 대법원 1996.10.11. 96도1733; 대법원 2000.2.11. 99도1237

■대법원 1999.5.14. 99도206

공문서부정행사죄의 성립요건

「공문서부정행사죄는 사용권한자와 용도가 특정되어 작성된 공문서 또는 공도화를 사용권한 없는 자가 사용권한이 있는 것처럼 가장하여 부정한 목적으로 행사하거나 또는 권한 있는 자라도 정당한 용법에 반하여 부정하게 행사하는 경우에 성립되는 것이다.

주민등록표등본은 시장·군수 또는 구청장이 주민의 성명, 주소, 성별, 생년월일, 세대주와의 관계 등 주민등록법 소정의 주민등록사항이 기재된 개인별·세대별 주민등록표의 기재 내용 그대로를 인증하여 사본·교부하는 문서로서 그 사용권한자가 특정되어 있다고 할 수 없고, 또 용도도 다양하며, 반드시 본인이나 세대원만이 사용할 수 있는 것이 아니므로, 타인의 주민등록표등본을 그와 아무런 관련 없는 사람이 마치 자신의 것인 것처럼 행사하였다고 하더라도 공문서부정행사죄가 성립되지 아니한다.」

*평석. 대법원은 사용권한 없는 자의 용도 이외의 사용에 대해 "권한 있는 자라도 정당한 용법에 반하여 부정하게 행사하는 경우에 성립되는 것이다"고 하면서 공문서부정행사죄의 성립을 긍정하고 있다. 타인의 주민등록등본을 그와 아무런 관련 없는 사람이 마치 자신의 것인 양 행사한 경우, 공문서부정행사죄의 성립 여부에 대해 사용권한자가 특정되지 않고 용도도 다양하여 본죄의 성립을 부정하고 있다.

제9장 인장에 관한 죄

Ⅰ. 사인등 위조 · 부정사용죄

제239조(사인등의 위조, 부정사용) ①행사할 목적으로 타인의 인장, 서명, 기명 또는 기호를 위조 또는 부정사용한 자는 3년 이하의 징역에 처한다. 제240조(미수범) 본장의 미수범은 처벌한다.

■대법원 1984.2.28. 82도2064

사망자 명의의 인장을 위조, 행사한 경우 사인위조 동행사죄 성부(소극)

「이미 사망한 사람 명의의 문서를 위조하거나 이를 행사하더라도 사문서위조나 동행사죄는 성립하지 않는다는 문서위조죄의 법리에 비추어 이와 죄질을 같이하는 인장위조죄의 경우에도 사망자 명의의 인장을 위조, 행사하는 소위는 사인위조 및 동행사죄가 성립하지 않는다고 해석함이 상당하다.」

*평석. 대법원은 사망자 명의의 인장을 위조, 행사하는 경우에 사인위조 및 동행사죄가 성립하지 않는다고 하고 그 논거를 “사망한 사람 명의의 문서를 위조하거나 이를 행사하더라도 사문서위조나 동행사죄는 성립하지 않는다는 문서위조죄의 법리”를 전제하고 있다. 그러나 대법원은 그 후 판례변경을 통해 사자나 허무인 명의의 문서위조·변조죄가 성립한다고 하고 있다(대법원 2005.2.24. 2002도18 참조).

■대법원 1995.9.5. 95도1269

형법상 문서에 관한 죄에 있어서 문서의 개념

「형법상 문서에 관한 죄에 있어서 문서라 함은 문자 또는 이에 대신할 수 있는 가독적 부호로 계속적으로 물체 상에 기재된 의사 또는 관념의 표시인 원본 또는 이와 사회적 기능, 신용성 등을 동시할 수 있는 기계적 방법에 의한 복사본으로서 그 내용이 법률상, 사회 생활상 주요 사항에 관한 증거로 될 수 있는 것을 말하는 것으로, 사람의 동일성을 표시하기 위하여 사용되는 일정한 상형인 인장이나, 사람의 인격상의 동일성 이외의 사항에 대해서 그 동일성을 증명하기 위한 부호인 기호와는 구분되며, 이른바 생략문서도 그것이 사람 등의 동일성을 나타내는 데에 그치지 않고 그 이외의 사항도 증명, 표시하는 한 인장이나 기호가 아니라 문서로서 취급하여야 한다. 구청 세무계장 명의의 소인을 세금 영수필 통지서에 날인하는 의미는 은행 등 수납기관으로부터 그 수납기관에 세금이 정상적으로 입금되었다는 취지의 영수필 통지서가 송부되어 와서 이에 기하여 수납부 정리까지 마쳤으므로 이제 그 영수필 통지서는 보관하면 된다는 점을 확인함에 있는데, 소인이 가지는 의미가 위와 같은 것이라면 이는 하나의 문서로 보아야 한다.」

*평석. 인장과 결합된 생략문서의 경우에 그것이 사람 등의 동일성을 나타내는 데에 그치지 않고 그 이외의 사항도 증명, 표시하는 한 인장이나 기호가 아니라 문서이며, 따라서 소인은 인장이 아니라 문서로 본 사례이다.

Ⅱ. 위조사인등 행사죄

제239조(사인등의 위조, 부정사용) ②위조 또는 부정사용한 타인의 인장, 서명, 기명 또는 기호를 행사한 때에도 전항의 형과 같다.
제240조(미수범) 본장의 미수범은 처벌한다.

Ⅲ. 공인등 위조 · 부정사용죄

제238조(공인등의 위조, 부정사용) ①행사할 목적으로 공무원 또는 공무소의 인장, 서명, 기명 또는 기호를 위조 또는 부정사용한 자는 5년 이하의 징역에 처한다.
②위조 또는 부정사용한 공무원 또는 공무소의 인장, 서명, 기명 또는 기호를 행사한 자도 전항의 형과 같다.
③전2항의 경우에는 7년 이하의 자격정지를 병과할 수 있다.

■대법원 1983.10.25. 83도2078

차량 번호표가 공기호인지 여부

「차량번호표는 공기호에 해당한다.」

*평석. 공기호란 공무원 또는 공무소가 대상물의 동일성 증명의 목적으로 사용하는 문자 또는 부호를 말하며 차량번호표는 공기호에 해당한다.

■대법원 1997.7.8. 96도3319

공기호부정사용과 부정사용공기호행사의 의미

「형법 제238조 제1항에서 규정하고 있는 공기호인 자동차등록번호판의 부정사용이라 함은 진정하게 만들어진 자동차등록번호판을 권한 없는 자가 사용하든가, 권한 있는 자라도 권한을 남용하여 부당하게 사용하는 행위를 말하는 것이고, 같은 조 제2항에서 규정하고 있는 그 행사죄는 부정사용한 공기호인 자동차등록번호판을 마치 진정한 것처럼 그 용법에 따라 사용하는 행위를 말하는 것으로 그 행위개념을 달리하고 있다.

부정사용한 공기호인 자동차등록번호판의 용법에 따른 사용행위인 행사라 함은 이를 자동차에 부착하여 운행함으로써 일반인으로 하여금 자동차의 동일성에 관한 오인을 불러일으킬 수 있는 상태 즉 그것이 부착된 자동차를 운행함을 의미한다고 할 것이고, 그 운행과는 별도로 부정사용한 자동차등록번호판을 타인에게 제시하는 등 행위가 있어야 그 행사죄가 성립한다고 볼 수 없다.」

*평석. 본죄에서 행사란 부정사용한 공기호를 마치 진정한 것처럼 그 용법에 따라 사용하는 행위를 말하는 것으로 절취한 자동차번호판을 다른 차량에 부착하고 운행한 것은 부정사용공기호행사죄에 해당한다.

◐참조조문

형법 제238조

제10장 성풍속에 관한 죄

Ⅰ. 간통죄

제241조(간통) ①배우자있는 자가 간통한 때에는 2년 이하의 징역에 처한다. 그와 상간한 자도 같다. ②전항의 죄는 배우자의 고소가 있어야 논한다. 단, 배우자가 간통을 종용 또는 유서한 때에는 고소할 수 없다. 형사소송법 제229조(배우자의 고소) ①「형법」 제241조의 경우에는 혼인이 해소되거나 이혼소송을 제기한 후가 아니면 고소할 수 없다. ②전항의 경우에 다시 혼인을 하거나 이혼소송을 취하한 때에는 고소는 취소된 것으로 간주한다.

1. 입법론

■헌법재판소 2008.10.30. 2007헌가17,21, 2008헌가7,26, 2008헌바21,47(병합). 형법제241조 위헌제청등

배우자있는 자의 간통행위 및 그와의 상간행위를 처벌하는 형법 제241조(이하 '이 사건 법률조항'이라 한다)의 위헌 여부(소극)

「1) 재판관 이강국, 재판관 이공현, 재판관 조대현의 합헌의견

이 사건 법률조항은 혼인관계를 보호하고, 사회질서를 유지하기 위하여 간통 및 상간행위를 제재하는 것으로 정당한 입법목적 달성을 위한 적절한 수단이다. 다만 '형벌'의 제재 규정이 지나친 것인지 문제되나, 이는 기본적으로 입법형성의 자유에 속한다. 간통이 사회질서를 해치고 타인의 권리를 침해하는 경우에 해당한다고 보는 우리의 법의식 및 간통 및 상간행위에 대한 사전예방의 강한 요청에 비추어 간통 및 상간행위를

형사처벌하기로 한 입법자의 판단이 자의적인 것이라 할 수 없고, 이 사건 법률조항으로 인하여 침해되는 사익은 특정한 관계에서의 성행위 제한으로 경미함에 비하여 달성되는 공익은 높은 중요성이 있어 법익균형성 역시 인정되므로 이 사건 법률조항이 과잉금지원칙에 위배하여 개인의 성적 자기결정권, 사생활의 비밀과 자유를 침해한다고 볼 수 없다. 한편 이 사건 법률조항은 법정형으로 징역형만을 규정하고 있으나 지나치게 과중한 형벌을 규정하고 있다고 보기 어렵다.

2) 재판관 민형기의 합헌의견

형법이 간통죄를 범죄로 처벌하는 것 자체는 헌법에 위반되지 않으나, 이 사건 법률조항이 구체적인 행위 태양을 고려하지 않은 채 간통이라는 하나의 개념으로 일률적으로 형벌을 부과하는 것은 부당한 결과를 초래할 우려가 있으므로 입법자로서는 이를 입법적으로 개선할 수 있도록 정책적인 노력을 기울여야 할 것이다.

3) 재판관 김종대, 재판관 이동흡, 재판관 목영준의 위헌의견

이 사건 법률조항은 과잉금지 원칙에 위반하여 개인의 성적(性的) 자기결정권과 사생활의 비밀과 자유를 제한하는 것으로 위헌이다. 오늘날 성(性)에 대한 국민 일반의 법감정이 변하고 있고, 도덕적으로 비난받을 만한 행위 모두를 형사처벌의 대상으로 삼는 것은 바람직하지 아니하며, 간통 및 상간행위의 형사처벌이 일부일처제와 가정보호·부부간의 성적 성실의무 보호·여성의 보호에 실효적인 기능을 하지도 못한다는 점 등을 고려할 때 이 사건 법률조항의 수단의 적절성 및 피해의 최소성을 인정하기 어렵다. 또한 이 사건 법률조항은 개인의 내밀한 성생활의 영역을 형사처벌의 대상으로 삼아 국민의 성적 자기결정권 등 기본권을 지나치게 제한하여 법익균형성을 상실한 것이다.

4) 재판관 김희옥의 헌법불합치의견

이 사건 법률조항은 단순히 도덕적 비난에 그쳐야 할 행위 또는 비난가능성이 없거나 근소한 행위 등에까지 형벌을 부과하여 법치국가적 한계를 넘어 국가형벌권을 행사한 것으로 헌법에 합치되지 아니한다.

5)재판관 송두환의 위헌의견

이 사건 법률조항이 간통 및 상간행위를 형사처벌하도록 한 자체는 헌법에 위반되지 아니하나, 법정형으로 징역형만을 규정한 것은 구체적 사안의 개별성과 특수성을 고려할 수 있는 가능성을 배제 또는 제한하여 책임과 형벌간 비례의 원칙에 위배되어 헌법에 위반된다.

_ 이 사건 법률조항에 대하여 재판관 4인이 합헌의견, 재판관 4인이 위헌의견, 재판관 1인이 헌법불합치의견으로 위헌의견이 다수이긴 하나, 법률의 위헌선언에 필요한 정

족수 6인에 미달하므로 이 사건 법률조항은 헌법에 위반되지 않는다.」

*평석. 입법론적으로 간통죄는 헌법의 과잉금지 원칙에 위반하여 개인의 성적 자기결정권과 사생활의 비밀과 자유를 제한함은 물론 형법의 법익보호사상과 보충성의 원칙에도 반하는 것으로 비범죄화하는 것이 타당하다. 헌법재판소도 위헌의견이 점차 늘어나고 있는 추세이다.

2. 구성요건

(1) 주체

■대법원 1983.12.13. 83도41

외국에서 혼인한 자가 호적법에 따른 신고를 하지 않은 경우에 형법 제241조의 배우자에 해당하는지 여부(적극)

「외국에서 거행된 혼인이 그 외국법이 정하는 방식에 따라 거행된 경우는 그로써 혼인은 유효하게 성립된 것으로 인정되고, 호적법에 따른 신고가 없는 경우에도 간통죄에 있어서의 배우자에 해당한다.」

*평석. 외국에서 혼인한 자가 국내법에 따른 혼인신고를 하지 않은 경우에도 배우자에 해당한다.

●참조판례

대법원 1994.6.28. 94므413

「섭외사법 제15조 제1항의 규정은 우리 나라 사람들 사이 또는 우리 나라 사람과 외국인 사이의 혼인이 외국에서 거행되는 경우 그 혼인의 방식 즉 형식적 성립요건은 그 혼인거행지의 법에 따라 정하여야 한다는 취지라고 해석되므로, 그 나라의 법이 정하는 방식에 따른 혼인절차를 마친 경우에는 혼인이 유효하게 성립하는 것이고 별도로 우리나라의 법에 따른 혼인신고를 하지 않더라도 혼인의 성립에 영향이 없으며, 당사자가 호적법 제39조, 제40조에 의하여 혼인신고를 한다 하더라도 이는 창설적 신고가 아니라 이미 유효하게 성립한 혼인에 관한 보고적 신고에 불과하다.」

■대법원 1982.6.22. 82도826

혼인무효로 귀착되는 여자와 상간하였다가 호적상 남편으로부터 간통죄로 고소당한 피고인이 그 남편을 상대로 제기한 고소와 무고죄의 성부

「혼인무효로 귀착되는 (을)녀를 피고인이 배우자 있는 여자로 알고서 상간하였다가 호적상 배우자로 등재된 (갑)남으로부터 간통죄로 고소를 당한 후에, 피고인이 혼인의 효력문제는 언급함이 없이 (을)녀와 상간한 사실이 없는 데도 있는 것처럼 무고하였다는 취지로 제기한 위 (갑)남에 대한 고소는 결과적으로는 간통죄를 구성하지 아니한다는 객관적 사실에 부합하는 것이므로 위 (갑)남에 대한 무고죄가 성립하지 아니한다.」

*평석. 혼인무효인 경우에는 배우자 있는 자에 해당하지 아니하지만 혼인취소사유가 있는 경우에는 배우자 있는 자에 해당한다.

■대법원 1990.1.25. 89도1317

배우자가 있는 자들 사이의 이른바 이중간통의 경우 일방을 간통자로, 타방을 상간자로 기소하였다가 각각 간통과 동시에 상간한 것으로 공소장을 변경함의 가부(적극)

「형법 제241조 전문과 후문은 주관적 구성요건으로서의 고의의 내용을 달리하므로 배우자 있는 자들이 상대방에게도 배우자가 있음을 인식하면서 서로 간통하는 이른바 이중간통의 경우에는 쌍방 모두 위 전문과 후문에 해당하게 되고, 이는 처분상의 일죄인 상상적경합의 관계에 있는 것인 바, 검사가 이와 같이 상상적경합의 관계에 있는 수죄 중 갑을 간통자로, 을을 상간자로 하여서만 공소를 제기하였더라도 그 공소제기의 효력은 갑, 을이 각각 간통과 동시에 상간한 수죄의 전부에 미치는 것이며, 검사가 제1심이나 항소심에서 상상적경합의 관계에 있는 수죄 가운데 당초 공소를 제기하지 아니한 공소사실을 추가하는 내용의 공소장변경신청을 하는 경우 법원은 공소사실의 동일성을 해하지 아니함이 명백하므로 그 공소장변경을 허가하여 추가된 공소사실에 대하여 심리판단하여야 하는 것이다.」

*평석. 이중간통의 경우에는 상상적경합의 관계에 있게 된다.

◐참조조문

형법 제241조, 제40조, 형사소송법 제298조

(2) 행위

■간통죄에 있어서의 죄수

대법원 1982.12.14. 82도2448

「간통죄는 성교행위마다 1개의 간통죄가 성립한다.」

*평석. 대법원은 동일인의 경우에 있어서도 매 성교행위마다 1개의 간통죄가 성립한다고 하고 있다. 그러나 연속범의 요건이 충족되는 경우에는 포괄일죄가 된다고 하겠다.

■대법원 2000.2.11. 99도4123

간통죄의 고소에 필요한 범죄사실의 특정 정도

「간통죄의 고소에 있어서 간통의 범죄사실이 특정되어야 할 것이지만, 그 특정의 정도는 고소인의 의사가 구체적으로 어떤 범죄사실을 지정하여 범인의 처벌을 구하고 있는지를 확정할 수만 있으면 되는 것이고, 고소인 자신이 직접 범행의 일시, 장소와 방법 등까지 구체적으로 상세히 지적하여 범죄사실을 특정할 필요까지는 없으며, 간통죄는 그 은비성때문에 범인이 자신의 범죄사실을 자백하기 전에는 고소인이라 할지라도 그 구체적인 범행내용을 알 수 없는 것이 보통이므로 간통죄의 고소에 있어서는 고소인이 시기와 종기를 정하여 고소기간을 특정하고 있는 이상 그 기간 중의 어떤 범죄행위에 대하여 특히 처벌을 원치 않는다고 볼 만한 특별한 사정이 없는 한 그 기간 중의 모든 범죄행위에 대하여 처벌을 희망하는 의사를 표시한 것으로 보아야 하고, 또 그 정도로써 특정도 되었다고 봄이 상당하다.」

*평석. 간통죄의 고소에 있어서 간통의 범죄사실에 대한 특정의 정도는 고소인의 의사가 구체적으로 어떤 범죄사실을 지정하여 범인의 처벌을 구하고 있는지를 확정할 수만 있으면 그 요건을 충족한다.

◐참조조문

형법 제241조, 형사소송법 제254조

3. 친고죄

(1) 혼인의 해소 또는 이혼소송의 제기

■대법원 2007.1.25. 2006도7939

협의이혼신고 후 이혼소송을 취하한 경우에 간통죄의 고소취소로 간주되는지 여부(소극)

「형사소송법 제229조 제2항에 의하여 고소를 취소한 것으로 간주되는 이혼소송의 취하는 그것에 의하여 혼인관계를 해소하려는 의사가 철회되어 결과적으로 혼인관계가 존속하는 경우를 의미하는 것일 뿐, 배우자가 이혼소송을 제기한 후 그 소송 외에서 협의이혼 등의 방법으로 혼인 해소의 목적을 달성하게 되어 더 이상 이혼소송을 유지할 실익이 없어 이혼소송을 취하한 경우까지 의미하는 것이라고는 볼 수 없고, 이러한 경우 간통고소는 '이혼소송의 계속'과 선택적 관계에 있는 '혼인관계의 부존재'라는 고소의 유효조건을 충족시키고 있어 여전히 유효하게 존속한다.」

*평석. 협의이혼신고 후 이혼소송을 취하한 경우에 간통죄의 고소의 요건인 혼인관계의 부존재의 요건이 존재하는 경우에 해당한다.

(2) 간통의 종용 또는 간통유서한 때

■대법원 2000.7.7. 2000도868

간통죄에 있어서 유서의 의미·방식 및 인정 요건

「간통죄에 있어서의 유서는 배우자의 일방이 상대방의 간통사실을 알면서도 혼인관계를 지속시킬 의사로 악감정을 포기하고 상대방에게 그 행위에 대한 책임을 묻지 않겠다는 뜻을 표시하는 일방행위로서, 간통의 유서는 명시적으로 할 수 있음은 물론 묵시적으로도 할 수 있는 것이어서 그 방식에 제한이 있는 것은 아니지만, 감정을 표현하는 어떤 행동이나 의사의 표시가 유서로 인정되기 위하여는, 첫째 배우자의 간통사실을 확실하게 알면서 자발적으로 한 것이어야 하고, 둘째 그와 같은 간통사실에도 불구하고 혼인관계를 지속시키려는 진실한 의사가 명백하고 믿을 수 있는 방법으로 표현되어야 한다. (따라서)간통죄의 고소 이후 이혼 등 청구의 소가 계속중에 혼인 당사자인 고소인과 피고소인이 동침한 사실이 있다는 사정만으로는 고소인이 피고소인의 간통행위를 유서하였다고 볼 수 없다.

*평석. 간통죄에 있어서 유서란 간통에 대한 사후의 승낙을 의미하며 그것은 첫째 배우자의 간통사실을 확실하게 알면서 자발적으로 한 것이어야 하고, 둘째 그와 같은 간통사실에도 불구하고 혼인관계를 지속시키려는 진실한 의사가 명백하고 믿을 수 있는 방법으로 표현되어야 한다. 따라서 간통죄의 고소 이후 이혼 등 청구의 소가 계속 중에 혼인 당사자인 고소인과 피고소인이 동침한 사실이 있다는 사정만으로는 고소인이 피고소인의 간통행위를 유서하였다고 볼 수 없다.

Ⅱ. 음화반포등의 죄

제243조(음화반포등) 음란한 문서, 도화, 필름 기타 물건을 반포, 판매 또는 임대하거나 공연히 전시 또는 상영한 자는 1년 이하의 징역 또는 500만원 이하의 벌금에 처한다.

1. 행위의 객체

음란한 문서, 도화, 필름 기타 물건이다.

(1) 음란성

1) 음란의 개념

■대법원 1995.2.10. 94도2266

형법 제243조 소정 '음란'의 판단 규준과 최종적인 판단의 주체

「형법 제243조 소정의 '음란'이라는 개념 자체가 사회와 시대적 변화에 따라 변동하는 상대적이고도 유동적인 것이고, 그 시대에 있어서 사회의 풍속, 윤리, 종교 등과도 밀접한 관계를 가지는 추상적인 것이므로 결국 구체적인 판단에 있어서는 사회통념상 일반 보통인의 정서를 그 판단의 규준으로 삼을 수밖에 없다고 할지라도, 이는 법관이 일정한 가치판단에 의하여 내릴 수 있는 규범적인 개념이라 할 것이어서 그 최종적인 판단의 주체는 어디까지나 당해 사건을 담당하는 법관이라 할 것이니, 음란성을 판단함에 있어 법관이 자신의 정서가 아닌 일반 보통인의 정서를 규준으로 하여 이를 판단하면 족한 것이지 법관이 일일이 일반 보통인을 상대로 과연 당해 문서나 도화 등이 그들의 성욕을 자극하여 성적 흥분을 유발하거나 정상적인 성적 수치심을 해하여 성적 도의관념에 반하는 것인지의 여부를 묻는 절차를 거쳐야만 되는 것은 아니라고 할 것이다.」

*평석. 형법 제243조의 '음란'의 개념은 일반 보통인의 정서를 규준으로 당해 문서나 도화 등이 그이의 성욕을 자극하여 성적 흥분을 유발하거나 정상적인 성적 수치심을 해하여 성적 도의관념에 반하는 것을 말한다.

2) 판단방법

■대법원 1991.9.10. 91도1550

형법 제243조 소정의 음란한 문서 또는 도화의 의의 및 그 음란성 존부의 판단 기준

「형법 제243조에 규정된 음란한 문서 또는 도화라 함은 성욕을 자극하여 흥분시키고 일반인의 정상적인 성적정서와 선량한 사회풍속을 해칠 가능성이 있는 도서를 말하며 그 음란성의 존부는 작성자의 주관적 의도가 아니라 객관적으로 도서 자체에 의하여 판단되어야 한다.」

*평석. 음란성의 존부는 작성자의 주관적 의도가 아니라 객관적으로 판단되어야 한다.

■대법원 1995.6.16. 94도2413

음란한 문서의 개념과 음란성의 판단기준

「형법 제243조의 음화등의반포등죄 및 형법 제244조의 음화등의제조등죄에 규정한 음란한 문서라 함은 일반 보통인의 성욕을 자극하여 성적 흥분을 유발하고 정상적인 성적 수치심을 해하여 성적 도의관념에 반하는 것을 가리키고, 문서의 음란성의 판단에 있어서는 당해 문서의 성에 관한 노골적이고 상세한 묘사 서술의 정도와 그 수법, 묘사 서술이 문서 전체에서 차지하는 비중, 문서에 표현된 사상 등과 묘사 서술과의 관련성, 문서의 구성이나 전개 또는 예술성 사상성 등에 의한 성적 자극의 완화의 정도, 이들의 관점으로부터 당해 문서를 전체로서 보았을 때 주로 독자의 호색적 흥미를 돋우는 것으로 인정되느냐의 여부 등의 여러 점을 검토하는 것이 필요하고, 이들의 사정을 종합하여 그 시대의 건전한 사회통념에 비추어 그것이 공연히 성욕을 홍분 또는 자극시키고 또한 보통인의 정상적인 성적 수치심을 해하고, 선량한 성적 도의관념에 반하는 것이라고 할 수 있는가의 여부에 따라 결정되어야 한다. 따라서 소설 '즐거운 사라'가 음란한 문서에 해당한다.」

*평석. 음란성의 판단기준은 당해 문서를 전체로서 보았을 때 그것이 그 시대의 건전한 사회통념에 비추어 공연히 성욕을 홍분 또는 자극시키고 또한 보통인의 정상적인 성적 수치심을 해하고, 선량한 성적 도의관념에 반하는 것이라고 할 수 있는가의 여부에 따라 결정되어야 한다.

●참조판례

대법원 1996.6.11. 96도980; 대법원 2006.4.28. 2003도4128; 헌법재판소 2002.2.28. 99헌가8

3) 예술작품의 경우

■대법원 2002.8.23. 2002도2889

형법 제243조 소정의 '음란한 도화'의 의미 및 음란성의 판단 기준

「형법 제243조에 규정된 '음란한 도화'라 함은 일반 보통인의 성욕을 자극하여 성적 흥분을 유발하고 정상적인 성적 수치심을 해하여 성적 도의관념에 반하는 것을 가리킨다고 할 것이고, 이는 당해 도화의 성에 관한 노골적이고 상세한 표현의 정도와 그 수법, 당해 도화의 구성 또는 예술성, 사상성 등에 의한 성적 자극의 완화의 정도, 이들의 관점으로부터 당해 도화를 전체로서 보았을 때 주로 독자의 호색적 흥미를 돋구는 것

으로 인정되느냐의 여부 등을 검토, 종합하여 그 시대의 건전한 사회통념에 비추어 판단하여야 할 것이며, 예술성과 음란성은 차원을 달리하는 관념이므로 어느 예술작품에 예술성이 있다고 하여 그 작품의 음란성이 당연히 부정되는 것은 아니라 할 것이고, 다만 그 작품의 예술적 가치, 주제와 성적 표현의 관련성 정도 등에 따라서는 그 음란성이 완화되어 결국은 형법이 처벌대상으로 삼을 수 없게 되는 경우가 있을 수 있을 뿐이다.」

*평석. 예술작품에 있어 예술성이 있다고 하여 그 작품의 음란성이 당연히 부정되는 것은 아니라 할 것이다.

▣쟁점 1. 상대적 음란개념의 이론

(2) 문서 · 도화 · 필름 기타 물건

■대법원 2000.10.27. 98도679

「소설 '내게 거짓말을 해봐'가 음란한 문서에 해당한다.」

*평석. 이외에도 소설 '즐거운 사라'의 경우에고 음란한 문서에 해당한다고 판시하고 있다(대법원 1995.6.16. 94도2413).

■대법원 2003.5.16. 2003도988

「남성용 자위기구인 모조여성성기가 음란한 물건에 해당한다.」

■대법원 1999.2.24. 98도3140

컴퓨터 프로그램파일이 형법 제243조 소정의 문서, 도화, 필름 기타 물건에 해당하는지 여부(소극)

「형법 제243조는 음란한 문서, 도화, 필름 기타 물건을 반포, 판매 또는 임대하거나 공연히 전시 또는 상영한 자에 대한 처벌 규정으로서 컴퓨터 프로그램파일은 위 규정에서 규정하고 있는 문서, 도화, 필름 기타 물건에 해당한다고 할 수 없으므로, 음란한 영상화면을 수록한 컴퓨터 프로그램파일을 컴퓨터 통신망을 통하여 전송하는 방법으로 판매한 행위에 대하여 전기통신기본법 제48조의2의 규정을 적용할 수 있음은 별론으로 하고, 형법 제243조의 규정을 적용할 수 없다.」

*평석. 컴퓨터 프로그램파일은 형법 제243조의 문서, 도화, 필름 기타 물건에 해당한다고 할 수 없다. 이는 정보통신망이용촉진 및 정보보호에 관한 법률(제65조), 그리고 성폭력범죄의 처벌 및 피해자보호 등에 관한 법률(제14조)에 저촉되는 행위이다.

2. 행위

반포, 판매 또는 임대하거나 공연히 전시 또는 상영하는 것이다.

■대법원 2009.5.14. 2008도10914

구 정보통신망 이용촉진 및 정보보호 등에 관한 법률 제65조 제1항 제2호의 규정 취지 및 '공연히 전시'의 의미

「구 정보통신망 이용촉진 및 정보보호 등에 관한 법률(2007. 1. 26. 법률 제8289호로 개정되기 전의 것) 제65조 제1항 제2호는 정보통신망을 통하여 음란한 부호·문언·음향·화상 또는 영상을 배포·판매·임대하거나 공연히 전시한 자를 처벌하도록 규정하고 있다. 이 법률 규정은 초고속 정보통신망의 광범위한 구축과 그 이용촉진 등에 따른 음란물의 폐해를 막기 위하여 마련된 것이고, 여기서 '공연히 전시'한다고 함은 불특정 또는 다수인이 실제로 음란한 부호·문언·음향 또는 영상을 인식할 수 있는 상태에 두는 것을 의미한다. (따라서)인터넷사이트에 집단 성행위 목적의 카페를 개설, 운영한 자가 남녀 회원을 모집한 후 특별모임을 빙자하여 집단으로 성행위를 하고 그 촬영물이나 사진 등을 카페에 게시한 사안에서, 카페가 회원제로 운영되는 등 제한적이고 회원들 상호간에 음란물을 게시, 공유해 온 사정이 있다고 하더라도, 위 카페의 회원수에 비추어 위 게시행위가 음란물을 공연히 전시한 것에 해당한다.」

*평석. '공연히 전시'란 불특정 또는 다수인이 인식할 수 있는 상태에 두는 것을 의미한다.

III. 공연음란죄

제245조(공연음란) 공연히 음란한 행위를 한 자는 1년 이하의 징역, 500만원 이하의 벌금, 구류 또는 과료에 처한다.

1. 의의

공연히 음란한 행위를 함으로써 성립하는 범죄이다.

2. 음란행위

(1) 음란행위의 개념

■대법원 2006.1.13. 2005도1264

형법 제245조 공연음란죄에서의 '음란한 행위'의 의미

「형법 제245조 소정의 '음란한 행위'라 함은 일반 보통인의 성욕을 자극하여 성적 흥분을 유발하고 정상적인 성적 수치심을 해하여 성적 도의관념에 반하는 행위를 가리키는 것이고, 그 행위가 반드시 성행위를 묘사하거나 성적인 의도를 표출할 것을 요하는 것은 아니다. 요구르트 제품의 홍보를 위하여 전라의 여성 누드모델들이 일반 관람객과 기자 등 수십명이 있는 자리에서, 알몸에 밀가루를 바르고 무대에 나와 분무기로 요구르트를 몸에 뿌려 밀가루를 벗겨내는 방법으로 알몸을 완전히 드러낸 채 음부 및 유방 등이 노출된 상태에서 무대를 돌며 관람객들을 향하여 요구르트를 던진 행위가 공연음란죄에 해당한다.」

*평석. 공연음란죄의 '음란한 행위'라 함은 일반인의 성욕을 자극하여 성적 흥분을 유발하고 정상적인 성적 수치심을 해하여 성적 도의관념에 반하는 행위를 말하며, 그 행위가 반드시 성행위를 묘사하거나 성적인 의도를 표출할 것을 요하는 것은 아니다.

3. 판례사안

■대법원 1996.6.11. 96도980(연극 미란다 사건)

「연극 제5장에서 피고인은 옷을 모두 벗은 채 팬티만 걸친 상태로 침대 위에 누워있고, 여주인공인 공소외 인은 뒤로 돌아선 자세로 입고 있던 가운을 벗고 관객들에게 온몸이 노출되는 완전나체 상태로 침대위의 피고인에게 다가가서 끌어 안고 서로 격렬하게 뒹구는 등 그녀가 피고인을 유혹하여 성교를 갈구하는 장면을 연기하고, 제6장 마지막 부분에 이르러 피고인이 위 공소외인을 폭행하여 실신시킨 다음 침대 위에 쓰러져 있는 그녀에게 다가가서 입고 있던 옷을 모두 벗기고 관객들에게 정면으로 그녀의 전신 및 음부까지 노출된 완전나체의 상태로 만든 다음, 그녀의 양손을 끈으로 묶어 창틀에 매달아 놓고 자신은 그 나신을 유심히 내려다 보면서 자위행위를 하는 장면을 7 내지 8분 동안 연기한 사실 및 위 연기들은 평균 250명에 이르는 남녀 관객이 지켜보는 가운데 그들 관람석으로부터 4-5m도 되지 않는 거리 내에 설치되어 있는 무대 위

에서 위 배우들의 신체 각 부분을 충분히 관찰할 수 있을 정도의 조명 상태하에서 행하여진 사실을 인정한 다음 공연음란죄의 성립에 아무런 장애가 되지 아니한다.」

■대법원 2000.12.22. 2000도4372

「고속도로에서 승용차를 손괴하거나 타인에게 상해를 가하는 등의 행패를 부리던 자가 이를 제지하려는 경찰관에 대항하여 공중 앞에서 알몸이 되어 성기를 노출한 경우, 음란한 행위에 해당하고 그 인식도 있었다고 한 사례.」

■대법원 2004.3.12. 2003도6514

「말다툼을 한 후 항의의 표시로 엉덩이를 노출시킨 행위는 형법 제245조의 음란행위에 해당한다고 할 수 없을 것이다.」

제11장 도박과 복표에 관한 죄

Ⅰ. 단순도박죄

제246조(도박, 상습도박) ①재물로써 도박한 자는 500만원 이하의 벌금 또는 과료에 처한다. 단, 일시오락정도에 불과한 때에는 예외로 한다.

1. 보호법익

■대법원 1983.3.22. 82도2151

일시 오락정도에 불과한 도박행위를 처벌하지 아니하는 이유

「형법 제246조 도박죄를 처벌하는 이유는 정당한 근로에 의하지 아니한 재물의 취득을 처벌함으로써 경제에 관한 건전한 도덕법칙을 보호하기 위한 것인바, 그 처벌은 헌법이 보장하는 국민의 행복추구권이나 사생활의 자유를 침해할 수 없고, 동조의 입법취지가 건전한 근로의식을 배양 보호함에 있다면 일반 서민대중이 여가를 이용하여 평소의 심신의 긴장을 해소하는 오락은 이를 인정함이 국가정책적 입장에서 보더라도 허용된다 할 것으로, 일시 오락에 불과한 도박행위를 처벌하지 아니하는 이유가 여기에 있다. 속칭 민화투놀이에 저한 재물이 바로 그 즉시 예정된 방법에 따라 소비되지 아니하고 어느 일방이 승패에 따라 그 재물을 차지하였다 하더라도 그 재물의 득실이 승패결정의 흥미를 북돋우기 위한 것이고 그 재물의 경제적 가치가 근소(매회 1인당 100원식 걸어 합께 300원중 100원은 술값으로 적립하고 200원만 승자소유가 되며 20여회만 하였음)하여 건전한 근로의식을 침해하지 않을 정도라면 일시오락의 정도에 불과하다.」

*평석. 도박죄의 보호법익은 정당한 근로에 의하지 아니한 재물의 취득을 처벌함으로써 건전한 근로관념과 미풍양속 내지 경제에 관한 건전한 도덕법칙을 보호하기 위한 것으로 추상적 위험범이다. 입법론으로 단순도박죄를 비범죄화하는 것이 타당하다.

2. 행위

재물로써 도박하는 것이다. 도박이란 재물을 걸고 우연에 의하여 재물의 득실을 결정하는 것'을 말한다.

■대법원 2008.10.23. 2006도736

형법 제246조의 도박행위의 요건인 '우연성'의 의미

「형법 제246조에서 도박죄를 처벌하는 이유는 정당한 근로에 의하지 아니한 재물의 취득을 처벌함으로써 경제에 관한 건전한 도덕법칙을 보호하는 데 있다. 그리고 도박은 '재물을 걸고 우연에 의하여 재물의 득실을 결정하는 것'을 의미하는바, 여기서 '우연'이란 주관적으로 '당사자에 있어서 확실히 예견 또는 자유로이 지배할 수 없는 사실에 관하여 승패를 결정하는 것'을 말하고, 객관적으로 불확실할 것을 요구하지 아니한다. 따라서, 당사자의 능력이 승패의 결과에 영향을 미친다고 하더라도 다소라도 우연성의 사정에 의하여 영향을 받게 되는 때에는 도박죄가 성립할 수 있다. 피고인들이 각자 핸디캡을 정하고 홀마다 또는 9홀마다 별도의 돈을 걸고 총 26 내지 32회에 걸쳐 내기 골프를 한 행위가 도박에 해당한다.」

*평석. 도박행위의 요건인 '우연성'의 의미는 주관적으로 '당사자가 확실히 예견 또는 자유로이 지배할 수 없는 사정'을 말하고, 객관적으로 불확실할 것을 요구하지 아니한다.

3. 위법성

■대법원 2004.4.9. 2003도6351

일시 오락 정도에 불과한 도박행위를 처벌하지 아니하는 이유

「일시 오락 정도에 불과한 도박행위의 동기나 목적, 그 수단이나 방법, 보호법익과 침해법익과의 권형성 그리고 일시 오락 정도에 불과한 도박은 그 재물의 경제적 가치가 근소하여 건전한 근로의식을 침해하지 않을 정도이므로 건전한 풍속을 해할 염려가 없는 정도의 단순한 오락에 그치는 경미한 행위에 불과하고, 일반 서민대중이 여가를 이용하여 평소의 심신의 긴장을 해소하는 오락은 이를 인정함이 국가정책적 입장에서 보더라도 허용된다.」

*평석. 일시 오락 정도에 불과한 도박행위는 위법성을 조각한다.

■대법원 2004.4.23. 2002도2518

도박죄를 처벌하지 않는 외국 카지노에서의 도박행위의 위법성 여부(적극)

「형법 제3조는 "본법은 대한민국 영역 외에서 죄를 범한 내국인에게 적용한다."고 하여 형법의 적용 범위에 관한 속인주의를 규정하고 있고, 또한 국가 정책적 견지에서 도박죄의 보호법익보다 좀 더 높은 국가이익을 위하여 예외적으로 내국인의 출입을 허용하는 폐광지역개발지원에관한특별법 등에 따라 카지노에 출입하는 것은 법령에 의한 행위로 위법성이 조각된다고 할 것이나, 도박죄를 처벌하지 않는 외국 카지노에서의 도박이라는 사정만으로 그 위법성이 조각된다고 할 수 없다.」

*평석. 도박죄를 처벌하지 않는 외국 카지노에서의 도박행위는 형법 제3조의 내국인의 국외범 적용조항에 의해 위법성이 조각되지 아니한다.

Ⅱ. 상습도박죄

第246조(상습도박) ②상습으로 제1항의 죄를 범한 자는 3년 이하의 징역 또는 2천만원 이하의 벌금에 처한다. 第249조(벌금의 병과) 제246조제2항, 제247조와 제248조제1항의 경우에는 500만원 이하의 벌금을 병과할 수 있다.

1. 상습성

■대법원 1995.7.11. 95도955

상습도박죄에 있어서 상습성의 판단

「상습도박죄에 있어서의 상습성이라 함은 반복하여 도박행위를 하는 습벽으로서 행위자의 속성을 말하는데, 이러한 습벽의 유무를 판단함에 있어서는 도박의 전과나 도박횟수 등이 중요한 판단자료가 되나 도박전과가 없다 하더라도 도박의 성질과 방법, 도금의 규모, 도박에 가담하게 된 태양 등의 제반 사정을 참작하여 도박의 습벽이 인정되는 경우에는 상습성을 인정하여도 무방하다.

*평석. 상습도박죄에 있어서 상습성의 판단은 제반 사정을 참작하여 인정여부를 판단한다.

2. 죄수

■대법원 1982.9.28. 82도1669

상습죄로 인정되는 동종의 수개 행위에 경합가중의 적부

「상습범이라 함은 수다한 동종의 행위가 상습적으로 반복될 때 이를 일괄하여 하나의 죄로 처단하는 소위 과형상의 일죄를 말하는 것이니 동종의 수개의 행위에 상습성이 인정된다면 그 중 형이 중한 죄에 나머지 행위를 포괄시켜 처단하는 것이 상당하고 상습범으로 인정하면서도 실질적인 경합범으로 보아 형법 제37조, 제38조를 적용하여 경합가중함은 위법하다.」

*평석. 상습죄로 인정되는 동종의 수개 행위에 경합가중의 적부와 관련하여 상습도박죄는 집합범이므로 포괄하여 하나의 상습도박죄만 성립한다.

III. 도박개장죄

제247조(도박개장) 영리의 목적으로 도박을 개장한 자는 3년 이하의 징역 또는 2천만원 이하의 벌금에 처한다. 제249조(벌금의 병과) 제246조제2항, 제247조와 제248조제1항의 경우에는 500만원 이하의 벌금을 병과할 수 있다.

1. 도박개장

■대법원 2008.9.11. 2008도1667

형법 제247조 도박개장죄의 성립 요건

「형법 제247조의 도박개장죄는 영리의 목적으로 스스로 주재자가 되어 그 지배하에 도박장소를 개설함으로써 성립하는 것으로서 도박죄와는 별개의 독립된 범죄이고, '영리의 목적'이란 도박개장의 대가로 불법한 재산상의 이익을 얻으려는 의사를 의미하는 것으로, 반드시 도박개장의 직접적 대가가 아니라 도박개장을 통하여 간접적으로 얻게 될 이익을 위한 경우에도 영리의 목적이 인정된다. 인터넷 사이트 운영자가 회원들로 하여금 온라인에서 현금화할 수 있는 게임코인을 걸고 속칭 고스톱, 포커 등을 하도록 하고, 수수료 명목으로 일정액을 이익으로 취한 행위는 도박개장죄에 해당한다.」

*평석. 도박개장이란 영리의 목적으로 스스로 도박주재자가 되어 그 지배하에 도박장소를 개설함을 말하며, 여기서의 '영리의 목적'이란 도박개장의 대가로 불법한 재산상의 이익을 얻으려는 의사를 의미한다.

2. 판례

■대법원 2009.2.26. 2008도10582

「유료낚시터를 운영하는 사람이 입장료 명목으로 요금을 받은 후 낚인 물고기에 부착된 시상번호에 따라 경품을 지급하는 것은 도박개장죄에 해당한다.」

■대법원 2008.10.23. 2008도3970

「성인피시방 운영자가 손님들로 하여금 컴퓨터에 접속하여 인터넷 도박게임을 하고 게임머니의 충전과 환전을 하도록 하면서 게임머니의 일정 금액을 수수료 명목으로 받은 행위를 도박개장죄에 해당한다.」

Ⅳ. 복표발매죄

제248조(복표의 발매등) ①법령에 의하지 아니한 복표를 발매한 자는 3년 이하의 징역 또는 2천만원 이하의 벌금에 처한다.

②전항의 복표발매를 중개한 자는 1년 이하의 징역 또는 500만원 이하의 벌금에 처한다.

③제1항의 복표를 취득한 자는 500만원 이하의 벌금 또는 과료에 처한다.

■대법원 2003.12.26. 2003도5433

형법 제248조가 규정하는 복표의 개념요소 및 판단 기준

「형법은 각칙 제23장에서 '도박과 복표에 관한 죄'라는 제목 아래 도박죄와 함께 복표발매죄 등을 규정하고 있는바, 복표도 우연에 의하여 승패가 결정된다는 의미에서 도박에 유사한 측면이 있으므로, 건전한 국민의 근로관념과 사회의 미풍양속을 보호하려

는 데에 그 발매 등의 행위를 제한하고 처벌할 이유가 있는 것이고, 여기에다가 사행행위등규제및처벌특례법 제2조 제1항 제1호 (가)목의 규정 취지를 종합하여 보면, 형법 제248조가 규정하는 복표의 개념요소는 ① 특정한 표찰일 것, ② 그 표찰을 발매하여 다수인으로부터 금품을 모을 것, ③ 추첨 등의 우연한 방법에 의하여 그 다수인 중 일부 당첨자에게 재산상의 이익을 주고 다른 참가자에게 손실을 줄 것의 세 가지로 파악할 수 있으며, 이 점에서 경제상의 거래에 부수하는 특수한 이익의 급여 내지 가격할인에 불과한 경품권이나 사은권 등과는 그 성질이 다른 것이지만, 어떠한 표찰이 형법 제248조 소정의 복표에 해당하는지 여부는 그 표찰 자체가 갖는 성질에 의하여 결정되어야 하고, 그 기본적인 성질이 위와 같은 개념요소를 갖추고 있다면, 거기에 광고 등 다른 기능이 일부 가미되어 있는 관계로 당첨되지 않은 참가자의 손실을 그 광고주 등 다른 사업주들이 대신 부담한다고 하더라도, 특별한 사정이 없는 한 복표로서의 성질을 상실하지는 않는다. 이른바 '광고복권'은 통상의 경우 이를 홍보 및 판촉의 수단으로 사용하는 사업자들이 당첨되지 않은 참가자들의 손실을 대신 부담하여 주는 것일 뿐, 그 자체로는 추첨 등의 우연한 방법에 의하여 일부 당첨자에게 재산상의 이익을 주고 다른 참가자에게 손실을 주는 복표로서의 성질을 갖추고 있다고 보아 형법 제248조 소정의 복표에 해당한다.」

*평석. 형법 제248조가 규정하는 복표의 개념요소는 ① 특정한 표찰일 것, ② 그 표찰을 발매하여 다수인으로부터 금품을 모을 것, ③ 추첨 등의 우연한 방법에 의하여 그 다수인 중 일부 당첨자에게 재산상의 이익을 주고 다른 참가자에게 손실을 줄 것의 세 가지 요소를 그 내용으로 한다.

제12장 신앙에 관한 죄

Ⅰ. 장례식 · 제사 · 예배 · 설교방해죄

제158조(장례식등의 방해) 장례식, 제사, 예배 또는 설교를 방해한 자는 3년 이하의 징역 또는 500만원 이하의 벌금에 처한다.

1. 행위의 객체

장례식, 제사, 예배 또는 설교이다.

■대법원 1971.9.28. 71도1465

「정식절차를 밟은 위임 목사가 아닌 자가 당회의 결의에 반하여 설교와 예배인도를 한 경우라 할지라도 그가 그 교파의 목사로서 그 교의를 신봉하는신도 약 350여명 앞에서 그 교지에 따라 설교와 예배인도를 한 것이라면 다른 특별한 사정이 없는한 그 설교와 예배인도는 형법상 보호를 받을 가치가 있고, 이러한 설교와 예배인도의 평온한 수행에 지장을 주는 행위를 하면 형법 제158조의 설교 또는 예배방해죄가 성립한다.」

*평석. 정식절차를 밟은 위임 목사가 아닌 자가 당회의 결의에 반하여 설교와 예배인도를 한 경우라 할지라도 그 설교와 예배인도는 예배방해죄의 객체가 된다.

■대법원 2008.2.28. 2006도4773

「소속 교단으로부터 목사면직의 판결을 받은 목사가 일부 신도들과 함께 소속 교단을 탈퇴한 후 아무런 통보나 예고도 없이, 부활절 예배를 준비 중이던 종전 교회 예배당으로 들어와 찬송가를 부르고 종전 교회의 교인들로부터 예배당을 비워달라는 요구를 받았으나 이를 계속 거부한 사안에서, 위 목사와 신도들의 행위는 종전 교회의 교인들의 예배를 방해하는 것으로서 형법 제158조 예배방해죄에서 보호하는 '예배'에 해당한다고 보기는 어렵다.」

*평석. 종전 교회의 교인들의 예배를 방해하는 경우, 예배방해죄에서 보호하는 '예배'에 해당하지 아니한다.

2. 행위

방해하는 것이다.

■대법원 2008.2.1. 2007도5296

형법 제158조 예배방해죄의 성립요건

「형법 제158조에 규정된 예배방해죄는 공중의 종교생활의 평온과 종교감정을 그 보호법익으로 하는 것이므로, 예배중이거나 예배와 시간적으로 밀접불가분의 관계에 있는 준비단계에서 이를 방해하는 경우에만 성립한다. 교회의 교인이었던 사람이 교인들의 총유인 교회 현판, 나무십자가 등을 떼어 내고 예배당 건물에 들어가 출입문 자물쇠를 교체하여 7개월 동안 교인들의 출입을 막은 사안에서, 장기간 예배당 건물의 출입을 통제한 위 행위는 교인들의 예배 내지 그와 밀접불가분의 관계에 있는 준비단계를 계속하여 방해한 것으로 볼 수 없어 예배방해죄가 성립하지 않는다.」

*평석. 예배방해죄는 공중의 종교생활의 평온과 종교감정을 그 보호법익으로 하는 것이므로, 예배중이거나 예배와 시간적으로 밀접불가분의 관계에 있는 준비단계에서 이를 방해하는 경우에만 성립한다.

Ⅱ. 분묘발굴죄

제160조(분묘의 발굴) 분묘를 발굴한 자는 5년 이하의 징역에 처한다. 제162조(미수범) 전2조의 미수범은 처벌한다.

1. 행위의 객체

행위의 객체는 분묘이다.

■대법원 1976.10.29. 76도2828

묘의 봉분이 없어지고 평토화 가까이 되어 있고 묘비 등 표식이 없어 그 묘 있음을 확인할 수 없는 분묘라 하여 분묘발굴죄의 객체인 분묘에 해당되지 않는지 여부

「묘의 봉분이 없어지고 평토화 가까이 되어 있고 묘비 등 표식이 없어 그 묘 있음을 확인할 수 없는 분묘라 하더라도 현재 이를 제사 숭경하고 종교적 의례의 대상으로 하는 자가 있는 경우에는 그가 바로 무연고분으로서 제사와 신앙의 대상이 되는 분묘라 할 수 없다거나 분묘발굴죄의 객체인 분묘에 해당되지 않는다고는 할 수 없다. 암장된 분묘라 하더라도 당국의 허가없이 자구행위로 이를 발굴하여 개장할 수는 없는 것이다.」

*평석. 적법하게 매장된 분묘임을 요하지 아니하며, 따라서 암장된 분묘도 분묘발굴죄의 객체가 된다.

2. 행위

발굴하는 것이다.

■대법원 1971.10.25. 71도1727

「분묘발굴의 피해법익은 종교감정의 공서양속을 해치는데 있으므로 생모의 묘를 설묘 관리하는 '갑'의 의사에 반하여 그 묘를 발굴한 '을'은 설령 그 묘가 자기의 생모('갑'과는 이부 동복간)의 묘라도 죄가 성립한다.」

*평석. 분묘관리자의 의사에 반하여 분묘를 훼손하는 것이다.

3. 기수시기

■대법원 1962.3.29. 4294형상539

「분묘발굴죄에 있어서의 분묘의 발굴행위에는 유골시체가 외부로부터 인지할 수 있는 상태까지 현출함이 필요치 않다.」

*평석. 본죄의 기수시기는 외부표출설과 복토제거설(판례)이 대립하고 있다. 미수범 처벌규정이 있음을 고려할 때 외부표출설이 타당하다.

4. 위법성

■대법원 2007.12.13. 2007도8131

분묘발굴행위의 위법성이 조각되기 위한 요건

「분묘발굴죄는 그 분묘에 대하여 아무런 권한 없는 자나 또는 권한이 있는 자라도 사체에 대한 종교적 양속에 반하여 함부로 이를 발굴하는 경우만을 처벌대상으로 삼는 취지라고 보아야 할 것이므로, 법률상 그 분묘를 수호, 봉사하며 관리하고 처분할 권한이 있는 자 또는 그로부터 정당하게 승낙을 얻은 자가 사체에 대한 종교적, 관습적 양속에 따른 존숭의 예를 갖추어 이를 발굴하는 경우에는 그 행위의 위법성은 조각된다고 할 것이고, 한편 분묘에 대한 봉사, 수호 및 관리, 처분권은 종중이나 그 후손들 모두에게 속하여 있는 것이 아니라 오로지 그 분묘에 관한 호주상속인에게 전속한다.」

*평석. 법률상 그 분묘를 수호, 봉사하며 관리하고 처분할 권한이 있는 자 또는 그로부터 정당하게 승낙을 얻은 자가 사체에 대한 종교적, 관습적 양속에 따른 존숭의 예를 갖추어 이를 발굴하는 경우에는 그 행위의 위법성은 조각된다.

■대법원 1978.5.9. 77도3588

토지구획정리사업시행자의 개장명령에 의한 분묘개장에 있어서도 이장및묘지등에관한법률 제5조 제2항 소정의 개장신고가 필요한지 여부

「토지구획정리사업시행자로부터 분묘의 개장명령을 받았다 하더라도 그 분묘를 보존 수호하는 권한있는 자의 제지를 무릅쓰고 한 분묘발굴행위가 정당한 것으로 될 수는 없고 또 그와 같은 개장명령이 있었다 하여 매장및묘지등에관한법률에 정한 절차에 따른 개장신고를 하지 않아도 된다고 볼 수도 없다.」

*평석. 토지구획정리사업시행자로부터 분묘의 개장명령을 받았다 하더라도 그 분묘를 보존 수호하는 권한있는 자의 승낙없이 한 분묘발굴행위는 위법성이 조각되지 아니한다.

Ⅲ. 사체등영득죄

> 제161조(사체등의 영득) ①사체, 유골, 유발 또는 관내에 장치한 물건을 손괴, 유기, 은닉 또는 영득한 자는 7년 이하의 징역에 처한다.
> ②분묘를 발굴하여 전항의 죄를 범한 자는 10년 이하의 징역에 처한다.
> 제162조(미수범) 전2조의 미수범은 처벌한다.

1. 행위

손괴, 유기, 은닉 또는 영득하는 것이다.

■대법원 1984.11.27. 84도2263

사람을 살해한 다음 그 범죄를 은폐하기 위해 시체를 유기한 경우의 죄수

「사람을 살해한 다음 그 범죄의 흔적을 은폐하기 위하여 그 시체를 다른 장소로 옮겨 유기하였을 때에는 살인죄와 사체유기죄의 경합범이 성립하고 사체유기를 불가벌적 사후행위라 할 수 없다.」

*평석. 사람을 살해한 다음 그 범죄를 은폐하기 위해 시체를 유기한 경우에 살인죄와 사체유기죄의 경합범이 성립한다.

■대법원 1986.6.24. 86도891

인적이 드문 장소에서 피해자를 살해하고 사체를 방치한 채 도주한 경우, 사체은닉죄의 성부

「형법 제161조의 사체은닉이라 함은 사체의 발견을 불가능 또는 심히 곤란하게 하는 것을 구성요건으로 하고 있으나 살인, 강도살인등의 목적으로 사람을 살해한 자가 그 살해의 목적을 수행함에 있어 사후 사체의 발견이 불가능 또는 심히 곤란하게 하려는 의사로 인적이 드문 장소로 피해자를 유인하거나 실신한 피해자를 끌고 가서 그곳에서 살해하고 사체를 그대로 둔채 도주한 경우에는 비록 결과적으로 사체의 발견이 현저하게 곤란을 받게 되는 사정이 있다 하더라도 별도로 사체은닉죄가 성립되지 아니한다.」

*평석. 인적이 드문 장소에서 피해자를 살해하고 사체를 방치한 채 도주한 경우에는 사체유기 또는 사체은닉죄가 성립하지 아니한다. 부작위에 의한 유기는 작위의무가 있는 자임을 요한다.

Ⅳ. 변사체검시방해죄

제163조(변사체검시방해) 변사자의 사체 또는 변사의 의심 있는 사체를 은닉 또는 변경하거나 기타 방법으로 검시를 방해한 자는 700만원 이하의 벌금에 처한다.

■대법원 2003.6.27. 2003도1331

범죄로 인하여 사망한 것이 명백한 자의 사체가 형법 제163조 소정의 변사체검시방해죄의 객체가 될 수 있는지 여부(소극)

「형법 제163조의 변사자라 함은 부자연한 사망으로서 그 사인이 분명하지 않은 자를 의미하고 그 사인이 명백한 경우는 변사자라 할 수 없으므로, 범죄로 인하여 사망한 것이 명백한 자의 사체는 같은 법조 소정의 변사체검시방해죄의 객체가 될 수 없다.」

*평석. 변사체검시방해죄의 객체는 변사자의 사체 또는 변사의 의심 있는 사체를 말한다. 여기에서의 변사자란 자연사 또는 통상의 병사가 아닌 사체로서 범죄로 인한 사망이 의심되는 자를 말한다.

제4편

국가적 법익에 대한 죄

제1장 내란의 죄

Ⅰ. 내란죄

제87조(내란) 국토를 참절하거나 국헌을 문란할 목적으로 폭동한 자는 다음의 구별에 의하여 처단한다. 1. 수괴는 사형, 무기징역 또는 무기금고에 처한다. 2. 모의에 참여하거나 지휘하거나 기타 중요한 임무에 종사한 자는 사형, 무기 또는 5년 이상의 징역이나 금고에 처한다. 살상, 파괴 또는 약탈의 행위를 실행한 자도 같다. 3. 부화수행하거나 단순히 폭동에만 관여한 자는 5년이하의 징역 또는 금고에 처한다. 제89조(미수범) 전2조의 미수범은 처벌한다. 제91조(국헌문란의 정의) 본장에서 국헌을 문란할 목적이라 함은 다음 각호의 1에 해당함을 말한다. 1. 헌법 또는 법률에 정한 절차에 의하지 아니하고 헌법 또는 법률의 기능을 소멸시키는 것. 2. 헌법에 의하여 설치된 국가기관을 강압에 의하여 전복 또는 그 권능행사를 불가능하게 하는 것.

1. 행위

폭동하는 것이다.

■대법원 1997.4.17. 96도3376

내란죄의 구성요건인 '폭동'의 의미와 정도 및 내란행위자들에 의하여 이루어진 비상계엄 전국확대조치의 폭동성 여부(적극)

「내란죄의 구성요건인 폭동의 내용으로서의 폭행 또는 협박은 일체의 유형력의 행사나 외포심을 생기게 하는 해악의 고지를 의미하는 최광의의 폭행·협박을 말하는 것으로서, 이를 준비하거나 보조하는 행위를 전체적으로 파악한 개념이며, 그 정도가 한 지방의 평온을 해할 정도의 위력이 있음을 요한다. 그런데 1980. 5. 17. 당시 시행되고 있던 계엄법 등 관계 법령에 의하면, '비상계엄의 전국확대'는 필연적으로 국민의 기본권을 제약하게 되므로, 비상계엄의 전국확대 그 사실 자체만으로도 국민에게 기본권이 제약될 수 있다는 위협을 주는 측면이 있고, 민간인인 국방부장관은 지역계엄실시와 관련하여 계엄사령관에 대하여 가지고 있던 지휘감독권을 잃게 되므로, 군부를 대표하는 계엄사령관의 권한이 더욱 강화됨은 물론 국방부장관이 계엄업무로부터 배제됨으로 말미암아 계엄업무와 일반국정을 조정 통할하는 국무총리의 권한과 이에 대한 국무회의의 심의권마저도 배제됨으로써, 헌법기관인 국무총리와 국무위원들이 받는 강압의 효과와 그에 부수하여 다른 국가기관의 구성원이 받는 강압의 정도가 증대된다고 할 것이며, 따라서 비상계엄의 전국확대조치의 그와 같은 강압적 효과가 법령과 제도 때문에 일어나는 당연한 결과라고 하더라도, 이러한 법령이나 제도가 가지고 있는 위협적인 효과가 국헌문란의 목적을 가진 자에 의하여 그 목적을 달성하기 위한 수단으로 이용되는 경우에는 비상계엄의 전국확대조치가 내란죄의 구성요건인 폭동의 내용으로서의 협박행위가 되므로 이는 내란죄의 폭동에 해당하고, 또한 그 당시 그와 같은 비상계엄의 전국확대는 우리 나라 전국의 평온을 해하는 정도에 이르렀음을 인정할 수 있다.」

*평석. 내란죄에 있어 폭동의 내용인 폭행 또는 협박은 일체의 유형력의 행사 혹은 외포심을 생기게 하는 해악의 고지를 의미하는 최광의의 폭행·협박을 말하는 것으로서, 그 정도가 한 지방의 평온을 해할 정도의 위력이 있음을 요한다.

■대법원 1997.4.17. 96도3376

내란죄와 내란목적살인죄의 관계

「내란목적살인죄는 국헌을 문란할 목적을 가지고 직접적인 수단으로 사람을 살해함으로써 성립하는 범죄라 할 것이므로, 국헌문란의 목적을 달성함에 있어 내란죄가 '폭동'을 그 수단으로 함에 비하여 내란목적살인죄는 '살인'을 그 수단으로 하는 점에서 두 죄는 엄격히 구별된다. 따라서 내란의 실행과정에서 폭동행위에 수반하여 개별적으로 발생한 살인행위는 내란행위의 한 구성요소를 이루는 것이므로 내란행위에 흡수되어 내란목적살인의 별죄를 구성하지 아니하나, 특정인 또는 일정한 범위 내의 한정된 집단에 대한 살해가 내란의 와중에 폭동에 수반하여 일어난 것이 아니라 그것 자체가 의도적으로 실행된 경우에는 이러한 살인행위는 내란에 흡수될 수 없고 내란목적살인의 별죄를 구성한다.」

*평석. 내란의 실행과정에서 폭동행위에 수반하여 발생한 살인행위는 내란죄에 흡수되어 내란목적살인죄를 구성하지 아니한다.

2. 기수시기

■대법원 1997.4.17. 96도3376

내란죄의 기수시기 및 내란죄가 상태범인지 여부(적극)

「내란죄는 국토를 참절하거나 국헌을 문란할 목적으로 폭동한 행위로서, 다수인이 결합하여 위와 같은 목적으로 한 지방의 평온을 해할 정도의 폭행·협박행위를 하면 기수가 되고, 그 목적의 달성 여부는 이와 무관한 것으로 해석되므로, 다수인이 한 지방의 평온을 해할 정도의 폭동을 하였을 때 이미 내란의 구성요건은 완전히 충족된다고 할 것이어서 상태범으로 봄이 상당하다.」

*평석. 한 지방의 평온을 해할 정도의 폭행·협박행위를 하면 기수가 되고, 그 목적의 달성 여부는 이와 무관하다.

3. 주관적 구성요건

다수인이 폭동한다는 고의이외에 국토를 참절하거나 국헌을 문란할 목적이 있어야 한다.

■대법원 1997.4.17. 96도3376

형법 제91조 제2호 소정의 '국헌문란'의 의미

「형법 제91조 제2호에 의하면 헌법에 의하여 설치된 국가기관을 강압에 의하여 전복 또는 그 권능행사를 불가능하게 하는 것을 국헌문란의 목적의 하나로 규정하고 있는데, 여기에서 '권능행사를 불가능하게 한다'고 하는 것은 그 기관을 제도적으로 영구히 폐지하는 경우만을 가리키는 것은 아니고 사실상 상당기간 기능을 제대로 할 수 없게 만드는 것을 포함한다.

*평석. '권능행사를 불가능하게 한다'고 하는 것은 그 기관을 제도적으로 영구히 폐지하는 경우 이외에도 사실상 상당기간 기능을 제대로 할 수 없게 만드는 경우를 포함한다.

■대법원 1997.4.17. 96도3376

내란죄의 구성요건인 '국헌문란의 목적'이 있었는지 여부의 판단 기준

「국헌문란의 목적을 가지고 있었는지 여부는 외부적으로 드러난 행위와 그 행위에 이르게 된 경위 및 그 행위의 결과 등을 종합하여 판단하여야 한다.」

*평석. '국헌문란의 목적'이 있었는지 여부의 판단 기준은 외부적인 행위와 그 행위에 이르게 된 경위 및 그 행위의 결과 등을 종합하여 판단한다.

Ⅱ. 내란목적살인죄

第88조(내란목적의 살인) 국토를 참절하거나 국헌을 문란할 목적으로 사람을 살해한 자는 사형,무기징역 또는 무기금고에 처한다. 第89조(미수범) 전2조의 미수범은 처벌한다.

■대법원 1997.4.17. 96도3376

내란죄와 내란목적살인죄의 관계

「내란목적살인죄는 국헌을 문란할 목적을 가지고 직접적인 수단으로 사람을 살해함으로써 성립하는 범죄라 할 것이므로, 국헌문란의 목적을 달성함에 있어 내란죄가 '폭동'을 그 수단으로 함에 비하여 내란목적살인죄는 '살인'을 그 수단으로 하는 점에서 두 죄는 엄격히 구별된다. 따라서 내란의 실행과정에서 폭동행위에 수반하여 개별적으로 발생한 살인행위는 내란행위의 한 구성요소를 이루는 것이므로 내란행위에 흡수되어 내란목적살인의 별죄를 구성하지 아니하나, 특정인 또는 일정한 범위 내의 한정된 집단에 대한 살해가 내란의 와중에 폭동에 수반하여 일어난 것이 아니라 그것 자체가 의도적으로 실행된 경우에는 이러한 살인행위는 내란에 흡수될 수 없고 내란목적살인의 별죄를 구성한다.」

*평석. 내란의 실행과정에서 폭동행위에 수반하여 발생한 살인행위는 내란죄에 흡수되어 내란목적살인죄를 구성하지 아니하나, 살해가 내란의 와중에 폭동에 수반되지 아니하고 그것 자체가 의도적으로 실행된 경우에는 내란목적살인죄가 성립한다.

제2장 외환의 죄

Ⅰ. 일반이적죄

제99조(일반이적) 전7조에 기재한 이외에 대한민국의 군사상 이익을 해하거나 적국에 군사상 이익을 공여하는 자는 무기 또는 3년 이상의 징역에 처한다.

■대법원 1982.7.13. 82도968

적국에 누설한 군사상 기밀의 지득이 직무와 관련된 여부에 따른 법률 적용 관계

「직무에 관하여 군사상 기밀을 지득한 자가 이를 적국에 누설한 경우에는 형법 제98조 제2항에, 직무에 관계없이 지득한 군사상 기밀을 적국에 누설한 경우에는 형법 제99조에 각 해당한다.」

*평석. 직무와 관계없이 지득한 군사상 기밀을 적국에 누설한 경우에는 형법 제99조(일반이적죄)가 성립한다.

Ⅱ. 간첩죄

제98조(간첩) ①적국을 위하여 간첩하거나 적국의 간첩을 방조한 자는 사형, 무기 또는 7년 이상의 징역에 처한다. ②군사상의 기밀을 적국에 누설한 자도 전항의 형과 같다. 제100조(미수범) 전8조의 미수범은 처벌한다. 제102조(준적국) 제93조 내지 전조의 죄에 있어서는 대한민국에 적대하는 외국 또는 외국인의 단체는 적국으로 간주한다.

1. 적국을 위한 간첩

(1) 적국

■대법원 1983.3.22. 82도3036

북한괴뢰집단과 간첩죄에 있어서의 적국

「북한괴뢰집단은 우리 헌법상 반국가적인 불법단체로서 국가로 볼 수 없으나, 간첩죄의 적용에 있어서는 이를 국가에 준하여 취급하여야 한다.」

*평석. 간첩죄의 적용에 있어 북한도 적국에 준하여 취급하여야 한다.

(2) 간첩

간첩이란 적국을 위하여 국가의 기밀을 탐지·수집하는 것을 말한다.

1) 국가의 기밀

■대법원 1988.11.8. 88도1630

간첩죄에 있어서의 '국가기밀'의 의미

「간첩죄에 있어서의 국가기밀이란 순전한 의미에서의 국가기밀에만 국한할 것이 아니고 정치, 경제, 사회, 문화 등 각 방면에 걸쳐서 대한민국의 국방정책상 북한에 알리지 아니하거나 확인되지 아니함이 이익이 되는 모든 기밀사항을 포함하고, 지령에 의하여 민심동향을 파악· 수집하는 것도 이에 해당되며, 그 탐지·수집의 대상이 우리 국민의 해외교포사회에 대한 정보여서 그 기밀사항이 국외에 존재한다고 하여도 위의 국가기밀에 포함된다.」

*평석. 간첩죄에 있어서의 국가기밀이란 정치, 경제, 사회, 문화 등 각 방면에 걸쳐서 대한민국의 국방정책상 북한에 알리지 아니하거나 확인되지 아니함이 이익이 되는 모든 기밀사항을 포함한다.

2) 공지의 사실

■대법원 1997.7.16. 97도985

국가보안법 제4조 제1항 제2호 (나)목에 정한 국가기밀의 개념 및 그 판단기준

「[다수의견] 국가보안법 제1조 제1항은 이 법은 국가의 안전을 위태롭게 하는 반국가활동을 규제함으로써 국가의 안전과 국민의 생존 및 자유를 확보함을 목적으로 한다고 규정하고, 그 제2항에서 이 법을 해석 적용함에 있어서는 제1항의 목적달성을 위하여

필요한 최소한도에 그쳐야 하며, 이를 확대 해석하거나 헌법상 보장된 국민의 기본적 인권을 부당하게 제한하는 일이 있어서는 아니된다고 규정하고 있을 뿐 아니라, 유추해석이나 확대해석을 금지하는 죄형법정주의의 기본정신에 비추어서도 그 구성요건을 엄격히 제한해석하여야 한다. 따라서 현행 국가보안법 제4조 제1항 제2호 (나)목에 정한 기밀을 해석함에 있어서 그 기밀은 정치, 경제, 사회, 문화 등 각 방면에 관하여 반국가단체에 대하여 비밀로 하거나 확인되지 아니함이 대한민국의 이익이 되는 모든 사실, 물건 또는 지식으로서, 그것들이 국내에서의 적법한 절차 등을 거쳐 이미 일반인에게 널리 알려진 공지의 사실, 물건 또는 지식에 속하지 아니한 것이어야 하고, 또 그 내용이 누설되는 경우 국가의 안전에 위험을 초래할 우려가 있어 기밀로 보호할 실질가치를 갖춘 것이어야 한다. 다만 국가보안법 제4조(목적수행)가 반국가단체의 구성원 또는 그 지령을 받은 자의 목적수행행위를 처벌하는 규정이므로 그것들이 공지된 것인지 여부는 신문, 방송 등 대중매체나 통신수단 등의 발달 정도, 독자 및 청취의 범위, 공표의 주체 등 여러 사정에 비추어 보아 반국가단체 또는 그 지령을 받은 자가 더 이상 탐지·수집이나 확인·확증의 필요가 없는 것이라고 판단되는 경우 등이라 할 것이고, 누설할 경우 실질적 위험성이 있는지 여부는 그 기밀을 수집할 당시의 대한민국과 북한 또는 기타 반국가단체와의 대치현황과 안보사항 등이 고려되는 건전한 상식과 사회통념에 따라 판단하여야 할 것이며, 그 기밀이 사소한 것이라 하더라도 누설될 경우 반국가단체에는 이익이 되고 대한민국에는 불이익을 초래할 위험성이 명백하다면 이에 해당한다 할 것이다.

[별개의견] 우리 대법원이 외교상비밀누설죄(형법 제113조), 공무상비밀누설죄(형법 제127조), 군사기밀보호법상의 군사기밀누설 등의 죄의 경우와는 달리, 국가보안법상의 국가기밀의 범위를 넓게 인정하여 온 것은, 국가보안법이 무력에 의한 대남적화통일의 야욕을 포기하지 않고 있는 북한공산집단과 대치하고 있는 우리만의 특수한 상황 아래에서 우리의 안전과 생존 및 자유를 확보하기 위하여 반국가단체나 그 지령을 받은 자가 그 목적수행을 위하여 국가기밀을 탐지, 수집, 전달하는 행위를 처벌하기 위하여 제정된 법률이고, 오늘날 각국의 첩보활동이나 북한공산집단의 대남적화통일전략에 비추어 볼 때, 국가보안법상의 기밀의 의미를 북한공산집단이 우리의 전체적 잠재력을 체계적으로 탐색·파악하거나 남한 내의 지지세력 확보와 대남적화전략을 수행하기 위하여 필요로 하는 일체의 공개되거나 공개되지 아니하는 정보라고 보는 것이 상당하다. 또한, 국가기밀의 개념 그 자체는 절대적인 것이 아니고 상대적인 것으로서 시기와 장소 및 상황에 따라 달리 평가될 수 있는 것이므로 남북대치 현황 등 상황의 변경 여부에

따라 국가기밀의 범위의 판단기준을 신축성 있게 해석하여야 할 것이고, 오늘날 전자매체의 발달로 국내에서 발간되는 신문이나 잡지 등이 세계 각국으로 배포되고 있고 인터넷을 통하여서도 정보를 얻을 수 있는 점 등에 비추어 보면, 이미 반국가단체인 북한이 손쉽게 접근·파악할 수 있는 사항 등은 이제는, 탐지·수집·전달 등의 대상이 되는, '북한에게는 유리한 자료가 되고 대한민국에는 불이익을 초래할 수 있는 것'에 해당하지 아니한다고 판단된다. 따라서 우리 대법원이 종래에 일관하여 판시하여 온 "국가보안법 제4조 제1항 제2호에 정한 국가기밀이라 함은 반국가단체에 대하여 비밀로 하거나 확인되지 아니함이 대한민국의 이익을 위하여 필요한 모든 정보자료로서, 순전한 의미에서의 국가기밀에 한하지 아니하고 정치, 경제, 사회, 문화 등 각 방면에 관한 국가의 모든 기밀사항이 포함되며, 그것이 국내에서의 적법한 절차 등을 거쳐 널리 알려진 공지의 사항이라고 하더라도 반국가단체인 북한에게는 유리한 자료가 되고 대한민국에는 불이익을 초래할 수도 있는 것이면 국가기밀에 속한다"는 견해는 아직 변경할 때가 아니거나 굳이 변경할 필요까지는 없다고 할 것이다.」

*평석. 국가기밀의 개념 및 그 판단기준은 그것이 이미 일반인에게 널리 알려진 공지의 사실이 아닐 것, 그리고 내용이 누설되는 경우 국가의 안전에 위험을 초래할 우려가 있어 기밀로 보호할 실질적 가치를 가질 것임을 요한다.

▣쟁점 1. 모자이크(Mosaik) 이론
2. 위법한 국가기밀의 문제

(3) 실행의 착수시기 및 기수시기

■대법원 1984.9.11. 84도1381

간첩행위의 착수시기

「간첩의 목적으로 외국 또는 북한에서 국내에 침투 또는 월남하는 경우에는 기밀탐지가 가능한 국내에 침투 상륙함으로써 간첩죄의 실행의 착수가 있다고 할 것이다.」

*평석. 대법원은 간첩죄의 실행의 착수시기를 간첩의 목적으로 기밀탐지가 가능한 국내에 침투 상륙함으로써 간첩죄의 실행의 착수가 있다고 한다. 그러나 이 경우 실행의 착수시기는 국가기밀의 탐지 내지 수집하는 행위를 개시한 때 비로소 실행의 착수가 있다고 할 수 있다.

■대법원 1963.12.12. 63도312

간첩행위의 기수시기

「간첩으로서 군사기밀을 탐지수집하면 그로써 간첩행위는 기수가 되고 그 수집한 자료가 지령자에게 도달됨으로써 범죄의 기수가 되는 것은 아니다.」

*평석 간첩죄의 기수시기는 국가기밀을 탐지수집하면 그로써 간첩행위는 기수가 된다.

2. 적국의 간첩방조

■대법원 1986.2.25. 85도2533

단순히 숙식을 제공한 경우 간첩방조죄의 성부

「간첩이라 함은 적국을 위하여 국가기밀을 탐지, 수집하는 행위를 말하는 것이므로 간첩방조죄가 성립하려면 간첩의 활동을 방조할 의사로서 그의 기밀의 탐지 수집행위를 용이하게 하는 행위가 있어야 하고 단순히 숙식을 제공한다거나 또는 무전기를 매몰하는 행위를 도와주었다거나 하는 사실만으로서는 간첩방조죄가 성립할 수 없다.」

*평석. 간첩방조죄가 성립하기 위해서는 간첩의 활동을 방조할 의사로서 그의 기밀의 탐지 수집행위를 용이하게 하는 행위가 있어야 한다.

3. 군사상의 비밀누설

■대법원 1982.11.23. 82도2201

간첩죄에 있어서의 군사상 기밀의 의미

「간첩죄에 있어서의 군사상 기밀이란 현대전의 양상에 비추어 순수한 군사상 기밀뿐만 아니라 군사력에 직결되고 군작전 수행과 관련이 있는 정치, 경제, 사회, 문화 등 국가의 모든 분야에 걸쳐 적국에 알려짐으로써 우리나라에 군사상 불이익이 되는 일체의 기밀을 포함한다고 할 것이며 그 기밀이 비록 일반인 누구나 용이하게 볼 수 있고 알 수 있게 노출, 방치되었다고 하더라도 이를 적국에 제보할 목적으로 모집하였다면 간첩죄가 성립하고, 그 탐지, 모집한 기밀이 국가중요기밀이어야 하고 엄중히 보관되어 탐지, 모집이 극히 곤란한 것으로서 그 탐지, 모집도 은밀하거나 묘계로써 해야 한다는 논지는 이유없다.」

*평석. 군사상 기밀이란 순수한 군사상 기밀뿐만 아니라 군사력에 직결되어 있는 정치, 경제, 사회, 문화 등 국가의 모든 분야에 걸쳐 적국에 알려짐으로써 우리나라에 군사상 불이익이 되는 일체의 기밀을 말한다.

■대법원 1982.11.23. 82도2201

적국에 누설한 군사상 기밀의 지득이 직무와 관련된 여부에 따른 법률적용관계

「직무에 관하여 군사상 기밀을 지득한 자가 이를 적국에 누설한 경우에는 형법 제98조 제2항에, 직무와 관계없이 지득한 군사상 기밀을 적국에 누설한 경우에는 형법 제99조에 각 해당한다.」

*평석. 형법 제98조 제2항의 군사상의 기밀누설죄는 직무에 관하여 군사상 기밀을 지득한 자가 이를 적국에 누설한 경우에 성립하는 신분범이다.

제3장 국교에 관한 죄

Ⅰ. 외교상 기밀누설죄

제113조(외교상기밀의 누설) ①외교상의 기밀을 누설한 자는 5년 이하의 징역 또는 1천만원 이하의 벌금에 처한다. ②누설할 목적으로 외교상의 기밀을 탐지 또는 수집한 자도 전항의 형과 같다.

■대법원 1995.12.5. 94도2379

형법 제113조 제1항 소정의 '외교상의 기밀'의 개념

「형법 제113조 제1항 소정의 외교상의 기밀이라 함은, 외국과의 관계에서 국가가 보지해야 할 기밀로서, 외교정책상 외국에 대하여 비밀로 하거나 확인되지 아니함이 대한민국의 이익이 되는 모든 정보자료를 말한다. 외국에 이미 널리 알려져 있는 사항은 특단의 사정이 없는 한 이를 비밀로 하거나 확인되지 아니함이 외교정책상의 이익이 된다고 할 수 없는 것이어서 외교상의 기밀에 해당하지 아니한다. (따라서)외국언론에 이미 보도된 바 있는 우리 나라의 외교정책이나 활동에 관련된 사항들에 관하여 정부가 이른바 보도지침의 형식으로 국내언론기관의 보도 여부 등을 통제하고 있다는 사실을 알리는 것이 외교상의 기밀을 누설한 경우에 해당하지 않는다.」

*평석. 외교상의 기밀이라 함은 외국과의 관계에서 국가가 보지해야 할 기밀을 말하며 외국에 이미 널리 알려진 사항은 '외교상의 기밀'에 해당하지 아니한다.

제4장 공무원의 직무에 관한 죄

Ⅰ. 개관

1. 공무원의 개념

■대법원 1997.3.11. 96도1258

지방의회의원이 형법상 공무원에 해당하는지 여부(적극)

「일반적으로 공무원이라 함은 광의로는 국가 또는 공공단체의 공무를 담당하는 일체의 자를 의미하며, 협의로는 국가 또는 공공단체와 공법상 근무관계에 있는 모든 자를 말하는바, 지방자치법 제32조에 의하면 지방의회의원은 명예직으로서 의정활동비와 보조활동비, 회기 중 출석비를 지급받도록 규정하고 있을 뿐 정기적인 급여를 지급받지는 아니하나, 지방공무원법 제2조 제3항에 의하면 특수경력직 공무원 중 정무직 공무원으로 '선거에 의하여 취임하는 자'를 규정하고 있고, 지방자치법 제35조 이하에 의하면 지방의회의원은 여러 가지 공적인 사무를 담당하도록 규정하고 있으며, 공직자윤리법에 의하면 지방의회의원도 공직자로 보아 재산등록 대상자로 규정하고 있는 점 등에 비추어 볼 때, 비록 지방의회의원이 일정한 비용을 지급받을 뿐 정기적인 급여를 지급받지는 아니한다고 하더라도 공무를 담당하고 있는 이상 지방의회의원은 형법상 공무원에 해당한다.」

*평석. 공무원의 직무에 관한 죄에 있어 공무원이라 함은 법령에 의하여 국가 또는 공공단체의 공무를 담당하는 일체의 자를 의미한다. 여기에서 지방의회의원도 형법상 공무원에 해당한다.

■대법원 2002.11.22. 2000도4593

형법 제129조 소정의 공무원의 의미

「형법 제129조에서의 공무원이라 함은 법령의 근거에 기하여 국가 또는 지방자치단체 및 이에 준하는 공법인의 사무에 종사하는 자로서 그 노무의 내용이 단순한 기계적 육체적인 것에 한정되어 있지 않은 자를 말한다.」

*평석. 형법상 공무원의 범주는 수정되어 단순노무직(예컨대 환경미화원)은 여기에서 제외되어진다. 이들 업무는 형법상 직무범죄에 의하여 보호되어져야 할 가치가 있는 것으로 볼 수 없기 때문이다.

Ⅱ. 직무유기죄

1. 직무유기죄

제122조(직무유기) 공무원이 정당한 이유없이 그 직무수행을 거부하거나 그 직무를 유기한 때에는 1년 이하의 징역이나 금고 또는 3년 이하의 자격정지에 처한다.

(1) 의의

■대법원 1997. 4. 22. 선고 95도748 판결 【직무유기】

직무유기죄의 성립요건 및 병가중인 자가 직무유기죄의 주체가 될 수 있는지 여부(소극)

「직무유기죄는 구체적으로 그 직무를 수행하여야 할 작위의무가 있는데도 이러한 직무를 버린다는 인식하에 그 작위의무를 수행하지 아니함으로써 성립하는 것이고, 또 그 직무를 유기한 때라 함은 공무원이 법령, 내규 등에 의한 추상적인 충근의무를 태만히 하는 일체의 경우를 이르는 것이 아니고, 직장의 무단이탈, 직무의 의식적인 포기 등과 같이 그것이 국가의 기능을 저해하며 국민에게 피해를 야기시킬 가능성이 있는 경우를 말하는 것이므로, 병가중인 자의 경우 구체적인 작위의무 내지 국가기능의 저해에 대한 구체적인 위험성이 있다고 할 수 없어 직무유기죄의 주체로 될 수는 없다.」

*평석. 직무유기죄는 구체적 위험범이다.

(2) 객관적 구성요건

1) 행위

직무수행을 거부하거나 그 직무를 유기하는 것이다.

(가) 직무

■대법원 1969.2.4. 67도184

「약사 감시원이 무허가 약국 개설자를 적발하고 상사에 보고하여 그 지시에 따라 약국을 폐쇄토록 하였다면 수사관서에 고발하지 아니하였다 하여 직무를 유기 했다 할 수 없다.」

*평석. 직무유기죄에 있어 직무란 공무원법상의 본래의 직무 또는 고유한 직무를 말하며 부수적·파생적으로 발생하는 '수사관서에 고발' 등의 직무는 여기에서 제외되어 진다.

(나) 직무유기

■대법원 1982.9.14. 81도2538

직무집행내용이 부실한 경우 직무유기죄의 성부

「형법 제122조 소정의 공무원이 정당한 이유없이 그 직무를 유기한 때라 함은 직무에 관한 의식적인 방임 내지는 포기 등 정당한 사유없이 그 직무를 수행하지 아니한 경우를 의미한다고 할 것이므로 공무원이 태만 착각 등으로 인하여 직무집행을 성실히 수행하지 아니 한 것에 불과한 경우나 형식적으로 또는 소홀히 직무를 집행하였기 때문에 성실한 직무수행을 못한 것으로 귀착되는 경우에는 직무유기죄는 성립하지 아니한다.」

*평석. 직무유기죄에 있어 직무유기란 직무에 관한 의식적인 방임 내지는 포기 등 정당한 사유 없이 그 직무를 수행하지 아니한 경우를 말한다.

■대법원 2002.5.17. 2001도6170

경찰관이 방치된 오토바이가 있다는 신고를 받거나 순찰중 이를 발견하고 오토바이 상회 운영자에게 연락하여 오토바이를 수거해가도록 하고 그 대가를 받은 경우, 직무유기죄에 해당한다고 한 사례

「경찰관이 장기간에 걸쳐 여러 번 오토바이를 오토바이 상회 운영자에게 보관시키고도 경찰관 스스로 소유자를 찾아 반환하도록 처리하거나 상회 운영자에게 반환 여부를 확인한 일이 전혀 없고, 상회 운영자로부터 오토바이를 보내준 대가 또는 그 처분대가

로 돈까지 지급받았다면, 경찰관의 이와 같은 행위는 습득물을 단순히 상회 운영자에게 보관시키거나 소유자를 찾아서 반환하도록 협조를 구한 정도를 벗어나 상회 운영자에게 그 습득물에 대한 임의적인 처분까지 용인한 것으로서 습득물 처리 지침에 따른 직무를 의식적으로 방임 내지 포기하고 정당한 사유 없이 직무를 수행하지 아니한 경우에 해당한다.」

*평석. 대법원은 이 사례의 경우 (습득물 처리 지침에 따른)직무를 의식적으로 방임 내지 포기하고 정당한 사유 없이 직무를 수행하지 아니한 경우에 해당한다고 하고 있다.

(3) 주관적 구성요건

■대법원 1983.1.18. 82도2624

태만, 분망, 착각 등으로 인한 업무의 부당한 집행과 직무유기죄의 성부(소극)

「형법 제122조의 이른바 직무를 유기한다는 것은 법령, 내규, 통첩 또는 지시 등에 의한 추상적인 충근의무를 태만히 하는 일체의 경우를 이르는 것이 아니라 구체적으로 직무의 의식적인 포기 등과 같이 국가의 기능을 해하며 국민에게 피해를 야기시킬 가능성이 있는 경우를 일컫는 것이므로 <u>직무유기죄가 성립하려면 주관적으로는 직무를 버린다는 인식과 객관적으로는 직무 또는 직장을 벗어나는 행위가 있어야 하고</u> 다만 직무집행에 관하여 태만, 분망, 착각등 일신상 또는 객관적 사정으로 어떤 부당한 결과를 초래한 경우에는 형법상의 직무유기죄는 성립하지 않는다 할 것이므로, 피고인이 치안책임자(경찰서장)로서 그 관내에서 일어난 총기난동사건에 대하여 전혀 효과적인 대응책을 강구하지 못한 사실은 인정되지만, 사건 당일은 칠흑같은 깊은 밤인데다 비마저 내리고 있어서 총기난동자의 소재파악이 어려웠을 뿐만 아니라, 피고인의 직속부하인 경찰관이 그 관내에서 총기를 무차별 난사하여 수십명을 헤아리는 사상자가 발생하는 미증유의 사태에서 피고인이 망연 자실하여 거의 정상적인 사고력을 잃은 정도였고, 피고인이 궁유지서에 도착한 당일 01:30경은 이미 범인이 총기난사를 끝내고 은신하고 있을 때라는 사실 등에 비추어 보면, 특수범 진압조직으로 대처하지 않았다는 점 등 피고인의 대응조치가 적절하지 못하였다는 사정만으로서는 형법상 직무유기죄가 성립한다고 볼 수 없다.」

*평석. 직무유기죄가 성립하려면 주관적으로는 직무를 버린다는 인식을 요하며, 따라서 직무집행에 관하여 태만, 분망, 착각 등의 사정으로 부당한 결과를 초래한 경우에는 형법상의 직무유기죄는 성립하지 않는다.

2. 피의사실공표죄

제126조(피의사실공표) 검찰, 경찰 기타 범죄수사에 관한 직무를 행하는 자 또는 이를 감독하거나 보조하는 자가 그 직무를 행함에 당하여 지득한 피의사실을 공판청구전에 공표한 때에는 3년 이하의 징역 또는 5년 이하의 자격정지에 처한다.

(1) 의의

검찰, 경찰 기타 범죄수사에 관한 직무를 행하는 자 또는 이를 감독하거나 보조하는 자가 그 직무를 행함에 당하여 지득한 피의사실을 공판청구전에 공표함으로써 성립하는 범죄이다. 보호법익은 국가의 범죄수사기능이고 부차적으로 피의자의 인권이다. 보호의 정도는 추상적 위험범이다.

(2) 위법성

■대법원 2001.11.30. 2000다68474

수사기관의 피의사실 공표행위가 허용되기 위한 요건 및 그 판단 기준

「일반 국민들은 사회에서 발생하는 제반 범죄에 관한 알권리를 가지고 있고 수사기관이 피의사실에 관하여 발표를 하는 것은 국민들의 이러한 권리를 충족하기 위한 방법의 일환이라 할 것이나, 한편 헌법 제27조 제4항은 형사피고인에 대한 무죄추정의 원칙을 천명하고 있고, 형법 제126조는 검찰, 경찰 기타 범죄수사에 관한 직무를 행하는 자 또는 이를 감독하거나 보조하는 자가 그 직무를 행함에 당하여 지득한 피의사실을 공판청구 전에 공표하는 행위를 범죄로 규정하고 있으며, 형사소송법 제198조는 검사, 사법경찰관리 기타 직무상 수사에 관계있는 자는 비밀을 엄수하며 피의자 또는 다른 사람의 인권을 존중하여야 한다고 규정하고 있는바, 수사기관의 피의사실 공표행위는 공권력에 의한 수사결과를 바탕으로 한 것으로 국민들에게 그 내용이 진실이라는 강한 신뢰를 부여함은 물론 그로 인하여 피의자나 피해자 나아가 그 주변 인물들에 대하여 치명적인 피해를 가할 수도 있다는 점을 고려할 때, 수사기관의 발표는 원칙적으로 일반 국민들의 정당한 관심의 대상이 되는 사항에 관하여 객관적이고도 충분한 증거나 자료를 바탕으로 한 사실 발표에 한정되어야 하고, 이를 발표함에 있어서도 정당한 목적하에 수사결과를 발표할 수 있는 권한을 가진 자에 의하여 공식의 절차에 따라 행하여져야 하며, 무죄추정의 원칙에 반하여 유죄를 속단하게 할 우려가 있는 표현이나 추

측 또는 예단을 불러일으킬 우려가 있는 표현을 피하는 등 그 내용이나 표현 방법에 대하여도 유념하지 아니하면 아니 될 것이므로, 수사기관의 피의사실 공표행위가 위법성을 조각하는지의 여부를 판단함에 있어서는 공표 목적의 공익성과 공표 내용의 공공성, 공표의 필요성, 공표된 피의사실의 객관성 및 정확성, 공표의 절차와 형식, 그 표현방법, 피의사실의 공표로 인하여 생기는 피침해이익의 성질, 내용 등을 종합적으로 참작하여야 한다.

피해자의 진술 외에는 직접 증거가 없고 피의자가 피의사실을 강력히 부인하고 있어 보강수사가 필요한 상황이며, 피의사실의 내용이 국민들에게 급박히 알릴 현실적 필요성이 있다고 보기 어려움에도 불구하고, 검사가 마치 피의자의 범행이 확정된 듯한 표현을 사용하여 검찰청 내부절차를 밟지도 않고 각 언론사의 기자들을 상대로 언론에 의한 보도를 전제로 피의사실을 공표한 경우, 피의사실 공표행위의 위법성이 조각되지 않는다.」

*평석. 수사기관의 피의사실 공표행위가 위법성을 조각하는지의 여부를 판단함에 있어서는 공표 목적의 공익성과 공표 내용의 공공성, 공표의 필요성, 공표된 피의사실의 객관성 및 정확성, 공표의 절차와 형식, 그 표현 방법, 피의사실의 공표로 인하여 생기는 피침해이익의 성질, 내용 등을 종합적으로 참작하여야 한다.

▣쟁점 1. 수사기관의 피의사실 공표행위가 위법성을 조각하기 위한 요건

3. 공무상비밀누설죄

제127조(공무상비밀의 누설) 공무원 또는 공무원이었던 자가 법령에 의한 직무상 비밀을 누설한 때에는 2년 이하의 징역이나 금고 또는 5년 이하의 자격정지에 처한다.

(1) 의의

공무원 또는 공무원이었던 자가 법령에 의한 직무상 비밀을 누설함으로써 성립하는 범죄이다.

■대법원 2009.6.11. 2009도2669

공무상비밀누설죄에서 '법령에 의한 직무상 비밀'의 의미와 보호법익

「형법 제127조는 공무원 또는 공무원이었던 자가 법령에 의한 직무상 비밀을 누설하는 것을 구성요건으로 하고 있는바, 여기서 법령에 의한 직무상 비밀이란 반드시 법령

에 의하여 비밀로 규정되었거나 비밀로 분류 명시된 사항에 한하지 아니하고, 정치, 군사, 외교, 경제, 사회적 필요에 따라 비밀로 된 사항은 물론 정부나 공무소 또는 국민이 객관적, 일반적인 입장에서 외부에 알려지지 않는 것에 상당한 이익이 있는 사항도 포함하나, 실질적으로 그것을 비밀로서 보호할 가치가 있다고 인정할 수 있는 것이어야 하고, 한편, 공무상비밀누설죄는 기밀 그 자체를 보호하는 것이 아니라 공무원의 비밀엄수의무의 침해에 의하여 위협하게 되는 이익, 즉 비밀의 누설에 의하여 위협받는 국가의 기능을 보호하기 위한 것이다.」

*평석. 공무상비밀누설죄의 보호법익은 공무원의 비밀엄수의무의 침해에 의하여 위험하게 되는 이익, 즉 비밀누설에 의하여 위협받게 되는 국가의 기능을 보호하기 위한 것이다.

●참조판례

대법원 2007.6.14. 2004도5561

(2) 행위의 객체

법령에 의한 직무상의 비밀이다.

■대법원 2009.6.11. 2009도2669

공무상비밀누설죄에서 '법령에 의한 직무상 비밀'의 의미

「형법 제127조는 공무원 또는 공무원이었던 자가 법령에 의한 직무상 비밀을 누설하는 것을 구성요건으로 하고 있는바, 여기서 법령에 의한 직무상 비밀이란 반드시 법령에 의하여 비밀로 규정되었거나 비밀로 분류 명시된 사항에 한하지 아니하고, 정치, 군사, 외교, 경제, 사회적 필요에 따라 비밀로 된 사항은 물론 정부나 공무소 또는 국민이 객관적, 일반적인 입장에서 외부에 알려지지 않는 것에 상당한 이익이 있는 사항도 포함하나, 실질적으로 그것을 비밀로서 보호할 가치가 있다고 인정할 수 있는 것이어야 한다.」

*평석. 법령에 의한 직무상 비밀이란 반드시 법령에 의하여 비밀로 규정되었거나 비밀로 분류 명시된 사항에 한하지 아니하고, 객관적, 일반적인 입장에서 외부에 알려지지 않는 것에 상당한 이익이 있는 사항도 포함한다.

■대법원 2003.12.26. 2002도7339

「이른바, 옷값 대납 사건의 내사결과보고서의 내용이 비공지의 사실이기는 하나 실질적으로 비밀로서 보호할 가치가 있는 것이라고 인정할 수 없다.」

*평석. 법령에 의한 직무상 비밀이란 반드시 법령에 의하여 비밀로 규정되었거나 비밀로 분류 명시된 사항에 한하지 아니하나, 그것이 비밀로서 보호할 가치가 있다고 인정할 수 있는 것이어야 한다.

■대법원 2007.6.14. 2004도5561

특정 사건에 대하여 수사를 진행하고 있는 상태에서 수사기관의 자료 확보 내역, 사안의 죄책 여하, 신병처리 의견 등의 정보가 수사기관 내부의 비밀에 해당하는지 여부(적극)

「검찰 등 수사기관이 특정 사건에 대하여 수사를 진행하고 있는 상태에서, 수사기관이 현재 어떤 자료를 확보하였고 해당 사안이나 피의자의 죄책, 신병처리에 대하여 수사책임자가 어떤 의견을 가지고 있는지 등의 정보는, 그것이 수사의 대상이 될 가능성이 있는 자 등 수사기관 외부로 누설될 경우 피의자 등이 아직까지 수사기관에서 확보하지 못한 자료를 인멸하거나, 수사기관에서 파악하고 있는 내용에 맞추어 증거를 조작하거나, 허위의 진술을 준비하는 등의 방법으로 수사기관의 범죄수사 기능에 장애를 초래할 위험이 있는 점에 비추어 보면, 해당 사건에 대한 종국적인 결정을 하기 전까지는 외부에 누설되어서는 안 될 수사기관 내부의 비밀에 해당한다. (따라서)검찰의 고위 간부가 특정 사건에 대한 수사가 계속 진행 중인 상태에서 해당 사안에 관한 수사책임자의 잠정적인 판단 등 수사팀의 내부 상황을 확인한 뒤 그 내용을 수사 대상자 측에 전달한 행위는 형법 제127조에 정한 공무상 비밀누설에 해당한다.」

*평석. 검찰의 고위 간부가 특정 사건에 대한 수사가 계속 진행중인 상태에서 해당 사안에 관한 수사책임자의 잠정적인 판단 등 수사팀의 내부 상황을 확인한 뒤 그 내용을 수사 대상자 측에 전달한 행위는 공무상 비밀누설에 해당한다.

Ⅲ. 직권남용죄

1. 직권남용죄

제123조(직권남용) 공무원이 직권을 남용하여 사람으로 하여금 의무없는 일을 하게 하거나 사람의 권리행사를 방해한 때에는 5년 이하의 징역, 10년 이하의 자격정지 또는 1천만원 이하의 벌금에 처한다.

(1) 직권남용

■대법원 1991.12.27. 90도2800

직권남용죄에 있어서 '직권남용'과 '의무'의 의의

「직권남용죄의 '직권남용'이란 공무원이 그의 일반적 권한에 속하는 사항에 관하여 그것을 불법하게 행사하는 것, 즉 형식적, 외형적으로는 직무집행으로 보이나 그 실질은 정당한 권한 이외의 행위를 하는 경우를 의미하고, 따라서 직권남용은 공무원이 그의 일반적 권한에 속하지 않는 행위를 하는 경우인 지위를 이용한 불법행위와는 구별되며, 또 직권남용죄에서 말하는 '의무'란 법률상 의무를 가리키고, 단순한 심리적 의무감 또는 도덕적 의무는 이에 해당하지 아니한다. 치안본부장이 국립과학수사연구소 법의학1과장에게 고문치사자의 사인에 관하여 기자간담회에 참고할 메모를 작성하도록 요구한 경우에 있어서 위 과장의 메모작성행위가 국립과학수사연구소의 행정업무에 관한 행정상 보고의무라고 할 수 없고 치안본부장이 위 과장에게 메모를 작성토록 한 행위가 그 일반적 권한에 속하는 사항이라고도 볼 수 없으며 또 위 과장이 그 요청에 따라 작성해 준 메모는 정식 부검소견서가 아니어서 동인이 위 메모를 작성하여 줄 법률상 의무가 있는 것도 아닐 뿐만 아니라, 그와 같은 메모를 작성하여 준 것도 단순한 심리적 의무감 또는 스스로의 의사에 기한 것으로 볼 수 있을 뿐이어서 법률상 의무에 기인한 것이라고 인정할 수도 없으므로, 치안본부장이 동인에게 메모의 작성을 요구하고 이를 동인이 내심의 의사에 반하여 두번이나 고쳐 작성하도록 하였다 하여도 이를 의무 없는 일을 하게 한 것이라고 볼 수 없어 직권남용죄는 성립되지 아니한다.

*평석. 직권남용죄의 '직권남용'이란 공무원이 그의 일반적 권한에 속하는 사항에 관하여 그것을 불법하게 행사하는 것을 말한다. 따라서 직무권한과 관련성이 없는 행위에 대해서는 직권남용죄가 성립하지 아니한다. 따라서 치안본부장이 국립과학수사연구소 법의학1과장에게 고문치사자의 사인에 관하여 기자간담회에 참고할 메모를 작성하도록 요구해서 그의 의사에 반하는 메모를 작성토록 하여 교부받은 행위는 일반적인 직무권한내의 행위가 아니므로 직권남용죄에 해당하지 아니한다.

●대법원 2007.6.14. 2004도5561

(2) 권리행사방해

■대법원 1986.6.30. 86모12

형법 제123조 소정 타인의 권리행사방해죄에서의 권리행사를 방해한 때의 의미

「형법 제123조가 규정하는 타인의 권리행사방해죄에서 권리행사를 방해한다 함은 법

령상 행사할 수 있는 권리의 정당한 행사를 방해하는 것을 말한다고 할 것이므로 이에 해당하려면 구체화된 권리의 현실적인 행사가 방해된 경우라야 할 것이어서 검사가 고발사건을 불기소결정하여 피고발인으로 하여금 처벌받게 하려는 고발인의 의도가 이루어질 수 없게 되었다 하여 고발인의 권리행사를 방해하였다고는 말할 수 없다.」

*평석. 형법 제123의 타인의 권리행사를 방해한 때란 법령상 행사할 수 있는 권리의 정당한 행사를 방해하는 것을 말하는 것으로 이는 구체화된 권리의 현실적인 행사가 방해된 경우이다.

(3) 기수시기

■대법원 2005.4.15. 2002도3453

직권남용죄의 성립요건

「형법 제123조의 직권남용죄에 있어서 직권남용이란 공무원이 그 일반적 직무권한에 속하는 사항에 관하여 직권의 행사에 가탁하여 실질적, 구체적으로 위법·부당한 행위를 하는 경우를 의미하고, 위 죄에 해당하려면 현실적으로 다른 사람이 의무 없는 일을 하였거나 다른 사람의 구체적인 권리행사가 방해되는 결과가 발생하여야 하며, 또한 그 결과의 발생은 직권남용 행위로 인한 것이어야 한다.」

*평석. 직권남용죄의 기수시기는 현실적으로 다른 사람이 의무 없는 일을 하였거나 권리행사가 방해되는 결과가 발생한 때이다.

2. 불법체포 · 감금죄

제124조(불법체포, 불법감금) ①재판, 검찰, 경찰 기타 인신구속에 관한 직무를 행하는 자 또는 이를 보조하는 자가 그 직권을 남용하여 사람을 체포 또는 감금한 때에는 7년 이하의 징역과 10년 이하의 자격정지에 처한다. ②전항의 미수범은 처벌한다.

(1) 주체

재판, 검찰, 경찰 기타 인신구속에 관한 직무를 행하는 자 또는 이를 보조하는 자이다.

(2) 행위

직권을 남용하여 사람을 체포 또는 감금하는 것이다.

■대법원 2006.5.25. 2003도3945 판결

인신구속에 관한 직무를 행하는 자 또는 이를 보조하는 자가 피해자를 구속하기 위하여 진술조서 등을 허위로 작성한 후 검사와 영장전담판사를 기망하여 구속영장을 발부받아 피해자를 구금한 행위가 직권남용감금죄를 구성하는지 여부(적극)

「감금죄는 간접정범의 형태로도 행하여질 수 있는 것이므로, 인신구속에 관한 직무를 행하는 자 또는 이를 보조하는 자가 피해자를 구속하기 위하여 진술조서 등을 허위로 작성한 후 이를 기록에 첨부하여 구속영장을 신청하고, 진술조서 등이 허위로 작성된 정을 모르는 검사와 영장전담판사를 기망하여 구속영장을 발부받은 후 그 영장에 의하여 피해자를 구금하였다면 형법 제124조 제1항의 직권남용감금죄가 성립한다.」

*평석. 감금죄는 간접정범의 형태로도 행하여질 수 있다.

Ⅳ. 뇌물죄

1. 개관

(1) 의의 및 보호법익

공무원 또는 중재인이 직무행위의 대가로 부정한 이익을 취득하거나 공무원 또는 중재인에게 부정한 이익을 제공하는 것을 내용으로 하는 범죄이다.

■대법원 2001.10.12. 2001도3579

뇌물죄에 있어 직무관련성 및 뇌물성

「뇌물죄는 공무원의 직무집행의 공정과 이에 대한 사회의 신뢰 및 직무행위의 불가매수성을 그 보호법익으로 하고 있고, 직무에 관한 청탁이나 부정한 행위를 필요로 하는 것은 아니기 때문에 수수된 금품의 뇌물성을 인정하는 데 특별한 청탁이 있어야만 하는 것은 아니며, 또한 금품이 직무에 관하여 수수된 것으로 족하고 개개의 직무행위와 대가적 관계에 있을 필요는 없고, 공무원이 그 직무의 대상이 되는 사람으로부터 금품 기타 이익을 받은 때에는 사회상규에 비추어 볼 때에 의례상의 대가에 불과한 것이라고 여겨지거나, 개인적인 친분관계가 있어서 교분상의 필요에 의한 것이라고 명백하게 인정할 수 있는 경우 등 특별한 사정이 없는 한 직무와의 관련성이 없는 것으로 볼 수 없으며, 공무원이 직무와 관련하여 금품을 수수하였다면 비록 사교적 의례의 형식을 빌어 금품을 주고 받았다 하더라도 그 수수한 금품은 뇌물이 된다. 피고인이 부하직원으로부터 승진 청탁과 함께 돈을 교부받은 경위, 언제든지 그 돈을 반환할 기회가 있었음에도 반환하지 않은 점, 그 돈을 사용한 뒤 6개월 후에 그 청탁을 들어줄 수 없는 처지에 이르자 반환한 점 등에 비추어 피고인에게 그 돈을 뇌물로서 영득할 의사가 있었다.」

*평석. 뇌물죄의 보호법익은 직무행위의 불가매수성 이외에도 공무원의 직무집행의 공정과 이에 대한 사회일반의 신뢰를 보호법익으로 하고 있다.

(2) 수뢰죄와 증뢰죄의 관계

■대법원 2008.3.13. 2007도10804

필요적 공범의 경우 협력자 전부에게 형사책임이 요구되는지 여부(소극) 및 함정에 빠뜨릴 의사로 공무원에게 금품을 공여하여 공무원이 그 금품을 직무와 관련하여 수수한 경우 뇌물수수죄가 성립되는지 여부(적극)

「뇌물공여죄와 뇌물수수죄는 필요적 공범관계에 있다고 할 것이나, 필요적 공범이라는 것은 법률상 범죄의 실행이 다수인의 협력을 필요로 하는 것을 가리키는 것으로서 이러한 범죄의 성립에는 행위의 공동을 필요로 하는 것에 불과하고 반드시 협력자 전부가 책임이 있음을 필요로 하는 것은 아니므로, 오로지 공무원을 함정에 빠뜨릴 의사로 직무와 관련되었다는 형식을 빌려 그 공무원에게 금품을 공여한 경우에도 공무원이 그 금품을 직무와 관련하여 수수한다는 의사를 가지고 받아들이면 뇌물수수죄가 성립한다.」

*평석. 수뢰죄와 증뢰죄의 관계에 대하여 필요적 공범설, 별개범죄설, 이원설(통설)이 대립되고 있으며 대법원은 필요적 공범설의 입장을 지지하고 있다.

(3) 뇌물의 개념

1) 의의

뇌물이란 직무에 관한 부당한 이익을 말한다.

2) 직무관련성

(가) 직무

■대법원 1983.7.26. 82도1208

뇌물죄에 있어서 '직무에 관하여'의 의미

「뇌물죄에 있어서 '직무에 관하여'라 함은 당해 공무원이 그 지위에 수반하여 공무로서 취급하는 일체의 직무를 말하는 것으로서 그 권한에 속하는 직무행위 뿐만 아니라, 이에 밀접한 관계가 있는 경우와 그 직무에 관련하여 사실상 처리하고 있는 행위까지도 포함한다.」

*평석. 뇌물죄에 있어서 '직무'라 함은 당해 공무원이 그 지위에 수반하여 공무로서 취급하는 일체의 직무를 말한다.

(나) 직무관련성

뇌물은 직무에 관한 부당한 이익이다. '직무에 관하여'라 함은 당해 공무원이 그 지위에 수반하여 공무로서 취급하는 일체의 직무를 말하는 것으로서 그 권한에 속하는 직무행위 뿐만 아니라, 이에 밀접한 관계가 있는 경우와 그 직무에 관련하여 사실상 처리하고 있는 행위까지도 포함한다.

■대법원 1997.12.26. 97도2609

국회의원이 의정활동과 전체적·포괄적으로 대가관계가 있는 금원을 교부받은 경우, 뇌물죄의 성부(적극)

「뇌물죄는 직무집행의 공정과 이에 대한 사회의 신뢰에 기하여 직무수행의 불가매수성을 그 직접의 보호법익으로 하고 있으므로, 공무원의 직무와 금원의 수수가 전체적으로 대가관계에 있으면 뇌물수수죄가 성립하고, 특별히 청탁의 유무, 개개의 직무행위의 대가적 관계를 고려할 필요가 없으며, 또한 그 직무행위가 특정된 것일 필요도 없다 할 것이고, 한편 뇌물죄에 있어서 직무에는 공무원이 법령상 관장하는 직무 그 자체뿐만 아니라 그 직무와 밀접한 관계가 있는 행위 또는 관례상이나 사실상 소관하는 직무행위도 포함된다 할 것이므로, 국회의원이 그 직무권한의 행사로서의 의정활동과 전체적·포괄적으로 대가관계가 있는 금원을 교부받았다면 그 금원의 수수가 어느 직무행위와 대가관계에 있는 것인지 특정할 수 없다고 하더라도 이는 국회의원의 직무에 관련된 것으로 보아야 하고, 한편 국회의원이 다른 의원의 직무행위에 관여하는 것이 국회의원의 직무행위 자체라고 할 수는 없으나, 국회의원이 자신의 직무권한인 의안의 심의·표결권 행사의 연장선상에서 일정한 의안에 관하여 다른 동료의원에게 작용하여 일정한 의정활동을 하도록 권유·설득하는 행위 역시 국회의원이 가지고 있는 위 직무권한의 행사와 밀접한 관계가 있는 행위로서 그와 관련하여 금원을 수수하는 경우에도 뇌물수수죄가 성립한다.」

*평석. 국회의원이 자신의 직무권한인 의안의 심의·표결권 행사의 연장선상에서 일정한 의안에 관하여 다른 동료의원에게 작용하여 일정한 의정활동을 하도록 권유·설득하는 행위 역시 국회의원이 가지고 있는 위 직무권한의 행사와 밀접한 관계가 있는 행위로서 그와 관련하여 금원을 수수하는 경우에도 뇌물수수죄가 성립한다.

▣쟁점 1. 뇌물죄에 있어서 직무관련성

2. 공무원이 직무권한을 달리하는 다른 부서에 전직한 이후에 전직 전의 직무에 관하여 뇌물을 받은 경우에도 직무관련성이 인정되어 뇌물죄가 성립하는가.

■대법원 1980.10.14. 80도1373

뇌물죄에 있어서 '직무'의 의미

「뇌물죄에 있어서 '직무'라 함은 공무원이 법령상 관장하는 직무 그 자체 뿐만 아니라 그 직무와 밀접한 관계가 있는 준식행위 또는 관례상이나 사실상 소관하는 직무행위 및 결정권자를 보좌하거나 영향을 줄 수 있는 직무행위도 포함된다. 그런데 형사피고사건의 공판참여주사는 형사소송법 제51조에 규정된 바에 따라 공판조서를 작성하는 것이 그 주된 직무임이 명백하고 양형을 포함한 형사재판은 법관 또는 법관으로 구성된 법원의 권한에 속함은 형사소송법의 규정에 뚜렷한 바이므로 참여주사가 공판에 참여하여 양형에 관한 사항의 심리과정의 내용을 공판조서에 기재한다 하여 그것을 가리켜 법관 또는 법원이 할 양형에 관하여 보좌한다거나 영향을 미친다고 할 수 없는 이치이니 형사사건의 양형은 참여주사의 직무가 아닐 뿐 아니라 그 직무와 밀접한 관계있는 사무라고도 할 수 없다고 할 것이니 이런 취지에서 형량을 감경케 하여 달라는 청탁으로 금원을 수수하였다는 본건 공소사실에 대하여 피고인이 뇌물수수죄의 주체가 될 수 없다.」

*평석. 형사피고사건의 공판참여주사는 공판조서를 작성하는 것이 그 주된 직무이며, 형사사건의 양형을 포함한 형사재판은 법관 또는 법관으로 구성된 법원의 권한에 속하는 것으로 참여주사의 직무가 아닐 뿐 아니라 그 직무와 밀접한 관계있는 사무라고도 할 수 없으므로 참여주사가 법관의 권한에 속하는 양형에 관하여 청탁을 받고 금품을 수수하였다 하더라도 뇌물죄가 성립하지 아니 한다.

3) 부당한 이익

(가) 대가관계

뇌물과 직무행위 사이에는 급부와 반대급부라는 대가관계가 있어야 한다.

■대법원 1999.1.29. 98도3584

공무원의 직무와 관련한 금품을 사교적 의례의 형식으로 수수한 경우, 뇌물성 여부(적극)

「공무원의 직무와 관련하여 금품을 수수하였다면 그 수수한 금품은 뇌물이 되는 것이고, 그것이 사교적 의례의 형식을 사용하고 있다 하여도 직무행위의 대가로서의 의미를 가질 때에는 뇌물이 된다.」

*평석. 사교적 의례로서의 선물과 뇌물의 구별에 대해서는 학설의 대립이 있으나 사교적 의례로서의 선물인 경우에도 직무행위의 대가로서의 의미를 가질 때에는 뇌물이 된다고 하겠다.

(나) 이익

■대법원 1995.9.5. 95도1269

뇌물죄에 있어서 뇌물의 내용인 이익의 의미 및 뇌물성의 판단 기준

「뇌물죄에서 뇌물의 내용인 이익이라 함은 금전, 물품 기타의 재산적 이익뿐만 아니라 사람의 수요 욕망을 충족시키기에 족한 일체의 유형, 무형의 이익을 포함한다고 해석되고, 투기적 사업에 참여할 기회를 얻는 것도 이에 해당하며, 이러한 뇌물성의 유무는 공무원의 직무와 이익공여자와의 관계, 이익수수의 경위, 그 당시의 사회상태 등 제반 사정을 종합하여 합리적으로 판단하여야 한다.」

*평석. 뇌물죄에서 뇌물의 내용인 이익이라 함은 금전, 물품 기타의 재산적 이익뿐만 아니라 사람의 수요 욕망을 충족시키기에 족한 일체의 유형, 무형의 이익을 불문한다.

2. 단순수뢰죄

第129조(수뢰, 사전수뢰) ①공무원 또는 중재인이 그 직무에 관하여 뇌물을 수수, 요구 또는 약속한 때에는 5년 이하의 징역 또는 10년 이하의 자격정지에 처한다. 第134조(몰수, 추징) 범인 또는 정을 아는 제삼자가 받은 뇌물 또는 뇌물에 공할 금품은 몰수한다. 그를 몰수하기 불능한 때에는 그 가액을 추징한다.

(1) 주체

공무원 또는 중재인이다.

■대법원 1971.10.19. 71도1113

기한부로 채용된 공무원도 뇌물수수죄의 주체가 될 수 있다.

「교육법 제32조의2 제1항 전단은 교육위원회의 교육감의 사무를 보좌하게 하기 위하여 교육위원회에 필요한 공무원을 둔다 규정하였고 지방공무원법 제2조 제2항 6호는 기한부로 채용된 공무원을 별정직 공무원으로 한다 규정하고 있어 원판결에 의하여 확

정된 사실에 의하면 피고인은 위 법령에 근거하여 기한부로 채용된 공무원이라 할 것이며 단순한 노무에 종사하는 자라할 수 없을 것이므로 원판결이 피고인을 뇌물 수수죄의 주체가 될 수 있다고 판단하였음에 무슨 위법이 있을 수 없다.」

*평석. 기한부로 채용된 공무원도 뇌물수수죄의 주체가 될 수 있다.

(2) 행위의 태양

그 직무에 관하여 뇌물을 수수, 요구 또는 약속하는 것이다.

1) 수수

영득의사로 뇌물을 취득하는 것을 말한다.

■대법원 2007.3.29. 2006도9182

영득의 의사로 수령한 뇌물의 액수가 예상한 것보다 너무 많아 후에 이를 반환한 경우 뇌물죄의 성립 범위(=수령한 액수 전부)

「뇌물을 수수한다는 것은 영득의 의사로 금품을 수수하는 것을 말하므로, 뇌물인지 모르고 이를 수수하였다가 뇌물임을 알고 즉시 반환하거나, 증뢰자가 일방적으로 뇌물을 두고 가므로 후일 기회를 보아 반환할 의사로 어쩔 수 없이 일시 보관하다가 반환하는 등 그 영득의 의사가 없었다고 인정되는 경우라면 뇌물을 수수하였다고 할 수 없겠지만, 피고인이 먼저 뇌물을 요구하여 증뢰자가 제공하는 돈을 받았다면 피고인에게는 받은 돈 전부에 대한 영득의 의사가 인정된다고 하지 않을 수 없고, 이처럼 영득의 의사로 뇌물을 수령한 이상 그 액수가 피고인이 예상한 것보다 너무 많은 액수여서 후에 이를 반환하였다고 하더라도 뇌물죄의 성립에는 영향이 없다.」

*평석. 뇌물을 일단 영득의 의사로 수수한 것이라면 후일 이를 반환하였다 하더라도 뇌물죄의 성립에는 영향이 없다.

2) 요구

뇌물취득의 의사로 상대방에게 그 공여를 청구하는 것을 말한다. 상대방이 이에 응했는지, 현실로 교부가 있었는지의 여부는 불문한다.

3) 약속

당사자 사이에 뇌물수수를 합의하는 것을 말한다. 약속이행여부는 불문한다.

■대법원 1981.8.20. 81도698

뇌물약속죄에 있어서 뇌물의 목적물인 이익의 현존 및 그 가액확정의 각 필요성 여

부(소극)

「뇌물약속죄에 있어서 뇌물의 목적물인 이익은 약속 당시에 현존할 필요는 없고 약속당시에 예기할 수 있는 것이라도 무방하며, 뇌물의 목적물이 이익인 경우에는 그 가액이 확정되어 있지 않아도 뇌물약속죄가 성립하는 데는 영향이 없으므로 공무원이 건축업자로부터 그가 건축할 주택을 공사비 상당액으로 분양받기로 약속한 경우에는 매매시가 중 공사비를 초과하는 액수만큼의 이익을 뇌물로서 약속한 것이 되어 뇌물약속죄가 성립한다.」

*평석. 뇌물약속죄에 있어서 뇌물의 목적물인 이익은 약속 당시에 현존할 필요는 없고 약속당시에 예상할 수 있는 것이면 무방하며, 그 가액이 확정되어 있음을 요하지 아니한다.

(3) 주관적 구성요건

■대법원 1984.4.10. 83도1499

청탁과 함께 받은 자기앞수표를 은행에 예치시켰다가 후환이 두려워 되돌려준 경우 뇌물수수의 고의유무(적극)

「피고인이 소외 (갑)으로부터 입력송출의 부탁과 함께 사례조로 교부받은 자기앞수표를 약 2주일후 반환하여 주었다 하더라도, 위 수표를 일단 피고인의 은행구좌에 예치시켰다가 그 뒤 동료직원들에게 위 (갑)에 대하여 탐문해 본 결과 믿을 수 없다고 하므로 후환을 염려하여 (갑)에게 반환한 것이라면 피고인에게 뇌물수수의 고의가 있었다고 할 것이다.」

*평석. 청탁과 함께 받은 자기앞수표를 은행에 예치시켰다가 후환이 두려워 되돌려준 경우 뇌물수수의 고의가 인정되어진다. 뇌물을 받은 대가로 직무집행을 할 의사가 있음을 요하지 아니한다.

(4) 죄수, 타죄와의 관계

1) 죄수

■대법원 2000.1.21. 99도4940

수뢰죄에 있어서 단일하고 계속된 범의하에 동종의 범행을 반복하여 행하고 그 피해법익도 동일한 경우, 포괄일죄의 성립 여부(적극)

「단일하고도 계속된 범의 아래 동종의 범행을 일정기간 반복하여 행하고 그 피해법익도 동일한 경우에는 각 범행을 통틀어 포괄일죄로 볼 것이고, 수뢰죄에 있어서 단일하고도 계속된 범의 아래 동종의 범행을 일정기간 반복하여 행하고 그 피해법익도 동일한 것이라면 돈을 받은 일자가 상당한 기간에 걸쳐 있고, 돈을 받은 일자 사이에 상당한 기간이 끼어 있다 하더라도 각 범행을 통틀어 포괄일죄로 볼 것이다.」

*평석. 수뢰죄에 있어서 단일하고 계속된 범의하에 동종의 범행을 반복하여 행하고 그 피해법익도 동일한 경우에는 포괄일죄가 성립한다.

2) 타죄와의 관계

(가) 뇌물공여죄와의 관계

■대법원 2008.3.13. 2007도10804

필요적 공범의 경우 협력자 전부에게 형사책임이 요구되는지 여부(소극) 및 함정에 빠뜨릴 의사로 공무원에게 금품을 공여하여 공무원이 그 금품을 직무와 관련하여 수수한 경우 뇌물수수죄가 성립되는지 여부(적극)

「뇌물공여죄와 뇌물수수죄는 필요적 공범관계에 있다고 할 것이나, 필요적 공범이라는 것은 법률상 범죄의 실행이 다수인의 협력을 필요로 하는 것을 가리키는 것으로서 이러한 범죄의 성립에는 행위의 공동을 필요로 하는 것에 불과하고 반드시 협력자 전부가 책임이 있음을 필요로 하는 것은 아니므로, 오로지 공무원을 함정에 빠뜨릴 의사로 직무와 관련되었다는 형식을 빌려 그 공무원에게 금품을 공여한 경우에도 공무원이 그 금품을 직무와 관련하여 수수한다는 의사를 가지고 받아들이면 뇌물수수죄가 성립한다.」

*평석. 뇌물공여죄와 뇌물수수죄는 필요적 공범관계에 있다고 할 것이나 반드시 협력자 전부가 책임이 있음을 필요로 하는 것은 아니다.

(나) 공갈죄와의 관계

■대법원 1994.12.22. 94도2528

공무원이 직무와 관계없이 타인을 공갈하여 재물을 교부하게 한 경우, 뇌물공여죄가 성립되는지 여부

「공무원이 직무집행의 의사 없이 또는 직무처리와 대가적 관계없이 타인을 공갈하여 재물을 교부하게 한 경우에는 공갈죄만이 성립하고, 이러한 경우 재물의 교부자가 공무원의 해악의 고지로 인하여 외포의 결과 금품을 제공한 것이라면 그는 공갈죄의 피해자가 될 것이고 뇌물공여죄는 성립될 수 없다고 하여야 할 것이다.」

*평석. 공무원이 직무집행의 의사로 직무에 관하여 공갈하여 뇌물을 수수한 때에는

수뢰죄와 공갈죄의 상상적 경합이 되지만, 공무원이 직무집행의 의사 없이 또는 직무처리와 대가적 관계없이 타인을 공갈하여 재물을 교부하게 한 경우에는 공갈죄만이 성립한다.

(5) 뇌물의 몰수와 추징

제134조(몰수, 추징) 범인 또는 정을 아는 제삼자가 받은 뇌물 또는 뇌물에 공할 금품은 몰수한다. 그를 몰수하기 불능한 때에는 그 가액을 추징한다. 즉, 형법 제48조의 임의적 몰수에 관한 특칙으로 필요적 몰수규정을 두고 있다.

1) 몰수·추징의 대상자

■대법원 1984.2.28. 83도2783

증뢰자에게 반환한 뇌물을 수뢰자로부터 추징함의 적부(소극)

「수뢰자가 뇌물을 그대로 보관하였다가 증뢰자에게 반환한 때에는 증뢰자로 부터 몰수·추징할 것이므로 수뢰자로 부터 추징함은 위법하다.」

*평석. 수뢰자가 뇌물을 그대로 보관하였다가 증뢰자에게 반환한 때에는 증뢰자로 부터 몰수·추징한다.

■대법원 1986.10.14. 86도1189

수수한 뇌물을 소비하였다가 동액을 반환한 경우 그 가액의 추징여부

「수뢰죄에 있어서 수뢰자가 일단 수수한 뇌물을 소비하여 몰수하기 불능하게 되었을 때에는 그후에 동액의 금원을 증뢰자에게 반환하였다 하여도 수뢰자로부터 그 가액을 추징하여야 한다.」

*평석. 증뢰자로부터 몰수·추징하는 것은 뇌물 그 자체가 반환된 경우이다. 따라서 수수한 뇌물을 소비하였다가 동액을 반환한 경우 그 가액의 추징은 수뢰자로부터 해야 한다.

2) 몰수·추징의 방법

■대법원 2009.5.14. 2009도2223

수인이 공동하여 성매매알선 등 행위를 한 경우 가액 추징의 방법(=개별적 추징)

「수인이 공동하여 성매매알선 등 행위를 하였을 경우 그 범죄로 인하여 얻은 금품 그 밖의 재산을 몰수할 수 없을 때에는, 공범자 각자가 실제로 얻은 이익의 가액을 개별적으로 추징하여야 하고 그 개별적 이득액을 알 수 없다면 전체 이득액을 평등하게

분할하여 추징하여야 하며, 공범자 전원으로부터 이득액 전부를 공동으로 연대하여 추징할 수는 없다.」

*평석. 수인이 공동하여 뇌물을 수수한 경우에는 공범자 각자가 실제로 수수한 가액을 개별적으로 추징하여야 하고 그 개별적 이득액을 알 수 없다면 전체 이득액을 평등하게 분할하여 추징하여야 한다.

●참조판례

대법원 1970.1.27. 69도2225; 대법원 1975.4.22. 73도1963

3) 추징가액의 산정기준

■대법원 2001.11.27. 2001도4829

외국환거래법 제30조에 의한 추징액의 산정방법에 관한 사례

「외국환을 몰수할 수 없게 되어 그 가액을 추징하면서 외국환에 대한 판결 선고 당시의 가액 상당으로 추징액을 산정한 원심의 조치를 정당하다고 한 사례.」

*평석. 추징액의 산정방법에 관해 뇌물수수시설, 몰수불가능한 사유발생시설, 판결선고시설이 대립하고 있으나 추징은 몰수에 대신하는 것인 점에서 몰수불가능한 사유발생시설이 타당하다.

3. 사전수뢰죄

第129조(수뢰, 사전수뢰) ②공무원 또는 중재인이 될 자가 그 담당할 직무에 관하여 청탁을 받고 뇌물을 수수, 요구 또는 약속한 후 공무원 또는 중재인이 된 때에는 3년 이하의 징역 또는 7년 이하의 자격정지에 처한다. 第134조(몰수, 추징) 범인 또는 정을 아는 제삼자가 받은 뇌물 또는 뇌물에 공할 금품은 몰수한다. 그를 몰수하기 불능한 때에는 그 가액을 추징한다.

■대법원 1999.7.23.99도1911

사전수뢰죄에 있어서 청탁의 의미와 방법

「형법 제129조 제2항의 사전수뢰는 단순수뢰의 경우와는 달리 청탁을 받을 것을 요건으로 하고 있는바, 여기에서 청탁이라 함은 공무원에 대하여 일정한 직무행위를 할 것을 의뢰하는 것을 말하는 것으로서 그 직무행위가 부정한 것인가 하는 점은 묻지 않

으며 그 청탁이 반드시 명시적이어야 하는 것도 아니라고 할 것이다.」

*평석. 사전수뢰죄에 있어서 청탁의 의미와 방법과 관련하여 청탁이라 함은 공무원에 대하여 장래 일정한 직무행위를 할 것을 의뢰하는 것을 말하는 것으로서 그 직무행위가 부정한 것임을 요하지 아니하며 그 청탁이 반드시 명시적임을 요하지 아니한다.

4. 제3자뇌물제공죄

第130조(제삼자뇌물제공) 공무원 또는 중재인이 그 직무에 관하여 부정한 청탁을 받고 제3자에게 뇌물을 공여하게 하거나 공여를 요구 또는 약속한 때에는 5년 이하의 징역 또는 10년 이하의 자격정지에 처한다.

(1) 부정한 청탁

■대법원 2007.1.26. 2004도1632

제3자 뇌물공여죄에 있어서 '뇌물', '부정한 청탁'의 의미 및 그 판단 기준

「형법 제130조의 제3자 뇌물공여죄에 있어서 뇌물이란 공무원의 직무에 관하여 부정한 청탁을 매개로 제3자에게 교부되는 위법 혹은 부당한 이익을 말하고, '부정한 청탁'이란 위법한 것뿐만 아니라 사회상규나 신의성실의 원칙에 위배되는 부당한 경우도 포함하는 것인바, 직무와 관련된 뇌물에 해당하는지 혹은 부정한 청탁이 있었는지 여부를 판단함에 있어서는 그 직무 혹은 청탁의 내용, 이익 제공자와의 관계, 이익의 다과 및 수수 경위와 시기 등의 제반 사정과 아울러 직무집행의 공정과 이에 대한 사회의 신뢰 및 직무수행의 불가매수성이라고 하는 뇌물죄의 보호법익에 비추어 그 이익의 수수로 인하여 사회 일반으로부터 직무집행의 공정성을 의심받게 되는지 여부도 판단 기준이 된다. 나아가 비록 청탁의 대상이 된 직무집행 그 자체는 위법·부당한 것이 아니라 하더라도 당해 직무집행을 어떤 대가관계와 연결시켜 그 직무집행에 관한 대가의 교부를 내용으로 하는 청탁이라면 이는 의연 '부정한 청탁'에 해당하는 것으로 볼 수 있으며, 청탁의 대상인 직무행위의 내용도 구체적일 필요가 없고 묵시적인 의사표시라도 무방하며, 실제로 부정한 처사를 하였을 것을 요하지도 않는다. 도지사가 제3자로부터 복지재단 출연금의 형태로 거액을 수수한 행위가 관광지구 추가지정 및 관련 절차의 진행에 있어서 이를 총괄하는 도지사로서의 직무와 관련하여 제3자 뇌물공여죄에서 뜻하는 광의의 부정한 청탁을 매개로 이루어진 것으로 본 사례.」

*평석. 제3자 뇌물공여죄의 경우는 단순수뢰죄와 달리 직무에 관하여 부정한 청탁을 받을 것을 요건으로 하고 있으며, 여기서의 '부정한 청탁'이란 위법한 것뿐만 아니라 사회상규나 신의성실의 원칙에 위배되는 부당한 경우도 포함한다. 또한 청탁의 대상이 된 직무집행 그 자체는 위법·부당한 것이 아니라 하더라도 당해 직무집행을 어떤 대가관계와 연결시켜 그 직무집행에 관한 대가의 교부를 내용으로 하는 청탁이라면 이는 '부정한 청탁'에 해당한다.

(2) 제3자

■대법원 1998.9.22. 98도1234

공무원이 직접 뇌물을 받지 아니하고 증뢰자로 하여금 제3자에게 뇌물을 공여하도록 하고 그 제3자가 뇌물을 받은 경우, 형법 제129조 제1항의 단순수뢰죄의 성립 여부(한정 적극)

「형법 제130조의 제3자뇌물제공죄를 형법 제129조 제1항의 단순수뢰죄와 비교하여 보면 공무원이 직접 뇌물을 받지 아니하고, 증뢰자로 하여금 제3자에게 뇌물을 공여하도록 하고 그 제3자로 하여금 뇌물을 받도록 한 경우에는 부정한 청탁을 받고 그와 같은 행위를 한 경우에 한하여 단순수뢰죄와 같은 형으로 처벌하고, 공무원이 직접 뇌물을 받지 아니하고, 증뢰자로 하여금 제3자에게 뇌물을 공여하도록 하고 그 제3자로 하여금 뇌물을 받도록 하였다 하더라도 부정한 청탁을 받은 일이 없다면 이를 처벌하지 아니한다는 취지로 해석하여야 할 것이나, <u>다만 공무원이 직접 뇌물을 받지 아니하고, 증뢰자로 하여금 다른 사람에게 뇌물을 공여하도록 하고 그 다른 사람으로 하여금 뇌물을 받도록 한 경우라 할지라도 그 다른 사람이 공무원의 사자 또는 대리인으로서 뇌물을 받은 경우나 그 밖에 예컨대 평소 공무원이 그 다른 사람의 생활비 등을 부담하고 있었다거나 혹은 그 다른 사람에 대하여 채무를 부담하고 있었다는 등의 사정이 있어서 그 다른 사람이 뇌물을 받음으로써 공무원은 그만큼 지출을 면하게 되는 경우 등 사회통념상 그 다른 사람이 뇌물을 받은 것을 공무원이 직접 받은 것과 같이 평가할 수 있는 관계가 있는 경우에는 형법 제129조 제1항의 단순수뢰죄가 성립한다.</u>」

*평석. 사회통념상 다른 사람이 뇌물을 받은 것을 공무원이 직접 받은 것과 같이 평가할 수 있는 관계가 있는 경우에는(예컨대 공무원의 사자 또는 대리인으로서 뇌물을 받은 경우) 형법 제129조 제1항의 단순수뢰죄가 성립한다.

●참조판례

대법원 2004.3.26. 2003도8077

5. 수뢰후부정처사죄

제131조(수뢰후부정처사, 사후수뢰) ①공무원 또는 중재인이 전2조의 죄를 범하여 부정한 행위를 한 때에는 1년 이상의 유기징역에 처한다. 제134조(몰수, 추징) 범인 또는 정을 아는 제삼자가 받은 뇌물 또는 뇌물에 공할 금품은 몰수한다. 그를 몰수하기 불능한 때에는 그 가액을 추징한다.

본죄는 공무원 또는 중재인이 단순수뢰죄·사전수뢰죄·제3자뇌물공여죄를 범하여 부정한 행위를 함으로써 성립하는 범죄이다.

■대법원 2003.6.13. 2003도1060

뇌물죄에 있어서 '직무' 및 수뢰후부정처사죄에 있어서 '부정한 행위'의 의미

「뇌물죄는 직무집행의 공정과 이에 대한 사회의 신뢰에 기하여 직무행위의 불가매수성을 그 직접의 보호법익으로 하고 있으므로 뇌물성은 의무위반 행위나 청탁의 유무 및 금품수수 시기와 직무집행 행위의 전후를 가리지 아니한다 할 것이고, 따라서 뇌물죄에서 말하는 '직무'에는 법령에 정하여진 직무뿐만 아니라 그와 관련 있는 직무, 과거에 담당하였거나 장래에 담당할 직무 외에 사무분장에 따라 현실적으로 담당하지 않는 직무라도 법령상 일반적인 직무권한에 속하는 직무 등 공무원이 그 직위에 따라 공무로 담당할 일체의 직무를 포함한다 할 것이고, 수뢰후부정처사죄에서 말하는 '부정한 행위'라 함은 직무에 위배되는 일체의 행위를 말하는 것으로 직무행위 자체는 물론 그것과 객관적으로 관련 있는 행위까지를 포함한다.

경찰관직무집행법 제2조 제1호는 경찰관이 행하는 직무 중의 하나로 '범죄의 예방·진압 및 수사'를 들고 있고, 이와 같이 범죄를 예방하거나, 진압하고, 수사하여야 할 일반적 직무권한을 가지는 피고인이 도박장개설 및 도박범행을 묵인하고 편의를 봐주는데 대한 사례비 명목으로 금품을 수수하고, 나아가 도박장개설 및 도박범행사실을 잘 알면서도 이를 단속하지 아니하였다면, 이는 경찰관으로서 직무에 위배되는 부정한 행위를 한 것이라 할 것이고, 비록 피고인이 이 사건 범행당시 OO경찰서 교통계에 근무하고 있어 도박범행의 수사 등에 관한 구체적인 사무를 담당하고 있지 아니하였다 하여도 달리 볼 것은 아니라고 할 것이다.」

*평석. 수뢰후부정처사죄에서 말하는 '부정한 행위'라 함은 직무에 위배되는 일체의 행위를 말하는 것으로 직무행위 자체는 물론 그것과 객관적으로 관련 있는 행위까지를

포함한다.

■대법원 1983.7.26. 83도1378

예비군 중대장이 훈련불참자로부터 금원을 교부받고 참석한 내용의 허위공문서를 작성, 비치한 경우 수뢰후 부정처사죄외에 허위공문서작성, 동행사죄의 성립여부, 수뢰후 부정처사죄와 각각 상상적 경합관계에 있는 허위공문서작성, 동행사죄의 경합가중의 당부(소극)

「예비군 중대장이 그 소속예비군으로부터 금원을 교부받고 그 예비군이 예비군훈련에 불참하였음에도 불구하고 참석한 것처럼 허위내용의 중대학급편성명부를 작성, 행사한 경우라면 수뢰후 부정처사죄 외에 별도로 허위공문서작성 및 동행사죄가 성립하고 이들 죄와 수뢰후 부정처사죄는 각각 상상적 경합관계에 있다고 할 것이다. 허위공문서작성죄와 동행사죄가 수뢰후 부정처사죄와 각각 상상적 경합관계에 있을 때에는 허위공문서작성죄와 동행사죄 상호간은 실체적 경합범관계에 있다고 할지라도 상상적 경합범관계에 있는 수뢰후 부정처사죄와 대비하여 가장 중한 죄에 정한 형으로 처단하면 족한 것이고 따로이 경합가중을 할 필요가 없다.」

*평석. 허위공문서작성죄와 동행사죄가 수뢰후 부정처사죄와 각각 상상적 경합관계에 있을 때에는 허위공문서작성죄와 동행사죄 상호간은 실체적 경합범관계에 있다고 할지라도 상상적 경합범관계에 있는 수뢰후부정처사죄와 대비하여 가장 중한 죄에 정한 형으로 처벌되어진다.

6. 사후수뢰죄

제131조(사후수뢰) ②공무원 또는 중재인이 그 직무상 부정한 행위를 한 후 뇌물을 수수, 요구 또는 약속하거나 제삼자에게 이를 공여하게 하거나 공여를 요구 또는 약속한 때에도 전항의 형과 같다.

③공무원 또는 중재인이었던 자가 그 재직중에 청탁을 받고 직무상 부정한 행위를 한 후 뇌물을 수수, 요구 또는 약속한 때에는 5년 이하의 징역 또는 10년 이하의 자격정지에 처한다.

④전3항의 경우에는 10년 이하의 자격정지를 병과할 수 있다.

■대법원 1983.4.26. 82도2095

부정행위후 전별금의 수수와 사후수뢰죄의 성부

「공사의 입찰업무를 담당하고 있는 장교가 비밀로 하여야 할 그 공사의 입찰예정가격을 응찰자에게 미리 알려준 소위는 직무에 위배되는 행위로서 형법 제131조 제2항의 부정한 행위에 해당한다 할 것이어서 입찰이 끝난 후 20여일이 경과한 후 전속시의 전별금 명목으로 금원을 받았다 하더라도 이는 직무행위의 부정행위와 관련된 금품의 수수에 해당하므로 사후 수뢰죄를 구성한다.」

*평석. 공무원 또는 중재인이 그 직무상 부정한 행위를 한 후 시간이 경과한 후에라도 전별금 명목으로 뇌물을 수수한 경우에 그것이 관련성이 있는 경우에는 사후수뢰죄에 해당한다.

■대법원 2004.4.9. 2003도7762

공무원인 의사가 공무소의 명의로 허위진단서를 작성한 경우의 죄책, 원심의 죄수 평가의 잘못이 판결 결과에 영향을 미쳤다고 보기 어렵다고 한 사례

「1)원심판결과 원심이 인용한 제1심판결의 채용 증거들을 기록에 비추어 살펴보면, 국립병원의 내과과장 겸 진료부장으로 근무하는 의사로서 보건복지부 소속 의무서기관인 피고인이 공소외인의 부탁을 받고 허위의 진단서를 작성한 사실과 그 사례 명목으로 금품을 수수한 사실을 각각 인정할 수 있고, 원심판결에 상고이유로 주장하는 바와 같이 채증법칙을 위배하여 사실을 잘못 인정하였다거나 부정처사후수뢰죄에 관한 법리를 오해한 위법이 있다고 볼 수 없다.

2) 형법이 제225조 내지 제230조에서 공문서에 관한 범죄를 규정하고, 이어 제231조 내지 제236조에서 사문서에 관한 범죄를 규정하고 있는 점 등에 비추어 볼 때 형법 제233조 소정의 허위진단서작성죄의 대상은 공무원이 아닌 의사가 사문서로서 진단서를 작성한 경우에 한정되고, 공무원인 의사가 공무소의 명의로 허위진단서를 작성한 경우에는 허위공문서작성죄만이 성립하고 허위진단서작성죄는 별도로 성립하지 않는다.

3) 공무원인 의사가 허위의 진단서를 작성한 행위에 대하여 허위공문서작성죄와 허위진단서작성죄의 상상적 경합을 인정한 원심의 판단이 법률 적용을 그르친 잘못이 있다고 할 것이나, 원심이 이와 실체적 경합범 관계에 있으며 형이 중한 부정처사후수뢰죄에 정한 형에 경합범 가중을 하여 처단형을 정하였으므로, 원심의 죄수 평가의 잘못이 판결 결과에 영향을 미쳤다고 보기 어렵다.」

*평석. 대법원은 공무원인 의사가 부탁을 받고 허위의 진단서를 작성한 후 그 사례

명목으로 금품을 수수한 경우에 부정처사후수뢰죄와 허위공문서작성죄의 별개범죄가 성립하며 양죄는 실체적 경합관계에 있다고 하고 있다. 그러나 양죄는 상상적 경합관계에 있다는 논지가 타당하다.

●참조판례.

대법원 1983.7.26. 83도1378

7. 알선수뢰죄

제132조(알선수뢰) 공무원이 그 지위를 이용하여 다른 공무원의 직무에 속한 사항의 알선에 관하여 뇌물을 수수, 요구 또는 약속한 때에는 3년 이하의 징역 또는 7년 이하의 자격정지에 처한다.
제134조(몰수, 추징) 범인 또는 정을 아는 제삼자가 받은 뇌물 또는 뇌물에 공할 금품은 몰수한다. 그를 몰수하기 불능한 때에는 그 가액을 추징한다.

(1) 의의

공무원이 그 지위를 이용하여 다른 공무원의 직무에 속한 사항의 알선에 관하여 뇌물을 수수, 요구 또는 약속함으로써 성립하는 범죄이다.

(2) 주체

■대법원 1982.6.8. 82도403

알선수뢰죄의 주체

「알선수뢰죄의 주체가 되기 위해서는 적어도 당해 직무를 처리하는 공무원과 직무상 직접, 간접의 연관관계를 가지고 법률상이거나 사실상이거나를 막론하고 어떠한 영향력을 미칠 수 있는 지위에 있는 공무원이라야 한다.」

*평석. 알선수뢰죄의 주체와 관련하여 판례, 통설이 인정하는 견해이다.

(3) 실행행위

지위를 이용하여 다른 공무원의 직무에 속한 사항의 알선에 관하여 뇌물을 수수, 요구 또는 약속하는 것이다.

1) 지위의 이용

■대법원 2001.10.12. 99도5294

서울시 지하철공사의 임직원의 직무가 형법 제132조의 알선수뢰죄에 있어 '공무원의 직무'에 해당하는지 여부(적극) 및 그 알선수뢰죄에 있어서 '공무원이 그 지위를 이용하여'의 의미

「지방공기업법 제83조는 지방공사의 임원 및 직원을 형법 제129조 내지 제132조의 적용에 있어서 공무원으로 보도록 규정하고 있으며, 서울시 지하철공사는 위 규정이 적용되는 지방공사의 하나이므로, 피고인이 서울시 지하철공사의 임직원의 직무에 속한 사항의 알선에 관하여 뇌물을 수수하였다면 이는 형법 제132조에 해당하는 것이며, 한편 알선수뢰죄는 공무원이 그 지위를 이용하여 다른 공무원의 직무에 속한 사항의 알선에 관하여 뇌물을 수수, 요구 또는 약속하는 것을 그 성립요건으로 하고 있고, 여기서 '공무원이 그 지위를 이용하여'라 함은 친구, 친족관계 등 사적인 관계를 이용하는 경우에는 이에 해당한다고 할 수 없으나, 다른 공무원이 취급하는 사무의 처리에 법률상이거나 사실상으로 영향을 줄 수 있는 관계에 있는 공무원이 그 지위를 이용하는 경우에는 이에 해당하고, 그 사이에 상하관계, 협동관계, 감독권한 등의 특수한 관계가 있음을 요하지 않는다.」

*평석. 알선수뢰죄에 있어 '공무원이 그 지위를 이용하여'라 함은 친구, 친족관계 등 사적인 관계를 이용하는 경우에는 이에 해당한다고 할 수 없으나, 다른 공무원이 취급하는 사무의 처리에 법률상·사실상으로 영향을 줄 수 있는 관계에 있는 공무원이 그 지위를 이용하는 경우에는 이에 해당하며, 그 사이에 상하관계, 협동관계, 감독권한 등의 특수한 관계가 있음을 요하지 않는다.

●참조판례

대법원 1991.7.23. 91도1190; 대법원 1995.1.12. 94도2687; 대법원 1999.6.25. 99도1900

2) 알선

■대법원 1997.12.26. 97도2609

특정경제범죄가중처벌등에관한법률 제7조의 '알선'에는 청탁도 포함되는지 여부(적극)

「특정경제범죄가중처벌등에관한법률 제7조의 알선수재의 죄에서 말하는 '알선'이라 함은 "일정한 사항에 관하여 어떤 사람과 그 상대방의 사이에 서서 중개하거나 편의를 도모하는 것"을 의미하므로 어떤 사람이 청탁한 취지를 상대방에게 전하거나 그 사람을 대신하여 스스로 상대방에게 청탁을 하는 행위도 위 조항에서 말하는 '알선'행위에 해당한다.」

*평석. '알선'이라 함은 "일정한 사항에 관하여 어떤 사람과 그 상대방의 사이에 서서 중개하거나 편의를 도모하는 것"을 의미한다.

■대법원 1992.5.8. 92도532

알선수뢰죄에 있어서 '공무원이 그 지위를 이용한다'함과 '다른 공무원의직무에 속한 사항의 알선행위'의 의미

「알선수뢰죄에 있어서 "공무원이 그 지위를 이용한다"함은 다른 공무원이 취급하는 사무처리에 영향을 줄 수 있는 관계에 있으면 족하고, 반드시 상하관계, 협동관계, 감독관계 등의 특수한 지위에 있음을 요하지 아니하고, "다른 공무원의 직무에 속한 사항의 알선행위"는 그 공무원의 직무에 속하는 사항에 관한 것이면 되는 것이지 그것이 반드시 부정행위라거나 그 직무에 관하여 결재권한이나 최종결정권한을 갖고 있어야 하는 것이 아니다.」

*평석. '알선행위'는 그것이 반드시 부정행위라거나 그 직무에 관하여 결재권한이나 최종결정권한을 가짐을 요하지 아니한다.

8. 증뢰죄 · 증뢰물전달죄

第133조(뇌물공여등) ①제129조 내지 제132조에 기재한 뇌물을 약속, 공여 또는 공여의 의사를 표시한 자는 5년 이하의 징역 또는 2천만원 이하의 벌금에 처한다. ②전항의 행위에 공할 목적으로 제삼자에게 금품을 교부하거나 그 정을 알면서 교부를 받은 자도 전항의 형과 같다.

(1) 의의

뇌물을 약속, 공여 또는 공여의 의사를 표시하거나(증뢰죄), 이에 공할 목적으로 제3자에게 금품을 교부하거나 그 정을 알면서 교부를 받음으로써 성립하는(증뢰물전달죄) 범죄이다.

(2) 주체

주체는 제한이 없다.

■대법원 2002.6.14. 2002도1283

공무원이 제3자뇌물취득죄의 주체가 될 수 있는지 여부(적극)

「형법 제133조 제2항은 증뢰자가 뇌물에 공할 목적으로 금품을 제3자에게 교부하거나 또는 그 정을 알면서 교부받는 증뢰물전달행위를 독립한 구성요건으로 하여 이를 같은 조 제1항의 뇌물공여죄와 같은 형으로 처벌하는 규정으로서, 제3자의 증뢰물전달죄는 제3자가 증뢰자로부터 교부받은 금품을 수뢰할 사람에게 전달하였는지의 여부에 관계없이 제3자가 그 정을 알면서 금품을 교부받음으로써 성립하는 것이고, 본죄의 주체는 비공무원을 예정한 것이나 공무원일지라도 직무와 관계되지 않는 범위 내에서는 본죄의 주체에 해당될 수 있다 할 것이므로, 피고인이 자신의 공무원으로서의 직무와는 무관하게 군의관 등의 직무에 관하여 뇌물에 공할 목적의 금품이라는 정을 알고 이를 전달해준다는 명목으로 취득한 경우라면 제3자뇌물취득죄가 성립된다.」

*평석. 주체는 제한이 없다. 공무원도 직무와 관계되지 않는 범위 내에서는 제3자뇌물취득죄의 주체가 될 수 있다.

(3) 행위

1) 뇌물의 약속·공여·공여의 의사표시

■대법원 1987.11.24. 87도1463

뇌물공여죄에 있어서 '직무에 관하여'의 의미

「뇌물공여죄에 있어서 '직무에 관하여'라 함은 공무원이 그 지위에 수반하여 공무로서 취급하는 일체의 사무를 말하는 것으로서, 그 권한에 속하는 직무행위 뿐만 아니라 이에 밀접한 관계가 있는 경우와 그 직무에 관련하여 사실상 처리하고 있는 행위까지도 포함된다.」

*평석. 뇌물의 약속·공여·공여의 의사표시는 공무원 또는 중재인의 직무에 관한 것임을 요한다.

■대법원 1987.12.22. 87도1699

뇌물공여죄의 성립에 뇌물수수죄가 성립되어야만 하는지 여부

「뇌물공여죄가 성립되기 위하여서는 뇌물을 공여하는 행위와 상대방측에서 금전적으로 가치가 있는 그 물품 등을 받아들이는 행위(부작위 포함)가 필요할 뿐이지 반드시 상대방측에서 뇌물수수죄가 성립되어야만 한다는 것을 뜻하는 것은 아니다.」

*평석. 뇌물공여죄는 뇌물의 공여가 있으면 성립한다.

2) 금품을 교부 또는 교부받음

■대법원 1985.1.22. 84도1033

교부받은 금품을 수뢰할 자에게 전달하지 않은 경우 증뇌물 전달죄의 성부

「제3자가 교부받은 금품을 수뢰할 사람에게 전달하지 아니하였다고 하여도 형법 제133조 제2항 후문에서 정한 죄의 성립에는 영향이 없다.」

*평석. 제3자가 교부받은 금품을 수뢰할 사람에게 전달하였는가의 여부는 형법 제133조 제2항 후문에서 정한 죄의 성립에는 영향이 없다.

제5장 공무방해에 관한 죄

Ⅰ. 공무집행방해죄

제136조(공무집행방해) ①직무를 집행하는 공무원에 대하여 폭행 또는 협박한 자는 5년 이하의 징역 또는 1천만원 이하의 벌금에 처한다.

1. 의의

직무를 집행하는 공무원에 대하여 폭행 또는 협박함으로써 성립하는 범죄이다. 보호법익은 공무이며 추상적 위험범이다.

2. 객관적 구성요건

(1) 행위의 객체

직무을 집행하는 공무원이다.

1) 공무원

■대법원 1991.3.27. 90도2930,90감도229

파출소에서 근무하는 방범원이 형법 제136조(공무집행방해) 소정의 '공무원'에 해당하는지 여부(적극)

「파출소에서 근무하는 방범원은 직할시·도·시·군·자치구지방고용직공무원의임용등에관한조례(준칙) 제4조의2에 의한 임용권자의 명에 따라 경찰서·지서 또는 파출소에 파견되어 근무하는 지방공무원법 제2조 제3항 제4호 소정의 지방고용직공무원임이 분명하므로 형법 제136조 소정의 '공무원'에 해당한다.」

*평석. 파출소에서 근무하는 방범원은 공무집행방해죄의 대상인 공무원에 해당한다.

2) 직무집행

(가) 직무집행의 범위

■대법원 2009.1.15. 2008도9919

공무집행방해죄에 있어서 '직무를 집행하는'의 의미

「형법 제136조 제1항의 공무집행방해죄에 있어서 '직무를 집행하는'이라 함은 공무원이 직무수행에 직접 필요한 행위를 현실적으로 행하고 있는 때만을 가리키는 것이 아니라 공무원이 직무수행을 위하여 근무 중인 상태에 있는 때를 포괄한다. 직무의 성질에 따라서는 그 직무수행의 과정을 개별적으로 분리하여 부분적으로 각각의 개시와 종료를 논하는 것이 부적절하거나, 여러 종류의 행위를 포괄하여 일련의 직무수행으로 파악함이 상당한 경우도 있다. 야간 당직 근무중인 청원경찰이 불법주차 단속요구에 응하여 현장을 확인만 하고 주간 근무자에게 전달하여 단속하겠다고 했다는 이유로 민원인이 청원경찰을 폭행한 사안에서, 야간 당직 근무자는 불법주차 단속권한은 없지만 민원접수를 받아 다음날 관련 부서에 전달하여 처리하고 있으므로 불법주차 단속업무는 야간 당직 근무자들의 민원업무이자 경비업무로서 공무집행방해죄의 '직무집행'에 해당하여 공무집행방해죄가 성립한다.」

*평석. '직무를 집행하는'이라 함은 공무원이 직무수행에 직접 필요한 행위를 현실적으로 행하고 있는 때만을 가리키는 것이 아니라 공무원이 직무수행을 위하여 근무 중인 상태에 있는 때를 포괄한다.

(나) 직무집행의 적법성

■대법원 1991.5.10. 91도453

공무집행방해죄의 전제가 되는 공무집행의 적법성에 대한 판단기준

「공무집행방해죄는 공무원의 적법한 공무집행이 전제로 된다 할 것이고, 그 공무집행이 적법하기 위하여는 그 행위가 당해 공무원의 추상적 직무 권한에 속할 뿐 아니라 구체적으로도 그 권한 내에 있어야 하며 또한 직무행위로서의 중요한 방식을 갖추어야 한다고 할 것이며, 추상적인 권한에 속하는 공무원의 어떠한 공무집행이 적법한지 여부는 행위 당시의 구체적 상황에 기하여 객관적 합리적으로 판단하여야 하고 사후적으로 순수한 객관적 기준에서 판단할 것은 아니라고 할 것이다. 법정형이 긴급구속사유에 해당하지 않는 범죄혐의로 기소중지된 공소외인을 경찰관들이 검거하는 과정에서 그 구

원을 요청받은 피고인 등의 폭행으로 공무집행이 방해되었다는 공소사실에 대하여 경찰관들이 임의동행을 거절하는 공소외인을 강제로 연행하려고 한 것이라면 이는 적법한 공무집행에 해당하지 아니하므로 강제적인 임의동행을 거부하는 방법으로서 경찰관을 폭행·협박을 하여도 공무집행방해죄는 성립하지 아니한다.」

*평석. 공무집행방해죄는 공무원의 적법한 공무집행을 전제로 한다.

① 적법성의 요건

㉠ 직무집행행위가 해당 공무원의 추상적 직무권한에 속할 것

■대법원 1982.11.23. 81도1872

행정사무의 편의를 목적으로 한 행위가 공무집행방해죄에 있어서의 공무 집행중에 해당하는지 여부

「원심판결 이유에 의하면, 원심은 피고인이 1979.5.24.14:30경 경기 제1군 제1면 능내리 소재 취락구조개선 공사현장에서 와부면사무소 근무 공무원 공소외 1이 표준설계도 1매를 더 제출하라고 하자 공소외 1의 멱살을 잡고 박치기를 하는 등 폭행을 가하여 동인의 공무집행을 방해하였다고 판시하고 있다. 그러나 공무집행방해죄는 적법한 공무집행이 있을 것을 전제로 하는바, 면사무소에 설계도면을 제출할 의무나 설계에 필요한 금원을 지급할 의무가 없다면 피고인이 설계도를 제출하지 않음으로써 건축시공상의 어떤 불이익을 받는 것은 별론으로 하고 면사무소 공무원으로서도 이를 적법하게 강제할 권한이 없는 것이므로 면사무소 공무원이 자신의 행정사무의 편의를 위한 목적으로 설계도의 제출을 요구한 행위는 공무집행방해죄에 있어서의 공무집행에 해당한다고 단정할 수는 없다.」

*평석. 공무원이 자신의 행정사무의 편의를 위한 목적으로 설계도의 제출을 요구한 행위는 공무집행방해죄에 있어서의 공무집행에 해당한다고 단정할 수는 없다.

㉡ 직무집행행위가 법률이 정한 공무원의 구체적 권한에 속할 것

■대법원 2006.9.8. 2006도148

공무집행방해죄에서 '공무집행'의 의미 및 수사기관에 자진출석한 사람이 긴급체포의 요건을 갖추지 못하였음에도 실력으로 자신을 체포하려고 한 검사나 사법경찰관에게 폭행을 가한 경우 공무집행방해죄의 성립 여부(소극)

「긴급체포는 영장주의원칙에 대한 예외인 만큼 형사소송법 제200조의3 제1항의 요건을 모두 갖춘 경우에 한하여 예외적으로 허용되어야 하고, 요건을 갖추지 못한 긴급체포는 법적 근거에 의하지 아니한 영장 없는 체포로서 위법한 체포에 해당하는 것이고,

여기서 긴급체포의 요건을 갖추었는지 여부는 사후에 밝혀진 사정을 기초로 판단하는 것이 아니라 체포 당시의 상황을 기초로 판단하여야 하고, 이에 관한 검사나 사법경찰관 등 수사주체의 판단에는 상당한 재량의 여지가 있다고 할 것이나, 긴급체포 당시의 상황으로 보아서도 그 요건의 충족 여부에 관한 검사나 사법경찰관의 판단이 경험칙에 비추어 현저히 합리성을 잃은 경우에는 그 체포는 위법한 체포라 할 것이다.

형법 제136조가 규정하는 공무집행방해죄는 공무원의 직무집행이 적법한 경우에 한하여 성립하고, 여기서 적법한 공무집행은 그 행위가 공무원의 추상적 권한에 속할 뿐 아니라 구체적 직무집행에 관한 법률상 요건과 방식을 갖춘 경우를 가리키므로, 검사나 사법경찰관이 수사기관에 자진출석한 사람을 긴급체포의 요건을 갖추지 못하였음에도 실력으로 체포하려고 하였다면 적법한 공무집행이라고 할 수 없고, 자진출석한 사람이 검사나 사법경찰관에 대하여 이를 거부하는 방법으로써 폭행을 하였다고 하여 공무집행방해죄가 성립하는 것은 아니다. 검사가 참고인 조사를 받는 줄 알고 검찰청에 자진출석한 변호사사무실 사무장을 합리적 근거 없이 긴급체포하자 그 변호사가 이를 제지하는 과정에서 위 검사에게 상해를 가한 것이 정당방위에 해당한다고 본 사례.」

*평석. 공무집행방해죄는 공무원의 직무집행이 적법한 경우에 한하여 성립하고, 여기서 적법한 공무집행은 그 행위가 공무원의 추상적 권한에 속할 뿐 아니라 구체적 직무집행에 관한 법률상 요건과 방식을 갖춘 경우를 가리키므로, 검사나 사법경찰관이 수사기관에 자진출석한 사람을 긴급체포의 요건을 갖추지 못하였음에도 실력으로 체포하려고 하였다면 적법한 공무집행이라고 할 수 없고, 자진출석한 사람이 검사나 사법경찰관에 대하여 이를 거부하는 방법으로써 폭행을 하였다고 하여 공무집행방해죄가 성립하는 것은 아니다

ⓒ 직무집행행위가 법령이 정한 방식과 절차에 의할 것

■대법원 1996.12.23. 96도2673

공무집행방해죄에 있어서 공무집행의 의미

「일반적으로 형법 제136조가 규정하는 공무집행방해죄는 공무원의 직무집행이 적법한 경우에 한하여 성립하는 것이고 여기서 적법한 공무집행이라고 함은 그 행위가 공무원의 추상적 권한에 속할 뿐 아니라 구체적 직무집행에 관한 법률상 요건과 방식을 갖춘 경우를 가리키는 것이므로, 이러한 적법성이 결여된 직무행위를 하는 공무원에 대항하여 폭행을 가하였다고 하더라도 이를 공무집행방해죄로 다스릴 수는 없고, 비록 사법경찰관 등이 피의자에 대한 구속영장을 소지하였다 하더라도 피의자를 체포하기 위

하여는 체포 당시에 피의자에 대한 범죄사실의 요지, 구속의 이유와 변호인을 선임할 수 있음을 말하고 변명할 기회를 준 후가 아니면 체포할 수 없고, 이와 같은 절차를 밟지 아니한 채 실력으로 연행하려 하였다면 적법한 공무집행으로 볼 수 없다.」

*평석. 비록 사법경찰관 등이 피의자에 대한 구속영장을 소지하였다 하더라도 피의자를 체포하기 위하여는 미란다원칙을 준수하지 않은 채 실력으로 연행하려 하였다면 적법한 공무집행으로 볼 수 없다.

② 적법성의 판단기준

■대법원 1991.5.10. 91도453

공무집행방해죄의 전제가 되는 공무집행의 적법성에 대한 판단기준

「공무집행방해죄는 공무원의 적법한 공무집행이 전제로 된다 할 것이고, 그 공무집행이 적법하기 위하여는 그 행위가 당해 공무원의 추상적 직무 권한에 속할 뿐 아니라 구체적으로도 그 권한 내에 있어야 하며 또한 직무행위로서의 중요한 방식을 갖추어야 한다고 할 것이며, 추상적인 권한에 속하는 공무원의 어떠한 공무집행이 적법한지 여부는 행위 당시의 구체적 상황에 기하여 객관적 합리적으로 판단하여야 하고 사후적으로 순수한 객관적 기준에서 판단할 것은 아니라고 할 것이다. 법정형이 긴급구속사유에 해당하지 않는 범죄혐의로 기소중지된 공소외인을 경찰관들이 검거하는 과정에서 그 구원을 요청받은 피고인 등의 폭행으로 공무집행이 방해되었다는 공소사실에 대하여 경찰관들이 임의동행을 거절하는 공소외인을 강제로 연행하려고 한 것이라면 이는 적법한 공무집행에 해당하지 아니하므로 강제적인 임의동행을 거부하는 방법으로서 경찰관을 폭행·협박을 하여도 공무집행방해죄는 성립하지 아니한다.」

*평석. 집무집행의 적법성을 판단하는 기준에 관하여 객관설, 주관설, 절충설, 일반인표준설이 대립하고 있으나 법원이 법령의 해석을 통하여 객관적으로 정해야 한다는 객관설이 타당하다.

③ 적법성의 체계적 지위

공무의 적법성에 관한 체계적 지위에 관하여 처벌조건설, 위법성조각사유설, 구성요건요소설이 대립하고 있으나 구성요건요소설이 타당하다.

(2) 행위

폭행·협박하는 것이다.

1) 폭행 · 협박의 의의

■대법원 1998.5.12. 98도662

공무집행방해죄에 있어서 폭행의 범위

「공무집행방해죄에 있어서의 폭행이라 함은 공무원에 대한 직접적인 유형력의 행사뿐 아니라 간접적인 유형력의 행사도 포함하는 것이다.」

*평석. 공무집행방해죄에 있어서의 폭행이라 함은 공무원에 대한 직접적 · 간접적인 유형력의 행사를 말한다.

■대법원 1981.3.24. 81도326

공무집행방해죄에 있어서 폭행에 해당된다고 한 사례

「경찰관이 공무를 집행하고 있는 파출소 사무실의 바닥에 인분이 들어있는 물통을 집어던지고 책상위에 있던 재떨이에 인분을 퍼 담아 사무실 바닥에 던지는 행위는 동 경찰관에 대한 폭행이다.」

*평석. 공무집행방해죄에 있어서의 폭행이라 함은 공무원에 대한 직접적 · 간접적인 유형력의 행사를 말한다.

■대법원 1989.12.26. 89도1204

파출소에서 경찰관들에게 폭언을 한 것이 공무집행방해죄에 있어서의 협박에 해당한다고 본 사례

「폭력행위 등 전과 12범인 피고인이 그 경영의 술집에서 떠들며 놀다가 주민의 신고를 받고 출동한 경찰로부터 조용히 하라는 주의를 받은 것뿐인데 그 후 새벽 4시의 이른 시각에 파출소에까지 뒤쫓아 가서 "우리 집에 무슨 감정이 있느냐, 이 순사새끼들 죽고 싶으냐"는 등의 폭언을 하였다면, 이는 단순한 불만의 표시나 감정적인 욕설에 그친다고 볼 수 없고, 경찰이 계속하여 단속하는 경우에 생명, 신체에 어떤 위해가 가해지리라는 것을 통보함으로써 공포심을 품게 하려는데 그 목적이 있었다고 할 것이고, 또 이는 객관적으로 보아 상대방으로 하여금 공포심을 느끼게 하기에 족하다고 할 것이다.」

*평석. 협박이란 공무를 집행하는 공무원에게 공포심을 갖게 할 목적으로 해악을 고지하는 것을 말한다.

2) 폭행 · 협박의 정도

■대법원 2006.1.13. 2005도4799

공무집행방해죄에 있어서 협박의 의미 및 그 정도

「공무집행방해죄에 있어서 협박이라 함은 상대방에게 공포심을 일으킬 목적으로 해악을 고지하는 행위를 의미하는 것으로서 고지하는 해악의 내용이 그 경위, 행위 당시의 주위 상황, 행위자의 성향, 행위자와 상대방과의 친숙함의 정도, 지위 등의 상호관계 등 행위당시의 여러 사정을 종합하여 객관적으로 상대방으로 하여금 공포심을 느끼게 하는 것이어야 하고, 그 협박이 경미하여 상대방이 전혀 개의치 않을 정도인 경우에는 협박에 해당하지 않는다.」

*평석. 공무집행을 방해할 수 있을 정도로 적극적이어야 하므로 소극적 저항 또는 불복종은 여기에 해당하지 아니한다.

■대법원 1996.4.26. 96도281

교통단속 경찰관의 운전면허증 제시요구에 불응하고 차량을 진행한 것이 경찰관에 대한 폭행에 해당하지 아니한다고 본 원심판결을 수긍한 사례

「차량을 일단 정차한 다음 경찰관의 운전면허증 제시요구에 불응하고 다시 출발하는 과정에서 경찰관이 잡고 있던 운전석 쪽의 열린 유리창 윗부분을 놓지 않은 채 어느 정도 진행하다가 차량속도가 빨라지자 더 이상 따라가지 못하고 손을 놓아버렸다면 이러한 사실만으로는 피고인의 행위가 공무집행방해죄에 있어서의 폭행에 해당한다고 할 수 없다.」

*평석. 공무집행을 방해할 수 있을 정도로 적극적이어야 하므로 소극적 저항 또는 불복종은 여기에 해당하지 아니한다.

3) 기수시기

공무집행방해죄는 추상적 위험범으로 폭행 · 협박이 가해짐으로써 기수가 되며 직무집행이 현실로 방해되었음을 요하지 아니한다.

3. 주관적 구성요건

■대법원 1995.1.24. 94도1949

공무집행방해죄에 있어서의 범의의 내용, 정도 및 입증방법

「공무집행방해죄에 있어서의 범의는 상대방이 직무를 집행하는 공무원이라는 사실, 그리고 이에 대하여 폭행 또는 협박을 한다는 사실을 인식하는 것을 그 내용으로 하고, 그 인식은 불확정적인 것이라도 소위 미필적 고의가 있다고 보아야 하며, 그 직무집행을 방해할 의사를 필요로 하지 아니하고 이와 같은 범의는 피고인이 이를 자백하고 있지 않고 있는 경우에는 그것을 입증함에 있어서는 사물의 성질상 고의와 상당한 관련성이 있는 간접사실을 증명하는 방법에 의할 수밖에 없는 것이나, 그때에 무엇이 상당한 관련성이 있는 간접사실에 해당할 것인가는 정상적인 경험칙에 바탕을 두고 치밀한 관찰력이나 분석력에 의하여 사실의 연결상태를 합리적으로 판단하는 것 외에 다른 방법은 없다. 의무경찰이 학생들의 가두캠페인 행사관계로 직진하여 오는 택시의 운전자에게 좌회전 지시를 하였음에도 택시의 운전자가 계속 직진하여 와서 택시를 세우고는 항의하므로 그 의무경찰이 택시 약 30㎝ 전방에 서서 이유를 설명하고 있는데 그 운전자가 신경질적으로 갑자기 좌회전하는 바람에 택시 우측 앞 범퍼부분으로 의무경찰의 무릎을 들이받은 사안에서, 그 사건의 경위, 사고 당시의 정황, 운전자의 연령 및 경력 등에 비추어 특별한 사정이 없는 한 택시의 회전반경 등 자동차의 운전에 대하여 충분한 지식과 경험을 가졌다고 볼 수 있는 운전자에게는, 사고 당시 최소한 택시를 일단 후진하였다가 안전하게 진행하거나 의무경찰로 하여금 안전하게 비켜서도록 한 다음 진행하지 아니하고 그대로 좌회전하는 경우 그로부터 불과 30㎝ 앞에서 서 있던 의무경찰을 충격하리라는 사실을 쉽게 알고도 이러한 결과발생을 용인하는 내심의 의사, 즉 미필적 고의가 있었다고 봄이 경험칙상 당연하다.」

*평석. 공무집행방해죄에 있어 고의는 상대방이 직무를 집행하는 공무원이라는 사실, 그리고 이에 대하여 폭행 또는 협박을 한다는 사실을 인식하는 것을 그 내용으로 하고, 공무집행을 방해할 의사는 필요로 하지 아니한다.

4. 죄수, 타죄와의 관계

■대법원 2009.6.25. 2009도3505

동일한 공무를 집행하는 여러 공무원의 공무집행을 방해한 경우의 죄수관계(=상상적 경합)

「동일한 공무를 집행하는 여럿의 공무원에 대하여 폭행·협박 행위를 한 경우에는 공무를 집행하는 공무원의 수에 따라 여럿의 공무집행방해죄가 성립하고, 위와 같은 폭행·협박 행위가 동일한 장소에서 동일한 기회에 이루어진 것으로서 사회관념상 1개의 행위로 평가되는 경우에는 여럿의 공무집행방해죄는 상상적 경합의 관계에 있다. 범죄피해 신고를 받고 출동한 두 명의 경찰관에게 욕설을 하면서 차례로 폭행을 하여 신고처리 및 수사 업무에 관한 정당한 직무집행을 방해한 사안에서, 동일한 장소에서 동일한 기회에 이루어진 폭행 행위는 사회관념상 1개의 행위로 평가하는 것이 상당하다는 이유로, 위 공무집행방해죄는 형법 제40조에 정한 상상적 경합의 관계에 있다.」

*동일한 공무를 집행하는 수인의 공무원의 공무집행을 방해한 경우에는 공무원의 수에 따른 수죄가 성립하고 이는 상상적 경합의 관계에 있다.

■대법원 1992.7.28. 92도917

절도범인 또는 강도범인이 체포를 면탈할 목적으로 경찰관에게 폭행(협박)을 가한 경우 준강도죄 또는 강도죄와 공무집행방해죄의 죄수

「절도범인이 체포를 면탈할 목적으로 경찰관에게 폭행 협박을 가한 때에는 준강도죄와 공무집행방해죄를 구성하고 양죄는 상상적 경합관계에 있으나, 강도범인이 체포를 면탈할 목적으로 경찰관에게 폭행을 가한 때에는 강도죄와 공무집행방해죄는 실체적 경합관계에 있고 상상적 경합관계에 있는 것이 아니다.」

*평석. 절도범인이 체포를 면탈할 목적으로 경찰관에게 폭행 협박을 가한 때에는 준강도죄와 공무집행방해죄의 상상적 경합관계에 있으나, 강도범인이 체포를 면탈할 목적으로 경찰관에게 폭행을 가한 때에는 강도죄와 공무집행방해죄의 실체적 경합관계에 있게 된다.

■대법원 2009.11.19. 2009도4166

공무원이 직무상 수행하는 공무를 방해하는 행위를 업무방해죄로 의율할 수 있는지 여부(소극)

「[다수의견] 형법상 업무방해죄의 보호법익은 업무를 통한 사람의 사회적·경제적 활동을 보호하려는 데 있으므로, 그 보호대상이 되는 '업무'란 직업 또는 계속적으로 종사하는 사무나 사업을 말하고, 여기서 '사무' 또는 '사업'은 단순히 경제적 활동만을 의미하는 것이 아니라 널리 사람이 그 사회생활상의 지위에서 계속적으로 행하는 일체의 사회적 활동을 의미한다. 한편, 형법상 업무방해죄와 별도로 규정한 공무집행방해죄에서 '직무의 집행'이란 널리 공무원이 직무상 취급할 수 있는 사무를 행하는 것을 의미하는데, 이 죄의 보호법익이 공무원에 의하여 구체적으로 행하여지는 국가 또는 공공기

관의 기능을 보호하고자 하는 데 있는 점을 감안할 때, 공무원의 직무집행이 적법한 경우에 한하여 공무집행방해죄가 성립하고, 여기에서 적법한 공무집행이란 그 행위가 공무원의 추상적 권한에 속할 뿐 아니라 구체적 직무집행에 관한 법률상 요건과 방식을 갖춘 경우를 가리키는 것으로 보아야 한다. 이와 같이 업무방해죄와 공무집행방해죄는 그 보호법익과 보호대상이 상이할 뿐만 아니라 업무방해죄의 행위유형에 비하여 공무집행방해죄의 행위유형은 보다 제한되어 있다. 즉 공무집행방해죄는 폭행, 협박에 이른 경우를 구성요건으로 삼고 있을 뿐 이에 이르지 아니하는 위력 등에 의한 경우는 그 구성요건의 대상으로 삼고 있지 않다. 또한, 형법은 공무집행방해죄 외에도 여러 가지 유형의 공무방해행위를 처벌하는 규정을 개별적·구체적으로 마련하여 두고 있으므로, 이러한 처벌조항 이외에 공무의 집행을 업무방해죄에 의하여 보호받도록 하여야 할 현실적 필요가 적다는 측면도 있다. 그러므로 형법이 업무방해죄와는 별도로 공무집행방해죄를 규정하고 있는 것은 사적 업무와 공무를 구별하여 공무에 관해서는 공무원에 대한 폭행, 협박 또는 위계의 방법으로 그 집행을 방해하는 경우에 한하여 처벌하겠다는 취지라고 보아야 한다. 따라서 공무원이 직무상 수행하는 공무를 방해하는 행위에 대해서는 업무방해죄로 의율할 수는 없다고 해석함이 상당하다.

[대법관 양승태, 대법관 안대희, 대법관 차한성 반대의견] 공무원이 직무상 수행하는 공무 역시 공무원이라는 사회생활상의 지위에서 계속적으로 종사하는 사무이므로 업무방해죄의 '업무'의 개념에 당연히 포섭되고, 업무방해죄의 업무에 공무를 제외한다는 명문의 규정이 없는 이상 공무도 업무방해죄의 업무에 포함된다. 뿐만 아니라 업무방해죄는 일반적으로 사람의 사회적·경제적 활동의 자유를 보호법익으로 하는 것인데, 공무원 개인에 대하여도 자신의 업무인 공무수행을 통한 인격발현 및 활동의 자유는 보호되어야 하므로 단순히 공무원이 영위하는 사무가 공무라는 이유만으로 업무방해죄의 업무에서 배제되어서는 아니 된다. 따라서 공무의 성질상 그 집행을 방해하는 자를 배제할 수 있는 강제력을 가지지 않은 공무원에 대하여 폭행, 협박에 이르지 않는 위력 등에 의한 저항 행위가 있는 경우에는 일반 개인에 대한 업무방해행위와 아무런 차이가 없으므로 업무방해죄로 처벌되어야 한다. 그리고 형법이 컴퓨터 등 정보처리장치에 대한 손괴나 데이터의 부정조작의 방법에 의한 업무방해죄의 규정을 신설하면서 같은 내용의 공무집행방해죄를 따로 규정하지 않은 것은 컴퓨터 등 정보처리장치에 대한 손괴나 데이터의 부정조작의 방법에 의한 업무방해죄의 규정에 의하여 이러한 방법에 의한 공무방해행위를 처벌할 수 있기 때문이라고 보아야 한다. 한편, 다수의견처럼 공무에 대하여는 업무방해죄가 성립하지 아니한다고 보게 되면 입법자가 예상하지 아니한

형벌의 불균형을 초래하고 현실적으로 공공기관에서 많은 민원인들의 감정적인 소란행위를 조장하는 결과를 초래하게 될 위험이 있다. 따라서 업무방해죄에 있어 '업무'에는 공무원이 직무상 수행하는 공무도 당연히 포함되는 것으로서 직무를 집행하는 공무원에게 폭행 또는 협박의 정도에 이르지 않는 위력을 가하여 그의 공무 수행을 방해한 경우에는 업무방해죄가 성립한다고 보아야 한다.」

*평석. 형법이 업무방해죄와는 별도로 공무집행방해죄를 규정하고 있는 것은 사적 업무와 공무를 구별하여 공무에 관해서는 공무원에 대한 폭행, 협박 또는 위계의 방법으로 그 집행을 방해하는 경우에 한하여 처벌하겠다는 취지라고 보아야 한다. 따라서 공무는 업무방해죄의 업무에 포함되지 않고 따라서 공무를 방해하는 행위에 대해서는 업무방해죄가 성립하지 않는다는 다수설의 타당한다.

Ⅱ. 위계에 의한 공무집행방해죄

第137조(위계에 의한 공무집행방해) 위계로써 공무원의 직무집행을 방해한 자는 5년 이하의 징역 또는 1천만원 이하의 벌금에 처한다.

1. 의의

위계로써 공무원의 직무집행을 방해함으로써 성립하는 범죄이다.

2. 객관적 구성요건

(1) 위계

위계란 타인의 착오 또는 부지를 이용하는 일체의 행위를 말한다.

■대법원 2009.4.23. 2007도1554

위계에 의한 공무집행방해죄의 성립요건인 '위계'의 의미

「위계에 의한 공무집행방해죄에 있어서 '위계'라 함은 행위자의 행위목적을 이루기

위하여 상대방에게 오인, 착각, 부지를 일으키게 하여 그 오인, 착각, 부지를 이용하는 것으로서, 상대방이 이에 따라 그릇된 행위나 처분을 하여야만 위 죄가 성립한다. 만약, 그러한 행위가 구체적인 직무집행을 저지하거나 현실적으로 곤란하게 하는 데까지는 이르지 않은 경우에는 위계에 의한 공무집행방해죄로 처벌할 수 없다. 국립대학교의 전임교원 공채심사위원인 학과장 甲이 지원자 乙의 부탁을 받고 이미 논문접수가 마감된 학회지에 乙의 논문이 게재되도록 도운 행위는 다소 부적절한 행위라고 볼 수 있지만, 그 후 甲이 연구실적심사의 기준을 강화하자고 제안한 것은 해당 학과의 전임교원 임용 목적에 부합하는 것으로서 공정한 경우에 해당하므로, 설사 甲의 행위가 결과적으로는 乙에게 유리한 결과가 되었다 하더라도 형법 제137조에서 말하는 '위계'에 해당하지 않는다.」

*평석. 위계에 의한 공무집행방해죄에 있어서 '위계'라 함은 행위자의 행위목적을 이루기 위하여 상대방에게 오인, 착각, 부지를 일으키게 하여 이를 이용하는 것을 말한다. 따라서 그러한 행위가 구체적인 직무집행을 저지하거나 현실적으로 곤란하게 하는 데까지는 이르지 않은 경우에는 위계에 의한 공무집행방해죄로 처벌할 수 없다.

■대법원 2003.7.25. 2003도1609

피의자나 참고인이 수사기관에 대하여 조작된 증거를 제출함으로써 수사기관의 수사활동을 방해한 경우, 위계에 의한 공무집행방해죄의 성립 여부(적극)

「수사기관이 범죄사건을 수사함에 있어서는 피의자나 참고인의 진술 여하에 불구하고 피의자를 확정하고 그 피의사실을 인정할 만한 객관적인 제반 증거를 수집·조사하여야 할 권리와 의무가 있는 것이고, 한편, 피의자는 진술거부권과 자기에게 유리한 진술을 할 권리와 유리한 증거를 제출할 권리가 있지만 수사기관에 대하여 진실만을 진술하여야 할 의무가 있는 것은 아니며, 또한 수사기관에서의 참고인은 형사소송절차에서 선서를 한 증인이 허위로 공술을 한 경우에 위증죄가 성립하는 것과 달리 반드시 진실만을 말하도록 법률상의 의무가 부과되어 있는 것은 아니므로, 피의자나 참고인이 피의자의 무고함을 입증하는 등의 목적으로 수사기관에 대하여 허위사실을 진술하거나 허위의 증거를 제출하였다 하더라도, 수사기관이 충분한 수사를 하지 아니한 채 이와 같은 허위의 진술과 증거만으로 잘못된 결론을 내렸다면, 이는 수사기관의 불충분한 수사에 의한 것으로서 피의자 등의 위계에 의하여 수사가 방해되었다고 볼 수 없어 위계에 의한 공무집행방해죄가 성립된다고 할 수 없을 것이나, 피의자나 참고인이 피의자의 무고함을 입증하는 등의 목적으로 적극적으로 허위의 증거를 조작하여 제출하였고 그 증거 조작의 결과 수사기관이 그 진위에 관하여 나름대로 충실한 수사를 하더라도 제출된 증거가 허위임을 발견하지 못하여 잘못된 결론을 내리게 될 정도에 이르렀다면, 이는 위계에 의하여 수사기관의 수사행위를 적극적으로 방해한 것으로서 위계에 의한 공무집행방해죄가 성립된다.

음주운전을 하다가 교통사고를 야기한 후 그 형사처벌을 면하기 위하여 타인의 혈액을 자신의 혈액인 것처럼 교통사고 조사 경찰관에게 제출하여 감정하도록 한 행위는, 단순히 피의자가 수사기관에 대하여 허위사실을 진술하거나 자신에게 불리한 증거를 은닉하는 데 그친 것이 아니라 수사기관의 착오를 이용하여 적극적으로 피의사실에 관한 증거를 조작한 것으로서 위계에 의한 공무집행방해죄가 성립한다.」

*평석. 피의자나 참고인이 피의자의 무고함을 입증하는 등의 목적으로 수사기관에 대하여 허위사실을 진술하거나 허위의 증거를 제출하였다 하더라도 그러한 행위만으로 바로 위계에 의한 공무집행방해죄가 성립된다고 할 수 없다.

(2) 공무집행방해

공무집행을 방해한다 함은 방해할 위험성이 있으면 충분하며 현실적으로 방해됨을 요하지 아니한다.

3. 주관적 구성요건

■대법원 1970.1.27. 69도2260

위계에 의한 공무집행방해의 죄가 성립되려면 자기의 위계행위로 인하여 공무집행을 방해하려는 의사가 있어야 한다.

「위계에 의한 공무집행방해죄가 성립되려면 자기의 위계행위로 인하여 공무집행을 방해하려는 의사가 있을 경우에 한한다고 보는 것이 상당하다할 것이므로 피고인이 경찰관서에 허구의 범죄를 신고한 까닭은 피고인이 생활에 궁하여 오로지 직장을 구하여 볼 의사로서 허위로 간첩이라고 자수를 한 데 불과하고 한 걸음 더 나아가서 그로 말미암아 공무원의 직무집행을 방해하려는 의사까지 있었던 것이라고는 인정되지 아니한다.」

*평석. 고의의 내용으로 공무집행을 방해할 의사를 요하는가에 대해서는 '공무집행의 방해'가 구성요건요소인 점에서 이를 긍정하는 판례의 견해가 타당하다.

Ⅲ. 공무상 봉인등표시무효죄

第140条(공무상비밀표시무효) ①공무원이 그 직무에 관하여 실시한 봉인 또는 압류 기타 강제처분의 표시를 손상 또는 은닉하거나 기타 방법으로 그 효용을 해한 자는 5년 이하의 징역 또는 700만원 이하의 벌금에 처한다. 第143条(미수범) 제140조 내지 전조의 미수범은 처벌한다.

1. 의의

공무원이 그 직무에 관하여 실시한 봉인 또는 압류 기타 강제처분의 표시를 손상 또는 은닉하거나 기타 방법으로 그 효용을 해함으로써 성립하는 범죄이다.

2. 객관적 구성요건

(1) 행위의 객체

공무원이 그 직무에 관하여 실시한 봉인 또는 압류 기타 강제처분의 표시이다.

■대법원 2001.1.16. 2000도1757

공무원이 실시한 봉인 등의 표시에 절차상 또는 실체상의 하자가 있으나 객관적·일반적으로 그것이 공무원이 그 직무에 관하여 실시한 봉인 등으로 인정할 수 있는 상태에 있는 경우, 공무상표시무효죄의 객체가 되는지 여부(적극)

「공무원이 그 직권을 남용하여 위법하게 실시한 봉인 또는 압류 기타 강제처분의 표시임이 명백하여 법률상 당연무효 또는 부존재라고 볼 수 있는 경우에는 그 봉인 등의 표시는 공무상표시무효죄의 객체가 되지 아니하여 이를 손상 또는 은닉하거나 기타 방법으로 그 효용을 해한다 하더라도 공무상표시무효죄가 성립하지 아니한다 할 것이지만 <u>공무원이 실시한 봉인 등의 표시에 절차상 또는 실체상의 하자가 있다고 하더라도 객관적·일반적으로 그것이 공무원이 그 직무에 관하여 실시한 봉인 등으로 인정할 수 있는 상태에 있다면 적법한 절차에 의하여 취소되지 아니하는 한 공무상표시무효죄의 객체로 된다.</u>」

*평석. 봉인 등의 표시에 절차상 또는 실체상의 하자가 있다고 하더라도 그것이 공무원이 그 직무에 관하여 실시한 봉인 등으로 인정할 수 있는 상태에 있다면 적법한 절

차에 의하여 취소되지 아니하는 한 공무상 봉인표시무효죄의 객체로 된다.

(2) 행위

봉인 또는 압류 기타 강제처분의 표시를 손상 또는 은닉하거나 기타 방법으로 그 효용을 해하는 것이다.

■대법원 2004.10.28. 2003도8238

건물의 점유이전금지가처분 채무자가 그 가처분의 집행 취지가 기재된 고시문이 그 가처분 목적물에 부착된 이후 제3자로 하여금 그 건물 중 일부에서 영업을 할 수 있도록 한 경우, 공무상표시무효죄의 성립 여부(적극)

「형법 제140조 제1항 규정의 공무상표시무효죄 중 '공무원이 그 직무에 관하여 실시한 압류 기타 강제처분의 표시를 기타 방법으로 그 효용을 해하는 것'이라 함은 손상 또는 은닉 이외의 방법으로 그 표시 자체의 효력을 사실상으로 감살 또는 멸각시키는 것을 의미하는 것이지, 그 표시의 근거인 처분의 법률상의 효력까지 상실케 한다는 의미는 아니라 할 것이다.

이 사건 점유이전금지가처분 채무자인 피고인은 집행관이 이 사건 건물에 관하여 가처분을 집행하면서 "채무자는 점유를 타에 이전하거나 또는 점유명의를 변경하여서는 아니된다"는 등의 집행 취지가 기재되어 있는 고시문을 이 사건 건물에 부착한 이후에 제3자로 하여금 이 사건 건물 중 3층에서 카페 영업을 할 수 있도록 이를 무상으로 사용케 하였다는 것인바, 이러한 피고인의 행위는 위 고시문의 효력을 사실상 멸각시키는 행위라 할 것이고, 가족, 고용인 기타 동거자 등 가처분 채무자에게 부수하는 사람을 거주시키는 것과 같이 가처분 채무자가 그 목적물을 사용하는 하나의 태양에 지나지 아니하는 행위라고 보기는 어려우므로 형법 제140조 제1항 소정의 공무상표시무효죄에 해당한다 할 것이고, 비록 점유이전금지가처분 채권자가 가처분이 가지는 당사자항정효로 인하여 가처분 채무자로부터 점유를 이전받은 제3자를 상대로 본안판결에 대한 승계집행문을 부여받아 가처분의 피보전권리를 실현할 수 있다 하더라도 달리 볼 것은 아니다.」

*평석. 공무상표시무효죄에 있어 "공무원이 그 직무에 관하여 실시한 압류 기타 강제처분의 표시를 기타 방법으로 그 효용을 해하는 것"이라 함은 손상 또는 은닉 이외의 방법으로 그 표시 자체의 효력을 감살 또는 멸각시키는 것을 의미하는 것이지, 그 표시의 근거인 처분의 법률상의 효력까지 상실케 한다는 의미는 아니다.

3. 주관적 구성요건

■대법원 1972.11.14. 72도1248

「채권자가 채무자소유의 동산을 가압류한 후 그 본안사건에 관한 합의가 성립되어 그 가압류물건을 인수하기로 하고 담보취소까지 된 경우에 있어서 가압류취소절차를 거침이 없이 가압류목적물건을 가져간 경우 공무상 비밀표시무효의 범의가 있다고는 할 수 없다.」

*평석. 강제처분의 적법성과 유효성에 대한 인식은 고의의 내용이다.

Ⅳ. 공용서류등 무효죄

第141조(공용서류등의 무효) ①공무소에서 사용하는 서류 기타 물건 또는 전자기록등 특수매체기록을 손상 또는 은닉하거나 기타 방법으로 그 효용을 해한 자는 7년 이하의 징역 또는 1천만원 이하의 벌금에 처한다.

1. 행위의 객체

(1) 공무소

■대법원 1969.7.29. 69도1012

한국은행 국고과 명의의 보관금(국고금) 잔액 증명서는 공문서이다

「한국은행을 한국은행법 제77조에 의하여 나라의 국고금의 공적예수기관이므로 국고금 예수 관계에 있어서는 공무소라고 할 것이니, 피고인이 위조한 한국은행 국고과 명의의 국방부 건설본부 세입세출외 출납공무원 앞으로의 보관금(국고금)잔액 증명서는 공문서라고 할 것이다.」

*평석. 한국은행은 공무소이다.

(2) 서류 기타 물건

■대법원 1981.8.25. 81도1830

공용서류무효죄의 객체

「공용서류무효죄에 있어서의 객체는 그것이 공무소에서 사용하는 서류인 이상 공문서이거나 사문서이거나 또는 정식절차를 밟아 접수 또는 작성된 것이거나 완성된 것이거나를 묻지 않는다고 할 것이므로 세무공무원이 상속세신고서 및 세무서 작성의 부과결정서등을 임의로 반환한 경우에는 위죄에 해당한다.」

*평석. 공용서류무효죄에 있어서의 객체는 그것이 공무소에서 사용하는 서류인 이상 공문서이거나 사문서이거나 또는 정식절차를 밟아 접수된 것이냐를 불문한다.

2. 행위

손상 또는 은닉하거나 기타 방법으로 그 효용을 해하는 것이다.

■대법원 1982.12.14. 81도81

군에 제출한 건축허가신청에 첨부된 설계도면을 권한 없이 바꿔 갈아 넣은 경우 공용서류 무효죄의 성부(적극)

「공용서류무효죄는 공문서나 사문서를 불문하고 공무소에서 사용 또는 보관중인 서류를 정당한 권한 없이 그 효용을 해함으로써 성립하므로, 피고인이 군에 보관중인 피고인 명의의 건축허가신청서에 첨부된 설계도면을 떼내고 별개의 설계도면으로 바꿔 넣은 경우 공용서류무효죄가 성립한다.」

*평석. 군에 제출한 건축허가신청에 첨부된 설계도면을 권한 없이 바꿔 갈아 넣은 경우은 기타 방법으로 그 효용을 해하는 것에 해당한다.

Ⅴ. 공무상보관물무효죄

第142조(공무상보관물의 무효) 공무소로부터 보관명령을 받거나 공무소의 명령으로 타인이 관리하는 자기의 물건을 손상 또는 은닉하거나 기타 방법으로 그 효용을 해한 자는 5년 이하의 징역 또는 700만원 이하의 벌금에 처한다. 第143조(미수범) 제140조 내지 전조의 미수범은 처벌한다.

■대법원 1983.7.12. 83도1405

채권가압류 명령의 송달이 공무상 보관명령에 해당하는지 여부(소극)

「제3채무자는 채무자에 대한 채무의 지급을 하여서는 아니된다는 내용 등의 가압류 결정 정본의 송달을 받은 것이 형법 제142조 소정의 공무소로부터 보관명령을 받은 경우에 해당한다고 할 수 없다.」

*평석. 공무상보관물무효죄는 공무소로부터 물건에 대한 보관명령을 받을 것을 요한다.

제6장 도주와 범인은닉의 죄

Ⅰ. 단순도주죄

제145조(도주, 집합명령위반) ①법률에 의하여 체포 또는 구금된 자가 도주한 때에는 1년 이하의 징역에 처한다. 제149조(미수범) 전4조의 미수범은 처벌한다.

1. 주체

법률에 의하여 체포 또는 구금된 자이다.

■대법원 2006.7.6. 2005도6810

「사법경찰관이 피고인을 수사관서까지 동행한 것이 사실상의 강제연행, 즉 불법 체포에 해당하고, 불법 체포로부터 6시간 상당이 경과한 후에 이루어진 긴급체포 또한 위법하므로 피고인이 불법체포된 자로서 형법 제145조 제1항에 정한 '법률에 의하여 체포 또는 구금된 자'가 아니어서 도주죄의 주체가 될 수 없다.」

*불법 체포된 자는 단순도주죄의 주체가 될 수 없다.

2. 기수시기

■대법원 1991.10.11. 91도1656

「도주죄의 기수시기 및 도주행위가 기수에 이른 후에 도주죄의 범인의 도피를 도와주는 행위가 도주원조죄에 해당하는지 여부(소극)」

「도주죄는 즉시범으로서 범인이 간수자의 실력적 지배를 이탈한 상태에 이르렀을 때에 기수가 되어 도주행위가 종료하는 것이고, 도주원조죄는 도주죄에 있어서의 범인의 도주행위를 야기시키거나 이를 용이하게 하는 등 그와 공범관계에 있는 행위를 독립한 구성요건으로 하는 범죄이므로, 도주죄의 범인이 도주행위를 하여 기수에 이르른 이후에 범인의 도피를 도와 주는 행위는 범인도피죄에 해당할 수 있을 뿐 도주원조죄에는 해당하지 아니한다.」

*평석. 도주죄는 즉시범으로서 범인이 간수자의 실력적 지배를 이탈한 상태에 이르렀을 때에 기수가 된다.

Ⅱ. 범인은닉죄

제151조(범인은닉과 친족간의 특례) ①벌금 이상의 형에 해당하는 죄를 범한 자를 은닉 또는 도피하게 한 자는 3년 이하의 징역 또는 500만원 이하의 벌금에 처한다. ②친족 또는 동거의 가족이 본인을 위하여 전항의 죄를 범한 때에는 처벌하지 아니한다.

1. 의의

벌금 이상의 형에 해당하는 죄를 범한 자를 은닉 또는 도피하게 함으로써 성립하는 범죄이다. 보호법익은 국가의 형사사법기능이며 보호의 정도는 추상적 위험범이다.

■대법원 1995.9.5. 95도577

공범자의 범인도피행위 도중에 기왕의 범인도피상태를 이용하여 스스로 범인도피행위를 계속한 자에 대하여 범인도피죄의 공동정범이 성립하는지 여부

「범인도피죄는 범인을 도피하게 함으로써 기수에 이르지만 범인도피행위가 계속되는 동안에는 범죄행위도 계속되고 행위가 끝날 때 비로소 범죄행위가 종료되고, 공범자의 범인도피행위의 도중에 그 범행을 인식하면서 그와 공동의 범의를 가지고 기왕의 범인도피상태를 이용하여 스스로 범인도피행위를 계속한 자에 대하여는 범인도피죄의 공동정범이 성립한다.」

*평석. 범인도피죄는 계속범이다.

2. 객관적 구성요건

(1) 행위의 주체

행위의 주체는 제한이 없다.

■대법원 1958.1.14. 4290형상393

공동정범중의 1인이 다른 공동정범을 도피하게 한 경우와 또는 도피를 방조한 경우의 죄책

「형법 제151조 제1항 소정의 범인 도피죄에 있어서 공동정범중의 1인이 타 공동정범인을 도피시킴에 대하여 동조 제2항과 같은 불처벌의 특례를 규정한바 없으므로 공동정범중의 1인인 소외 1이 타 공동정범인인 소외 2외1인을 도피시킴은 범인도피죄의 죄책을 면치 못하고 따라서 피고인이 우 소외 1의 도피행위를 용이케 함은 동방조죄를 구성한다고 해석함이 타당하다.」

*평석. 공동정범중의 1인이 다른 공동정범을 도피하게 한 경우에는 범인도피죄가 성립한다.

■대법원 2000.3.24. 2000도20

범인이 자신을 위하여 타인으로 하여금 허위의 자백을 하게 하여 범인도피죄를 범하게 하는 경우, 범인도피교사죄의 성립 여부(적극)

「범인이 자신을 위하여 타인으로 하여금 허위의 자백을 하게 하여 범인도피죄를 범하게 하는 행위는 방어권의 남용으로 범인도피교사죄에 해당한다.」

*평석. 범인이 제3자를 교사하여 자신의 범인은닉을 하도록 한 경우에 범인도피교사죄가 성립하는가의 여부에 대해 긍정설과 부정설이 대립되고 있으나 판례는 긍정설의 입장에서 방어권의 남용으로 범인도피교사죄에 해당한다고 하고 있다.

▣쟁점 1. 범인이 자신을 위하여 형법 제151조 제2항에 의하여 처벌을 받지 아니하는 친족 등으로 하여금 허위의 자백을 하게 하여 범인도피죄를 범하게 하는 경우, 범인도피교사죄의 성립 여부(참조판례. 대법원 2000.3.24. 2000도20)

(2) 행위의 객체

벌금 이상의 형에 해당하는 죄를 범한 자이다.

1) 벌금형 이상의 형에 해당하는 죄

2) 죄를 범한 자

■대법원 1983.8.23. 83도1486

범죄의 혐의를 받고 수배중인 자를 은닉한 경우에 범인은닉죄의 성부

「형법 제151조에 규정된 범인은닉죄의 보호법익은 벌금이상의 형에 해당하는 죄를 범한 자에 대한 수사 및 재판 등의 국가권력작용으로서 그 행사를 방해하는 자를 처벌하고자 하는 것이므로 동조에서 죄를 범한 자라 함은 반드시 공소제기가 되거나 유죄의 판결을 받은 자 뿐만 아니라 범죄의 혐의를 받아 수사 중인 자도 포함한다고 해석할 것인바, 원심이 유지한 1심 판결채용의 증거에 의하면 피고인은 원심 공동피고인 이 1982.5.경 소매치기 범행을 저지르고 특수절도혐의로 전주경찰서에서 수배중인 자임을 인식하면서도 동인을 피고인 집에 투숙케 하여 체포를 면하게 한 사실이 인정되므로, 피고인의 위 소위에 대하여 범인은닉죄를 적용한 1심 판결을 유지한 원심조치는 정당하고 이 점에 관한 논지는 이유없다.」

*평석. 범죄의 혐의를 받고 수배중인 자, 수사가 개시되지 않은 경우에도 벌금이상의 형에 해당하는 죄를 범한 자를 은닉한 경우에 범인은닉죄가 성립한다.

■대법원 2003.12.12. 2003도4533

범인도피죄의 의의 및 성립요건

「형법 제151조에서 규정하는 범인도피죄는 범인은닉 이외의 방법으로 범인에 대한 수사, 재판 및 형의 집행 등 형사사법의 작용을 곤란 또는 불가능하게 하는 행위를 말하는 것으로서 그 방법에는 어떠한 제한이 없고, 또 위 죄는 위험범으로서 현실적으로 형사사법의 작용을 방해하는 결과가 초래될 것이 요구되지 아니하므로, 형법 제151조 제1항의 이른바, 죄를 범한 자라 함은 범죄의 혐의를 받아 수사대상이 되어 있는 자를 포함하며, 나아가 벌금 이상의 형에 해당하는 죄를 범한 자라는 것을 인식하면서도 도피하게 한 경우에는 그 자가 당시에는 아직 수사대상이 되어 있지 않았다고 하더라도 범인도피죄가 성립한다고 할 것이고, 한편, 증거인멸죄에 관한 형법 제155조 제1항의 이른바 타인의 형사사건이란 인멸행위시에 아직 수사절차가 개시되기 전이라도 장차 형사사건이 될 수 있는 것까지 포함한다. 형법 제151조 제2항 및 제155조 제4항은 친족, 호주 또는 동거의 가족이 본인을 위하여 범인도피죄, 증거인멸죄 등을 범한 때에는 처벌하지 아니한다고 규정하고 있는바, 사실혼관계에 있는 자는 민법 소정의 친족이라 할 수 없어 위 조항에서 말하는 친족에 해당하지 않는다.」

*평석. 수사가 개시되지 않은 경우에도 벌금이상의 형에 해당하는 죄를 범한 자를 도

피하게 한 경우에 범인도피죄가 성립한다.

3) 죄를 범한 자가 진범임을 요하는가.

■대법원 1982.1.26. 81도1931

범인은닉죄에 있어서 '죄를 범한 자'의 의미

「범인은닉죄는 형사사법에 관한 국권의 행사를 방해하는 자를 처벌하고자 하는 것이므로 형법 제151조 제 1 항 소정의 '죄를 범한 자'라 함은 범죄의 혐의를 받아 수사 대상이 되어 있는 자를 포함한다. 따라서 구속수사의 대상이 된 소송외인이 그 후 무혐의로 석방되었다 하더라도 위 죄의 성립에 영향이 없다.」

*평석. 범인은닉죄에 있어서 '죄를 범한 자'가 진범임을 요하는가에 대해 학설의 다툼이 있으나 판례는 진범이 아닐지라도 범죄혐의를 받고 수사 혹은 소추 중인 범인을 은닉하는 행위는 형사사법의 작용을 곤란 또는 불가능하게 하는 행위이므로 진범일 필요는 없다고 하고 있다.

(3) 행위

(죄를 범한 자를)은닉 또는 도피하게 하는 것이다.

1) 은닉

범인을 감추어주는 행위를 말한다.

■대법원 2002.10.11. 2002도3332

범인은닉죄의 성립 요건

「범인은닉죄라 함은 죄를 범한 자임을 인식하면서 장소를 제공하여 체포를 면하게 하는 것만으로 성립한다 할 것이고, 죄를 범한 자에게 장소를 제공한 후 동인에게 일정기간 동안 경찰에 출두하지 말라고 권유하는 언동을 하여야만 범인은닉죄가 성립하는 것이 아니며, 또 그 권유에 따르지 않을 경우 강제력을 행사하여야만 한다거나, 죄를 범한 자가 은닉자의 말에 복종하는 관계에 있어야만 범인은닉죄가 성립하는 것은 더욱 아니다.」

*평석. 범인은닉죄에 있어 은닉이라 함은 죄를 범한 자임을 인식하면서 장소를 제공하여 체포를 면하게 하는 것만으로 성립하며, 죄를 범한 자가 은닉자의 말에 복종관계에 있음을 요하지 아니한다.

2) 도피하게 함

범인은닉 이외의 방법으로 범인에 대한 수사, 재판 및 형의 집행 등 형사사법의 작용을 곤란 또는 불가능하게 하는 일체의 행위를 말한다.

■대법원 2000.11.24. 2000도4078

형법 제151조 소정의 범인도피죄의 의의, 같은 조 소정의 '벌금 이상의 형에 해당하는 죄를 범한 자'의 의미와 그에 대한 인식 여부의 판단 기준 및 범인이 아닌 자가 수사기관에 범인임을 자처하고 허위사실을 진술하여 진범의 체포와 발견에 지장을 초래한 경우, 범인도피죄의 성립 여부(적극)

「형법 제151조에서 규정하는 범인도피죄는 범인은닉 이외의 방법으로 범인에 대한 수사, 재판 및 형의 집행 등 형사사법의 작용을 곤란 또는 불가능하게 하는 행위를 말하는 것으로서, 그 방법에는 어떠한 제한이 없고, 또한 위 죄는 위험범으로서 현실적으로 형사사법의 작용을 방해하는 결과가 초래될 것이 요구되지 아니할 뿐만 아니라, 같은 조 소정의 '벌금 이상의 형에 해당하는 죄를 범한 자'라 함은 범죄의 혐의를 받아 수사 대상이 되어 있는 자도 포함하고, 벌금 이상의 형에 해당하는 자에 대한 인식은 실제로 벌금 이상의 형에 해당하는 범죄를 범한 자라는 것을 인식함으로써 족하고 그 법정형이 벌금 이상이라는 것까지 알 필요는 없으며, 범인이 아닌 자가 수사기관에 범인임을 자처하고 허위사실을 진술하여 진범의 체포와 발견에 지장을 초래하게 한 행위는 위 죄에 해당한다.」

*평석. 범인이 아닌 자가 수사기관에 범인임을 자처하고 허위사실을 진술하여 진범의 체포와 발견에 지장을 초래한 경우, 범인도피죄가 성립한다.

■대법원 1995.3.3. 93도3080

범인도피죄의 의의 및 성립요건

「형법 제151조에서 규정하는 범인도피죄는 범인은닉 이외의 방법으로 범인에대한 수사, 재판 및 형의 집행 등 형사사법의 작용을 곤란 또는 불가능하게 하는 행위를 말하는 것으로서 그 방법에는 어떠한 제한이 없고, 또 이는 위험범으로서 현실적으로 형사사법의 작용을 방해하는 결과가 초래될 것이 요구되지는 아니하나, 다른 한편 형사사법의 작용을 방해하는 모든 행위 내지 범인을 돕는 모든 행위가 범인도피죄의 구성요건에 해당한다고 본다면 이는 일반 국민의 행동의 자유를 지나치게 제한하는 것으로서 부당하므로, 범인도피행위는 범인을 도주하게 하는 행위 또는 도주하는 것을 직접적으로 용이하게 하는 행위에 한정된다고 봄이 상당하고, 그 자체가 도피시키는 것을 직접의 목적으로 한 것이라고는 보기 어려운 행위로 말미암아 간접적으로 범인이 안심하여 도피할 수 있도록 하는 것과 같은 경우는 이에 포함되는 것이 아니라고 해석하여야 하며, 나아가 어떤 행위가 범인도피죄에 해당하는 것처럼 보이더라도 그것이 사회적으로 상당성이 있는 행위일 때에는 이 또한 처벌할 수 없다고 보아야 한다.」

*평석. 범인도피죄에 있어 범인도피행위는 범인을 도주하게 하는 행위 또는 도주하는 것을 직접적으로 용이하게 하는 행위에 한정된다고 봄이 상당하며 간접적으로 범인이 안심하고 도피할 수 있도록 하는 것과 같은 경우는 도피에 포함되지 아니한다.

3. 주관적 구성요건

■대법원 1995.12.26. 93도904

범인도피죄에 있어서 죄를 범한 자에 대한 인식

「범인도피죄에 있어서 벌금 이상의 형에 해당하는 자에 대한 인식은 실제로 벌금 이상의 형에 해당하는 범죄를 범한 자라는 것을 인식함으로써 족하고 그 법정형이 벌금 이상이라는 것까지 알 필요는 없는 것이고 범죄의 구체적인 내용이나 범인의 인적 사항 및 공범이 있는 경우 공범의 구체적 인원수 등까지 알 필요는 없다. 공범이 더 있다는 사실을 숨긴 채 허위보고를 하고 조사를 받고 있는 범인에게 다른 공범이 더 있음을 실토하지 못하도록 하는 등의 행위를 하였다면 도피행위에 대한 고의가 있었다고 인정된다.」

*평석. 범인도피죄는 범인이 벌금 이상의 형에 해당하는 범죄를 범한 자라는 것을 인식함으로써 족하고 범죄의 구체적인 내용이나 범인의 인적 사항 및 공범이 있는 경우 구체적 인원수 등까지 알 필요는 없다.

4. 친족간의 특례

(1) 의의, 성격

친족간의 정의(情誼)를 고려한 기대불가능성을 고려한 책임조각사유이다.

(2) 적용의 요건

친족 또는 동거의 가족이 본인을 위하여 범인은닉죄를 범한 경우이다. 친족 또는 동거의 가족의 개념은 민법에 의한다.

■대법원 2003.12.12. 2003도4533

사실혼관계에 있는 자가 형법 제151조 제2항 및 제155조 제4항 소정의 '친족'에 해당하는지 여부(소극)

「형법 제151조 제2항 및 제155조 제4항은 친족, 호주 또는 동거의 가족이 본인을 위하여 범인도피죄, 증거인멸죄 등을 범한 때에는 처벌하지 아니한다고 규정하고 있는바, 사실혼관계에 있는 자는 민법 소정의 친족이라 할 수 없어 위 조항에서 말하는 친족에 해당하지 않는다.」

*평석. 판례는 사실혼관계에 있는 자는 민법 소정의 친족이라 할 수 없어 형법 제151조 제2항에서 말하는 친족에 해당하지 않는다고 한다.

■대법원 2006.12.7. 2005도3707

범인이 자신을 위하여 형법 제151조 제2항에 의하여 처벌을 받지 아니하는 친족 등으로 하여금 허위의 자백을 하게 하여 범인도피죄를 범하게 하는 경우, 범인도피교사죄의 성립 여부(적극)

「범인이 자신을 위하여 타인으로 하여금 허위의 자백을 하게 하여 범인도피죄를 범하게 하는 행위는 방어권의 남용으로 범인도피교사죄에 해당하는바, 이 경우 그 타인이 형법 제151조 제2항에 의하여 처벌을 받지 아니하는 친족, 호주 또는 동거 가족에 해당한다 하여 달리 볼 것은 아니다. 무면허 운전으로 사고를 낸 사람이 동생을 경찰서에 대신 출두시켜 피의자로 조사받도록 한 행위는 범인도피교사죄를 구성한다.」

*평석. 범인이 자신을 위하여 형법 제151조 제2항에 의하여 처벌을 받지 아니하는 친족 등으로 하여금 허위의 자백을 하게 하여 범인도피죄를 범하게 하는 경우, 판례는 이 경우 방어권 남용으로 범인도피교사죄가 성립한다고 하고 있다.

제7장 위증과 증거인멸의 죄

Ⅰ. 단순위증죄

제152조(위증, 모해위증) ①법률에 의하여 선서한 증인이 허위의 진술을 한 때에는 5년 이하의 징역 또는 1천만원 이하의 벌금에 처한다. 제153조(자백, 자수) 전조의 죄를 범한 자가 그 공술한 사건의 재판 또는 징계처분이 확정되기 전에 자백 또는 자수한 때에는 그 형을 감경 또는 면제한다.

1. 의의

법률에 의하여 선서한 증인이 허위의 진술을 함으로써 성립하는 범죄이다. 진정신분범이다. 보호법익은 국가의 사법기능이며 보호의 정도는 추상적 위험범이다.

■대법원 1987.7.7. 86도1724

위증죄의 보호법익

「위증죄는 선서를 한 증인이 허위진술을 함으로써 성립하는 죄이며 국가의 재판권, 징계권을 적정하게 행사하기 위한 것이 그 주된 입법이유이다. 증인으로 선서한 이상 진실대로 진술한다고 하면 자신의 범죄를 시인하는 진술을 하는 것이 되고 증언을 거부하는 것은 자기의 범죄를 암시하는 것이 되어 증인에게 사실대로의 진술을 기대할 수 없다고 하더라도 형사소송법상 이러한 처지의 증인에게는 증언을 거부할 수 있는 권리를 인정하여 위증죄로부터의 탈출구를 마련하고 있는 만큼 적법행위의 기대 가능성이 없다고 할 수 없으므로 선서한 증인이 증언거부권을 포기하고 허위의 진술을 하였다면 위증죄의 처벌을 면할 수 없다.」

*평석. 위증죄의 보호법익은 국가의 사법기능이다.

2. 객관적 구성요건

(1) 주체

법률에 의하여 선서한 증인이다. '법률에 의하여 선서한 증인'이라 함은 법률에 근거하여 법률이 정한 절차에 따라 유효한 선서를 한 증인임을 말한다.

1) 법률에 의하여 선서

■대법원 2003.7.25. 2003도180

심문절차로 진행되는 가처분 신청사건에서 증인으로 선서를 하고 허위의 공술을 한 경우, 위증죄가 성립하는지 여부(소극)

「가처분사건이 변론절차에 의하여 진행될 때에는 제3자를 증인으로 선서하게 하고 증언을 하게 할 수 있으나 심문절차에 의할 경우에는 법률상 명문의 규정도 없고, 또 구 민사소송법(2002. 1. 26. 법률 제6626호로 전문 개정되기 전의 것)의 증인신문에 관한 규정이 준용되지도 아니하므로 선서를 하게하고 증언을 시킬 수 없다고 할 것이고, 따라서 제3자가 심문절차로 진행되는 가처분 신청사건에서 증인으로 출석하여 선서를 하고 진술함에 있어서 허위의 공술을 하였다고 하더라도 그 선서는 법률상 근거가 없어 무효라고 할 것이므로 위증죄는 성립하지 않는다.」

*평석. 증인선서가 법률상 근거가 없어 무효인 경우에 선서 후 허위의 진술을 한 경우에도 위증죄가 성립하지 아니한다.

■대법원 1974.6.25. 74도1231

위증죄의 기수시기

「증인의 증언은 그 전부를 일체로 관찰 판단하는 것이므로 선서한 증인이 일단 기억에 반한 허위의 진술을 하였더라도 그 신문이 끝나기 전에 그 진술을 취소 시정한 경우에는 위증이 되지 아니한다고 봄이 상당하며 따라서 위증죄의 기수시기는 신문 진술이 종료한 때로 해석할 것이다(진술 후에 선서를 명하는 경우는 선서종료한 때 기수가 될 것이다).」

*평석. 선서는 증언 전에 하는 것이 원칙이나 증언 후에 할 수도 있다(형사소송법 제156조 단서, 민사소송법 제319조 단서).

2) 증인

증인이란 법원 또는 법관에 대해 자신의 경험사실을 진술하는 제3자이다.

(가) 증인적격

■대법원 1998.3.10. 97도1168

민사소송의 당사자인 법인의 대표자가 선서하고 증언한 경우, 위증죄의 주체가 될 수 있는지 여부(소극)

「민사소송의 당사자는 증인능력이 없으므로 증인으로 선서하고 증언하였다고 하더라도 위증죄의 주체가 될 수 없고, 이러한 법리는 민사소송에서의 당사자인 법인의 대표자의 경우에도 마찬가지로 적용된다.」

*평석. 형사피고인, 민사소송의 당사자는 증인적격이 없다.

■대법원 1979.3.27. 78도1031

각각 다른 범죄사실로서 기소된 공동피고인의 공판정에서의 선서없이 한 진술은 다른 피고인의 범죄사실에 대한 증거능력이 없다.

「피고인과는 별개의 범죄사실로 기소되고 다만 병합심리된 것 뿐인 공동피고인은 피고인에 대한 관계에서는 증인의 지위에 있음에 불과하므로 선서없이 한 그 공동피고인의 피고인으로서 한 공판정에서의 진술을 피고인에 대한 공소범죄 사실을 인정하는 증거로 쓸 수 없다.」

*평석. 공범자인 공동피고인은 증인적격이 없으나, 공범자가 아닌 공동피고인은 증인적격이 인정된다.

■대법원 2008.6.26. 2008도3300

공범인 공동피고인이 다른 공동피고인에 대한 공소사실에 관하여 증인적격이 있는지 여부(원칙적 소극)

「공범인 공동피고인은 당해 소송절차에서는 피고인의 지위에 있으므로 다른 공동피고인에 대한 공소사실에 관하여 증인이 될 수 없으나, 소송절차가 분리되어 피고인의 지위에서 벗어나게 되면 다른 공동피고인에 대한 공소사실에 관하여 증인이 될 수 있다. 게임장의 종업원이 그 운영자와 함께 게임산업진흥에 관한 법률 위반죄의 공범으로 기소되어 공동피고인으로 재판을 받던 중, 운영자에 대한 공소사실에 관한 증인으로 증언한 내용과 관련하여 위증죄로 기소된 사안에서, 소송절차가 분리되지 않은 이상 위 종업원은 증인적격이 없어 위증죄가 성립하지 않는다.」

*평석. 공범자인 공동피고인은 증인적격이 없으나 소송절차가 분리되어 피고인의 지위에서 벗어나게 되면 다른 공동피고인에 대한 공소사실에 관하여 증인이 될 수 있다.

(나) 증언거부권자

■대법원 1987.7.7. 86도1724

자기의 범죄사실을 은폐하기 위한 허위진술과 위증죄의 성부

「증인으로 선서한 이상 진실대로 진술한다고 하면 자신의 범죄를 시인하는 진술을 하는 것이 되고 증언을 거부하는 것은 자기의 범죄를 암시하는 것이 되어 증인에게 사실대로의 진술을 기대할 수 없다고 하더라도 형사소송법상 이러한 처지의 증인에게는 증언을 거부할 수 있는 권리를 인정하여 위증죄로부터의 탈출구를 마련하고 있는 만큼 적법행위의 기대 가능성이 없다고 할 수 없으므로 선서한 증인이 증언거부권을 포기하고 허위의 진술을 하였다면 위증죄의 처벌을 면할 수 없다.」

*평석. 선서한 증인이 증언거부권을 포기하고 허위의 진술을 하였다면 위증죄의 처벌을 면할 수 없다.

■대법원 2010.1.21. 2008도942

증언거부사유가 있음에도 증언거부권을 고지 받지 못함으로 인하여 그 증언거부권을 행사하는 데 사실상 장애가 초래되었다고 볼 수 있는 경우 위증죄 성립 여부(소극)

「증언거부권 제도는 증인에게 증언의무의 이행을 거절할 수 있는 권리를 부여한 것이고, 형사소송법상 증언거부권의 고지 제도는 증인에게 그러한 권리의 존재를 확인시켜 침묵할 것인지 아니면 진술할 것인지에 관하여 심사숙고할 기회를 충분히 부여함으로써 침묵할 수 있는 권리를 보장하기 위한 것임을 감안할 때, 재판장이 신문 전에 증인에게 증언거부권을 고지하지 않은 경우에도 당해 사건에서 증언 당시 증인이 처한 구체적인 상황, 증언거부사유의 내용, 증인이 증언거부사유 또는 증언거부권의 존재를 이미 알고 있었는지 여부, 증언거부권을 고지 받았더라도 허위진술을 하였을 것이라고 볼 만한 정황이 있는지 등을 전체적·종합적으로 고려하여 증인이 침묵하지 아니하고 진술한 것이 자신의 진정한 의사에 의한 것인지 여부를 기준으로 위증죄의 성립 여부를 판단하여야 한다. 그러므로 헌법 제12조 제2항에 정한 불이익 진술의 강요금지 원칙을 구체화한 자기부죄거부특권에 관한 것이거나 기타 증언거부사유가 있음에도 증인이 증언거부권을 고지받지 못함으로 인하여 그 증언거부권을 행사하는 데 사실상 장애가 초래되었다고 볼 수 있는 경우에는 위증죄의 성립을 부정하여야 할 것이다.」

*평석. 증언거부사유가 있음에도 증언거부권을 고지 받지 못함으로 인하여 그 증언거부권을 행사하는 데 사실상 장애가 있는 경우 위증죄가 불성립한다.

(2) 행위

허위의 진술을 하는 것이다.

1) 허위

■대법원 1984.2.28. 84도114

위증죄에 있어서의 허위의 진술의 의미

「위증죄에서 말하는 허위의 진술이라는 것은 그 객관적 사실이 허위라는 것이 아니라 스스로 체험한 사실을 기억에 반하여 진술하는 것, 즉 기억에 반한다는 사실을 말한다.」

*평석. 허위의 의미에 관하여 객관설(객관적 진실에 반하는 것을 허위라고 보는 견해)과 주관설(증인이 자기기억에 반하는 진술을 하는 것을 허위라고 보는 견해)이 대립하고 있으나 판례는 주관설의 입장이다.

■대법원 1996.3.12. 95도2864

위증죄에 있어서 증언이 기억에 반하는 허위진술인지 여부의 판단 방법

「증인의 증언이 기억에 반하는 허위진술인지 여부는 그 증언의 단편적인 구절에 구애될 것이 아니라 당해 신문절차에 있어서의 증언 전체를 일체로 파악하여 판단하여야 할 것이고, 증언의 전체적 취지가 객관적 사실과 일치되고 그것이 기억에 반하는 공술이 아니라면 사소한 부분에 관하여 기억과 불일치하더라도 그것이 신문취지의 몰이해 또는 착오에 인한 것이라면 위증이 될 수 없다.」

*평석. 위증죄에 있어서 증언이 허위진술인지 여부의 판단 방법은 당해 신문절차에 있어서의 증언 전체를 일체로 파악하여 판단하여야 할 것이다.

2) 진술

증인이 자기가 경험한 사실을 표명하는 것이다.

(가) 진술의 대상

경험한 사실에 한정되며 가치판단은 진술의 대상이 될 수 없다.

■대법원 2009.3.12. 2008도11007

증인의 진술이 법률적·주관적 평가나 의견인 경우 위증죄의 요건인 '허위의 진술'에

해당하는지 여부(소극) 및 그 내용에 다소의 오류나 모순이 있는 경우 위증죄가 성립하는지 여부(소극)

「위증죄는 법률에 의하여 선서한 증인이 사실에 관하여 기억에 반하는 진술을 한 때에 성립하고, 증인의 진술이 경험한 사실에 대한 법률적 평가이거나 단순한 의견에 지나지 아니하는 경우에는 위증죄에서 말하는 허위의 공술이라고 할 수 없으며, 경험한 객관적 사실에 대한 증인 나름의 법률적 · 주관적 평가나 의견을 부연한 부분에 다소의 오류나 모순이 있더라도 위증죄가 성립하는 것은 아니라고 할 것이다.」

*평석. 위증죄에 있어 진술의 대상은 경험한 사실에 한정되며 가치판단은 진술의 대상이 될 수 없다.

●참조판례

대법원 2007.9.20. 2005도9590; 대법원 2001.3.23. 2001도213

(나) 진술의 방법

제한이 없다. 구두에 의한 진술이외에도 거동 또는 표정 등에 의한 경우도 여기에 해당한다.

(다) 진술의 내용

■대법원 1990.2.23. 89도1212

허위의 진술이 요증사실에 관한 것인지 또는 판결에 영향을 미친 것인지 여부와 위증죄의 가부

「위증죄는 법률에 의하여 선서한 증인이 허위의 공술을 한 때에 성립하는 것으로서, 그 공술의 내용이 당해 사건의 요증사실에 관한 것인지의 여부나 판결에 영향을 미친 것인지의 여부는 위증죄의 성립과 아무런 관계가 없다.」

*평석. 진술의 내용이 당해 사건의 요증사실에 관한 것인지의 여부나 판결에 영향을 미친 것인지의 여부는 위증죄의 성립과 관련성을 가지지 아니한다.

■대법원 1982.6.8. 81도3069

지엽적인 사항에 관한 증언과 위증죄의 성부(적극)

「그 증언이 기본적인 사항에 관한 것이 아니고 지엽적인 사항에 관한 진술이라 하더라도 그것이 허위의 진술인 이상 위증죄의 성립에는 영향이 없다.」

*평석. 진술의 내용이 당해 사건의 지엽적인 사실의 경우에도 그것이 허위인 이상 위

증죄가 성립한다.

(3) 기수시기

■대법원 1974.6.25. 74도1231

위증죄의 기수시기

「증인의 증언은 그 전부를 일체로 관찰 판단하는 것이므로 선서한 증인이 일단 기억에 반한 허위의 진술을 하였더라도 그 신문이 끝나기 전에 그 진술을 취소 시정한 경우에는 위증이 되지 아니한다고 봄이 상당하며 따라서 위증죄의 기수시기는 신문 진술이 종료한 때로 해석할 것이다. (진술 후에 선서를 명하는 경우는 선서종료한 때 기수가 될 것이다).」

*평석. 위증죄의 기수시기는 신문 진술이 종료한 때이다. 진술 후에 선서를 명하는 경우는 선서종료한 때 기수가 된다.

3. 주관적 구성요건

법률에 의하여 선서한 증인이라는 신분에 대한 인식 그리고 허위의 사실을 진술한다는 인식이 있음을 요한다.

■대법원 1996.3.12. 95도2864

위증죄에 있어서 증언이 기억에 반하는 허위진술인지 여부의 판단 방법

「증인의 증언이 기억에 반하는 허위진술인지 여부는 그 증언의 단편적인 구절에 구애될 것이 아니라 당해 신문절차에 있어서의 증언 전체를 일체로 파악하여 판단하여야 할 것이고, 증언의 전체적 취지가 객관적 사실과 일치되고 그것이 기억에 반하는 공술이 아니라면 사소한 부분에 관하여 기억과 불일치하더라도 그것이 신문취지의 몰이해 또는 착오에 인한 것이라면 위증이 될 수 없다.」

*평석. 사소한 부분에 관하여 기억과 불일치하더라도 그것이 신문취지의 몰이해 또는 착오에 인한 것이라면 위증이 될 수 없다.

■대법원 1985.3.26. 84도1098

증언내용이 사실과는 다르나 허위의 진술은 아니라고 본 사례

「부동산을 매수한지 20여년이 경과한 뒤이어서 그 매도당시의 입회인을 매수당시 입

회한 것으로 잘못 기억하고 증언하였다면 이는 기억에 반하는 허위의 진술이라고 보기는 어렵다.」

*평석. 20여년이 경과한 뒤이어서 잘못 기억하고 증언하였다면 이는 기억에 반하는 허위의 진술이라고 할 수 없다.

4. 공범

자수범이므로 법률에 의하여 선서한 증인 이외에는 간접정범이나 공동정범이 될 수 없다. 교사 · 방조범은 가능하다. 이와 관련해 형사피고인이 자기의 형사사건에 있어 타인을 교사해 위증하게 한 경우에 위증교사죄가 성립하는가가 문제된다.

■대법원 2004.1.27. 2003도5114

자기의 형사피고사건에 관하여 타인을 교사하여 위증하게 한 경우, 위증교사죄의 성립 여부(적극)

「피고인이 자기의 형사사건에 관하여 허위의 진술을 하는 행위는 피고인의 형사소송에 있어서의 방어권을 인정하는 취지에서 처벌의 대상이 되지 않으나, 법률에 의하여 선서한 증인이 타인의 형사사건에 관하여 위증을 하면 형법 제152조 제1항의 위증죄가 성립되므로 자기의 형사사건에 관하여 타인을 교사하여 위증죄를 범하게 하는 것은 이러한 방어권을 남용하는 것이라고 할 것이어서 교사범의 죄책을 부담케 함이 상당하다.」

*평석. 자기의 형사피고사건에 관하여 타인을 교사하여 위증하게 한 경우, 위증교사죄가 성립하는지의 여부에 대하여 긍정설과 부정설이 대립하고 있으나 위증죄의 정범이 될 수 없는 자를 교사범으로 처벌하는 것은 부당하므로 부정설이 타당하다.

5. 자백 · 자수의 특례

위증죄를 범한 자가 그 진술한 사건의 재판 또는 징계처분이 확정되기 전에 자백 또는 자수한 때에는 그 형을 감경 또는 면제한다.

■대법원 1973.11.27. 73도1639

위증죄에 있어서의 자백의 절차

「형법 제153조에 의하면, 동법 제152조의 위증죄를 범한 자가 그 공술한 사건의 재판 또는 징계처분이 확정되기 전에 자백 또는 자수를 한때에는 그 형을 감경 또는 면제한다고 되어 있어 이러한 재판확정전의 자백을 필요적 감경 또는 면제사유로 규정하고 있으며, 위와 같은 자백의 절차에 관하여는 아무런 법령상의 제한이 없으므로 그가 진술한 사건을 다루는 기관에 대한 자발적인 고백은 물론, 위증사건의 피고인 또는 피의자로서 법원이나 수사기관에서의 심문에 의한 고백 또한 위 자백의 개념에 포함되는 것이라고 할 것이다.」

*평석. 자백의 절차는 법령상의 제한이 없다. 그가 진술한 사건을 다루는 기관에 대한 자발적인 고백은 물론, 위증사건의 피고인 또는 피의자로서 법원이나 수사기관에서의 심문에 의한 고백도 위 자백의 개념에 포함되어진다.

Ⅱ. 모해위증죄

第152조(모해위증) ②형사사건 또는 징계사건에 관하여 피고인, 피의자 또는 징계혐의자를 모해할 목적으로 전항의 죄를 범한 때에는 10년 이하의 징역에 처한다. 第153조(자백, 자수) 전조의 죄를 범한 자가 그 공술한 사건의 재판 또는 징계처분이 확정되기 전에 자백 또는 자수한 때에는 그 형을 감경 또는 면제한다.

1. 모해할 목적

■대법원 2007.12.27. 2006도3575

형법 제152조 제2항의 모해위증죄에 있어서 '모해할 목적'의 의미

「형법 제152조 제2항의 모해위증죄에 있어서 '모해할 목적'이란 피고인·피의자 또는 징계혐의자를 불리하게 할 목적을 말하고, 허위진술의 대상이 되는 사실에는 공소 범죄사실을 직접, 간접적으로 뒷받침하는 사실은 물론 이와 밀접한 관련이 있는 것으로서 만일 그것이 사실로 받아들여진다면 피고인이 불리한 상황에 처하게 되는 사실도 포함된다. 그리고 이러한 모해의 목적은 허위의 진술을 함으로써 피고인에게 불리하게 될 것이라는 인식이 있으면 충분하고 그 결과의 발생까지 희망할 필요는 없다.」

*평석. 모해위증죄에 있어서 '모해할 목적'이란 피고인·피의자 또는 징계혐의자를 불리하게 할 목적을 말한다. 목적달성여부는 본죄의 성립에 영향을 미치지 못한다.

2. 공범관계

■대법원 1994.12.23. 93도1002

위증죄와 모해위증죄가 형법 제33조 단서 소정의 '신분관계로 인하여 형의 경중이 있는 경우'에 해당하는지 여부, 그리고 모해할 목적으로 위증을 교사하였다면 그 정범에게 모해의 목적이 없다 하더라도 모해위증교사죄로 처단할 수 있는지 여부

「형법 제152조 제1항과 제2항은 위증을 한 범인이 형사사건의 피고인 등을 '모해할 목적'을 가지고 있었는가 아니면 그러한 목적이 없었는가 하는 범인의 특수한 상태의 차이에 따라 범인에게 과할 형의 경중을 구별하고 있으므로, 이는 바로 형법 제33조 단서 소정의 "신분관계로 인하여 형의 경중이 있는 경우"에 해당한다고 봄이 상당하다. 피고인이 갑을 모해할 목적으로 을에게 위증을 교사한 이상, 가사 정범인 을에게 모해의 목적이 없었다고 하더라도, 형법 제33조 단서의 규정에 의하여 피고인을 모해위증교사죄로 처단할 수 있다. 형법 제31조 제1항은 협의의 공범의 일종인 교사범이 그 성립과 처벌에 있어서 정범에 종속한다는 일반적인 원칙을 선언한 것에 불과하고, 신분관계로 인하여 형의 경중이 있는 경우에 신분이 있는 자가 신분이 없는 자를 교사하여 죄를 범하게 한 때에는 형법 제33조 단서가 형법 제31조 제1항에 우선하여 적용됨으로써 신분이 있는 교사범이 신분이 없는 정범보다 중하게 처벌된다.」

*평석. 판례는 모해목적을 형법 제33조에 규정된 신분으로 이해하여 모해위증죄를 부진정신분범으로 보고 형법 제33조 단서를 적용하여 피고인이 갑을 모해할 목적으로 을에게 위증을 교사한 이상, 정범인 을에게 모해의 목적이 없었다고 하더라도, 형법 제33조 단서의 규정에 의하여 피고인을 모해위증교사죄로 처단할 수 있다고 한다. 그러나 모해목적은 행위자요소가 아닌 행위요소이므로 신분에 해당한다고 할 수 없으며 따라서 형법 제33조가 적용될 수 없으며 공범종속성(제한적 종속형식)의 일반원리에 따라 단순위증죄의 교사범이 성립한다는 견해가 타당하다.

Ⅲ. 증거인멸죄

第155조(증거인멸등과 친족간의 특례) ①타인의 형사사건 또는 징계사건에 관한 증거를 인멸, 은닉, 위조 또는 변조하거나 위조 또는 변조한 증거를 사용한 자는 5년 이하의 징역 또는 700만원 이하의 벌금에 처한다. ④친족 또는 동거의 가족이 본인을 위하여 본조의 죄를 범한 때에는 처벌하지 아니한다.

1. 의의

타인의 형사사건 또는 징계사건에 관한 증거를 인멸, 은닉, 위조 또는 변조하거나 위조 또는 변조한 증거를 사용함으로써 성립하는 범죄이다. 보호법익은 국가의 사법기능이며 추상적 위험범이다.

2. 구성요건

(1) 행위의 객체

타인의 형사사건 또는 징계사건에 관한 증거이다.

1) 타인의 사건

자기사건에 대한 증거는 여기에 해당하지 않으므로 자기증거인멸은 구성요건해당성이 없다.

■대법원 2011.2.10. 2010도15986

증거위조죄의 구성요건 중 '타인의 형사사건', '위조'의 의미 및 자기의 형사사건에 관한 증거를 위조하기 위하여 타인을 교사한 경우 증거위조교사죄가 성립하는지 여부(적극)

「형법 제155조 제1항의 증거위조죄에서 타인의 형사사건이란 증거위조 행위시에 아직 수사절차가 개시되기 전이라도 장차 형사사건이 될 수 있는 것까지 포함하고, 그 형사사건이 기소되지 아니하거나 무죄가 선고되더라도 증거위조죄의 성립에 영향이 없다. 여기에서의 '위조'란 문서에 관한 죄에 있어서의 위조 개념과는 달리 새로운 증거의 창조를 의미하는 것이므로 존재하지 아니한 증거를 이전부터 존재하고 있는 것처럼 작출하는 행위도 증거위조에 해당하며, 증거가 문서의 형식을 갖는 경우 증거위조죄에 있어서의 증거에 해당하는지 여부가 그 작성권한의 유무나 내용의 진실성에 좌우되는 것은 아니다. 또한 자기의 형사사건에 관한 증거를 위조하기 위하여 타인을 교사하여 죄를 범하게 한 자에 대하여는 증거위조교사죄가 성립한다.」

*평석. 판례는 자기의 형사사건에 관한 증거를 위조하기 위하여 타인을 교사하여 죄를 범하게 한 자에 대하여는 증거위조교사죄가 성립한다고 하고 있다. 그러나 이 경우는 기대가능성이 없기 때문에 범죄성립을 부정하는 논지가 타당하다고 할 수 있다. 이는 자기증거인멸의 연장으로 볼 수 있기 때문이다.

■대법원 1995.9.29. 94도2608

피고인 자신을 위한 증거인멸행위가 동시에 피고인의 공범자 아닌 자의 증거를 인멸한 결과가 되는 경우, 증거인멸죄가 성립하는지 여부

「증거인멸죄는 타인의 형사사건 또는 징계사건에 관한 증거를 인멸하는 경우에 성립하는 것으로서, 피고인 자신이 직접 형사처분이나 징계처분을 받게 될 것을 두려워한 나머지 자기의 이익을 위하여 그 증거가 될 자료를 인멸하였다면, 그 행위가 동시에 다른 공범자의 형사사건이나 징계사건에 관한 증거를 인멸한 결과가 된다고 하더라도 이를 증거인멸죄로 다스릴 수 없고, 이러한 법리는 그 행위가 피고인의 공범자가 아닌 자의 형사사건이나 징계사건에 관한 증거를 인멸한 결과가 된다고 하더라도 마찬가지이다.」

*평석. 학설로서는 긍정설과 부정설, 그리고 절충설이 대립하고 있으나 판례는 자신을 위한 증거인멸행위가 동시에 공범자의 증거를 인멸한 결과가 되는 경우, 증거인멸죄의 성립을 부정하고 있다.

2) 형사사건 또는 징계사건

인멸되는 증거는 형사사건 또는 징계사건에 관한 것임을 요한다. 따라서 민사·행정 또는 선거사건에 대한 증거는 제외한다.

■대법원 1982.4.27. 82도274

증거은닉죄의 구성요건인 '타인의 형사사건 또는 징계사건'에 장차 형사 또는 징계사건이 될 수 있는 것까지를 포함하는지 여부

「증거은닉죄에 있어서 '타인의 형사사건 또는 징계사건'이란 은닉행위시에 아직 수사 또는 징계절차가 개시되기 전이라도 장차 형사 또는 징계사건이 될 수 있는 것까지를

포함한다.」

*평석. 증거은닉죄에 있어서 '타인의 형사사건 또는 징계사건'이란 은닉행위시에 아직 수사 또는 징계절차가 개시되기 전의 사건까지도 포함한다.

(2) 행위

증거를 인멸, 은닉, 위조 또는 변조하거나 위조 또는 변조한 증거를 사용하는 것이다.

1) 인멸

■대법원 1961.10.19. 4294형상347

공문서를 위조하여 농지분배형식으로 소유권이전등기를 완료한 부정사실을 합법화시키기 위하여 상환양곡대금을 징수한 경우와 증거인멸

「형법상의 증거인멸행위는 증거의 현출방해는 물론 그 효력을 멸실 감소시키는 일체의 행위를 지칭하는 것이다.」

*평석. 증거인멸행위는 증거의 현출방해는 물론 그 효력을 멸실 감소시키는 일체의 행위를 말한다.

■대법원 2006.10.19. 2005도3909

경찰관이 압수물을 범죄 혐의의 입증에 사용하도록 하는 등의 적절한 조치를 취하지 아니하고 피압수자에게 돌려주어 증거인멸죄를 범한 경우에 별도로 부작위범인 직무유기죄가 성립하는지 여부(소극)

「경찰서 방범과장이 부하직원으로부터 음반·비디오물 및 게임물에 관한 법률 위반 혐의로 오락실을 단속하여 증거물로 오락기의 변조 기판을 압수하여 사무실에 보관중임을 보고받아 알고 있었음에도 그 직무상의 의무에 따라 위 압수물을 수사계에 인계하고 검찰에 송치하여 범죄 혐의의 입증에 사용하도록 하는 등의 적절한 조치를 취하지 않고, 오히려 부하직원에게 위와 같이 압수한 변조 기판을 돌려주라고 지시하여 오락실 업주에게 이를 돌려준 경우, 작위범인 증거인멸죄만이 성립하고 부작위범인 직무유기(거부)죄는 따로 성립하지 아니한다.」

*평석. 경찰관이 압수물을 범죄 혐의의 입증에 사용하도록 하는 등의 적절한 조치를 취하지 아니하고 피압수자에게 돌려주어 증거인멸죄를 범한 경우에 별도로 부작위범인 직무유기죄는 성립하지 아니한다.

▣쟁점 1. 증거인멸죄와 직무유기죄의 관계

2) 위조

부진정한 새로운 증거를 만들어내는 것을 말한다.

■대법원 1998.2.10. 97도2961

위증죄로 처벌되지 아니하는 선서무능력자로서 사고 현장을 목격한 일이 없는 사람에게 부탁하여 타인의 형사사건을 재판하는 법정에서 현장을 목격한 것처럼 허위의 진술을 하게 하는 것이 형법 제155조 제1항의 증거위조죄에 해당하는지 여부(소극)

「형법 제155조 제1항에서 타인의 형사사건에 관하여 증거를 위조한다 함은 증거 자체를 위조함을 말하는 것으로서, 선서무능력자로서 범죄 현장을 목격하지도 못한 사람으로 하여금 형사법정에서 범죄 현장을 목격한 양 허위의 증언을 하도록 하는 것은 위 조항이 규정하는 증거위조죄를 구성하지 아니한다.」

*평석. 형법 제155조 제1항에서 타인의 형사사건에 관한 증거를 위조한다 함은 증거 자체를 위조함을 말하는 것이고, "참고인이 수사기관에서 허위의 진술을 하는 것", 그리고 위증죄로 처벌되지 아니하는 선서무능력자로서 사고 현장을 목격한 일이 없는 사람에게 부탁하여 타인의 형사사건을 재판하는 법정에서 현장을 목격한 것처럼 허위의 진술을 하게 하는 것은 이에 포함되지 아니한다.

■대법원 2007.6.28. 2002도3600

타인의 형사사건과 관련하여 수사기관이나 법원에 제출하거나 현출되게 할 의도로 법률행위 당시에는 존재하지 아니하였던 처분문서를 사후에 그 작성일을 소급하여 작성하는 경우, 증거위조죄를 구성하는지 여부(적극) 및 내용의 진실성 여부가 증거위조죄의 성립에 영향을 미치는지 여부(소극)

「타인의 형사사건과 관련하여 수사기관이나 법원에 제출하거나 현출되게 할 의도로 법률행위 당시에는 존재하지 아니하였던 처분문서, 즉 그 외형 및 내용상 법률행위가 그 문서 자체에 의하여 이루어진 것과 같은 외관을 가지는 문서를 사후에 그 작성일을 소급하여 작성하는 것은, 가사 그 작성자에게 해당 문서의 작성권한이 있고, 또 그와 같은 법률행위가 당시에 존재하였다거나 그 법률행위의 내용이 위 문서에 기재된 것과 큰 차이가 없다 하여도 증거위조죄의 구성요건을 충족시키는 것이라고 보아야 하고, 비록 그 내용이 진실하다 하여도 국가의 형사사법기능에 대한 위험이 있다는 점은 부인할 수 없다.」

*평석. 타인의 형사사건과 관련하여 수사기관이나 법원에 제출하거나 현출되게 할 의도로 법률행위 당시에는 존재하지 아니하였던 처분문서를 사후에 그 작성일을 소급하

여 작성하는 경우, 증거위조죄의 구성요건을 충족하며, 그 내용의 진실성 여부는 증거위조죄의 성립에 영향을 미치지 아니한다.

Ⅳ. 증인은닉 · 도피죄

第155조(증인은닉 · 도피죄) ②타인의 형사사건 또는 징계사건에 관한 증인을 은닉 또는 도피하게 한 자도 제1항의 형과 같다. ④친족 또는 동거의 가족이 본인을 위하여 본조의 죄를 범한 때에는 처벌하지 아니한다.

■대법원 2003.3.14. 2002도6134

피고인 자신을 위해 증인을 도피하게 한 행위가 동시에 다른 공범자의 형사사건이나 징계사건에 관한 증인을 도피하게 한 결과로 되는 경우, 증인도피죄의 성립 여부(소극)

「형법 제155조 제2항 소정의 증인도피죄는 타인의 형사사건 또는 징계사건에 관한 증인을 은닉·도피하게 한 경우에 성립하는 것으로서, 피고인 자신이 직접 형사처분이나 징계처분을 받게 될 것을 두려워한 나머지 자기의 이익을 위하여 증인이 될 사람을 도피하게 하였다면, 그 행위가 동시에 다른 공범자의 형사사건이나 징계사건에 관한 증인을 도피하게 한 결과가 된다고 하더라도 이를 증인도피죄로 처벌할 수 없다.」

*평석. 자신을 위한 증인이 동시에 다른 공범자의 형사사건이나 징계사건에 관한 증인인 경우는 증인은닉·도피죄의 객체가 되지 아니한다.

제8장 무고의 죄

Ⅰ. 무고죄

제156조(무고) 타인으로 하여금 형사처분 또는 징계처분을 받게 할 목적으로 공무소 또는 공무원에 대하여 허위의 사실을 신고한 자는 10년 이하의 징역 또는 1천500만원 이하의 벌금에 처한다.
제157조(자백·자수) 제153조는 전조에 준용한다.

1. 의의

타인으로 하여금 형사처분 또는 징계처분을 받게 할 목적으로 공무소 또는 공무원에 대하여 허위의 사실을 신고함으로써 성립하는 범죄이다. 주된 보호법익은 국가의 심판기능 내지 징계권 행사의 적정이며 부차적으로 피무고자의 법적 안전이다. 보호의 정도는 추상적 위험범이다.

2. 객관적 구성요건

(1) 행위

공무소 또는 공무원에 대하여 허위의 사실을 신고하는 것이다.

1) 행위의 대상

공무소 또는 공무원이다.

■대법원 1977.6.28. 77도1445

대통령에 대한 허위사실의 진정과 무고죄의 성부

「형사처분을 받게 할 목적으로 허위사실을 진정의 형식으로 대통령에게 신고하면 무고죄가 성립된다.」

*평석. 행위의 대상은 공무소 또는 공무원이다. 형사처분이나 징계처분기관을 통할·감독하는 대통령은 여기에 해당한다.

2) 행위의 태양

허위의 사실을 신고하는 것이다.

(가) 허위의 사실

① 허위의 사실의 의의

■대법원 1991.10.11. 91도1950

무고죄에 있어서의 허위사실의 신고의 의미 및 신고한 사실의 허위 여부의 인정기준

「무고죄는 타인으로 하여금 형사처분 등을 받게 할 목적으로 신고한 사실이 객관적 진실에 반하는 허위사실인 경우에 성립되는 범죄로서, 신고자가 그 신고내용을 허위라고 믿었다 하더라도 그것이 객관적으로 진실한 사실에 부합할 때에는 허위사실의 신고에 해당하지 않아 무고죄는 성립하지 않는 것이며, 한편 위 신고한 사실의 허위 여부는 그 범죄의 구성요건과 관련하여 신고사실의 핵심 또는 중요내용이 허위인가에 따라 판단하여 무고죄의 성립 여부를 가려야 한다. 갑의 피고인에 대한 고발내용은 "피고인이 환경보전법 제37조에서 규정하고 있는 '특정유해물질 또는 산업폐기물'을 함유하고 있는 보일러 세관수를 방류함으로써 위 법조를 위반하였다"는 것인 한편, 피고인의 갑에 대한 고소내용은 피고인이 그와 같이 '특정유해물질 또는 산업폐기물'을 함유하고 있는 보일러 세관수를 방류한 사실이 없어 갑의 위 고발내용이 허위라는 것인데, 피고인이 보일러 세관수를 방류한 사실이 인정된다 하더라도 그 세관수가 위 법조에 규정된 특정유해물질이나 산업폐기물을 함유하고 있지 않다면, 피고인의 고소내용은 그 중요부분에 있어 객관적으로 진실한 사실에 부합하는 것이어서 피고인이 허위사실을 신고한 것이라고는 할 수 없으므로 무고죄에 해당하지 아니한다.」

*평석. 무고죄는 타인으로 하여금 형사처분 등을 받게 할 목적으로 신고한 사실이 객관적 진실에 반하는 경우에 성립되는 범죄로서, 신고자가 그 신고내용을 허위라고 믿었다 하더라도 그것이 객관적으로 진실한 사실에 부합할 때에는 무고죄는 성립하지 않는 것이며, 한편 신고 사실의 허위 여부는 그 범죄의 구성요건과 관련하여 신고사실의 핵심 또는 중요내용이 허위인가에 따라 판단한다.

② 신고한 사실의 허위여부의 판단기준

신고 사실의 허위 여부는 그 범죄의 구성요건과 관련하여 신고사실의 핵심 또는 중

요내용이 허위인가에 따라 판단한다(대법원 1991.10.11. 91도1950).

■대법원 1998.9.8. 98도1949

고소내용이 사실에 기초하여 그 정황을 다소 과장한 경우, 무고죄의 성립 여부(소극)

「고소내용이 터무니 없는 허위사실이 아니고 사실에 기초하여 그 정황을 다소 과장한 데 지나지 아니한 경우에는 무고죄가 성립하지 아니한다.」

■대법원 2008.8.21. 2008도3754

무고죄의 성립요건 중 '허위사실'의 의미

「무고죄에 있어서 '허위의 사실'이라 함은 그 신고된 사실로 인하여 상대방이 형사처분이나 징계처분 등을 받게 될 위험이 있는 것이어야 하고, 비록 신고내용에 일부 객관적 진실에 반하는 내용이 포함되었다 하더라도 그것이 독립하여 형사처분 등의 대상이 되지 아니하고 단지 신고사실의 정황을 과장하는 데 불과하거나 허위인 일부 사실의 존부가 전체적으로 보아 범죄사실의 성립 여부에 직접 영향을 줄 정도에 이르지 아니하는 내용에 관계되는 것이라면 무고죄가 성립하지 아니한다. 피고인 자신이 상대방의 범행에 공범으로 가담하였음에도 자신의 가담사실을 숨기고 상대방만을 고소한 경우, 피고인의 고소내용이 상대방의 범행 부분에 관한 한 진실에 부합하므로 이를 허위의 사실로 볼 수 없고, 상대방의 범행에 피고인이 공범으로 가담한 사실을 숨겼다고 하여도 그것이 상대방에 대한 관계에서 독립하여 형사처분 등의 대상이 되지 아니할뿐더러 전체적으로 보아 상대방의 범죄사실의 성립 여부에 직접 영향을 줄 정도에 이르지 아니하는 내용에 관계되는 것이므로 무고죄가 성립하지 않는다.」

*평석. 무고죄에 있어서 '허위의 사실'이라 함은 그 신고된 사실로 인하여 상대방이 형사처분이나 징계처분 등을 받게 될 위험이 있는 것이어야 하고, 비록 신고내용에 일부 객관적 진실에 반하는 내용이 포함되었다 하더라도 그것이 단지 신고사실의 정황을 과장하는 데 불과하거나 허위인 일부 사실의 존부가 전체적으로 보아 범죄사실의 성립 여부에 직접 영향을 줄 정도에 이르지 아니하는 내용에 관계되는 것이라면 무고죄가 성립하지 아니한다. 따라서 상대방의 범행에 공범으로 가담한 사람이 이를 숨긴 채 상대방을 고소한 경우에도 무고죄는 불성립한다.

③ 허위성의 정도

무고죄에 있어서 '허위의 사실'이라 함은 그 신고된 사실로 인하여 상대방이 형사처분이나 징계처분 등을 받게 될 위험이 있는 것이어야 한다.

■대법원 2007.4.13. 2006도558

신고한 허위의 사실이 형사범죄를 구성하지 않는 경우 무고죄의 성부(소극)

「타인에게 형사처분을 받게 할 목적으로 '허위의 사실'을 신고한 행위가 무고죄를 구성하기 위하여는 신고된 사실 자체가 형사처분의 원인이 될 수 있어야 할 것이어서, 가령 허위의 사실을 신고하였다 하더라도 그 사실 자체가 형사범죄로 구성되지 아니한다면 무고죄는 성립하지 아니한다. "피고소인이 송이의 채취권을 이중으로 양도하여 손해를 입었으니 엄벌하여 달라"는 내용의 고소사실이 횡령죄나 배임죄 기타 형사범죄를 구성하지 않는 내용의 신고에 불과하여 그 신고 내용이 허위라고 하더라도 무고죄가 성립할 수 없다.」

*평석. 신고한 허위의 사실이 형사범죄를 구성하지 않는 경우 무고죄는 불성립한다.

■대법원 1998.3.24. 97도2956

「위법성조각사유가 있음을 알면서도 "피고소인이 허위사실을 공표하였다"고 고소함으로써 결국 적극적으로 위법성조각사유가 적용되지 않는 공직선거및선거부정방지법 제250조의 허위사실공표죄로 처벌되어야 한다고 주장한 것과 같이 보아 무고죄의 성립을 인정한 사례」

*평석. 위법성조각사유가 있음을 알면서도 적극적으로 위법성조각사유가 적용되지 않는 범죄로 처벌되어야 한다고 주장한 경우에는 무고죄가 성립한다.

(나) 허위사실의 신고

신고란 자진하여 사실을 고지하는 행위를 말한다.

■대법원 1990.8.14. 90도595

피고인의 진정 및 그와 관련된 부분을 수사하기 위한 검사의 추간에 대한 대답으로서 진정내용 이외의 사실에 관하여 한 진술이 무고죄를 구성할 수 있는지 여부(소극)

「피고인이 수사기관에 한 진정 및 그와 관련된 부분을 수사하기 위한 검사의 추문에 대한 대답으로서 진정내용 이외의 사실에 관하여 한 진술은 피고인의 자발적 진정내용에 해당되지 아니하므로 무고죄를 구성하지 않는다.」

*평석. 피고인의 진정 및 그와 관련된 부분을 수사하기 위한 검사의 신문에 대한 대답으로서 진정내용 이외의 사실에 관하여 한 진술은 무고죄를 구성하지 아니한다.

■대법원 1996.2.9. 95도2652

무고죄에 있어서의 신고의 의의

「무고죄에 있어서의 신고는 자발적인 것이어야 하고 수사기관 등의 추문에 대하여 허위의 진술을 하는 것은 무고죄를 구성하지 않는 것이지만, 당초 고소장에 기재하지 않은 사실을 수사기관에서 고소보충조서를 받을 때 자진하여 진술하였다면 이 진술 부분까지 신고한 것으로 보아야 한다.」

*평석. 수사기관 등의 추문에 대하여 허위의 진술을 하는 것은 무고죄를 구성하지 않지만, 수사기관에서 고소보충조서를 받을 때 자진하여 진술하였다면 이 진술 부분까지 신고한 것으로 보아야 한다.

3) 기수시기

허위신고가 해당 공무소 또는 공무원에게 도달한 때에 기수가 된다.

■대법원 1985.2.8. 84도2215

허위내용의 고소장을 경찰관에게 제출하였다가 반환 받은 경우, 무고죄의 성부.

「피고인이 최초에 작성한 허위내용의 고소장을 경찰관에게 제출하였을 때 이미 허위사실의 신고가 수사기관에 도달되어 무고죄의 기수에 이른 것이라 할 것이므로 그 후에 그 고소장을 되돌려 받았다 하더라도 이는 무고죄의 성립에 아무런 영향이 없다.」

*평석. 무고죄의 기수시기는 허위신고가 해당 공무소 또는 공무원에게 도달한 때이다(추상적 위험범).

3. 주관적 구성요건

(1) 고의

■대법원 2006.5.25. 2005도4642

무고죄에 있어서의 범의

「무고죄에 있어서의 범의는 반드시 확정적 고의임을 요하지 아니하고 미필적 고의로서도 족하다 할 것이므로 무고죄는 신고자가 진실하다는 확신 없는 사실을 신고함으로써 성립하고 그 신고사실이 허위라는 것을 확신함을 필요로 하지 않는다.」

*평석. 무고죄에 있어서의 범의는 미필적 고의로도 족하다.

(2) 목적

타인으로 하여금 형사처분 또는 징계처분을 받게 할 목적이 있음을 요한다.

■대법원 1978.8.22. 78도1357

무고죄의 법리오해

「진정서의 전체 내용이 공정한 수사를 하여 흑백을 가려달라는 취지로 이해할 수도 있어 타인을 무고할 목적은 아니었다고 볼 여지가 있음에도 바로 진정서에 기재된 부분적인 기재사실만을 인용함으로써 무고죄로 다스렸음은 심리미진 아니면 증거없이 사실을 인정한 것이 된다.」

*평석. 무고죄는 타인으로 하여금 형사처분 또는 징계처분을 받게 할 목적이 있음을 요한다.

(1) 타인

자기무고는 무고죄의 구성요건에 해당하지 아니한다.

■대법원 2008.10.23. 2008도4852

제3자를 교사·방조하여 자신에 대한 허위의 사실을 신고하게 한 경우, 피무고자가 무고죄의 교사·방조범의 죄책을 지는지 여부(적극)

「형법 제156조의 무고죄는 국가의 형사사법권 또는 징계권의 적정한 행사를 주된 보호법익으로 하는 죄이나, 스스로 본인을 무고하는 자기무고는 무고죄의 구성요건에 해당하지 아니하여 무고죄를 구성하지 않는다. 그러나 피무고자의 교사·방조 하에 제3자가 피무고자에 대한 허위의 사실을 신고한 경우에는 제3자의 행위는 무고죄의 구성요건에 해당하여 무고죄를 구성하므로, 제3자를 교사·방조한 피무고자도 교사·방조범으로서의 죄책을 부담한다.」

*평석. 제3자를 교사·방조하여 자기무고를 하게 한 경우, 피무고자가 무고죄의 교사·방조범의 죄책을 지는지 여부에 대해 판례는 이를 긍정한다.

■대법원 2005.9.30. 2005도2712

피무고자의 승낙이 있는 경우 무고죄의 성립 여부(적극) 및 무고죄에 있어서 '형사처분 또는 징계처분을 받게 할 목적'의 의미

「무고죄는 국가의 형사사법권 또는 징계권의 적정한 행사를 주된 보호법익으로 하고 다만, 개인의 부당하게 처벌 또는 징계받지 아니할 이익을 부수적으로 보호하는 죄이므로, 설사 무고에 있어서 피무고자의 승낙이 있었다고 하더라도 무고죄의 성립에는 영향을 미치지 못한다 할 것이고, 무고죄에 있어서 형사처분 또는 징계처분을 받게 할 목적은 허위신고를 함에 있어서 다른 사람이 그로 인하여 형사 또는 징계처분을 받게 될

것이라는 인식이 있으면 족한 것이고 그 결과발생을 희망하는 것까지를 요하는 것은 아니므로, 고소인이 고소장을 수사기관에 제출한 이상 그러한 인식은 있었다고 보아야 한다. 피무고자의 승낙을 받아 허위사실을 기재한 고소장을 제출하였다면 피무고자에 대한 형사처분이라는 결과발생을 의욕한 것은 아니라 하더라도 적어도 그러한 결과발생에 대한 미필적인 인식은 있었던 것으로 보아야 한다.」

*평석. 무고죄는 국가의 형사사법권 또는 징계권의 적정한 행사를 주된 보호법익으로 하고 다만, 피무고자의 법적 안전을 부수적 보호법익으로 하므로, 무고에 있어서 피무고자의 승낙이 있었다고 하더라도 무고죄가 성립한다.

(2) 형사처분 또는 징계처분을 받게 할 목적

■대법원 1991.5.10. 90도2601

무고죄에 있어서 형사 또는 징계처분을 받게 할 목적에는 위 처분을 받게 될 것이라는 인식 외에 그 결과발생을 희망하는 것을 요하는지 여부(소극)

「무고죄에 있어서 형사처분 또는 징계처분을 받게 할 목적은 허위신고를 함에 있어서 다른 사람이 그로 인하여 형사 또는 징계처분을 받게 될 것이라는 인식이 있으면 족한 것이고 그 결과발생을 희망하는 것을 요하는 것은 아닌바, 피고인이 고소장을 수사기관에 제출한 이상 그러한 인식은 있었다 할 것이니 피고인이 고소를 한 목적이 피고소인들을 처벌받도록 하는 데에 있지 아니하고 단지 회사 장부상의 비리를 밝혀 정당한 정산을 구하는 데에 있다 하여 무고의 범의가 없다 할 수 없다.」

*평석. 무고죄에 있어 형사처분 또는 징계처분을 받게 할 '목적'의 인식정도는 미필적 인식으로 족하다.

●참조판례

대법원 2005.9.30. 2005도2712

| 색인 |

(ㅊ)